Argumentação
e
Estado
Constitucional

Dados Internacionais de Catalogação na Publicação (CIP)
(Câmara Brasileira do Livro, SP, Brasil)

Argumentação e Estado Constitucional / Eduardo Ribeiro
Moreira [Organizador]. – 1. ed. – São Paulo: Ícone, 2012.

Vários autores
Bibliografia
ISBN 978-85-274-1201-8

1. Argumentação. 2. Brasil – Direito Constitucional.
3. Estado de Direito. I. Moreira, Eduardo Ribeiro.

12-01016   CDU – 342: 340.115 (81)

Índices para catálogo sistemático:

1. Brasil: Argumentação e
   Estado Constitucional:
   Direito Constitucional   342: 340.115 (81)

EDUARDO RIBEIRO MOREIRA

ARGUMENTAÇÃO
E
ESTADO
CONSTITUCIONAL

Alfonso Garcia Figueroa
Antonio Cavalcanti Maia
Eduardo Ribeiro Moreira
Josep Aguiló Regla
Luis Prieto Sanchís
Manuel Atienza
Márcio Pugliesi
Maria Eugênia Bunchaft
Marina Gascón Abellán
Suzanna Pozollo
Toni M. Fine

Ícone editora

Brasil – 2012
1ª edição

© Copyright 2012
Ícone Editora Ltda.

Conselho editorial
Cláudio Gastão Junqueira de Castro
Diamantino Fernandes Trindade
Dorival Bonora Jr.
José Luiz Del Roio
Márcio Pugliesi
Marcos Del Roio
Neusa Dal Ri
Tereza Isenburg
Ursulino dos Santos Isidoro
Vinícius Cavalari

Revisão
Juliana Biggi
Cláudio J. A. Rodrigues

Design gráfico, capa e diagramação
Richard Veiga

Proibida a reprodução total ou parcial desta obra,
de qualquer forma ou meio eletrônico, mecânico,
inclusive por meio de processos xerográficos, sem
permissão expressa do editor (Lei n. 9.610/98).

Todos os Direitos reservados à:
ÍCONE EDITORA LTDA.
Rua Anhanguera, 56 – Barra Funda
CEP: 01135-000 – São Paulo/SP
Fone/Fax.: (11) 3392-7771
www.iconeeditora.com.br
iconevendas@iconeeditora.com.br

Apresentação da obra

Este livro que o leitor tem em mãos representa a reunião de profundos estudos sobre textos com imbricamentos entre argumentação jurídica e Direito constitucional, que acabaram por desaguar no que se tem denominado Filosofia Constitucional. A maioria dos textos selecionados, de autoria de consagrados autores brasileiros, espanhóis e italianos, com quem tive contato nos últimos anos, trabalha em uma vertente dessa conexão. Alguns textos têm uma preocupação com os reflexos no Direito constitucional, outros na caraterização do estado constitucional e outros voltados à tradição da filosofia argumentativa do Direito.

Todos eles dão contribuições ao Direito brasileiro; tanto aos estudiosos do Direito constitucional que encontram temas como relação entre hermenêutica constitucional e argumentação, metodologia constitucional e argumentação, o papel argumentativo do tribunal constitucional, as caracterizações do estado constitucional, neoconstitucionalismo e suas implicações entre Direito e democracia e uma introdução à filosofia constitucional.

Também ganham com o livro os pesquisadores de argumentação jurídica, tema cada vez mais presente nos mestrados e doutorados como nova fonte de pesquisa, e os alunos que encontram material conectado com questões constitucionais.

Apresentar esse livro é contar um pouco da história pessoal de como, na qualidade de organizador, tradutor e coautor, tive contato com os demais professores. Nos meados de 2006 tive contato com Alfonso Figueroa, quando o professor de Castilla la Mancha esteve no Brasil. Convidado para prosseguir na pesquisa sobre neoconstitucionalismo, aguardei a conclusão do meu doutorado para ir à Espanha e refinar a tese (Neoconstitucionalismo – a invasão da Constituição, publicado em 2007), fui aluno de um curso sobre neoconstitucionalismo e Direitos sociais. Lá desenvolvi também outro trabalho – um estudo sobre "argumentação jurídica e discurso constitucional" – que é um dos textos que integram a presente obra e trata da conexão entre argumentação e metodologia constitucional, da relação entre hermenêutica constitucional e argumentação jurídica e a representação da argumentação como principal elemento do neoconstitucionalismo. Tudo com a leitura de Alfonso Figueroa, que ainda no mesmo ano me convidou a dar uma palestra na sua turma de doutorado.

Como na oportunidade conheci diversos outros professores tanto de Castilla la Mancha (Luis Prieto Sanchís, Marina Gascón, e Santiago Sastre Ariza) como da Universidade de Alicante (Manuel Atienza e Josep Aguiló Regla), decidi que seria muito mais proveitoso para o público em geral uma obra que abordasse a pluralidade dos pensamentos acerca da argumentação, em vez de um trabalho individual. Reuni os textos integrando-os nas seguintes temáticas: (1) argumentação no estado constitucional; (2) discricionariedade e jurisdição; (3) neoconstitucionalismo e o papel do positivismo; (4) patriotismo constitucional e a expansão do constitucionalismo; (5) democracia e a legitimidade da justiça constitucional.

A trajetória deste livro é longa. Comecei tais traduções em 2007 e no inicio de 2008 voltei para continuar minha investigação, com nova instância em Toledo, nova breve estadia em Alicante e duas rápidas palestras. Continuei as traduções em 2008, as quais ficaram interrompidas com a minha preparação para as provas do concurso de professor adjunto de Direito constitucional da Universidade Federal do Rio de Janeiro, cargo que após a aprovação ocupo desde então. Em 2008 ainda escrevi outro artigo aqui incluído com o título "novos usos da argumentação jurídica", sempre com temáticas como o debate sobre a solução dos casos trágicos para além da proporcionalidade; uma nova tipologia das normas constitucionais (classificação tetrapartite em regras, princípios, políticas públicas e critérios argumentativos procedimentais), e um novo critério argumentativo-procedimental, o da objeção da argumentação de incoerência.

Em 2009 novamente retornei a Toledo, já como professor integrante do curso de Constitucionalismo e Garantismo, compartilhando as aulas dos demais professores, além de nova ida à Universidade de Alicante, desta vez por mais tempo. Nesse período terminei meu terceiro texto incluído nessa coletânea, "uma introdução à filosofia constitucional", o qual foi defendido perante os professores do departamento de filosofia do Direito de Alicante.

O Professor Antonio Maia, interlocutor de todos os temas presentes na obra, complementa a coletânca com um texto que explica a razão prática "Habermas/Alexy e a Razão Prática". O Professor Márcio Pugliesi, outro interlocutor frequente, introduz dois artigos que se voltam à questão da formação dos juristas e ao problema de fundo da argumentação jurídica contemporânea: a questão da justiça.

Em 2010 retornei brevemente para Toledo e Alicante com o fito de fechar a obra e defender o quarto e último texto de minha autoria que ainda é um esboço de tese "Por um constitucionalismo global", e demonstra entre outros temas como a filosofia do Direito e o Direito constitucional se aproximaram, com resultados teóricos de alta densidade, alternando com propostas práticas, antes limitadas por um teto que não existe mais.

Agradeço a excelente acolhida que tive dos professores que se tornaram amigos nos últimos anos, tanto em Castilla la Mancha como em Alicante, e espero que o dialógo entre a Filosofia do Direito Brasil-Espanha seja cada vez mais presente.

O que espero mesmo é que esta seja uma contribuição valiosa aos estudiosos dos temas aqui relacionados.

Meus cumprimentos.

Eduardo Ribeiro Moreira
Toledo, 2010

ÍNDICE

PRIMEIRA PARTE

ARGUMENTAÇÃO NO ESTADO CONSTITUCIONAL, 13

1. Uma primeira aproximação da teoria da argumentação jurídica, 15
Alfonso García Figueroa

2. O Direito como argumentação, 53
Manuel Atienza

3. Do "Império da Lei" ao "Estado Constitucional".
Dois paradigmas jurídicos em poucas palavras, 101
Josep Aguiló Regla

4. Novos usos da argumentação jurídica, 117
Eduardo Ribeiro Moreira

SEGUNDA PARTE

DISCRICIONARIEDADE E JURISDIÇÃO, 161

5. Modelo argumentativo constitucional, 163
Eduardo Ribeiro Moreira

6. Imparcialidade e concepções do Direito, 195
Josep Aguiló Regla

7. Os princípios, o problema da discricionariedade
judicial e a tese da unidade de solução justa, 215
Luis Prieto Sanchís

8. A prova dos fatos, 243
Marina Gascón Abellán

TERCEIRA PARTE

NEOCONSTITUCIONALISMO E O
PAPEL DO POSITIVISMO, 285

9. Positivismo corrigido e positivistas incorrigíveis, 287
Alfonso García Figueroa

10. Reflexões esparsas em torno ao positivismo
jurídico e à globalização, 307
Susanna Pozzolo

11. O sistema de ensino e o juspositivismo –
breve excurso histórico, 331
Márcio Pugliesi

12. Constitucionalismo e garantismo, 361
Luis Prieto Sanchís

13. Neoconstitucionalismo, derrotabilidade e razão prática, 379
Alfonso García Figueroa

QUARTA PARTE

PATRIOTISMO CONSTITUCIONAL E A
EXPANSÃO DO CONSTITUCIONALISMO, 399

14. Habermas/Alexy e o discurso prático, 401
Antonio Cavalcanti Maia

15. A motivação. Conceitos fundamentais, 433
Alfonso García Figueroa

16. Filosofia constitucional, 469
Eduardo Ribeiro Moreira
Maria Eugênia Bunchaft

17. A Teoria do Direito em tempos de constitucionalismo, 511
Alfonso García Figueroa

18. A questão da justiça como fundamento da argumentação, 537
Márcio Pugliesi

QUINTA PARTE

DEMOCRACIA E A LEGITIMIDADE DA JUSTIÇA CONSTITUCIONAL, 563

19. Jusnaturalismo, positivismo e controle da lei. Os pressupostos históricos, ideológicos e doutrinais da jurisdição nacional, 565
Luis Prieto Sanchís

20. Os limites da justiça constitucional: a invasão do âmbito político, 635
Marina Gascón Abellán

21. O judiciário americano e o Direito internacional: o novo debate, 657
Toni M. Fine

22. Por um constitucionalismo global, 681
Eduardo Ribeiro Moreira

Primeira Parte

ARGUMENTAÇÃO NO ESTADO CONSTITUCIONAL

Capítulo 1

UMA PRIMEIRA APROXIMAÇÃO DA TEORIA DA ARGUMENTAÇÃO JURÍDICA

Alfonso García Figueroa[1]

Sumário
1. A necessidade de justificação no Direito
2. Uma definição provisória da "teoria da argumentação jurídica" (TAJ)
2.1. A TAJ é teoria
2.2. O objeto da TAJ é a argumentação
2.3. A argumentação que estuda a TAJ é a jurídica
3. A utilidade da TAJ, o paradoxo de Townes e o paradoxo do casuísmo
3.1. A utilidade de uma TAJ descritiva
3.2. Os benefícios da análise
3.3. A utilidade de uma TAJ prescritiva
4. Racionalidade e Direito
4.1. "Direito racional" e "razão jurídica"
4.1.1. "Direito racional"
4.1.2. "Razão jurídica"
4.2. Quatro modelos básicos
4.2.1. Modelo forte-forte
4.2.2. Modelo forte-fraco
4.2.3. Modelo fraco-fraco
4.2.4. Modelo fraco-forte
5. A Teoria da Argumentação nos anos 50
5.1. A teoria do *logos do razoável*, de Luis Recaséns Siches
5.2. A tópica de Theodor Viehweg
5.3. A nova retórica de Chaïm Perelman

---

1 Professor Titular da Universidade Castilla la Mancha.

1. A NECESSIDADE DE JUSTIFICAÇÃO NO DIREITO

A lei é igual para todos e o Direito está à disposição de todos para ser invocado ante os Tribunais, mas então por que há bons e maus advogados, juízes ou fiscais? O que marca a diferença entre um bom jurista e outro que não o é? A diferença reside na sua capacidade para argumentar, isto é, sua habilidade para oferecer boas razões a favor ou contra a *forma* de aplicar o Direito. É natural, pois, que os juristas tenham tratado de compreender como argumentam e como deveriam fazê-lo. A disciplina que se ocupa de esclarecer estas questões é a teoria da argumentação jurídica.

Como veremos, há muitas teorias da argumentação. Alguns de seus cultivadores (formalistas) afirmaram que as decisões jurídicas são frios silogismos; os realistas replicaram que a argumentação jurídica nada tem a ver com a lógica, mas sim com a ideologia, as emoções e os palpites; outros resgataram da Antiguidade clássica a retórica e os tópicos para conceber a argumentação jurídica como uma simples técnica de persuasão ou de invenção a partir de lugares-comuns; de acordo com as correntes críticas, o Direito representa uma cobertura ideológica a serviço das classes dominantes, o que justificaria práticas corretivas da parte dos juízes na forma de ativismo judicial (uso alternativo do Direito dos anos sessenta e setenta) ou de uma interpretação do Direito que aperfeiçoe suas possibilidades morais de acordo com a Constituição (o garantismo dos anos oitenta e noventa). Também há quem tenha visto no Direito e na sua aplicação uma vontade divina (jusnaturalismo) ou alguma forma de ordem moral objetiva (Dworkin), sem esquecer que há não muito tempo inclusive o próprio Habermas se pronunciou sobre estas questões em sua pessoal incursão jusfilosófica *Factidad y validez.*

Neste universo de ideias aparecem em 1978 as duas obras capitais da teoria da argumentação jurídica europeia continental e anglo-americana, respectivamente: *Teoría de la argumentación jurídica* de Robert Alexy e *Legal Reasoning and Legal Theory* de Neil MacCormick. Ambas superaram todo um corpo de teorias precursoras dos anos cinquenta e influíram poderosamente sobre os trabalhos posteriores de autores como Aarnio, Peczenik ou Atienza, para citar somente alguns nomes. Estas teorias insistiram sobre a insuficiência que representa tanto uma concepção puramente formalista da argumentação jurídica, que reduz a aplicação do Direito a simples expressões de emoções. A teoria da argumentação tenta situar-se em um ponto médio que parte da possibilidade de uma análise racional dos processos argumentativos, mas também reconhece as limitações que esta análise apresenta no mundo do Direito. Em todo caso, parece inquestionável que a justificação das decisões jurídicas, sua racionalidade, representa uma peça-chave de todo discurso prático. Como assinala Stephen Toulmin, "se não há um debate racional, passa-se a um debate de "quem a quem"[2]. Por isso no âmbito especificamente jurídico e político, a ausência ou a insuficiência da justificativa se não causa uma lesão, gera um risco para um Estado de Direito. Portanto, a teoria de argumentação jurídica é uma peça-chave na teoria do Estado e do Direito.

2. UMA DEFINIÇÃO PROVISÓRIA DE "TEORIA DA ARGUMENTAÇÃO JURÍDICA"

Agora, que entendemos precisamente por teoria da argumentação jurídica? É possível antecipar uma definição, mesmo provisória. Com o sintagma "teoria da argumentação jurídica" (daqui em diante TAJ, para ser breve) faz-se referência à análise teórica dos processos argumentativos do Direito. Podemos desmembrar nossa definição para perfilar seus contornos e antecipar algumas das questões que serão tratadas posteriormente:

2.1. A TAJ é teoria

A TAJ é teoria. Isto significa que pretende a descrição, conceituação e sistematização da argumentação jurídica. Essa afirmação requer algumas precisões:

Em primeiro lugar, a TAJ é basicamente teoria, não prática. Com isso não se pretende afirmar que não tenha nada a ver com a prática dos advogados e dos juízes. Muito ao contrário, a prática do Direito é tão importante para a TAJ que representa nada menos que o seu objeto de estudo. No entanto, isto ao mesmo tempo pressupõe que em princípio TAJ e prática do Direito são coisas diferentes, são *discursos* diferentes, *linguagens* diferentes, que operam em *níveis* diferentes. A TAJ descreve a prática do Direito e às vezes prescreve como deveria ser a prática do Direito, mesmo assim consiste em algo diferente da própria prática do Direito. Em outras palavras, a TAJ representa uma metalinguagem cuja linguagem-alvo é a argumentação jurídica dos juristas, e que ao mesmo tempo tem seus próprios instrumentos e categorias, todos eles diferentes em muitos casos dos que se usam na prática jurídica ordinária.

Isto não tem nada de estranho, ao se pensar bem. Suponhamos que escrevo um estudo sobre os poemas de Octavio Paz. Nesse caso, eu não escrevo

---

2 Segundo a mordaz frase de Lenin, nos diz S. Toulmin, *El uso colectivo de los conceptos, v. 1, La comprensión humana.* Trad. de Néstor Miguez, Alianza, Madri, 1977, p. 57.

poesia, mas sim um estudo literário sobre poesia, apesar de o objeto do estudo ser uma obra poética. Significa que minha atitude e meus propósitos, minhas palavras e meus conceitos são em princípio muito diferentes dos que serviam a Octavio Paz quando escrevia. Por isso, os escritos de Octavio Paz e o meu teriam um vocabulário diferente ou o mesmo vocabulário *usado* de forma diferente. Com muita probabilidade os conceitos fundamentais do meu estudo seriam *métrica, rima, soneto, alexandrino...* enquanto os poemas de Octavio Paz destacariam outros bem diferentes como *salamandra, heliotrópio, mariposa* etc. É certo, repito, que estas palavras também teriam de fazer parte do meu estudo, porém o fariam entre aspas ("salamandra", "heliotrópio", "mariposa") com o efeito de indicar que não estou *usando* estes termos de forma poética, apenas *mencionando* tecnicamente as palavras que *usava* poeticamente Octavio Paz.

Analogamente, a TAJ é, pois, um discurso sobre o discurso dos juristas, um metadiscurso com seus próprios instrumentos e seus próprios pressupostos. No discurso dos juristas aparecem recorrentemente conceitos como *pena, parte, negócio jurídico, contrato, recurso, dolo, negligência* etc. No metadiscurso da TAJ aparecem conceitos como *premissa normativa, lógica deôntica, situação ideal de diálogo, argumento da universalidade* etc. Dito isso, deve-se reconhecer que em algumas ocasiões a fronteira entre a metalinguagem (ou linguagem de segunda ordem) e a linguagem objeto (ou linguagem de primeira ordem) não está clara ou tende a enfraquecer-se, porém não significa que não exista em absoluto.

Por outro lado, a TAJ é a princípio descritiva, mas pode também ser prescritiva, normativa. Com mais precisão, podemos desenvolver uma TAJ partindo de uma tríplice perspectiva: desde uma perspectiva empírica, passando por uma perspctiva conceitual ou analítica até uma perspectiva prescritiva.

a) Partindo de uma perspectiva empírica, a incumbência da TAJ seria simplesmente estudar as decisões jurisdicionais enquanto fenômenos sociais, recorrendo aos instrumentos de disciplinas como a psicologia, a sociologia, a antropologia etc. No entanto, não é esta a perspectiva que adotou a TAJ dominante, pois as causas psicossociológicas que dão lugar às decisões jurisdicionais têm sido reiteradamente postas de lado pelo estudo do chamado contexto de justificação no que só é relevante o caráter justificado ou não de uma decisão independentemente de sua causa psicológica ou sociológica.

b) Partindo de uma perspectiva conceitual ou analítica, a incumbência da TAJ consiste, como antecipei, em conceituar e sistematizar a argumentação jurídica. Isso pressupõe uma reconstrução racional das práticas argumentativas jurídicas de forma sistemática. Esta perspectiva é fundamental entre os teóricos da TAJ.

c) Partindo de uma perspectiva prescritiva, a incumbência da TAJ consiste em acrescentar fórmulas para melhorar a argumentação dos operadores jurídicos por meio de propostas a respeito de como estes deveriam decidir.

Alguns autores, como Neil MacCormick, desenvolveram uma teoria analítica e normativa, isto é, uma teoria que pretende tanto descrever como prescrever. Em sua obra *Legal Reasoning and Legal Theory* o autor escocês reúne numerosas sentenças de tribunais britânicos, mas ao mesmo tempo formula propostas de resolução para os chamados casos difíceis (*hard cases*). Estes enfoques mistos (analítico-normativas) às vezes podem dar lugar a confusões e por isso convém zelar pela precisão na hora de definir a perspectiva pela qual são enfocados.

2.2. O objeto da TAJ é a argumentação

A TAJ tem como objeto a argumentação. O termo "argumentação" faz referência à ação e ao efeito de argumentar. A argumentação é, pois, uma atividade, e também o resultado dessa atividade. Nesse sentido apresenta uma ambiguidade processo-produto também muito frequente. Argumentar significa dar razões que justifiquem um determinado enunciado.

Podemos argumentar em contextos muito diversos. Por exemplo, argumentamos para defender uma ideia política, para manter a inocência de um processado ou para reprovar uma conduta que consideramos imoral. Em todos esses casos estamos discutindo sobre normas, estamos discutindo acerca do que se deve ou não fazer, discutimos sobre normas de caráter político, jurídico ou, em seu caso, moral. Assim, as conclusões de cada uma das argumentações citadas seriam, respectivamente: "*devemos* seguir tal política", "o imputado inocente não *deve* ser condenado", "*devemos* reprovar a conduta x por imoral" (ou "não *deve* concluir a conduta x por imoral"). No entanto, é possível também argumentar em âmbitos que não têm relação propriamente com normas, com um *dever ser*.

Por exemplo, um enólogo pode argumentar a favor da superioridade dos vinhos de uma determinada região, um médico pode argumentar a conveniência de uma intervenção cirúrgica ou um estudo literário pode dar as razões para se questionar a qualidade literária de um romance.

Porém, a nós interessa mais a argumentação que tem a ver com normas. Sob esse ponto de vista mais específico, argumentar consiste em justificar, fundamentar, basear enunciados normativos, juízos práticos. Trata-se de dizer por que *devemos* (ou não) nos comportar de certo modo. Em outras palavras, argumentar significa expor as premissas, *normativas ou não*, de uma inferência prática, isto é, de um raciocínio cuja conclusão é uma norma. O inciso que acabo de grifar sobre o caráter normativo ou não das premissas é importante, porque, apesar de ser um raciocínio normativo, como uma sentença judicial, se caracteriza porque sua conclusão apresenta normalmente caráter normativo, isto é, apresenta normalmente um enunciado no qual se ordena, proíbe ou permite alguma ação, todos sabem que isso não impede que entre os enunciados que formam parte da argumentação figurem enunciados descritivos, definições ou expressões de sentimentos. Tradicionalmente, a sentença judicial contém não só fundamentos de Direito, mas também fundamentos de fato que dão lugar a uma sentença de caráter normativo. Assim que, para nos encontrarmos ante uma inferência prática, o importante é que sua conclusão apresente caráter normativo apesar de que as premissas possam apresentar caráter normativo ou não normativo, e isso com só um limite: com efeito, não é necessário que todas as premissas do raciocínio sejam normativas, porém entre as premissas de uma argumentação normativa deve existir ao menos uma norma. Do contrário, seria impossível que a conclusão fosse normativa e que, portanto, nos encontraríamos ante um raciocínio normativo. A razão reside em que, como se sabe, de acordo com a chamada Lei de Hume não é possível derivar juízos prescritivos de juízos descritivos e vice-versa. Não podemos dizer como deveria ser o mundo a partir da constatação de como é o mundo e, certamente, tampouco podemos verificar como é o mundo, simplesmente imaginando como deveria ser. Quando, infringindo a Lei de Hume, dizemos que as coisas devem ser como são, então incorremos no que Moore denominou a "falácia naturalista".[3]

2.3. A argumentação que estuda a TAJ é a jurídica

A TAJ orienta-se ao estudo da argumentação a partir de normas, singularmente a partir de normas jurídicas. A TAJ ocupa-se, portanto, da argumentação de decisões cujo sistema de justificação seja um ordenamento jurídico. Esta afirmação merece duas matizações.

Em primeiro lugar deve-se assinalar que, consequentemente, não pretende ocupar-se diretamente da argumentação moral. No entanto, a realidade é que a TAJ não pode ignorar o raciocínio moral porque este se encontra estreitamente vinculado ao raciocínio jurídico. A chamada "tese do caso especial", a que se aludirá mais adiante, mantém esta vinculação com

---

3 G. E. Moore, *Principia Ethica* (1903). Trad. de Maria Vázques Guisán, Crítica, Barcelona, 2002, p. 33.

particular intensidade, pois afirma tipicamente que "o raciocínio jurídico é um caso especial de raciocínio prático". Dizendo de outro modo, não é possível estudar a argumentação jurídica isoladamente, sem nenhuma atenção à razão prática, porque a razão prática apresentaria segundo muitos autores uma estrutura unitária, que não se pode fragmentar. Uma norma é uma razão para atuar de certa maneira que se entrelaça com outras razões no raciocínio prático e cuja premissa fundamental final teria que ter natureza moral, pois não posso ser obrigado moralmente a fazer algo que não me pode obrigar moralmente por ser imoral. O postulado da unidade da razão prática não é novo (era já parte fundamental da teoria do Direito de Kant)[4], mas hoje adquiriu auge teórico e transcendência política: se reconhecemos a dimensão moral do raciocínio jurídico e também atendemos ao forte cunho moral e político de muitos conceitos e princípios constitucionais (dignidade humana, democracia, liberdade ou justiça), então o juiz (monocrático ou constitucional) torna-se protagonista, pois a ele corresponde articular em suas decisões a dimensão moral e a dimensão puramente institucional do Direito.

Em segundo lugar, a argumentação jurídica desenvolve-se em diversos âmbitos: na criação do Direito por parte do Legislador, em sua aplicação por parte dos juízes, na doutrina jurídica, nos meios de comunicação social etc. Como sabemos, todos opinam sobre questões jurídicas de maneira mais ou menos consciente (e competente), mas em todo caso a TAJ se concentrará fundamentalmente no raciocínio jurídico desenvolvido pelos juízes. Posteriormente delimitaremos com mais precisão o campo da TAJ. É suficiente por enquanto o até aqui exposto.

3. A UTILIDADE DA TAJ, O PARADOXO DE TOWNES E O PARADOXO DO CASUÍSMO

Então qual é a utilidade da TAJ? Antes assinalei que a TAJ é um discurso sobre o discurso dos juristas e nessa medida os teóricos da TAJ têm em geral uma atitude, uma missão e instrumentos conceituais diferentes dos juristas, e por isso os teóricos da TAJ não podem aspirar a suplantar os juristas. Mas então alguém pode se perguntar: Para que servem os teóricos da argumentação jurídica? O que a TAJ pode oferecer aos juristas? Por acaso não é verdade que os juristas têm feito seu trabalho durante séculos e o continuam fazendo sem

---

4 I. Kant, *La metafísica de las costumbres, op. cit.*, p. 264.

conhecimentos de TAJ? Não será a TAJ uma mera discussão elegante sem nenhuma transcendência prática?

A questão que bate fundo nesses interrogantes é o lugar-comum de kantiana memória "isto pode ser correto em teoria, mas não vale para a prática"[5]. Na realidade, a TAJ pode servir à prática em dois sentidos que convém diferenciar. Enquanto teoria descritiva da argumentação, a TAJ pode contribuir para que os juristas sejam mais conscientes do seu próprio afazer. Enquanto teoria prescritiva da argumentação que guia os operadores jurídicos em sua atividade decisória a dimensão prática é um pouco mais clara, apesar de neste caso o inconveniente consistir em que a TAJ se desenvolva normalmente em um nível de abstração muito elevado que por si só não aporta um guia preciso de resolução de uma concreta controvérsia jurídica. Vejamos separadamente algumas considerações sobre a utilidade da TAJ descritiva e a TAJ prescritiva.

3.1. A utilidade de uma TAJ descritiva

Enquanto teoria descritiva da argumentação, a TAJ se afasta consideravelmente dos propósitos e dos instrumentos dos juristas. Por exemplo, quando Alexy afirma que o raciocínio jurídico é um caso especial de raciocínio prático geral ou quando sustenta que os atos de fala reguladora do Direito apresentam uma pretensão de correção seguindo a teoria de Habermas, Alexy não utiliza conceitos da prática jurídica. Nenhum legislador e muito pouca dogmática jurídica refere-se à razão prática ou à teoria de Habermas em seus textos. Os conceitos que se empregam para conceituar a argumentação jurídica encontram-se fora das práticas dos juristas, os quais nem sequer têm porque entendê-los. Então é lícito perguntar que sentido tem que um jurista se interesse por essas coisas. A resposta poderia ser que, em certo sentido, é benéfico e em outro poderia não sê-lo em absoluto. Comecemos pelos benefícios que traz a um jurista o estudo da TAJ em sua perspectiva analítica, conceitual.

3.2. Os benefícios da análise

A TAJ no sentido descritivo pode ajudar a melhorar o conhecimento da própria atividade e o conhecimento profundo daquilo que se faz normalmente é benéfico, apesar de que poder-se-ia continuar desempenhando tal atividade ignorando seus mecanismos mais profundos. Por exemplo, como meu corpo

---

5 I. Kant, "Sobre o tópico: isto pode ser correto em teoria, mas não vale para a prática"(1973) em *En defensa de la ilustración, op. cit.*, p. 241-289, aqui p. 241.

metaboliza uma maçã e de fato posso continuar comendo maçãs sem conhecimentos de química e fisiologia, mas certamente poderia orientar melhor minha nutrição se soubesse algo sobre os processos químicos que acontecem quando como uma maçã. Além do mais, se tivesse conhecimentos de química, certamente poderia assessorar um cozinheiro sobre como conservar e armazenar as maçãs ou como se deve prepará-las para que não percam suas vitaminas quando forem ingeridas. Um químico e um cozinheiro observam uma maçã de maneira muito diferente e usam uma linguagem completamente diversa (o químico nos fala de frutose, oxidação, porcentagem de água... enquanto o cozinheiro fala do sabor das compotas, o tempo de cocção do *Strudel* ou da doçura de uma torta de maçã). No entanto, parece que a análise química pode contribuir para melhorar o trabalho dos cozinheiros por muito que eles tenham trabalhado toda a vida sem conhecimentos (ao menos teóricos) de química. A razão é que químicos e cozinheiros utilizam esquemas conceituais diferentes, mas em última instância falam do mesmo objeto: uma maçã em nosso caso. Analogamente, um teórico da argumentação e um jurista utilizam esquemas conceituais diversos, porém ambos se ocupam do mesmo objeto: a argumentação jurídica. Do mesmo modo que a química pode pôr-se a serviço de um cozinheiro, a teoria da argumentação jurídica pode pôr-se a serviço dos juristas. Qualquer jurista pode desenvolver seu trabalho sem ter conhecimento sobre a TAJ no sentido descritivo, mas parece que esses conhecimentos em princípio podem ajudá-lo a fazer melhor seu trabalho em algum sentido.

Sob esse ponto de vista, o mero estudo da TAJ em um sentido analítico, descritivo, conceitual, não é uma atividade suficiente nem necessária para que os juristas possam desempenhar suas funções. Que não é uma ferramenta suficiente fica fora de toda dúvida, pois nenhum operador jurídico pode aspirar a resolver as controvérsias jurídicas contando somente com conhecimentos da TAJ. Todo jurista precisa de um conhecimento profundo da dogmática jurídica e de certa experiência profissional para fazer seu trabalho do mesmo modo que nenhum químico, enquanto tal está em condições de ocupar o lugar de um *chef* nos fogões. Que não é uma ferramenta necessária o demonstra o fato histórico de que os juristas desenvolveram e continuam desenvolvendo seu trabalho sem contar com conhecimentos específicos de TAJ, de forma análoga a como se tem cozinhado sem conhecimentos teóricos de química. Porém, reitero, isto não implica necessariamente que o estudo da TAJ careça de sentido à medida que pode contribuir a melhorar no jurista a consciência do próprio labor. Esta melhor consciência do próprio trabalho pode ser útil, por exemplo, na hora de armar o sistema de legitimidade da função jurisdicional, por exemplo. A análise conceitual da argumentação nos permite compreender o que fazem os juízes quando decidem e isso apresenta grande transcendência para a legitimidade do trabalho jurisdicional. Por exemplo, por em relevo os limites do Direito e da lógica na hora de aplicar o Direito revela graves problemas para o Estado democrático e a separação dos poderes, porque normalmente os juízes não são escolhidos pelo povo e o fato de que usufruam de um poder de decisão além da estrita aplicação da letra da lei tem sido considerado por alguns como uma usurpação das funções do Legislador. Apesar dos problemas, parece ser que somente reconhecendo esse poder dos juízes é possível o funcionamento do Poder Judiciário e de um elemento-chave de muitos sistemas jurídico-políticos: O Tribunal Constitucional. Nesse sentido, a teoria da argumentação jurídica nos mostra de novo e oportunamente que o que é importante para a teoria acaba sendo também para a prática e aqui tem importância uma TAJ descritiva que nos diga que tipo de atividade decisória estamos julgando como válida ou não dentro de um Estado constitucional.

A TAJ, em sua perspectiva analítica, conceitual, não é uma disciplina suficiente nem necessária apesar de parecer em princípio beneficente. No entanto, certamente seja possível, assumindo as funções de advogado do diabo, pôr em dúvida esta afirmação e sustentar que a TAJ também poderia ser de certa forma prejudicial no sentido de incompatível com a prática dos juristas. Tratar-se-ia de um problema parecido ao que enfrentaria um cozinheiro que, após mergulhar no estudo da química, mudasse seu modo de cozinhar, abandonasse suas velhas panelas, seu fogão a lenha, sua intuição sobre medidas e tempos de cocção, para desenvolver sua tarefa com tubos de ensaio, balanças de precisão e tecnologia de ponta. É possível que ganhasse em rigor e precisão, mas certamente perderia algo importante para sua atividade. Esta afirmação pode parecer excessiva, mas é fundamentada no fato de que a TAJ é formulada desde um ponto de vista externo à prática dos juristas e a prática só pode funcionar graças à assunção sincera de certos pressupostos que precisamente a TAJ questiona (ou pelo menos algumas teorias da argumentação) e parte dos juristas poderia distorcer a própria prática jurídica até desvirtuá-la completamente. Para ver com mais clareza, desejaria servir-me para meus próprios fins de uma história que nos conta Stephen Toulmin com o título de "paradoxo de Townes":

> *Muitos neurocientíficos acreditam que estamos, no mínimo, perto de poder explicar, em termos neurofisiológicos, todas as interconexões e influências causais básicas implicadas no funcionamento do cérebro e do sistema nervoso central. E quando chegar o dia em que pudermos fazê-lo (como gosta de recordar a*

Charles Townes), os cientistas envolvidos desejarão atribuir a si a honra de suas façanhas intelectuais. Atribuir a si a honra de que façanha intelectual? Poder-se-ia perguntar. Do descobrimento científico de que os mecanismos cerebrais estritamente causais subjazem a todos os processos de pensamento racional (incluindo o descobrimento científico de que mecanismos cerebrais estritamente causais subjazem a todos os processos de pensamento racional...[6]

Townes imaginava a grande honra que seria descobrir os mecanismos que subjazem ao estado mental de alcançar uma honra, mas esta estratégia torna-se autofrustrante porque explica causalmente o sentimento de honra que torna-se incompatível com esse sentimento de honra. Quando um sentimento como esse se torna explicável, então perde o seu sentido. Certamente isso valeria para qualquer outro sentimento. Imaginemos que falamos de felicidade: se nosso neurofisiólogo descobrisse os mecanismos cerebrais que originam a felicidade, poderia ser feliz quando viesse a explicar causalmente como adquire esse estado mental de felicidade? Sua transformação em um processo causal certamente terminaria com o que significa para os seres humanos este sentimento. A honra ou a felicidade são sentimentos situados não em um nível explicativo, mas sim em um nível emotivo ou em um nível ético e cada um desses níveis de discurso está definido por pressupostos diferentes. Quem conseguisse explicar o sentimento de honra, de felicidade, talvez não pudesse senti-lo, pelo menos enquanto o explica. Analogamente, cabe pensar que algo parecido aconteceria ao juiz que concluísse por meio do estudo das decisões judiciais que na realidade cada sentença depende do que tomaram na manhã em que a ditaram ou que na realidade os juízes não fazem *justiça* de acordo com o Direito, senão que somente perpetuam uma situação de dominação de uma classe por outra. Em tais casos, careceria de sentido que os juízes tentassem ser equânimes, ou que buscassem uma interpretação de uma norma mais de acordo com a Constituição. Careceria de sentido inclusive toda crítica contra uma decisão judicial. A razão final de todas essas consequências devastadoras é que teríamos abandonado o jogo da linguagem, que é a argumentação jurídica que se desenvolve em um nível justificador para passar a um nível teórico ou explicativo no qual as regras do discurso, seus pressupostos, são completamente diferentes. Sob este ponto, uma TAJ alheia à prática assumida pelos participantes na prática

---

6 S. Toulmin, "Razones y causas", em N. Chomsky & al. La explicación en las ciencias de la conducta. Trad. de J. Daniel Quesada, Alianza, Madri, 1982, p. 19-50, aqui p. 22.

da argumentação levaria à aniquilação transcendental das próprias práticas argumentativas. Consequentemente, se algum juiz acreditasse sinceramente que não faz justiça de acordo com o Direito ou que toda decisão responde a fatores sociopsicológicos e fosse consequente, talvez tivesse que abandonar a profissão ou ainda aceitar com certa esportividade certa esquizofrenia, uma severa ruptura entre sua personalidade como juiz e a outra como teórico da argumentação. Descobrir os pressupostos implícitos na argumentação e revelar seu caráter contingente talvez impedisse a um magistrado tomar parte no jogo da argumentação jurídica de forma adequada. Afortunadamente, não conheço ainda nenhuma baixa na carreira judicial provocada por conhecimentos de TAJ, se bem que também é verdade que não são muitos os magistrados que têm acesso a esta disciplina. Talvez seja por causa de todos esses perigos que a TAJ dominante adote um ponto de vista interno na hora de estudar a argumentação, pois somente assim é possível afastar plenamente o perigo de suicídio que suscita uma TAJ puramente externa.

3.3. A utilidade de uma TAJ prescritiva

Quando a TAJ adota uma perspectiva prescritiva, então não se limita a conceituar como decidem os juízes, porém nos diz como deveriam decidir os juízes nos casos difíceis. Novamente, o aparelhamento conceitual da TAJ pode afastar-se do qual habitualmente utilizam os juristas, mas, em todo caso, a TAJ prescritiva adota um ponto de vista muito mais similar ao dos próprios juristas, pois trata-se em todo caso de resolver um problema prático: o que se deve decidir em tal caso. Por isso, aqui a divergência entre a prática dos juristas e a TAJ tem a ver com o grau de abstração que apresentam as propostas da TAJ. A TAJ aconselha os juristas a que levem em consideração em suas decisões critérios de universalidade, consequencialismo, consistência e coerência, respeito do precedente etc. Mas aqui em certo sentido nos encontramos de novo diante de um paradoxo que poderíamos chamar o paradoxo do casuísmo. O paradoxo do casuísmo consiste em que precisamente por causa do caráter profundamente particular, específico, único de cada caso que julgam os juízes, é necessário estabelecer parâmetros muito abstratos para sua resolução por parte de uma TAJ. Esse paradoxo explica que as tentativas de formalizar os critérios normativos para a resolução de conflitos jurídicos encontraram-se com dificuldades muito sérias. Robert Alexy recolhe em sua *Teoria de la argumentación jurídica* um sistema de regras que pretende assentar as bases de um futuro código da razão prática[7]. No entanto, esta codificação não costuma ser uma codificação puramente substantiva, i. e. uma codificação que nos diga o que fazer, mas sim uma codificação predominantemente processual, no sentido que costumam nos oferecer as regras que devem seguir os participantes no discurso que por sua vez se orienta para determinar o que fazer em um caso concreto.

Definitivamente, a TAJ no sentido descritivo pode ser benéfica para os juristas ainda que não possa em nenhum caso suplantar as disciplinas dogmáticas e as práticas em que se vê submerso o jurista em seu afazer diário e, por outro lado, a TAJ no sentido prescritivo apresenta um grau de abstração muito elevado que em nenhum caso pode eliminar o agônico momento da decisão final do operador jurídico ante um caso real. O particularismo moral (cuja recepção no Direito sob a forma de particularismo jurídico parece adquirir novas possibilidades ultimamente) reforça este enfoque. Os particularistas (cujo máximo expoente é Jonathan Dancy) sustentam que as normas ou princípios gerais têm relevância apenas no discurso prático, porque a particularidade de cada caso as priva de toda utilidade.

Portanto, os propósitos da TAJ em relação à prática do Direito não somente não são imperialistas, mas de certa forma são modestos. Em nenhum caso a TAJ pretende (certamente também não poderia pretender) suplantar aos juristas nem, digamos, corrigir-lhes o plano sistematicamente. Trata-se antes de contribuir a impulsionar o conhecimento desta atividade, revelar alguns pressupostos da argumentação jurídica que possam ser reexaminados e propor alguns critérios para buscar aprimorar a racionalidade do sistema jurídico-político no qual está inserida a função jurisdicional. A racionalidade no discurso jurídico é objetivo e pressuposto da TAJ.

4. RACIONALIDADE E DIREITO

Até o momento assumi que é possível falar de racionalidade no âmbito do jurídico. Esta premissa é fundamental para a TAJ, pois somente considerando possível a racionalidade no Direito adquire-se algum sentido formular uma TAJ. De algum modo, o *dictum "lex est aliquid rationis"* faz parte dos pressupostos da TAJ. Se não fosse possível discutir racionalmente sobre questões

---

7 Alexy acredita que a partir de seu modelo, "...poderia talvez um dia elaborar-se algo assim como um código da razão prática. Tal código seria o compêndio e a formulação explícita das regras e as formas da argumentação prática racional..." (R. Alexy, *Teoria de la argumentación jurídica* (1978). Trad. de Manuel Atienza e Isabel Espejo, C. E. C., Madri, 198, p. 185).

jurídicas, então nos encontraríamos no mundo do capricho, das preferências puramente pessoais, e sobre gostos não se discute e não se argumenta: o que posso objetar contra alguém que me diga que prefere os sorvetes de chocolate aos de baunilha?

No entanto, nem todo o mundo estaria plenamente de acordo em considerar que o direto e as decisões jurisdicionais podem ajustar-se à ideia de racionalidade e desde logo nem todos aqueles que o aceitam concederiam o mesmo alcance à racionalidade no Direito. Por exemplo, alguns autores do realismo norte-americano e algumas teorias críticas (especialmente os chamados *Critical Legal Studies*) sustentaram que o Direito e a argumentação jurídica representam acima de tudo questões de vontade, ideologia, experiências, impulsos (*hunches*) que escapam a uma análise racional. Estes tipos de colocações céticas diante da possibilidade de um controle racional das decisões judiciais costumam desembocar em um estudo das causas psicossociológicas que provocaram a decisão jurisdicional (de que serve a análise racional de decisões que dependem de como caiu ao juiz seu café da manhã?) ou das posições ideológicas ou políticas que estejam por trás dos problemas jurídicos ("*Law is politics*").

Na realidade, esta resistência a uma análise racional das questões jurídicas se enquadra em um problema muito mais amplo no qual se tem visto submerso tradicionalmente o Direito: o problema do *status* científico do conhecimento das ciências sociais (também chamadas culturais, hermenêuticas, humanas, do espírito ou simplesmente humanidades). Vejamos brevemente.

Ao longo da história, o prestígio das ciências experimentais (a física, a química, a biologia etc.) viu-se incrementado pela confiabilidade de seus resultados. No entanto, outras disciplinas como a história, a literatura, a jurisprudência etc., chegaram a ser consideradas, em contraste com aquelas, como o reino da irracionalidade ou do mais absoluto voluntarismo. Esse quadro comparativo constituiu um lastro para a maioria destas disciplinas e particularmente para o Direito, como se encarregaram de destacar os próprios juristas, entre os quais Kirchmann[8] destacou com luz própria. Ciências como a economia ou a sociologia, mais jovens do que a ciência do Direito, têm tido neste contexto mais êxito que a velha jurisprudência. Apesar de tudo, temos a sensação de que no estudo da história, ou na análise da literatura ou na ciência do Direito, se recorre à razão de algum modo.

---

8 J. H. von Kirchmann, *La jurispreudencia no es ciencia* (1874) trad. e estudo preliminar de Antonio Truyol, C. E. C., Madri, 1983.

No século XIX diversos autores pretenderam resolver o problema por elevação. Caberia destacar autores como Simmel, Collingwood, Croce ou Dilthey, que formulou em seu momento uma divisão entre ciências da natureza (*Naturwissenschaften*) e ciências do espírito (*Geisteswissenschaften*) que haveria de gozar de grande sucesso[9]. Segundo essa divisão, as primeiras se alinhariam meramente a um conhecimento externo dos fenômenos, a uma *cognitio circa rem*, enquanto as segundas perseguiriam um conhecimento profundo das coisas em si, nada menos que a *cognitio rei*. Por outro lado, a atividade exercida pelo estudioso seria também diferente conforme a disciplina. As ciências da natureza tenderiam a "explicar" (*erklären*), enquanto as ciências do espírito pretenderiam "compreender" (*verstehen*) a realidade. A explicação em princípio reduz a quem a desenvolva a um ser passivo ante as inferências, pois a verdade dos enunciados básicos obtidos com os instrumentos do método científico, unidos à correção do procedimento lógico, garante a verdade (pelo menos segundo o paradigma científico vigente) das conclusões. A compreensão requereria, ao contrário, a contínua participação de quem a execute. Na compreensão o sujeito conhecedor não desenvolveria um trabalho passivo, porém deixaria parte de si em seu trabalho. Esta teoria consagra como é óbvio o subjetivismo no conhecimento. A imagem ideal das ciências sociais tem oscilado, pois, entre ambos os extremos: a explicação e a compreensão, a tradição analítica e a hermenêutica, entre uma razão em sentido forte e uma razão em sentido fraco e inclusive, indo além, entre racionalismo e irracionalismo. Especificamente, o Direito tem oscilado entre formalismo e antiformalismo. Hoje em dia, depois de muito debater, ambas as posições se aproximaram e se fala de uma hermenêutica analítica[10]. Esta síntese tem desempenhado um destacado papel no desenvolvimento da atual teoria da argumentação jurídica[11].

Diante das posições céticas ante um enfoque racional do Direito, outras têm defendido a possibilidade de uma análise racional do Direito e da argumentação jurídica mais especificamente, se bem que têm discrepado de seu alcance. Para explicar a evolução histórica dessas colocações de forma

---

9 W. Dilthey, "Der Aufbau der geschichtlichen Welt in den Geisteswissenschaften", em Gesammelte Schriften, v. VII, B. G. Teubner, Stuttgart, 1965, p. 77-188.

10 G. H. von Wright, *Explicación y comprensión*. Trad. de Luis Vega Reñón, Alianza Universidad, Madri, 1979.

11 Vide A. Aarnio, A. Alexy e A. Peczenik, "The Foundation of Legal Reasoning" em *Rechtstheorie*, n. 12 (1980), Dunker & Humblot, Berlim, p. 133-158; 257-279 e 423-448, aqui p. 134. Para uma ampla visão das diversas teorias da argumentação jurídica vide M. Atienza, *Las razones del Derecho. Teorias de la argumentación jurídica*, Centro de Estudos Constitucionais, Madri, 1991 e U. Neumann, *Juristiche Argumentationslehre*, Wissenschaftliche Buchgesellschaft, Darmstadt, 1986.

esquemática, são particularmente úteis algumas propostas de Enrico Pattaro[12] a propósito de um esquema de Norberto Bobbio[13]. O ponto de partida é que o termo razão evoca um conceito rico e complexo[14] que adquire certos matizes ao incorporar-se ao mundo do Direito, onde pode ser contemplada em um sentido fraco ou em um sentido forte. Podemos falar, pois, de *racionalidade* ou mais fracamente talvez de *razoabilidade*.

4.1. Direito racional e razão jurídica

No julgamento de Bobbio[15], os termos razão e Direito experimentam certas transformações, certas especificações em seus conteúdos, ao entrar em contato e, mais concretamente, quando se lhe outorga a substantivação a um e um caráter adjetivo ao outro. Isto se verifica ao contrastar as expressões "Direito racional" e "razão jurídica".

4.1.1. "Direito racional"

Predicar racionalidade do Direito significa conceber o sistema jurídico fundamentalmente como uma expressão de razão, uma razão em sentido forte que se contrapõe à vontade. É fácil compreender por que esta associação de Direito e razão tem sido controversa: quando pensamos nas iniquidades que historicamente tem provocado a aplicação do Direito ao longo da história, tendemos a considerar o Direito como um mero ato de vontade, uma expressão de força. No entanto, quando pensamos nos benefícios que o Direito nos tem proporcionado, garantindo a convivência, promovendo o progresso social e o respeito a certos Direitos, então tendemos a considerar o Direito como uma

---

12 E. Pattaro, "La razón en el Derecho. Comentario a Norberto Bobbio". Trad. de Joseph Aguiló Regia, em *Doxa*, n. 2 (1985), p. 147-152.

13 N. Bobbio, "Reason in Law", em *Ratio Juris*, v. 1, n. 2, Julio (1988), p. 97-108, aqui p. 99. Existe tradução em espanhol: N. Bobbio, "La razón en el Derecho (observações preliminares)". Trad. de Alfonso Ruiz Miguel, em *Doxa*, n. 2, 1985), p. 17-26.

14 "Razón" provem de "ratio" e esta, por sua vez, de "ratus", particípio de "reor", contar, calcular e, por extensão, pensar. *Ratio* deu a dobradinha ração e razão: "ração" conserva a primitiva ideia de contar e razão se refere à ordem do pensamento propriamente e não a de simples cálculo, apesar de este regressar na acepção matemática do termo (voz "razão" em P. Foulquié (dir.) e R. Saint-Jean (col.), *Diccionario del lenguaje filosófico*. Trad. de César Armando Gómez, Labor, Madri, 1967, p. 854). Os significados de razão multiplicam-se enormemente ao se adjetivar a palavra. Ferrater recolhe em seu dicionário os seguintes tipos de razão: razão abstrata, razão analítica, razão concreta, razão crítica, razão dialética, razão histórica, razão instrumental, razão mecânica, razão preguiçosa, razão prática, razão teórica, razão reta, razão vital etc. (voz "razón", em J. Ferrater Mora, *Diccionario de filosofia*, Alianza, Madri 1980, p. 2782 e ss.).

15 N. Bobbio, "Reason in Law", *op. cit.* p. 99.

expressão de racionalidade. Neste caso, o "Direito racional" se torna o objeto de estudo dos teóricos do Direito e inclusive se considera o sistema jurídico como uma entidade intrinsecamente racional. A história do pensamento jurídico é em boa medida a história da pugna entre duas concepções do Direito: o Direito como expressão de vontade e o Direito como expressão de razão.

O jusnaturalismo teológico medieval nos oferece um claro exemplo disso. No parecer de autores como Duns Scot ou Guilherme de Occam, o Direito é a expressão da vontade de Deus. Ao contrário, segundo Tomás de Aquino, o Direito é uma expressão de racionalidade (*lex est aliquid rationis*). A definição de Direito que nos oferece Tomás de Aquino não pode ser mais explícita: "ordenação da razão dirigida ao bem comum por aquele que tem a seu encargo o governo da comunidade". Muitos têm visto na disputa entre o voluntarismo medieval e o intelectualismo tomista o germe da disputa entre positivistas e jusnaturalistas.

O processo posterior de secularização dará lugar ao jusnaturalismo racionalista de autores como Grocio e mais tarde Pufendorf, Tomasio e Wolff, os quais, prescindindo de fundamentações divinas, reforçarão a dimensão racionalista do Direito em uma direção que se estende a autores como Locke, Spinosa ou Leibniz. Naturalmente, as colocações racionalistas se projetam sobre toda a Ilustração e alcançarão uma de suas manifestações mais completas na teoria do Direito de Kant, talvez o último grande ilustrado. De fato, o predomínio do estudo do Direito racional, isto é, do estudo da razão em sentido forte no momento da criação do Direito se estende desde os gregos até Kant[16].

O Direito, em suma, é concebido como um sistema normativo de caráter racional. O racional se opõe assim ao empírico, ao histórico, ao divino. Na opinião de Perelman, são Hobbes, Montesquieu e Rousseau, os autores que liquidam esse modelo racionalista, de modo que a razão se vê afastada, respectivamente, por uma vontade soberana, as condições ambientais nas quais o Direito nasce e a vontade geral[17], abrindo assim passagem para as colocações positivistas que se imporão no século XIX e depois no século XX.

4.1.2. "Razão jurídica"

Falar de "razão jurídica" pressupõe que o Direito dispõe de um tipo específico de razão, uma razão em "sentido fraco", que se vincula ao inglês *common sense*,

---

16 *op. cit.*, p. 100-101.

17 *op. cit.*, p. 24-29.

ao italiano *raziozinio*[18], provavelmente à noção de *razoabilidade*[19], e que se desenvolve predominantemente não já no momento da criação do Direito, mas no de sua aplicação. Esta perspectiva tem presidido o estudo da razão no Direito desde Kant até nossos dias, até o ponto de as fronteiras do estudo da razão no Direito tenderem a sobrepor-se às traçadas pelos domínios da razão jurídica, no sentido aqui compilado, provavelmente, como afirma o próprio Bobbio, por influência dos autores anglo-americanos, cuja cultura jurídica de base judicial está marcada pelo casuísmo[20].

4.2. Quatro modelos básicos

A partir destas notas de Bobbio, Pattaro perfila um esquema no qual matiza o significado de razão em seus sentidos fraco e forte, assimilando-as, respectivamente, aos aristotélicos *epistemonikon* (razão científica, especulativa, scible) e *logistikon* (razão calculadora, disputável)[21]. Na sequência propõe quatro modelos[22] resultantes da combinação dos pares, razão forte-razão fraca e momento de criação do Direito-momento de sua aplicação. Examinemos estes modelos mais detidamente:[23]

Modelos	Criação do Direito	Aplicação do Direito	Representantes
1. forte-forte	razão forte	razão forte	Kant
2. forte-fraco	razão forte	razão fraca	Tomás de Aquino
3. fraco-fraco	razão fraca	razão fraca	Teoria da argumentação dos anos 50
4. fraco-forte	razão fraca	razão em sentido forte	A "Teoria Standard" da argumentação jurídica

---

18 N. Bobbio, "Reason in Law", *op. cit.*, p. 99-100.

19 Vide sobre a noção de "racionalidade" no âmbito jurídico: M. Atienza, "Para una razonable definición de 'razonable'", em *Doxa*, n. 4 (1987), p. 189-200.

20 N. Bobbio, "Reason in Law", *op. cit.*, p. 101.

21 E. Pattaro, "Models of Reason, Types of Principles and Reasoning. Historics Comments and Theoretical Outlines", em *Ratio* Juris, v. 1, n. 2, julho (1988), p. 109-122, aqui p. 117. Aristóteles, *Ética a Nicómaco*, 1139a. Trad. de Julián Marías y Araujo, C. E. C., Madri.

22 E. Pattaro, "Models of Reason, Types of Principles and Reasoning Historical Comments and Theoretical Outlines", *op. cit.*, p. 117-118.

23 Assim Atienza denomina (*Las razones del Derecho. Teorias de la argumentación jurídica*, Centro de Estudios Constitucionales, Madri, 1993, p. 132) as teorias de Alexy e MacCormick. Para uma visão geral das diversas teorias da argumentação jurídica, também vide Neumann, U., *Juristische Argumentationslehre*, Wissenschafrliche Buchgessellschaft, Darmstadt, 1986.

4.2.1. Modelo forte-forte

A razão é forte no momento da criação, nas premissas, e igualmente forte no momento da aplicação, na hora de desenvolver as conclusões. Constitui um bom exemplo deste paradigma o jusnaturalismo racionalista referido que postulou a existência de um Direito natural apreensível pela razão. Correlativamente, este racionalismo acabará exigindo do operador jurídico uma atitude passiva e mecânica. Os juízes aplicarão os preceitos como "seres inanimados que não podem moderar nem a força nem o rigor das leis"[24]. As decisões judiciais se transformam assim no fruto de "um silogismo perfeito", de modo que o processo de justificação das sentenças bem poderia recompor-se desde sua conclusão (certamente, a única resposta correta para a controvérsia) até seu fundamento final. Em nenhum momento fica o Direito, desde sua criação até sua aplicação, fora do controle se for uma razão em sentido forte.

A teoria do Direito de Kant exemplifica esse modelo de forma clara. Kant sustenta, como já foi assinalado, um conceito racionalista de Direito e ao mesmo tempo concebe sua aplicação como uma atividade profundamente racional e próxima à Matemática.

Sua concepção racionalista do sistema jurídico fica evidente na definição do Direito referida, e mais, seu racionalismo se reflete também em sua concepção da estrutura do Direito, como se depreende da caracterização da estrutura dos deveres jurídicos frente aos deveres éticos que Kant nos propõe em seu *Metafísica dos costumes*: "(1) a ética não dá leis para as ações (porque isso o faz o Jus), porém somente para as máximas das ações"[25]. Em outras palavras, as normas jurídicas se expressam por meio de regras que nos dizem precisamente que ação devemos ou não executar (por exemplo, vender álcool a um menor) enquanto as normas morais se expressam por meio de princípios que só nos oferecem um guia para determinar por seu lado uma norma que ordene uma ação em um caso concreto. Em um exemplo do próprio Kant, o dever de fomentar a felicidade alheia, por cuja virtude devo, sem esperar recompensa, sacrificar meu bem-estar em favor do bem-estar físico ou moral de outra pessoa, "é um dever amplo; tem livre espaço para agir no mais ou menos, sem que possam assinalar-se seus limites com precisão – a lei vale somente para as máximas, não para determinadas ações"[26]. Segundo Kant, os deveres jurídicos

---

[24] Montesquieu, *Del espiritu de las Leyes* (1735). Trad. de Mercedes Blázquez e Pedro de Vega, Tecnos, Madri, 1985, p. 112.

[25] I. Kant, *La metafísica de las costumbres, op. cit.*, 388 *in* fine, p. 241.

[26] Ibid. 395, p. 247.

são perfeitos, porque determinam obrigações estritas (hoje diríamos que se expressam por meio de regras), enquanto os deveres éticos são imperfeitos porque determinam obrigações amplas (hoje diríamos que se expressam por meio de princípios) que comportam certo grau de discrição (*latitudo*)[27].

Kant somente reconhece assim margens de discrição (*latitudo*) aos princípios morais, não do mesmo modo às normas jurídicas mais precisas e que hoje poderíamos chamar de "regras". Isto significa que pressupõe a possibilidade de certa discricionariedade no âmbito da ética, porém não no Direito. Cabe concluir, pois, que Kant sustenta basicamente uma teoria da interpretação e da argumentação jurídica formalista que pode servir de base à ideia da infalibilidade jurisdicional (se o juiz não exerce discrição, não pode errar). Esta conclusão certamente deve ser matizada se atentarmos a duas exceções que o próprio Kant contempla: o estado de necessidade e, sobretudo, a aplicação da equidade – essa "divindade muda que não pode ser ouvida"[28].

Finalmente, o formalismo kantiano apresenta uma consequência muito interessante de caráter metateórico na própria estruturação de suas doutrinas do Direito e da virtude. Da justaposição da divisão da moral como sistema dos deveres em geral, em sua *Introdución a la doctrina del Derecho*[29] com a segunda divisão da ética segundo os princípios de um sistema da razão pura prática[30], resulta o seguinte esquema:

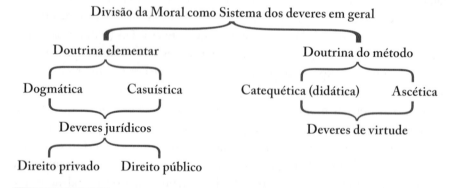

---

[27] Ressalte-se que não se deve confundir esta dicotomia (deveres perfeitos/deveres imperfeitos) com a distinção romana entre *leges perfectae* e *leges imperfectae*. De acordo com esta, uma lei é perfeita quando considera uma sanção e imperfeita quando não o faz. Essa distinção permite a Thomasius diferenciar Direito e moral a partir da ideia de que a coação é um componente essencial das normas jurídicas (*leges perfectae* nesse sentido) frente às morais. Kant (e mais tarde Kelsen) também seguem de algum modo esse pensamento (cfr. N. Bobbio, *Diritto e Stato nel pensiero di Emanuele Kant*, Giappichelli, Turín, 1969, p. 126 ss.).

[28] I. Kant, *La metafísica de las costumbres*, op. cit., 234, p. 44.

[29] Ibid. 242, p. 53.

[30] Ibid. 413, p. 273.

A doutrina elementar ocupa-se da análise dos conceitos básicos do Direito e da ética. Existe, pois, uma doutrina elementar kantiana do Direito que dá lugar a uma teoria do Direito e, por outro lado, uma doutrina elementar da ética que dá lugar a uma ética analítica (metaética) e uma ética normativa. A doutrina do método, em vez disso, se ocupa da *práxis*, a colocação em prática a efeitos didáticos (catequética) e o desenvolvimento de técnicas para cultivar a virtude (ascética). Kant, no entanto, não desenvolve uma doutrina do método para sua teoria do Direito e se escusa pela assimetria em uma observação que vale a pena reproduzir a seguir:

"Mas como posso querer – se perguntará – introduzir uma divisão da ética em *doutrina elementar* e *doutrina do método*, quando pude abrir mão dela na doutrina do Direito? A razão é a seguinte: que aquela trata de deveres amplos, enquanto esta trata de deveres puramente estritos; por isso, a última que, segundo sua natureza, há de ser rigorosamente determinante (precisa), não necessita – como tampouco a matemática pura – um regulamento universal (método) de como se deve proceder ao julgar, mas o verifica na ação. – Pelo contrário, a ética, graças à margem que deixa a seus deveres imperfeitos, conduz inevitavelmente a perguntas que exigem à faculdade de julgar estipular como se aplicará uma máxima nos casos particulares; e certamente de tal modo que esta proporcione de novo uma máxima (subordinada) (na qual sempre pode perguntar-se novamente por um princípio para aplicá-la aos casos que se apresentem), e cai desse modo em uma casuística, de que nada sabe a doutrina do Direito".[31]

Em consequência, não tem sentido que o juiz exerça essa decisão discricionária. Kant associa, pois, em *Metafísica dos Costumes* intensamente as regras (deveres perfeitos, obrigações estritas) ao Direito (estrito) e os princípios (deveres imperfeitos, obrigações amplas) à ética. Em consequência, o Direito configura-se como um sistema de regras, e a moral como um sistema de princípios. Sob esse ponto de vista, Kant sustenta em *Metafísica dos Costumes* certo formalismo[32] no sentido de que se pressupõe no Direito uma notável perfeição formal, o que poderíamos chamar uma infalibilidade técnica. Chama a atenção constatar que o modelo de regras se associou tradicionalmente ao positivismo jurídico, se bem que a teoria kantiana racionalista também o faz[33].

---

31 Ibid. 411, p. 269-270.

32 Formalismo em sentido não totalmente coincidente com o que sublinha Bobbio, quando assinala que Kant antecipa o formalismo jurídico de autores como Stammler, Kelsen ou Del Vecchio na sua primeira fase. De acordo com essa acepção do formalismo, o Direito expressa a forma das relações sociais como a economia se refere ao conteúdo (N. Bobbio, *op. cit.*, p. 116-117.

33 Assim o assinala R. Alexy, *Recht, Vernunft, Diskurs, op. cit.*, p. 220, nota 24.

A codificação, à medida que concebe os novos corpos legais como a nova *ratio scripta*, dá continuidade a esta situação: a razão em sentido forte se identifica agora com o ordenamento jurídico, que se situa sobre a autoridade[34]. Depois da Revolução francesa, a segurança, um valor da burguesia emergente, instala-se no trono que até então a justiça (determinada pela razão) tinha ocupado no domínio da criação do Direito. Na Europa continental essa concepção do Direito, favorecedora do formalismo jurídico, parece ter sido fortemente interiorizada pelos juristas, os quais não em vão se formam como juristas por meio do estudo dos códigos descendentes do francês de 1804.

4.2.2. Modelo forte-fraco

A razão apresenta-se forte nas premissas e fraca nas conclusões dos processos argumentativos. É possível acessar mediante a razão em sentido forte a certos princípios autoevidentes, mas sua ulterior aplicação requer uma razão pruden-cial que conduza a resultados plausíveis, aceitáveis etc. Pattaro[35] inclui sob este modelo a Tomás de Aquino. O Direito natural, aquela parte da Lei eterna, que nos é dada a conhecer aos homens, pode ser conhecida pela razão humana, que é ajudada pela revelação e pela intuição (*sindéresis*). A tarefa jurídica significa na teoria de Tomás de Aquino um processo de determinação. Como assinala Ollero, "a analogia permite estabelecer uma relação de semelhança entre duas realidades a princípio heterogêneas (princípio legal e caso concreto), mas sempre mediante um *tertium comparationis*"[36]. Este último elemento requer a participação prudencial do aplicador, nexo calculável entre o dado pela razão (uns princípios éticos naturais) e o que há de resolver-se praticamente.

4.2.3 Modelo fraco-fraco

Tanto a produção do Direito como sua aplicação inspiram-se em uma razão em sentido fraco. Por conseguinte, não se deve esperar em nenhum dos está-gios citados a certeza que confere a razão em sentido forte a seus resultados,

---

34 Pattaro não inclui neste parágrafo os sistemas normativos da codificação porque neles a autoridade substituiu a razão no momento da criação do Direito (*Models of Reason, Types of Principles and Reasoning. Historical Comments and Theorical Ourlines, op. cit.*, p. 120). Esta grande inovação, no entanto, pode ser até certo ponto afastada dado que os códigos precisamente se consideram expressões da razão.

35 E. Pattaro, *Models of Reason, Types of Principles and Reasoning*. Historical Comments and Theoretical Outlines, *op. cit.* p. 118.

36 A. Ollero, *Interpretación del Derecho y positivismo legalista*, Editoriales de Derecho Reunidas, Madri, 1982, p. 51.

mas sim, neste caso, pode ficar claro das conclusões alcançadas meramente aceitação, racionalidade etc.

Pattaro[37] refere-se neste contexto à nova retórica de Perelman e ao tópico de Viehweg, embora se possa acrescentar muitos outros exemplos de grande ressonância, como as ideias de Reale[38] ou a "lógica do razoável" de Recaséns Siches[39]. Este "logos do humano" ou "do razoável" constitui uma lógica material frente à formal tradicional, frente à lógica do racional"[40] como se vê, na oscilação entre tradição analítica e hermenêutica, que estes autores reforçam a segunda dimensão.

4.2.4. Modelo fraco-forte

Desta perspectiva determina-se uma razão prudencial nas premissas, enquanto se designa às conclusões a possibilidade de uma razão forte. Isto é, os princípios dos quais se parte são contingentes; no entanto, uma vez admitidos, o desenvolvimento dedutivo subsequente transforma em necessária a conclusão, ao menos enquanto tais princípios permaneçam inalterados, aceitos. Na opinião de Pattaro, autores como Aulis Aarnio, Robert Alexy e Aleksander Peczenik representam típicos expoentes desse paradigma[41], aos que se deveria acrescentar, pelo que se refere ao âmbito da jurisprudência anglo-americana, a figura de D. N. MacCormick. Neste contexto e de uma perspectiva epistemológica, é interessante observar com Pattaro a aproximação da estrutura do discurso científico, próprio das ciências naturais, à do discurso ético. Nas ciências experimentais têm se tornado relativos os ponto de partida[42] e, em uma ciência social, a que corresponde ao estudo do Direito, tenta-se dotar de racionalidade,

---

37 E. Pattaro, *Models of Reason, Types of Principles and Reasoning*. Historical Comments and Theoretical Outlenes, *op. cit.* p. 118.

38 Certamenta, na opinião de Hans-Rudolf Horn, a ausência dos autores ibero-americanos (Recaséns e Reale) nos estudos referentes às teorias da argumentação jurídica, talvez se deva a que eles não usaram explicitamente a expressão "teoria da argumentação" na elaboração de suas teorias (H. R, Horn, Are There Several Theories of Legal Argumentation?, em H. J. Koch e U. Neumann. (comps.), *Praktische Vernunft und Rechtsanwendung*, em ARSP, caderno 53, Franz Steiner, Stuttgart, 1994, p. 139-142, aqui p. 139-140.

39 L. Recaséns, *Experiencia jurídica, naturaleza de la cosa y lógica de lo razonable*, Fondo de culturaeconomica, Universidad Nacional de Mexico, Mexico, 1971.

40 L. Recaséns, Tratado General de Filosofia del Derecho (1959), Porrúa, México, 1965, p. 642 e 664.

41 E. Pattaro, "Models of Reason, Types of Principles and Reasoning. Historical Comments and Theoretical Outlines", *op. cit.* p. 118.

42 O falsacionismo de Popper é, efetivamente, uma mostra desta tendência (K. Popper, *La lógica de la investigación científica* (1934). Trad. de Victor Sánchez de Zavala, Tecnos, Madri, 1082, caps. 3º e 4º especialmente. Vide acerca das consequências das teorias de Popper e Kuhn para a metodologia em geral, A. Calsamiglia, *Introdución a la ciencia jurídica*, Ariel, Barcelona, 1986, p. 34-40.

de rigor, a seus métodos. Esta aproximação permite reconhecer o modelo *falsionista* das ciências experimentais nos pressupostos epistemológicos e metaéticos das modernas teorias da argumentação. Poderíamos expressar com Neumann a comum adoção desta *philosophia negativa* nos seguintes termos: nas ciências experimentais não sabemos o que são as coisas, senão somente o que não são do mesmo modo que, na filosofia do Direito que subjaz às modernas teorias da argumentação, não se pode afirmar o que é a justiça, porém sim é possível reconhecer as injustiças[43]. Como logo veremos a caracterização de Pattaro talvez exija algum matiz, pois a teoria de Alexy propõe uma TAJ inspirada em uma racionalidade possivelmente não tão explícita e por outra parte pressupõe uma racionalidade maior do que parece ao sustentar um modelo de Direito antipositivista.

No futuro, com a finalidade de delimitar nosso estudo, prescindiremos dos modelos forte-forte e forte-fraco. A codificação torna relativa a importância da razão no sentido forte que propugnou o jusnaturalismo racionalista, precisamente ao positivá-la. O discurso sobre a razão fica substituído pelo da autoridade no âmbito da produção normativa, como assinala o próprio Pattaro[44].

Restringimos assim o campo de estudo aos modelos fraco-fraco e fraco-forte. As teorias agregadas a ditos esquemas se ocupam, fundamentalmente, do papel da razão na aplicação do Direito, precisamente onde os dois grupos contrastam. Como foi assinalado; a razão jurídica (*legal reason*) apropriou-se praticamente da totalidade dos domínios do estudo da razão no Direito. Além da pujança da filosofia do Direito anglo-americana (a qual, coerente com o sistema de base judicial que lhe serve de marco, concede o protagonismo ao momento da aplicação judicial), faz pensar em outras circunstâncias favorecedoras a este deslocamento do centro de gravidade do debate em torno à razão no Direito desde a produção do Direito até sua interpretação e aplicação: a assinalação kelseniana da pureza a sua teoria das fontes e da ideologia à teoria da interpretação[45]; a insistência na concepção

---

43 U. Neumann, *Juristische Argumentationslehre*, Wissenschaftliche Buchgesellschaft, Darmstadt, 1986, p. 37. Vide neste sentido R. Alexy, *Teoria de la argumentación jurídica, op. cit.*, p. 37 e 113; sobre a falácia na teoria do discurso de Habermas que serve de base à teoria da argumentação jurídica de Alexy, vide *ibidem*, p. 136 e 141: a situação ideal de diálogo constitui um critério hipotético e negativo sobre a verdade e a correção e, por outro lado, a falácia encontra-se implícita na teoria do discurso já que as regras da razão permitem sempre problematizar de novo; também em um marco mais geral.

44 E. Pattaro, *Models of Reason, Types of Principles and Reasoning.* Historical Comments and Teoretical Outlines, *op. cit.* p. 120.

45 Vide H. Kelsen, *Teoria pura del Derecho* (1960). Trad. de Roberto Vernengo, Porrúa, Mexico D. F., 1991, p. 349 e ss. Segundo E. P. Haba, "(a)pesar de sua obsessão (de Kelsen) pelo rigor metodológico (melhor: precisamente em respeito a isso!) não caiu na ingenuidade, ou na dissimulação, de pretender estendê-lo inclusive à própria prática dos juristas quando aplicam o Direito. A ele não fugiu que o

das normas jurídicas como o resultado de uma interpretação e não como um dado preexistente a esta por influência do realismo e das correntes antilegalistas[46] etc.

O fato fundamental consiste no trânsito que se verifica desde o estudo da razão no âmbito da legislação até o da interpretação do Direito. Conferir racionalidade (em sentido forte ou fraco) à aplicação do Direito e preservá-la da arbitrariedade constitui o objetivo do método jurídico[47]. Não é de estranhar então que, se a metodologia jurídica estuda os métodos para afiançar a razão no Direito e se o campo de estudo da razão no Direito vem a coincidir atualmente com o da razão jurídica (esse raciocínio específico do Direito que se desenvolve basicamente, como vimos, no momento da aplicação do Direito, da justificação ou argumentação das decisões jurídicas), então se produza uma assimilação de "metodologia jurídica", a "teoria da argumentação jurídica". Por tudo isso, como se tem assinalado insistentemente, recorrer ao termo "metodologia jurídica" ou, pelo contrário, ao de "teoria da argumentação jurídica" já chegou a considerar-se uma questão de moda[48]: se trataria, definitivamente, de duas denominações para a mesma realidade.

Definitivamente, no que se segue penetraremos nos modelos fraco-fraco e fraco-forte: as diversas teorias da argumentação jurídica, prestando especial atenção àquele âmbito em que há discrepância entre si, o da aplicação do Direito. Dito de outro modo se analisará a seguir a razoabilidade que preside a concepção da aplicação do Direito nas antigas teorias da argumentação jurídica frente à racionalidade que pretende instalar-se no mesmo âmbito nas modernas teorias da argumentação jurídica.

---

principal desse discurso, as interpretações, não é assunto de racionalidade científica, mas de ideologias e pressões sociais." ("Racionalidade e método para o Direito: isso é possível? (I)", em *Doxa*, n. 7 (1990), p. 169-240, aqui p. 231).

46 Vide uma concisa caracterização do contraste entre o positivismo e as vertentes antilegalistas em J. A. García Amado, "Tópica, Direito e método jurídico", em *Doxa*, n. 4 (1987), Alicante, p. 178.

47 "Quanto à finalidade do método jurídico, parece existir um acordo generalizado nas doutrinas modernas, que consiste em eliminar a arbitrariedade da prática jurídica e conseguir o maior grau possível de racionalidade da mesma" (J. A. García Amado, "Tópica, Derecho y método jurídico", em *Doxa*, n. quatro (1987), p. 161-188, aqui p. 176).

48 Assim o põe em destaque W. Krawietz (Derecho y racionalidad en la moderna teoria del Derecho, em E. Garzón Valdés (comp.), *Derecho y Filosofia*. Trad. de Carlos de Santiago, Barcelona-Caracas, 1988, p. 153-173; no mesmo sentido, J. A. García Amado, "Del método jurídico a las teorías de la argumentación", em *Anuario de Filosofia del Derecho* (1986), Madri, p. 151-182, aqui p. 151 ("(s)e tem dito que tal flutuação das denominações, entre metodologia jurídica e teoria da argumentação, é mera questão de moda"); M. Atienza, *Las razones del Derecho, op. cit.* ("de certo modo, a teoria da argumentação jurídica vem a ser a versão contemporânea da velha questão do método jurídico").

5. A TEORIA DA ARGUMENTAÇÃO DOS ANOS 50

Durante muito tempo, numerosos autores associados ao formalismo jurídico, em geral ao que Bobbio denominaria "positivismo teórico", mostraram-se favoráveis à concepção lógico-dedutiva do raciocínio jurídico. Provavelmente uma das expressões mais precisas dessa forma de contemplar o raciocínio jurídico se deva a Cesare Beccaria, que em sua obra *De los delitos y las penas* afirma:

> *[...] em todo delito deve ser feito pelo juiz um silogismo perfeito: A premissa maior deve ser a lei geral; a menor a ação conforme ou não com a lei; a consequência, a liberdade ou a pena [...] Não há coisa mais perigosa do que aquele axioma comum de que é necessário consultar o espírito da lei*[49].

Desde esse ponto de vista, o raciocínio jurídico, e particularmente uma sentença judicial, se expressa por meio de um raciocínio lógico e dedutivo que poderia ser representado do seguinte modo nos termos de uma lógica de quantificação e de predicados:

$$(x)\ Fx \longrightarrow OGx$$
$$\frac{Fa}{OGa}$$

Onde leríamos:

1. Premissa maior ou normativa: para todo (não somente para algum) x, se F (se predica) de x, então é obrigatório que G (se predique) de x; Por exemplo, e prescindindo dos artifícios de uma linguagem não natural, diríamos: quem quer que roube será obrigado à privação de liberdade tantos anos.
2. Premissa menor ou fática: a (se predica) de F. Por exemplo, João roubou.
3. Conclusão: logo é obrigatório que G (se predique) de a: João está obrigado a ver-se privado de liberdade por tantos anos.

Como veremos, esta visão da aplicação do Direito é muito estreita, porque nos encontramos com deficiências de diversa ordem que tornam insuficiente a concepção da aplicação do Direito que nos propõe Beccaria. A teoria da argumentação dos anos cinquenta nos oferece sobretudo um enfoque antiformalista da argumentação jurídica, provavelmente como reação

---

49 C. Beccaria, *De los delitos y las penas*, ed. de Francisco Tomás y Valiente, Aguilar, Madri, 1974, cap. IV, p. 76.

a algumas correntes formalistas que começam a tomar corpo nessa época, confirmando um enfoque logicista como o recém exposto. Resgatam-se da Antiguidade clássica disciplinas como a retórica, a tópica ou a dialética na hora de teorizar sobre a argumentação jurídica. Nesta linha se inscrevem as teorias de autores como Theodor Viehweg que revitaliza a tópica, Chaïm Perelman, que com Olbrechts-Tyteca reabilita a retórica para o Direito ou, já no âmbito ibero-americano, Luis Recaséns Siches, que rechaça a aplicação da lógica ao Direito fortemente influenciado pelas teorias do realismo norte-americano. Comecemos por este último autor.

5.1. A teoria do "*logos* do razoável", de Luis Recaséns Siches

> *Todas as definições de razão que faziam consistir o essencial desta em certos modos particulares de operar com o intelecto, além de ser estreitas, a esterilizaram, amputando e embotando sua dimensão decisiva. Para mim é razão, no verdadeiro e rigoroso sentido, toda ação intelectual que nos põe em contato com a realidade, por meio da qual topamos com o transcendente. O resto não é senão... puro intelecto, mero jogo caseiro e sem consequências, que primeiro diverte ao homem, logo o estraga e, finalmente, o desespera e o faz desprezar-se a si mesmo.*
>
> José Ortega y Gasset[50]

Luis Recaséns Siches foi um filósofo do Direito espanhol, discípulo no âmbito jurídico de José Ortega y Gasset, que desenvolveu seu trabalho investigativo e docente no México. Em seus diversos trabalhos se esforçou em realçar as insuficiências da aplicação dos métodos lógico-dedutivos ao raciocínio jurídico. A subvalorização do papel da lógica por Recaséns e de certo modo uma atitude de desdém em relação a ela se percebe com particular intensidade nas palavras de Ortega que encabeçam este epígrafe e que Recaséns faz suas em sua argumentação. Sob este ponto de vista, este autor mantém certo ceticismo de corte realista frente à possibilidade de uma análise racional dos processos de decisão jurídica, mas não chega a mergulhar no total irracionalismo, propondo em troca uma debilitação da razão graças a uma alternativa à aplicação da lógica formal ao Direito que denomina "logos do razoável".

---

50 Citação de José Ortega y Gasset reproduzida por Luis Recaséns e às quais adere em seu *Tratado General de Filosofia del Derecho, op. cit.*, p. 645.

Esta seria uma lógica oposta à lógica do racional. Uma lógica material frente à formal, definitivamente, uma lógica do humano frente à lógica tradicional. O fragmento seguinte põe em relevo o parentesco desta lógica do razoável com outras teorias próximas às quais me referi anteriormente:

> *O campo do logos é muitíssimo mais extenso que a área da lógica pura tradicional. Compreende outras regiões, como, por exemplo, a da razão histórica apontada por Dilthey, a da razão vital e histórica mostrada por Ortega y Gasset, a da experiência prática e desenvolta por Dewey, a lógica do humano ou do razoável em cuja exploração estou eu dedicado*[51].

Recaséns insiste com frequência na unicidade da experiência jurídica, na necessidade de analisar o Direito *hic et nunc*. Cada caso é diverso e por isso o Direito é esquivo às generalizações, às sistematizações e aos métodos da ciência. Recaséns afirma que, até o momento de sua aplicação, "as leis são sempre uma obra inconclusa"[52] e nesse sentido mostra-se favorável a postulados do realismo norte-americano. De fato, Recaséns se expressa em termos muito laudatórios em relação a este movimento e se refere com insistência a essa virtude real do Direito vivo, a que se nos revela quando o Direito abandona sua abstração. Mostrando uma clara adesão, nosso autor recolhe a seguinte citação, onde um civilista espanhol, Javier Dualde, afirmava: "uma abstração é o oposto a uma concretização. Como o concreto é o real, o abstrato é o irreal"[53]. Por esta razão Recaséns censura "a exaltação da matemática como tipo exemplar de conhecimento"[54], fruto de um "preconceito racionalista a favor do geral"[55], de um "fetichismo do geral"[56] ou "de um espírito de veneração ao universal e de desdém para com as singularidades do particular, que, nascido na Grécia, reviveu impetuosamente na cultura moderna e se projetou sobre todos os setores dela, inclusive no campo da interpretação do Direito positivo"[57].

---

51 L. Recaséns, *Tratado General de Filosofia del Derecho, op. cit.*, p. 642.

52 L. Recaséns, *Tratado General de Filosofia del Derecho, op. cit.*, p. 628.

53 Javier Dualde (*Una Revolución en la lógica del Derecho (Concepto de la interpretación del Derecho Privado –* 1933-), citado por Recaséns, *op. cit.*, p. 638.

54 L. Recaséns, *Antologia* 1922-1974, Fondo de Cultura Econômica, México DF, 1976, p. 199.

55 Ibid.

56 L. Recaséns, *Antologia* 1922-1974, *op. cit.*, p. 205.

57 L. Recaséns, "Interpretación jurídica por medio del 'logos de lo humano' o de "lo razonable", em *Antologia* 1922-1974, *op. cit.*, p. 201 e 190-219.

Em um estudo como o presente no qual se assume a possibilidade de uma racionalidade mais forte que a defendida por Recaséns, a relevância de sua obra restringe-se sobretudo a sua preocupação pelas questões argumentativas e a seu zelo por desvelar-nos as insuficiências de uma concepção estritamente lógico-dedutiva da aplicação do Direito. No entanto, a obra de Recaséns recorre a instrumentos para superar essa insuficiência que certamente geram mais problemas do que pode resolver. Seu misterioso e obscuro "logos do razoável" não apresenta uma articulação definida que nos permita sequer procurar rebater sua proposição. Esta indefinição certamente é um traço que com mais ou menos intensidade caracteriza os autores da TAJ dos anos cinquenta.

5.2. A tópica de Theodor Viehweg

Quando devemos defender uma posição mediante argumentos, pode-se economizar muito trabalho invocando normas aceitas *ex ante* por nosso interlocutor ou que são comumente aceitas. Desse modo, os lugares-comuns, os tópicos, as opiniões assumidas geralmente podem economizar um considerável esforço fundamentador. No mundo do Direito, Theodor Viehweg conferiu grande importância a esta forma de argumentar[58].

Theodor Viehweg escreveu sua defesa para a cátedra verso 1953 que haveria de gozar grande êxito posteriormente. A obra intitulou-se *Topik und Jurisprudenz* e pretendeu ser um contraponto às correntes sistematizadoras do Direito que por esses anos intentavam desenvolver uma lógica das normas, uma lógica deôntica, e mais precisamente, uma lógica jurídica. Manuel Atienza destacou os seguintes condicionantes para a reabilitação da tópica da mão de Viehweg: (1) Em primeiro lugar, o renascimento da tópica com caráter prévio em outras disciplinas alheias ao Direito; (2) em segundo lugar, a aparição da lógica deôntica e da lógica jurídica com os escritos de von Wright e Klug, frente aos quais a tópica representa uma reação e (3), finalmente, a aparição de outros trabalhos também referentes à argumentação jurídica em termos semelhantes aos de Viehweg.

Viehweg parte da disjuntiva proposta pelo filósofo Nicolai Hatmann entre pensamento sistemático (Systemdenken) e pensamento problemático (Problemdenken). O pensamento problemático ou aporético parte do problema para alcançar posteriormente um sistema, enquanto o proceder sistemático opera, desde o sistema, uma seleção dos problemas. A tradição analítica tem

---

[58] No que se refere a Viehweg, extraio aqui numerosas ideias do epígrafe 1.4.3 de meu livro *Principios y positivismo jurídico*, C. E. P. C., Madri, 1998.

dado prioridade à ideia de sistema na hora de estudar o Direito, enquanto a tradição hermenêutica tem conferido prioridade à ideia de problema em prejuízo da ideia de sistema.

Por exemplo, a teoria do Direito dos argentinos Alchourrón e Bulygin[59] concebeu o ordenamento jurídico como um sistema axiomático, seguindo o modelo de Hilbert. Segundo os professores argentinos, o Direito pode ser reconstruído como um conjunto de enunciados jurídicos formulados que funcionam como axiomas ou base axiomática do sistema e um conjunto de enunciados derivados logicamente dos enunciados derivados e que cumprem a função de teoremas do sistema, consequências lógicas dos axiomas. Kelsen denominava sistemas estáticos aos sistemas normativos que funcionam exclusivamente desse modo. Seguindo livremente um exemplo do próprio Kelsen, imaginemos que uma tribo tem um único código de conduta que dá forma a todo o seu Direito e que está escrito desde tempos imemoráveis sobre um papiro no qual figuram duas normas e duas definições extensíveis, de modo que o sistema jurídico de nossa tribo (SJT) está formado pela norma N1 e as definições def. 1 e def. 2:

> *N1: "Amarás a teu próximo"*
> *def.: 1: "Amarás" é sinônimo de "ajudarás" e "não agredirás".*
> *def.: 2: "teu próximo" é teu concidadão e quem te visite.*

N1, def. 1 e def. 2 configuram a base axiomática do sistema jurídico de nossa tribo imaginária (SJT). No entanto aqui não se acabam as normas do sistema. Também formam parte dele, segundo o dito, as normas derivadas logicamente destas normas codificadas. De modo que também pertencem a SJT, apesar de nunca terem sido pronunciadas (nem quiçá imaginadas) por ninguém, as normas:

> *N2: "Ajudarás a teu concidadão"*
> *N3: "Ajudarás a quem te visite"*
> *N4: "Não agredirás a teu concidadão"*
> *N5: "Não agredirás a quem te visite"*

Muitos autores têm considerado, no entanto, que este planejamento torna-se insuficiente e sem foco quando falamos de Direito. O Direito

---

[59] C. E. Alchourrón e E. Bulygin, *Introdución a la metodología de las ciencias jurídicas y sociales* (1971), Astrea, Buenos Aires, 1987.

não seria susceptível a uma sistematização como esta. E isso não só pela complexidade das normas jurídicas reais, pois nem sequer um exemplo tão simplificador como o proposto evita numerosos problemas interpretativos e valorativos implicados, como também por outras razões, como, por exemplo, as dificuldades da aplicação da lógica do Direito (*infra* tema IV). Agora não é possível deter-se em um estudo pormenorizado desta questão; é suficiente constatar a visão do Direito como sistema que basicamente sustentam alguns autores, do que os efeitos de melhor contrastá-la com a concepção do Direito e a aplicação do Direito de correntes céticas frente à ideia de sistema.

Um defensor da tópica jurídica não estudaria o Direito como se acaba de sugerir. Aquele que mantém uma concepção tópica do Direito se preocupa mais pelo problema concreto e daí começa a ter uma visão do sistema SJT. O ponto de partida da tópica seria provavelmente perguntar-se qual é a decisão do xamã (ao que se encarregou consuetudinariamente aplicar o código da tribo) ante o conflito que se coloca quando diante de todos: o cidadão A olhou com desconsideração ao cidadão B em uma festa pública. Como decidir este caso? Podemos dizer que estamos diante de um caso de agressão mesmo que não seja física? Cumpriu o cidadão A com as normas da tribo? O importante aqui não é o que diz o código, senão como resolver o caso aqui e agora e então entram em jogo as técnicas da tópica jurídica, entram em jogo os lugares-comuns socialmente aceitos, a tradição jurídica compartilhada etc.

Theodor Viehweg viu com clareza que ante o Direito (como ante a qualquer estilo de pensamento) eram possíveis dois caminhos: transformar esse estilo em um método dedutivo (sistematizá-lo, como certamente proporiam Alchourrón e Bulygin) ou bem conservar o estilo dado historicamente e fazer dele o objeto de uma ciência, alternativa esta última, pela qual ele tende decididamente. Parece vislumbrar-se nesse proceder uma importante vertente historicista que encontra no providencial transcorrer da história e de seus resultados um referente objetivo. Em sua obra, Viehweg refere-se ao estilo dos jurisconsultos romanos, desprovido de sistematicidade, como o mais adequado à natureza do Direito. A jurisprudência deve reger-se por um pensamento problemático e, a tópica, enquanto representa "a técnica do pensamento problemático", viria a ser o instrumento mais adequado para seu desenvolvimento. Como diz Perelman,

> *Os lugares-comuns desempenham na argumentação um papel análogo ao dos axiomas em um sistema formal. Podem servir de ponto de partida porque se considera que são comuns a todas as mentes. Diferem dos axiomas porque a adesão que se lhes concede*

não está fundamentada sobre sua evidência senão, ao contrário, sobre sua ambiguidade e sobre a possibilidade de interpretá-los e de aplicá-los de maneiras diferentes.

Esta ambiguidade favorece uma maior relevância do consenso, que se encontra na própria gênese dos tópicos e da forma de vida na qual nascem.

Em definitivo, Viehweg concebe o Direito a partir de uma aporia fundamental: "que seja o justo aqui e agora", pois as normas integrantes do ordenamento jurídico parecem sofrer uma alteração ao entrar em contato com os casos concretos. A lei escrita torna-se aqui um lugar-comum com reconhecimento social, um mero tópico a mais, se bem *topos* de início. Esta singularidade da experiência jurídica *hic et nunc* não seria compatível com as longas cadeias de raciocínio que desenvolve o processo dedutivo (*per modum conclusionum*) a partir de um Direito sistematizado. Este último "novo método" ou "método crítico" (Vico) ou "dialética" (desta vez no sentido de "lógica" em Cicerón) surge de um *primum verum* do qual partem as deduções lógicas, cuja correção, unida à verdade das premissas fundamentais, do ponto de partida do raciocínio, garante a eficácia do método, permanecendo o sujeito passivo ante a sucessão de inferências lógicas.

Em franca oposição a tal procedimento, no aporético não existe um *primum verum* ao que se incorpore unicamente a passividade do sujeito. Aqui o *veruma* abre caminho para os *verosimilia*. A argumentação, poderia dizer-se, aparece como uma distensão, um *continuum* em que a intervenção do sujeito constitui uma atividade inventiva permanente *per modum determinationis*: "A tópica não se entende se não se admite [...] que continuamente se está decidindo", nos diz o próprio Viehgweg. O sujeito se faz presente ao longo de todo o raciocínio mediante a ponderação dos *topoi (ars inveniendi)*. Estes tópicos de primeiro grau constituem deste modo pontos de vista diretivos que, uma vez consolidados, se integram em repertórios de pontos de vista ("tópica de segundo grau"). Os tópicos aparecem assim como os *loci communes,* os lugares-comuns de cada ramo do saber, que auxiliam uma atividade decisória essencialmente subjetiva. A compensação desta dimensão subjetiva tão acusada neste discurso requer certos contrapesos. No juízo de García Amado (certamente o maior especialista sobre a tópica na Espanha), a teoria de Viehweg precisa de um apoio metafísico para não se converter em banal e isto certamente seja difícil; dadas certas manifestações antimetafísicas do próprio Viehweg[60].

---

[60] J. A. García Amado, *Teorias de la tópica jurídica*, Civitas, Madri, 1988, p. 361-362.

Por tudo isso, a tópica de Viehweg tem provocado grandes críticas. A vagueza e, em expressão de García Amado, a "multiformidade ou indefinição metodológica"[61] da proposta de Viehweg (aspectos nos quais ele cifrava precisamente seu maior valor pragmático e nos quais radique a origem de seu êxito) têm estimulado as críticas mais incisivas. Por exemplo, como assinalou Luis Prieto Sanchís: "(a)qui o Direito nem sequer seria uma predição acerca de como se comportariam os tribunais; seria quase uma adivinhação"[62] e Robert Alexy nos lembra que, por mais que se tenha intentado perfilar os *topoi*, "com um enunciado como 'o insuportável não é de Direito' não se pode fazer nada"[63]. Também foram formuladas observações às consequências ideologicamente conservadoras que comporta sua teoria (que privilegia os tópicos socialmente aceitos e consolidados frente às possíveis posições críticas) e à exagerada ou ao menos conflituosa contraposição da tópica ao sistema, que o próprio Viehweg matizaria em trabalhos posteriores como a *Tópica e jurisprudência*. Hoje em dia há quem chegou a afirmar que a tópica está morta[64], mas inclusive aceitando esta conclusão tão precisa parece inegável o grande valor antecipatório da teoria de Viehweg ao potenciar a perspectiva argumentativa desde uma posição que se esforça em compatibilizar a prática com a razão e a justiça. Por tudo isso pode afirmar Manuel Atienza: "(o) mérito fundamental de Viehweg não é o de ter construído uma teoria, mas o de ter descoberto um campo para a investigação"[65]

5.3. A nova retórica de Chaïm Perelman

> *Cantam os pássaros, cantam sem saber o que cantam: todo seu entendimento é sua garganta.*
>
> Octavio Paz[66]

O administrativista Alejandro Nieto conta que, durante um passeio com os juristas, um imperador romano prometeu que daria um cavalo ao que lhe oferecesse o melhor parecer sobre um assunto. Um deles disse um estudo bem fundamentado, mas que não agradava ao imperador. O outro o informou com piores razões, porém no sentido que agradava a seu distinto cliente.

---

61   *op. cit.*, p. 103.

62   L. Prieto Sanchís, *Ideologia e interpretación jurídica*, Tecnos, Madri, 1987, p. 63.

63   R. Alexy, *Teoría de la argumentación jurídica*. Trad. de Manuel Atienza e Isabel Espejo, C. E. C., Madri, p. 42.

64   O. Weinberger, Überzeugen als Aufgabe, em *ARSP*, v. 81 (1995), caderno 3, p. 305-320, aqui p. 308.

65   M. Atienza, *Las razones del Derecho, op. cit.*, p. 63

66   O. Paz, "Retórica", em *Libertad bajo palabra*, Cátedra, Madri, 1990, p. 113.

Naturalmente, foi o segundo que ganhou o cavalo como recompensa, apesar do outro ter sido mais justo. O segundo parecer levou o *equus*, apesar de o primeiro ser o mais *aequus*.

Um caminho muito tentador, para explicar em que consiste raciocinar juridicamente e inclusive para propor estratégias argumentativas, consiste em contemplar a argumentação jurídica como um exercício de retórica, isto é, uma prática argumentativa cujo objetivo baseia-se em conseguir a adesão de um auditório. Sob este ponto de vista, argumentar juridicamente é, muito mais que as razões aportadas sejam *objetivamente* corretas, uma atividade discursiva mediante a qual se tenta convencer nosso interlocutor. Sob este ponto de vista, a argumentação tende a aproximar-se mais a uma negociação dos interesses em jogo na qual o participante deve fazer uso de técnicas que lhe permitam conseguir o melhor resultado possível. Cabe pensar que, dentre os diversos juristas, os advogados seriam os que assumiriam com mais clareza essa perspectiva estratégica.

Todos nós conhecemos pessoas que gozam de maior poder de persuasão do que outras; pessoas dotadas particularmente para a análise da linguagem não verbal e com uma inteligência emocional especial, pessoas com certa capacidade para interpretar os interesses mais ou menos explícitos ou confessáveis de seu interlocutor e para gerar certa empatia entre os que o escutam. Todos sabem que essas habilidades costumam ser muito apreciadas entre os juristas, e que estes sempre se esforçaram para cultivar habilidades oratórias e retóricas, que têm sido objeto de estudo desde a Antiguidade clássica. Entre aqueles que têm sustentado uma concepção retórica da argumentação jurídica destaca-se a figura de Perelman.

Chaïm Perelman (1912-1984), de origem polonesa, cresceu e se formou na Bélgica. Perelman pretendeu construir uma lógica específica dos valores. A princípio quis incorporar a lógica formal de Frege no raciocínio de disciplinas como o Direito, a estética, a moral ou a política. Uma ou outra vez encontrou-se com o aparecimento de valores nestes raciocínios que dificultavam seu projeto. Sua investigação, desenvolvida juntamente com Lucie Olbrechts-Tyteca e recolhida em seu *Tratado de la argumentación. La nueva retórica*, sobre textos de filosofia, estética, moral e política, não levou a nenhuma inovação, senão a todo o contrário, precisamente à reabilitação de uma disciplina da Antiguidade, a retórica, uma curiosa "descoberta", uma "conclusão inesperada" como confessa nosso autor[67].

---

[67] C. Perelman, *La lógica jurídica y la nueva retórica* (1976). Trad. de Luis Díez-Picazo, Civitas, Madri, 1988 (reimp.), p. 136.

Perelman termina por contrapor duas esferas bem distintas do pensamento: a lógica formal, regida pela ideia de necessidade, e a argumentação, presidida pela ideia do plausível, aceitável, verossímil, fruto do consenso, o que, como diria Aristóteles, "pode ser de outra maneira". Este segundo âmbito é o que corresponde à retórica.

Perelman define a nova retórica como "o estudo das técnicas discursivas que tratam de provocar ou de acrescentar a adesão a teses apresentadas a um determinado auditório"[68]. A argumentação exclui consequentemente a *violência*, porque tal adesão é obtida mediante a linguagem e não mediante a força física, mas também exclui a *objetividade*, porque a persuasão do auditório não garante em todo caso a verdade ou a correção do discurso.

Existem três elementos fundamentais na atividade argumentativa: o orador, o discurso e o auditório. Aqui nos interessa particularmente a ideia de auditório. A argumentação persegue essencialmente a adesão do auditório e a magnitude deste qualifica os resultados da argumentação, dito de outro modo, a argumentação é relativa ao auditório. Portanto, o tipo e a força de um raciocínio dependem do tipo de auditório. Em um primeiro momento Perelman distingue os seguintes tipos de auditório: o auditório universal, sobre ele se falará mais tarde, o auditório constituído por um único ouvinte (diálogo) e o auditório constituído por nós mesmos. Mais tarde, no entanto, adquire maior importância a dualidade entre auditório universal e auditório particular. O auditório universal está formado por todos os seres de razão, enquanto o auditório particular está formado por um conjunto concreto de pessoas.

A ideia de auditório universal não é clara. Manuel Atienza[69] o caracteriza nos seguintes termos:

> *(1) É um conceito limite, no sentido de que a argumentação ante o auditório universal é a norma da argumentação objetiva; (2) dirigir-se ao auditório universal é o que caracteriza a argumentação filosófica; (3) o de auditório universal não é um conceito empírico: o acordo de um auditório universal "não é uma questão de fato, mas sim de Direito"; (4) o auditório universal é ideal no sentido de que está formado por Todos os seres de razão, mas por outro lado é uma construção do orador, isto é, não é uma entidade*

---

68 C. Perelman, *La lógica jurídica y la nueva retórica*, *op. cit.*, p. 151

69 M. Atienza, *Las razones del Derecho*, *op. cit.*, p. 70.

objetiva; (5) isso significa não somente que diversos oradores constroem diversos auditórios universais, mas também que o auditório universal de um mesmo orador muda.

Pois bem, em função do tipo de auditório cabe distinguir dois tipos de argumentação:

1. A argumentação será meramente *persuasiva* quando emane de um auditório particular, e

2. Será *convincente* quando se desenrole ante um auditório universal, do qual surgirão, portanto, acordos válidos.

Diversos autores sugeriram que o conceito de auditório universal padece de certa ambiguidade que reflete as dificuldades, representando encontrar um equilíbrio entre o postulado da racionalidade e o relativismo social e histórico[70]. Robert Alexy[71] o interpreta como uma cópia da comunidade ideal de diálogo habermasiano. Chegando a este ponto, a argumentação jurídica pouco a pouco tem deixado de ser um mero exercício de retórica, porque em última instância persegue um grau de objetividade que excede em muito a mera vontade de captar circunstancialmente a adesão de um auditório para passar a apresentar uma pretensão de fundamentação objetiva.

El tratado de la argumentación apresenta um caráter geral. Assim caberia então perguntar-se pelas repercussões destas ideias no mundo do Direito. Em sua obra *La lógica jurídica y la nueva retórica* encontramos a concepção do Direito que oferece Perelman. O raciocínio jurídico será um ramo da retórica e mesmo o próprio paradigma da retórica. Como foi assinalado, contrapõe-se à lógica jurídica, que é a presidida pela retórica (uma lógica não formal) à lógica formal, de modo que esta parece desterrada em boa parte daquela. No juízo de Perelman, após a crise do positivismo jurídico que teve lugar particularmente depois da Segunda Guerra Mundial, as insuficiências do formalismo ficarão ainda mais evidentes; o que significa no tempo o reforço da importância de colocações como as do próprio Perelman.

---

70 Vide U. Neumann, *Juristische Argumentationslehre*, Buchgesellschaft, Darmstadt, 1986, p. 69; M. Atienza, „Para una razonable definición de razonable, *op. cit.*, p. 191; M. Atienza, Las razones del Derecho, *op. cit.*, p. 89-91; A. Aarnio, *Lo racional como razonable*. Trad. de Ernesto Gazón Valdés e revisão de Ruth Zimmerling, C. E. C., Madri, 1991, p. 280 ss. E R. Alexy, *Teoria de la argumentación jurídica*, *op. cit.*, p. 171 e 162.

71 Vide R. Alexy, *Teoria de la argumentación jurídica*, *op. cit.*, p. 170.

As críticas às proposições de Perelman têm sido também relevantes. Atienza[72] formulou as seguintes: Perelman contrapõe de forma exagerada lógica formal e lógica material. A insuficiência do raciocínio lógico-dedutivo não significa sua invalidez absoluta. Por outro lado, algumas das categorias centrais da teoria de Perelman tornam-se ambíguas, particularmente à noção de auditório universal. Além do mais, a partir de um ponto de vista ideológico, a teoria de Perelman torna-se tendenciosamente conservadora. Como diz Atienza[73], "Perelman subministra aos juristas, principalmente, boas razões para continuar fazendo o que fazem". Um exemplo disso seria encontrado no que este autor denomina o "princípio de inércia", segundo o qual todo argumento novo que pretenda ser introduzido em face aos vigentes tem a carga da argumentação.

---

[72] M. Atienza, *Las razones del Derecho, op. cit.*, p. 86-101.

[73] M. Atienza, resenha *da La lógica jurídica y la nueva retórica (op. cit.)*, Sistema, 34 (1980), Madri, p. 142-151, aqui p. 151. Também M. Atienza, *Las razones del Derecho, op. cit.*, p. 91-95, 97, 101.

Capítulo 2

O DIREITO COMO ARGUMENTAÇÃO

Manuel Atienza

Sumário
1. Introdução à argumentação jurídica e seu auge atual
2. Fatores que explicam o fenômeno
3. Concepções do Direito: dos teóricos e dos práticos
4. O formalismo jurídico
5. O positivismo normativista
6. O realismo jurídico
7. O jusnaturalismo
8. O ceticismo jurídico
9. O que fica
10. Sobre o pragmatismo jurídico
11. Direito, conflito e argumentação
12. Bibliografia

1. INTRODUÇÃO À ARGUMENTAÇÃO JURÍDICA E SEU AUGE ATUAL

Parece óbvio que a argumentação é um ingrediente importante da experiência jurídica, praticamente em todas as suas facetas: tanto se considerarmos a aplicação como a interpretação ou a produção do Direito; quanto se nos situarmos na perspectiva do juiz, do advogado, do teórico do Direito, do legislador... O que talvez seja menos óbvio é esclarecer em que consiste – ou em que se traduz – exatamente essa importância e, principalmente, mostrar de que maneira a perspectiva argumentativa permite entender em profundidade muitos aspectos do Direito e da teoria jurídica e provê, enfim, instrumentos sumamente úteis para operar com sentido no Direito; particularmente, nos sistemas jurídicos dos Estados Constitucionais.

Certa dificuldade para alcançar todos esses objetivos surge da obscuridade que rodeia a expressão "argumentação jurídica" e a muitas outras que podem ser consideradas mais ou menos sinônimas (ou parcialmente sinônimas): "argumento", "raciocínio jurídico", "lógica jurídica", "método jurídico"... Ao longo do livro se esclarecerá em que sentido falo de argumentação jurídica (ou, melhor, em que sentidos: uma das ideias centrais deste livro é que existem diversas concepções da argumentação com relevância jurídica), mas desde já convém fazer algumas precisões iniciais.

A primeira é que não entendo argumentação jurídica como sinônimo de lógica jurídica, ainda que se adotasse uma concepção suficientemente ampla da lógica (que incluísse, por exemplo, o conjunto de temas tratado por Aristóteles no *Organon*), não haveria praticamente nada – nenhum tema dos que aqui vão ser abordados – que não pudesse ser considerado como pertencente à lógica, à lógica jurídica. De fato, a expressão "lógica" se tem usado – e se usa – com uma enorme quantidade de significados, um dos quais (enquanto adjetivo) equivaleria a "racional", "aceitável", "fundamentado". De todas as formas, hoje é frequente contrapor o enfoque lógico da argumentação a outros de caráter retórico, tópico, comunicativo etc., e aqui continuarei basicamente esse costume, solidamente estabelecido, além de tudo. Dito de forma aproximativa, a lógica – a lógica formal – entende os argumentos como encadeamentos de proposições, nos quais, a partir de algumas delas (as premissas) se chega a outra (a conclusão). Outros enfoques podem consistir em ver a argumentação como uma atividade, uma técnica ou uma arte (o *ars inveniendi*) dirigida a estabelecer ou descobrir as premissas; como uma técnica dirigida a persuadir a outro ou a outros de determinada tese; ou como uma interação social, um processo comunicativo que acontece entre diversos indivíduos e que deve se desenrolar conforme certas regras.

Além do mais, a questão das relações entre o Direito e a lógica é complexa e torna-se bastante obscurecida pela imprecisão com que se costuma falar de "lógica" no âmbito do Direito (e em muitos outros âmbitos). Na realidade, vem a ser um dos temas clássicos do pensamento jurídico, que costuma ser abordado de maneira muito diferente, segundo as culturas jurídicas e à época de que se trate. Falando muito em geral, poderia dizer-se que, na cultura ocidental, houve momentos (e direções do pensamento jurídico) nos quais Direito e lógica parecem ter tido a tendência de aproximar-se (por exemplo, no jusnaturalismo racionalista), e outros nos quais a relação teria sido mais de tensão (como ocorre com o movimento antiformalista ou realista). Como exemplo deste último, é inevitável citar a conhecidíssima frase do juiz Holmes, no começo de sua obra *The common law*: "a vida do Direito não tem sido lógica, mas experiência" (Holmes, 1963, p. 1). Mas essas palavras foram mal interpretadas com não pouca frequência, certamente devido à mencionada obscuridade da expressão "lógica". Parece bastante razoável entender que o que pretendia Holmes ao escrever essas linhas não era afirmar que no Direito não houvesse lógica: Holmes era plenamente consciente da importância da análise lógica dos conceitos jurídicos, e suas decisões – particularmente seus votos dissidentes – são exemplos destacados de como usar persuasivamente a lógica. O que pretendia era mais contrapor o formalismo jurídico a uma concepção instrumental ou pragmática do Direito; ou seja, assinalar que o que guia o desenvolvimento do Direito não é uma ideia imutável de razão, mas sim a experiência – a cultura – cambiante (Menand, 1997, p. XXI). Dito de outra maneira, o aforismo de Holmes iria contra a "lógica", mas compreendida em um sentido que nada tem a ver com como hoje se emprega – tecnicamente – a expressão.

Também vale a pena ressaltar o fato de que hoje quando se fala de "argumentação jurídica" ou de "teoria da argumentação jurídica" não se está dizendo nada muito diferente ao que anteriormente se chamou "método jurídico", "metodologia jurídica" etc. Assim é significativo que nas primeiras páginas de seu livro *Teoría de la argumentación jurídica* (uma das obras mais influentes na Europa e na América Latina nas últimas décadas), Robert Alexy mostra explicitamente o que ele pretende abordar centralmente – os mesmos problemas que tinham ocupado os autores dos tratados mais influentes de metodologia jurídica (Larenz, Canaris, Engich, Esser, Kriele...) –, ou seja, esclarecer os processos de interpretação e aplicação do Direito e oferecer um guia e uma fundamentação ao trabalho dos juristas. Em minha opinião, a diferença no uso dado hoje à expressão "argumentação jurídica" frente à de "método jurídico" consiste essencialmente em que a primeira tende a centrar-se no discurso justificativo (particularmente, o dos juízes), enquanto o "método jurídico" (pelo menos entendido em sentido amplo) teria que fazer referência também a outra série de operações desempenhadas pelos juristas profissionais e que não têm estritamente (ou não só) um caráter argumentativo: por exemplo, encontrar o material com o qual resolver um caso ou adotar uma decisão em relação a um caso (à medida que se distingue da justificação dessa decisão). De fato, o que se pode chamar de "teoria standard da argumentação jurídica" parte de uma distinção clara (que não costuma encontrar-se nos cultivadores mais tradicionais da metodologia jurídica), por um lado, entre a decisão (judicial) e o discurso referido ou conectado com a decisão; e, por outro lado (no plano do discurso), entre o de caráter justificativo e o descritivo e explicativo; a teoria da argumentação jurídica de nossos dias se ocupa, quase exclusivamente, do discurso justificativo dos juízes, isto é, das razões que oferecem como fundamento – motivação – de suas decisões (o contexto da justificação das decisões), e não da descrição e explicação dos processos de tomada de decisão (o contexto da descoberta) que exigiriam levar em conta fatores do tipo econômico, psicológico, ideológico etc.

No entanto, como o leitor verá, este livro se inspira em uma concepção muito ampla da argumentação jurídica, que tende a conectar a atividade argumentativa aos processos de tomada de decisão, de resolução de problemas jurídicos, e que, de certo modo, relativiza as distinções anteriores; de modo que poderia dizer-se que o enfoque argumentativo do Direito aqui proposto consiste essencialmente em considerar os problemas do método jurídico desde sua vertente argumentativa. Além do mais, no mundo anglo-saxão – particularmente nos Estados Unidos – a expressão "raciocínio jurídico" ("*legal reasoning*") tem sido usada tradicionalmente – e continua sendo usada – em um sentido muito amplo e praticamente equivalente ao do método jurídico (ver, por exemplo, Burton, 1985; Neumann, 1998). Nos livros de *Legal reasoning* se procura ensinar aos estudantes a "pensar como um jurista" (algo fundamental em um sistema educativo dirigido quase exclusivamente a formar bons profissionais) e cumprem uma função – propedêutica – semelhante àquela que muitas vezes se atribuiu à lógica em relação ao resto das ciências.

Pois bem, em qualquer dos sentidos em que cabe falar de raciocínio jurídico ou de argumentação jurídica, não há dúvida de que suas origens são muito antigas. O estudo das formas lógicas dos argumentos utilizados pelos juristas (*a pari, a fortiori, a contrario...*) remonta pelo menos ao Direito romano. O *ars inveniendi*, a tópica, teria sido, segundo Viehweg, o estilo característico da jurisprudência na época clássica do Direito romano e teria durado na Europa pelo menos até a chegada do racionalismo. E a própria origem da retórica (na Sicília, no século V a. C.) não é outra coisa senão o Direito: o considerado como o primeiro tratado de retórica – o Corax – surge da necessidade de persuadir aos juízes com relação a determinadas disputas sobre a propriedade da terra.

Agora, este interesse desde sempre pela argumentação jurídica – e pela argumentação em geral – tem aumentado enormemente nos últimos tempos. Aqui deveria falar-se talvez de dois momentos de inflexão. Um deles é o dos anos 50 do século XX, quando se produz um grande ressurgimento da aplicação da lógica ao Direito, em parte pela possibilidade de aplicar a este as ferramentas da "nova" lógica matemática (a publicação da *Lógica jurídica* de Ulrich Klug é de 1951, mas a elaboração do livro data de finais dos anos 30 [Atienza, 1991], e em parte como consequência do nascimento da lógica deôntica ou lógica das normas (o trabalho pioneiro de von Wright é de 1951); mas também de outras tradições no estudo dos argumentos, representadas pela tópica de Viehweg (sumamente afim, além do mais, à concepção do raciocínio jurídico de um autor norte-americano, Levi, que publica pelas mesmas datas um influente livro sobre o tema), a nova retórica de Perelman, ou a lógica informal de Toulmin. Por isso, quando hoje se fala de argumentação jurídica (ou de teoria da argumentação jurídica) faz-se referência a um tipo de investigação que não se limita ao uso da lógica formal (a análise lógico-formal seria só uma parte desta) e até mesmo às vezes a um tipo de investigação que se contrapõe ao da lógica (ao da lógica formal).

Outro momento de inflexão se dá no fim dos anos 70, quando se elabora o núcleo conceitual daquilo que se pode considerar como a "teoria *standard* da argumentação jurídica" (ver Atienza, 1991), que aparece exposta em diversos trabalhos de Wroblewski, Alexy, MacCormick, Peczenik e Aarnio; ainda que acentuando outros aspectos da argumentação jurídica (o que logo chamarei sua dimensão "material"). Nessa época se publica também uma série de trabalhos de Dworkin, Summers e Raz que influíram decisivamente na maneira de entender o discurso justificativo (de caráter judicial). O enorme interesse existente pela argumentação jurídica a partir destas datas é muito fácil de constatar, basta examinar os índices das revistas de teoria ou de filosofia do Direito. Ou recorrer a diversos números dessas mesmas revistas nos quais se promoveram pesquisas para conhecer quais eram os temas dessas disciplinas que seus cultivadores consideravam de maior interesse. Além do mais, não se trata apenas de um interesse teórico dos filósofos do Direito, mas de um interesse que estes compartilham com os profissionais e com os estudantes de Direito.

2. FATORES QUE EXPLICAM O FENÔMENO

A que se deve o caráter central que a argumentação jurídica passou a ter na cultura jurídica (ocidental)? Há vários fatores que, tomados conjuntamente – de fato estão estreitamente vinculados –, oferecem uma explicação que me parece satisfatória.

O primeiro é de natureza teórica. As concepções mais características do Direito do século XX tenderam a descuidar – ou, pelo menos, não concentraram particularmente sua atenção – na dimensão argumentativa do Direito. Compreende-se por isso que exista um interesse – digamos um interesse de conhecimento – em construir teorias jurídicas mais completas e que preencham essa lacuna. Depois desenvolverei este aspecto com algum detalhe.

O segundo fator – obviamente conectado com o anterior – é de ordem prática. A prática do Direito – especialmente nos Direitos do Estado constitucional – parece consistir de maneira relevante em argumentar, e as imagens mais populares do Direito (por exemplo, o desenrolar de um julgamento) também tendem a que se destaque essa dimensão argumentativa. Isto torna-se especialmente evidente na cultura jurídica anglo-saxônica – principalmente, na norte-americana – com sistemas processuais baseados no princípio contraditório e na que o Direito é contemplado tradicionalmente não do ponto de vista do legislador ou da perspectiva abstrata do teórico ou do dogmático do Direito (como ocorre nas culturas do continente europeu), mas desde a perspectiva do juiz e do advogado. Isso explica que, ainda que os norte-americanos não tenham sentido com grande força – nem, me parece que o sintam agora –, a necessidade de construir uma teoria da argumentação jurídica, a prática da argumentação constituía o núcleo do ensino do Direito nas faculdades – melhor, escolas profissionais – de prestígio desde a época de Langdell: instituições como a *case method*, o método socrático ou as *Moots Courts* são a prova disso (Pérez Lledó, 2002).

Agora, o que ainda chama mais a atenção – estamos tratando do auge atual da argumentação jurídica – é que o aspecto argumentativo da prática jurídica também resulta grandemente destacado em culturas e ordenamentos jurídicos que obedecem à outra grande família de sistemas jurídicos ocidentais: a dos Direitos romano-germânicos. O caso espanhol pode muito bem servir de exemplo para ilustrar essa mudança. Limitar-me-ei a assinalar dois dados. O primeiro – cujo caráter evidente não precisa de nenhuma prova – é que, a partir basicamente da Constituição de 1978, as sentenças dos juízes estão mais e mais bem motivadas do que antes era usual; para isso contribuiu muito a ideia – aceita pelos tribunais após alguns titubeios iniciais – do caráter obrigatório da Constituição e a própria prática (de motivação exigente) do Tribunal Constitucional. Outro dado de interesse constitui-se na introdução do jurado (cumprindo precisamente com uma exigência constitucional), em 1995. Frente à alternativa do jurado puro anglo-saxão e do sistema do júri vigente em diversos países europeus, se optou pelo primeiro deles, mas com a peculiaridade de que o jurado espanhol tem que motivar suas decisões: não pode limitar-se a estabelecer a culpabilidade ou não culpabilidade, mas tem que oferecer também suas razões. Naturalmente, trata-se de uma forma de certo modo peculiar de motivar, de argumentar (a motivação é contida no conjunto de respostas dadas às perguntas elaboradas – em ocasiões que podem passar de 100 – pelo juiz que preside o jurado; não é, portanto, uma motivação discursiva (Atienza, 2004) como aquela que se pode encontrar em uma sentença judicial); e muitas das críticas que se têm dirigido ao funcionamento da instituição vêm precisamente das dificuldades para levar a cabo esta tarefa. Mas o que me interessava destacar é até que ponto se considera hoje que a prática do Direito – a tomada de decisões jurídicas – deve ser argumentativa.

O terceiro dos fatores está vinculado a uma mudança geral nos sistemas jurídicos, produzida pela passagem do "Estado legislativo" ao "Estado constitucional". Por Estado constitucional, como é óbvio, não se entende simplesmente o Estado no qual está vigente uma Constituição, mas o estado no qual a Constituição (que pode não sê-lo em sentido formal: pode não haver um texto constitucional) contém: a) um princípio dinâmico do sistema jurídico político, ou seja, a distribuição formal do poder entre os diversos órgãos estatais (Aguiló, 2002), b) certos Direitos fundamentais que limitam ou condicionam (também em relação ao conteúdo) a produção, a interpretação e a aplicação do Direito, c) mecanismos de controle da constitucionalidade das leis. Como consequência, o poder do legislador (e o de qualquer órgão estatal) é um poder limitado e que tem que se justificar de forma muito mais exigente. Não basta com a referência à autoridade (ao órgão competente) e a certos procedimentos, senão que se exige também (sempre) um controle em relação ao conteúdo. O Estado constitucional supõe assim um incremento para a tarefa justificativa dos órgãos públicos e, portanto, uma demanda maior de argumentação jurídica (do que a requerida pelo estado liberal – legislativo – de Direito). Na realidade, o ideal do Estado constitucional (o ápice do estado de Direito) supõe a submissão completa do poder ao Direito, à razão: a força da razão, frente à razão da força. Por isso, parece bastante lógico que o avanço do Estado constitucional tenha sido acompanhado por um incremento quantitativo e qualitativo da exigência de justificação das decisões dos órgãos públicos.

Além do mais – junto ao do constitucionalismo –, há outro traço dos sistemas jurídicos contemporâneos que aponta no mesmo sentido: me refiro ao pluralismo jurídico ou, querendo, à tendência para apagar os limites entre o Direito oficial ou formal e outros procedimentos – jurídicos ou parajurídicos – de resolver os conflitos. Pelo menos a princípio, a tendência a um Direito mais "informal" (à utilização de mecanismos como a conciliação, a mediação, a negociação) supõe um aumento do elemento argumentativo (ou "retórico") do Direito, frente ao elemento burocrático e ao coativo (Ver Santos, 1980; 1998).

O quarto dos fatores é o pedagógico e, de certo modo, é uma consequência – ou, querendo, faz parte – dos anteriores. Recorro outra vez a um exemplo espanhol. O aspecto que tanto os professores quanto os estudantes de Direito consideram mais negativo do processo educativo poderia ser sintetizado neste lema: "o ensino do Direito há de ser mais prático!". A expressão "prática" é, evidentemente, bastante obscura (como é o termo "teoria" ao qual costuma acompanhar) e se pode entender em diversos sentidos. Se se interpreta como um ensino que prepare para exercer com êxito alguma das muitas profissões jurídicas que se oferecem ao licenciado em Direito ou para formar juristas capazes de atuar com discernimento (o que pode querer dizer algo diferente do êxito profissional) no contexto de nossos sistemas jurídicos, então um ensino mais prático significará um ensino menos voltado para os conteúdos do Direito e mais para o manejo – um manejo essencialmente argumentativo – do material jurídico. Utilizando a terminologia dos sistemas expertos, caberia dizer que se trata não de que o jurista – o estudante de Direito – chegue a conhecer a informação que está contida na base de dados do sistema, mas que saiba como aceder a essa informação, aos materiais jurídicos (é o que os norte-americanos chamam *legal research*), e qual é – e como funciona – o motor de inferência do sistema, ou seja, o conhecimento instrumental para manejar esse material (o *legal method* ou o *legal reasoning*: como faz o jurista experiente – como pensa – para, com esse material, resolver um problema jurídico). Finalmente, pois, o que haveria de propugnar não é exatamente um ensino mais prático (menos teórico) do Direito, e sim um mais metodológico e argumentativo. Se quiser, ao lado do lema "o ensino do Direito há de ser mais prático!", teria que pôr este outro: "não há nada mais prático do que a boa teoria e o núcleo dessa boa teoria é argumentação!".

Como foi dito antes, este tipo de ensino "prático" do Direito já existe. Porém, não há porque considerá-lo como um modelo ideal, posto que não o é. E não o é, em minha opinião, por uma série de fatores que têm a ver precisamente com a argumentação. Quando se examinam as críticas que costumam dirigir-se às grandes escolas de Direito norte-americanas (Pérez

Lledó, 2002), nos encontramos, por um lado, com objeções que apontam para um excesso de casuísmo, para a falta de uma maior sistematicidade e, por outro lado, com deficiências que se referem a elementos ideológicos do sistema educativo: gerar uma aceitação acrítica do Direito; esquecer os aspectos não estritamente profissionais; gerar entre os futuros juristas um ceticismo radical, uma visão puramente instrumental do Direito, que, no fundo, leva a pensar que o que é tecnicamente possível (usando o Direito ainda que seja de maneira injusta) é também eticamente aceitável. Pois bem, eu diria que tudo isso é, de certo modo, uma consequência de se ter desenvolvido um modelo – uma concepção – da argumentação jurídica que potencializa quase exclusivamente os elementos de tipo retórico, em detrimento do que depois chamarei elementos formais e materiais da argumentação: o aspecto mais estritamente lógico e a justificação em sentido estrito das decisões.

O último (quinto) fator é de tipo político. Falando em termos gerais, as sociedades ocidentais sofreram um processo de perda de legitimidade baseada na autoridade e na tradição; em seu lugar – como fonte de legiti-midade – aparece o consentimento dos afetados, a democracia. O processo tem lugar em todas as esferas da vida, e explica que o crescente interesse pela argumentação – um interesse ligado, pois, à ascensão da democracia – não se circunscreva absolutamente ao campo do Direito. Em todo o caso, o fenômeno de constitucionalização do Direito ao qual me refe31 anteriormente supõe, por um lado, um reflexo da legitimidade de tipo democrático, mas, por outro lado, inclui um elemento de idealidade – os Direitos humanos – que vai mais além da democracia ou, querendo, que aponta para outro sentido da democracia. Em outras palavras, a vinculação da argumentação com a democracia varia segundo a como se entenda a democracia. Se se concebe simplesmente como um sistema de governo – um procedimento de tomada de decisões – no qual se consideram as preferências de todos (onde funciona a lei da maioria), é óbvio que existe um amplo espaço para a argumentação – muito mais amplo do que em um Estado não democrático – ainda que não necessariamente – ou nem sempre – para uma argumentação de tipo racional que não busque simplesmente a persuasão, porém a correção (querendo, a persuasão racional). Porém, as coisas são diferentes no caso do que costuma chamar-se democracia deliberativa, isto é, a democracia compreendida como um método no qual as preferências e os interesses das pessoas podem ser transformados por meio do diálogo racional, da deliberação coletiva. Essa democracia (naturalmente, uma ideia reguladora, um ideal, mas não um desvario da razão) pressupõe cidadãos capazes de argumentar racional e competentemente em relação às ações e decisões da vida em comum (Nino, 1996).

3. CONCEPÇÕES DO DIREITO: DOS TEÓRICOS E DOS PRÁTICOS

Por concepção do Direito entendo um conjunto de respostas, com certo grau de articulação, a uma série de questões básicas relacionadas com o Direito (Atienza, 2000): a) quais são seus componentes básicos; b) o que se entende por Direito válido e como se traçam os limites entre o Direito e o não Direito; c) que relação tem o Direito com a moral e com o poder; d) que funções cumpre o Direito, que objetivos e valores devem – ou podem – ser alcançados com ele; e) como pode conhecer-se o Direito, de que maneira pode construir-se o conhecimento jurídico; f) como se entendem as operações de produção, interpretação e aplicação do Direito; g) e talvez algumas outras.

No século XX, e em relação aos sistemas jurídicos ocidentais, parece ter havido, basicamente, três conjuntos de respostas, de concepções, que desempenharam um papel central, e outras duas às quais poderiam considerar-se periféricas. As centrais teriam sido: o normativismo positivista, o realismo (também uma forma de positivismo) e o jusnaturalismo. Enquanto na periferia teria que situar ao formalismo jurídico, e às concepções céticas do Direito (até a década dos anos 70 do século XX, essencialmente, as tendências de inspiração marxista, e desde então, as chamadas teorias "críticas" do Direito, mistura de marxismo e alguma outra coisa).

Muitas vezes tem se caracterizado às três primeiras concepções destacando que cada uma delas se fixa, respectivamente, no elemento normativo, condutista (behaviorismo) – principalmente, a conduta dos juízes – e valorativo do Direito. Recorrendo a uma metáfora arquitetônica, é como se o edifício do Direito se visse preferentemente do ponto de vista de sua estrutura, de sua funcionalidade ou de sua idealidade. Não é uma ideia desacertada e, de certo modo, contribui para explicar a pujança dessas três concepções do Direito. De fato, pode-se dizer o mesmo da própria arquitetura que permite, tipicamente, esses três enfoques. Mas esse esquema – em si, excessivamente vago – necessita ser enriquecido (se quiser, "cruzado") com as respostas que se deem à anterior bateria de perguntas, para assim evitar uma construção insuficiente (ou pior que insuficiente, confusa) dessas concepções. Essa confusão acontece, por exemplo, quando, para caracterizar o jusnaturalismo, se escolhe somente a resposta para alguma das questões anteriores, e se confronta com o juspositivismo do qual, por outra parte, se destacam suas respostas a outras das perguntas. Assim, é bastante usual apresentar o positivismo jurídico a partir da chamada "tese das fontes sociais do Direito", ou seja (entendida em sentido amplo), a tese de que o Direito é um fenômeno convencional que se cria e se modifica por atos humanos; o que permite diferenciar essa postura do jusnaturalismo teológico de outras épocas, mas mais dificilmente do jusnaturalismo contemporâneo (por mais que o elemento teológico ou religioso não tenha desaparecido de todas as atuais versões do jusnaturalismo). E alguns jusnaturalistas, por seu lado, põem a ênfase na tese da necessária conexão entre o Direito e a moral, na impossibilidade de distinguir claramente entre o ser e o dever ser, na ideia de que o Direito não pode ter qualquer conteúdo etc., mas não é nada óbvio que isso permita, por si mesmo, caracterizar uma concepção do Direito: dito de outro modo, pode-se concordar sem necessidade de jusnaturalismo; e é uma tese que, se não se acompanha de alguma outra (como a da incompleta autonomia do Direito em relação à religião), deixaria de fora a boa parte da tradição jusnaturalista.

O critério múltiplo antes sugerido permite, me parece, uma análise comparativa que poderia lançar resultados interessantes neste sentido. Mas não vou desenvolvê-lo aqui. Só utilizarei o esquema como uma espécie de marco conceitual para explicar que nenhuma dessas concepções incorpora uma teoria satisfatória da dimensão argumentativa do Direito.

Mas, antes de falar disso, convém fazer a pergunta de se – ou até que ponto – essas concepções (dos teóricos ou dos filósofos) do Direito têm seu reflexo na prática jurídica, isto é, se os juízes, advogados etc. operam no Direito de acordo com alguma (ou com alguma combinação) dessas concepções. Em princípio, pareceria que deveria ser assim, ainda que também seja razoável pensar que as concepções do Direito dos práticos não apresentam o grau de articulação interna que é possível encontrar nas obras dos filósofos do Direito.

O que aqui entendo por concepção do Direito dos práticos mantém uma conexão estreita com aquilo que Friedmann (1978) chamou *cultura jurídica interna*, isto é, a dos que desempenham as atividades jurídicas especializadas em uma sociedade e que contrapõe à *cultura jurídica externa* as ideias, atitudes etc., que em relação ao Direito tem a população em geral. Precisamente, para Friedmann, o raciocínio jurídico, a prática judicial consistente em dar razões das decisões, é um elemento significativo dessa cultura interna; e desenvolve uma tipologia dos sistemas jurídicos, segundo a forma – o estilo – que nelas assume o raciocínio jurídico. Para tal resultado, leva em conta duas perspectivas. Desde a primeira delas, um sistema jurídico pode ser *fechado*, se as decisões só podem considerar como premissas destas "proposições do Direito" (ou seja, parte-se de uma distinção entre proposições que são jurídicas e outras que não o são); ou *aberto*, se não há um limite para o que pode ser considerado como uma premissa ou uma proposição do Direito (não opera a distinção anterior). Desde a segunda perspectiva, haveria sistemas jurídicos que aceitam a inovação,

≈ 63 ≈

isto é, a possibilidade de que possa surgir novo Direito; e outros que não. Surgem assim quatro tipos de sistema jurídicos: 1. Fechados e que rejeitam a inovação: o Direito clássico judeu, o Direito mulçumano ou o *common law* da época clássica; 2. Fechados e que admitem a inovação: o *common law* desde o século XIX ou os Direitos codificados de tipo continental-europeu; 3. Abertos, mas que não aceitam a inovação: Direitos consuetudinários; 4. Abertos e que aceitam a inovação: se aproximaria ao que Weber entendia por "racionalidade substantiva": sistemas de legalidade revolucionária, como o Direito soviético da primeira época; ou o tipo de Direito orientado a *policies*, característico do Estado social (do *Welfare State*).

Sobre a base do esquema anterior, parece que haveria de chegar à conclusão de que os sistemas jurídicos evoluídos de nossos dias obedecem basicamente a uma combinação de elementos do tipo 2 e 4, ou que estão entre um e outro: são sistemas inovadores e relativamente fechados, o que não quer dizer que todos os sistemas e/ou setores do Direito o sejam no mesmo grau. Essa caracterização pode muito bem servir de marco para situar a diversidade de concepções do Direito que costuma encontrar-se entre os juízes, os advogados etc., que operam sob um determinado sistema jurídico. Assim, referindo-se ao Direito norte-americano e a seus juízes, Summers identificou duas concepções operativas diversas (*working conceptions*) que não constituem uma necessidade lógica, mas sim uma necessidade pragmática (para operar no sistema).

Caberia, segundo ele (Summers, 1992), distinguir entre a concepção que vê o Direito como um conjunto de regras preexistentes (preexistentes ao trabalho judicial) e a que o considera como um método para reconciliar, mediante razões, considerações que se encontram em conflito. Essas duas concepções poderiam ser avaliadas a partir de três perspectivas: facilitar a identificação dos fenômenos normativos preexistentes; interpretar esse material; e criar novo Direito (inovar o Direito). Summers chega à conclusão de que, desde a terceira das perspectivas, a concepção do Direito como razão é superior, isto é, torna-se mais operativa.

Um estudo profundo (e suficientemente detalhado) da diversidade de concepções dos práticos (e dos teóricos, dos dogmáticos) do Direito pressupõe a realização de investigações de caráter empírico, que devem levar em conta além do mais com as diferenças existentes em função das profissões, as peculiaridades de cada sistema jurídico e o momento temporal escolhido. Mas há certos traços, mais ou menos gerais, que podem conjeturar-se sem muito temor de enganar-se (de que sejam refutados). Por exemplo:

1. A cultura jurídica norte-americana (interna e externa) é muito menos formalista do que a dos países de Direito continental e, especialmente, do que a espanhola e a dos países latino-americanos. Assim, na cultura acadêmica dos Estados Unidos, a filosofia moral e política e/ou a análise econômica do Direito, hoje faz parte da bagagem cultural de um jurista, o que não se pode dizer de nossas Faculdades de Direito; com antecedência, esse papel de abertura ao exterior parece tê-lo cumprido a literatura e a retórica (Kronman, 1993). Utilizando o esquema anterior de Summers, não seria muito imprudente supor que o que ele chama concepção do Direito como razão é muito mais fácil de encontrar nos Estados Unidos do que na Europa onde, pelo contrário, tem muito mais força a visão do Direito como um conjunto de normas preexistentes. Por outro lado, dentro dos sistemas da *common law*, o Direito norte-americano parece ser mais substantivista (mais aberto, ao aceitar como "proposições do Direito" – fontes – critérios não baseados na autoridade) e o inglês mais formalista (com um sistema de fontes mais imediatamente ligado às autoridades) (Atiyah e Summers, 1987).

2. O que foi dito leva a crer (ou explica) que a cultura jurídica norte-americana – sempre falando em termos gerais – seja mais propensa ao realismo e não sinta uma rejeição particular pelo jusnaturalismo (ou por certa maneira de entender a doutrina do Direito natural). Enquanto o polo de atração dos juristas europeus no século XX (aqui incluindo os ingleses) tenha sido constituído mais pelo positivismo normativista. Assim se explica, por exemplo, a escassa influência de Kelsen na cultura jurídica norte-americana; ou o surgimento de teorias como a de Dworkin que, obviamente, obedece ao modelo que considera o Direito como "razão".

3. As mudanças no sistema jurídico (e no sistema social) que aconteceram nas últimas décadas levam a que o "modelo norte-americano" esteja, de certo modo, ganhando terreno. Por exemplo, o desenvolvimento do Direito europeu pressupõe para os juristas a necessidade de operar dentro de ordenamentos jurídicos de grande complexidade, com sistemas de fontes (e estilos de raciocínio) diferentes, frequentes conflitos de leis etc.; parece óbvio o paralelismo com a complexidade jurídica norte-americana, onde opera tanto a *common law* quanto o Direito legislado, e com regulamentações e jurisdições de cada Estado e de caráter federal.

4. No que se refere à cultura jurídica interna espanhola – a dos práticos e a dos professores de Direito –, a situação poderia ser descrita assim: a) subsiste um fundo formalista que, no entanto, tende progressivamente a

debilitar-se; b) o modelo de positivismo jurídico do tipo *Kelsen* suscita uma rejeição bastante generalizada, particularmente entre os juízes: em parte porque não se vê que o modelo de juiz da teoria pura reflita a realidade da aplicação prática do Direito; e em parte talvez também porque supõe uma imagem pouco brilhante da função judicial. Uma concepção como a de Hart ou Carrió, pelo contrário, parece muito mais atraente: ou seja, a ideia de que em alguns – poucos – casos os juízes criam em maior ou menor medida o Direito, enquanto em outros – na maioria – se limitam a aplicá-lo; c) do modelo de Dworkin talvez se possa dizer que é atraente, mas está muito alheio aos parâmetros de nossa cultura jurídica; seus elementos "comunitaristas", hermenêuticos, não são facilmente compreensíveis: os juízes – como o resto dos juristas – na Espanha não têm em absoluto[74] a impressão de serem partícipes de uma tarefa comum do tipo da escritura de uma novela em cadeia, ou da construção de uma catedral (este último exemplo é do último Nino); d) um pouco de "realismo jurídico" é bom, porém demais leva ao ceticismo, e este último não é uma atitude ante o Direito à qual sejam propensos os juízes e os professores (talvez seja mais frequente entre os advogados). Poucos aceitariam, por exemplo, a tese da indeterminação radical do Direito, segundo a qual, "nem as leis ordenam a sociedade nem resolvem os conflitos, senão que no máximo são diretrizes, pontos de referência que o legislador põe nas mãos dos funcionários e dos juízes, sabendo que só muito parcialmente vão aplicá-las e que sempre o decisivo não será a vontade do legislador e sim o critério pessoal do operador" (Nieto, 1998, p. 15); e) do jusnaturalismo (a concepção que, pelo menos como ideologia, tem sido a mais familiar para uma boa parte dos juízes e dos professores espanhóis em seu período de formação) não parece ficar quase nada. Se por acaso, a propensão a identificar (mas não de forma explícita) a Constituição como uma espécie de Direito natural, de princípios indiscutíveis que é possível encontrar nesse texto, interpretado pelo Tribunal Constitucional; ou, dito de outra maneira, a defesa de um positivismo ideológico (a outra face de certo jusnaturalismo) que identifica completamente o Direito com a justiça e que leva, portanto, a que o jurista pense que não tem por que embarcar em nenhuma aventura teórica que o leve mais além do Direito positivo; não é só que a filosofia moral e política seja perigosa para o jurista, mas que não necessita dela.

---

74 Aqui deveria ser excluído o Tribunal Constitucional e talvez algum outro tribunal.

4. O FORMALISMO JURÍDICO

Antes disse que o formalismo jurídico foi uma concepção do Direito extrema ou marginal no século XX. Mas esta é uma afirmação que precisa ser delineada, pelo menos nos dois seguintes sentidos. Por um lado: uma coisa é que, efetivamente, a teoria – ou a filosofia – do Direito do século XX não se tenha visto a si mesma, em geral, como formalista; e outra que o formalismo não tenha sido – e não continue sendo – uma atitude frequente na prática do Direito; isto é, aqui parece existir certo distanciamento entre as concepções do Direito dos teóricos e as concepções "operativas" do Direito dos práticos. Por outro lado, o termo "formalismo" é muito obscuro e, ainda que hoje tenda a usar-se a expressão em sentido pejorativo, a existência de tópicos como "as formas são importantes no Direito" e outros do gênero apontam para certa ambiguidade da noção de formalismo que convém esclarecer. Pois existem, pelo menos, estas duas maneiras diferentes de entender o formalismo.

a) O formalismo como característica do Direito moderno, que vem a identificar-se com o que Weber chamou "racionalidade formal"[75]. Essa mesma ideia, expressa na terminologia da teoria do Direito contemporânea, significa que o Direito moderno consiste essencialmente em *regras*, ou seja, as premissas dos raciocínios jurídicos funcionam como razões excludentes ou peremptórias, de maneira que em muitos ou na maioria dos casos os decisores (os aplicadores) podem prescindir das circunstâncias particulares dos casos, isto é, das razões para a decisão que em princípio seriam de aplicação para decidir o caso mas que, ao não constar na regra abstrata preestabelecida, o decisor não precisa levar em consideração; o que também significa que a aplicação das normas pode ser feita sem que entrem em jogo os critérios morais e políticos do aplicador. A prática da aplicação do Direito, – da tomada de decisões jurídicas –, salvo em hipóteses marginais, torna-se assim não somente simplificada, como se torna relativamente previsível, já que esses órgãos – os juízes – não necessitam levar a cabo, em sentido estrito, uma tarefa deliberativa. Pois bem, há algumas linhas de desenvolvimento do Direito contemporâneo que parecem contrárias a essa tendência ao formalismo, à racionalização formal do Direito: o crescente aumento das funções do Direito; a tendência a uma regulação jurídica cada vez mais particularizada em muitos âmbitos; a importância das normas de finalidade, isto é, normas que sinalizam objetivos, estados de coisas a obter; o aumento dos fatores que contribuem para minar o caráter "sistemático"

---

[75] "Legalismo" seria uma expressão sinônima.

do Direito: lacunas, contradições etc., como consequência da proliferação legislativa; a crescente importância dos princípios e dos valores jurídicos... No entanto, também parece razoável pensar que se trata de tendências que não podem pôr em questão esse fundo de formalismo; ou, dito de outra maneira, se não fosse assim, o sistema jurídico perderia suas senhas de identidade em relação aos outros subsistemas sociais, e a mesma coisa ocorreria com o raciocínio jurídico: não existiria propriamente raciocínio jurídico, se este não tivesse, de alguma maneira, um caráter "fechado" no sentido de Friedman. Parece-me que este também é o fundo de razão que pulsa na reivindicação das normas – de certo formalismo – no Direito. E também a razão mais poderosa hoje para defender o positivismo jurídico: não tanto porque suponha aderir à tese das fontes sociais do Direito ou da separação entre o Direito e a moral, senão porque, ao subscrever essa tese, aceita-se uma determinada atitude moral frente ao Direito: uma atitude que consiste em limitar o poder dos intérpretes e dos aplicadores. É o tipo de positivismo jurídico defendido há tempos por Scarpelli (1965; ver Jori, 1987) e, mais recentemente, por autores como Campbell (2002) e Hierro (2002). Não é o caso de entrar aqui na profusa discussão contemporânea em torno ao positivismo jurídico (e suas variantes de "neopositivismo", "positivismo crítico", "positivismo inclusivo", "positivismo axiológico" etc.), mas me parece importante ressaltar que o peso do "formalismo", no sentido em que estou usando a expressão, nos diversos setores do Direito não é uniforme (e não deve sê-lo): é explicável – e justificável – que a aplicação do Direito por muitos órgãos burocráticos (especialmente se se situam nos níveis baixos da estrutura do sistema jurídico) obedeça quase exclusivamente a parâmetros formalistas, mas não parece que tenha que ser igual quando se trata de superiores tribunais de justiça e, evidentemente, do Tribunal Constitucional[76].

b) O formalismo, entendido propriamente como uma concepção do Direito, é algo diferente (embora tenha certa conexão com o fenômeno anterior). Talvez se pudesse dizer que o que une as grandes correntes formalistas do século XIX (a escola da exegese, a jurisprudência de conceitos, a *Analytical Jurisprudence* e o "formalismo jurisprudencial" norte-americano) é uma tendência a absolutizar os elementos formais do Direito e a construir a partir daí uma teoria – uma ideologia – que, para os efeitos que interessam aqui, se caracteriza pela tendência à simplificação das operações de aplicação

---

[76] O que justifica que seja assim é o que se poderia chamar "as razões do formalismo": basicamente, a segurança jurídica.

e interpretação do Direito. Como diriam Hart ou Carrió: por não ver os casos da penumbra, os casos difíceis, e tratar a todos eles como se fossem fáceis. Daí que a motivação, a argumentação das decisões, se veja em termos puramente dedutivos ou mecânicos (embora não sejam iguais uma e outra coisa). Os formalistas, propriamente falando, não precisam de uma teoria da argumentação jurídica. É suficiente a lógica dedutiva, que alguns chegam a reduzir inclusive a um só tipo de argumento: o *modus ponens*, o silogismo judicial. Há, evidentemente, algo de correto na famosa – e hoje injuriada em geral – "teoria da subsunção": a justificação de decisões que supõem o estabelecimento de normas concretas, tendo que se basear em certas normas – premissas – preestabelecidas, supõe que pelo menos um dos passos da justificação tem que ser dedutivo. Mas, por um lado, que um dos elementos da justificação seja dedutivo (ou assim possa ser reconstruído) não significa identificar só com isso, justificação e justificação dedutiva. Por outro lado, é importante não confundir – muitos formalistas já o fizeram – justificação e decisão: "decidir – segundo o correto *dictum* de MacCormick – não é deduzir". Finalmente, o formalismo jurídico, enquanto concepção do Direito, é uma coisa, e a lógica – formal – jurídica, outra. A análise lógica do Direito, do raciocínio jurídico, não tem porque incorrer no formalismo, embora às vezes o faça. Mais adiante tratarei do tema com mais detalhe, mas por enquanto bastará dizer que contra o que se deve estar prevenido não é contra a lógica jurídica (um instrumento simplesmente essencial para o estudo e a prática do raciocínio jurídico), e sim contra o logicismo jurídico, contra a tendência a reduzir o raciocínio jurídico a seus elementos lógico-formais.

5. O POSITIVISMO NORMATIVISTA

Como foi dito antes, o positivismo normativista foi provavelmente a concepção de Direito mais difundida entre os teóricos de Direito europeus do século XX. Caberia falar aqui de duas formas básicas: uma, a mais radical, está representada pelo modelo kelseniano; a outra, mais moderada e sofisticada, se identifica com a obra de Hart. A incompatibilidade da concepção kelseniana do Direito com a visão do Direito como argumentação é, como logo se verá, um fato manifesto e indiscutível. Em relação a Hart, no entanto, o julgamento tem que ser muito mais gradual. Assim poderia resumir-se: a visão do Direito presente em sua obra mestra, *El concepto del Derecho*, tem pouco a ver com o enfoque argumentativo do Direito, mas Hart mostrou em outros de seus escritos (posteriores a esse livro) um notável interesse pelos aspectos argumentativos do Direito e, além do mais, não se pode esquecer que, com base nos pressupostos hartianos (e desenvolvendo sua concepção do Direito em certos aspectos), construiu-se uma das teorias da argumentação jurídica mais influentes e importantes dos últimos tempos: a de Neil MacCormick.

O positivismo normativista tem sido também uma concepção do Direito de grande influência na filosofia do Direito do século XX no mundo de fala hispânica. Aqui também podem encontrar-se duas formas básicas que podem ser exemplificadas nas obras de Genaro Carrió, uma, e nas de Carlos Alcourrón e Eugenio Bulygin, outra. A de Genaro Carrió é essencialmente semelhante à de Hart, apesar de talvez ser possível dizer que o autor argentino demonstrou desde sempre um maior interesse pela argumentação judicial e advocatícia. Provavelmente, isso se deva a dois fatores: um é a influência que o realismo sempre teve em sua obra (tanto o realismo americano quanto o escandinavo, o de Alf Ross); e o outro tem a ver com o fato de que Carrió exerceu durante muito tempo como advogado e depois chegou a ser presidente da Suprema Corte Argentina. Em todo caso, vale a pena recordar aqui alguns dados significativos de sua produção teórica. Carrió não somente traduziu o famoso livrinho de Levi sobre o raciocínio jurídico, como também escreveu uma sugestiva e correta introdução a essa obra na qual assinalava as afinidades que tinha com a tópica jurídica de Viehweg; é o autor de um livro de muito sucesso no foro argentino sobre o *recurso de amparo* (a primeira edição é dos anos sessenta [Carrió, 1967]) e constitui um magnífico exemplo de como construir a dogmática jurídica de um enfoque argumentativo do Direito; e nos últimos anos de sua produção escreveu dois pequenos manuais (dirigidos aos advogados novéis) sobre como argumentar um caso e como fundamentar um recurso, no estilo dos livros norte-americanos de introdução ao raciocínio jurídico. No entanto, as insuficiências básicas que encontramos no enfoque de Hart (que logo me referirei) podem também aplicar-se, no essencial, à obra de Carrió.

Como dizia, a outra concepção de positivismo normativista que teve – e tem – uma grande influência na filosofia do Direito em língua espanhola está representada pela obra de Carlos Alchourrón e Eugenio Bulygin. Falando em termos gerais, pode se dizer que, sob o prisma argumentativo, a produção conjunta destes dois autores se situa em um ponto intermediário entre Kelsen e Hart. Diferentemente de Kelsen (e de outros autores "irracionalistas", como Ross), Alchourrón e Bulygin sempre defenderam a tese de que as decisões jurídicas podem (e devem) justificar-se em termos lógico-dedutivos; ou seja, que se podem realizar inferências normativas, que a lógica se aplica também às normas. Pode-se dizer até mesmo que sua tendência tem sido a de identificar justificação e justificação lógica (dedutiva); recentemente, Bulygin aceitou que "o modelo dedutivo de justificação" "não exclui outros" (Bulygin, 1993), mas nem ele, nem Alchourrón, demonstraram interesse por esses outros modelos. Isso tem a ver, em minha opinião, com seu forte ceticismo em relação à razão prática e sua tendência à emotividade em matéria moral. De Hart (e de Carrió) classifica-os precisamente na maior ênfase posta na análise lógico-formal do Direito e no ceticismo moral (Hart pode considerar-se como um objetivista mínimo em matéria moral) e, talvez como consequência disso, que Alchourrón e Bulygin tenham elaborado uma teoria do Direito que, de certo modo, é centrada nos casos fáceis.

O que faz com que a visão kelseniana do Direito seja basicamente antagônica em relação a uma de tipo argumentativo são os seguintes traços:

a) A ênfase na análise estrutural do Direito, ou seja, o Direito visto como conjunto de normas, frente ao enfoque funcional (sociológico) ou o enfoque valorativo. Como se sabe, Kelsen defendeu que o Direito é uma técnica de controle social e deu considerável importância a essa faceta, mas um pressuposto inamovível de sua construção teórica (provavelmente traído na própria elaboração de seus escritos) é a separação terminante entre ciência do Direito (normativa e estrutural) e sociologia do Direito.

b) Uma teoria da validez do Direito – das normas jurídicas – que leva, na realidade, a considerar os elos de validez como elos de autoridades; definitivamente, a validez para Kelsen é uma questão de *fiat*, não de argumentação racional.

c) A consideração do Direito como um objeto para ser conhecido, mais do que como uma atividade, uma prática, na qual se participa (por exemplo, argumentando).

d) A emotividade ética, a consideração da justiça como um ideal irracional e, consequentemente, a negação da possibilidade da razão prática.

e) A tese do último Kelsen (mas que não pode ser visto absolutamente como uma radical mudança em sua obra) de que não há relações lógicas entre as normas; ou seja, a impossibilidade de justificar racionalmente as decisões jurídicas ou, dito de outra maneira, a negação radical do discurso justificativo. Bulygin (1988, p. 25) sugeriu que essa atitude de Kelsen pode ser devida a seu escasso conhecimento da lógica moderna; mas, naturalmente, se trata de uma tese explicativa, não justificativa.

f) Sua forma de enfocar a interpretação e a aplicação do Direito. Como é bem sabido, Kelsen relativizou a distinção tradicional entre a criação e a aplicação do Direito e considerou que os órgãos aplicadores (juízes ou não) também criam Direito; mas, nessa produção do Direito, as regras do método jurídico – o raciocínio jurídico – não desempenham praticamente nenhum papel. Mais concretamente, a partir da distinção entre a análise estática e a dinâmica do Direito, o lugar "natural" para dar espaço à argumentação jurídica na obra de Kelsen teria que ser a dinâmica do Direito e, em particular, a teoria da interpretação. Mas este é, talvez, o capítulo mais insatisfatório da teoria pura (ver Lifante, 1999). Kelsen fez distinção entre a interpretação autêntica, aquela que leva a cabo os órgãos aplicadores, e a interpretação do científico do Direito. A primeira consiste em um ato de vontade no qual a argumentação racional não desempenha nenhum papel. Pelo contrário, a interpretação do científico do Direito é uma atividade puramente cognoscitiva, mas bastante inútil: as normas jurídicas são marcos abertos a diversas possibilidades, e o único que caberia fazer é pôr em evidência os diversos sentidos possíveis, sem decantar nenhum deles[77].

Como já havia dito, em relação à concepção hartiana do Direito, não se pode emitir um juízo semelhante. Mais ainda, vários de seus trabalhos (em Hart, 1983) podem ser vistos como contribuições de interesse à teoria da argumentação jurídica. Então, a propósito de Bentham, Hart desenvolveu a ideia de considerar as normas jurídicas como razões peremptórias, o que constitui um aspecto central daquilo que chamarei "concepção material" da argumentação e da qual se falará mais adiante. Também é relevante seu artigo sobre a teoria do Direito norte-americano no qual fixa sua posição, em relação à interpretação e aplicação do Direito, entre o *pesadelo* dos realistas extremos que exacerbam os elementos de indeterminação do Direito e o *nobre sonho* daqueles, principalmente como Dworkin, que superestimam o papel da razão prática e a capacidade do Direito em prover uma solução correta a todos os casos difíceis. É significativo seu interesse pela obra de Perelman que se delineia no fato de que tivesse feito uma apresentação para a primeira tradução de escritos de Perelman em inglês. E, talvez principalmente, a voz *"Problems of Philosophy"*, redigida para a Enciclopédia MacMillan nos finais dos anos sessenta (em Hart, 1983). Neste último trabalho, Hart considera que existem três classes de problemas (que mantém entre si certa relação) dos quais se ocupa a filosofia do Direito: problemas de caráter conceitual; problemas de raciocínio jurídico; e problemas de crítica do Direito. Esclarece que os concernentes ao raciocínio jurídico (dos juízes e tribunais) têm preocupado

---

77 Uma aguda e, em minha opinião, acertada crítica radical deste tipo de positivismo pode ser encontrada no livro de Lon fuller dos anos cinquenta: *The Law in quest of itself.*

principalmente aos autores norte-americanos. E apresenta um quadro teórico sumamente lúcido desses problemas (e que prefigura os posteriores desdobramentos de MacCormick): mostra o alcance e os limites da lógica dedutiva, devido ao caráter indeterminado das normas; denuncia a obscuridade com que se costuma tratar o tema do raciocínio indutivo; faz distinção entre o contexto da descoberta e o de justificação (métodos de descoberta e *standards* de avaliação-*appraisal*); faz distinção também entre o caráter final e infalível dos tribunais de última instância; e até assinala a importância dos princípios (*principles, policies and standards*) para resolver os casos difíceis, aqueles em que não basta a dedução.

De qualquer maneira, o texto que permite entender melhor a concepção essencial de Hart sobre o raciocínio jurídico (sobre o Direito, em geral) é o famoso *Postscriptum* a *El concepto de derecho*. Nesse trabalho (Hart, 1997; a data de redação é 1983), que essencialmente é uma tomada de posição em relação à concepção dworkiniana. Hart reconhece que *El concepto de Derecho* tinha se ocupado muito pouco do problema da aplicação judicial do Direito (a *adjudication*) e do raciocínio jurídico e, muito especialmente, da argumentação em relação aos princípios [p. 118]. Mas Hart insiste (em minha opinião, com toda razão) de que em sua concepção não há nada que impeça reconhecer que os princípios também podem fazer parte do Direito; uma ideia, além do mais, que já tinha sido defendida por Carrió (1971) imediatamente depois que apareceram as primeiras críticas de Dworkin a Hart. Particularmente, Hart insiste em que a regra de reconhecimento pode incorporar, como critério final de validez jurídica, princípios de justiça ou valores morais substantivos [p. 102]. De maneira que as diferenças com Dworkin se reduziriam, na realidade, às duas seguintes. A primeira refere-se à defesa de Hart da tese da discricionariedade judicial. Isto é, o caráter indeterminado do Direito faz com que, em alguns casos, o juiz tenha que criar Direito, já que sua decisão não pode ser vista como predeterminada pelo Direito [p. 135]. Claro que Hart não pensa que o juiz deva criar Direito arbitrariamente: tem que se basear em "razões gerais" e deve atuar "como um legislador escrupuloso o faria ao decidir segundo suas próprias crenças e valores" [p. 137]. Ou seja, existem razões, ainda que não se trate de razões jurídicas e ainda que essas razões sejam limitadas. E a segunda diferença (sublinhada também por Hart na entrevista que Páramo lhe fez na revista *Doxa* (1990) pouco depois da publicação do *Postscriptum*) é que ele pretende ter construído uma teoria descritiva e geral do Direito, enquanto a de Dworkin seria "parcialmente valorativa e justificativa" e "dirigida a uma cultura em particular" (o Direito anglo-americano) [p. 93].

Então, esses dois aspectos que o separam de Dworkin vêm também a ser os pressupostos de fundo que fazem com que uma concepção do Direito como a hartiana (ou a de Carrió) deva ser considerada insuficiente para dar conta plenamente do elemento argumentativo do Direito. A tese da discricionariedade pressupõe a da separação entre o Direito e a moral, e com ela a da negação da unidade da razão prática: a argumentação jurídica não pode ver-se por isso como formando uma unidade com a argumentação moral e a política. E o enfoque descritivista (obviamente vinculado com a tese da separação conceitual entre o Direito e a moral) leva (como no caso de Kelsen, mas de maneira muito menos radical) a ver o Direito essencialmente como um objeto de conhecimento; ou seja, Hart não está interessado no caráter especificamente prático do Direito, que é substancial à ideia do Direito como argumentação: sua teoria é centrada no Direito considerado como sistema, mais do que como prática social.[78]

Em termos gerais, caberia dizer que o que separa o positivismo normativista do enfoque do Direito como argumentação consiste no seguinte (a distinção é semelhante à que Summers traça entre o que ele chama *rule-approach* e *form-approach*):

a) Desde a perspectiva do conceito de Direito, os normativistas veem o Direito como uma realidade previamente dada; o Direito é um conjunto de normas, um livro, um edifício, ou uma cidade que está aí fora para ser contemplada e descrita. Para o enfoque do Direito como argumentação, o Direito consiste mais em uma atividade, uma prática complexa; a imagem seria mais a de uma empresa, uma tarefa, na qual se participa: a escritura de uma novela em capítulos, mais do que o livro já escrito; a construção de uma catedral, mais do que a catedral construída; ou, melhor ainda, a atividade consistente em construir e melhorar uma cidade na qual a gente tem que viver.

b) Desde a perspectiva de quais são os elementos integrantes do Direito, tanto Kelsen quanto Hart, Alchourrón e Bulygin analisam o Direito em termos de normas e de tipos de normas (ou também de enunciados, alguns dos quais podem ser normativos). O enfoque do Direito como argumentação vê no Direito um processo (ou, pelo menos, outorga uma grande importância ao aspecto processual) integrado por fases, momentos ou aspectos da atividade, da prática social na qual consiste o Direito. Talvez dito de outra maneira, os positivistas tendem a ver o Direito como sistema (por analogia com o sistema da língua ou o sistema da lógica) e a descuidar do Direito enquanto prática social (enquanto prática que vai além do sistema, da mesma maneira

---

78 Isto, apesar de Hart ver as normas como práticas sociais.

que a prática da linguagem – a *parole* – não se pode reduzir à *langue*; nem a argumentação à lógica dedutiva).

c) Desde a perspectiva da forma de estudar o Direito, o normativismo positivista se interessa principalmente por uma análise estrutural, anatômica, enquanto o enfoque do Direito como argumentação leva a um estudo de caráter mais funcional e fisiológico.

d) Finalmente, do ponto de vista da metodologia ou dos objetivos teóricos, os positivistas normativistas procuram descrever uma realidade neutralmente (ou, ainda melhor, o esqueleto, a parte conceitual desta), como um objeto previamente dado; enquanto o enfoque do Direito como argumentação supõe contribuir para a realização de uma empreitada: o objetivo da teoria do Direito não pode ser exclusivamente cognoscitivo, mas sim que a teoria (como ocorre com a concepção "interpretativa" do Direito de Dworkin) se funde com a prática.

6. O REALISMO JURÍDICO

A contraposição anterior refere-se exclusivamente a uma das grandes formas do positivismo jurídico do século XX; deixa de fora a outra: a representada pelo realismo jurídico. Precisamente, esta última é uma concepção que, particularmente na versão "americana", põe a ênfase no Direito considerado como uma prática social, como um fenômeno essencialmente fluido: digamos, o Direito *in fieri*, mais do que o Direito formalmente estabelecido; e sublinha, portanto, o caráter instrumental do Direito: nessa tradição, o Direito é, principalmente, um meio de construção social, "engenharia social". Tudo isso aproxima, sem dúvida, essa concepção ao que chamei o enfoque do Direito como argumentação. Se, apesar disso, o realismo jurídico não produziu nada que possa considerar-se como uma teoria da argumentação jurídica, isso se deve a razões diferentes daquelas que se acabam de assinalar em relação ao positivismo normativista.

Também em relação ao realismo jurídico americano pode distinguir-se uma versão extrema e outra moderada. O que costuma ser considerado como representante mais caracterizado da versão extrema é Jerome Frank. Já que para ele não se pode falar em sentido estrito de *justificação* das decisões judiciais, fica claro que sua concepção é incompatível com o enfoque argumentativo do Direito. Não obstante, ao ter proposto estudar o Direito não tanto pela perspectiva dos tribunais de apelação, mas pela dos tribunais de primeira instância, a Frank se deve, entre outras coisas, o fato de ter chamado a atenção sobre a importância da argumentação (ou, de outra maneira, o manejo – ou a "manipulação") dos fatos, pois na prática cotidiana do Direito o mais frequente é que o jurista tenha que resolver questões concernentes aos fatos, não às normas. Em todo caso, os elementos que na obra de Frank (e no realismo em geral) se opõem ao enfoque do Direito como argumentação são os seguintes:

a) O ceticismo axiológico. Frank, como em geral os realistas, considera que os juízos de valor desempenham um papel muito importante na tomada de decisões jurídicas, mas esses juízos não pertencem ao campo da razão. Sobre eles não é possível construir um discurso propriamente justificativo, e sim de caráter persuasivo. Não se trata de justificação, mas de racionalização. Não de argumentação racional, porém, em todo caso, de retórica.

b) O interesse pelo estudo da retórica fica, por outro lado, limitado pelo fato de que o enfoque realista do Direito é um enfoque condutista (behaviorismo). Trata-se de predizer ou, pelo menos, de explicar a *posteriori* as condutas dos juízes, e para isso a retórica é de escassa ou nula utilidade, já que as razões explícitas (as que aparecem na motivação) não são as "verdadeiras razões" que produziram a decisão. Nisto se baseia sua conhecida crítica à teoria do silogismo judicial: os juízes não operam de acordo com o modelo silogístico; não começam afirmando o princípio ou a regra que serve como premissa maior de seu raciocínio, para depois empregar os fatos do caso como premissa menor, e chegar finalmente à resolução mediante processos de puro raciocínio. Ou seja, a Frank não interessa na realidade o plano da justificação, e sim o da explicação. Ou, melhor dizendo, Frank tende a confundir o contexto da descoberta com o da justificação, e a partir de uma tese explicativa de como os juízes chegam realmente a formular suas decisões, ocasiona que tais decisões não são susceptíveis de ser justificadas (em sentido estrito).

c) Finalmente, a indeterminação radical do Direito (em relação às normas e em relação aos fatos) que defende Frank faz com que não se possa falar propriamente de argumentação jurídica, e nem sequer de método jurídico. As decisões judiciais, segundo ele, não estão determinadas por normas previamente estabelecidas, senão que só podem explicar-se a partir de considerações biográficas, idiossincrásicas, sobre os juízes. O que se necessita não é, pois, lógica – argumentação –, e sim psicologia. Para Frank, a tarefa fundamental da teoria do Direito não tem caráter construtivo, mas de preferência crítico: não consiste propriamente em construir um método, senão em desvelar os mitos – o da segurança jurídica, o da justificação das decisões judiciais, o da existência de respostas corretas etc. – que a cultura jurídica tem edificado como uma espécie de ideologia que proporciona uma visão confortável – porém falsa – da realidade do Direito.

No caso do realismo moderado, como o de um Llewellyn, as coisas se apresentam de forma notavelmente diferente. Melhor dizendo, no "primeiro Llewellyn" pode-se encontrar esses três motivos (o ceticismo axiológico, o condutismo, a indeterminação do Direito) ainda que formulados de outra maneira, com menor radicalismo. Porém, sua concepção do Direito muda significativamente em suas últimas obras; particularmente, em *The Common Law Tradition*, donde se poderia dizer que, dos três motivos anteriores, só fica na realidade um: a visão condutista do Direito (ver Twining, 1985; Kronman, 1993).

Como já o havia feito Holmes, Llewellyn contrapõe a lógica à sabedoria (*wisdom*) ou prudência no sentido clássico (a *frônesis* aristotélica). O objetivo de seu livro é combater o ceticismo jurídico, isto é, a perda de confiança nos tribunais de apelação norte-americanos que, para ele, constituem um símbolo central e vital do Direito (p. 4). Segundo Llewellyn, os fatores de estabilização que fazem com que as decisões desses tribunais sejam razoavelmente previsíveis não tem a ver com a lógica; assinala inclusive que os lógicos têm dado razões aos "iconoclastas", ao mostrar que a dedução pressupõe a escolha das premissas e que esta operação tem um caráter puramente arbitrário (p. 11). Esta estabilização depende de uma série de fatores (alguns dos quais se vinculam ao que depois chamarei "concepção material" e "concepção pragmática" da argumentação) como, por exemplo: a "doutrina jurídica", entendendo por isso um conjunto de regras, princípios, tradições etc.; a existência de "técnicas" de trabalho que os juízes utilizam de forma mais ou menos consciente; a tradição da "única resposta correta", que Llewellyn compreende aproximadamente no sentido de Alexy, isto é, como uma ideia reguladora; a prática da motivação das decisões; a existência de mecanismos de limitação dos problemas ao reduzir, por exemplo, as decisões a termos binários: revogação ou não revogação etc.; a argumentação dos advogados no contexto de um procedimento contraditório; o sentido de responsabilidade; o sentido de responsabilidade em relação à justiça etc.

Por outro lado, a concepção de Llewellyn, do ponto de vista axiológico, já não pode ser qualificada, no sentido estrito, de emotivista; e nem sequer poderia dizer-se que a dele seja uma concepção claramente positivista do Direito pois, entre outras coisas, Llewellyn questiona a distinção entre ser e dever ser. No entanto, sua análise, do ponto de vista do enfoque do Direito como argumentação, continua tendo o limite de que o centro de seu interesse não é o discurso justificativo, mas sim o de predição. O que importa não é tanto o que dizem os juízes, mas sua conduta. Llewellyn defende nessa obra o que chama o *Grand Style* ou o *Style of Reason* (o dos juízes norte-americanos na época de formação, no começo do século XIX, depois perdido, e recuperado a partir dos anos 20 do século XX) que contrapõe ao "Formal Style". Característico do estilo formal é a ideia de que os casos são decididos pelas regras do Direito e de que a motivação tem uma forma dedutiva. Mas o grande estilo é uma forma de pensar e de trabalhar, isto é, um método que não consiste unicamente – nem talvez centralmente – em argumentar. Certamente tem a ver com isso o fato de que Llewellyn conceba o trabalho do jurista como uma técnica artesanal, cuja "justificação" se encontra mais no produto, em sua eficácia, do que na "correção" dos meios empregados. Por isso também, o modelo de argumentação que ele parece defender tem muito mais a ver com a retórica do que – suponhamos – com a discussão racional habermasiana ou, evidentemente, com a argumentação compreendida à maneira da lógica dedutiva. Assim, as recomendações que dirige aos juízes de apelação são, caberia dizer, recomendações sobre como utilizar com habilidade e honestidade profissional regras técnicas (a lei da discrição jurídica, a dos espaços de livre jogo *leeways*[79] a da adequação e o tom) que tem a ver, principalmente, com o que chamarei a concepção pragmática da argumentação. E a mesma coisa – e ainda mais – cabe dizer dos conselhos dirigidos aos advogados que, em ambos os casos, se trata de uma retórica bem entendida, isto é, de pôr a persuasão a serviço de uma ideia do Direito na qual o sentido da justiça desempenha um papel de grande importância.

Em relação ao realismo jurídico escandinavo, a análise que caberia fazer é muito semelhante. O que se encontra, por exemplo, na obra-prima de Alf Ross, *Sobre el derecho y la justicia* (sem dúvida, uma das obras mais importantes da filosofia do Direito do século XX) é algo muito parecido ao último Llewellyn, salvo que o autor dinamarquês é muito mais sistemático do que o norte-americano, se bem que (eu diria que como contrapartida) Ross tem uma concepção muito mais restrita dos limites do racional.

Diferentemente do positivismo normativista, Ross tem uma visão mais ampla, mais fluida, do Direito. Concede grande importância ao Direito não estabelecido pelas autoridades e destaca, em especial, o papel do que chama "tradição de cultura" (que consiste basicamente em um conjunto de valorações) enquanto fonte do Direito que pode ser o elemento fundamental que inspira o juiz ao formular a regra em que baseia sua decisão (p. 95). Igualmente, a propósito da interpretação ou do "método jurídico" (os princípios ou regras que realmente guiam os tribunais em trânsito da regra geral à decisão particular), ressalta a importância dos elementos valorativos, isto é, não cognoscitivos (perante à concepção tradicional) e defende também (agora perante Kelsen)

---

[79] Tomo a tradução do livro de Felix F. Sánchez Díaz (2002).

que o jurista (que elabora a dogmática jurídica) não pode abster-se de valorar, escolher e decidir. Ao destacar que o Direito é uma técnica social, um instrumento para alcançar objetivos sociais de qualquer tipo, Ross dá grande importância à "política jurídica", isto é, à formulação de propostas a respeito da aplicação do Direito (*de sententia ferenda*) e de sua produção (*de lege ferenda*). Tanto a administração de justiça quanto a produção legislativa do Direito consistem, em sua opinião, em uma amálgama de elementos cognoscitivos e valorativos, e por isso, o jurista (como se acaba de dizer) não pode deixar fora de seu campo o discurso valorativo. Diferentemente de Kelsen (que também sublinhou o caráter de técnica social do Direito, mas defendeu uma dogmática livre de considerações sociológicas e valorativas), Ross não pede ao jurista que não faça política, mas que seja consciente de quando faz ciência e quando faz política; mais concretamente, para ele as decisões de política jurídica têm um componente cognoscitivo, racional (cujo incremento depende basicamente do desenvolvimento de uma sociologia do Direito sobre bases científicas), mas, no fim de tudo, há sempre um componente de irracionalidade, isto é, as decisões dependem de juízos de valor que, segundo Ross, têm um caráter irracional, emocional.

O último pressuposto do enfoque de Ross é a ideia de que toda ação deliberada está condicionada por dois fatores: um motivo ou meta (uma atitude), e uma série de "concepções operativas", isto é, de elementos cognoscitivos (crenças) que dirigem a atividade em direção ao fim. As atitudes (incluídas as atitudes morais) expressam emoções e estão além da justificação e da argumentação: são irracionais, no sentido de que se trata de uma forma de consciência irredutível para os atos de apreensão, para as crenças (por isso, a ideia de uma "razão prática" é, para ele, uma contradição nos termos: se é razão, não é prática, e se é prática não pertence ao campo da razão). Quando se tomam decisões em relação à interpretação e à produção do Direito (já se disse que, para Ross, interpretar implica sempre decidir) existe, por assim dizer, a necessidade de alcançar um acordo, para o qual se pode recorrer a métodos racionais ou irracionais. Os primeiros, de natureza argumentativa, podem ser usados para influir nas crenças; mas para influir (de maneira direta; de maneira indireta pode fazer-se modificando as crenças) nas atitudes, o que existe é a persuasão. Na produção e interpretação do Direito, os juristas recorrem a diversas "técnicas de argumentação" (por exemplo, a propósito da interpretação: como usar os argumentos por analogia, ao contrário etc.), mas se trata de técnicas retóricas, isto é, de uma mistura de argumentação e de persuasão. Ross considera que é impossível prescindir da persuasão e que não há por que adotar uma atitude de cinismo em relação a isso. Mas a retórica carece, em sua opinião, de critérios objetivos de correção: "sempre existe a possibilidade de que outra pessoa, mesmo quando aceite os argumentos formulados e não invoque contra-argumentos, pode agir de maneira diferente da recomendada, sem que isso justifique que se diga que tal pessoa tenha agido 'equivocadamente'" (p. 327).

O argumento de Ross (que, em minha opinião, se baseia em um erro) é, na realidade, o mesmo que usou em outras obras (1941; 1970) para defender a tese de que a lógica clássica não se aplica às normas, e propor consequentemente uma lógica das normas que, por meio de diversos expedientes técnicos (hoje considerados praticamente, sem exceção, sem êxito), evitasse esse problema. Segundo ele, uma inferência prática como: "deves manter tuas promessas; esta é uma de tuas promessas; portanto, deves manter esta promessa" carece de validez lógica. Não é logicamente necessário que um sujeito que estabelece uma regra geral deva também estabelecer a aplicação particular dessa regra. Que isto se verifique ou não depende dos fatos psicológicos. Não é raro – acrescenta Ross – que um sujeito formule uma regra geral, mas evite sua aplicação quando ele mesmo se vê afetado. Mas aqui parece haver um erro: o de supor que a validez lógica de uma inferência depende de fatos externos ou psicológicos. Como escreveu Gianformaggio (1987), os autores que sustentam a tese de que a lógica não se aplica às normas estão na realidade misturando duas questões diferentes. Uma é a de se a relação entre duas normas válidas (pertencentes a um sistema) são relações de tipo lógico; a resposta é que não, ou não necessariamente, pois a um mesmo sistema podem pertencer normas contraditórias: por exemplo, "as promessas devem ser cumpridas" e "não é obrigatório cumprir tal promessa". E outra questão é a de se é possível inferir validamente uma norma de outra; não se vê por que a resposta tenha que ser neste caso negativa, ainda que exista a grande dificuldade de que tradicionalmente a noção de inferência ou de consequência lógica tinha sido construída com base nos valores verdade/falsidade que não parecem ser de aplicação às normas.

7. O JUSNATURALISMO

Como não poderia ser de outra forma, também dentro das concepções jusnaturalistas do século XX podem distinguir-se muitas variantes. A mais recorrente, pelo menos nos países de tradição católica, não tem promovido em absoluto a consideração do Direito como argumentação. A razão para isso, expressa em termos gerais, é que esse tipo de jusnaturalismo se preocupou principalmente em determinar a essência do Direito e em mostrar as conexões existentes entre a ordem jurídica e uma ordem de natureza superior que, no final das contas, remetia a uma ideia de tipo religioso. A fundamentação teológica do Direito encontra-se também nos autores mais "secularizados" dessa tradição, como poderia ser o caso do espanhol Legaz y Lacambra, cujo jusnaturalismo foi qualificado recentemente de "peculiar" (Delgado Pinto, 2002). Para Legaz (1964), "todas as coisas estão ordenadas a Deus" (p. 282) e esse é o ponto de partida para ocupar-se também do mundo do Direito, já que "o supremo critério de verdade está na religião, em Deus" (p. 306).

Um dos autores jusnaturalistas mais influentes no século XX, Giorgio del Vecchio, pensava (e com isso refletia uma opinião amplamente – por não dizer unanimemente – compartilhada por esse tipo de jusnaturalismo) que a positividade não é uma nota essencial do conceito de Direito; o essencial seria unicamente a noção de justiça. Por isso, o Direito natural refletia a ideia do Direito "em sua plena e perfeita luz", enquanto desta o Direito positivo oferecia "reflexos parciais e defeituosos" (p. 530). Holmes (referindo-se a essa mesma ideia) havia comparado em uma ocasião aos partidários do Direito natural com os cavalheiros aos quais não é suficiente que se reconheça que sua dama é bonita; tem que ser a mais bela que já tenha existido e que poderia chegar a existir. Naturalmente, uma consequência dessa aproximação é a falta de interesse pelas questões metodológicas, de como funciona – e como pode funcionar – o Direito (o Direito positivo) enquanto realidade determinada social e historicamente. Ou, dito nos termos de um influente trabalho de Bobbio dos anos cinquenta (em Bobbio, 1980): o jusnaturalismo do século XX foi, principalmente, uma filosofia do Direito dos filósofos, preocupada em *aplicar* ao Direito uma filosofia geral (de base teológica); e não uma filosofia do Direito dos juristas, isto é, construída de baixo, a partir dos problemas que os juristas encontram no desempenho das diversas profissões jurídicas.

E além do mais, esse idealismo cavalheiresco e escapista era sumamente funcional enquanto ideologia justificativa da ordem existente: o Direito positivo nunca será perfeitamente justo, mas certamente é difícil encontrar algum que, em algum sentido, não suponha "um ponto de vista sobre a justiça" (esta era a definição de Direito que dava Legaz na Espanha franquista) de maneira que, no final, ao que se chegava (de forma mais ou menos velada) era à identificação simplesmente do Direito positivo com a justiça. Assim se compreende que os juristas – os professores de Direito – que nas Faculdades tinham a seu cargo o estudo dos diversos ramos do Direito se lembrassem do Direito natural no primeiro dia do curso (quando se defrontavam com o tema do conceito de Direito), para esquecê-lo completamente quando começavam a tratar das questões "próprias" de sua matéria.

No entanto, como já disse, o dito anteriormente não serve para caracterizar todos os jusnaturalismos que houve no século XX, mas somente sua forma mais conspícua. Não serve, por exemplo, para caracterizar (ou, pelo menos, não completamente) a concepção de um autor como Michel Villey, cuja forma de entender o Direito natural suscita, além do mais, receios consideráveis entre os próprios autores jusnaturalistas que se consideram a si mesmos dentro dessa mesma tradição aristotélico-tomista (ver Vigo, 1991). Para Villey, o Direito natural é essencialmente um método para *descobrir* o Direito, o justo, nas relações sociais. O justo, em sua opinião, se identifica com "o seu de cada um", mas isso não é algo que se encontra nas normas, mas na própria realidade social. O método que Villey propugna não é outro que a dialética, entendida no sentido aristotélico: um tipo de raciocínio que não se confunde nem com o da lógica dedutiva nem com o das ciências empíricas, mas tampouco com o da retórica. A dialética (diferentemente da retórica) não está encaminhada para a persuasão, mas para a verdade, e para isso parte de opiniões múltiplas e divergentes; o essencial da dialética seria a ideia de um diálogo ordenado e sincero. Outro aspecto dessa metodologia jurídica é constituído pelas fontes do Direito; as fontes assinalam onde se deve encontrar o Direito, isto é, de onde pode partir o raciocínio, a dialética; para Villey existem tanto fontes do Direito positivo quanto do Direito natural.

Como se vê, trata-se de uma concepção que, em alguns aspectos, coincide com o enfoque argumentativo do Direito; de fato, diversos autores dos que se pode considerar entre os pioneiros da teoria contemporânea da argumentação jurídica e que defenderam uma concepção do raciocínio jurídico contraposta à da lógica formal dedutiva (Recaséns Siches, Viehweg, Esser, Perelman) consideraram-se a si mesmos, com maior ou menor intensidade, como autores jusnaturalistas. É possível que esse tipo de inscrição tenha sido devido, em boa parte, à obscuridade das noções de jusnaturalismo e de positivismo jurídico e, consequentemente, à falsa ideia de que o positivismo jurídico representava uma concepção formalista do Direito. Mas em todo o caso, o que se pode dizer com certeza é que a concepção de Villey (e outro tanto cabe dizer dos outros autores, com exceção de Perelman) não constitui uma teoria minimamente desenvolvida da argumentação jurídica. No caso de Villey, a principal razão pode dever-se a seu espírito conscientemente arcaizante: pré-moderno ou antimoderno. Sua concepção do Direito poderia ser adequada para o Direito romano da época clássica, mas não para o do Estado constitucional cujos valores, simplesmente, tornam-se antitéticos com os pressupostos ideológicos de Villey.

Não é, no entanto, este o caso de Gustav Radbruch, um dos paladinos do "renascimento do Direito natural" depois da Segunda Guerra Mundial. Sua reação frente ao positivismo jurídico acontece como consequência da experiência nazista, e o que procura Radbruch no Direito natural pode bem dizer-se que é mais que nada, uma forma de realizar os valores daquilo que depois se chamou "o Estado constitucional". De fato, há uma clara continuidade entre muitas de suas teses "de fundo" e as de Alexy, do mesmo modo que também há afinidade entre muitas das ideias de Fuller e as de Dworkin: Alexy e Dworkin são considerados (ver Bongiovanni, 2000) como os dois principais representantes da teoria constitucional do Direito.

Radbruch era consciente de que a validez (a validez em sentido pleno) do Direito não podia vir do próprio Direito positivo, nem de certos fatos, e sim de algum valor de caráter suprapositivo (Radbruch, 1951). Sua ideia do Direito contém na realidade três noções de valor: a justiça, a adequação ao fim e à segurança jurídica, que se complementam mutuamente, ainda que também possam entrar em conflito. A adequação ao fim está subordinada às outras duas, e os conflitos entre justiça e segurança não podem ser resolvidos de maneira unívoca, posto que a segurança também é uma forma de justiça. Estamos, portanto, frente a uma questão de grau: quando se trata de leis extraordinariamente injustas, essas leis deixam de ser válidas, porque a segurança jurídica garantida pelo Direito já não significa praticamente nada (Radbruch, 1951, p. 44, 52; e 1971); mas Radbruch não deixa de reconhecer a possibilidade de que uma lei (moderadamente) injusta seja válida, seja Direito (suposições, pois, nas quais o valor da segurança jurídica prima sobre o da justiça).

Pois então, como resulta mais ou menos óbvio, hoje não seria necessário, para defender essa ideia – a possibilidade de que existam leis inválidas em razão de seu conteúdo injusto –, apelar ao Direito natural, pois os critérios constitucionais de validez incluem a adequação a conteúdos de justiça delineados nos Direitos fundamentais; na realidade, a peculiaridade dessa concepção já tinha sido advertida há muito tempo por autores como Legaz, para o qual o sentido "jusnaturalista" da obra de Radbruch resultava "bastante atenuado".[80]

Isto assinala também uma questão importante em relação ao jusnaturalismo (e com o positivismo jurídico): a necessidade de levar em conta as

---

80 "Por isso, para Radbruch a 'natureza da coisa' é um meio da interpretação e o preencher lacunas, uma '*ultima ratio* da interpretação e complementação da lei'; não é, pois, uma fonte do Direito válida por si mesma, se está em oposição ao 'espírito da lei'. Deste modo, na doutrina de Radbruch, o sentido 'jusnaturalista' da ideia da 'natureza da coisa' resulta bastante atenuado, pois tal conceito fica ainda muito nas proximidades do relativismo e em total contraposição ao Direito natural racional quer derivar as normas jurídicas, com espírito de igualdade e uniformidade, de princípios superiores de razão" (p. 211).

circunstâncias históricas, o contexto, para poder julgar acerca da adequação dessa concepção do Direito, e até mesmo para poder produzir definições com sentido do que cabe entender por jusnaturalismo e por positivismo jurídico. Faz muito tempo que Gonzáles Vicén fez distinção entre positivismo jurídico como "fato histórico" (como conceito), isto é, a ideia de que o Direito é um fenômeno social e histórico de sociedades concretas; e as diversas teorias (concepções) do positivismo jurídico: o positivismo historicista, voluntarista etc. Em sua opinião, a irrupção do positivismo jurídico, desbancando as anteriores concepções que se baseavam na ideia de um Direito natural, acontece na Europa no fim do século XVIII e começo do XIX, quando começam a existir ordenamentos jurídicos com sistemas de fontes bem fixos; ou seja, quando se produziu o fenômeno da "positivização" do Direito. Recentemente, Ferrajoli (1999) insistiu na mesma ideia, ao assinalar que o jusnaturalismo é a concepção característica do Direito na época anterior à modernidade, e que teria sido substituído pelo positivismo jurídico com a chegada do Estado moderno e a existência de "um sistema exclusivo e exaustivo de fontes positivas" (p. 17).

Este teria sido o primeiro embate histórico contra o Direito natural: embora muitas das normas do Direito natural tenham passado para as codificações modernas, o resultado foi que o jurista já não precisava do Direito natural como instrumento com o qual operar dentro do Direito; se por acaso, o Direito natural podia desempenhar um papel para preencher as lacunas do Direito positivo ou, como se acaba de ver, para negar validez jurídica às normas que fossem particularmente injustas. O segundo ataque (que em minha opinião, também é contra o positivismo jurídico)[81] se produz com a constitucionalização dos sistemas jurídicos, com a passagem do Estado legalista ao Estado constitucional: para que possam ser consideradas como Direito válido, as leis têm que se acomodar a certos critérios de conteúdo que integram ideias de moralidade e de justiça: os Direitos fundamentais. É claro que também poderia dizer-se nesta ocasião que o constitucionalismo moderno "incorporou grande parte dos conteúdos ou valores de justiça elaborados pelo jusnaturalismo racionalista e ilustrado" (Ferrajoli, 1989). Que pulverizou a tese positivista (não de todos os positivistas) de que o Direito pode ter qualquer conteúdo. Ou que o papel que desempenhava antes o Direito natural em relação ao soberano o desempenha agora a Constituição em relação ao legislador (Prieto, p. 17). Mas daí, em minha opinião, não se deduz que o constitucionalismo seja uma espécie de neojusnaturalismo (nem Dworkin nem Alexy poderiam qualificar-se desta maneira, a não ser que se fale de Direito

---

81 Pelo contrário, para Ferrajoli, o constitucionalismo supõe "completar o positivismo jurídico" (1999, p. 19)

natural em um sentido tão geral que já não signifique praticamente nada), e sim que a possível função do Direito natural se desloca para outro lado: o jusnaturalismo não pode subsistir, ou ressurgir, como tese ontológica do Direito senão, em todo caso, como teoria sobre a fundamentação do Direito, como deontologia jurídica. E não se deduz tampouco que o constitucionalismo tenha aberto o caminho definitivamente ao positivismo jurídico. Em minha opinião, o positivismo esgotou seu ciclo histórico, como anteriormente o fez o Direito natural. Do mesmo modo que Bloch dizia que "a escola histórica crucificou o Direito natural na cruz da história" (ver González Vicén, 1979, p. 40), hoje poderia afirmar-se que "o constitucionalismo crucificou o positivismo jurídico na cruz da Constituição". De forma que das duas teses clássicas do positivismo jurídico, a primeira (a das fontes sociais do Direito) morreu caberia dizer "de êxito", e a segunda (a da separação entre o Direito e a moral) foi refutada historicamente pelo constitucionalismo.

Essa mudança de função do Direito natural (a passagem de uma função ontológica para outra deontológica) à qual acabo de referir-me se observa, por exemplo, na obra de Finnis (o autor jusnaturalista mais influente nas últimas décadas do século XX), centrada na consideração do Direito como um aspecto da racionalidade prática. A concepção do Direito de Finnis pode ser considerada como um fragmento de uma teoria da argumentação jurídica. A ele não lhe interessa particularmente – caberia dizer – as questões de técnica argumentativa no Direito, mas sim a fundamentação definitiva do discurso jurídico justificativo. Sua obra pode ser considerada como um argumento em favor da unidade da razão prática, da abertura do raciocínio jurídico em direção ao raciocínio moral e político. O principal objetivo dessa teoria do Direito natural não é a afirmação de que as leis injustas não são Direito: segundo Finnis, o Direito injusto não seria Direito no sentido "focal" do termo Direito, mas seria Direito em um sentido secundário. A tarefa central do jusnaturalismo consistiria em explorar as exigências da racionalidade prática em relação com o bem do ser humano, em identificar os princípios e os limites do Estado de Direito (a *rule of law*) e em mostrar de que maneira o Direito válido (*sound*) se deriva de certos princípios imodificáveis (Finnis, 1980, p. 351).

E além do mais, o contexto histórico também permite explicar que o Direito natural pode ter desempenhado nos países de *common law*, e particularmente nos Estados Unidos, um papel diferente ao que desempenhou na Europa continental depois do fenômeno da positivação do Direito. Enfim, em um sistema de *common law* não é tão fácil identificar quais são os textos jurídicos autoritaristas, e o Direito tende a ser entendido como uma realidade mais fluida e com fronteiras muito mais flexíveis em relação à moral, à tradição etc., do que costuma acontecer nos sistemas de Direito legislado. Essa cultura proporcionava, caberia dizer, o terreno propício para que pudesse desenvolver-se uma concepção que, como a de Fuller, contempla o Direito não como um conjunto de normas preexistentes e sim como um empreendimento guiado pela ideia de razão. A maneira de Fuller de compreender o Direito – muito influente nas décadas centrais do século XX – coincide em muitos aspectos com o que chamei o enfoque do Direito como argumentação e se baseia explicitamente em ideias jusnaturalistas, ainda que se trate de um jusnaturalismo bastante peculiar e que não tem nada a ver com a religião.

Quando se examina a notável polêmica que teve lugar, nos anos cinquenta e sessenta entre Fuller e Hart, não há dúvida de que há um aspecto nesta – digamos o da precisão e do rigor intelectual – no qual o vencedor é inegavelmente Hart. Mas Fuller apontava para uma concepção – antipositivista – do Direito que, em certo sentido, tornava-se mais profunda do que a de Hart, se bem que é preciso reconhecer que se tratava de uma concepção mais insinuada do que propriamente desenvolvida.

Frente ao conceito (a imagem) positivista do Direito como um edifício, como uma realidade preestabelecida pelo legislador ou pelos juízes (o Direito como conjunto de normas), Fuller põe ênfase em que o Direito é um empreendimento, uma atividade; não o edifício construído, mas o edifício em construção; ou, melhor, o empreendimento de construir um edifício. É, neste sentido, muito sugestiva a imagem que utiliza em uma de suas obras (Fuller, 1941) para criticar a Kelsen: a de uma carretilha na qual o que conta não é somente que se trate de um objeto com certas características formais, com certa estrutura (esse seria o enfoque kelseniano), mas também o conteúdo, o que se transporta de um lado para outro; e a direção, a finalidade da atividade que se executa com esse utensílio. Para Fuller, os elementos do Direito (suas partes constituintes) não são – ou não são fundamentalmente – as normas, e sim os diversos aspectos ou momentos de uma atividade: a atividade de governar a conduta humana mediante normas. Por isso, em sua análise, o que predomina não é a anatomia, a estrutura, mas a fisiologia, os elementos funcionais. Fuller não pretende (como os positivistas normativistas) descrever neutralmente um objeto, uma realidade, mas contribuir à realização de uma empresa. Mas não concebe o Direito (agora frente aos realistas) em termos puramente instrumentais, porque ele não é um cético no plano axiológico e concede por isso grande importância, no plano da interpretação, tanto à de caráter teleológico quanto à valorativa.

Tratando-se de uma concepção que coincide em muitos aspectos fundamentais com o que chamei o enfoque do Direito como argumentação, a pergunta que se deveria fazer é por que, apesar disso, Fuller não desenvolveu nada parecido a uma teoria da argumentação jurídica. Uma resposta simples poderia ser que isso estava – implícito – em seu projeto de trabalho intelectual, e que Fuller não chegou a realizá-lo simplesmente por falta de tempo ou porque antepôs a isso outras tarefas intelectuais. A primeira vista, essa interpretação pareceria estar avalizada pelo título de um de seus últimos trabalhos (Fuller, 1972): "The Justification of Legal Decision". Mas se do título se passa ao conteúdo, verificamos logo de que se trata de uma pista falsa; o próprio autor explica claramente que o conteúdo de seu trabalho não tem nada a ver com seu título, escolhido simplesmente para "justificar" sua inclusão dentro das atas de um congresso dedicado a esse tema. De modo que as causas que explicam essa relativa falta de interesse de Fuller pelo raciocínio jurídico devem ser procuradas em outro lugar. Em minha opinião, caberia encontrá-las nas quatro considerações seguintes: 1. O conservadorismo de Fuller que o levou a insistir principalmente na noção de ordem e a deixar de lado a de justificação. 2. O antiformalismo, enquanto traço geral da cultura jurídica norte-americana, que o levou como aos realistas, a desdenhar o papel da lógica no Direito. 3. Sua preferência por análises concretas, maior do que por elaborar uma teoria geral da argumentação jurídica. No comentário que publicou do livro de Viehweg *Tópica y jurisprudência*, Fuller (que tinha uma opinião bastante crítica em relação à tópica) sugere que mais interessante do que elaborar uma teoria geral do raciocínio jurídico seria estudar como se argumenta em cada um dos ramos do Direito (no Direito de contratos – que era sua especialidade acadêmica –, no Direito de responsabilidade civil etc.). 4. Uma teoria da interpretação jurídica que o levou a sustentar, assim como aos realistas, que o significado é completamente dependente do contexto. Fuller não teria compreendido o peculiar das regras enquanto premissas do raciocínio jurídico (para dizê-lo nos termos de Schauer: seu caráter "entrincheirado" – ver Schauer, 1991, p. 212-) e essa concepção excessivamente aberta das normas jurídicas (de todas elas) também leva a um não compreender o caráter peculiarmente limitado do raciocínio jurídico.

8. O CETICISMO JURÍDICO

A forma mais característica de ceticismo jurídico até final do século XX foi o marxismo jurídico. Da mesma forma que os realistas, os marxistas sublinharam o caráter instrumental do Direito, mas enquanto os primeiros nunca puseram em dúvida a funcionalidade desse instrumento, sua idoneidade como ferramenta de construção e de mudança social, os segundos foram céticos também neste segundo aspecto. Em geral, os marxistas tenderam a considerar que a mudança social, a passagem do capitalismo ao socialismo, não era uma tarefa na qual o Direito pudesse desempenhar um papel importante: o essencial consistiria em transformar a base socioeconômica da sociedade, o modo de produção e as relações de produção, e a luta para isso deveria travar-se, em todo caso, no terreno da política, não no do Direito. O Direito (como aparece refletido no título de uma conhecida obra dos anos setenta) é visto principalmente como um "obstáculo para a mudança social" (Novoa Monreal, 1975). De maneira que, no quadro teórico do marxismo, o discurso interno de caráter justificativo, aquilo que constitui o núcleo da argumentação jurídica, não é possível. Mas, além disso, enquanto o realismo deixava aberta em geral, a possibilidade de um uso retórico (instrumental) do Direito; no caso do marxismo o que se propugna é mais a substituição do Direito por outra coisa. Por isso, o realismo é compatível com uma teoria limitada (limitada a seus elementos retóricos) da argumentação jurídica; enquanto o marxismo leva mais a diluir a argumentação jurídica em argumentação política.

No entanto, o que foi dito vale para o que poderíamos chamar o marxismo clássico, mas não em relação às diversas direções de marxismo jurídico que começam a surgir nos finais dos anos sessenta e que se caracterizam por "debilitar" as teses marxistas tradicionais. Assim, o caráter classista do Direito já não significa que o Direito seja simplesmente a expressão da vontade da classe dominante, e sim que a igualdade diante da lei típica do Direito moderno esconde em seu seio um tratamento de caráter discriminatório, ou seja, elementos desiguais. O economicismo de outras épocas é substituído pela tese de "a determinação em última instância" dos elementos superestruturais e ideológicos pela base socioeconômica. Reconhece-se a importância do Direito na transformação social. E, definitivamente, o discurso jurídico resulta, pelo menos até certo ponto, reabilitado.

O que nos últimos tempos se chama teoria crítica do Direito ("uso alternativo do Direito", "*critical legal sudies*", "*critique juridique*", "*crítica jurídica*" etc.) pode ser considerado de certo modo como um produto desse marxismo fraco, ao qual se acrescentaram elementos de outras tradições: a tese da indeterminação radical do Direito dos realistas, a crítica ao racionalismo e ao cientificismo do pensamento postmoderno, o feminismo jurídico etc. Sua característica central (ver Pérez Lledó, 1996) consiste em adotar uma perspectiva crítica (cética) do Direito, mas ao mesmo tempo interna, enquanto o Direito é visto pelo jurista crítico como um instrumento que pode (deve) ser usado para alcançar certas finalidades políticas (de emancipação). Dentro dessa perspectiva não há por isso lugar para a análise propriamente justificativa da argumentação jurídica, mas sim para estudos dos elementos persuasivos, retóricos do Direito.

Um caso interessante é o de Boaventura Santos que, em vários de seus trabalhos (Santos, 1980; 1998), distinguiu três componentes estruturais do Direito: retórica, burocracia e violência. Seu ponto de partida é uma concepção ampla do Direito que se opõe ao positivismo jurídico dos séculos XIX e XX; esse positivismo jurídico teria reduzido o Direito ao Direito estatal. A de Santos é, pois, uma concepção antipositivista, segundo a qual as sociedades modernas estão reguladas por uma pluralidade de ordenamentos jurídicos, inter-relacionados e distribuídos socialmente de diversas maneiras (*interlegalidade*) e onde o Direito estatal não ocupa o lugar central. Define o Direito como "um corpo de procedimentos e *standards* normativos regulados, que se considera exigível ante um juiz ou um terceiro que reparte justiça e que contribui para a criação e a prevenção de disputas, assim como para sua solução mediante um discurso argumentativo acompanhado da ameaça da força (Santos, 1998 p. 20). Tanto a retórica quanto a burocracia e a violência são vistas por ele como formas de comunicação e estratégias de tomada de decisões que se baseiam, respectivamente: "na persuasão, ou na convicção por meio da mobilização do potencial argumentativo das sequências e mecanismos verbais e não verbais aceitos"; "nas imposições autoritárias, realizadas mediante a mobilização do potencial demonstrativo dos procedimentos regulados e os *standards* normativos"; e "na ameaça da violência física" (p. 20). Esses componentes estruturais se articulam de diversas maneiras. Por exemplo, o Direito estatal moderno se caracterizaria por uma forte presença de burocracia e de violência e uma presença fraca de retórica, enquanto os campos jurídicos transnacionais que surgem com a globalização do Direito (por exemplo, o Direito dos grandes escritórios de advogados, das empresas transnacionais, das organizações inter-regionais, da nova lex mercatoria etc.) pressupõem, em geral, baixos níveis de burocracia, altos níveis de violência e um nível de retórica que pode ser alto ou baixo. Santos esclarece além do mais que esses três componentes estruturais se interpenetram de maneira que, por exemplo no Estado moderno, "a retórica não só se reduz quantitativamente como é "contaminada" ou "infiltrada" qualitativamente pela burocracia e pela violência dominantes" (p. 23).

Pois bem, como fica mais ou menos claro do que foi dito (a – interessante – obra de Santos adoece às vezes de certa obscuridade: ver Coterrell, 1991; Twining, 2000), nesse enfoque não parece que possa haver espaço para o discurso jurídico propriamente justificativo: Santos reduz explicitamente a argumentação à retórica (ainda que seu uso de "retórica" seja mais amplo do que o sentido mais convencional da expressão). E as razões para isso creio que são, basicamente, as seguintes. A primeira é que o ponto de vista do qual Santos elabora sua teoria do Direito é o do sociólogo, o do observador interessado basicamente em dar conta de (e em criticar) um fenômeno, e não o ponto de vista do participante que quer contribuir para a melhora de uma prática; evidentemente, o enfoque de Santos é abertamente político, mas sua proposta política consiste em convidar a reconstruir a prática sobre outras bases: por isso, suas análises não são dirigidas propriamente ao participante e sim – por assim dizer – ao "infiltrado" na prática (p. 39). A segunda razão é que a visão pós-modernista do Direito de Santos tem um caráter antirracionalista que o leva a defender versões fortes de ceticismo epistemológico e de relativismo cultural (ver Twining, p. 204 e ss.) que fazem também impossível um discurso propriamente justificativo; como exemplo disso pode ser sua forma de aproximar-se dos Direitos humanos (p. 180 e ss.) e sua proposta de um diálogo intercultural que, de novo, parece estar construído em termos retóricos, e não de um discurso crítico-racional.

Outro bom exemplo de concepção cética sobre o Direito é constituído pela obra de Duncan Kennedy, talvez o mais influente dos autores críticos dos últimos tempos e que tem abordado em diversas ocasiões (Kennedy, 1976; 1986; 1997) o problema da aplicação judicial (a "adjudicação") e, portanto, o da argumentação jurídica.

A tese central de Kennedy parece ser esta: frente à retórica da *coerência* e da *neutralidade* que ele atribui à filosofia "liberal" *standard*, o que, em sua opinião, a teoria crítica do Direito deve por em seu lugar é a *radical indeterminação* do Direito e o caráter *político* da administração de justiça.

A explicação que Kennedy deu em alguma ocasião para a indeterminação do Direito (Kennedy, 1976; ver Pérez Lledó, 1996) tinha como base a ideia de que sempre existem duas formas distintas e irreconciliáveis de entender o mundo: uma individualista e outra altruísta. Essa "contradição radical" faz com que o juiz não possa ser neutral e objetivo: o Direito, cada instituição jurídica, cada ato de interpretação, sempre pode entender-se dessas duas maneiras. Em seus últimos trabalhos, no entanto, essa tese parece ter sido substituída pela da construção social da realidade. Não há um mundo externo que seja independente de nós e, portanto, a objetividade no sentido estrito é impossível; melhor, é uma pretensão que, no caso do juiz, tem a função ideológica de ocultar que sua conduta é simplesmente estratégica: o juiz não trata de alcançar a resposta correta para o caso que tem que decidir, senão que tenta alcançar certos projetos ideológicos a partir de um material jurídico mais ou menos caótico e manipulável ("sociolegalidade" o chama Kennedy), que o juiz vive como um limite. O juiz seria como um artesão que, muitas vezes, não pode construir um fino vaso com um material deficiente. Diante dos valores ("modernos") da racionalidade científica e técnica, Kennedy (e muitos outros autores críticos e influenciados pelo pensamento pós-modernista) demonstra uma atitude de perda de fé na racionalidade e acentua o idiossincrásico e o subjetivo; no tema que nos interessa isso o leva a situar-se na perspectiva pessoal do juiz que tem que resolver um caso concreto; mas Kennedy não somente descarta a perspectiva do observador externo, senão que renuncia à formulação de critérios gerais que pudessem guiar a conduta dos juízes.

Tudo isso, naturalmente, abona a tese do caráter político da administração de justiça e permite a Kennedy negar a legitimidade – a possibilidade – de um discurso jurídico justificativo em sentido estrito. O que se revela na aplicação judicial do Direito (no estabelecimento do Direito por parte dos juízes) é uma questão de poder. Os juízes ocultam esse poder que exercem e que lhes permite perseguir seus interesses impondo-se ao critério majoritário que se expressa nas leis, mediante a linguagem da neutralidade na qual, invariavelmente, estão redigidas suas resoluções. Na opinião de Kennedy, trata-se de uma ocultação deliberada, isto é, os juízes mentem conscientemente e para essa mentira pode ser encontrada uma explicação em termos psicológicos: seria um típico exemplo da forma como as pessoas resolvem a angustia gerada pelas tensões internas (no caso dos juízes, a tensão entre fazer justiça – realizar seus projetos políticos – e acatar as normas vigentes), negando estas tensões. E à pergunta de por que este discurso de ocultação deliberada é aceito pela comunidade jurídica e pela gente em geral, a resposta é que "querem conservar a imagem do juiz neutra, enquanto este é o símbolo social por excelência da imparcialidade" (Kennedy, 1999, p. 88).

Assim, pois, como no caso dos realistas, o discurso jurídico justificativo no sentido estrito é impossível. O que existe é um discurso que esconde (deliberadamente ou não) suas motivações reais. E daí que a única coisa que tem sentido propugnar seja a crítica a esse discurso pretensamente justificativo (desvelar suas verdadeiras motivações) ou mesmo um uso persuasivo deste dirigido à obtenção de objetivos políticos e ideológicos. A teoria da argumentação jurídica dos autores críticos, por isso, não pode consistir em outra coisa que retórica, em crítica ideológica ou em alguma combinação de ambas as coisas.

9. O QUE FICA

Este suscinto repasse das concepções do Direito mais características do século XX tem como objetivo – como o leitor recordará – mostrar as razões pelas quais nenhuma delas permite dar conta satisfatoriamente do Direito visto como argumentação. E, *a sensu contrario*, também mostrar o caminho a seguir para desenvolver essa perspectiva.

Assim, frente ao formalismo e sua concepção fechada, estática e insular do Direito, se necessitaria uma mais aberta e dinâmica. O Direito tem que ser contemplado em relação ao sistema social e aos diversos aspectos do sistema social: morais, políticos, econômicos, culturais etc. A consideração do "contexto" leva necessariamente a abandonar uma concepção demasiadamente simples do raciocínio jurídico, como é a do formalismo. No entanto (seria o outro sentido de "formalismo jurídico"), a abertura do Direito tem que ter um limite; tem que haver certos sinais de identidade do Direito (e do raciocínio jurídico) que o distinga de outros elementos da realidade social, que outorgue algum grau de autonomia ao raciocínio jurídico. Na terminologia de Friedmann, poderia dizer-se que o raciocínio jurídico tem que estar minimamente "fechado".

Em relação ao positivismo normativista, talvez o mais importante seja compreender que o Direito não pode ser visto simplesmente como um objeto de estudo, como uma realidade que simplesmente está aí fora, pronta para ser descrita. O Direito é (se se quer, além do mais) uma atividade, uma empresa da qual se faz parte, na qual se participa. A função do teórico do Direito não pode limitar-se a descrever o que há; o essencial é mais um propósito de melhora dessa prática, de melhora do Direito. Isso significa, de alguma forma, pôr em questão a distinção entre o ser e o dever ser, entre o discurso descritivo e o prescritivo; ou, melhor ainda, reparar de que essa distinção só é pertinente desde determinada perspectiva, mas não desde outras; como diria Dewey, é uma distinção, não uma dicotomia. Assim, por exemplo, o enunciado interpretativo emitido por um juiz não descreve algo preexistente, mas tampouco pode ver-se simplesmente como uma prescrição, e sim que se trata mais de uma criação peculiar, um desenvolvimento guiado, embora não predeterminado em todos os seus aspectos, por certos critérios e que, de certo modo, tem algo de descritivo e de prescritivo.

Frente ao positivismo normativista, centrado no sistema do Direito, no Direito visto como um conjunto de enunciados, o realismo jurídico, o positivismo sociológico, põe a ênfase no Direito considerado como atividade, como uma prática social. Mas tende a fixar seu interesse exclusivamente nos aspectos previsíveis (e explicativos) dessa prática, e não nos justificativos. Na consideração do Direito como argumentação o que importa não é só – ou fundamentalmente – a conduta dos juízes e de outros atores jurídicos, como também o tipo de razões que justificam (e, em parte, também guiam) essas condutas. Além do mais, o discurso justificativo é incompatível com o emotivismo axiológico defendido pelos realistas; dito de outra maneira, o enfoque do Direito como argumentação está comprometido com um objetivismo mínimo em matéria de ética. O realismo jurídico pressupõe uma concepção mais ampla em diversos sentidos do que a do positivismo normativista (por exemplo, enquanto ao sistema de fontes) e uma concepção dinâmica e instrumental do Direito. Mas reduz o Direito à racionalidade instrumental e estratégica; exclui a deliberação racional sobre os objetivos (para os instrumentalistas não há propriamente objetivos *internos* do Direito, mas somente objetivos *externos*) e, por isso, é uma concepção que nega a racionalidade prática no sentido estrito da expressão.

O problema das concepções jusnaturalistas é, de certo modo, o oposto, a saber, a dificuldade de justificar a noção de racionalidade prática da qual se parte e de que esta possa ajustar-se à racionalidade interna do Direito: isso explica a tendência a desentender-se do Direito enquanto fenômeno social e histórico, ou bem a apresentá-lo de forma mistificada, ideológica. Um dos aspectos – talvez o mais difícil – do enfoque do Direito como argumentação consiste em oferecer uma reconstrução satisfatória do raciocínio jurídico que dê conta de seus elementos morais e políticos; ou, dito de outra maneira, das peculiaridades do raciocínio jurídico dentro da unidade da razão prática.

Finalmente, o marxismo e as teorias críticas do Direito não podem dar conta do discurso justificativo que pressupõe certo grau de aceitação do Direito. O formalismo jurídico simplifica muito as coisas, vê mais ordem da que realmente há. Mas a tese da indeterminação radical do Direito, da dissolução do Direito na política etc., impossibilita que se possa dar conta do discurso *interno* do Direito, isto é, não deixam lugar para um discurso que não seja nem descritivo, nem explicativo, nem puramente crítico. Não cabe, por isso, falar nem de método jurídico nem de argumentação no sentido estrito, mas unicamente de uso instrumental ou retórico do Direito. Como dizia, a visão do Direito como argumentação pressupõe certo grau de aceitação do Direito, mas, naturalmente isso não supõe a aceitação de qualquer sistema jurídico. Por isso, esse tipo de enfoque exige especial relevância em relação ao Direito do Estado constitucional e pode tornar-se irrelevante (quando não ideológico) em relação a outros tipos de sistemas jurídicos: não só em um Direito como o do nacional socialismo, como, em geral, em ordenamentos jurídicos que não acolham um sistema mínimo de Direitos. O ceticismo com o qual muitos autores "críticos" se referem aos Direitos fundamentais (seguindo de certo modo uma tradição que começa com Marx) mostra seu afastamento do que hoje constitui um sinal de identidade da esquerda (as ideologias de esquerda são as que, em nosso tempo, sustentam com maior ênfase a "luta pelo Direito") e, de certo modo, sugerem que talvez haja algo de equivocado (pois incorreria em uma espécie de "contradição pragmática") em uma concepção que, ao mesmo tempo que promove o compromisso com a prática, renuncia a estabelecer critérios que possam servir de guia.

Parece-me que os déficits que acabo de assinalar, e as mudanças nos sistemas jurídicos provocadas pelo avanço do Estado constitucional, é o que explica que nos últimos tempos (aproximadamente desde o final dos anos 70 do século XX) esteja em gestação uma nova concepção do Direito que já não se pode definir a partir dos parâmetros anteriores. Continua falando-se de positivismo jurídico (inclusivo, crítico, neopositivismo etc.), da mesma forma que de neorrealismo, neojusnaturalismo etc., porém as fronteiras entre essas concepções parecem ter-se apagado consideravelmente, em parte porque o que acabou prevalecendo são as versões mais moderadas de cada uma dessas concepções. Nesta troca de paradigma, a obra de Dworkin (apesar de suas ambiguidades) foi talvez a mais determinante, o ponto de referência a partir do qual se toma partido em amplos setores da teoria do Direito contemporânea. E, de fato, muitos outros autores procedentes de tradições filosóficas e jurídicas muito diferentes entre si (o positivismo jurídico, o realismo, a teoria crítica, a hermenêutica, o neomarxismo etc.) têm defendido nos últimos tempos teses que, no fundo, não se diferenciam muito daquelas de Dworkin; penso em autores como MacCormick, Alexy, Raz, Nino ou Ferrajoli. Entre eles existem, obviamente, diferenças que, ocasionalmente, não são desprezíveis, mas me parece que a partir de suas obras podem sinalizar-se certos traços característicos dessa nova concepção. Talvez nenhum desses autores assuma todos os traços que agora assinalarei, porém a maioria deles que, além do mais, estão estreitamente ligados ao enfoque argumentativo do Direito. Seriam os seguintes:

1. A importância outorgada aos princípios como ingrediente necessário – além das regras – para compreender a estrutura e o funcionamento de um sistema jurídico.
2. A tendência a considerar as normas – regras e princípios – não tanto da perspectiva de sua estrutura lógica, quanto a partir do papel que desempenham no raciocínio prático.
3. A ideia de que o Direito é uma realidade dinâmica e que consiste não tanto – ou não somente – em uma série de normas ou de enunciados de

diversos tipos, quanto – ou também – em uma prática social complexa que inclui, além de normas, procedimentos, valores, ações, agentes etc.

4. Ligado ao anterior, a importância que se concede à interpretação que é vista, mais que como resultado, como um processo racional e formador do Direito.

5. O enfraquecimento da distinção entre linguagem descritiva e prescritiva e, conectado a isso, a reivindicação do caráter prático da teoria e da ciência do Direito que já não podem ser reduzidos a discursos meramente descritivos.

6. O entendimento da validez em termos substantivos e não meramente formais: para ser válida, uma norma deve respeitar os princípios e Direitos estabelecidos na Constituição.

7. A ideia de que a jurisdição não pode ser vista em termos simplesmente legalistas – de sujeição do juiz à lei – pois a lei deve ser interpretada de acordo com os princípios constitucionais.

8. A tese de que entre o Direito e a moral existe uma conexão não só em relação ao conteúdo, mas de tipo conceitual ou intrínseco; inclusive ainda que se pense que a identificação do Direito se faz mediante algum critério como o da regra de reconhecimento hartiana, essa regra incorporaria critérios substantivos de caráter moral e, além do mais, a aceitação desta teria necessariamente um caráter moral.

9. A tendência a uma integração entre as diversas esferas da razão prática: o Direito, a moral e a política.[82]

10. Como consequência do anterior, a ideia de que a razão jurídica não é só razão instrumental, mas sim razão prática (não só sobre meios, mas também sobre fins); a atividade do jurista não está guiada – ou não está guiada exclusivamente – pelo êxito, mas pela ideia de correção, pela pretensão de justiça.

11. O enfraquecimento das fronteiras entre o Direito e o não Direito.

12. A importância colocada na necessidade de tratar de justificar racionalmente as decisões – e, portanto, no raciocínio jurídico – como característica essencial de uma sociedade democrática.

13. Ligado ao que foi dito anteriormente, a convicção de que existem critérios objetivos (como o princípio de universalidade ou o de coerência ou integridade) que outorgam caráter racional à prática da justificação das decisões, ainda que não se aceite a tese de que existe uma resposta correta para cada caso.

---

82 Raz, evidentemente, com sua tese do positivismo "excludente" não subscreveria estas duas últimas teses, como também não o faria Ferrajoli.

14. A consideração de que o Direito não é só um instrumento para alcançar objetivos sociais, senão que incorpora valores morais e que esses valores não pertencem simplesmente a uma determinada moral social, mas a uma moral racionalmente fundamentada, o que também leva de certo modo a relativizar a distinção entre moral positiva e moral crítica.[83]

10. SOBRE O PRAGMATISMO JURÍDICO

Assinalei anteriormente que por trás desta última concepção havia pressupostos filosóficos muito diversos entre si. Mas talvez tenham também algo em comum; ou, dizendo de forma mais exata, o que da perspectiva do Direito como argumentação vem a unificar esses e outros autores e permite utilizar muitas de suas contribuições como se se tratasse de uma concepção unitária do Direito é uma filosofia de tipo pragmática. Me explicarei.

O pragmatismo em relação ao Direito parece supor a aceitação de teses como as seguintes (ver Posner, 1990; Smith, 1990):

1. A necessidade de considerar o Direito e os problemas jurídicos em relação ao contexto.

2. O levar em conta (pode ser uma consequência do que foi dito) que as teorias, ou as doutrinas, são elaboradas com um propósito e são dirigidas a um determinado auditório.

3. O rechaço a uma concepção demasiado abstrata do Direito; não significa que se esteja contra os conceitos ou as teorias, mas que estas e aqueles devem estar elaborados no nível de abstração adequado.

4. Uma visão instrumental e finalista do Direito; o Direito é um instrumento para resolver (ou prevenir, ou tratar) conflitos, um meio para a obtenção

---

83 Escreveu, por exemplo, Nino a respeito: "[...] mas tão importante como distinguir a moral positiva e a moral ideal é observar seus pontos de contato. Um desses pontos é dado pelo fato de que *sem a formulação de juízos acerca de uma moral ideal não haveria moral positiva.* [...] Mas também há relações entre a moral ideal e a moral positiva que vão em outra direção. Isto se percebe se concentramos a atenção em uma esfera da moral positiva que não é constituída por pautas substantivas de conduta, e sim pela *prática do discurso ou argumentação moral* que contribui para gerar tais pautas e que constitui uma técnica social para superar conflitos e facilitar a cooperação por meio do consenso [...] tais juízos não se formulam no vazio e sim no contexto desta prática social à qual subjazem critérios procedimentais e substantivos de validação, como a universalidade, generalidade e aceitabilidade dos juízos em condições ideais de imparcialidade, racionalidade e conhecimento. Evidentemente que esta prática do discurso moral com seus critérios subjacentes, prática que não é moralmente justificável sem ser circular, embora sua expansão seja causalmente explicável, é um produto histórico; pode perfeitamente distinguir-se entre a atual prática do discurso moral, de origem iluminista, e outras que estão baseadas na autoridade divina ou na tradição" (Nino, 1989, p. 33-34). Agradeço a Victoria Roca por ter-me feito notar esta eloquente passagem da obra de Carlos Nino.

de finalidades sociais; o que não tem por que excluir que exista algo assim como "finalidades internas" do Direito.

5. A vinculação do Direito a certas necessidades práticas dos homens.

6. A ênfase que se põe nas consequências, no futuro; isso tampouco exclui que se leve em consideração o passado, mas que este se valorize por si mesmo, e não por sua contribuição para a obtenção de certos resultados futuros.[84]

7. A verdade não consiste na correspondência dos enunciados com o mundo, mas sim que esses enunciados se tornem úteis; e daí a importância do diálogo e do consenso como critério de justificação.

8. A importância da prática como meio de conhecimento: se aprende a argumentar argumentando etc.

Entendido desta maneira tão ampla, tanto Ihering quanto Holmes, o realismo jurídico em geral, Dworkin, as teorias críticas do Direito ou o movimento da análise econômica do Direito, cairiam dentro do pragmatismo. Trata-se, por isso, de uma noção muito ampla, que vai além do "instrumentalismo pragmatista" que, na opinião de Summers, caracterizou a corrente principal da filosofia norte-americana do Direito desde o final do século XIX. A diferença fundamental estaria em que este pragmatismo amplo não está comprometido com o relativismo axiológico e tampouco leva a identificar correção com eficiência. Dito de outra maneira, é um pragmatismo compatível com a razão prática entendida em seu sentido forte e ao qual, por isso, não se aplicaria o sarcasmo de Chesterton dirigido contra o pragmatismo clássico: "se o pragmatismo tem a ver com as necessidades humanas, uma das primeiras necessidades do homem é a de não ser pragmatista" (ver Menand, p. XII).

O que significa tudo isso é que o pragmatismo, assim compreendido, não pode ser considerado como mais uma filosofia do Direito. Como Toulmin o expressou em uma ocasião:

> *As pessoas falam das atitudes norte-americanas em relação ao Direito, como em relação a muitas outras coisas, como atitudes caracterizadas pelo pragmatismo. E algumas pessoas, de um ponto de vista europeu, pensam que esse é um defeito do pensamento americano e da prática americana. Pensam que os americanos são muito propensos ao compromisso, que não têm uma compreensão suficiente dos princípios. Mas eu creio que dizer isso é entender equivocadamente o significado do pragmatismo na cena*

---

[84] Ver a argumentação de Smith (1990) justificando que Dworkin também seria um pragmatista.

americana. O pragmatismo não é mais uma teoria, para ser discutida pela intelligentsia, *o pragmatismo é o nome de uma atitude mental na qual o valor da teoria é julgado pelo grau em que essa teoria pode ser posta em prática, e com ela efetuar mudanças para o bem dos homens.* (Toulmin, 1992, p. 353-355)

Outra maneira, mais ou menos equivalente, de dizer o mesmo seria esta: O pragmatismo jurídico não é exatamente uma teoria sobre o Direito, nem tampouco necessariamente uma atitude em relação ao Direito e em relação à teoria jurídica. "O pragmatismo jurídico se compreende melhor como um tipo de exortação acerca da teoria: sua função não é a de dizer coisas que os juristas e os juízes não saibam, mas de recordar aos juristas e aos juízes o que já sabem mas que frequentemente não praticam" (Smith, 1990, p. 2). Este tipo de prédica, naturalmente, é tão mais importante quanto mais uma cultura jurídica (a cultura jurídica interna) se esquece de agir como deveria. Em minha opinião, a teoria do Direito que se costuma elaborar nos países latinos (tanto a dogmática quanto a teoria geral) padece precisamente desse defeito: de falta de pragmatismo, de incapacidade para incidir nas práticas jurídicas. De maneira que bem se pode dizer que, para nós, a primeira necessidade da teoria é a de levar-se o pragmatismo a sério.

Mario Losano escreveu em uma ocasião (Losano, 1985) que nas ciências humanas tudo já foi dito, pelo menos uma vez. Se for assim, o papel da teoria do Direito não pode ser o de pretender elaborar algo verdadeiramente original. Trata-se mais de contribuir para elaborar uma concepção articulada do Direito que realmente possa servir para melhorar as práticas jurídicas e, com isso, as instituições sociais.

11. DIREITO, CONFLITO E ARGUMENTAÇÃO

O pragmatismo, como acabamos de ver é, em certo nível, a única filosofia do Direito possível; digamos a profundidade maior (a atitude metateórica) de qualquer teoria do Direito. E se é compatível tanto com o neomarxismo como com a teoria do discurso ou com muitas filosofias de cunho analítico, isso se deve, simplesmente, a que tanto uma quanto a outra se movem em planos distintos. Essa diferença de planos é o que também permite que, desde a perspectiva do que chamei o enfoque argumentativo do Direito (e que não é exatamente uma concepção do Direito, mas – digamos – um aspecto precisamente do pragmatismo jurídico), se possa tirar proveito de muitas contribuições pertencentes a essas distintas tradições.

Assim, não é possível construir uma teoria da argumentação jurídica que cumpra as funções teóricas, práticas e pedagógicas às quais antes se aludiu, se se deixa de lado uma adequada análise estrutural do Direito – se não se pressupõe, por exemplo, uma teoria suficiente dos enunciados jurídicos; se não se leva em consideração a vinculação dos processos argumentativos com o comportamento dos juízes e outros operadores jurídicos; as relações entre o raciocínio propriamente jurídico e o de natureza moral e política – e, em geral, as relações entre o Direito e o mundo dos valores; os limites (formais) do raciocínio jurídico; ou os elementos ideológicos e de poder que, evidentemente, podem ser achados no Direito e no raciocínio jurídico.

O que o enfoque do Direito como argumentação procura fazer é conectar todos esses elementos de análise a partir de uma concepção dinâmica, instrumental e "comprometida" do Direito que parte da noção de conflito.

O conflito é, efetivamente, a origem do Direito, o que leva a vê-lo como um instrumento, uma técnica (não necessariamente neutra), de tratamento (o que sempre implica solução) de problemas de certo tipo. Além do mais, uma característica do Direito contemporâneo, como já se viu, é que as tomadas de decisão em relação aos conflitos têm que estar sustentadas por razões de certo tipo, por argumentos. O Direito pode ser visto por isso (ainda que essa não seja a única perspectiva possível) como uma complexa instituição voltada para a resolução (ou o tratamento) de conflitos por meios argumentativos e nas diversas instâncias da vida jurídica.

Assim, argumenta, obviamente, o juiz que tem que resolver um conflito tomando uma decisão e motivando-a. Mas também o advogado que trata de persuadir ao juiz para que decida em um determinado sentido; ou que assessora a um cliente para que empreenda um determinado curso de ação; ou que negocia com outro advogado a maneira de trilhar uma disputa. E o legislador que propõe a elaboração de uma lei para obter tais e quais finalidades, que defende que tal artigo tenha este ou outro conteúdo etc. Na realidade, não há prática jurídica que não consista, de maneira muito relevante, em argumentar, incluídas as práticas teóricas. Por acaso não se pode ver a dogmática jurídica como uma grande fábrica de argumentos postos à disposição daqueles que se ocupam da criação, aplicação e interpretação do Direito! E se a experiência jurídica consiste de maneira tão proeminente em argumentar, não parece inevitável que a teoria do Direito tenha que ser construída em boa medida como uma teoria da argumentação jurídica!

12. BIBLIOGRAFIA

AGUILÓ, Josep. Sobre el constitucionalismo y la revisión constitucional. *Doxa 24*, 2001.

ATIENZA, Manuel. *Las razones del derecho. Teorías de la argumentación jurídica*. Madri: Centro de Estudios Constitucionales, 1991.

_____. *El sentido del derecho*, Barcelona: Ariel, 2001.

_____. *La motivación del jurado* (na imprensa), 2004.

ATIYAH, P. S.; SUMMERS, R. S. *Form and Substance in Anglo-American Law. A comparative Study of Legal Reasoning, Legal Theory and Legal Institutions*. Clarendon, Oxford.

BOBBIO, Norberto. *Contribución a la teoría del derecho. In:* MIGUEL, Alfonso Ruiz; TORRES, Fernando [Eds.]. Valencia, 1980.

BONGIOVANNI, Giorgio. *Teorie "costituzionalistiche" del diritto. Morale, diritto e interpretazione. In:* ALEXY, R.; DWORKIN, R. Bologna, Clueb, 2000.

BULYGIN, Eugenio. *Prólogo a Hans Kelsen-Ulrich Klug, Normas jurídicas y Análisis lógico*. Madri: Centro de Estudios Constitucionales, 1988.

_____. Entrevista a Eugenio Bulygin (por Ricardo Caracciolo). *Doxa 14*, 1993.

BURTON, Steven J. *An Introduction to Law and Legal Reasoning*. Boston--Toronto: Little, Brown And company, 1985.

CAMPBELL, Tom. El sentido del positivismo jurídico. *Doxa 25*, 2002.

CARRIÓ, Genaro R. *El recurso extraordinario por sentencia arbitraria en la jurisprudencia de la Corte Suprema*. Buenos Aires: Abeledo-Perrot, 1967.

Capítulo 3

DO "IMPÉRIO DA LEI" AO "ESTADO CONSTITUCIONAL". DOIS PARADIGMAS JURÍDICOS EM POUCAS PALAVRAS

Josep Aguiló Regla[85]

Sumário
1. Introdução
2. Sobre a constitucionalização da ordem jurídica
3. Do "império da lei" ao "Estado constitucional". Do paradigma positivista (legalista) ao paradigma pós-positivista (constitucionalista)
3.1. Do modelo das regras ao modelo dos princípios e as regras
3.2. Do modelo das relações lógicas entre normas ao modelo das relações lógicas e as relações de justificação
3.3. Da correlação entre Direitos e deveres à prioridade justificativa dos Direitos
3.4. Do modelo da subsunção ao modelo da subsunção e da ponderação
3.5. Do modelo da forte oposição entre "criar" e "aplicar" normas ao modelo da continuidade prática das diferentes operações normativas
3.6. Dos juízos formais da validez das normas à distinção entre validez formal e validez material das normas
3.7. Da distinção "casos regulados/casos não regulados" à distinção "casos fáceis/casos difíceis"
3.8. Da separação evidente entre a linguagem do Direito e a linguagem sobre o Direito a um discurso reconstrutor do próprio Direito
3.9. Da distinção evidente entre estática e dinâmica jurídicas à concepção do Direito como prática
3.10. De "ensinar Direito é transmitir normas (conteúdos)" a "ensinar Direito é desenvolver certas habilidades"

---

[85] Catedrático de Filosofia do Direito da Universidade de Alicante.

1. INTRODUÇÃO

A expressão "constitucionalização da ordem jurídica", no sentido que aqui vai nos interessar, alude a um processo histórico que teve lugar em países europeus e latino-americanos, que é o resultado do constitucionalismo que se desenvolveu e foi praticado desde a Segunda Guerra Mundial até nossos dias e que está produzindo uma transformação profunda na concepção do Estado de Direito. Nesta transformação do Estado de Direito, que se pode sintetizar na fórmula "do Estado legal de Direito ao Estado constitucional de Direito" (ou "do império da lei" ao "império da constituição"), situou-se também a crise do paradigma positivista na cultura jurídica e o trânsito até um paradigma pós-positivista[86]. O propósito deste artigo é expor e contrapor de maneira sucinta – e espero clara – estes dois paradigmas jurídicos, o positivista e o pós-positivista. Mas, antes de entrar nisso, convém – creio – precisar um pouco mais o que se entende por constitucionalização de uma ordem jurídica.

2. SOBRE A CONSTITUCIONALIZAÇÃO DA ORDEM JURÍDICA

Em que consiste o processo histórico (real) de constitucionalização da ordem jurídica? Segundo Ricardo Guastini, esse processo é o resultado da combinação de um conjunto de fatores que podem acontecer em maior ou menor escala em uma ordem jurídica determinada. A constitucionalização de uma ordem jurídica é, pois, uma questão de grau; não de tudo ou nada.

Estes fatores mencionados por Guastini[87], interpretados com certa liberdade, são os seguintes:

1. A ordem jurídica conta com uma Constituição rígida que incorpora uma relação de Direitos fundamentais. Por rigidez da Constituição (frente à

---

86 Em minha opinião – escreve M. Atienza – o positivismo esgotou seu ciclo histórico, como antes o fez a teoria do Direito natural. Do mesmo modo que Bloch escreveu que "a escola histórica crucificou o Direito natural na cruz da história", hoje poderia afirmar-se que "o constitucionalismo crucificou o positivismo jurídico na cruz da Constituição". M. Atienza: *El Derecho como argumentación*, Ariel, Barcelona, 2006, p. 44.

87 Guastini, Riccardo: *Lezioni di teoria del diritto e dello Stato*, G. Giappichelli editore, Turín, 2006, p. 239 e ss. "Em uma ordem jurídica não constitucionalizada – escreve Guastini – o Direito constitucional [...] possui um raio de ação limitado: de um lado, disciplina os aspectos fundamentais da organização do Estado (a distribuição dos poderes legislativo, executivo e judiciário [...]; de outro, determina os Direitos de liberdade dos cidadãos perante os poderes públicos [...] Pelo contrário, em uma ordem constitucionalizada, o Direito constitucional tende a ocupar todo o espaço da vida social e política, condicionando a legislação, a jurisprudência, no estilo doutrinal, as ações dos atores políticos, as relações privadas..." (p. 240).

flexibilidade da legislação) compreende-se imutabilidade ou resistência à (dificuldade para) sua modificação. Trata-se – segundo Guastini – de uma condição necessária e até pode-se dizer que quanto maior seja a rigidez constitucional (a dificuldade para a mudança do texto constitucional), maior será a tendência à constitucionalização dessa ordem jurídica.

2. Está prevista a garantia jurisdicional da Constituição. Na realidade, do mesmo modo que o fator anterior se trata também de uma condição necessária para a constitucionalização de uma ordem jurídica. Significa que a rigidez desemboca em uma genuína hierarquia normativa e em uma efetiva imposição da Constituição sobre a lei. Além do mais, se produz o que poderíamos chamar "reserva de Constituição": certas matérias não podem ser derrogadas ou modificadas por lei, somente pela Constituição.

3. Reconhece-se força normativa vinculadora à Constituição. Isso supõe que todos os enunciados da Constituição se interpretam – independentemente de sua estrutura e de seu conteúdo – como normas jurídicas aplicáveis que obrigam os seus destinatários. Desaparece desta maneira a velha categoria de "normas pragmáticas", entendida como meras expressões de programas e/ou recomendações políticas que não são susceptíveis de não serem cumpridas nem, logicamente, jurisdicionalmente garantidas.

4. Produz-se uma "sobreinterpretação" da Constituição. Isto é, foge-se da interpretação literal em favor de uma interpretação extensiva, de modo que do texto constitucional podem ser extraídos grande quantidade de normas e de princípios implícitos.

5. Considera-se que as normas constitucionais são susceptíveis de serem aplicadas diretamente. Por aplicação direta entende-se que todos os juízes, em todo tipo de casos, podem aplicar as normas constitucionais. Além do mais, esta aplicação direta abarca não só as relações de Direito público, as relações entre os cidadãos e o Estado, como também as relações de Direito privado, entre cidadãos (entre particulares).

6. Impõe-se o modelo da interpretação das leis conforme a Constituição. Esta característica não tem a ver com a interpretação da Constituição que, como já se viu, tende a ser extensiva, mas sim com a interpretação da lei. De todas as interpretações possíveis de uma lei, o juiz deve descartar todas aquelas que vulnerem (ou que sejam incompatíveis com) a Constituição.

7. Produz-se uma forte influência da Constituição no debate e no processo políticos. Esta influência traduz-se em que, entre outras coisas, a) os atores políticos demonstram uma constatada tendência a recorrer às normas constitucionais para argumentar e defender suas opções políticas e de governo; b) os conflitos e/ou as disputas políticas entre órgãos de diferentes

níveis de governo tendem a dirimir-se jurisdicionalmente aplicando normas constitucionais; e c) os juízes tendem a não mostrar atitudes de autolimitação ou autorrestrição em relação às chamadas questões políticas.

Não é necessário estender-se muito mais nesta transformação porque, creio não exagerar, ao dizer que ninguém nega esta evolução do constitucionalismo contemporâneo e este processo de constitucionalização da ordem jurídica. Agora, uma coisa é reconhecer o "fato histórico" da passagem do "império da lei" para a "constitucionalização das ordens jurídicas", e outra muito diferente é a valorização que se faça deste processo de mudança. Neste sentido, não são poucos os autores críticos a esta evolução e a este desvio do constitucionalismo. Estes autores sustentam que, na realidade, estes desenvolvimentos estão pondo em crise o próprio Estado de Direito. Consideram que estão se debilitando as exigências normativas derivadas do "governo das leis" e que, consequentemente, se está retrocedendo para esquemas vetustos vinculados ao "governo dos homens" (das elites intelectuais e judiciais). O Direito – em sua opinião – está deixando de ser geral (pois a aplicação dos princípios constitucionais acaba desembocando no Direito da conjuntura), claro (a aplicação de princípios implica um raciocínio jurídico que não é puramente dedutivo), coerente (os princípios constitucionais são contraditórios entre si e não cabe estabelecer prioridades estáveis entre eles) etc. A crítica, definitivamente, consiste em afirmar que esta evolução supõe um retrocesso "civilizatório", pois minam-se as bases sobre as quais estão construídos os valores da autonomia das pessoas e da segurança jurídica, deixando entrar a arbitrariedade e o decisionismo na aplicação do Direito[88].

Porém, além dessas colocações críticas a esta evolução do Estado de Direito, me interessa mostrar que dentro da cultura jurídica se observa uma divisão entre aqueles autores que afirmam que os novos fenômenos jurídicos exigem a formulação de um novo paradigma teórico, e aqueles que negam tal necessidade. Isto é, a questão é determinar se para entender, explicar, ensinar, em suma, dar conta dos novos fenômenos jurídicos, deve-se proceder a uma revisão ou não do "paradigma" teórico que se forjou em relação à ideia de "império da lei".

Para esclarecer, talvez possa ser necessário redefinir o conjunto de conceitos com os quais se arma (se constrói) a imagem do Direito. A disputa se dá, definitivamente, sobre se as mudanças que supõe a constitucionalização

---

[88] Na Espanha quem melhor representa, já há muitos anos, esta linha de crítica é Francisco Laporta, que publicou recentemente um livro imprescindível sobre essa questão. J. F. Laporta, *El imperio de la ley. Una visión actual,* Ed. Trotta, Madri, 2007.

da ordem jurídica são meramente quantitativas (de grau), nesse caso não é preciso formular um novo paradigma teórico; ou se, pelo contrário, trata-se de mudanças verdadeiramente qualitativas que exigem uma revisão profunda dos esquemas teóricos com os quais se apreendem e transmitem os fenômenos jurídicos. Prescindindo de muitos detalhes, aos primeiros, isto é, aos que afirmam a continuidade do paradigma, pode-se chamá-los positivistas ou partidários do paradigma construído em torno à concepção do Estado de Direito como "império da lei"; e aos segundos, aos que afirmam a necessidade da revisão de tal paradigma, pós-positivistas, neoconstitucionalistas ou partidários de um paradigma construído em torno à concepção do Estado de Direito como Estado constitucional.

A seguir, vou expor de modo conciso os esquemas conceituais básicos sobre os quais estão construídos estes dois paradigmas, tanto o positivista quanto o pós-positivista. Para isso vou formular um decálogo que me permita realizar uma comparação entre ambos. Convém, no entanto, observar algumas coisas: a) vou expor os dois paradigmas tratando de enfatizar as diferenças entre eles; b) vou apresentar o paradigma pós-positivista como uma superação do paradigma positivista, de modo que a exposição daquele pressuponha sempre a deste último; c) a escolha das palavras para referir-se a cada um destes paradigmas é discutível, mas o fundamental está não na escolha do nome, mas no reconhecimento das diferentes implicações de cada um dos esquemas conceituais; d) a exposição, como se verá, tem certo ar circular e, consequentemente, o decálogo poderia ter-se iniciado por qualquer de seus pontos.

3. DO "IMPÉRIO DA LEI" AO "ESTADO CONSTITUCIONAL". DO PARADIGMA POSITIVISTA (LEGALISTA) AO PARADIGMA PÓS-POSITIVISTA (CONSTITUCIONALISTA)[89]

3.1. Do modelo das regras ao modelo dos princípios e as regras

a) Positivismo

O modelo adequado para explicar (ou dar conta de) a estrutura de um sistema jurídico é o modelo das regras. Por regras devem-se entender normas que

---

[89] A exposição do paradigma positivista legalista – como se verá – é uma exposição de lugares-comuns do que tem sido a cultura jurídica construída em torno ao "império da lei" e que se tornou dominante por longo tempo. Consequentemente, não vou me referir a nenhum autor em particular. No entanto, me parece conveniente a seguir enumerar autores e obras que, em minha opinião, foram relevantes no

correlacionam a descrição fechada de um caso com uma solução normativa. O ideal regulador é o da tipicidade, isto é, normas gerais e fechadas cuja aplicação não exige (até exclui) qualquer forma de deliberação prática ou de valoração. As normas abertas são imperfeições na regulação cuja presença no sistema jurídico pode tanto ser o resultado de uma técnica legislativa deficiente (de um erro), quanto de uma pura delegação de poder normativo dos órgãos criadores de normas (basicamente o legislador) aos órgãos de aplicação (os juízes e os órgãos administrativos). As normas abertas, ao exigir deliberação por parte dos destinatários destas, supõem sempre um desvio do ideal regulador da certeza jurídica, da previsibilidade das consequências jurídicas das condutas.

b) Pós-positivismo

Para dar conta da estrutura de um sistema jurídico deve-se considerar que, além de regras, há princípios jurídicos. Isto é, há normas que estabelecem uma solução normativa (dizem o que deve ser), mas não definem um caso (não indicam quando são aplicáveis essas soluções normativas). Os princípios, assim compreendidos, dão sentido às regras. Permitem vê-las, por um lado, como instrumentos de proteção e promoção de certos bens (valores) jurídicos e, por outro lado, como resultados de um "balanço, ponderação ou compromisso" entre princípios para o caso (genérico) que elas regulam. Guiar

---

esboço do paradigma pós-positivista. Obviamente daí não se pode concluir que todos subscreveriam todos os pontos com os que eu vou caracterizar este paradigma. Minha relação de autores preferidos, neste sentido, é a seguinte:

ALEXY, R. *Teoría de la argumentación jurídica*, Centro de Estudios Políticos y Constitucionales, 1997.

————. *Teoría de los derechos fundamentales*, Centro de Estudios Políticos y Constitucionales, 1977.

ATIENZA, M. *El Derecho como argumentación*, Ed. Ariel, 2006.

ATIENZA, M.; RUIZ MANERO, J. *Las piezas del Derecho*, Ed. Ariel, 1996.

————. Dejemos atrás el positivismo jurídico. *In: El positivismo jurídico a examen. Estudios en homenaje a José Delgado Pinto*, Universidad de Salamanca.

DWORKIN, R. *Los derechos en serio*, Ariel, 1984.

————. *A Matter of Principle*, Harvard University Press, 1985.

————. *Law's Empire*, Belknap Press of Harvard University Press, 1986.

FERRAJOLI, L. *Derecho y razón. Teoría del galantismo penal*, Trotta, 2001.

————. *Los fundamentos de los derechos fundamentales*, Trotta, 2001.

————. *Principia iuris. Teoría del diritto e Della democracia*, Laterza, 2007.

MACCORMICK, N. *Legal Reasoning and Legal Theory*, Oxford University Press, 1978.

————. *Rhetoric and the Rule of Law. A theory of Legal Reasoning*, Oxford University Press, 2005.

NINO, Carlos S. *La validez del Derecho*, ed. Astrea, 1985.

————. *Fundamentos de Derecho Constitucional*, ed. Astrea, 1992.

————. *The Constitution of Deliberative Democracy*, Yale, University Press, 1996.

a conduta mediante princípios e/ou aplicar princípios, ao se tratar de normas abertas, exige sempre deliberação prática da parte dos sujeitos normativos, dos destinatários.

3.2. Do modelo das relações lógicas entre normas ao modelo das relações lógicas e as relações de justificação

a) Positivismo

Entre as normas (as regras) de um sistema jurídico, dão-se relações lógicas de possibilidades de dedução. Duas normas são consistentes (logicamente compatíveis entre si) quando é possível cumprir ambas as normas simultaneamente. Os conflitos entre normas são, pois, de natureza lógica e supõem a impossibilidade do cumprimento simultâneo de tais normas. Os conflitos entre regras são resolvidos através da exclusão de uma das duas regras. Os critérios centrais para a resolução de tais conflitos (antinomias) são os de *lex superior* (prevalece a vontade da autoridade superior), *lex posterior* (prevalece a vontade posterior da autoridade) e *lex specialis* (prevalece a vontade mais específica da autoridade).

b) Pós-positivismo

Entre as normas de um sistema jurídico não se dão somente relações lógicas de possibilidades de dedução. Além da noção lógica de consistência normativa (possibilidade de cumprimento simultâneo), se recorre à ideia de coerência valorativa. Diversas normas são valorativamente coerentes entre si quando apresentam uma unidade de sentido e/ou de propósitos práticos; e são incoerentes, quando essa unidade não se dá. Diferentemente da consistência, que é uma questão de tudo ou nada, a coerência é uma questão de grau. A consequência mais importante de se levar em consideração esses tipos de relações entre normas é que pode ocorrer que o âmbito justificado de aplicação de uma regra não coincida com o âmbito de aplicação descrito pela própria regra. Neste sentido, as regras podem ser sobreinclusivas ou infrainclusivas quando há um desajuste entre o âmbito de aplicação descrito pela regra e o âmbito justificado de aplicação da regra. Os conflitos entre princípios, diferentemente do que ocorre com as regras, não se resolvem por exclusão, mas mediante ponderação.

3.3. Da correlação entre Direitos e deveres à prioridade justificativa dos Direitos

a) Positivismo

Os enunciados jurídicos de Direitos relativos a um sujeito ou a uma classe de sujeitos são sempre reduzíveis a enunciados de deveres de outro ou outros sujeitos. Dizer que alguém tem um Direito pode traduzir-se, sem perder o sentido, a enunciados de dever de outro ou outros sujeitos. Direitos e deveres são, pois, correlativos.

b) Pós-positivismo

Em sentido trivial, puramente regulador (de guia da conduta), é verdade que os enunciados jurídicos de Direitos são traduzíveis a enunciados de deveres. Mas em termos justificativos a correlação entre Direitos e deveres se perde; e, portanto, a tradução dos enunciados de Direitos a enunciados de deveres transpondo (invertendo) os sujeitos, sim, supõe perda de significação. Efetivamente, enquanto faz todo sentido afirmar que "alguém tem um dever porque outro sujeito tem um Direito", não parece ocorrer o mesmo com a afirmação de que "alguém tem um Direito porque outro tem um dever". O "reconhecimento" de Direitos justifica a "imposição" de deveres, enquanto a imposição de deveres não serve para justificar a titularidade dos Direitos.

3.4. Do modelo da subsunção ao modelo da subsunção e da ponderação

a) Positivismo

Congruentemente com o modelo das regras, o arquétipo do raciocínio jurídico é o raciocínio subsuntivo. A justificação por subsunção consiste basicamente em mostrar que o caso concreto que se procura resolver encaixa-se (pode ser subsumido) no caso genérico descrito (regulado) pela regra. A subsunção (o encaixe) de casos concretos em casos genéricos pode gerar desajustes entre uns e outros. Se olharmos o desajuste desde a perspectiva do caso concreto, então o desajuste se apresenta como um problema de qualificação (como se qualificam estes fatos?); e se o olhamos desde a perspectiva da regra, do caso genérico, então o desajuste se apresenta como um problema de interpretação (o que diz a regra?). Isto quer dizer que os desajustes entre casos e regras (entre casos concretos e casos genéricos formulados pelas regras) são essencialmente de natureza semântica, de relação entre as palavras e seus significados, entre os termos e suas referências. A lealdade às regras é, pois, lealdade a sua expressão e a seu significado; isto é, é uma questão basicamente semântica.

b) Pós-positivismo

No Direito há regras, e consequentemente, há raciocínios subsuntivos. Mas também há princípios; e guiar-se por ou aplicar princípios exige um tipo de raciocínio, a ponderação, que é diferente do raciocínio subsuntivo, enquanto desemboca na formulação de uma regra que permita resolver o caso. Porém, o realmente significativo não é que existam essas duas operações ou que se haja produzido um incremento quantitativo das ponderações na aplicação do Direito. O que pressupõe uma mudança fundamental é a consideração de que a ponderação de princípios é uma operação mais básica que a subsunção. As regras já não são entendidas como meras manifestações de vontade da autoridade que as tenha ditado, mas como o resultado de uma ponderação dos princípios relevantes levada a cabo por dita autoridade. Isso supõe que a dimensão valorativa e justificativa do Direito adquire uma relevância fundamental. A mudança básica está, portanto, na consideração de que ser leal às regras não é sê-lo somente a sua expressão (porque não são somente manifestações de vontade), mas a suas razões subjacentes, ao balanço de princípios que pretendem refletir, a seus propósitos protetores e/ou promocionais de Direitos. A lealdade às regras, e a sua expressão, é um componente da lealdade ao Direito, porém este não está composto só por regras, também há princípios.

3.5. Do modelo da forte oposição entre "criar" e "aplicar" normas ao modelo da continuidade prática das diferentes operações normativas

a) Positivismo

"Criar normas" e "aplicar normas" são operações conceitualmente opostas. Criar normas é uma atividade basicamente política e/ou moral, isto é, extrajurídica ou parajurídica. É uma questão de vontade. Aplicar normas, pelo contrário, é uma atividade fundamentalmente técnica e estritamente jurídica. Não é uma questão de vontade, mas de conhecimento. O legislador (o soberano) cria *ex novo* o Direito (governo *per leges*) e os juízes (profissionais) aplicam o Direito (governo *sub lege*). Se os que estão convocados a aplicar o

Direito (os juízes, por exemplo) enfrentam um caso não regulado, isto é, um caso no qual não há uma regra que o resolva, então atuam como legisladores, criam a solução.

b) Pós-positivismo

Não há uma separação categórica entre raciocínio político ou moral e raciocínio jurídico. O raciocínio político do legislador se juridifica (é *sub constitutione*), pois a lei não é criação *ex novo*, mas desenvolvimento ou concretização de princípios constitucionais; e o raciocínio jurídico se politiza e/ou moraliza (adquire uma dimensão prática da qual carecia), pois incorpora um compromisso com os valores e os fins constitucionais (definitivamente, com os princípios e/ou Direitos constitucionais). Esta modificação das relações entre raciocínio político e raciocínio jurídico (o raciocínio político se juridifica e o raciocínio jurídico se politiza) vê-se claramente na mudança que supõe a substituição do cânon "Interpretação da Constituição conforme a lei" ao cânon "Interpretação da lei conforme a Constituição".

3.6. Dos juízos formais da validez das normas à distinção entre validez formal e validez material das normas

a) Positivismo

O Direito é "criado" e a existência das normas jurídicas depende da ocorrência de fatos contingentes de criação. Como consequência disso, o Direito pode ter qualquer conteúdo. O Direito, logo, não se identifica por seu conteúdo, mas sim por sua forma. A identificação das normas jurídicas é uma questão formal. A origem das normas (não seu conteúdo) é o que determina sua juridicidade. Todo o Direito está baseado em fontes (fatos e atos criadores de normas) e é expressão de uma racionalidade de tipo formal no sentido weberiano da expressão. A autoridade (quem dita a norma), o procedimento (a forma da ação de ditar a norma) e a consistência (a compatibilidade lógica) da nova norma com as normas superiores constituem a teia conceitual com a qual se constroem os juízos formais da validez.

b) Pós-positivismo

No Direito há fontes (fatos e atos criadores de normas), mas nem todo o Direito está baseado em fontes. Há normas cuja validez não se apoia em critérios formais, mas materiais. Este é o caso tanto das normas implícitas quanto das normas necessárias. A juridicidade das normas implícitas depende de sua coerência valorativa com outras normas do sistema que são realmente válidas formalmente. Mas além do mais, nos sistemas jurídicos há normas necessárias, há normas materialmente válidas (em razão de seu conteúdo) e cuja validez não tem sentido remeter a uma ou a algumas normas formalmente válidas. Trata-se de normas não derrogáveis no sentido de que sua eliminação implicaria não a mudança de algumas normas, mas a mudança do próprio sistema jurídico. Ao pensar, por exemplo, na legítima defesa ou no estado de necessidade ou no princípio de imparcialidade dos juízes: pode mudar sua regulação, mas não é concebível sua eliminação (derrogação) do sistema jurídico. Vistas como princípios, não como regras, trata-se de normas necessárias, não derrogáveis. E, o mais importante de tudo, é possível que haja normas formalmente válidas (válidas por sua origem) e materialmente inválidas (incoerentes valorativamente). O Direito, neste sentido, se materializou ou tornou-se substancial e, consequentemente, já não pode ser visto somente como expressão de uma racionalidade de tipo formal.

3.7. Da distinção "casos regulados/casos não regulados" à distinção "casos fáceis/casos difíceis"

a) Positivismo

De acordo com o modelo das regras e à forte oposição entre criação e aplicação de normas, a classificação mais importante (ou mais significativa) dos casos juridicamente relevantes é a que faz distinção entre "casos regulados" (resolvidos pelo sistema de regras) e "casos não regulados" (não resolvidos pelo sistema de regras). Obviamente, a interpretação é determinante para concluir se um caso concreto pode ser subsumido ou não em uma regra. Mas o fundamental consiste em que, de acordo com o modelo das regras, uma regra é aplicável ao caso ou não o é. Se há regra aplicável, o caso está regulado, está resolvido; se não há regra aplicável, o caso não está regulado, não está resolvido. Naturalmente há técnicas utilizáveis para preencher as lacunas (as ausências de regulação), mas todas elas entram no âmbito da discricionariedade de quem tem que resolver o caso, isto é, do aplicador. Porém, a discricionariedade é concebida fundamentalmente como liberdade do aplicador, isto é, como "permitido" escolher quaisquer das opiniões possíveis. Neste sentido, as decisões discricionárias estão mais próximas à criação de normas (são mais uma questão de vontade e de preferências) do que da aplicação de normas (conhecimento e subsunção). Isso é assim porque entre as normas de um sistema jurídico só há – como já se disse – relações de tipo lógico.

b) Pós-positivismo

A distinção relevante já não é a anterior (regulados/não regulados), mas a que opõe os "casos fáceis" aos "casos difíceis". No novo paradigma não há casos relevantes não regulados, pois nos sistemas jurídicos não há somente regras, também há princípios. Um caso é fácil quando a solução é o resultado de se aplicar uma regra do sistema e esta solução é consistente (logicamente compatível) com as outras regras do sistema e coerente (valorativamente compatível) com os princípios do sistema. Ao contrário, um caso é difícil quando a solução não provém diretamente da aplicação de uma regra do sistema, mas que é preciso buscá-la como resposta a uma questão prática que requer desenvolver uma intensa atividade deliberativa e justificativa. Um caso fácil não exige deliberação, mas simplesmente a aplicação da regra (*juris dictio*, dizer o Direito para o caso). Um caso difícil exige deliberação prática (*juris prudentia*, ponderar o Direito para o caso). Sob o novo paradigma, a discricionariedade do sujeito convocado a resolver o caso, o aplicador, já não se concebe como liberdade no sentido de ser permitido escolher qualquer opção, mas sim no sentido de responsabilidade, desse tipo especial de deveres que chamamos responsabilidades[90]. Por isso, quanto mais discricionário é um ato (menos regrado está), mais justificação requer.

3.8. Da separação evidente entre a linguagem do Direito e a linguagem sobre o Direito a um discurso reconstrutor do próprio Direito

a) Positivismo

A linguagem do Direito, das normas, é linguagem prescritiva e, consequentemente, não tem valor de verdade. Pelo contrário, a ciência jurídica é uma metalinguagem descritiva da linguagem do Direito, das normas. A Ciência do Direito é, portanto, discurso descritivo e seus enunciados têm valor de verdade. O pressuposto metodológico é que o Direito é objetivável frente aos sujeitos, de modo que estes possam observá-lo e, por consequência descrevê-lo.

---

[90] Ver I. L. Vidal: "dos conceptos de discrecionalidad jurídica", em *Doxa*, n. 25, 2002, p. 424 e ss.

b) Pós-positivismo

No âmbito do discurso jurídico, a oposição entre linguagem descritiva e linguagem prescritiva se enfraquece muito. A boa "ciência jurídica" não se concentra na pretensão de descrever com verdade um setor do sistema jurídico, mas desempenha um papel bem mais compreensivo e reconstrutor, prático e justificativo. O "científico" do Direito não é um mero observador de um objeto que está completamente fora dele e que, portanto, é suscetível de ser descrito. Pelo contrário, o jurista (tanto o teórico quanto o prático) é um participante em uma prática social muito complexa, como é o Direito, e neste sentido está comprometido com sua melhoria. O jurista, qualquer jurista (teórico ou prático) não é um mero observador de um objeto acabado que existe fora dele; é, antes, um participante em uma prática social que com seu discurso e suas ações contribui para o desenvolvimento e para a conformação desta.

3.9. Da distinção evidente entre estática e dinâmica jurídicas à concepção do Direito como prática

a) Positivismo

O Direito objetiva-se em normas e em atos (ou procedimentos). Esta ideia está na base da clássica distinção entre estática jurídica (o Direito é um conjunto de normas, o Direito objetivo) e dinâmica jurídica (estas normas mudam como resultado de atos e/ou procedimentos jurídicos). Esta forma de objetivação do Direito permite tratá-lo como um objeto que está fora dos sujeitos que o observam e/ou o usam. Consequentemente, é possível conhecer sua estrutura e seus conteúdos sem necessidade de realizar valorações de nenhum tipo. A mera observação de fatos e atos é suficiente para a determinação de suas normas.

b) Pós-positivismo

O Direito tende a ser visto como uma realidade social muito complexa e fluida que ultrapassa completamente o marco anterior de objetivação. Parte-se da ideia de que a existência, a estrutura e os conteúdos do Direito dependem radicalmente das crenças daqueles que usam o Direito (sejam aceitantes, participantes ou meros usuários). O Direito não é, pois, algo assim que está fora dos sujeitos, mas algo que depende centralmente muito de sua própria prática social. Não há, neste sentido, oposição entre a objetividade do Direito (normas e procedimentos) e sua prática. Isso supõe uma revisão total da própria noção do conhecimento jurídico, pois este já não pode pretender ser meramente descritivo (sem implicações valorativas e normativas), e passa a ser reconstrutor de uma prática social que, ainda que esteja dotada de sentido, nunca é tão homogênea para que, mediante observação, seja possível realizar uma descrição completa desta. Por outro lado, o Direito como prática apresenta múltiplos elementos que se encontram em uma tensão interna, cuja harmonização operativa obriga a realizar escolhas que devem ser justificadas, não descritas.

3.10. De "ensinar Direito é transmitir normas (conteúdos)" a "ensinar Direito é desenvolver certas habilidades"

a) Positivismo

O Direito objetiva-se nas regras jurídicas; consequentemente, conhecer o Direito é principalmente conhecer suas normas, suas regras. O ensino do Direito, portanto, deve organizar-se de maneira tal que garanta que essa transmissão de conhecimento normativo se tenha sido produzida. Estudar Direito é apreender regras jurídicas de cada um dos ramos que o compõem. Por isso, os estudos de Direito tradicionalmente têm sido de memorização (quanto mais normas se sabem, mais Direito se sabe) e insulares (como se trata de saber normas jurídicas, nem entram em contato nem se entrecruzam com outros estudos). Estes preceitos relativos ao ensino do Direito (às Faculdades de Direito) também foram aplicados como critérios para selecionar os juristas profissionais (excluído o livre exercício). Juízes, fiscais, advogados do Estado, notários etc. devem ser selecionados mediante provas nas quais demonstrem a excelência de seu conhecimento do Direito, isto é, a excelência de seu conhecimento das regras jurídicas.

b) Pós-positivismo

O Direito não se constitui somente regras jurídicas. Mas, além disso, dada a tendência ao crescimento exponencial das regras (cada vez se ditam mais) e a tendência à volatilidade destas (à mudança e à existência efêmera), o conhecimento das regras torna-se impossível, se pretende ser exaustivo e inútil, se pretende ser prático. Neste sentido, os princípios jurídicos têm um potencial explicativo e racionalista do Direito muitíssimo mais alto do que o das regras. O relevante na excelência jurídica não é, pois, o acúmulo de memorização das regras, mas uma adequada combinação de conhecimentos normativos (regras à luz dos princípios que lhes dão sentido) e do desenvolvimento de habilidades metodológicas orientadas para a solução de problemas jurídicos. "Como resolver um problema jurídico?" deve ser o norte em direção ao qual deve tender o ensino do Direito; isto é, o norte está em um ensino muito mais metodológico do que de memorização. E, no que se refere às profissões jurídicas, deve-se acabar com a "invisibilidade" e com a "intermobilidade" que o peso imponente do império da lei tem submetido aos profissionais do Direito. Um bom juiz, um bom fiscal ou um bom notário não é simplesmente alguém que conhece as leis e as usa para resolver casos. A concepção do Direito como prática, e não somente como regras e procedimentos, exige o desenvolvimento de uma cultura das virtudes profissionais dos juristas.

Capítulo 4

NOVOS USOS DA ARGUMENTAÇÃO JURÍDICA

Eduardo Ribeiro Moreira[91]

Sumário
1. Introdução aos novos usos da argumentação
2. Classificação atualizada das normas e critérios argumentativos procedimentais
3. A objeção da argumentação de incoerência
3.1. O Processo no Estado Constitucional
3.2. Inovações Processuais Contemporâneas
3.3. Proposta de trabalho: objeção da argumentação de incoerência
3.4. Exemplos de objeção da argumentação de incoerência
3.5. Breves notas conclusivas
4. Argumentação jurídica e a solução dos casos trágicos
4.1. Casos difíceis e a resposta certa
4.2. Classificaçao dos casos jurídicos
4.3. A solução dos casos trágicos
4.4. Critérios constitucionais para a solução dos casos trágicos

---

[91] Professor Adjunto de Direito Constitucional da UFRJ. Livre-docente pela USP. Doutor pela PUC-SP em Direito Constitucional. Professor visitante da Universidad Castilla La Mancha, da Fordham Law School e da EMERJ.

1. INTRODUÇÃO AOS NOVOS USOS DA ARGUMENTAÇÃO

Dentre o âmbito da argumentação jurídica, muitas linhas de pesquisa podem ser tomadas. Qual o papel proeminente da argumentação jurídica no século XXI? Alguns estudos poderão ser feitos a partir da argumentação como um discurso prático geral, como sugeriu Perelman. Outros da argumentação histórica, entretanto, independente das raízes históricas, a partir de uma análise lógica é possível apontar alguns caminhos possíveis para se alcançar realmente novos usos da argumentação no Direito.

Desde Alexy o rumo da argumentação mudou com a percepção de como a lógica procedimental aperfeiçoa os saberes jurídicos. A própria proporcionalidade (ponderação), concebida depois da teoria da argumentação, é fruto do discurso argumentativo procedimental. Procurar novos usos procedimentais no Direito é objeto da primeira parte do texto que trata da classificação atualizada das normas e os critérios argumentativos procedimentais.

Outro ponto em que a argumentação pode – e deve – ser mais explorada no Direito é a argumentação no processo e nas provas. Nesse assunto que ainda há muito que se explorar, a nossa proposta gira em torno de uma nova figura, a objeção da argumentação de incoerência, que parte das propostas neoconstitucionalistas para o processo. São concebidas as fases e os meios de afastar a incoerência processual (interna ou externa), sobretudo naquilo que o abuso de Direito e a litigância de má-fé não foram capazes de afastar.

O terceiro momento em que a argumentação floresce é na argumentação prática judicial, pois é ela que viabiliza a legitimação dos Direitos fundamentais. O enfoque do estudo passa pela classificação dos casos[92] em fáceis, médios, difíceis e trágicos que compõe um verdadeiro dilema, mas não mais sem solução.

Todos esses subtextos representam inovações argumentativas, somente possíveis no estado constitucional.

2. CLASSIFICAÇÃO ATUALIZADA DAS NORMAS E OS CRITÉRIOS ARGUMENTATIVOS PROCEDIMENTAIS

2.1.

Um dos temas mais escritos nos últimos dez anos, a natureza e tipologia das normas está longe de se esgotar. As mudanças no estado de Direito, do

---

92 Vê-se que o *case law* se faz cada vez mais presente no Brasil. Alinham-se o intérprete (e tudo em torno de sua figura), as metodologias constitucionais com os casos, para resultar nas três figuras presentes na nova e integrada interpretação constitucional. É hora de estudar e classificar os casos, e, essa parte do texto é apenas uma possibilidade de um universo que ainda está por se desvendar no Brasil.

império da lei para o estado constitucional e os debates entre as teorias do Direito, positivismo (s), garantismo, neoconstitucionalismo(s), passam pela questão, sem indicar-lhe um trabalho final, isto é, quais tipos de normas são suficientes para uma abordagem completa no Estado Constitucional. Sem essa pretensão entendemos que a melhor forma de conceber uma teoria das normas é concebê-la em quatro níveis e não só pela tradicional divisão entre regras e princípios. A estas duas espécies normativas se conecta uma outra tipologia, as *policies*, mais sentidas entre nós como políticas públicas previstas na constituição, já alertadas por Dworkin na década de 70, mas descartadas por outros escritores que seguiram explorando o tema. Por último, entendemos que a quarta fonte normativa advém da argumentação jurídica, por não ser necessariamente fonte positivada, nem indicar qualquer tipo de obrigatoriedade pelo seu uso (ou sanção pelo seu não uso); o que batizamos de critérios argumentativos procedimentais. É esta classificação que temos como necessária para a leitura das normas presentes no estado constitucional, que abordaremos nesse texto.

2.2.

A distinção entre regra e princípio pode ser verificada no plano exemplificativo, pois os valores dificilmente escapam de um efeito interpretativo, como, por exemplo, o valor justiça, por sua vez, os princípios são centrados em uma base jurídica concreta, como o princípio da capacidade contributiva, já as regras são tangíveis e sofrem juízo de verificabilidade como, por exemplo, a regra de não incidência do imposto sobre a renda para proventos abaixo do patamar legal. As regras contêm um relato objetivo, incidência estrita às situações determinadas, por um recorrente exercício de subsunção – premissa maior, isto é, a norma, que incide sobre a premissa menor, isto é, os fatos. Quando o caso concreto se resolve por este exercício, estamos diante da subsunção. Assim, se os fatos ocorreram deve incidir a regra constitucional – como a da aposentaria compulsória, em razão da idade de 70 anos no serviço público. Só não incide à regra se ela for invalidada por outras regras, mais novas (cronologia I), ou mais específicas (especialidade II), ou por ser incompatível com a Constituição (hierarquia III), momento em que será inconstitucional, ou por derrotabilidade (IV) – não produção de seus efeitos em uma situação excepcional que não serve de parâmetro para casos regulares. Excepcionalizando essas quatro situações a regra, sem dúvida, ainda é a tipologia das normas com mais usos. Todavia, os itens da inconstitucionalidade e derrotabilidade ganharam expressão e sentido em teorias de Direito mais atuais, como o neoconstitucionalismo, criadas para explicar o estado constitucional de Direito. Existem regras infraconstitucionais e regras constitucionais, já que é importante lembrar que constituições como a brasileira estão cheias de regras – aparecem inclusive em maior quantidade do os princípios. A diferença entre regras constitucionais e infraconstitucionais se resolve facilmente pela hierarquia. As regras infraconstitucionais têm nos seus conflitos os tradicionais critérios para a solução de antinomias. Já as regras constitucionais não são normas abertas, e *não devem sofrer ponderação*, pois já sofreram do poder constituinte (ou reformador). A ponderação, se houve, foi feita na fase de fundamentação, quando as escolhas foram feitas para a elaboração da norma.

Já os princípios têm fundamentação orientada pelo mandado de otimização e a sua aplicação, se observados em conflito, soluciona-se mediante ponderação. Eles são realizados em um feixe de gradações, que só ficam claras com a argumentação jurídica que as conduz.

A regra tem valor primário retrospectivo, pois deve respeito às normas fundamentais, ao passo que o princípio é intermediação concretizadora, pelas suas características de abstratalidade, criando os meios para sua obtenção. Os princípios têm incidência projetiva e possuem uma abertura maior à interpretação. Seu peso, sua importância, é maior do que o da regra; entretanto, o custo exigido é um exercício de hermenêutica. É importante, pois, observar que a norma mais abstrata age concretizando Direitos, passando por regras, e da concretização deriva a sua própria realização[93].

2.3.

Essa divisão aqui simplificada ficou demonstrada com os escritos de Dworkin, "o modelo de regras e princípios". Nestes textos, reunidos em "Levando os Direitos a Sério", Dworkin insere mais uma tipologia às *policies*, como a terceira espécie normativa que aparece no pensamento pós-positivista de então (1970). A constituição impõe em diversos momentos políticas públicas, diretrizes constitucionais a serem cumpridas e que não devem ser esquecidas pela Administração. É isso que se chama de eficácia positiva das políticas públicas constitucionalmente vinculantes. Essas normas não são simplesmente princípios pelo simples fato que não são alegadas pelo ser humano singularmente identificado – Direitos subjetivos.

As *policies* ou políticas públicas cuidam dos objetivos constitucionais e se resolvem, caso entrem em conflitos com princípios ou com elas mesmas, por via da ponderação. Somente as regras constitucionais com mandamentos dirigidos se resolvem por subsunção. As *policies* não receberam destaque nas

---

93 Konrad Hesse, *A força normativa da Constituição*, p. 84.

primeiras análises da obra de Dworkin e seus leitores destacaram toda a sua atenção aos princípios e as regras. O debate, raras exceções, permaneceu nesse ponto. É momento de se recuperar as políticas públicas constitucionais (além dos critérios argumentativos procedimentais) para compor juntamente com o discurso sobre princípios e regras uma teoria da norma adequada ao pensamento constitucional contemporâneo.

2.4.

Na teoria de Dworkin, uma distinção não se aplica ao Direito brasileiro, pois Dworkin denomina princípio um padrão a ser observado como exigência de justiça, que funciona não só em oposição a regras, mas também em oposição às políticas públicas (*policies*).[94] Por uma concepção liberal do Direito, assumida no prefácio de "Levando os Direitos a Sério"[95], Dworkin defende que princípios constitucionais, que tutelam os indivíduos, devem prevalecer face às imposições políticas (*policies*) do Estado. No Direito brasileiro, contudo, pela busca da melhor decisão possível, em conformidade com a Constituição, deve-se realizar a ponderação entre o público (políticas públicas, sobretudo quando de interesse público primário[96]) e o individual fundamental privado (por princípios de natureza jusfundamental). Essa ponderação é essencial na concepção das decisões e construções jurídicas brasileira, pois nosso regime econômico não é o liberalismo, como também não é o dirigismo social. A ponderação materializa o confronto dos espaços públicos e privados, entre políticas públicas e Direitos fundamentais individuais, sem supremacia no plano abstrato, *prima facie* e teórico.

Uma medida justa entre o liberalismo jurídico, que prima pelos Direitos de liberdade, e o comunitarismo, que prima pelo bem encontrado na participação coletiva. Entre o bom uso das políticas públicas e de não serem violados os Direitos fundamentais, a melhor técnica para tal resolução é a ponderação.

2.5.

Na verdade, não são os Direitos fundamentais, somente os individuais, mas também os coletivos, tuteláveis pela cidadania *lato senso*. É importante destacar que da mesma forma que a dignidade da pessoa humana orienta os Direitos fundamentais individuais, a cidadania, também princípio estruturante, orienta os Direitos da coletividade e aí se inserem as participações advindas

---

[94] R. Dworkin, *Levando os Direitos a Sério*, p. 39.

[95] R. Dworkin, *Levando os Direitos a Sério*, p. 18.

[96] C. A. Bandeira de Melo, *Curso de Direito Administrativo*, p. 53.

da realização das políticas públicas constitucionalmente previstas. Essa é uma correspondência que também deve ser trabalhada com mais ênfase, sob pena de individualizar, excessivamente, os Direitos humanos fundamentais, em concepção e concretização. A cidadania é igualmente princípio estruturante da República Federativa do Brasil, do mesmo modo que as políticas públicas constituem terceira espécie das nossas normas constitucionais.

2.6.

No positivismo a teoria da norma obedecia a outra classificação. A teoria das normas constitucionais de Crisafulli apresentou um avanço à teoria positivista da norma de Norberto Bobbio, excessivamente analítica e absolutamente nada correspondente à prática judicial (proposições, enunciados etc.). A classificação das normas constitucionais, consagrada no Brasil por José Afonso da Silva, tentava contrabalançar ao positivismo de Norberto Bobbio, com certo realismo, pois girava em torno da eficácia das normas constitucionais. Segundo a classificação muito disputada, com mudanças de nomenclatura as normas constitucionais de eficácia limitada não incidiriam imediatamente, pois necessitavam de regulamentação legal, a ser realizada pelo legislador infraconstitucional, para serem consideradas eficazes (not self-acting provisions)[97]. Já as normas de aplicabilidade diferida, assim como as normas programáticas, teriam apenas eficácia jurídica limitada e continham, portanto, carga meramente negativa, ou seja, com a finalidade de apenas proteger o indivíduo contra a usurpação e os abusos do Estado,[98] todavia não poderiam ser exigíveis de plano.

A par do excelente trabalho doutrinário – que permitiu enxergar que nos Direitos deveríamos nos preocupar com a sua eficácia e efetividade –, tal classificação serviu como justificativa para os Tribunais afastarem a eficácia das normas constitucionais de eficácia limitada e das normas constitucionais programáticas. A classificação era o apoio para negar, de pronto, a eficácia das normas constitucionais [era, assim, antes do exercício da ponderação estar presente no Brasil]. Tentar invocar, por exemplo, o Direito à saúde ou o Direito à educação, na tentativa de impor, ao Estado, atos concretos – obrigação de fazer – era considerado um pensamento utópico. Tal possibilidade era logo descartada, com a justificativa de que se tratavam de normas programáticas.

Com a compreensão e as práticas da ponderação, essa concepção mudou, e perdeu importância a natureza conceitual dada à norma constitucional.

---

97 J. A. da Silva, *Aplicabilidade das normas constitucionais*, p. 123.

98 J. A. da Silva, *Aplicabilidade das normas constitucionais*, p. 135.

No sopesamento, o juiz decide a prevalência, de acordo com os sub-princípios da ponderação. Ao requerer, por exemplo, a concessão de medicamentos essenciais de forma gratuita e apontar como fundamento jurídico o Direito fundamental à saúde, o autor da ação está objetivando concretizar uma norma constitucional que era tida como de eficácia limitada-programática, e, que agora, será ponderada, no caso concreto, em face de outros princípios arguidos pela fazenda pública, como a reserva do possível orçamentário. Vê-se que uma norma constitucional não admitida anteriormente com eficácia positiva, agora, pela ponderação, conflita em pé de igualdade com as demais normas arguidas no caso concreto.

Acabou, com a utilização jurisprudencial da técnica da ponderação, a importância prática da classificação da eficácia das normas constitucionais. As normas de eficácia plena não têm mais força "plena", isto porque com a ponderação todas as normas constitucionais disputam espaço com outros Direitos fundamentais em confronto. Ao se dizer que a norma tinha eficácia plena ainda se produzia o indesejado efeito de que não era necessário intervir para satisfazer o Direito no plano abstrato, o que não é verdade, muitos Direitos careceriam de melhorias e novos instrumentos, isto é, não é porque era de norma plena que o assunto estava liquidado.

Já as normas de eficácia limitada foram redirecionadas juridicamente, pois não precisam aguardar uma ação do poder público. O juiz quando da arguição da ponderação irá mediar os Direitos fundamentais em conflito, e por vezes, destinar força constitucional às antigas normas classificadas como de eficácia limitada; por outras vezes irá retirar a força de normas constitucionais antes tidas como plenas.

As normas restringíveis ou de eficácia contida podem ser ainda mais restringíveis em confronto com outro Direito fundamental, ainda que a sua lei regulamentadora não preveja tal situação. Isso só será produzido após forte argumentação jurídica do julgado na preferência dos Direitos via ponderação.

Assim, nenhum princípio pelo exercício da ponderação fica relegado à inefetividade, tampouco algum princípio pode ser considerado absoluto e plenamente exercível.

Essa revisão é decorrente do abandono da característica do Direito fundamental como Direito absoluto, já que atualmente a característica dos Direitos fundamentais é de relativização, justamente pela possibilidade do exercício da ponderação.

2.7.

O Direito constitucional positivado poderá se encerrar em princípio, políticas públicas e regras, porém como classificar, por exemplo, a ponderação, tão destacada para a solução de conflitos? Somente com uma quarta tipologia. Por isso além das três destacadas acrescentamos mais uma, os critérios argumentativos procedimentais, que de forma neutra – pois não expressam valores em si – conduzem os princípios. A ponderação é o critério procedimental em mais evidência, outros, porém, merecem mais atenção como a coerência e a universalidade.

Os critérios procedimentais não são regras, pois a sua não utilização não importa sanção ou invalidade, tampouco tem de estar escritos, nem se derrogam por hierarquia. Enfim, tudo o que escrevemos a respeito das regras não vale para os critérios argumentativos procedimentais.

Eles também não são princípios, pois não admitem gradação interna, nem são axiológicos, pois não possuem valor próprio. Muito menos são Direitos ou políticas, já que não expressam nem um nem outro, apenas ajudam a compatibilizá-los.

O seu uso racionaliza as operações jurídicas, e ajuda também a resolver os casos difíceis e trágicos. São o melhor meio de afastar a decisão subjetiva e pouco lógica. Os critérios argumentativos procedimentais formam a lógica contemporânea do Direito e incrementam a racionalidade da decisão.

2.8.

Quais seriam os critérios argumentativos procedimentais? Entre os mais conhecidos destacam-se: a razoabilidade dos Direitos fundamentais, a ponderação entre Direitos fundamentais, a coerência dos Direitos fundamentais, a universalidade dos métodos de interpretação, a objeção da argumentação de incoerência e a transparência dos Direitos fundamentais. Todos esses critérios derivam do bom senso e da correta pretensão do ordenamento.

Empregamos a palavra critério pelo seu livre uso e pela condição de empregar a argumentação jurídica correta, portanto, percebemos a razoabilidade, por exemplo, como um critério formal de legitimação – tem o uso livre, lógico e não positivado e guia os demais Direitos e princípios constitucionais. A terminologia consagrada *princípio* da razoabilidade traz mais confusão à palavra princípio, que já é utilizada para definir padrões constitucionais como mandados de otimização. Além do que, alegar que uma decisão é coerente ou que não é razoável não basta. É preciso apontar os fundamentos legais e de fato que levaram a isso, é preciso preencher *argumentativamente tal proposta*. Nesse sentido, a coerência, a razoabilidade, a transparência e a ponderação são critérios argumentativos de legitimação dos Direitos fundamentais. Eles protagonizam o uso da razão prática procedimental da teoria da argumentação jurídica moderna. Estão muito mais argumentativamente regendo os Direitos fundamentais do que podem ser considerados princípios constitucionais. Não são metarregras, porque têm o uso livre e presumido do intelecto humano. Não são impostos por lei, passam longe disso, pois aparecem argumentativamente, para todos os que são capazes de fazê-lo.

2.9.

Exemplo maior é o da razoabilidade, verdadeira manifestação da lógica, que não comporta, por si, nenhum conteúdo, portanto é critério imparcial e formal. Também não tem de estar escrito ou positivado em lugar algum, já que é decorrente do que se espera em um comportamento humano e engloba a prudência, a congruência, a viabilidade do Direito fundamental alegado. Como argumento, a razoabilidade é sempre invocada nos debates, tanto nos conduzidos no momento de aplicação quanto nos conduzidos no momento de legitimação. O razoável é trazido como argumento de convencimento para dizer que a operação jurídica, envolvendo o Direito fundamental, segue a lógica correta. A legitimação do critério da razoabilidade é *investigar a relação dos Direitos fundamentais com as doutrinas e as políticas desde que razoáveis*. A razoabilidade leva em conta a participação dos envolvidos no processo democrático, pois "uma sociedade bem ordenada, que não é uma sociedade formada por Santos, é razoável."[99] O conteúdo de possibilidade de concretizar o Direito fundamental depende do plausível, segundo o critério de razoabilidade. A razoabilidade confronta Direito fundamental com doutrinas, políticas e fatos pertinentes, que devem estar dentro da normalidade.

O que mais importa saber é que o uso da razoabilidade exige uma relação entre a medida adotada e o critério final, que comumente lhes dá direção e dimensão. Circunstâncias de normalidade devem ser correlacionadas aos fatos empiricamente medidos. A razoabilidade é critério muito utilizado pela jurisprudência norte-americana. Além da origem difere-se da ponderação por não possuir subprincípios, necessários ao seu desenvolvimento além de ser de uso mais livre, embora convencionado pela jurisprudência.

2.10.

A ponderação, outro critério argumentativo de legitimação dos Direitos fundamentais, é critério que, necessariamente, envolve *a solução de conflito entre os Direitos fundamentais*, no plano do caso concreto e, por isso, faz uso da

---

99 R. L. Torres, *Tratado de Direito Constitucional Financeiro e Tributário*, v. II., p. 243.

argumentação, tanto no seu preenchimento interno como na configuração do seu próprio uso. A ponderação existe pelo confronto de Direitos fundamentais antagonicamente alegados e pode ser medida, em todas as suas fases, por um juízo lógico entre meio e fim que pretende ser atingido.

A ponderação é, em última análise, a evolução da teoria do conflito, pois é notório que a sociedade entra em conflito e, por isso, os princípios, que são a representação jurídica dos valores plurais defendidos entre os participantes da sociedade, têm de ter uma teoria própria, para resolver as discordâncias postas.

Com elaboração de três fases, denominadas subprincípios da ponderação, o grau de justificação nos casos difíceis tornou-se mais preciso. Verificada a colisão de Direitos fundamentais, um deles é afastado no caso, e as regras que se apoiam nele também são afastadas. Tudo isso passa por um raciocínio trifásico, que resulta, por último, na proporcionalidade estrita.

Essas três fases – *adequação, necessidade* e *proporcionalidade estrita* – ajudam a pautar racionalidade na opção por um dos princípios escolhidos e diminuem a incerteza que paira sobre a solução de um caso difícil.

O *subprincípio* da *adequação* trata de avaliar se aquele princípio é apto a atingir a finalidade pretendida. Se ele está presente e realmente tutela o Direito invocado adequadamente. É raciocínio de meios e fins. Essa fase deve ser comparada com a finalidade para a qual o princípio foi concebido e se ele está sendo adequadamente usado no caso. O objetivo pretendido pela Constituição – e verdadeira causa da existência do princípio – deve estar presente no uso do princípio pretendido pela parte, isto é deve-se correlacionar o efeito desse princípio ao que está sendo alegado sobre ele.

Quando a fase de verificação de adequação das medidas é ultrapassada – *porque presentes estão os Direitos fundamentais alegados* –, o conflito entre Direitos fundamentais continua e outro *subprincípio da* ponderação passa a ser analisado, à luz do caso concreto, o da *necessidade*, pelo qual se verifica se não existe medida menos gravosa do que a defendida pelo princípio alegado. Esse subprincípio também é chamado, pela doutrina alemã, de princípio de escolha do meio mais suave.[100] Por esse subprincípio, o meio escolhido deve ser o mais benigno para ser protegido pelo Direito fundamental alegado.

Se, na primeira fase da ponderação, (a adequação), vê-se a correlação entre a causa do princípio e o efeito do uso do princípio, isto é, finalidade constitucional correlacionada com seu uso, no segundo subprincípio (o da necessidade ou não lesividade), atenta-se a perceber se a medida fática empregada foi excessiva ou não; em caso positivo, se haveria medida menos excessiva

---

[100] D. L. Santos, *O Princípio da Proporcionalidade*, p. 438.

a ser empregada no caso concreto. A vedação ao excesso, princípio festejado por Canotilho[101], está implicitamente presente na ponderação, exatamente no subprincípio da necessidade. Sobrevive autonomamente o princípio da vedação ao excesso[102], que é baliza do neoconstitucionalismo.

Os parâmetros de racionalidade prática ficam realmente ampliados com o terceiro subprincípio, o da proporcionalidade estrita, que analisa o custo-benefício como se fosse medido por uma balança, em que um bem irá prevalecer à medida que for o mais violado, em detrimento de outro que será restringido, quando for o menos violado, no caso concreto.

O *subprincípio* da *proporcionalidade*, em *sentido estrito*, verifica a relação jurídica possível em confronto de um princípio alegado e como ele afeta o princípio oposto. É uma análise sobre o conteúdo jurídico, enquanto os dois subprincípios anteriores fazem uma análise sobre a conformação dos fatos aos princípios. Um princípio é proporcionalmente medido em razão do outro princípio, pois a restrição dele tem de ser compensada com o grau de sacrifício imposto ao outro. Mesmo quando a ponderação apresenta-se a resolver uma questão aparentemente aritmética, o que se decide não são porcentagens, mas sim Direitos sopesados, entre os meios arguidos e os fins propostos.

2.11.

A coerência é critério de afirmação da lógica, da racionalidade, que estabelece a harmonia e *a adequação dos fatos postulados aos Direitos fundamentais* implicados na situação jurídica. A coerência prega uma uniformidade interna ao uso do Direito fundamental alegado. Direitos fundamentais são coerentes ou não em confronto com os fatos trazidos.

A objeção à argumentação de incoerência, que tratamos em separado[103], é derivação da coerência e afasta o uso de alegação de Direito fundamental pela mesma parte de maneira oposta ou incoerente. A objeção da argumentação de incoerência é critério argumentativo procedimental que trabalha os Direitos fundamentais antagonicamente alegados pela mesma parte, seja no mesmo processo – incoerência interna – seja em processo distintos – incoerência externa. Esse combate, manifestado na alegação e acolhimento da objeção de incoerência, é uma exigência da moral do processo, que atua argumentativamente, via pretensão de correção. São então concebidas medidas para

---

101 J. G. Canotilho, *Direito Constitucional*, p. 387.

102 Nesse sentido confrontar Humberto Avila, Teoria dos Princípios, p. 68, em que afirma a autonomia da vedação ao excesso fora da concepção da não lesividade/necessidade (segunda fase da ponderação).

103 Ver texto Novos Usos da Argumentação Jurídica, em *Argumentação no Estado Constitucional*.

viabilizar a incoerência, pois quando o segundo argumento é incoerente, há o que chamamos de bloqueio argumentativo, onde ele é posto em detrimento do verdadeiro já utilizado pela mesma parte. Quando o primeiro é, posteriormente, detectado incoerente e ele tiver produzidos efeitos duas soluções podem ser tomadas: repara-se pecuniariamente ou apenas cessam-se seus efeitos e aplica-se apenas o último Direito fundamental alegado e suas consequências jurídicas.

2.12.

A transparência, decorrente direta da conexão da moral com o Direito, mostra que todos os comunicantes do discurso devem fazê-lo de modo claro, simples, honesto e publicamente. A transparência é medida que atua na sociedade e no estado, para *justificar a tomada de decisões em torno dos Direitos fundamentais, com clareza, abertura e simplicidade,* como na elaboração de uma lei de responsabilidade fiscal, que traz a transparência dos gastos públicos, principalmente com o pagamento de pessoal, que passa por um teto global--limite. No âmbito de aplicação, percebe-se a transparência quando se faz o controle das políticas públicas, o questionamento orçamentário ou o combate à corrupção. A transparência afeta a maneira como a decisão deve ser passada aos participantes do discurso, que deve ser clara e compreensível para todos os envolvidos. Alexy já trata do tema subdividindo-o entre a transparência propriamente dita e a clareza da linguagem no uso linguístico do Direito. Nesse ponto, ainda estamos, no Brasil, com décadas de atraso, vista a distância entre uma decisão jurídica e a compreensão dos seus destinatários, ocorrendo o mesmo no processo legislativo. Tudo isso só vem a dificultar a formação de uma consciência constitucional.

2.13.

O critério argumentativo da universalidade de metodologias indica que uma metodologia de interpretação constitucional aplicada em determinado tipo de caso deve ser repetida em caso igual ou semelhante, sob pena de se ferir a isonomia e criar insegurança aos participantes envolvidos. Caso haja razões para mudar a metodologia em casos iguais ou semelhantes, tal uso metodológico diferenciado deve ser justificado argumentativamente, em respeito ao critério da universalidade das metodologias de interpretação elaborado por Robert Alexy. O padrão oferecido pelo correto aproveitamento da universalidade, sem dúvida, é argumentativo, pois caberá ao interessado outro caminho, ou seja, deverá dizer porque o padrão sempre utilizado não foi desta vez. É a tomada de direção de uma metodologia que é decidida pelo critério argumentativo-procedimental da universalidade. Ele preenche espaço lacunoso da hermenêutica em dizer quando e porque cada mitologia é aplicada, e, como se sabe, essa lacuna é preenchida pela argumentação, em especial pela universalidade.

2.14.

É importante ressaltar que os critérios argumentativos procedimentais são indispensáveis no desenvolvimento dos Direitos fundamentais. Eles foram desenvolvidos aqui pela combinação de duas teorias – a argumentativa procedimental, esboçada por Robert Alexy, e a dos princípios formais de legitimação defendidos por Ricardo Lobo Torres –, e ambas têm *a mesma finalidade: aumentar a racionalidade do uso dos Direitos fundamentais por parâmetros (argumentativos) procedimentais.* A razoabilidade, a ponderação entre Direitos fundamentais em conflito, a transparência, a universalidade e a coerência são critérios argumentativos que maximizam os Direitos fundamentais nos seus dois momentos – o de aplicação judicial (Robert Alexy) e o de fundamentação (Ricardo Torres).

Somente com esta categoria – critérios argumentativos procedimentais – somadas às tipologias escritas na Constituição (regras, princípios, políticas públicas constitucionalmente previstas) é que a classificação das normas constitucionais se faz adequada aos movimentos presentes no Direito constitucional contemporâneo. O tema requer maior desenvolvimento, mas o ponto de partida que queremos apontar é uma classificação tetrapartite e dinâmica[104] das normas constitucionais.

3. A OBJEÇÃO DA ARGUMENTAÇÃO DE INCOERÊNCIA

3.1. O Processo no Estado Constitucional

A teoria da coerência aponta um dos males do Direito, a legitimação da argumentação contraditória ou incoerente, na fase de aplicação judicial. Quantas vezes uma mesma parte não postula situações incoerentes ou pedidos contraditórios? Aquilo que poderia ser entendido como incoerente no senso comum é perdoado no processo, seja pelo descuido, seja em proteção ao

---

104 Dizemos dinâmica, pois não se pretendeu, como se pôde notar, (re)trabalhar as classificações estáticas das normas constitucionais, sob a leitura de sua presença no texto constitucional. É dinâmica porque diz respeito às normas em movimento, isto é, às normas constitucionais projetadas no caso concreto.

princípio do contraditório, quando excessiva e erroneamente considerado. Em alguns casos, a argumentação promovida por uma mesma parte chega a ser tão contraditória que são produzidos vícios não sentidos e perniciosos, que afetam o tempo, o processo, a repercussão social da justiça e a sua credibilidade.

O sistema de garantias encontrou na defesa de um Direito processual puro – principalmente no processo civil – refúgio e proteção, que, pensadas fora do sistema, acabaram por gerar distúrbios concretos. Esses distúrbios podem ser notados na repercussão negativa que o Poder Judiciário recebe na demora excessiva de resultados concretos, no tempo desigual que é distribuído às partes, e, em especial, na demora na satisfação dos créditos cobrados na justiça, o que leva até a uma utilização desnecessária das cortes arbitrais. Quando a resposta é obtida com justiça, imparcialidade, segurança e celeridade pelo Poder Judiciário não há necessidade das disputas serem remetidas às cortes arbitrais. Todos os problemas decorrentes no processo apresentam uma falha de origem: a estrutura tinha, na sua concepção da relação jurídica processual, pouco comprometimento sistemático e não relacionava o processo à eficácia jurídica, muito menos à Constituição. O que importava era a perfeição do sistema jurídico processual.

> *A teoria da relação jurídica processual, construída no final do século XIX, à época em que a doutrina se empenhava em evidenciar a autonomia do Direito Processual, ainda é a dotada pela imensa maioria dos processualistas brasileiros e estrangeiros da família do Direito continental europeu.*
>
> *Não obstante, é exatamente a adoção dessa teoria, tomada como base para a construção do Direito Processual moderno, que hoje deve ser questionada ao menos quando identificada nos moldes do Direito liberal, o que é absolutamente comum entre os juristas do Direito Processual civil.*
>
> *Na verdade, é preciso perceber que tal teoria não só é insuficiente como também é prejudicial à compreensão da riqueza do conteúdo do processo no Estado constitucional.*[105]

Resultado prático: um sistema aparentemente perfeito de regras tornou-se um desastre e um dos maiores responsáveis pelo afastamento dos indivíduos do acesso ao Poder Judiciário. O acesso à Justiça, um dos principais princípios do processo civil, ficou, por anos, esvaziado pelas mazelas do próprio

---

[105] L. G. Marinoni, *Da Teoria da Relação Jurídica Processual ao Processo Civil do Estado Constitucional*, p. 509.

processo civil. Recuperou-se, em parte, a adesão ao acesso à justiça com a Constituição da República de 1988. A instalação dos Juizados Especiais e a proteção do consumidor.

O Direito Processual Constitucional realiza um estudo aberto e projetivo, que inclui toda a norma capaz de cumprir e garantir a Constituição – inclusive sua efetividade e seus valores assumidos – esforço incessante que se renova e se (re)descobre a todo momento. É importante, pois, definir a linha que pode servir dentro do estudo do Direito Processual Constitucional, isto é, situar como o processo se entrelaça com a filosofia do Direito e, em especial, com a argumentação jurídica.

O Direito Processual Constitucional deve direcionar a finalidade do processo ao resguardo substancial da Constituição, pois deve-se estudar e aplicar o processo procurando, a todo o momento, a satisfação do Direito material, já que o processo deve em primeiro lugar ser o veículo que representa o Direito fundamental e a tutela constitucional.

Na verdade, a luta pelo correto aproveitamento e garantia da Constituição interage diretamente com a hermenêutica (neo)constitucional, já que é esta que descobre, que interpreta as normas de forma a garantir e buscar a força normativa da Constituição. O processo constitucional no neoconstitucionalismo transcende a verificação das regras (processuais) postas, pois, agora, o processo tem uma finalidade maior do que a relação entre o juiz e as partes envolvidas, "aliás, no que interessa a um processo comprometido com os valores do Estado constitucional, a simples e pura existência de uma relação jurídica quer dizer *absolutamente nada*."[106]

O processo constitucionalizado faz, agora, uma leitura sistêmica, convergindo com outros Direitos fundamentais como igualdade, liberdade e tempo do processo, que, em uma proposta de correção neoconstitucional, começam a transformar as práticas jurídicas. O processo deve observar, no seu desenvolvimento, a legitimidade do procedimento a partir dos Direitos fundamentais, e não em um sistema sem conteúdo que prima pela neutralidade. A relação jurídica processual, nos moldes positivistas, está superada, pois não disciplina o processo em torno do seu fim: o conteúdo do processo é o instrumento pelo qual a jurisdição profere ou não a defesa dos Direitos fundamentais. Se os limita ou se os facilita, essas opções promovidas pela jurisdição são influenciadas pela teoria do processo adotada, bem como as práticas processuais subsequentes.

---

[106] L. G. Marinoni, *Da Teoria da Relação Jurídica Processual ao Processo Civil do Estado Constitucional*, p. 511.

Os princípios constitucionais agem invalidando regras contrárias a eles – inconstitucionalidade ou de não recepção – e guiam a estrutura processual, a começar pela reforma de suas leis. Há bem pouco tempo, começou a se preencher o conteúdo dos princípios constitucionais do processo civil argumentativamente, em razão de corrigir os vícios processuais existentes.

Um dos maiores problemas no processo civil brasileiro é o do excessivo tempo de duração do processo, pelas próprias regras processuais. Marinoni, autor de processo civil que já correlaciona a argumentação jurídica e o neoconstitucionalismo[107], por exemplo, defende a antecipação de tutela em uma argumentação construída pelo aproveitamento[108] do preenchimento do princípio constitucional do devido processo legal, que deve repartir o tempo da espera do processo em desfavor daquele que, em uma primeira análise, não tem razão. É ele – autor ou réu – que, após exame preliminar, deve suportar o ônus do tempo[109]. Assim, se o réu tem razão, todas as regras e tempo do processo trabalham em sua função, independentemente da demora e garantias[110], mas se *o fumus boni iures* está a favor do autor, o neoconstitucionalismo, por sua pretensão de correção, deve agir no sistema processual e virar o tempo[111] a seu favor. Com base no neoconstitucionalismo, Marinoni trabalha o devido processo legal, para destinar devidamente ao autor o tempo a seu favor, então, inverte-se o ônus, e concede-lhe a antecipação de tutela, deixando seu pedido, em tudo o que seja possível, realizável desde já[112]. Caso se trate de uma ação de pedido indenizatório e uma obrigação de fazer – retirar o nome do autor no cadastro do Serasa por exemplo –, e o *fumus boni iures* aponta para a satisfação do Direito do autor, o seu nome deve ser retirado do cadastro do Serasa por antecipação de tutela, e, após a sentença de primeiro grau de jurisdição, o autor deve poder iniciar a execução provisória. Sem adentrar no mérito

---

[107] L. G. Marinoni, *A Jurisdição no Estado Contemporâneo*, p. 23.

[108] L. G. Marinoni assevera que "o Neoconstitucionalismo exige a compreensão crítica da lei em face da Constituição, para, ao final, fazer surgir uma projeção ou cristalização da norma adequada, que também pode ser vista como conformação da lei." Marinoni, *A Jurisdição no Estado Contemporâneo*, p. 26-27.

[109] L. G. Marinoni, *A Tutela Antecipatória e o Julgamento Antecipado*, p. 60.

[110] Bons exemplos são os artigos 939 e 940 do Código Civil, em favor do réu, por coibir comportamentos de abuso de Direito por parte do autor.

[111] Como ensina O. V. Filho: "O dogma da 'plenitude da defesa' tem endereço certo: o sujeito passivo de Direitos e obrigações, onerando o sujeito ativo com o ônus temporal do processo". O. V. dos Santos Filho, *A Dogmatização da Ampla Defesa: Óbice à Efetividade do Processo*, p. 172.

[112] Os §3º, §4º e §5º do artigo 461 do Código de Processo Civil permitem que o julgador preencha as cláusulas gerais processuais, que devem ser argumentativamente trabalhadas em torno dos Direitos fundamentais, como meio constitucional de justificar "o receio de ineficácia do provimento final", art. 461 §3º do CPC.

processual, o tempo, neste exemplo, está realinhado para o autor. O réu, que cometeu ato contrário ao Direito – remeteu indevidamente o nome do autor para o Serasa – é que deverá arcar, desde o começo, com todas as dificuldades processuais. A maximização do Direito fundamental do devido processo legal trabalha essa possibilidade, entre muitas outras.[113]

O neoconstitucionalismo inverteu os papéis, os princípios regem as leis (regras infraconstituconais), e o processo é preenchido pela argumentação jurídica e não deve ser visto mais como um sistema a-valorativo e neutro, com fim em si mesmo.

> *Feitas essas considerações preliminares, pode-se enfrentar, agora, a questão relevantíssima da efetividade processual, partindo-se sempre da premissa de que o processo não tem um fim em si mesmo, só se justificando enquanto instrumento de realização do Direito material: razão pela qual a discussão, importante sem dúvida, acerca das teorias da ação, deve ceder espaço à preocupação com a sua finalidade[114].*

O processo brasileiro passa por uma dupla concretização: em primeiro lugar, a necessidade de reforma legislativa, para superar a identificação do processo civil brasileiro com o positivismo e o liberalismo, ideologias presentes na elaboração do Código de Processo Civil, e, em segundo lugar, a conscientização da necessidade de um enfrentamento do processo, de forma a realinhar institutos processuais consagrados ao processo de constitucionalização do Direito, com a percepção de uma promoção da efetividade substancial que guie a prestação jurisdicional adequada. E é a Constituição que guia as reformas processuais com vistas à superação da crise processual, já que, "sem dúvida, o moderno processo deve pensar no social, num processo com dimensão social."[115]

3.2. Inovações Processuais Contemporâneas

Hoje, fala-se no poder-dever judicial de adequação do procedimento à pretensão deduzida em juízo, isto é, procura-se verificar o que pretende a

---

113 Nos Estados Unidos o princípio do devido processo legal já foi utilizado com amplo preenchimento argumentativo, inclusive para garantir a igualdade processual e não somente o respeito às fases processuais previstas em lei.

114 L. G. Marinoni, *A Jurisdição no Estado Contemporâneo*, p. 30.

115 R. Rosas, *Direito Processual Constitucional*, p. 210

parte e se a escolha (endereçamento, nome da ação) não for a mais adequada, passa-se a adequar o correto procedimento ao pedido, e não o contrário, como acontece na prática.[116] Nesses casos o processo tem sido utilizado para evitar o prosseguimento de ações mais do que quaisquer alegações de Direito material. O processo concebe poucas punições pela falta de moral no agir jurídico e isso passa a ser um de seus principais vícios.

Nos meios processuais, apesar de prevista, evita-se, na prática, a condenação por litigância de má-fé, pois a jurisprudência dá aplicação muito mais tímida do que poderia; a falsidade evidente (art. 17 VI) ou a protelação excessiva (art. 17, IV e VII) recebem, raras vezes, punição pela litigância de má-fé. Mas, no principal momento, esse remédio corretivo (litigância) não é capaz de resolver a falta de moral no processo e deixa de ser aplicado no momento mais frequente: a alteração sobre a verdade dos fatos (inciso II, art. 17 do CPC). Em outras palavras, a mentira descrita deve ser punida com a condenação de litigância de má-fé. E isso raramente ocorre.

Um dos grandes problemas do Direito brasileiro, problema, aliás, que assola todo o sistema jurídico fundado no positivismo em geral, é o grau de comprometimento das argumentações utilizadas pelos aplicadores da lei; dos advogados com seus clientes e convicções; dos Tribunais com sua jurisprudência; das partes com o zelo pela integridade da justiça; tudo com base nas argumentações utilizadas por eles. Isso fica mais grave em um processo que dura anos e em todas os graus de jurisdições confirma-se que uma mesma parte tem razão integral e a outra nada. A última, por vezes, não terá agido com motivos egoísticos ou sem ética, escondendo a verdade em boa parcela desses casos?

A conexão do Direito e da moral proposta pelo neoconstitucionalismo exige revisão dessa neutralidade, verdadeiro descaso da prática jurídica. Em nome do princípio do contraditório muito se perdoa, até, por vezes, com visível falta de moral. A já citada forma de punição imposta a argumentos de má-fé ou inverídicos resume-se na condenação de litigância de má-fé, que é pouco trabalhada pela doutrina e pela jurisprudência – aplica-se a litigância de má-fé, na prática, somente aos atos excessivamente protelatórios ou contrários à disposição legal. Mas, independentemente desta punição processual, deve existir um meio eficaz de serem afastados argumentos de incoerência, ou seja, deve ser criada função neoconstitucional de moralidade e jurisdicialidade do processo. A pretensão de correção funda-se no rompimento com a continuidade do ato indesejado – o Direito sem a moral; o processo com alegações incoe-

---

116 C. G. Slaibi, *O dever judicial de adequação do procedimento à pretensão deduzida em juízo.*

rentes –, age na recondução do Direito pela racionalidade prática e pelo uso transformador do Direito. É necessário, para reaproximar a Filosofia do Direito ao Direito Processual, a correção imposta pelo neoconstitucionalismo. Esta se opera por inovações argumentativas e justificação. É transformadora a posição do cientista em busca da efetividade prática (processo), por um padrão jurídico supremo e irradiante (Direito constitucional). O tema da não contradição, aqui denominada objeção de incoerência, não é novo para o Direito, serviu de fundamento lógico para legitimar o Direito, mas foi afastado na prática.

O abuso de Direito processual pode ser notado na conjunção da prática processual: prazos excessivos, tempo e oportunidade de alegações mal repartidos, argumentações incoerentes e permitidas, de forma a atingir o núcleo essencial do devido processo legal. A respeitabilidade, tanto do devido processo legal quanto do princípio do contraditório e o da ampla defesa, deve tutelar o núcleo essencial desses Direitos fundamentais. Na prática forense, esses Direitos são tratados, por vezes, como absolutos, e sua simples ponderação passa como anúncio de um regime antigarantista. São duas coisas distintas. Defendemos que as garantias constitucionais não podem, em nenhuma hipótese, ser ponderadas, para que sejam realmente preservadas, todavia o que não se pode é arguir a garantia, quando o que se quer, na verdade, é protelar e confundir o juízo. Quando isso ocorre não está presente a adequação do Direito fundamental alegado. Os limites das garantias se encontram no abuso do uso destas, e não em outros Direitos fundamentais. O que estamos defendendo, exatamente, é que o princípio do contraditório não pode legitimar a distância entre o Direito e a Moral, identificada com um comportamento incoerente produzido pela mesma parte, enfim, um exercício argumentativo amoral.

3.3. Proposta de trabalho: objeção da argumentação de incoerência

A objeção da argumentação de incoerência foi trabalhada de forma similar por Anderson Schreiber, com terminologia "proibição do comportamento contraditório".[117] Dissemos similar porque, embora tenha a finalidade próxima, a de coibir os comportamentos incoerentes ou contraditórios, contém diferenças a serem assinaladas.

A palavra *objeção* é pertinente, porque pode ser vencida. Assim, uma proposição que é uma objeção a determinado fato pode ser vencida se, argumentativamente, ficar demonstrado que a aparente incoerência ou contradição não existe naquele caso. A análise sobre o pedido alternativo é um

---

117 A. Schreiber, *A proibição do comportamento contraditório.*

bom exemplo: se a entrega de A não for possível, deseja-se B. Dependendo dos fatos, pode ser alegada a incoerência por uma das partes entre a natureza dos bens envolvidos, ou da própria vocação da opção, mas essa incoerência alegada pode ser derrubada e desimpedida com a argumentação de que o pedido alternativo é possível e viável diante dos fatos trazidos e da situação previamente compactuada. A análise da objeção de incoerência, assim como ocorre com a ponderação de interesses, se verifica no caso concreto. A objeção da argumentação de incoerência pode ser projetada como uma ponderação de interesses conflitantes, só que expostos pela mesma parte. Limitar a segunda argumentação ou punir o falso interesse, para a parte não se afastar da moral, são as duas principais finalidades da objeção.

A terminologia *proibição*, por sua vez, passa uma ideia de imperatividade não desejada pelo juízo da argumentação. A proibição é a terminologia consagrada pelo brocardo romano – *nemo potest venire contra factum proprium*[118] –, alicerce do Direito Civil (Romano). Objeção funciona melhor como novo critério pautado na racionalidade prática advinda de um juízo de argumentação jurídica.

Uma observação pode ser feita acerca do caráter finalístico da teoria da argumentação jurídica: é que ela pode servir para afastar argumentos sem coerência, pois se observa o mesmo "em um conjunto de maiores hipóteses, facilitando a visualização de desvios e inconsistências"[119]. Isso pode ser percebido na realização do Tribunal em afastar argumentos inconsistentes ou argumentos contraditórios; os últimos, por sua vez, podem ser confundidos com o princípio do contraditório, por isso, para evitar tal confusão indesejada, preferimos adotar a terminologia de argumentação de incoerência no lugar de argumentação contraditória. A incoerência pode ser uma inovação processual, enquanto o contraditório é terminologia processual já consagrada

---

[118] O *venire contra factum próprium* é utilizado principalmente em Portugal, e também invocado na Inglaterra, na prática forense civil. O princípio romano recebe críticas da professora Maria Celina Bodin, que prefere a utilização, no campo do Direito material, da boa-fé objetiva e do abuso de Direito, que segundo ela podem, argumentativamente, preencher o espaço ocupado pelo *venire contra factum proprio*, com um raio de ação mais completo. Não têm, esses dois institutos consagrados no Direito Civil, uma finalidade única e podem ser usados para proibir, anular e direcionar os atos gerais atentatórios contra o Direito. Entre as críticas realizadas por Celina Bodin, foi dito que é um princípio de pouca utilidade inovadora, tanto que permanece somente na língua morta, não tendo sido renovado após o latim. Concorda, no entanto, na utilidade do *venire contra factum proprium* no processo, pois é aplicável à conduta amoral. Celina Bodin diz que algumas condutas incoerentes podem ser perfeitamente harmonizadas no julgamento. É nesse sentido que idealizamos a objeção, como uma figura procedimental vencível, se for possível sua harmonização, todavia essa deve ser convincentemente demonstrada. A presunção é de que a objeção de incoerência deve sofrer o ônus argumentativo de demonstrar a (in)compatibilidade no processo argumentativo.

[119] L. R. Barroso, *A nova interpretação constitucional*, p. 354.

136

para outro fim – permitir a produção de provas plenamente pelas duas partes e contraditar cada prova à contestação da parte adversa. A incoerência nasce da filosofia, mais recentemente explorada pela teoria da argumentação jurídica, enquanto o contraditório nasce do processo. Assim, na conexão de filosofia--processo-Constituição, a incoerência pega emprestado seu uso filosófico para incrementar o processo, por via da Constituição e de seus princípios.

É argumentação, porque é veiculada pela argumentação jurídica, que, com a pretensão de correção inerente às normas jusfundamentais, preenche o espaço normativo que a palavra comportamento não carrega. Não advém da lei.

Enfim, pode ser utilizada outra nomenclatura, desde que os fins percebidos sejam esclarecidos e alcançados. A proibição do comportamento contraditório tem origem no Direito Romano e, portanto, expressão consagrada ao Direito Civil. Objeção da argumentação de incoerência é terminologia neoconstitucional, voltada ao processo (constitucional).

Para Alexy,[120] a argumentação jurídica refere-se às normas que levam à aplicação do Direito, e, para tanto devem estar em uma relação de coerência entre si. Por isso, esta elaboração interessa, porque não é qualquer alegação incoerente que deve ser combatida, mas aquela fundamentada em Direitos fundamentais antagônicos ou em Direitos fundamentais que traduzam situações antagônicas, desde que pela mesma parte. Essa é mais uma forma de limitar o uso abusivo dos Direitos fundamentais, invocados indiscriminadamente, de forma contraditória e incoerente – como nos exemplos a seguir descritos.

A objeção de incoerência trabalha como a ponderação, de forma argumentativa procedimental. Vale como regra sem conteúdo Assim, acompanha a evolução da Teoria da Justiça, a justiça procedimental, orientando-se como critério argumentativo procedimental[121]. A ponderação trata dos Direitos fundamentais em conflito alegados por partes opostas, já a objeção de incoerência trata dos Direitos fundamentais, em conflito, alegados, de forma incoerente, pela mesma parte. Esta situação, que a objeção de incoerência combate, é exemplo de amoralidade, permitida (ou melhor não proibida), até hoje, pela neutralidade do processo, enquanto a ponderação é situação originada pela necessidade de solução dos casos difíceis. Fica mais bem colocada como técnica argumentativa, porque atua, principalmente no processo, veículo do Direito, podendo afetar os Direitos incoerentemente

---

120 R. Alexy, *Teoria da Argumentação Jurídica*, p. 133.

121 *A teoria da argumentação jurídica de enfoque procedimental é uma teoria processual da justiça.* Os critérios argumentativos procedimentais desenvolvem procedimentos e condições que devem ser respeitados a fim de possibilitar uma legitimação dos juízos de justiça no Estado democrático constitucional.

alegados. Difere assim da proibição do comportamento contraditório, que tem como finalidade de base obstaculizar o Direito material, especialmente no campo civil. A objeção é critério para ser veiculado argumentativamente no processo, para impedir, anular e até indenizar a incoerência jurídica, advinda da argumentação jurídica trazida pela mesma parte e apoiada em Direitos fundamentais antagônicos, que traduza uma incoerência argumentativa, seja em um mesmo processo – argumentação de incoerência interna – seja em processos diferentes – argumentação de incoerência externa[122]. Moral e Direito ficam reconciliados com essa mudança de atitude do intérprete: pune-se aquele que deseja se beneficiar do uso argumentativo geral e a-moral, afastando-se a argumentação correlacionada a Direito fundamental falso – na incoerência interna – ou a argumentação correlacionada ao Direito fundamental por último invocado – na incoerência externa, quando a situação incoerente estiver presente, pune-se com o não aproveitamento da segunda situação, ou, excepcionalmente, se aceita a segunda alegação, porque verdadeira, mas condena-se por má-fé pela primeira alegação incoerente em processo distinto e permite-se a revisão dos efeitos da primeira alegação, nos termos, limites e possibilidades do processo civil, por respeito à coisa julgada.

Vale dizer que o comportamento incoerente repartido, uma das alegações tomadas isoladamente, é um argumento lícito. Com a comparação, opera-se o conflito e consequentemente a incoerência.

3.4. Exemplos de objeção da argumentação de incoerência

Uma primeira consequência da objeção da argumentação de incoerência é impedir que o ato se torne incoerente, bloqueando o segundo argumento, alegado de forma oposta ao primeiro argumento. Esse "bloqueio" de Direito fundamental não é tão fácil assim, mesmo se justificando na prevenção de lesão a outra parte e pela correção do processo com a presença da moral. Deve ser feito um juízo, justificado, de observância da incoerência, e afastamento consequente do segundo argumento que atinge o devido processo legal. Quando o segundo argumento é o que causa a incoerência, é menos traumática a solução, argui-se a objeção de incoerência, com as atitudes passadas, e bloqueia-se a otimização do Direito fundamental, mal justificado – afinal ele é a causa da incoerência, o que significa dizer que não é ele que deve prevalecer no caso,

---

122 A incoerência interna aparece quando existem alegações de Direitos fundamentais, utilizados pela mesma parte, de forma antagônica no mesmo processo. Já na incoerência externa, constituída por alegações de Direitos fundamentais utilizados pela mesma parte, verifica-se em processos diferentes o que também é atentatório contra a moral, embora com mais dificuldades de identificação.

até pelo Direito da outra parte estar afetado com o indevido processo utilizado de forma incoerente. Tal solução, apesar de suscitar alguns questionamentos, é de inferência lógica, de implemento de racionalidade prática.

Um exemplo nos ajudará a clarear o desenvolvimento em quadro. Na Espanha julgou-se a constitucionalidade da aprovação de um Estatuto para reger a região da Catalunha. 50 deputados federais insurgiram-se contra tal estatuto federalista, por via de ação direta de inconstitucionalidade. Após intensos debates políticos e a rejeição de um dos ministros da Corte Constitucional – Trempz – por ter escrito um trabalho doutrinário comentando o projeto de lei, o Tribunal Constitucional Espanhol inovou. Em sua decisão negou, preliminarmente, que os deputados em questão pudessem requerer a invalidade do estatuto catalão. O motivo é que tal requerimento de invalidação seria incoerente com outros estatutos federalistas que regulam outras regiões autonômicas espanholas, e que haviam sido aprovados com o mesmo teor, isto é, os mesmos dispositivos ora combatidos haviam sido aprovados para outras regiões, o que feriu o tratamento isonômico dado às regiões federais (autonomias). Para agravar a questão política, as regiões aprovadas eram de controle governamental do partido a que tais deputados pertenciam.

Tal decisão produziu dois olhares: o primeiro de excessiva restrição democrática e intervenção em outros poderes, afetando assim o princípio de separação das funções. O segundo olhar, em sintonia perfeita com a argumentação de incoerência, é de que não se pode aprovar ou proibir um mesmo regulamento para autonomias distintas sem um ônus argumentativo – como a tutela da diferença regional – e que em nenhum momento fora utilizado no caso. Por isso, de acordo com a teoria, aqui estamos de acordo com a decisão que bloqueou a decisão política, causando o afastamento da incoerência até então presente no caso concreto. Foi indispensável a análise do comportamento da mesma parte, sobre o mesmo assunto, em processos distintos e que versavam sobre regular Direitos fundamentais para cada região.

A objeção da argumentação de incoerência reconhecida servirá para legitimar e dar suporte reparatório aos efeitos viciados da incoerência. A reparação pode parecer, a título de indenização, obrigação de fazer, impedimento de atividade ou cessação de benefício.

As formas de punição, ou o 'bloqueio' da segunda argumentação incoerente ou mesmo a interrupção dos efeitos da primeira argumentação incoerente, caso processualmente viável, punição reparatória, partem do reconhecimento da objeção à argumentação de incoerência. Podem ainda as duas argumentações ser falsas e incoerentes, quando caberá bloqueio da segunda argumentação incoerente e, se a primeira foi acolhida, e só depois pode se perceber as manobras, é cabível a punição reparatória.

Até mesmo o desfazimento do ato incoerente pode ser pensado. Como, por exemplo, a desapropriação por utilidade pública em que a justificativa usada no ato expropriatório é para a construção de colégio municipal, necessário à comunidade local. Passam-se anos, nenhuma finalidade é dada, e o Município em questão resolve vender o bem, ora desapropriado, a outro particular, de maneira que fica caracterizado que o interesse público primário foi esquecido. O 'bloqueio' da venda – pelo Ministério Público, por exemplo – poderá ser realizado com base na objeção da argumentação de incoerência percebida na conduta do Município. Aqui se percebe grande influência de uma ação de tutela de confiança na formulação e adoção de uma objeção à argumentação de incoerência. Não que uma decorra da outra, mas uma pode levar à reflexão sobre a outra. Até a retrocessão ganha com a possibilidade de desfazimento da conduta contraditória e reparação do dano inicial – o particular, que foi privado do seu bem, deve ter a possibilidade de readquiri-lo pelo mesmo preço pago pela Administração, com correção. Esta é apenas uma hipótese a minimizar a quebra de confiança, que, com base na supremacia do interesse público, retira do particular seu *animus domini*, e, considerando ausente o interesse público anunciado – com a negativa em realizar o interesse público primário –, o pacto fica quebrado, inclusive a atingida justificativa da própria supremacia do interesse público.

A Administração Pública deve estar vinculada à boa-fé das argumentações e dos seus atos, mesmo nos momentos em que age discricionariamente. Uma mudança de postura deve ser justificada argumentativamente, e uma suposta incoerência justificável – pelos atos irregulares praticados pela Administração anterior, por exemplo – deve ser argumentativamente trazida aos atos e ter força suficiente para vencer a objeção. Só pelo fato de ser feito esse juízo de conflito, entre os argumentos e condutas praticadas, motivadas por Direitos fundamentais, e a sua observância excepcional, vencendo a objeção, já resulta em aplicação da teoria, que mesmo que não acolhida no caso concreto, é aplicada com pretensão de correção.

Outra situação que já mereceu destaque[123] foi o julgamento da RESP n. 141.879/SP, quando se discutia ato do Município de Limeira, que, após celebrar compromisso de venda de imóvel público a particular, ajuizou ação de anulação do contrato quando já se concretizava a compra. O motivo da ação anulatória era que o parcelamento do pagamento não estava constante no

---

123 A. Schreiber, *A proibição do comportamento contraditório*, p. 65.

Registro Geral de Imóveis. O pedido de anulação da venda foi julgado improcedente, pois o autor da venda e da ação anulatória, o Município de Limeira, era o responsável pela regularização do loteamento. O comportamento decorrente do município ficou caracterizado como incoerente, pois, para realizar a venda, fundamentou-se na liberdade de contratação e autonomia federativa de auto-organização, ambos princípios constitucionais; já no pedido da anulatória, pareceu se esquecer de tais fundamentos, além de motivar-se em requisito vinculativo e apoiado na supremacia do interesse público, quando ele não foi lembrado no primeiro ato, o do compromisso de compra e venda. A objeção da argumentação de incoerência é inovação necessária em solo processual, pois ainda é vasto o número de casos em que o ordenamento jurídico brasileiro admite a contradição. Tudo sem que haja qualquer objeção de efeito processual aos argumentos que não apresentem coerência. Pretendemos demonstrar o que seria essa objeção sem ferir o princípio do contraditório, pois as partes continuam podendo produzir provas contraditas às demais, desde que não o faça de forma oposta e incoerente ao que já fora desenvolvido por ela mesma. O contraditório é garantido, só não pode por esse princípio se legitimar à imoralidade do processo. Direito e moral andam juntos no neoconstitucionalismo, por isso defendemos uma medida para trazer efetividade à teoria de base. Para tanto devem estar presentes Direitos fundamentais – como no caso da ponderação – antagonicamente alegados. Só que, no caso da objeção da argumentação de incoerência, as alegações são feitas pela mesma parte, que tem de se valer do discurso prático para argumentar, e todo esse juízo é vinculado à pretensão de correção das situações opostas.

Um outro exemplo, oriundo de caso concreto, ajudará a desenvolver mais a questão. Hospital particular X, inadimplente com a companhia de energia elétrica, após a notificação sobre o seu corte de luz, entra com mandado de segurança, alegando, em síntese, a atividade essencial que realiza em proteção à vida humana, verdadeiro múnus público, reconhecido pela própria Agência Nacional de Energia Elétrica, ao proibir tal corte. A saúde é Direito fundamental a ser protegido acima dos valores da livre-iniciativa. Então, com essa base, a segurança é deferida. A luz não é cortada e esse processo se encerra.

Ocorre que a situação do hospital X agrava-se, e o Ministério Público utiliza-se de uma ação civil pública para promover intervenção na administração do hospital X. Em sua defesa, o hospital X utiliza-se da argumentação de que é pessoa jurídica de Direito Privado, goza de autonomia e discricionariedade nos seus atos, estando fora da alçada de controle, muito menos de intervenção. Realiza função protegida pela livre-iniciativa e deve ter Direito a uma livre administração, pois não é bem público. Conhecendo o julgador, bem como o autor da ação civil pública, os argumentos utilizados pelo hospital X para alcançar a liminar de segurança e evitar o corte de luz – completamente opostos aos ora utilizados – podem ser válidos mesmos para refutar a intervenção dos argumentos ora apresentados pelo hospital X? Entendemos que não.

O que observamos é que a argumentação e a prática forense que foram destacadas neste caso, pela duplicidade de seu discurso, na aplicação de Direitos fundamentais antagonicamente trazidos à saúde, à atividade pública e à livre-iniciativa são, enfim, incoerências externas vislumbradas. Externas porque arguidas pela mesma parte em processos distintos. Tal contradição, oferecida pelas partes, que batizamos de argumento de incoerência, deve ser evitada em um Direito que pretende conectar com sucesso a moral intersubjetiva com a pretensão de correção presente. É a argumentação jurídica aplicada ao caso, que tem a função de maximizar os Direitos fundamentais alcançados pela filosofia – pretensão de correção –, e pelo processo. Maximiza, sim, porque afasta os Direitos fundamentais falsamente utilizados, sem correspondência real e, assim, permite à outra parte o uso correto do Direito. As partes em geral, quando percebem que os Direitos fundamentais são contrafaticamente testados no caso, podem se valer do abuso de Direito expressamente contido no artigo 187 do novo Código Civil. Ele e a litigância de má-fé são comple-mentados pela utilização da objeção das argumentações de incoerência. Os três institutos reunidos (um de Direito material, outro de Direito processual e o terceiro critério argumentativo procedimental) visam afastar os argumentos de incoerência e impedir as argumentações contraditórias ou de má-fé. As mesmas são rechaçadas pela lógica jurídica, mas encontram meios, na prática forense, de subsistir no ordenamento e proliferar-se nos processos. Somente por uma construção técnica e rigorosamente pautada na teoria da argumentação, como a aqui defendida, é que os argumentos incoerentes podem ser afastados. Ignorar tal situação é permitir que as situações exemplos de amoralidade se proliferem, causando mais descrença e demora na prestação do Poder Judiciário.

3.5. Breves notas conclusivas

As objeções às argumentações incoerentes variam em cada sistema normativo[124] e são reafinadas pela teoria da argumentação, mas devem ser invocadas quando em desconformidade com os Direitos fundamentais opostamente alegados.

---

124 Como ensina Anderson Schreiber, ao longo da história do Direito, e também nos diversos sistemas jurídicos contemporâneos, descobrem-se menções a uma doutrina de "repressão à incoerência. Entretanto, não se pode deixar de notar que, em nenhuma parte, este princípio chegou a ser enunciado expressamente em lei" Cf. A. Schreiber, *A Proibição do Comportamento Contraditório*, p. 63.

Tal invocação está afinada com a pretendida inserção do Direito fundamental implícito da tutela de confiança.

A objeção da argumentação de incoerência insere-se na fase de legitimação dos Direitos fundamentais, pois é neutra, diferente dos Direitos tutelados, os quais possuem um valor em si. Atua para evitar a incoerência com a argumentação jurídica produzida pela mesma parte. Os malefícios são sentidos no processo, por isso atua na fase de aplicação do Direito, que é quando se desenvolve o processo. Na fase de fundamentação dos Direitos fundamentais, o qual por muitas vezes é pré-legislativa, a objeção da argumentação de incoerência não penetra, pois, nesse momento os Direitos são abstratamente concebidos e é plenamente justificável que haja previsão abstrata antagônica e plural. Essa fase é destinada a confluir as forças existentes na formatação do que é Direito, e a incoerência, nesse caso, pode representar as vozes de participação popular. Aniquilar a incoerência nessa fase de fundamentação do Direito pode resultar em calar as minorias, atingindo o centro do processo democrático. Incoerências ou comportamentos são contraditórios à luz dos fatos. Em conclusão, a objeção de incoerência só é aplicável na fase de aplicação do Direito; já outros critérios argumentativos, como a ponderação, são aplicáveis tanto na fase de fundamentação – como a ponderação realizada pelo legislador – quanto na fase de aplicação do Direito. Todos eles atuam de forma neutra, regulando racionalmente os Direitos fundamentais previstos na Constituição e, consequentemente, atuam na legitimação destes.

As reformas vindouras e o processo civil na prática jurídica devem traduzir, pela argumentação, a filosofia do Direito aplicada. Dissemos que a proposta do neconstitucionalismo, após o percurso traçado, encontra seu ponto desejado na reunião com a Filosofia do Direito, com o Direito Processual e com o Direito Constitucional. Esse é o ponto de aperfeiçoamento do sistema do Direito na fase de aplicação e que está começando a ser explorado.

4. ARGUMENTAÇÃO JURÍDICA E A SOLUÇÃO DOS CASOS TRÁGICOS

4.1. Casos difíceis e a resposta certa

A constante presença dos Direitos fundamentais no Direito contemporâneo traz justiça e humanidade às relações sociais, fundadas no Estado Democrático. A busca pela efetividade dos Direitos fundamentais, que encontram muitos obstáculos na situação fática brasileira, é uma finalidade que muitos querem alcançar. No momento de legitimação dos Direitos fundamentais – que inclusive em dada situação histórica pode ser uma atividade pré-constitucional –, muitas são as opções a serem tomadas. O contexto integrado reúne elementos de economia, política, costumes sociais, religião e influência estrangeira em constante manifestação. Algumas vezes, a tensão é mais intensa, como no momento constituinte, quiçá revolucionário.

O Direito, hoje em dia, conforma a estrutura do Estado pela filtragem constitucional. Sem dúvida, o fator que conferiu grande legitimidade a essa leitura da Constituição brasileira foi a importância atribuída aos Direitos fundamentais. Se o diálogo do Direito com essas forças de poder – economia, política, costumes sociais, religião e influência estrangeira – é um plexo de possibilidades no momento macrossistêmico, em que já se destaca a orientação pela legitimação dos Direitos fundamentais, em outro momento, o da aplicação do Direito, as possibilidades de vanguarda se estabelecem em torno dos Direitos fundamentais.

Na fase de aplicação, o Direito procura sobressair-se – e, por que não, harmonizar, sempre que possível, todos os interesses e forças de poder –, conferindo uma decisão na qual a justiça aparece como razão e finalidade. A justiça e os conteúdos dela decorrentes projetam-se no âmbito do Estado de Direito pelo preenchimento do núcleo dos Direitos fundamentais, pois sua abertura tutela a democracia pela diversidade principiológica; forma-se o diálogo plural dos códigos intersubjetivos contemporâneos, os Direitos fundamentais.

A tese de que não há resposta correta a ser encontrada, capaz de satisfazer os Direitos humanos fundamentais, é incabível em um estado de Direito que enaltece e reforça a argumentação, instrumento de convencimento das teses existentes. O oposto, isto é, que existam muitas respostas certas, fundadas no poder discricionário dos juízes para decidir os casos[125], também é destituído de racionalidade prática, como demonstra a teoria da argumentação jurídica.

Ronald Dworkin, fugindo dos dois paradigmas acima apontados, e preocupado com o momento de aplicação judicial, defende a tese de que, nos casos difíceis, somente é possível alcançar *uma* resposta certa. Em muitos casos, na verdade, na maioria dos casos – fáceis e médios –, só caberá uma única resposta certa. Mas tal situação inverte-se nos casos difíceis, em que

---

125 A defesa de que os juízes tinham poder discricionário para decidir casos, principalmente nos casos difíceis, em que a lei não oferece resposta, foi uma situação que já vigorou no século passado, como ensina Dworkin. R. Dworkin, *Levando os direitos à sério*, p. 430.

uma defesa extremada e radical de se admitir uma única resposta certa pode ser autoritária e de difícil legitimação democrática.

> *[...] não parece que se possa falar* sempre *de uma única resposta correta para cada caso jurídico.*[126]

Veja-se que Atienza usa a palavra *sempre* justamente para alertar que existirão casos em que caberá mais de uma resposta certa. Como demonstrou Alexy, com a ponderação, mais de uma resposta correta pode ser alcançada, principalmente nos casos em que se chega a realizar a proporcionalidade estrita. Entre as respostas possíveis, haverá a melhor para alguns. O próprio Dworkin reconhece:

> *Alguns leitores não se deixarão convencer. É certamente impossível que, num caso verdadeiramente difícil, uma das partes esteja simplesmente certa e a outra simplesmente errada.*[127]

Completando Dworkin, não é impossível que se façam confusões e que haja só uma resposta certa em um caso verdadeiramente difícil, entretanto, não será sempre assim. Existirão casos em que as diferenças são tênues e, entre a decisão tomada, justificativas distintas apontam o caminho certo. Um bom exemplo hipotético e teórico é o caso do Supremo Tribunal Federal julgar procedente uma ação direta de inconstitucionalidade por 7 x 4: com a tese 1, votada por quatro Ministros que consideram a lei em questão constitucional; a tese 2, em que outros três Ministros consideram a lei inconstitucional, por violar a isonomia e a liberdade de expressão, e a tese 3, em que os quatro Ministros restantes consideram a lei inconstitucional por violação exclusivamente ao princípio da isonomia. As teses 2 e 3 são vencedoras (corretas), afastam a lei inconstitucional do ordenamento, por ser incompatível com a Constituição. O problema ganha em complexidade se imaginarmos que a tese vencedora – a inconstitucionalidade por violação à isonomia constitucional – foi tomada por justificativas e metodologias distintas entre si. Tal diversidade que considera a tradição e a formação do intérprete, argumentativamente justificada, por ser entendida como quatro manifestações da resposta certa – ou sete numa visão que só se importa com a maioria.

---

[126] M. Atienza, *El sentido del Derecho*, p. 267.

[127] R. Dworkin, *Levando os direitos à sério*, p. 446.

A repercussão social da decisão, na doutrina e na mídia, poderá refutar ou aceitar a decisão, que é exatamente a formação ou não do consenso. Por pouco, outro fundamento – o da inconstitucionalidade, que também pode atingir a liberdade de expressão – não foi vencedor (faltou um voto), o que é decisivo para a justificação interna da decisão. Para os partidários da argumentação jurídica, suas teorias deverão estar presentes na decisão, ainda mais em se tratando de Tribunal Constitucional, o qual realizará a defesa da Constituição racionalmente justificada.

4.2. Classificação dos casos jurídicos

O momento de aplicação trabalha a decidibilidade dos casos. É realmente impressionante que o estudo do Direito e sua Teoria Geral não tenham se detido, por muito tempo, em uma classificação da dificuldade dos casos jurídicos, que deve, no meu entender, ser atrelada a sua repercussão, pois, assim, saber-se-ia a importância da apreciação daquele caso pelos mais altos Tribunais do país[128].

Uma classificação dessa natureza material-filosófica deriva de uma pré--compreensão da teoria da argumentação jurídica. Um caso fácil, rotineiro, é o mais presente nos julgamentos, envolve a repetição dos fatos e leis a eles aplicáveis. Em regra a matéria já está pacificamente decidida em outros casos análogos e há repetição das petições e das decisões, sobretudo da matéria de Direito. Nesses casos fáceis, o trabalho do juiz parte de uma base e está de acordo com a jurisprudência dos Tribunais superiores, sua jurisdição se resume a repetir as leis e a jurisprudência dominante, segundo sua própria convicção. Esse momento em que o juiz repete a lei ou jurisprudência, por convicção própria, é encontrado nos casos fáceis, um dos tipos dos casos possíveis. Vários fatores levam a tal reprodução desarrazoada, entre outros, a própria repetição das petições iniciais e contestações genéricas, produzidas pela advocacia de massa e multiplicada pela evolução da informática. Mas não convém aqui analisar esse aspecto de menor dificuldade – os casos fáceis –, nos quais previamente já se sabe o desfecho e, portanto, não há expectativa geral em torno deles.

Os casos médios dependem de um exercício de fundamentação, comparação e opção. A jurisprudência pode estar dividida pela aplicação de

---

[128] Esse fato é recorrente nos EUA, m menos de 100 vezes que a Suprema Corte se manifesta por lá. O método secularmente aplicado, o *stare decisis*, não tem elementos de uma teoria da argumentação forte, por isso não deve ser repetido por aquí.

duas teses infraconstitucionais, como, por exemplo: trata-se de solidário ou subsidiário o dever alimentar, dos avós, para com seus netos? E, ainda, tal dever alimentar, se concedido, é na medida da necessidade/possibilidade ou é apenas no dever de subsistência do menor? Essas questões, típicas dos casos médios, não necessitam de invocação de princípios constitucionais em conflito para a sua solução, e, consequentemente, se resolve o caso por subsunção, e não por ponderação.[129] Pode ser que a jurisprudência esteja dividida, pode apenas uma das partes utilizar-se de um Direito fundamental legítimo.

A maioria dos casos, das leis e do Direito da fase de aplicação, cuidam dos casos fáceis e dos casos médios. Os casos difíceis são observados quando a controvérsia posta oferece argumentativamente, para os dois lados, que invocam legitimamente – isto é, sem falácias – princípios constitucionais em conflito, mais de uma resposta possível. Isso é presente nos casos difíceis, e a técnica da ponderação é essencial para encontrar a melhor resposta, dentre as oferecidas. Estes casos merecem máxima atenção, não dada pelo positivismo exclusivo, porque eles, os princípios, representam os valores prevalentes em conflito – conflito das opções da sociedade.[130] Os casos difíceis têm maior ou menor repercussão direta, mas têm repercussão indireta quando decidem os valores prevalecentes na democracia. São para estes casos difíceis que os elementos renovados do neoconstitucionalismo foram elaborados e divulgados[131].

Para a grande maioria dos autores pós-positivistas e/ou neoconstitucionalistas o Direito oferece mais de uma resposta correta, o que leva à conclusão de que nos casos difíceis sempre é possível fazer justiça de acordo com o Direito. Sobre essa afirmação, Atienza diz que não é nada realista, pois não tem sido enfrentada com contornos práticos; e que, muitas vezes, a solução correta, que faz justiça ao caso, não é a solução que o Direito positivo oferece, e, nesse momento, o intérprete tem plena consciência disso. A argumentação, segundo Atienza, nos casos de confronto entre Direito e justiça, pode implicar elemento trágico, definido como:

---

129 O que não quer dizer que não haja interpretação constitucional, ainda que indireta – verificação de compatibilidade da lei aplicada e orientada pelo alcance constitucional. Argumentativamente as partes poderão invocar a dignidade humana, a proteção à criança, o respeito ao idoso, todos temas constitucionais, mas não é tal exercício constitucional o de maior dificuldade dentre a nossa proposta de classificação de casos.

130 M. Atienza, *El sentido del Derecho*, p. 30.

131 O neoconstitucionalismo aparece como uma proposta maior que redefine o papel jurídico (como teoria do Direito), político (como filosofia política do estado) e filosófico do Direito (como filosofia do Direito aplicada), mas *uma* das suas maiores funções práticas é dar meios adequados para solucionar os casos difíceis e trágicos.

> *Um caso pode ser considerado trágico quando, com relação a ele, não se pode encontrar uma solução que não sacrifique algum elemento essencial de um valor considerado fundamental do ponto de vista jurídico e/ou moral (Atienza, 1989a). A adoção de uma decisão em tais hipóteses não significa enfrentar uma simples alternativa, mas sim um dilema.[132]*

Com esse trecho, Atienza encerra seu mais famoso livro entre os autores brasileiros, tema que volta a desenvolver mais tarde. Partindo do que vimos sobre neoconstitucionalismo e argumentação jurídica, a nossa compreensão é similar com conclusão, porém distinta. O confronto entre o Direito e a Moral é menos intenso, quando se adota o neoconstitucionalismo como teoria e Filosofia do Direito, pois é a base dela a pretensão de correção, justamente pela conexão necessária entre o Direito e a Moral.

Atienza, em defesa de sua tese, explica que os casos trágicos partem do confronto entre o *Direito positivo*[133] e a moral, que é enfrentado *somente* com o suporte da teoria da argumentação jurídica, para resolver o dilema. Como superar esse dilema?

> *Que seriam aqueles que não podem resolver-se respeitando tanto o Direito estabelecido como os princípios da justiça; ou dito em forma quiçá mais simples: nem sempre é possível fazer justiça por meio do Direito[134].*

A argumentação jurídica vista isoladamente como Teoria do Direito é tão incapaz de oferecer respostas adequadas aos casos trágicos como é o positivismo jurídico incapaz de dar respostas aos casos difíceis. A argumentação deve ser estudada como principal elemento, a grande ferramenta do neoconstitucionalismo, e não dissociada das demais vantagens do sistema jurídico filosófico-constitucional. Atienza refere-se à argumentação jurídica como estrutura do Direito, isto é, como Teoria de Direito, que fica eviden-

---

132 M. Atienza, *As razões do Direito*, p. 226.

133 Quando, por exemplo, explica: "Pode muito bem ocorrer o caso de que o jurista – o juiz – tenha de resolver uma questão e argumentar a favor de uma decisão que ele julga correta, embora, ao mesmo tempo, tenha plena consciência de que essa não é a solução a que o Direito positivo leva", Atienza considera um confronto que parte das limitações do Direito positivo. Isso acontece porque a Teoria Geral é a própria argumentação jurídica que não usa os elementos e ferramentas do neoconstitucionalismo. M. Atienza, *As razões do Direito*, p. 226.

134 M. Atienza, *El sentido del Derecho*, p. 267.

ciado na sua tese "O Direito como Argumentação". Insistimos na inclusão da argumentação jurídica como principal elemento do neoconstitucionalismo e que pode ser estudada, ainda que separada como metodologia do Direito do estado constitucional.

Note-se que essa não é uma disputa real, pois não existe oposição entre o neoconstitucionalismo e a argumentação jurídica, como realmente existe entre neconstitucionalismo e positivismo. Esse é apenas um dever de complementaridade, sem autossuficiência.

Negar a característica de dilema *insolúvel* e *inconciliável dos casos trágicos*[135] não afasta a importância destes. Como já dissemos, examinar o grau de dificuldade dos casos é importante na fase de aplicação do Direito, pois permite uma visão apropriada de quais técnicas se utilizarão – ponderação ou subsunção, por exemplo – e quem será afetado pela decisão. Por isso, entendemos que os casos trágicos podem ser identificados quando presentes os seguintes requisitos cumulados:

1. Forem legitimamente alegados Direitos fundamentais em conflito;
2. Houver repercussão geral na decisão;
3. As respostas possíveis atingirem uma ordem de influência maior proposta em confronto com o Direito, como a ordem econômica, a ordem religiosa, a ordem política ou a ordem costumeira.

Quando esses três requisitos estiverem presentes, as bases e os elementos do neoconstitucionalismo devem ser utilizados na tentativa de harmonizar, ou, se não for possível, resolver da forma menos traumática, com maior argumentação racional, os casos trágicos. Nesses casos trágicos, que chegarem a esse ponto, o resultado deverá buscar a preservação da Constituição, sempre que a harmonização não for alcançável, principalmente porque é função dos juristas buscar a defesa e concretização da Constituição, como manifestação maior do Estado Democrático, já que as demais ordens – 1. economia; 2. política; 3. costumes sociais; 4. religião e 5. influência estrangeira – já foram sabidamente influentes no momento macrossistêmico, em especial se fizeram presentes no momento legislativo e sempre se renovam com as bancadas, os *lobbys*, a representação plural das minorias.

---

135 Embora possa haver confronto real entre Direito *vs.* justiça, o arsenal teórico com a adoção do neoconstitucionalismo é capaz de solucionar a lide sem sacrifício de um dos dois. O mandamento redigido por Eduardo Couture – dos mandamentos do advogado – "Teu dever é lutar pelo Direito, mas no dia em que encontrar o Direito em conflito com a justiça, luta pela justiça" não é necessário, pois, se ele tiver as ferramentas certas.

4.3. A solução dos casos trágicos

Quer-se agora trabalhar o Direito posto em confronto com as demais ordens, uma por uma, para perceber a presença e a existência de casos trágicos. Os casos mais antigos não desenvolveram uma resposta com base na teoria dos Direitos fundamentais, mas essa é pressuposta para a nossa análise dos casos atuais.

4.3.1.

No Brasil, podemos citar o voto do Ministro Relator Celso Mello, no julgamento da ação direta de inconstitucionalidade n. 2.010/DF, em exame da lei que contrariava a política orçamentária do texto constitucional. A defesa, ao argumentar pela constitucionalidade da lei invocou, no caso concreto, as razões do estado e a sobrevivência das finanças públicas. O Ministro Relator insurgiu-se mediante tal argumentação:

> *Razões de Estado não podem ser invocadas para legitimar o desrespeito à supremacia da Constituição da República. A invocação das razões de Estado – além de deslegitimar-se como fundamento idôneo de justificação de medidas legislativas – representadas, por efeito das gravíssimas consequências provocadas por eventual acolhimento, uma ameaça inadmissível às liberdades públicas, à supremacia da ordem constitucional e aos valores democráticos que a informam, culminando por introduzir, no sistema de Direito positivo, um preocupante fator de ruptura e de desestabilização político-jurídica da ordem constitucional. Nada compensa a ruptura da ordem constitucional. Nada recompõe os gravíssimos efeitos que derivam do gesto de infidelidade ao texto da Lei Fundamental. A defesa da Constituição não se expõe, nem deve submeter-se, a qualquer juízo de oportunidade ou de conveniência, muito menos a avaliações discricionárias fundamentadas em razões de pragmatismo governamental. A relação de poder e de seus agentes, com a Constituição, há de ser, necessariamente, uma relação de respeito. Se, em determinado momento histórico, circunstâncias de fato ou Direito reclamarem a alteração da Constituição, em ordem a conferir-lhe um sentido de maior contemporaneidade, para ajustá-la, desse modo, às novas exigências ditadas por necessidades políticas, sociais ou econômicas, impor-se-á prévia modificação do texto da Lei Fundamental,*

com estrita observância das limitações e do processo de relevância estabelecido na própria Carta Política." (voto proferido pelo Ministro Relator Celso Mello, ADI n. 2.010/DF)

A repercussão, em face de medidas econômicas e financeiras que adotaram semelhante discurso, foi sentida, e essa decisão pode ser entendida como uma vitória do Direito sobre os argumentos da economia, na verdade, mais precisamente, em face dos ditames da economia e do interesse público secundário que levaram à aprovação da lei financeira inconstitucional. Qualquer caso envolvendo Direito e economia não pode esquecer que o ponto definido na Constituição como o principal são os valores sociais do trabalho presente na livre-iniciativa.

Em outro exemplo histórico, ocorrido nos Estados Unidos no início da década de trinta, a Suprema Corte anulou as políticas públicas econômico--sociais, do chamado pacote do New Deal, gerando verdadeiro confronto entre o Presidente Roosevelt e o Poder Judiciário. Neste caso, a Suprema Corte com seu ativismo judicial foi contrária às políticas econômico-sociais, que negavam pressupostos liberais, contidos desde a formação do Estado norte-americano; o que se faz ver que o ativismo judicial, desacompanhado de uma Filosofia do Direito que busca a moral, de forma consistente, pode reproduzir efeitos indesejados. O Presidente dos Estados Unidos, para resolver o impasse, apresentou projeto de emenda à Constituição para aumentar o número de Ministros (*justices*) da Suprema Corte[136] e, assim, alcançaria a maioria necessária para declarar as políticas econômicas do seu governo constitucionais e legítimas. A reação a tal tentativa de interferência no papel do Poder Judiciário foi fulminante. A popularidade do presidente Roosevelt nunca ficou tão baixa e não faltou quem o chamasse de ditador. O projeto de emenda à Constituição foi retirado e os planos econômicos e sociais foram adaptados,

---

136 Veja-se que, nos primeiros anos de mudança da composição da Jurisdição Constitucional Argentina, com um aumento considerável de Ministros, pôde-se constatar desequilíbrio político institucional, que, inobstante às reclamações públicas, ocorreu quando a Argentina aumentou a composição de seu Tribunal Constitucional de cinco para nove Ministros, ou seja, quase o dobro.

"Este erro institucional debilitou, fortemente, a imagem da sociedade sobre a justiça em geral e da Corte Suprema em particular, portanto, a realidade confirmaria as suspeitas: aparece no Tribunal o que passará a se chamar 'a maioria automática', um grupo de cinco juízes que responderam com rapidez aos requerimentos do Presidente Menen."

M. Cenicacelaya, *A dos décadas de la recuperación democrática em Argentina*, p. 171.

A crítica contumaz da autora refere-se aos Ministros nomeados com a reforma da composição da Corte Suprema Argentina, o que demonstra que o inevitável perigo que rondou a Suprema Corte dos Estados Unidos e, consequentemente, suas instituições democráticas acabou se confirmando na Argentina.

para que, após uma composição, estes fossem aprovados. Pode-se dizer que houve uma vitória do Direito sobre a pressão governamental econômica, e a tentativa de mudança do Poder Judiciário restou fracassada.

4.3.2.

Um exemplo de decisão que contrariou a ordem política de um dado momento histórico, justificada na promoção do Direito e da justiça, foi realizada pela Suprema Corte Argentina, que, após a volta da ordem democrática, decidiu, em dezembro de 1983, afastar a lei de anistia promulgada no final do período militar. A Lei n. 22.964, que concedia anistia em favor dos militares que praticaram atos de abuso de poder e, em alguns casos, crimes contra a dignidade da pessoa humana, foi revogada pela Lei n. 23.040. A norma revogada declarava extintas as ações penais possíveis em face dos delitos cometidos com motivação ou finalidade de combate às atividades subversivas, qualquer que tenha sido o bem jurídico lesionado, liberdade, vida ou dignidade humana. É mais uma prova histórica de se tratar combatentes do regime, ditos subversivos ou terroristas com menos Direitos humanos do que as pessoas comuns, o que, em última análise, significa dizer que essa é uma forma discursiva de reviver o "Direito das gentes", da sua pior manifestação, declarando "tipos de pessoas".

A lei revogadora da absurda anistia teve, em 1986, sua constitucionalidade confirmada pela Suprema Corte da Argentina, que ainda declarou, expressamente, todos os efeitos da lei de anistia nulos![137] A reforma democrática continuou e culminou com a reforma constitucional de 1994.[138]

A vontade política foi derrubada pela reunião das forças democráticas, iniciativa do Executivo, aprovação do Poder Legislativo e confirmação pelo

---

137 M. Cenicacelaya, *A dos décadas de la recuperacíon democrática em Argentina*, p. 172-176.

138 Em 1994, várias medidas foram tomadas para realinhar a Argentina na tutela e na defesa dos Direitos fundamentais. Além de adotar remédios jurídicos eficazes, como o *habeas data*, que combate a negativa de informações até de empresa privada no polo passivo, e o recurso de amparo, que protege e repara, indistintamente, Direito fundamental posto em perigo, cuidou de conferir máxima proteção à ordem internacional. Disciplinou, taxativamente, todos os tratados internacionais de Direitos humanos, no inciso 22 do art. 75, o que expressou o entendimento de quais são os Direitos humanos internacionalmente protegidos pela Argentina, para, ao final do artigo, reconhecer que todos têm, desde sua vigência, "hierarquia constitucional, não derrogando quaisquer artigos da primeira parte desta Constituição e devem entender-se complementários aos Direitos e garantias por ela reconhecidos. Somente podem ser denunciados, em seu caso, pelo Poder Executivo nacional, com prévia aprovação de dois terços do total dos membros de cada Câmara (inciso 22, artigo 75 Constituição Argentina)."
A matéria ficou resolvida por lá, desde o começo, de forma mais clara do que no Brasil. O parâmetro estrangeiro talvez tenha influenciado o Congresso Nacional brasileiro, ao promulgar, na qualidade de poder reformador da Constituição, a Emenda à Constituição n. 45, que corrigiu a jurisprudência do Supremo Tribunal Federal sobre a matéria, dando reconhecimento expresso e prioritário aos Direitos humanos advindos de tratados internacionais. Outros problemas com a nossa alteração da constituição vieram à baila.

Poder Judiciário, todas pautadas pela ordem democrática – disse-se, no caso, expressar a verdadeira vontade da população. A argumentação de justificação interna foi motivada nos Direitos fundamentais das vítimas de tortura.

No caso argentino, os Direitos fundamentais representaram a vontade da democracia, enquanto a vontade política – perdão aos atos praticados pelas autoridades militares –, revestida de poder e autoridade, era totalmente antidemocrática e um escudo à ditadura. Os Direitos fundamentais guiados pela dignidade da pessoa humana (princípio estruturante) e pela proibição da tortura fundamentaram a derrubada da lei da anistia e da supremacia do poder público; foi a vitória do Direito guiado pela justiça em face do poder político.

4.3.3.

O confronto entre o Direito e os costumes sociais, pensado nas perspectivas nacionais, isto é, naquilo que a nossa Constituição assegura, de acordo com o interesse e o nível de participação social, pode ser vislumbrado no famoso julgamento do Supremo Tribunal Federal, no caso conhecido como o da farra do boi. A prática da farra do boi foi secularmente construída e praticada na Região Sul do Brasil. No caso concreto, foi defendida a sua manutenção pelo Estado de Santa Catarina. É, na verdade, um caso de Direito Público, que confronta o Direito à defesa dos animais, arguido pela Associação de Proteção dos Animais *vs.* o Direito à manutenção do costume dos praticantes da farra.

A Associação Protetora dos Animais, com sede no Rio de Janeiro, ajuizou uma ação civil pública, que chegou ao STF, em face dos maus-tratos aos animais, fundamentando o pedido no artigo 225 VII da Constituição da República, que veda tal prática e que fora violado com a farra do boi. O caso tornou-se interessante quando a defesa do Estado de Santa Catarina alegou que a atividade deveria ser mantida, tendo em vista se tratar de prática cultural que deve ser preservada pelo Estado, fundamentado nos termos do 1º§ do artigo 215 da Constituição Federal (Recurso extraordinário n. 153.531.8-SC[139]).

a) Além da prática cultural à que o Estado de Santa Catarina se refere, expressamente, ela pode ser combinada com o artigo 5º II, já que ninguém será obrigado a deixar de fazer algo senão em virtude da lei; e não havia lei sequer regulando tal prática.

---

[139] Ementa: Costume – Manifestação Cultural – Estímulo – Razoabilidade – Preservação da fauna e flora – Animais – Crueldade – A obrigação de o Estado garantir a todos o pleno exercício de Direitos culturais, incentivando a valorização e a difusão das manifestações, não prescinde da observância da norma do inciso VII do art. 225 da CF, no que veda prática que acabe por submeter os animais à crueldade – Procedimento discrepante da norma constitucional denominado "farra do boi".

b) Já a argumentação da Associação Protetora de Animais encontra respaldo em outra norma constitucional (art. 225, inciso VII), esta proibitiva, e também pode ser maximizada em favor dos animais que sofreram maus-tratos, pois não é moral nem protegida pelo Direito uma prática que não alcança nenhuma finalidade positiva, como seria o boi para a alimentação ou para corte, isto é, com finalidade determinada. Em suma, o sofrimento deve ser moralmente combatido, ainda que de animal.

c) A solução tomada foi pela prevalência da norma proibitiva, ou seja, a que veda os maus-tratos, pois a norma que visa à manutenção das manifestações culturais é argumentativa e abrangente, ao contrário da norma que veda expressamente, inadmitindo dilatações. A interpretação utilizada pelo Supremo Tribunal Federal avaliou a ponderação de interesses, fez sua construção baseada em exemplo típico da argumentação jurídica e, por fim, condenou o Estado de Santa Catarina a uma nova prestação, no seu poder de polícia *uti universi,* ao dispor sobre a vedação da continuidade de tal ato e impondo a obrigação para a polícia local de impedir tal atividade, a saber: a farra do boi.

O folclore, tradicionalmente realizado no sábado de aleluia, em Santa Catarina, foi proibido pela evidência das práticas cruéis e violentas. Ao coibir tal prática, o Supremo Tribunal Federal interferiu em costume local, que poderia ser comparado às touradas espanholas e portuguesas. O sentido prevalecente foi o de priorizar a educação da população por instrumento da justiça e proteger a norma constitucional proibitiva às práticas cruéis com animais, artigo 225, VII, da Constituição Federal.

Essa solução provocou polêmica pelos argumentos encontrados no processo e, principalmente, pelos defensores da reserva cultural, símbolo dos costumes sociais brasileiros, fulminados pela interpretação dos princípios jurídicos. Não nos parece que os costumes sociais devam prevalecer quando forem alegados Direitos fundamentais, já que a precípua função do Direito é de organização social, e uma sociedade que ainda pretende evoluir para alcançar uma consciência constitucional – embora a evolução seja um conceito aberto – não pode esperar que a tomada de decisão coletiva seja naturalmente encontrada pelo consenso social. É da razão da teoria apostar na correção realizada pelo Poder Judiciário, que ganha fôlego e meios de imposição na fase de aplicação do Direito. Foi uma vitória do Direito face às práticas sociais costumeiras contrárias aos animais protegidos pela Constituição Federal, em especial pela firmação da cidadania social, princípio estruturante da Constituição Brasileira.

4.3.4.

No exame dos casos trágicos que ostentam o confronto entre Direito e religião[140], não há melhor exame do que o recente questionamento entre o Direito de gestantes grávidas de fetos sem cérebro (anencéfalos) de realizarem aborto. A sustentação que recebe apoio científico é diversa da doutrina sobre o aborto em geral, já que nos casos de anencefalia o feto não sobrevive por mais de dois dias.

Um primeiro exame sobre a matéria foi feito no plano difuso, caso em que a mãe que resolveu legalmente interromper a gravidez de feto sem cérebro ajuizou mandado de segurança com este fim. O Ministério Público de primeiro grau de jurisdição opinou desfavoravelmente, mas o juiz monocrático concedeu a segurança. Os autos subiram para o Tribunal de Justiça do Rio de Janeiro, onde a procuradoria de justiça se manifestou pela concessão da segurança, medida que foi seguida pela desembargadora relatora Maria Raimunda de Azevedo, MS n. 2003.078.0030. A decisão considerou que a saúde psíquica da gestante estava comprometida, pelo fato de ela ter uma gestação sem expectativa de vida do feto, com base nos laudos médicos os quais comprovavam tratar-se de feto em formação anencéfalo. O bem jurídico protegido foi a dignidade da gestante, que prevaleceu, no caso concreto, contra a segurança das relações jurídicas. A segurança da relação jurídica estaria expressa nos entendimentos sobre a vida que não poderia ter seus padrões redefinidos por decisão judicial. Tal argumento não foi levado adiante, por se considerar que o feto não apresentava chances de vida 48 horas após o parto. Laudos médicos juntados ao processo confirmavam a tese da anencefalia. O voto da desembargadora assim definiu a questão:

> *[...] quer através do reconhecimento do estado de necessidade com aplicação de inexibilidade de outra conduta, são mecanismos que vêm sendo utilizados pelo Estado através do Poder Judiciário, para reconhecer o Direito de mães em situações idênticas, consoante se vê precedentes jurisprudenciais a que foram remetidas as fundamentações da impetrante (fls. 05/13) a par do Direito comparado tendente e sensível a situação de aflição da mulher nas hipóteses em*

---

140 Para uma posição que considera a concepção da Igreja e das organizações religiosas como influente na sociedade dos intérpretes da Constituição, ver P. Häberle, *Hermenêutica Constitucional, a sociedade aberta dos intérpretes da Constituição*, p. 15.

*que se verifiquem processos patológicos reveladores de anomalias
ou más formações do nascituro, que determinem um grave perigo
para a saúde física ou psíquica da gestante.*

A partir do teor da concessão da referida segurança, autorizativa do
aborto de feto anencéfalo, pode-se pensar que as demais orientações jurisprudenciais seguiriam tal entendimento.

Mas não foi simples assim. A Confederação Nacional dos Trabalhadores
de Saúde (CNTS) ajuizou a ação de descumprimento de preceito fundamental
n. 54 perante o Supremo Tribunal Federal, que sofreu diversas pressões
de todos os lados da sociedade, até da Confederação Nacional dos Bispos
Brasileiros, contrária à autorização e que pretendeu ser admitida na ADPF
a título de *amicus curie*. O Ministro Marco Aurélio negou a pretensão da
Confederação Nacional dos Bispos Brasileiros. Já a pertinência temática e
a legitimidade ativa da Confederação Nacional dos Trabalhadores de Saúde
foi aceita, sem questionamentos. O Ministério Público Federal mostrou-se
contrário à medida, por meio do Procurador Geral da República, que, com
apoio da doutrina de Rui Medeiros, defendeu a impossibilidade da interpretação conforme a Constituição equiparar o Supremo Tribunal Federal ao
legislador da matéria e que o pedido da ação agrediria a separação de poderes.
Esse fundamento da posição, contido no parecer da ilustre Procuradoria Geral
da República, não se desenvolve de acordo com os preceitos defendidos pelo
neoconstitucionalismo.

Diante da deformação cerebral irreversível, o Ministro Marco Aurélio
concedeu a liminar para reconhecer Direito Constitucional às gestantes que
decidam realizar operação terapêutica – não entendida como aborto – no
parto antecipado dos fetos anencéfalos. A decisão foi concedida nos autos
da ADPF n. 54, todavia logo foi julgada prejudicada pelo pleno do Supremo
Tribunal Federal, que revogou a decisão monocrática do Ministro Marco
Aurélio. Até hoje, com pedido de voto de vista à matéria, a referida ADPF
não teve julgamento final e a associação dos bispos acabou sendo admitida
na qualidade de *amicus curie*.

Deve-se destacar que o pedido da ADPF tem fundamento na interpretação conforme a Constituição, para que o Supremo Tribunal Federal
se pronuncie sobre a inconstitucionalidade das normas do Código Penal,
por não reconhecerem expressamente o Direito à gestante, portadora de
feto anencéfalo, de submeter-se ao tratamento clínico abortivo (terapêutico).
A situação da gestante, obrigada a ter um filho sem cérebro, que se sabe que vai

morrer, chegou a ser comparada à tortura[141]. O pedido baseia-se na omissão do Código Penal, que, ao ser editado em 1941, não previu a hipótese assinalada como exceção ao crime de aborto – o que não é culpa do legislador penal, já que não existiam tais exames médicos à época –, atingindo a dignidade da pessoa humana e a saúde psíquica da gestante.

Como se percebe, o caso trágico coloca-se, pois:

a) Do lado das gestantes invoca-se o Direito fundamental da dignidade da pessoa humana e da saúde psíquica desta. A decorrência da proibição do aborto, nesses casos, poderia importar em equiparação aos efeitos da tortura à gestante, situação vedada e combatida na Constituição.

b) Do lado da proteção do feto invoca-se o Direito à vida e à segurança jurídica, consoante o entendimento que o Supremo Tribunal Federal não pode criar nova hipótese autorizativa de aborto não prevista como exceção ao crime de aborto, previsto nos artigos 128 e 129 do Código Penal. Defende-se também a manutenção do modelo clássico da separação dos poderes em que o papel do Tribunal Constitucional é o de fiscalizar e resguardar a Constituição sem produzir invasão na competência legislativa.

c) O confronto sem dúvida causou grande repercussão na sociedade brasileira, nos meios de comunicação e na atenção do público em geral quanto à decisão sobre a matéria.

d) O confronto entre o Direito e a religião pode ser sentido quando tais argumentos se misturam nos votos, pareceres e opiniões externadas – vistas como exemplos da tradição do intérprete presente na decisão jurídica – e a Confederação de Bispos, na qualidade de *amicus curie*. Dependendo do resultado final do julgamento da ADPF n. 54, os mandamentos da igreja (Religião) poderão ser contrariados pela decisão proferida pelo Poder Judiciário (Direito).

e) O dilema presente nesse caso trágico; resolve-se melhor com os postulados neoconstitucionalistas, que, segundo a interpretação constitucional, alcançam novos parâmetros e hipóteses não previstas em lei, mas decorrentes do que se pode extrair dos princípios da Constituição, em especial do princípio da dignidade humana da gestante, outro princípio estruturante.

---

141 O. Vieira, *Direitos Fundamentais*, uma leitura da jurisprudência do STF, p. 91: "Impor a mulher o dever de carregar por nove meses um feto que sabe, com plenitude de certeza, não sobreviverá, causando-lhe dor, angústia e frustração, imposta violação de ambas as vertentes de sua dignidade humana. A potencial ameaça à integridade física e os danos à integridade moral e psicológica, na hipótese, são evidentes. A convivência diuturna com a triste realidade e a lembrança ininterrupta do feto dentro de seu corpo, que nunca poderá se tornar um ser vivo, podem ser comparadas à tortura psicológica".

4.3.5.

A pressão internacional pode ser sentida em um processo isolado, como no julgamento de um processo de extradição em que autoridades diplomáticas estrangeiras exerçam pressão sobre o governo brasileiro[142]. Tal pedido de extradição foi negado por existirem práticas punitivas na China não admitidas no ordenamento jurídico brasileiro e o interessante é a tentativa da embaixada chinesa em omitir esse fato. Deve-se destacar que a soberania nacional, outro princípio estruturante, tornou-se vitoriosa.

Todavia, merece mais atenção outro caso em que a pressão dos interesses internacionais confrontam o Direito. Esta situação pode ser observada no âmbito da política internacional, seja entre Estados estrangeiros, seja entre jurisdição internacional e Estado estrangeiro. Em outubro de 2006[143], o governo francês aprovou projeto de lei tornando crime negar o genocídio sofrido por armênios, praticado por uma série de ações do império Turco – Otomano. A aprovação da lei impõe uma situação fática, como inegável a qualquer pessoa em território francês – a de que a Turquia teria, em 1915, massacrado um milhão e meio de armênios, na Primeira Guerra Mundial, violando os tratados internacionais de então. A lei, em destaque, prevê pena de um ano de prisão e 45 mil euros de multa para quem negar os fatos praticados contra os armênios em 1915. Já existia precedente de outra lei francesa que proibia negar o genocídio nazista[144], com imposição da mesma pena e multa. As pressões estrangeiras a serem levadas ou não em consideração pelo governo e a aplicação da nova lei francesa por parte dos Tribunais, mais sentidas, são as da Comissão Europeia de Direitos Humanos, que, na pessoa da porta-voz Krisztina Nagy, aceitou a possibilidade de reconciliação entre os dois governos. A situação tornou-se delicada, do ponto de vista das jurisdições internacionais, como a Comissão Europeia de Direitos Humanos, pela pretensão real da Turquia em se tornar país-membro da União Europeia. Como se não bastassem

---

142 A título exemplificativo, STF, Extradição 633-9 – Requerente: República Popular da China, Ministro relator Celso de Mello.

143 Todas as informações ora relatadas sobre a relação entre França – Turquia foram extraídas do periódico *New York Times*, nas edições publicadas nos dias 16 e 17 de outubro de 2006.

144 Veja-se que se trata de restrição ao Direito fundamental de livre liberdade de expressão, em detrimento de outro Direito fundamental, o da proibição da prática de racismo, que é considerado crime impres-critível – no caso, fazemos uma analogia ao teor dos Direitos fundamentais dispostos na Constituição brasileira. Esse é um exemplo de ponderação legislativa válida e de opção jurídica realizada na fase de legitimação dos Direitos fundamentais. A primeira situação a ser regulada por lei na França – prisão e multa para quem negar o genocídio nazista cometido contra a população judaica levada aos campos de concentração – pode ser considerada um parâmetro de Direito comparado para reafirmar o acerto da denegação do *habeas corpus* n. 82.4244-RS, julgado pelo Supremo Tribunal Federal, que manteve a condenação do editor e autor de livro que nega o holocausto, por crime de racismo.

— 158 —

as variantes, o Parlamento da Turquia anunciou projeto de lei que torna ilegal negar que a França foi responsável pelo genocídio na Argélia entre 1830 e 1962, período colonial francês.

Caso, por exemplo, a lei turca de retaliação venha a ser promulgada, pode a Comissão Europeia de Direitos Humanos dar tratamento às queixas, em casos concretos, de formas diversas para os dois países? Pode o Tribunal Constitucional da Turquia julgar a constitucionalidade da lei turca sem considerar o contexto político internacional implicado? A complexidade das questões não pode mais ser resolvida no âmbito exclusivamente interno, e a pressão de influências estrangeiras – por vezes argumentativamente justificável – deve considerar as compatibilidades entre o neoconstitucionalismo e o papel do Poder Judiciário, com as relevantes questões de Direito internacional público. Por esse motivo, defendemos que a filosofia política, que embasa a teoria do estado (neo)constitucional, deve ser compatibilizadora e ter cuidados de tratar de assuntos diversos, pois eles possuem temas e pontos de ligação em comum, como: a aposta em um nacionalismo revisado; ou em um patriotismo constitucional; ou, como a proteção internacional e incondicionada dos Direitos humanos é trabalhada pela ordem interna; ou como a influência das jurisdições internacionais, é confirmada pelos Estados-nações.

4.4. Critérios constitucionais para a solução dos casos trágicos

A argumentação jurídica a serviço da Filosofia do Direito preenche os Direitos fundamentais, mas aquela não resolve sozinha todos os enfrentamentos destes. Assim como o positivismo jurídico não encontrou resposta adequada para os casos difíceis, a argumentação jurídica sozinha não consegue resolver os casos trágicos. É necessário ser teoria e filosofia do Direito, simultaneamente, para responder aos confrontos limítrofes entre Direito e Justiça. Não subsiste dilema insolúvel. *Os casos trágicos são entendidos como aqueles em que haja, além de conflito entre Direitos fundamentais alegados pelas partes, repercussão geral e confronto de uma ordem correspondente, como a ordem econômica, a ordem internacional, a ordem política nacional do governo e a ordem religiosa.* Ignorar essas manifestações no julgamento e na elaboração do Direito é desconhecer as tradições do intérprete e sua pré-compreensão – essa uma grande finalidade do reconhecimento das categorias de hermenêutica: otimizar o Direito partindo dessa constatação (tradição do intérprete). Adicionamos, ainda, um elemento aos casos trágicos: a sua repercussão socialmente sentida. Os casos que merecem destaque são aqueles que encontram dificuldades jurídicas (conflito de Direitos fundamentais) somadas a questões metajurídicas manifestadas (confronto entre as ordens do poder) e que causam repercussão na sociedade e nos participantes do discurso comunicativo. A teoria do discurso cuida de uma parte do problema – ela pretende resolver a repercussão democrática e os procedimentos adotados no agir comunicativo –, também percebido na argumentação jurídica – que, embora detecte, esbarra nos casos trágicos, pois estes ficam sem solução adequada e convincente –, e até o pós-positivismo jurídico se limita – ao se pré-condicionar em torno da ponderação de interesses. Os casos trágicos ficam trabalhados bem mais de acordo pelo neoconstitucionalismo total, que adota a argumentação e a ponderação para resolver o conflito de Direitos fundamentais; trabalha uma filosofia do Direito que reúne o Direito e a moral, que são verdadeiras pautas para o conflito de ordens do poder, além de fazer usos de elementos considerados primordiais do constitucionalismo do século XXI (neoconstitucionalismo), a saber: os princípios estruturantes de uma nação, verdadeiras balizas que antecedem topograficamente os Direitos fundamentais – no caso brasileiro a dignidade da pessoa humana, a cidadania, a soberania nacional, o pluralismo político e os valores sociais do trabalho a serem observados pela livre-iniciativa.

A utilização dos princípios estruturantes ainda mais abertos dependem da argumentação para terem força normativa concretizadora. Com isto o ciclo se fecha e a argumentação volta a resolver também os casos trágicos, só que não mais sozinha, porque prescinde dos demais elementos neoconstitucionalistas.

Com todas essas ferramentas, os casos trágicos ganham no cenário jurídico a proporção que lhes deve ser cabida, e os juristas antenados respondem argumentativamente a esses anseios em toda vez que eles surgirem; só que agora encontramo-nos melhor equipados para argumentar!

Segunda Parte

DISCRICIONARIEDADE E JURISDIÇÃO

Capítulo 5

MODELO ARGUMENTATIVO CONSTITUCIONAL[145]

Eduardo Ribeiro Moreira

Sumário
1. Resumo
2. Modelos de argumentação jurídica
2.1. A argumentação jurídica de Chaim Perelman
2.2. A argumentação jurídica de Robert Alexy
2.3. A argumentação jurídica de Manuel Atienza
3. Argumentação jurídica e hermenêutica constitucional
4. Sincretismos teóricos, metodológicos e argumentação jurídica
5. Argumentação jurídica e neoconstitucionalismo

---

145 Este texto foi publicado originalmente na Revista Brasileira de Estudos Constitucionais, n. 11, jul. set. 2009.

1. RESUMO

Esse texto infere importante relação entre argumentação jurídica e discurso constitucional. Na primeira parte (item 2) é feito um recorte histórico desde a argumentação do pós-guerra até alcançar a argumentação encontrada no estado constitucional.

Em seguida, um dos principais pontos de debate é retomado para se demonstrar a correlação e completude entre argumentação jurídica e hermenêutica constitucional (item 3), tanto do ponto de vista argumentativo, como – e, principalmente – do pela percepção de hermenêutica filosófica de interpelação. Justificadas a conexão, passa-se a tratar de outro ponto hermenêutico, o sincretismo metodológico e a resposta produzida pela teoria da argumentação (item 4). Esses são dois debates que nasceram no Direito comparado e desembocaram com toda a força no Direito brasileiro.

O último item do texto (item 5) trata da potencial relação entre argumentação jurídica e neoconstitucionalismo", com ênfase nos momentos em que a teoria da argumentação – não só jurídica, mas também política – pode desempenhar papel decisivo na compreensão, fundamentação e aplicação do Direito.

2. MODELOS DE ARGUMENTAÇÃO JURÍDICA

O resgate do ensino da retórica permitiu um florescimento de tema central para a filosofia do direito: a teoria da argumentação jurídica. Esta viria associada a um plano de trabalho preocupado com o resultado moral em sua finalidade. A nova retórica foi concebida contraposta ao horizonte de cientificidade e estrutura lógica formal do Direito em que se encontrava submergido. Quando as propostas de teorias do Direito não se afastavam dessa concepção, e a argumentação jurídica revivida, ao mesmo tempo da redescoberta da tópica e da aposta na tradição da hermenêutica filosófica, a argumentação foi ganhando *status* de saber filosófico aplicado ao Direito.

Hoje, quando se fala em teorias de argumentação jurídica, sem dúvida entra-se no debate metateórico. A tradição norte-americana privilegiou, antecipadamente, a argumentação e a tópica, ainda que esses estudos tenham recebido por lá contornos mais simples e empíricos advindos de julgamentos e análises de casos. É nessa compreensão que surge o interesse pelo enfoque argumentativo, antes de tudo como forma de pensar o Direito, pautado em outros vértices que não aqueles tradicionais. A argumentação jurídica, como método de justificativa da decisão sobre o caso concreto, bem como de construção das hipóteses favoráveis e desfavoráveis de um caso, deve ser vista como uma das propostas a ser seguida, por poder apresentar resultados diversos daqueles apresentados pela lógica jurídica tradicional. Esse já seria por si um motivo de estudo pelo tema. Mas isso se passou no primeiro trabalho de Perelman sobre argumentação jurídica. Já na década de 50, ficou claro que a teoria da argumentação jurídica não pode ser confundida com a representatividade do exemplo ou a utilização da linguagem adequada ao texto jurídico, já que estas são manifestações minimizadas de uma construção teórica muito mais rica e complexa do que o que se entende por argumentação jurídica. O jargão, a oratória e a ilustração, percepções do senso comum, não compõem senão elementos meramente acessórios à argumentação jurídica, em detrimento daqueles principais – por exemplo, o processo de legitimação – que trazem coerência, que dirigem o discurso, que formulam a hipótese.

Vale lembrar que argumentar é fundamentar razões para alcançar um resultado que deve ter aceitabilidade. O argumento deve convencer, racionalmente, por boas razões, o interlocutor ou o auditório, enfim, aquele que ouve, como faz um advogado na tribuna, quando sustenta uma tese para os desembargadores. A teoria da argumentação trabalha com uma lógica distanciada da lógica tradicional e que pode ser verificada a partir da coerência e da consistência dos argumentos trazidos.

Desde o estudo realizado na década de 50, a argumentação existe como seu principal ponto de aplicabilidade no processo de justificação. Talvez, sem os escritos de Perelman, toda conquista e contínua vigilância em torno da motivação dos atos judiciais não teria se cristalizado.

Modelos de argumentação jurídica têm sido apresentados e gostaríamos de lembrar de três que são basilares no desenvolvimento do tema nos últimos 50 anos, sem os quais a chamada metateoria da argumentação não teria vislumbrado as dimensões da estrutura *material argumentativa* (Perelman), da estrutura procedimental argumentativa (Alexy) e do desenvolvimento da argumentação no plano prático-forense de resolução de casos difíceis e trágicos (Atienza).

2.1. A argumentação jurídica de Chaim Perelman

Chaim Perelman (1912-1984), que vamos tratar como o autor que sustentou o primeiro modelo de argumentação jurídica, realizou por anos a fio intensa pesquisa acerca da retórica antiga, resgatando-a para Direito contemporâneo, após séculos de esquecimento, de forma renovada, sob a tese "Argumentação

Jurídica: a Nova Retórica". Até hoje, os seus escritos são atuais já que a finalidade da argumentação, no campo de preenchimento dos princípios constitucionais, tem grande receptividade, especialmente após o consenso pela abertura de tais normas constitucionais; uma não sobrevive sem a outra, estudos de ponderação, coerência, hermenêutica estão conectados à argumentação, no preenchimento daqueles. Não basta alegar a existência de um princípio, "é preciso escolhê-los, de um modo tal que sejam aceitos pelo auditório, formulá-los e apresentá-los, interpretá-los, enfim, para poder adaptá-los ao caso de aplicação pertinente."[146]

Perelman propõe que as leis, no momento de aplicação, devem servir-se da argumentação jurídica, já que ela é engajada no contexto da causa, no programa político, nas ideologias e decidida nos Tribunais. Reconstruindo a decisão pelos argumentos jurídicos apresentados no caso, Perelman invoca a argumentação como técnica de oposição à demonstração. O que significa isso? Responde Perelman:

> *Demos o nome de argumentação ao conjunto das técnicas discursivas que permitem provocar ou aumentar a adesão das mentes às teses que se apresentam ao seu assentimento; sendo o termo tradicional* demonstração *reservado aos meios de prova que possibilitam concluir, a partir da verdade de certas proposições, pela de outras proposições, ou ainda, no terreno da lógica formal, passar, com a ajuda de regras definidas de transformação, de certas teses de uma sistema a outras teses do mesmo sistema.*
>
> *Enquanto a demonstração, em sua forma mais perfeita, é uma série de estruturas e de formas cujo desenvolvimento não poderia ser recusado, a argumentação tem uma natureza não coercitiva: deixa ao ouvinte a hesitação, a dúvida, a liberdade de escolha; mesmo quando propõe soluções racionais, não há uma vencedora infalível.*[147]

O Direito trabalha os discursos, as teses sustentadas que provem a adesão, concedendo ao orador liberdade de escolha. A argumentação suporta a linguagem viva, como ato de comunicação. A busca da adesão, traduzida para o convencimento, consenso ou aceitação da decisão, é elemento essencial

---

146 C. Perelman, *Lógica jurídica*, p. 170.

147 C. Perelman, *Retóricas*, p. 370.

deste processo argumentativo e sempre está a observar o efeito do discurso proclamado pelo orador em um dado auditório.[148]

Perelman entende que a persuasão se estabelece em confronto com um auditório específico e que ela recorre a elementos psicológicos, que atingem o auditório conhecido e joga com as preferências desse. A argumentação, como Perelman defende, trabalha com o convencimento e, diferentemente da persuasão, atinge um auditório indefinido e universal. No convencimento preponderam os argumentos verdadeiros, portanto, é uma técnica preocupada com a ética, o que se percebe na leitura de sua obra. Aí aparece o entrelaçamento do Direito e moral tão combatido pelo positivismo jurídico.

O papel da argumentação permite, além de investigar as motivações e analisar a formação da decisão, retornar a uma concepção democrática e ética, portanto, buscando respostas deixadas em segundo plano (na situação de) ceticismo jurídico, em que muitas das suas instituições estavam sendo vistas com resguardo.

Perelman entende o discurso como toda manifestação de cunho jurídico. A teoria da argumentação deve ser entendida como uma teoria geral de discursos de convencimento, que, como tal, não pode descuidar das relações pragmáticas entre orador, discurso e auditório. A conceituação, baseada no pensamento de Perelman, no papel do discurso avaliado por uma argumentação, tem como elemento-chave o auditório a que o discurso é dirigido. No dizer de Perelman, "do princípio ao fim, a análise da argumentação versa sobre o que é presumidamente admitido pelos ouvintes."

A argumentação, conforme exemplificado, pode ser considerada uma teoria de instrumentos e conceitos valiosos ao exercício forense, e se difere da lógica formal sobretudo por se orientar pela justificação e pelo aproveitamento por parte de todos os aplicadores do Direito que buscam alternativas para resolver suas contendas e não apenas por teóricos da metodologia. A lição de Perelman, nesse sentido, é muito valiosa, já que "a paz judicial só se restabelece definitivamente quando a solução, a mais aceitável socialmente, é acompanhada de uma argumentação jurídica suficientemente sólida".[149] Em seguida, completa o jurista "A busca de tais argumentações, graças aos esforços conjugados da doutrina e da jurisprudência, é que favorece a evolução do Direito"[150].

---

148 É por essa razão que, em matéria de retórica, parece-nos preferível definir o auditório como *o conjunto daqueles que o orador quer influenciar com sua argumentação*. Cada orador pensa, de uma forma mais ou menos consciente, naqueles que procura persuadir e que constituem o auditório ao qual se dirigem seus discursos." (destaque no original). C. Perelman, *Ética e Direito*, p. 72

149 C. Perelman, *Lógica jurídica*, p. 191.

150 C. Perelman, *Lógica jurídica*, p. 192.

2.2. A argumentação jurídica de Robert Alexy

Antes que o trabalho de Robert Alexy fosse lido e divulgado, a teoria da argumentação jurídica permaneceu circunscrita a um debate de filósofos e filósofos do Direito. Pode-se dizer que o maior sucesso de Robert Alexy foi o de demonstrar a aplicabilidade da argumentação jurídica na prática judicial, feito também alcançado com a teoria dos direitos fundamentais. A argumentação jurídica (1979), entretanto, antecedeu a teoria dos direitos fundamentais (1986) e, de certa forma, foi seu esboço procedimental. De certa maneira, Alexy tomou por base algumas considerações feitas por Habermas[151] e, embora tenha posteriormente discordado em muitos pontos deste, Alexy concebeu uma teoria jurídica orientada pela racionalidade prática. Essa racionalidade visa ao implemento dos critérios inteligíveis que se orientam por uma situação procedimental, "já que não são possíveis teorias morais materiais das que se possam obter com certeza intersubjetiva exatamente uma solução para toda a questão moral. Por outro lado, são possíveis teorias morais procedimentais que formulem regras ou condições da argumentação prática racional."[152]

Esse exercício procedimental para a teoria da argumentação pode parecer estranho à primeira vista, mas é assim que Alexy concebeu uma fórmula para fugir do devaneio propiciado pela tópica[153], com critérios formais definidores da argumentação no Direito.

De Habermas, Robert Alexy aprende a importância da integração discursiva dos sujeitos participantes do processo de construção do Direito, buscando a integração dos sujeitos na sua teoria. Logo, o professor da Universidade Christian-Alberechts, em Kiel, define a argumentação jurídica como um caso especial, da argumentação prática geral – e aí também filosófica. O discurso prático especial trata das questões jurídicas sujeitas à análise, ou seja, da dogmática constitucional, dos princípios, da jurisprudência e das

---

151 Segundo o próprio Alexy, em entrevista concedida em 26/04/2002: "Enquanto estudava com Gunther Patzig, encontrei Jürgen Habermas, e esta foi a outra grande influência do lado da filosofia analítica: a teoria crítica de Jürgen Habermas. Do ponto de vista do Direito fui profundamente influenciado por Franz Wieacker, um historiador jurídico.". Entrevista com o Prof. Robert Alexy, RTDC V. 16, p. 312.

152 Robert Alexy, apud Antonio Maia e Cláudio Pereira de Souza Neto, *Os Princípios de Direito e as Perspectivas de Perelman*, Dworkin e Alexy, 91.

153 Robert Alexy faz comentários negativos sobre o emprego da tópica no Direito. Sobre a tópica ele assevera: "No entanto, essas regras são inadequadas desde o seu estabelecimento porque não contêm nada sobre o papel da lei, da dogmática e dos precedentes.". Robert Alexy, *Teoria da argumentação jurídica*, p. 33.

leis processuais, enfim, do debate de tudo que se desenvolve no campo do Direito.[154] Vale observar a análise da teoria de Alexy formulada por Manuel Atienza, que revela ser uma boa síntese:

> *O discurso jurídico é, na opinião de Alexy, um caso especial do discurso prático geral. Isso quer dizer, mais concretamente, que: 1) no discurso jurídico se discutem questões práticas, 2) erige-se também uma pretensão de correção (a pretensão de justiça seria um caso de pretensão de correção, mas 3) isso se faz (e daí ser um caso especial) dentro de determinadas condições de limitação. Em outras palavras, no discurso jurídico, não se pretende sustentar que uma determinada proposição (uma pretensão ou "claim", na terminologia de Toulmin) seja mais racional, e, sim, que ela pode ser fundamentada racionalmente na moldura do ordenamento jurídico vigente. Assim, por um lado, o procedimento do discurso jurídico se define pelas regras e formas do discurso prático geral e, por outro lado, pelas regras e formas específicas do discurso jurídico que, sinteticamente, exprimem a sujeição à lei, aos precedentes judiciais e à dogmática.[155]*

O pressuposto para uma análise diferenciada – argumentativamente – é que "o Direito não é idêntico à totalidade das leis"[156]. Nesse ponto, Alexy percebe que a hermenêutica não diz o porquê da premissa ter sido escolhida, ou mesmo o porquê de ter sido trabalhada de uma maneira e não de outra, apenas a metodologia da interpretação não justifica, embora incremente as possibilidades. Alexy conclui que o Direito não pode ser justificado apenas metodologicamente, e isso se desdobra em quatro situações-problema:

1. A imprecisão da linguagem do Direito;
2. A possibilidade de conflito entre as normas jurídicas, desenvolvidas para conflito entre direitos fundamentais;
3. Os casos que não se encaixam em nenhuma normatização existente;
4. A possibilidade de existir uma decisão que contraria uma lei.[157]

---

[154] E nesse ponto Alexy aposta na decidibilidade do Direito – para fugir de questionar zeteticamente as premissas e também para atribuir validade do discurso prático jurídico. Daí preocupar-se com o sistema por processos que garantam meios racionais de decisão.

[155] M. Atinza, *As razões do Direito*, p. 172.

[156] R.Alexy, *Teoria da argumentação jurídica*, p. 34

[157] R. Alexy, *Teoria da argumentação jurídica*, p. 17

Depois de identificar a problemática principal, Alexy elabora contra ela regras argumentativas procedimentais, também chamadas de "código da razão prática".

1. *Na não contradição do discurso ou na exigência de coerência*, pois essas inconsistências devem ser barradas, já que a correção deseja evitar, sobretudo, tais situações. Este ponto está correlacionado com o critério de coerência interna;

2. *Na clareza linguístico-conceitual*, que é uma forma de deixar o Direito acessível aos participantes e de fomentar a democracia a partir do Poder Judiciário – está correlacionado com o critério de transparência;

3. *Nas regras que verificam a verdade dos argumentos e premissas trazidas*, pois as questões intrinsecamente não contestadas podem conter os vícios do sistema. Os fatos deduzidos podem ser relacionados às consequências empíricas destes, e isso deve ser levado em consideração por uma razão prática – está correlacionado com o critério de razoabilidade;

4. *A forma de argumentos trazidos pelo exercício da ponderação de direitos fundamentais*, pois vai decidir qual princípio vai prevalecer; um procedimento necessário, quando não se pode revogar um princípio nem se estabelecer uma hierarquia absoluta entre eles – está correlacionado com o critério da ponderação de interesses;

5. *A decisão jurídica deve-se basear em pelo menos uma norma da Constituição*, que é exatamente o que vem a exigir implicitamente a prática constitucional de vanguarda;

6. *As regras sujeitas à análise do emprego moral das convicções*, que elaboraremos a seguir, pois há um significante desdobramento de questões.

O sexto código, transcrito acima, representa o aquecimento do debate em torno da moral, realizado sob o positivismo jurídico, em face da Filosofia do Direito de então. A questão é enfrentada de maneira diferente, de como argumentar nos conflitos em que estejam presentes convicções morais. Muitos dos conflitos do Direito passam sem que haja uma Teoria do Direito que englobe devidamente a carga axiológica do Direito, momento em que, segundo Alexy, deveriam ser feitas as seguintes perguntas: "(1) onde e até que ponto os julgamentos de valor são necessários?; (2) como esses julgamentos de valor se relacionam com os argumentos designados como 'especificamente jurídicos' e a dogmática jurídica? e (3) se esses julgamentos de valor são racionalmente justificados?"[158]

---

[158] R. Alexy, *Teoria da argumentação jurídica*, p. 21.

Como a tentativa de situar os problemas morais é uma tarefa cognoscível, Alexy afasta a inexatidão que um determinado conceito de moral traria ao Direito pela pretensão de correção e, assim, idealiza sua teoria da argumentação para justamente evitar o subjetivismo. Essa racionalidade prática é também o modelo racional incorporado ao Direito de um estado democrático, pois entende que a teoria da argumentação só é testada no contexto de intersecção entre uma teoria do Estado e uma teoria do Direito.[159]

Alexy não se esquece, em nenhum momento, dos *limites que circundam a ciência jurídica*, e que constituem, juntamente com a exigência de correção e do discurso prático, o terceiro elemento-chave da sua teoria da argumentação. Assim a moral, pela pretensão de correção, funda-se à luz do Direito válido – segundo os limites da ciência jurídica –, que deve ser justo e razoável. As regras procedimentais de argumentação servem para fechar a discricionariedade judicial e esta é uma das maiores virtudes em sua teoria.

2.3. A argumentação jurídica de Manuel Atienza

Manuel Atienza, professor da Universidade de Alicante, tem uma concepção de compartilhamento da Filosofia de Direito, que liga os saberes – sociais, filosóficos – às práticas jurídicas por via da argumentação. Com isso ele concebe que, na prática forense, é fundamental argumentar e a justificação no Direito se revela pelo comportamento humano prático, não se limitando à norma e à linguagem.[160] Atienza trabalha uma teoria da argumentação voltada para a solução de casos, em que a centralidade é o enfrentamento dos casos difíceis e trágicos. A atividade do jurista e também do filósofo é, como nenhuma outra, saber argumentar, conduzir as ideias, convencer e encontrar soluções para os casos difíceis. Não se descuida, contudo, dos casos corriqueiros e tem a preocupação de que seus alunos saibam expor e argumentar na apresentação das teses e dos autores.

O autor percebe três usos para a argumentação. O *primeiro* é identificado na fase legislativa, na qual se percebe o tráfico de influências que afetam o Direito, porém sua teoria está, mormente, voltada para a prática no Direito.[161]

---

159 Entendemos que além de uma teoria do Direito e uma teoria o Estado, a teoria da argumentação jurídica deve ser conjugada com uma teoria dos Direitos fundamentais, uma teoria da justiça e com os restantes elementos de filosofia do Direito aplicada. A teoria do Direito que melhor conjuga a teoria da arguementação é o neoconstitucionalismo.

160 M. Atienza, *El derecho como argumentación*, p. 34.

161 Atienza se limita a dizer que "a teoria da argumentação jurídica teria de dar conta não só dos raciocínios produzidos na elaboração da dogmática jurídica e na interpretação e aplicação do Direito, como também da argumentação que ocorre no âmbito da produção do Direito. Se a teoria da argumentação jurídica

Identificamos essa fase como o momento argumentativo da fundamentação, que se pode expandir com o estudo em torno das técnicas de absorção do Direito pela sociedade.

O *segundo* uso, trabalhado por Atienza, é percebido na aplicação judicial, derivado da prática do Direito, sobretudo da decisão do caso, que deve ser justificada. Esse é o ponto cuidado com excelência por Atienza, que busca, em casos práticos, uma análise construtivo-argumentativa para fundamentar sua teoria. No livro *Tras la Justicia*, Atienza analisa vários casos, e, após explicar como se resolvem casos rotineiros, investiga algumas decisões de casos difíceis e trágicos, com respostas pelo encadeamento de propostas de cunho argumentativo[162].

O *terceiro* uso advém da metodologia jurídica, por suas funções abstratas, que busca critérios, metodologias e parâmetros no desenvolvimento do Direito. O uso de o argumento ser posto na decisão ou na doutrina teórica não se determina por método, mas por encadeamento de argumentos, já que eles se misturam; a decisão usa como base a abstração teórica, e a elaboração teórica tem como parâmetros os usos dos argumentos. Assim, o terceiro uso da argumentação adere à tese da procedimentalidade dos argumentos, que orientam a aplicabilidade dos demais argumentos e direitos fundamentais, tese aqui concebida como critérios argumentativo-procedimentais[163].

Atienza lembra que a teoria da argumentação é multidisciplinar, pois é aplicada não só no campo do Direito, mas no da Filosofia, no da Ciência Política e no da Linguística, com delineamentos peculiares a cada campo.

O que Atienza trouxe de real inovação teórica foi a possibilidade de estruturar o Direito tetradimensionalmente, ou seja, para Atienza, o Direito é formado por fato, valor, norma e argumentação jurídica; só assim ele é capaz de resolver os casos trágicos e difíceis.[164] No final de sua teoria, Atienza conecta a argumentação material, a argumentação de estrutura lógica, a argumentação procedimental, para conceber um quarto elemento do Direito que alcança vias não vislumbradas no debate metodológico tradicional.

---

pretende introduzir algum tipo de norma que permita controlar – racionalizar – o uso dos instrumentos jurídicos, então parece claro que ela não pode renunciar a estender esse controle ao momento de produção das normas." Manuel Atienza, *As razões do Direito*, p. 213.

162 M. Atienza, *Tras la Justicia*, p. 157.

163 Atienza chega a tratar do assunto:"Por exemplo, com relação à elaboração de sistemas jurídicos hábeis, aparentemente o que interessa não é apenas a questão de como os juristas fundamentam as suas decisões (isto é, qual é o tipo de argumentação que eles consideram servir de justificação para uma decisão), mas também a de como eles chegam de fato a essa decisão (isto é, qual é o processo mental – o processo argumentativo – que os leva a ela.)" Manuel Atienza, *As razões do Direito*, p. 215.

164 M. Atienza, *El Derecho como argumentación*, p. 38.

Depois de reconstruir as passagens da argumentação formal tradicional, para uma argumentação material e, finalmente uma argumentação procedimental-dialética, Atienza defende o aproveitamento simultâneo das três fases, em uma composição argumentativo-pragmática, ligada por elementos (formais) de previsibilidade[165], medidas (materiais) vinculantes a valores e práticas (procedimentais) conectadas à noção de aceitação racional. Assim, uma teoria da argumentação padrão forte destaca-se pelos múltiplas combinações possíveis, que, na visão de Atienza, são: "A distinção entre o contexto do descobrimento e o contexto da justificação; o critério de demarcação entre as boas e as más argumentações; a classificação das falácias jurídicas, dos maus argumentos que parecem bons e que com certa frequência se empregam em diversas instâncias de elaboração, sistematização e a interpretação jurídica.".

Para Atienza, com a racionalidade prática pode-se fazer uso, corretamente, da universalidade, da coerência, da adequação e das consequências[166] do consenso, e, antes de tudo, a argumentação jurídica deve ser compreendida como uma ideia de ação, inserida na prática jurídica. Após demonstrar os pontos de incompatibilidade entre argumentação e as demais propostas de teorias do Direito (positivismo exclusivo, jusnaturalismo, crítica sociológica do Direito, marxismo jurídico, realismo). Atienza diz que o ideal do pragmatismo adapta-se à teoria da argumentação, pelo sentido de teoria do Direito aplicada ao Direito vivo. Atienza recorre a McCormic, para ficar apenas com o pragmatismo inicialmente concebido, voltado para um Direito útil e aplicável (e não o que acabou por consolidar como pragmatismo jurídico desenvolvido nos EUA).

O uso da ação argumentativa realça a possibilidade de análises fáticas contextualizadas argumentativamente, e esse é ponto de preocupação de Atienza. A realidade brasileira pode explorar a peculiaridade argumentativa de temas nacionais, como nos julgados sobre os atos ocorridos em favelas e guetos, incluindo até aqueles casos ocorridos nesses lugares mesmo no campo do Direito Privado[167]. Mas é sobretudo naqueles casos relacionados

---

165 M. Atienza, *El sentido de Derecho*, p. 263-264.

166 M. Atienza, *El sentido del Derecho*, p. 266.

167 Um exemplo vivo, do qual participei quando prestei assistência gratuita pela OAB/RJ, foi o de uma senhora que herdou um imóvel e alugou para um sobrinho do falecido marido, em localização perigosa, em uma favela do Rio de Janeiro. Representada pela advocacia gratuita da OAB, ela procurava citar o devedor. O defensor público que participava do feito defendendo o devedor utilizou a argumentação fática, justificada pelo oficial de justiça: o local é muito perigoso para a justiça alcançar e o réu não pode ser citado. O acompanhamento policial sugerido somente iria piorar as coisas, pois com policiais entrando armados na favela mais perigosa do Rio de Janeiro, poderia desencadear um tiroteio. O argumento de descumprimento da justiça prevaleceria se não fosse a ideia de intimar o representante da associação dos moradores da favela para tomar ciência da necessidade de citação regular do réu, ligado ao tráfico de drogas. Tal foi feito à margem das regras do Código de Processo Civil e tudo transcorreu

com os direitos fundamentais, que se encontra um novo componente para a argumentação: os valores simbólicos exógenos ao Direito normatizado.

Por meio da teoria da argumentação, percebemos que servem de elementos para remeter valores fundamentais a um auditório particularizado e impedir que regras locais sejam opostas, assim como trabalhar as hipóteses sociais adjacentes. A lógica jurídica tradicional, bem como o sistema normativo, não apresenta solução para o confronto, que passa pelo campo jurídico, alcançando o campo social-moral.

Vale ressaltar que a teoria da argumentação jurídica é, sim, comprometida com uma concepção moral e crítica na aplicação do Direito, esquecida no exercício forense dos Estados[168], problema, aliás, não resolvido até hoje pela lógica jurídica, mas combatido bravamente pelo correto aproveitamento dos direitos argumentativamente conduzidos.

Para Atienza, não se pode esquecer de que grande porcentagem das demandas que tramitam no Poder Judiciário é suscitada sobre a matéria majoritariamente de fato. E a matéria de fato vem ganhando regulação própria, tanto na busca pela celeridade, como na de resultados, com aportes da jurisprudência. Como ensina Manuel Atienza, "os recentes movimentos a favor da informatização da justiça comum implicam eventual aumento de retórica jurídica" e, no Brasil, a carga da argumentação, mesmo nos juizados especiais, pode chegar a um aproveitamento impensável para um modelo menos burocrático, mas que produza significativos elementos de formação de convencimento e aproveitamento dos direitos fundamentais em causas de tal espécie.

Por último, Atienza defende que o ensino pela perspectiva tetradimensional da argumentação faz que o Direito se aproxime da realidade, que já esteve mais distante quando a argumentação não era correlacionada ao Direito. Se o primeiro salto ocorreu com a concepção de uma teoria da argumentação, ajustada ao Direito, e o segundo salto qualitativo somente ocorreu quando a argumentação jurídica deixou de ter apenas argumentos substanciais para implementar critérios procedimentais de correção[169], o terceiro, finalmente,

---

regularmente depois, encerrando-se o caso mediante acordo e pagamento parcial do débito. Não foram as regras regulares que prevaleceram, mas a argumentação jurídica, que, no contexto social *vs.* Direito, admitiu intimar terceiro fora da relação para que se conseguisse dar efetividade ao processo. Se o juízo se prendesse a formalismos processuais, o processo teria se encerrado sem possibilidade legal. Se o oficial comparecesse à situação sozinho, ou acompanhado de força policial, os problemas decorrentes seriam mais graves do que a não realização daquela citação. A solução foi encontrada após o exercício de argumentação de todos, representantes do autor, do réu e do juízo, que tentavam resolver o caso da maneira mais adequada ao contexto fático.

168 M. Atienza, *As razões do Direito*, p. 335.

169 M. Atienza, *As razões do Direito*, p. 215.

irá se verificar quando a argumentação "se comprometer com uma concepção – uma ideologia política e moral – mais crítica com relação ao Direito dos Estados democráticos"[170], o que significa uma posição realista social, política e jurídica, pela veia do estudo do discurso emitido em uns e outros momentos, em busca da justiça. A busca de justiça é elemento-chave nos casos trágicos, que, segundo Atienza, são aqueles que, além de atingir alto grau de repercussão, "não podem resolver-se respeitando tanto o Direito estabelecido, quanto os princípios de justiça, ou dito em forma mais simples: não é sempre possível fazer justiça por meio do Direito"[171]. A estes voltaremos mais à frente, sob a epígrafe Argumentação Jurídica e a solução dos casos trágicos.

3. ARGUMENTAÇÃO JURÍDICA E HERMENÊUTICA CONSTITUCIONAL

A teoria da argumentação não está sozinha, como uma prática autônoma no Direito. Ao contrário, ela só tem relevância no caso concreto com a veiculação de outros elementos fáticos e jurídicos. Esse tópico busca saber se a argumentação jurídica é plenamente compatível com a hermenêutica constitucional. Caso a resposta seja afirmativa, deseja-se considerar se tal junção se enquadra como uma proposta plenamente realizável, ou se se trata de sincretismo jurídico, passando pelo debate em torno deste.

Antes que fossem consolidadas as bases do neoconstitucionalismo, uma prática ganhava impulso na Europa: a hermenêutica constitucional. Muito embora a Corte Suprema dos Estados Unidos já trabalhasse como verdadeira intérprete do Direito, foi com a retomada por um Direito substancial, no pós-Segunda Guerra Mundial, que os Tribunais constitucionais europeus intensificaram as técnicas de interpretação constitucional, promovendo o elo entre o controle de constitucionalidade – que afirmava a rigidez e a supremacia constitucional – e os direitos fundamentais, que necessitavam de afirmação e proteção. A hermenêutica passou a ser elemento de estudo e aplicação do Direito e com relevo especial nas decisões constitucionais, a ponto de fazer parte do ideário jurídico e não se perceber que ela – a hermenêutica constitucional – foi a alternativa ao positivismo, que, indiscutivelmente, deu certo.

Ainda sim, muitos rejeitaram ou simplesmente desconsideraram a união da hermenêutica constitucional com a argumentação jurídica. É interessante

---

170 M. Atienza, *As Razões do Direito*, p. 225.

171 M. Atienza, *El sentido del Derecho*, p. 267.

conceber que tal rejeição se dá, em boa medida, pela defesa de uma produção hermenêutica pura, como a concebida por Heiddeger e Gadamer. Gadamer, entretanto, é o primeiro a conceber a importância da argumentação jurídica aliada à hermenêutica, ainda que os defensores da hermenêutica pura não queiram ver o que passamos a demonstrar.

A base da hermenêutica foi, originariamente, filosófica, em especial a hermenêutica de Heiddeger e Gadamer[172], e os trabalhos do último tiveram grande impacto no pós-guerra, com contornos jurídicos que já relacionavam outras áreas do saber, desde a estética até a própria argumentação jurídica. Os estudos de Chaim Perelman já eram incessantemente comentados àquela época, e tal estrutura argumentativa não passou despercebida por Gadamer que, ao analisar a hermenêutica jurídica, encontrou eco na argumentação jurídica, ainda chamada por ele de retórica[173]:

> *Mas também na vertente filosófica, encontramos desde há muito uma tendência similar, dotada de uma consciência filosófica ainda maior, quando Chaim Perelman e seus colaboradores defenderam o significado lógico da argumentação usual no Direito e na política contra a lógica da ciência. Utilizando os recursos da análise lógica, mas justamente com a intenção de distinguir os procedimentos do discurso persuasivo contra a forma de demonstração lógico--apodíctica, ele lançou mão da antiga aspiração retórica contra o positivismo científico.*[174]

Tanto a obra de Gadamer como os escritos de Perelman se aproximam em um ponto: fugir da cientificidade que ameaçava o Direito. Em seguida, Gadamer reafirma que argumentação e hermenêutica podem andar juntas, pois:

---

172 Hans George Gadamer estuda no seu *Verdade e Método I* a origem e o processo da atividade de interpretação, tanto para o Direito, como para as artes, a estética e a teologia. Discípulo de Heiddeger, Gadamer conseguiu esclarecer a teoria do mestre e transportá-la com contornos jurídicos. Deve-se tomar cuidado em virtude das críticas formuladas por Gadamer pelo emprego do método, pois o método advém de uma estrutura científica que a hermenêutica procurava combater.

173 *Verdade e Método II*, p. 502. Vale lembrar que retórica era como os antigos tratavam da argumentação Não por acaso Perelman batizou seu livro de *Teoria da Argumentação: a Nova Retórica*. É bem verdade que Gadamer, ao admitir a importância do estudo da argumentação jurídica, acentuou "fica em aberto a questão de saber se essa correspondência, historicamente legítima, entre retórica e hermenêutica é total e plena." Pela simples leitura das suas passagens, percebe-se que Gadamer não nos trouxe respostas definitivas a essas questões, mas, a partir do *compreender o fenômeno hermenêutico*, ele nos forneceu meios de encontrá-las.

174 Gadamer, *Verdade e Método II*, p. 19.

> *É exatamente essa razão por que a hermenêutica e suas consequências metodológicas aprenderam muito menos da teoria da ciência moderna do que de outras tradições mais antigas do que convém recordar.*
>
> *Uma dessas tradições é a tradição da retórica. [...]*
>
> *Hoje devemos insistir que a racionalidade do modo de argumentação da retórica é e continuará sendo um fator decisivo da sociedade, muito mais poderoso que a certeza da ciência. Isso, mesmo levando em conta que sua argumentação busca trabalhar com "afetos", apesar de exigir argumentos fundamentais e trabalhar com probabilidades. Por isso em Verdade e Método I fiz uma referência explícita sobre a retórica[175] e encontrei diversos pensadores, sobretudo nos trabalhos de Ch. Perelman, que toma a práxis jurídica como ponto de partida.[176]*

Relendo essas passagens, não parecem existir mais dúvidas sobre o desejo de Gadamer de conciliação entre a hermenêutica e a argumentação jurídica; todavia, essa percepção não foi levada à frente pelos seus seguidores[177], e isso se deveu a dois motivos. Por um lado, a desatenção de grande parte dos aplicadores do Direito, que só voltaram a pensar questões jurídicas argumentativas após o desenvolvimento de Robert Alexy, existindo até hoje, campo a ser explorado por essa função agregadora. Por outro lado, tal elo sofreu sério combate dos defensores da Filosofia pela linguagem aplicada ao Direito. Somente com a superação dessas duas situações é que podemos pensar em unir argumentação e hermenêutica.

Confrontando a primeira oposição posta, percebemos que a desatenção dada pelos juristas à importância da argumentação no Direito, muito se deveu à simplificação da hermenêutica filosófica, assim tomada pelos juristas. Afinal,

---

175 A respeito da retórica, deve-se lembrar que Gadamer é contemporâneo de Perelman e vivencia a retomada da retórica, sem que possa aproveitar os elementos mais atuais da teoria da argumentação. Quando escreve *Verdade e Método I* em 1968, o faz pouco depois da publicação do tratado de argumentação de Perelman.

176 Gadamer, *Verdade e Método II*, p. 569.

177 Certos seguidores de Gadamer fazem uma leitura radical do combate a qualquer outra metodologia, que não seja a hermenêutica, e até a argumentação jurídica ou as novas metodologias constitucionais estariam excluídas, pela carga de método que carregam consigo. Entendemos, diversamente, que o método que Gadamer rejeitava era o técnico-científico, que estreita a potencialidade de certas "ciências do espírito". O próprio Gadamer viu, todavia, aproveitamento no uso da argumentação e é isso que desejamos demonstrar nesse ponto.

na hermenêutica filosófica já se encontravam[178] as bases da interpretação histórica, sistemática e teleológica.

No Brasil, até a maior percepção da hermenêutica constitucional, orientada pelo exercício interpretativo, elaborado pelo Supremo Tribunal Federal, muito do que entendíamos de hermenêutica era devido a Carlos Maximiliano. O problema é que, embora naquela época se sustentasse a imprescindibilidade da atividade interpretativa, entendia-se que cada norma tinha um único conteúdo exato e que, somente quando não fosse claro o texto, era permitido realizar a interpretação, pois somente então seria necessário descobrir "o verdadeiro significado da lei"[179]. Tal entendimento, entretanto, é contrário à teoria da ponderação dos direitos fundamentais ou a seu uso argumentativo, por não conceber a norma como estrutura aberta e passível de uma pluralidade de significados. A reconstrução do sentido normativo, por meio da interpretação, alcança o conteúdo da norma – expresso ou tácito –, o oposto, portanto, do conteúdo único da norma a ser descoberto, ensinado nas lições clássicas de hermenêutica.

A hermenêutica propiciou as dimensões necessárias para a percepção da pré-compreensão do intérprete – sentido daquilo que buscamos compreender[180] – e da tradição do sujeito – esta, sim, leva em conta os caracteres de formação pessoal do intérprete e evita os preconceitos.

O desconhecimento do verdadeiro aspecto filosófico da hermenêutica jurídica, aliado à falsa noção de que a argumentação jurídica era um estudo filosófico pouco prático, contribuiu para afastar a união dos dois saberes durante longos anos.

Foi com a evolução da hermenêutica constitucional – no Brasil exercida por todos os juízos, embora o destaque seja dado pela Corte Constitucional (STF) que necessita cada vez mais de métodos e técnicas de interpretação da Constituição, – aliada à compreensão da argumentação jurídica aplicável ao Direito e à divulgação dos estudos sobre a ponderação de direitos funda-

---

[178] Antes disso, no trabalho de Savigny foram elaboradas técnicas de interpretação jurídica. Os modelos de interpretação jurídicos tidos como clássicos, como a interpretação sistemática, literal ou histórica, remontam à classificação dada por Savigny, na sua metodologia jurídica, que discorria sobre técnicas de interpretação e saberes aliados ao Direito como a política e a história, e o uso da jurisprudência. Savigny ficou estigmatizado pelos seus estudos no Direito Civil e tais técnicas de interpretação usadas por civilistas – na época, o campo jurídico de inovação e debate por excelência – não foram planejadas para o Direito Constitucional. Por isso, alguns constitucionalistas refutam tais regras de interpretação constitucional, porém isso não é preciso, já que elas continuam úteis, só que existem outras que se somam a elas. Friedrich Von Savigny, *Metodologia jurídica*, p. 42 e seguintes.

[179] L. Streck, *Hermenêutica em crise*, p. 99.

[180] M. Heiddeger, *Ser e Tempo*, p. 207.

mentais –, que a primeira dificuldade foi superada. A argumentação, a partir dos escritos de Atienza e Alexy, passou a ser tratada com mais interesse e aplicabilidade. A tarefa, todavia, não está completa, mas ainda no início do seu andamento, pois o salto na argumentação foi percebido com as propostas de racionalidade da decisão, que melhorou as potencialidades do sistema jurídico e com a consolidação em torno da exigência da motivação das decisões judiciais: o processo de justificação. A argumentação jurídica ajuda, nesse ponto, a encontrar o erro, principalmente pela justificação interna, que, por sua vez, avalia a lógica das premissas, saindo da investigação analítica e passando a explorar as correlações entre causa e efeito, como no uso dos critérios da razoabilidade e da coerência do sistema, pois "isso é o que torna significativa, no fundo, a relação entre retórica e hermenêutica".[181]

O segundo desafio, que combate a união da hermenêutica com a argumentação jurídica, funda-se no discurso da Filosofia da Linguagem, que concebe a analítica como o preciso e único espaço para a hermenêutica.

Seguindo a abordagem linguístico-hermenêutica, quaisquer outros métodos implicariam uma referência procedimental indesejada. De acordo com a hermenêutica tradicional, a interpretação não deveria seguir métodos, pois o texto não é nada sem o sentido que lhe será atribuído pelo intérprete, e, consequentemente, os pilares da hermenêutica estariam separados da metodologia por completo, e até a argumentação jurídica não estaria livre de métodos.

> *Até mesmo a teoria da argumentação não acompanhou a hermenêutica na abolição do esquema sujeito–objeto, prevalecendo-se antes da objetividade. Dito de outro modo, 'apesar de também combater a perspectiva do positivismo normativo tradicional, a teoria da argumentação tem em comum com essa corrente a tentativa de deduzir subsuntivamente a decisão a partir de regras prévias, problemática presente, aliás, em autores como Atienza, para quem...*[182]

Embora o método, no sentido atribuído pela ciência, seja contestado pela doutrina da hermenêutica filosófica,[183] não há como negar que ele – procedimental ou argumentativo substantivo – afasta as incertezas do Direito.

---

181 H. G. Gadamer, *Verdade e Método II*, p. 339.

182 L. Streck, *O efeito vinculante das súmulas e o mito da efetividade:* uma crítica hermenêutica, p. 93.

183 H. G. Gadamer, *Verdade e Método I*, p. 29.

Ademais, não custa lembrar que a argumentação jurídica não aprisiona a hermenêutica, mas cria parâmetros de exploração dos atos da fala, contida na interpretação.

A hermenêutica filosófica vista de forma clássica, presa exclusivamente aos pressupostos da negação do método – quando tudo passa a ser considerado método – fica insuficiente para combater os casos difíceis. Esse purismo hermenêutico considera parte da fala de Gadamer e Heiddeger, e esquece que o combate aos métodos ocorreu em um contexto específico de reação ao cientificismo. Ao mesmo tempo, tal doutrina desconsidera outros postulados que reconhecem, em diversas passagens, o interesse e o aproveitamento da argumentação jurídica[184], o que traduz, no mínimo, uma análise inconsistente.

A argumentação jurídica não é apenas uma teoria material; como visto em Robert Alexy, é procedimental, e busca o incremento da racionalidade prática, e, assim, fornece à hermenêutica a possibilidade de justificação dos métodos, e, sobretudo, elementos para combater os equívocos e apontar os possíveis acertos nos *hard cases*. A preocupação maior com a hermenêutica, em especial com a hermenêutica constitucional, é com a metodologia jurídica, orientada por múltiplos métodos de interpretação sem que se saiba qual utilizar e quando utilizar cada um[185]. É a argumentação que dá suporte completando o ciclo pela justificação da escolha e correção do critério empregado.

Eros Roberto Grau demonstra a mesma preocupação:

> *Quando interpretamos, o fazemos sem que exista norma a respeito de como interpretar as normas. Quer dizer, não existem aquelas que seriam metanormas ou metarregras. Temos inúmeros métodos, ao gosto de cada um. Interpretar gramaticalmente? Analiticamente? Finalisticamente? Isso quer dizer pouco, pois as regras metodológicas de interpretação só teriam real significação*

---

184 Gadamer mais uma vez reconheceu que, "desse modo, a tarefa da retórica deslocou-se para a hermenêutica, sem existir uma consciência expressa dessa mudança, e supostamente anterior à invenção do termo "hermenêutica". Mesmo assim o grande legado da retórica continua influenciando em pontos decisivos no que diz respeito ao novo trabalho da interpretação dos textos.". H. G. Gadamer, *Verdade e Método II*, p. 327.

185 Somente com os trabalhos de Gomes Canotilho, Konrad Hesse e Frederich Muller, existem inúmeros métodos de interpretação constitucional, que influenciaram nossos juristas e são orientados por diversas classificações. A opção, no entanto, é do intérprete, que deve justificar a escolha do método principalmente quando for diversa da escolha habitual. Defendemos, nesse ponto, o critério procedimental da universalidade metodológica elaborado por Alexy, para combater a incoerência interna.

se efetivamente definissem em que situações o intérprete deve usar
este ou aquele cânone hermenêutico, este ou aquele outro método de
interpretar. Mas acontece que essas normas nada dizem a respeito
disso; não existem essas regras.[186]

A resposta não é encontrada pela hermenêutica constitucional: esta produz uma detalhada explicação sobre os métodos e suas classificações, sem trazer uma norma geral que aponte a hora de optar por cada método. Não é sua tarefa. Ao se fazer isso, estar-se-ia retirando toda a liberdade do julgador e dos representantes das partes. Com isso, a própria hermenêutica não lida com a matéria. Já bastam os condicionantes processuais para ainda retroceder e impor metarregras interpretativas. A escolha do método de interpretação é problema difícil. Impor escolhas e proclamar uma ordem expressa de métodos na falta da lei, como tentou fazer a Lei de Introdução do Código Civil no artigo 4º, são derivações positivistas, que realçam o império da lei e desconsideram a importância dos princípios.

Deve ser lembrado de que é a argumentação/motivação desenvolvida pelo intérprete que permite que a sua decisão seja atacada. A argumentação trabalha intensamente no momento da interpretação, compondo as teses e as antíteses, e, com aproveitamento de elementos fáticos e jurídicos em detrimentos de outros, alcança-se a validade da decisão. Nesse processo de hermenêutica, os pré-juízos dão elementos para a tomada de decisão justificável ou contestável pela argumentação encontrada. Essa argumentação é a base para se sustentar a correção desse processo, pela via recursal.

Já a análise semiótico-linguística do Direito, que tenta desvendar como o Direito se exprime, não deve ser elevada a grau máximo, embora tenha adeptos e possa ter certo valor e aplicabilidade. Elevá-la em grau máximo significaria colocar em segundo plano a função do Direito – regular a sociedade, julgar e atribuir justiça, todos elementos argumentativos – para promover, em primeiro plano, as análises sobre a linguagem e a interpretação do Direito nele mesmo consideradas. As investigações lógico-semióticas, derivadas dos estudos de Pierce e Oppenheim, podem servir de ponto de referência, mas não para afastar a teoria da argumentação jurídica, nem, o que seria pior ainda, deixar em segundo plano o objetivo pragmático do direito: resolver a lide com justiça.

---

[186] E. Grau, *A jurisprudência dos interesses e a interpretação do Direito*, p. 79.

Por uma análise empírica, com base nas decisões judiciais, verifica-se que a interpretação dos direitos fundamentais se utiliza muito mais da dimensão argumentativa do que da análise linguística.

Uma hermenêutica de racionalidade argumentativa é responsável pela otimização de todas as funções do sistema, como, por exemplo, a possibilidade de melhor controle intersubjetivo dos parâmetros constituídos pelas relações interdisciplinares de base principiológio-constitucional.

4. SINCRETISMOS TEÓRICOS, METODOLÓGICOS E ARGUMENTAÇÃO JURÍDICA

Superadas as críticas (indevidas) feitas pelos defensores de uma hermenêutica linguística e também pelo aparente desinteresse no aproveitamento da argumentação jurídica, resta uma nova e imperativa questão: é possível associar formas de conceber o Direito, ou em outras palavras, é possível misturar Teorias (Gerais) do Direito? E, como segunda questão, deve ser proibido o sincretismo metodológico na interpretação constitucional? E por último, qual a relação da argumentação jurídica com estes temas?

Primeiro responderemos sobre as teorias do Direito; em seguida, caberá a resposta sobre o sincretismo metodológico, já que são análises que operam em níveis distintos.

Sobre as formas de pensar o Direito, mais reconhecidas como propostas de teorias do Direito, os conhecimentos jurídicos devem ser misturados a outras áreas do saber. Cada vez mais a multidisciplinaridade apontará os caminhos do Direito e será possível identificar as concepções ideológicas do Direito, ou seja, qual a teoria do Direito prevalecente. Deixar esses conhecimentos de lado importará em falta de correlação com outras áreas do saber, que, na prática, são cada vez mais necessárias, como a economia e a psicologia. O filtro é maior ou menor de acordo com o consenso sobre qual Direito estamos estudando e isso em si já é argumentação. O próprio significado do Direito, como já demarcou Norberto Bobbio, tem múltiplas acepções e funções. A possibilidade de associar os pensamentos sobre o Direito esbarra em momentos históricos – já que o modelo de outrora pode já não ser o mais indicado – e nas vertentes filosóficas do Direito.

Calsamilia desconfia de teorias do Direito abstratas e gerais que queiram reduzir a indeterminação do Direito, pois podem essas teorias gerais utilizar muitos métodos para serem universalmente válidas e aplicáveis e acabam se tornando uma quimera sem controle[187]. A metáfora como a figura mitológica composta por vários animais em um só corpo é bem apropriada para denunciar misturas de Teoria de Direito. Cass Sustein[188] sustenta que o Direito se renova e não pode ser integrado sob uma teoria geral, e o máximo que se consegue é resolver alguns casos e perceber neles os métodos cabíveis. Não reconhecer uma teoria geral do Direito é um mal menor do que misturá-las. Se tal sincretismo for feito sem reflexão pode-se permitir quase tudo. Por isso, esses sincretismos de teorias de Direito devem ser evitados.

Os modelos de teorias do Direito são o tipo de estrutura em que não pode haver *anomia total,* portanto somente é possível negar uma Teoria (Geral) do Direito, apresentando-se outra em substituição; todavia, as teorias do Direito são pontuais e não se projetam no tempo, nem no espaço, daí ser possível negar uma teoria geral ou atemporal com maior facilidade argumentativa. O convívio de diversas Teorias do Direito é indesejado. A mistura delas é uma tendência equivocada e inapta. Jusnaturalismo, positivismo exclusivista, pragmatismo, garantismo, positivismo inclusivo, análise econômica do Direito e neoconstitucionalismo são teorias do Direito concorrentes e não devem ser misturadas sob pena de se permitir um resultado fora dos padrões ou que contradiz as bases.

Entrando na segunda pergunta, passamos a analisar o sincretismo das metodologias ou modelos de interpretação constitucional subjacentes à Teoria de Direito empregada. É menos difícil compatibilizar as metodologias de interpretação entre elas – até argumentação jurídica e hermenêutica – do que as teorias do Direito entre si, pois, se as metodologias são compatíveis com a Teoria do Direito padrão, basta que não sejam incompatíveis entre si, já que o "sincretismo – desde que consciente e coerente – acaba sendo inevitável e desejável".[189]

Explicaremos melhor. Nesse ponto, defendemos ser possível a união de duas diversas metodologias que se somam – como a argumentação jurídica e a hermenêutica constitucional – para a promoção de uma tutela especial – os direitos fundamentais – dentro de um contexto maior, por exemplo, uma teoria do Direito mais adequada à reflexão prática como o neoconstitucionalismo.

Verifica-se aí que o modo de conceber a teoria do Direito se reflete nos métodos de interpretação com ele compatíveis.

---

[187] A.Calsamilia, *op. cit.*, p. 120

[188] C. Sunstein, *Legal reasoning and political conflit*, p. 162.

[189] L. R. Barroso, *Neoconstitucionalismo e constitucionalização do Direito*, p, 53.

As teorias de Direito, todavia, são determinantes em confronto com o modelo de interpretação constitucional apresentado. Se essa etapa é não proibitiva – não há incompatibilidade entre a Teoria do Direito e o método de interpretação constitucional –, e o uso dos métodos é coerente – procedimental universal –, ou seja, é o método usado em casos análogos, não deve ser questionada a compatibilidade interna entre eles, já que o aplicador poderá dar destinação ligeiramente diversa da concebida pelo autor de origem, pois o texto tem significado próprio[190]. A nossa preocupação é com a universalidade em que o método é usado pelo mesmo órgão julgador em casos similares. Em poucas palavras, a preocupação é com a universalidade e não com o sincretismo metodológico.

Interessante exemplo de busca da universalidade da metodologia da interpretação constitucional foi contado por Mark Tushnet,[191] ao examinar uma importante decisão sobre ações afirmativas nos Estados Unidos. Durante a sessão de julgamento, a Justice Ginsburg observou que o problema das cotas é global e citou outros países, como o Canadá e a África do Sul, que têm enfrentado a questão com dificuldades sobre a igualdade material. O Procurador Geral questionou se a Corte deveria considerar o que os outros julgadores em outros países disseram sobre o assunto, já que nenhum desses países tem a mesma história constitucional dos Estados Unidos.[192] A partir de então, abriu-se o debate sobre se a Corte Suprema dos Estados Unidos deveria considerar o que os julgadores de outras nações disseram sobre o assunto. Como Metodologia de Direito Comparado as decisões das cortes constitucionais estrangeiras não haviam sido utilizadas pela Suprema Corte dos Estados Unidos em casos que versassem sobre a situação da sociedade, e, portanto, sem que houvesse precedente sobre tal metodologia constitucional, tais elementos de Direito Comparado não puderam fornecer base para a decisão e foram afastados do caso concreto. Mais que o possível desprezo com o Direito estrangeiro, é interessante notar que a Metodologia de Direito Comparado foi questionada em função da coerência e universalidade do seu uso anterior. Daí pode-se dizer que Direito Constitucional Comparado é não só metodologia de ensino e pesquisa, mas é também técnica de interpretação constitucional a ser (ou não) promovida pelas cortes constitucionais.

---

190 H. G. Gadamer, *Verdade e Método I*.

191 M. Tushnet, *Regras da corte suprema norte-americana sobre ação afirmativa*, p. 317-318.

192 M. Tushnet, *Regras da corte suprema norte-americana sobre ação afirmativa*, p. 318.

O sincretismo não é um mal em si[193], até porque em um momento de busca de certeza e de desenvolvimento do Direito Constitucional, o incremento de técnicas é salutar.[194]

Um bom exemplo foi dado por Margarida Camargo, que analisou os votos proferidos pelos Ministros do Supremo Tribunal Federal, no julgamento do *Habeas Corpus* 82.424[195]. Segundo seu estudo, tais votos revelaram o horizonte histórico, a tradição e as distintas metodologias elaboradas nos votos, e, embora algumas delas fossem diferentes, os Ministros chegaram a um mesmo resultado. As diversas metodologias interpretativas são os meios para se construírem os primeiros passos para alcançar o resultado, que são completados por outras etapas, como inclusive o preenchimento dos direitos fundamentais, passando pelo julgamento das provas, pela verificação dos fatos e pela aplicação-subsunção das regras.

Os métodos de interpretação servem, antes de tudo, para desenvolver a interpretação constitucional e o controle de constitucionalidade. Sustentam a supremacia constitucional, valorizam as normas constitucionais e fornecem ferramentas para a jurisdição constitucional. São meios de ligação entre as preferências do intérprete e as normas constitucionais aplicáveis. Explicitar, de forma coerente, a opção por um método, ajuda a compreender a linha de raciocínio e os fundamentos que serão utilizados na decisão.

A preocupação de Virgilio Afonso da Silva[196] é com o sincretismo metodológico, na utilização das festejadas técnicas de interpretação constitucional.

---

193 Como ensina o professor Luis Roberto Barroso "No caso brasileiro, como em outros países de constitucionalização recente, doutrina e jurisprudência ainda se encontram em fase de elaboração e amadurecimento, fato que potencializa a importância das referências estrangeiras. Esta é uma circunstância histórica com a qual precisamos lidar, evitando dois extremos indesejáveis: a subserviência intelectual, que implica importação acrítica de fórmulas alheias e, pior que tudo, incapacidade de reflexão própria; e a soberba intelectual, pela qual se rejeita aquilo que não se tem. O sincretismo – desde que consciente e coerente – acaba sendo inevitável e desejável". L. R. Barroso, *Neoconstitucionalismo e constitucionalização do Direito*, p. 53.

Em posição contrária, Virgilio Afonso da Silva alega que "a propagação que os princípios de interpretação constitucional alcançaram no Brasil pode ser considerada, por isso, exacerbada. Mas a pouca difusão que esse rol de princípios de interpretação alcançou em seu próprio país de origem não seria, em si, um problema, não fosse também a pouca importância prática com que esses princípios foram concebidos por lá." V. A. da Silva, *Interpretação constitucional e sincretismo metodológico*, p. 121.

194 O neoconstitucionalismo trabalha o desenvolvimento das teorias metodológicas que estejam comprometidas com a sua base comum. As técnicas de interpretação constitucional que apareceram na Lei n. 9.868/99 são exemplos da expansão de uma metodologia constitucional, que fornece numerosos instrumentos ao Supremo Tribunal Federal. As metodologias de interpretação também podem ser consideradas ferramentas de notável referencial teórico.

195 M. Camargo, *O princípio da proporcionalidade sob uma perspectiva hermenêutica e argumentativa*, p. 119-139.

196 V. A. da Silva, *op. cit.*, p. 134-143.

185

As técnicas de Konrad Hesse, segundo Virgilio, não teriam sido aproveitadas sequer na Alemanha. Virgilio vai além e demonstra a incompatibilidade entre a teoria da ponderação de Robert Alexy e a teoria estruturante de F. Muller, e, ao concluir, afirma que tal conciliação é impossível, e ainda assim é feita no Brasil.

É importante, pois, lembrar que entre a Teoria do Direito abstrata e a utilização de princípios e regras no plano concreto está a metodologia constitucional. Ela, quando invocada, é o meio para se chegar ao fundamento normativo, que produzirá a base da decisão, sobretudo em casos médios e difíceis. Por um lado, para fugir da esquizofrenia de se tentar a elaboração de metarregras para avaliar os métodos e, por outro lado, para fugir da negação absoluta da utilidade dos métodos, deve-se debater acerca da compatibilidade entre o método escolhido – por exemplo, a ponderação de direitos fundamentais – e a teoria adotada pelo jurista: deve existir justificação argumentativa no lugar da imperatividade.

Se as regras se resolvem por antinomias, os princípios por ponderação, a escolha do método do trabalho constitucional se opera por argumentação. A partir de então, o principal, os princípios e seus conteúdos, as regras aplicáveis, a parte processual e a parte substancial devem ser debatidos: tudo com compatibilidade constitucional.

> *Significa apenas que o método adotado não pode existir independentemente de uma teoria constitucional. Significa, além disso, que cabe ao teórico constitucional fundamentar a compatibilidade de uma determinada concepção de nossa Constituição com um determinado método. Significa, em resumo, que não há mais espaço para o otimismo metodológico, isto é, para a crença de que o resultado da interpretação constitucional depende pura e simplesmente do método utilizado.[197]*

Virgilio Afonso da Silva percebe que a metodologia escolhida não realiza, por si, o correto julgamento, nem mesmo a correção do procedimento. Tratar dos métodos de interpretação constitucional dessa forma é colocá-los no seu devido lugar, sem negar sua finalidade, por uma questão inapropriada de pureza hermenêutica, nem se preocupar excessivamente com o seu sincretismo, já que a validez do método está, preliminarmente, na compatibilidade com os pressupostos da Teoria de Direito adotada. O segredo está principalmente na luta por uma argumentação jurídica justificadora.

---

197 V. A. da Silva, *Interpretação constitucional e sincretismo metodológico*, p. 143.

5. ARGUMENTAÇÃO JURÍDICA E NEOCONSTITUCIONALISMO

A argumentação jurídica é elemento imprescindível ao neoconstitucionalismo. Com essa afirmação, revela-se o poder da argumentação em uma concepção do Direito voltada para a transformação e com preocupações de correção. O Direito, para ser corretamente aferido, depende de certa efetividade, e o funcionamento do Direito com a argumentação traduzem a natureza da razão prática. Sobre a razão prática vale uma anotação: o positivismo não usa a razão prática, porque somente considera a razão científica e de forma distante do observador, como a teoria clássica, elaborada pela lógica jurídica tradicional. O conceito de razão prática para o Direito foi resgatado por Theodor Viehweg[198] e é peça fundamental para a composição da teoria da argumentação jurídica. A razão prática é empiricamente considerável, por critérios de correção, que, por sua vez, une as normas aos juízos de valor obtidos pela intersubjetividade, após a análise dos indivíduos socialmente considerados. Sem tal conceito na formação do jurista, o Direito pode escapar à realidade.

A ética do discurso, tão em voga em Habermas[199] ou nos que defendem uma ética da responsabilidade social,[200] é, antes de tudo, uma ética da argumentação. Dessa ética depreende-se que a concepção do Direito como aquilo que é certo ou errado é insuficiente para conter os modelos que admitem mais de uma saída, ou seja, mais de uma resposta certa. Por isso, é válido o uso do critério de correção, como condutor da moral cognitiva.

> *A ideia de fundamentar uma ética na argumentação implica encontrar-se uma conexão necessária entre os discursos e ações ou, pelo menos, de considerar os discursos como, em si mesmo, ações. O recurso a princípios de Direito e àqueles morais para a Constituição da norma particular do ato-norma jurídico implica admitir, em algum momento, que a materialidade dos fatos extrapola a possibilidade do ordenamento e os lindes entrevistos pela doutrina corrente, além de considerar-se o discurso como ato propriamente dito.[201]*

---

[198] T. Viehweg, *Tópica e jurisprudência.*

[199] J. Habermas, *Direito e democracia, entre faticidade e validade.*

[200] A ética da responsabilidade social foi concebida por Otto Apel e seguida por muitos filósofos e, hoje, é encampada por muitos juristas, principalmente no campo da Administração Pública.

[201] M. Pugliesi, *Por uma teoria do Direito*, p. 91.

A teoria da argumentação não garante a resposta certa – empiricamente falando – mas diminui a incidência da arbitrariedade. A noção de correção é procedimental, e, talvez, por isso, a teoria da argumentação mais em voga[202] seja tida como procedimental e incrementadora de racionalidade. A ideia moderna de justiça[203] submete-se à correção racional das decisões pelas suas motivações.

Com a busca de correção, o ser aproxima-se do dever ser, conformando *um poder ser*. O ser consciente conectado à situação de fato é determinante na correção implicada, pois é participante interno ativo e moral. A argumentação jurídica consegue, então, diminuir a distância do ser e do dever ser, pois avalia as conjunturas jurídico-morais e preenche, racionalmente, as decisões jurídicas. Dois pontos em que a teoria da argumentação jurídica se contrapõe ao positivismo jurídico são duas premissas do positivismo, a separação do ser e do dever, e, também, a separação do Direito e da moral, ambas as divisões emblemáticas no positivismo jurídico.

A argumentação jurídica por um processo de correção, ao detectar uma incompatibilidade ou incoerência, produz mudança no Direito, expõe suas vicissitudes; as técnicas da argumentação jurídica valem, portanto, de filtros argumentativos necessários em um estado democrático ativo. Não se pode esquecer de que a teoria da argumentação é uma crítica, uma prova, às teses e antíteses veiculadas no Direito, sobre determinada matéria. O argumento, na origem, (I) permite a comunicação, (II) nega a violência e (III) recupera a moral – e não apenas é usado para a persuasão. Por isso, a teoria da argumentação deve ser vista como dinâmica para a abertura da solução do caso concreto. É, nesse momento, que a argumentação valida a moral.

Devemos insistir que a moral, exposta na sua conjugação com o Direito, pela argumentação e sustentada na decisão, não é uma moral dos valores, mas oriunda de um código universal de preferências – as emblemáticas referências humanas jusfundamentais – inserida nos princípios e normas constitucionais.

A dispersão dos códigos universais, no agir concreto como a jurisprudência, impõe a concretização racional dos direitos fundamentais, corrigindo eventuais injustiças produzidas socialmente. Essa correção é procedimental e alcançada, principalmente, no momento de aplicação do Direito. Os princípios constitucionais pautam a moralidade pública contemporânea.

---

202 R. Alexy, *Teoria da argumentação jurídica*; K. Gunther, *Teoria da argumentação*.

203 J. Rawls, *Por uma teoria da justiça*.

É claro que a argumentação jurídica não escapa do seu próprio discurso legitimador – não considerar isso seria ingênuo – mas, ao menos, adota procedimentos racionais. Por exemplo, a ponderação, exercida nos conflitos entre direitos fundamentais só é possível com seus filtros argumentativos estruturantes. O jogo da justiça torna-se o jogo da argumentação, e o neoconstitucionalismo detectou isso, com seus teóricos, promovendo a teoria da argumentação jurídica ao *status* de elemento indispensável. Já no positivismo jurídico o elemento indispensável é a autoridade competente e a sanção. No garantismo, o elemento indispensável é a segurança de que os direitos fundamentais serão realizados e preservados. No neoconstitucionalismo, os elementos indispensáveis são a argumentação, a coerência e a ponderação, atreladas para o fortalecimento do estado democrático constitucional. Nem o garantismo, nem o positivismo cuidaram ou sequer aproveitam de uma teoria da argumentação jurídica.

A teoria da argumentação engloba a situação fática em espaços abertos, o que permite uma contextualização do Direito. Essa percepção é possível, a partir da consciência de que normas jurídicas são aplicadas por normas não jurídicas como os critérios argumentativos de legitimação e a pré-compreensão do intérprete.

A argumentação no neoconstitucionalismo é ampliada e passa-se a refletir sobre os critérios argumentativos, no momento de produção das leis. O liame entre Direito, Política, Moral e suas argumentações é a carga axiológica a ser extraída dos princípios. O Direito é, então, contemplado como um sistema de análises de argumentos, pois, "o Direito tende a ser concebido não tanto como um conjunto estático de normas, quanto como um conjunto dinâmico de argumentos"[204].

Entende-se que o Direito, pelo neoconstitucionalismo, indica mais aplicabilidade da dimensão argumentativa dos direitos fundamentais. Essa aplicabilidade incide tanto na (I) motivação das decisões judiciais – argumentação que verifica a prática jurídica e, em especial, nas decisões onde os argumentos do discurso jurídico são encontrados na *fase de aplicação*[205] –, como (II) na definição das regras do jogo, momento este chamado de

---

[204] A. Figueroa, *Norma y valor en el neoconstitucionalismo*, p. 7.

[205] Esta classificação é uma percepção nossa, e o primeiro uso da argumentação é o encontrado na justificação ou motivação das decisões judiciais, pelas técnicas de sustentação do discurso, de como o orador concatena suas ideias e liga o Direito aos fatos. Todo o trabalho de Perelman é nesse sentido, isto é, de fornecer elementos argumentativos para preencher e motivar as decisões ou convencer o juízo. O argumento de autoridade, tão incorporado ao discurso jurídico, é a prova dessa construção, desse preenchimento do Direito pela argumentação jurídica. São os chamados elementos argumentativos,

macrossistêmico isto é, quando se conhecem os argumentos utilizados por todas as influências e meios de atuação na formatação do direito – *fase de fundamentação*[206] –, como, ainda, (III) no uso de critérios procedimentais de correção especialmente válidos para os direitos fundamentais, tanto na fase de fundamentação, como também na fase de aplicação; denominamos esses de critérios argumentativos procedimentais.

São três, portanto, os usos da argumentação no neoconstitucionalismo, respectivamente: (I) a argumentação que justifica, encontrada nas motivações das decisões judiciais, que se chama de fase de justificação dos argumentos e metodologias judiciais; (II) a argumentação que define como agem os direitos fundamentais no momento maior do Direito de fundamentação e construção deste – é a argumentação que leva em conta situações não ideais e considerações políticas, que formam o discurso político e social; (III) e a argumentação formal de critérios procedimentais, para garantir a correção racional das técnicas de interpretação encontradas na decisão judicial, que são mais úteis na fase de aplicação, mas também são utilizadas na fase de fundamentação. A diferença é que esta é formal, não impõe juízos de valor pelo uso do argumento. A ponderação em si mesma não possui valor, é argumento procedimental. Assim também ocorre com a coerência, a qual não postula algum Direito em si, como a liberdade, mas a coerência do uso da liberdade no caso concreto.

O segundo momento, o de fundamentação, muitas vezes passa despercebido e ocasiona significativas mudanças no Direito. Acontece quando o Direito se enraíza, muitas vezes sem que se perceba, como nas manifestações políticas argumentativas preponderantes, que atuam na vida social, com a influência da mídia e de outros condutores sociais. Uma proposta transformadora do Direito – como o neoconstitucionalismo – tem de se preocupar com as três espécies de uso da argumentação jurídica:

---

principalmente de ordem lógicas ou quase lógicas, que são atribuídos a todo o momento no discurso jurídico. Seu uso vale para a formulação de peças judiciais, de decisões judiciais, na relação de Direito e de fato desenvolvida argumentativa-juridicamente.

206 Esse segundo momento é menos perceptível, e escapa ao espaço comum do Direito, pois ele verifica a base sustentável, isto é, a legitimação dos princípios e preceitos fundamentais, na fase de elaboração do Direito, aí incluídos todas as influências de poder, chamado de espaço macrossistêmico, em que as condicionantes postas não esgotam as inferências no Direito, e, principalmente, com relação aos direitos fundamentais. Muito do sucesso da efetividade dos direitos fundamentais passa por esse momento de fundamentação dos direitos fundamentais. A *contrario sensu*, muitas das críticas que recaem sobre os direitos fundamentais partem de considerá-los como peças de condução do jogo discursivo e como indicadores de redução da democracia também aparecem nesse momento, de fundamentação dos direitos fundamentais, muito anterior, portanto, à fase de aplicação.

> O da elaboração ou fundamentação do Direito, momento macrossistêmico, influenciado pelo agir social, como na divulgação do projeto de lei parlamentar[207], com uma base de apoio (órgãos de representação, mídia, influência de participação social) que, em última análise, representará alteração na superestrutura jurídico-social. Exemplos da utilidade da identificação da argumentação jurídica, utilizada no momento da fundamentação, encontram-se tanto nas razões brasileiras que criticam a ausência de tomadas de decisões que traduzam a vontade constitucional, como nas opções de

---

[207] O discurso político, de legitimação do Direito, também tem de convencer, pois atua sobre a base de sustentabilidade, sem a qual se perde toda a legitimidade dos seus atos. Os argumentos políticos também podem ser classificados:

a) argumentos baseados na dialética amigo-inimigo, para, por exemplo, alinhar os objetivos da nação;

b) argumentos baseados no regime democrático, em que o empenho de todos é necessário para alcançar determinado fim (aqui a democracia é vista como um valor justo);

c) argumentos baseados na invocação do progresso, em que a posição contrária é retrógrada e a postulada trará benefícios;

d) argumentos conservadores, que desejam manter o *status quo*, que só funciona quando os fatores reais de poder estão em harmonia com os sujeitos envolvidos no processo político;

e) argumentos estratégicos, que, por exemplo, induzem o público a refletir sobre determinado problema, como aqueles que desviam a atenção do que deveria ser o foco principal e indesejado;

f) argumento de mediação, em que concessões são admitidas em prol de um resultado satisfatório para todos os participantes do discurso.

Como se percebe, o convencimento é resultado de uma racionalidade prática, concebida pela argumentação política encontrada na fundamentação do discurso e momento bem antecedente à fase de aplicação do Direito. Muito do que é trazido como passível de decisão já foi previamente debatido na fundamentação da ponderação legislativa/política. Os argumentos aqui estudados são de natureza substancial – pois os argumentos formais, critérios de uso de argumentos e processos que envolvam direitos fundamentais, são separados, procedimentalmente na fase de legitimação – e valem para o momento de captação e influência do Direito de uma sociedade. Devem ser estudados em apartados, porque também são jurídico-políticos, agindo sobre os direitos fundamentais; jurídico-econômicos, afetando os direitos fundamentais, o que vale perceber que recebem influências não condicionadas às fórmulas estritamente jurídicas. Essa abertura, por vezes, indesejada, opera sob forma de argumentação, em um Estado Democrático de Direito, que não se usa da força, nem da intolerância. Um excelente exemplo é a tentativa de aprovar uma reforma radical da Constituição brasileira, por meio de uma nova revisão constitucional – Proposta de Emenda Constitucional n. 157, que dispões sobre uma Assembleia Revisional Constituinte – que afetará toda a Constituição, à exceção das cláusulas pétreas. Todavia, ela é legitimada por um discurso de desconstrução da Constituição, que incide na sociedade com mecanismos de esvaziar os bons fluidos, que estão presentes na sociedade brasileira e apontando defeitos da Constituição e, pior com o discurso político de que é a culpada pelos insucessos dos políticos, – por vetar reformas inconstitucionais – e do povo. Tal argumentação, produzida a um auditório universal, na fase de fundamentação do Direito, poderá produzir um abalo no irrecuperável no sistema, que deixará muito pouco para a fase de aplicação reparar – à exceção da análise de constitucionalidade feita pelo Supremo Tribunal Federal em confronto com esse tipo de emenda por violar cláusula pétrea implícita. A argumentação do discurso, nesse caso, revela a importância, e porque não primazia, em muitas vezes, da análise argumentativa do momento de fundamentação macrossistêmico, em que participa do conflito de argumentos por meio de estratégias argumentativas. Não se pode esquecer que, na maioria das vezes, a argumentação judicial é aplicada sob o que já foi previamente eleito na fase de argumentação política.

191

execução de políticas públicas pontuais, em desfavor de outras mais urgentes e constitucionalmente vinculáveis que deveriam levar em consideração as condutas desviantes, a coerência da proposta e a influência do poder[208].

➤ No momento de aplicação, mais atento à descrição da vida jurídica e prática, sobretudo na motivação das decisões judiciais, muitas vezes com elementos-argumentativos substanciais – *ab fortiori, ab absurdo, ab inutili sensu* etc... – que complementam as regras de Direito Processual e ligam os fatos aos dispositivos pelo liame do discurso. No seu sentido mais frequente, as "teorias da argumentação jurídica são teorias sobre o emprego dos argumentos e o valor de cada um deles nos discursos de justificação de uma decisão jurídica, visando a um incremento de racionalidade na fundamentação e aplicação prática do Direito, na máxima medida possível."[209].

➤ Também na situação que remonta à estrutura e parte da pergunta sobre o uso dos argumentos. Posto isso de maneira empírica, pergunta-se menos como fazer isso, e mais por que esses direitos e não outros. Agem, portanto, procedimentalmente, para corrigir as imprecisões e diminuir a discricionariedade. Não é o julgador que escolhe qual Direito vale, ele deve confrontá-los na decisão, ponderar justificadamente sobre qual prevalecerá no caso concreto. A ponderação em si é formal, não emite valor, é técnica de argumentação e, não, princípio esculpido na Constituição. Trata-se de critério formal de um processo jurídico-discursivo racional. São critérios, como o da razoabilidade e o da universalidade, que permitem aferir condições de aceitabilidade sobre as metodologias utilizadas. Agem sobre os argumentos e agem sobre as técnicas de interpretação constitucional, definindo seus padrões de uso.

Os dois momentos de interesse – o de fundamentação e o de aplicação judicial – usam os critérios encontrados na legitimação dos direitos fundamentais, os quais comungam as pretensões orientadas pelo neoconstitucionalismo. Uma a ser sentida é a exigência de argumentação sobre as restrições a direitos fundamentais. Os direitos fundamentais não oferecem uma cobertura a qualquer conduta, mas o seu cerceamento passa, necessariamente, por uma carga argumentativa que dá sentido àquela restrição.

---

208 Aqui estamos conjugando o agir social, com as escolhas complexas, chamadas de situações compossíveis, que se revelam por meio de uma cuidadosa argumentação de canais políticos.

209 Thomas Bustamante e Antonio Maia, no verbete Argumentação Jurídica, *Dicionário de Filosofia do Direito*, p. 66.

Esse não é o espaço operado por sistemas como capitalismo ou socialismo que fortalecem determinadas diretrizes – liberdade ou igualdade – em prol das demais. O espaço da decisão argumentativa na implementação de direitos fundamentais multidimensionais é o sentido contemporâneo do constitucionalismo de direitos. Seu desenvolvimento e suas possibilidades implicam, sem dúvida, uma das maiores preocupações jurídico-filosóficas no mundo da vida.

Capítulo 6

IMPARCIALIDADE E CONCEPÇÕES DO DIREITO

Josep Aguiló Regla

Sumário
1. Introdução
2. Independência e imparcialidade dos juízes
2.1. Os princípios de independência e imparcialidade dos juízes
2.2. Os deveres de independência e imparcialidade dos juízes
2.3. O sentido dos deveres de independência e imparcialidade dos juízes
3. A imparcialidade dos juízes
3.1. Em que se diferenciam o dever de independência e o dever de imparcialidade?
3.2. O princípio de imparcialidade, a abstenção e o impedimento
3.3. Dever de imparcialidade, decisões, motivos e críticas
4. Imparcialidade e aplicação da lei
4.1. O formalismo legalista
4.2. O positivismo normativista
4.3. O pós-positivismo (constitucionalismo) principialista
5. Imparcialidade e neutralidade

1. INTRODUÇÃO

Em dois trabalhos anteriores me ocupei extensamente dos princípios de independência e de imparcialidade dos juízes[210]. Em ambos os casos fiz uso de alguns esquemas conceituais trazidos da contemporânea teoria da argumentação jurídica para auxiliar na interpretação destes. O resultado foi a construção destes dois princípios relativos ao papel de juiz no Estado de Direito como "ideais regulativos". Nesta conferência me proponho, em primeiro lugar, a dar mais alguns passos na análise da imparcialidade dos juízes introduzindo alguns novos elementos; e, em segundo lugar, a demonstrar como concepções diferentes do Direito construíram de maneiras diferentes o ideal do juiz imparcial. Isso permitirá mostrar até que ponto nossa cultura jurídica confundiu neutralidade e imparcialidade.

2. INDEPENDÊNCIA E IMPARCIALIDADE DOS JUÍZES

2.1. Os princípios de independência e imparcialidade dos juízes

Os destinatários finais (beneficiários) dos princípios jurídicos de independência e de imparcialidade dos juízes não são os próprios juízes, mas os cidadãos e os justiciáveis. Consequentemente, a independência e a imparcialidade se configuram principalmente como deveres dos juízes. Todos os juízes têm o dever de ser independentes e de ser imparciais quando realizam atos jurisdicionais. Isto é muito importante porque há uma destacada tendência a eliminar o aspecto crítico destes princípios e a reduzir suas exigências normativas às garantias destinadas a fazer possível e/ou facilitar o cumprimento desses deveres. O princípio de independência não pode ser jamais reduzido às proibições de associação, à inamovibilidade, à remuneração suficiente, ao autogoverno dos juízes, ao respeito por parte de outros poderes ou agentes sociais etc.; como tampouco o princípio de imparcialidade pode ser reduzido ao não parentesco, à não inimizade ou ao não interesse no objeto de litígio. Um juiz não é independente simplesmente porque esteja bem remunerado ou porque seja inamovível, como tampouco é imparcial pelo mero fato de que não

---

[210] J. A. Regla. *De novo sobre "Independencia e imparcialidade dos juízes e argumentação jurídica"*, in *Jueces para la democracia*, n. 46, mar. 2003, p. 43 e ss., que é, na realidade, uma revisão em profundidade de outro trabalho anterior: Independencia e imparcialidade de los jueces y argumentación jurídica, in *Isonomia. Revista de Teoria y Filosofia del Derecho*, n. 6, abr. 1997.

incorra em alguma causa de suspeição[211] ou impedimento. Estas reduções acabam transformando os deveres de independência e de imparcialidade em uma espécie de *status* ou privilégio. Consequentemente, uma correta interpretação dos princípios de independência e imparcialidade dos juízes tem que partir da imputação de um dever de independência e de um dever de imparcialidade para todos e cada um dos juízes quando realizam atos jurisdicionais[212].

2.2. Os deveres de independência e imparcialidade dos juízes

Em que consistem os referidos deveres dos juízes? Em minha opinião, conformam a peculiar forma de cumprimento do Direito que o Direito exige aos juízes. Independente e imparcial é o juiz que aplica o Direito (age de acordo com o dever, em correspondência com o dever, sua conduta se adapta ao prescrito) e que o faz pelas razões que o Direito lhe prove (motivado, movido pelo dever). Dizendo de maneira breve, no ideal do Estado de Direito de um juiz independente e imparcial existe algo muito parecido à exigência kantiana para a conduta moral, mas referido ao marco institucional do Direito: que a explicação e a justificação da conduta coincidam. O ideal de um juiz independente e imparcial designa a um juiz que não tem outros motivos para decidir do que o cumprimento do dever. O cumprimento do dever é tanto a explicação quanto a justificação das decisões que toma. Ou, dizendo de outra forma, no ideal de um juiz independente e imparcial os motivos pelos quais o juiz decide (a explicação da decisão) coincidem com a motivação (a justificação) da decisão.

2.3. O sentido dos deveres de independência e imparcialidade dos juízes

Compreendidos dessa maneira, como geradores de deveres para os juízes, os princípios de independência e de imparcialidade dos juízes tratam de proteger duas coisas diferentes. Por um lado, o Direito dos cidadãos a ser

---

211 Nota do tradutor: as causas de suspeição e impedimento são o correspondente, no ordenamento brasileiro, ao que são, no ordenamento jurídico espanhol, as causas de *abstención* e *recusación*.

212 Um exemplo de postura inadequada na análise destes princípios é o seguinte: "A independência judicial constitui, hoje em dia, um postulado constitucional (art. 117.1 CE) que tem como objetivo garantir a plena liberdade dos juízes e magistrados no exercício de sua função jurisdicional, estando submetidos unicamente ao império da lei [...] a independência judicial supõe a possibilidade de decidir os casos especiais de acordo com a consciência [...]", in Joan Picó I Junoy. *La imparcialidad judicial y sus garantias: la abstención y la recusación*, J. M. Bosch, Barcelona, 1998, p. 30 e ss. No primeiro trabalho, na nota um, critico duas grandes deformidades da ideia de independência judicial. A primeira destas deformações é conceber a independência como autonomia, como liberdade.

julgados a partir do Direito e somente a partir do Direito (a legalidade da decisão). Os deveres de independência e imparcialidade são, neste sentido, os correlatos do Direito dos cidadãos a ser julgados a partir do Direito (e exclusivamente a partir do Direito). Mas, por outro lado, tratam de proteger também a credibilidade das decisões e das razões jurídicas (a credibilidade da decisão). As limitações ao Direito de associação dos juízes, os regimes de incompatibilidades, as causas de suspeição e impedimento não devem ser vistas somente – nem talvez fundamentalmente – como juízos prévios de inclinação à prevaricação, mas sim como tentativas de salvaguardar a credibilidade das razões jurídicas. Sobre isso, logo voltarei a discutir.

3. A IMPARCIALIDADE DOS JUÍZES

3.1. Em que se diferenciam o dever de independência e o dever de imparcialidade?

Como se viu, a independência e a imparcialidade respondem ao mesmo tipo de exigências: tratam de proteger o Direito dos cidadãos de ser julgados a partir do Direito e tratam de preservar a credibilidade das decisões e as razões jurídicas. E para isso pretendem controlar os motivos pelos quais o juiz decide. Em que se diferenciam, pois? A independência, o dever de independência, trata de controlar os motivos do juiz diante de influências estranhas ao Direito provenientes de fora do processo jurisdicional, isto é, provenientes do sistema social em geral. Portanto, o juiz deve ser independente frente a outros juízes, frente a outros poderes do Estado, frente à imprensa, frente a organizações sociais, frente à Igreja etc. A imparcialidade, o dever de imparcialidade, pelo contrário, trata de controlar os motivos do juiz diante de influências estranhas ao Direito provenientes de dentro do próprio processo jurisdicional. Neste sentido, o dever de imparcialidade pode definir-se como um dever de independência frente às partes em conflito e/ou frente ao objeto de litígio. Um juiz deve ser independente em relação ao sistema social (não deve submeter-se – estar sujeito – a pessoas nem deve cumprir funções de representação) e deve ser imparcial (isto é, independente) em relação às partes em conflito e/ou ao objeto do litígio[213].

---

213 Dada a peculiar posição do juiz dentro da ordem jurídica, que implica que o juiz deva resolver os casos com sujeição somente a normas (independência) e sem interesses no processo (imparcialidade), as exigências derivadas de ambos os princípios tendem a confundir-se. No entanto, uma boa maneira de demonstrar a separação entre ambos os princípios é perceber que o dever de independência pode estar

3.2. O princípio de imparcialidade, a abstenção e o impedimento

Analisemos brevemente as instituições da abstenção e do impedimento. O sentido imediato destas duas instituições processuais parece claro: preservar a legalidade das decisões judiciais; evitar que a existência de motivos para decidir provenientes do processo e estranhos ao Direito possa levar o juiz a desviar-se da legalidade na tomada de suas decisões. Obviamente isso é assim, mas não esgota a análise destas duas instituições porque, em minha opinião, não constitui o núcleo central destas. Bem observado, não tem muito sentido pensar que o juiz que se abstém está dizendo algo assim como que se julgasse, dadas as circunstâncias, se lhe poderia debilitar tanto a vontade que poderia chegar a prevaricar ou que se lhe poderia nublar de tal forma o entendimento que não chegaria a discernir qual seria a solução correta do caso. Este pode dizer-se em relação ao juiz que admite o impedimento de um colega: não parece ter muito sentido interpretar a aceitação de um impedimento como um juízo prévio (ou prejuízo) de inclinação à prevaricação ou à incapacidade para a formação correta do juízo. Se pensássemos que essa é a interpretação correta destas instituições não cabe dúvida de que realmente seria muito duro abster-se ou admitir um impedimento. Em minha opinião, as coisas se veem muito mais claras se estas instituições se interpretam de uma maneira menos imediata e não redundante com a exigência de legalidade das decisões jurisdicionais. Efetivamente, a abstenção e o impedimento protegem não só o Direito dos cidadãos de ser julgados a partir do Direito (legalidade da decisão), como também e fundamentalmente a credibilidade das decisões e as razões jurídicas. O que, na realidade, reconhece o juiz que se abstém (ou o que admite um impedimento) é que se não o fizesse sua decisão poderia ser vista como motivada por razões distintas àquelas reguladas pelo Direito e, portanto, a decisão poderia perder seu valor. A decisão poderia interpretar-se a partir de razões com um potencial explicativo tão alto como o parentesco ou o interesse

---

vigente sem o de imparcialidade; ou, em outras palavras, que a independência como dever é compatível com a parcialidade. Esse é, por exemplo, o caso dos advogados. Assim por exemplo, no preâmbulo do Código Deontológico da Advocacia Espanhola se pode ler "La independência del Abogado resulta tan necesaria como la imparcialidad del juez, dentro de um Estado de Derecho".

Reproduzo a seguir alguns incisos do artigo 2 do referido Código relativo à independência: "1. A independência do advogado é uma exigência do Estado de Direito e do efetivo Direito de defesa dos cidadãos, o que para o Advogado constitui um Direito e um dever. 2. Para poder assessorar e defender adequadamente os legítimos interesses de seus clientes, o Advogado tem o Direito e o dever de preservar sua independência frente a toda classe de ingerências e frente aos interesses próprios e alheios. 3. O Advogado deverá preservar sua independência frente a pressões, exigências ou complacências que a limitem, seja em relação aos poderes públicos, econômicos ou fáticos, os tribunais, seu cliente ou inclusive seus próprios companheiros ou colaboradores [...]".

no processo e, consequentemente, resultar deslegitimada. A decisão, ao contar com uma explicação verossímil distinta do simples cumprimento do dever por parte do juiz, poderia perder sua autoridade. Este aspecto de atuar em defesa da credibilidade das razões e das decisões judiciais não é marginal nem meramente secundário, é inerente à abstenção e ao impedimento[214]. E isso é assim porque não há nada que cause mais distorção para o bom funcionamento do Estado de Direito de que as decisões judiciais se interpretem (ou possam ser interpretadas) como motivadas por razões estranhas ao Direito; e que as argumentações que tratam de justificá-las sejam vistas como meras racionalizações[215].

3.3. Dever de imparcialidade, decisões, motivos e críticas

De acordo com a caracterização que se fez até agora, a análise do dever de imparcialidade exige distinguir entre os "motivos para decidir" e "o conteúdo das decisões", entre outras coisas, porque isso permitirá separar dois tipos de críticas distintas que cabe dirigir contra as decisões judiciais. O dever da imparcialidade, em sua vertente negativa, proíbe ao juiz decidir (atuar) por motivos incorretos. Mais adiante tratarei de mostrar as implicações que derivam disto. Neste momento repare-se no seguinte. Uma decisão judicial de conteúdo correto (aplicação correta da lei), mas tomada por motivos incorretos torna-se, em termos normativos, inaceitável, que não pode ser assumida. Por exemplo, se um juiz decide de acordo com a lei porque a lei favorece seus interesses no processo ou à parte da qual ele é partidário, o resultado é que essa decisão não é legítima, não conforma uma autoridade legítima em nenhum sentido da

---

214 "Em matéria de justiça até as aparências têm importância..." Sobre isso ver Plácido Fernández-Viagas Bartolomé: *El juez imparcial*, Ed. Comarres, Granada, 1997, p. 136 e ss.

215 Se tudo o que foi dito é acertado, então creio que há razões para estar em desacordo com a que me parece ser a doutrina jurisprudencial dominante a respeito das causas de abstenção e impedimento; a que afirma que se trata de um rol *numerus clausus* e que, portanto, considera que se deve excluir a aceitação de outras possíveis causas. Não é este o lugar apropriado para deter-se demoradamente nisso, mas me parece que o que faz essa linha jurisprudencial não é senão confundir o princípio jurídico da imparcialidade com as regras jurídicas da imparcialidade. Na realidade, o princípio de imparcialidade é a razão (justificativa) pela qual se estabeleceram as regras, isto é, as causas de abstenção e impedimento; e precisamente por isso, o princípio não pode ficar reduzido a essas regras. Como sabemos, as regras em geral têm uma formulação que em certas ocasiões sua aplicação possa gerar casos anômalos de infrainclusão ou suprainclusão à luz das razões justificativas subjacentes às próprias (os princípios). Sendo isto assim, não tem sentido negar toda possibilidade para que se produza um caso que à luz do princípio de imparcialidade pareça plenamente justificada a abstenção ou o impedimento, ainda que tal caso não seja possível subsumir em nenhuma das regras de impedimento previstas; isto é, não tem sentido negar toda possibilidade de infrainclusão das regras. Como tampouco tem sentido negar toda possibilidade de sobreinclusão das regras. Este último é o caso, me parece, da recusa do magistrado do Tribunal Constitucional Pablo Pérez Tremps para julgar definitivamente, não há razão para que a dialética princípios/regras não opere nesta maneira, como o faz nas outras.

expressão. O acerto na aplicação da lei não convalida a incorreção dos motivos, não converte em autoridade legítima a quem não reúne as condições necessárias para sê-lo. Pelo contrário, em termos normativos, o erro na aplicação da lei não contamina a correção dos motivos pelos quais o juiz atuou.

O seguinte quadro mostra todas as combinações possíveis nos juízos de correção/incorreção de "motivos para decidir" e de "conteúdo da decisão"; assim como as reações congruentes do aceitante do Direito e do cético em relação ao Direito. Tudo isso se explica a seguir.

Caso. Tipo de juiz	Motivos para decidir	Conteúdo da decisão. Aplicação	Aceitante. Atitude crítica interna	Cético. Atitude crítica externa
A. O imparcial acertado (correto- correto)	Corretos	Correta	Aceitação da decisão.	Não há critérios de correção, só simulação de correção.
B. O imparcial equivocado (correto- incorreto)	Corretos	Incorreta	Acatamento sem aceitação. Crítica interna ao conteúdo da decisão.	Não há critérios de correção, só simulação de correção.
C. O parcial-legal (incorreto-legal)	Incorretos	Correta	Deslegitimação da decisão. Não há lugar para a aceitação da decisão dada a simulação de correção.	Não há critérios de correção, só simulação de correção.
D. O parcial-ilegal (incorreto-incorreto)	Incorretos	Incorreta	Deslegitimação da decisão. Não há lugar para a crítica interna do conteúdo da decisão.	Não há critérios de correção, só simulação de correção.

Analisemos brevemente cada um dos casos.

A. O caso do "imparcial acertado" (correto-correto) ilustra a situação em que conforme critérios internos ao Direito se reconhece que a decisão que o juiz tomou é a decisão correta e, além do mais, se considera que o fez pelos motivos corretos (isto é, porque era seu dever). Quem assume o ponto de vista do aceitante (adote uma atitude crítica interna) e considera que este é o caso, se vê constrangido a aceitar a decisão. O interesse deste caso, no entanto, não consiste em determinar qual é a atitude interna coerente (porque é bastante óbvia), senão que permite mostrar como, independentemente dos motivos concretos do juiz que decide ou do conteúdo da decisão tomada, sempre cabe a adoção por parte do observador de uma atitude cética em relação às decisões e às argumentações judiciais. A atitude cética em relação às normas e às razões jurídicas gera uma crítica externa às decisões judiciais. Por hipótese, sempre há uma infinidade de propriedades do juiz e/ou do caso que podem ministrar um esquema de interpretação e explicação da decisão à margem das razões jurídicas. O gênero, a origem de classe, a religião, a ideologia, a imprensa e uma infinidade de "etc." podem utilizar-se como base das explicações e das críticas externas. Neste sentido, a crítica externa é sempre possível e, em alguma medida, não eliminável. Porém, este tipo de crítica externa que é o resultado de uma atitude cética frente às normas e às razões jurídicas desemboca necessariamente em uma atitude também cética em relação à imparcialidade. Por isso, as críticas externas que são apenas o produto de uma atitude cética em relação ao Direito em geral, na realidade não dizem nada a propósito de nenhuma decisão, concretamente, nem de nenhum juiz, em particular. Como se verá imediatamente, uma coisa é a crítica externa ao Direito (que não é eliminável, mas que tampouco contribui muito na análise da imparcialidade) e outra, a crítica externa a uma decisão em particular. Efetivamente, a crítica externa – aquela que afirma a presença de um fator de explicação relevante e estranho ao Direito – individualizada por um caso específico, de forma que fala dos motivos concretos de um juiz para decidir em um determinado sentido, na realidade, deixa de ser externa para passar a ser normativa e deslegitimadora. A acusação de simulação de correção adquire matizes muito diferentes dependendo de que seja o produto de uma atitude cética do observador em relação ao Direito ou o resultado de uma observação sobre um certo juiz e uma certa decisão[216].

---

216 Em um trabalho muito sugestivo, Andréas Schedler se pergunta "Como sabemos se nossos juízes agem realmente de maneira imparcial! Como sabemos que chegam a suas decisões baseados na lei e somente na lei! [...] Às vezes confiamos em nossos juízes e não questionamos nem sua integridade nem sua competência [...] No entanto, no momento em que começamos a perguntar acerca dos fundamentos legais das decisões judiciais, no momento em que começamos a duvidar da imparcialidade dos atores judiciais, adentramos em um terreno complexo, disputado e frustrante". A partir daí, desenvolve e opõe as críticas internas às críticas externas e à imparcialidade judicial. Andréas Schedler. Argumentos y observaciones: De críticas internas y externas a la imparcialidad judicial, in *Osonomia*, n. 22, abr. 2005, p. 66 e ss.

B. O segundo caso, o do "imparcial equivocado" (correto-incorreto), é idôneo para ilustrar o que é uma típica crítica interna a uma decisão judicial. Não se questionam os motivos pelos quais o juiz decidiu, se assumem como corretos, mas se critica a decisão tomada. A incorreção da decisão se atribui a um erro, não a uma deficiente ou desviada motivação subjetiva do juiz. Como questão de fato, é óbvio que desde uma perspectiva interna a magnitude do erro pode configurar-se como um indício de ter agido por motivos incorretos. Mas, em geral, em condições normais, a crítica às decisões judiciais costuma ser interna; se critica a decisão, mas não se deslegitima sua autoridade: "se acata, mas não se compartilha". Do mesmo modo que no caso anterior, a crítica externa ao Direito, ou meramente cética, é sempre possível e não eliminável.

C. O terceiro caso, o do "parcial-legal" (incorreto-correto), ilustra perfeitamente o que é a deslegitimação de uma decisão pela deslegitimação de quem a toma. Quem decidiu não devia decidir por não ser imparcial, isto é, por não reunir um requisito essencial da legitimidade da jurisdição. Vista assim, a presença dos motivos corretos é condição necessária para a aceitação ou o acatamento da decisão. A partir da perspectiva interna, a crença de que a decisão foi produzida por motivos proibidos leva inexoravelmente à consideração de que a "motivação" da decisão é pura simulação de correção; isto é, leva à mesma conclusão do cético, mas com a diferença de que não é o produto de uma atitude geral frente ao Direito, mas sim da interpretação da correta conduta de um juiz em uma ocasião determinada. Sem imparcialidade, a decisão do juiz não tem autoridade.

D. No último caso, o do "parcial-ilegal" (incorreto-incorreto), faltam as duas condições básicas para a legitimidade das decisões jurisdicionais: imparcialidade (motivos corretos) e legalidade (aplicação correta da lei). Aqui, ocorre o mesmo que no caso anterior: a atitude interna em relação ao Direito leva a formular uma crítica externa ao conteúdo da decisão, de forma que a argumentação da decisão se vê como pura simulação de justificação (pura racionalização, no sentido pejorativo da expressão).

Antes de abandonar este adendo, convém realizar algumas observações em relação ao quadro e ao dito até agora. Em minha opinião, o quadro resulta extraordinariamente útil em termos conceituais. Somente separando os juízos de correção relativos aos motivos de juiz para decidir dos juízos de correção relativos à aplicação da lei (legalidade da decisão) se entendem corretamente as exigências normativas derivadas do princípio de imparcialidade. Os quatro casos nele diferenciados vêm a ser tipos ideais que permitem fixar com clareza as reações críticas às decisões judiciais. Agora, esta utilidade conceitual não pode servir para ocultar as dificuldades de todo tipo que supõem emitir os referidos juízos de correção em casos reais, concretos. Para dar-se conta destas dificuldades é suficiente reparar no caráter essencialmente controvertido tanto da determinação da correção dos motivos pelos quais um juiz decide (se trata de uma questão de prova de intenções e de interpretação de condutas) quanto da determinação da correção da aplicação do Direito (a persistência das controvérsias normativas é uma das razões que se usam para justificar a imposição de uma decisão de autoridade). Pois bem, quem seja consciente do caráter altamente controvertido dos juízos concretos que estão na base das atitudes críticas internas, compreenderá por que a eficácia do princípio de imparcialidade abre a porta para dois riscos certos. O primeiro destes riscos, que podemos chamar "o bloqueio corporativo às críticas de parcialidade", consiste em que, dadas as dificuldades para provar a atuação concreta por motivos incorretos, diante de cada crítica de parcialidade se cerrem fileiras em defesa da "honra dos juízes", de forma que fiquem bloqueadas as críticas genuínas de parcialidade. O segundo destes riscos, que vem a ser o inverso do anterior, poderíamos chamá-lo o de "uso estratégico (ou abuso) das críticas de parcialidade". Efetivamente, há que reconhecer que os juízes se encontram permanentemente expostos ao uso estratégico (não genuíno) das críticas de parcialidade e que, neste sentido, sua vulnerabilidade é alta: qualquer fator externo, verossímil e relevante, pode valer para deslegitimar por parcial a um juiz em uma ocasião determinada.

E, finalmente, uma última observação que, na realidade, é uma consequência prática da anterior. Um juiz consciente dos riscos recém mencionados deve procurar, por um lado, evitar gerar esquemas de interpretação verossímeis que possam alimentar o uso estratégico da crítica deslegitimadora e, por outro lado, evitar os juízos genéricos que bloqueiam as críticas internas de parcialidade. Se bem se considera, tanto as atitudes céticas em relação à imparcialidade (a imparcialidade é impossível) quanto as corporativas (a parcialidade é impossível) escapam da atitude normativa que exige o "princípio de imparcialidade"[217].

---

[217] Recordar, por exemplo, o artigo do *El País* de 6 de março de 2008, a respeito da Sentença do Tribunal Superior de Andalucía no qual reconhecia a objeção de consciência frente à matéria Educación para la Ciudadanía: "O pai inspira, o filho julga". Trata-se de uma crítica interna e genuína ou de um uso estratégico da crítica?

4. IMPARCIALIDADE E APLICAÇÃO DA LEI

O ideal de um juiz independente e imparcial é o de um juiz que aplica o Direito e que o faz pelos motivos que o Direito lhe ministra. Por isso, a análise destes princípios exige que se faça a distinção entre "o conteúdo da decisão" e "os motivos da decisão". Na realidade, esta distinção é paralela à que "desde sempre" têm utilizado os processualistas e que distingue entre aquilo que chamam "as garantias objetivas" e "as garantias subjetivas" da jurisdição ou da administração de justiça. A garantia objetiva central é o princípio de legalidade, a legalidade da decisão. Em nossa terminologia, a aplicação correta da lei. A garantia subjetiva central são os princípios de independência e imparcialidade, que a decisão seja tomada por um juiz independente e imparcial. Em nossa terminologia, um juiz que decide pelos motivos corretos, aqueles que lhe ministra o Direito.

O que acabou de ser dito pode ser aceito por todo mundo, pode constituir um lugar-comum para todos aqueles que adotam uma atitude não cética perante o Direito e sua capacidade de guiar as condutas dos indivíduos e de fornecer razões para decidir. Mas para continuar a análise deve-se abandonar, me parece, o terreno dos lugares-comuns para adentrar-se nas diferentes concepções sobre o Direito e sua aplicação. Em particular, aqui vou referir-me às três seguintes concepções não céticas: o formalismo legalista, o positivismo normativista e o *post-positivismo* (creio que é mais correto em português "pós-positivismo") (constitucionalismo) principialista[218]. São três concepções do Direito (e de sua aplicação) que projetam três imagens diferentes da imparcialidade.

4.1. O formalismo legalista

Para o formalismo legalista, o Direito coincide essencialmente com a lei. O princípio de legalidade e/ou o império da lei interpretados em seu sentido formal constituem sua grande bandeira ideológica, são o componente civilizador máximo do Direito. Todo o formalismo legalista bebe no modelo do "Governo das leis" frente ao – em sua opinião – vetusto modelo do "Governo dos homens". Só as decisões estritamente *sub lege* são decisões legítimas. Agora, este aspecto ideológico é um componente necessário do formalismo legalista, mas não é suficiente para sua caracterização. Há que acrescentar outras duas

---

[218] Ocupei-me da oposição entre o paradigma positivista e o pós-positivista no Cap. 1 de J. A. Regla. *Sobre Derecho y argumentación*, Ed. Lleonard Muntaner, Palma de Mallorca, 2008.

teses centrais: a) o Direito é completo, isto é, dá uma solução para cada caso; e b) o Direito é fechado, está perfeitamente separado de seu ambiente (dos outros sistemas normativos). Estas duas teses do formalismo determinam completamente sua concepção da aplicação do Direito e, consequentemente, da imparcialidade. Se no Direito (na lei) há uma solução para cada caso, a tarefa do juiz consiste em encontrá-la, achá-la. O raciocínio jurídico é exclusivamente de subsunção e a tarefa do juiz é de natureza essencialmente técnica, teórica e/ou cognoscitiva (e, neste sentido, avalorativa). Isso é assim porque, entre outras coisas, ao ser (estar) fechado, o Direito não se abre nunca para a deliberação prática geral, para a razão prática. Em definitivo, para esta concepção aplicar o Direito consiste em resolver um problema teórico, não em decidir uma questão prática. É mais parecido a um problema de cálculo: assim como ocorre com as somas ou as equações, os problemas jurídicos não se decidem, se resolvem.

De acordo com estes enfoques, o formalismo legalista acaba por reduzir a imparcialidade do juiz à neutralidade na aplicação da lei (aplicação neutra da lei)[219]. A partir daí, podem extrair-se alguns corolários:

a) O juiz imparcial (neutro) é necessário para garantir a objetividade na aplicação da lei.

b) As causas de abstenção e de impedimento são instrumentos necessários para assegurar a objetividade na aplicação da lei.

c) Mais além do anterior, o juiz que abandona a neutralidade na aplicação da lei, que realiza valorações e impregna de subjetividade a resolução do caso, trai o ideal de um juiz imparcial.

Se bem considerarmos, os princípios de independência e de imparcialidade dos juízes entendidos da maneira que o faz o formalismo legalista expressam mais que um ideal regulador relativo aos juízes, um ideal regulador relativo ao Direito, de como devem ser as leis. O Direito ideal (o que faz possível uma administração de justiça ideal) é aquele no qual a garantia subjetiva da justiça (o juiz imparcial) fica reduzida à garantia objetiva da justiça (legalidade da decisão)[220]. Uma legalidade sem subjetividade. Esta concepção do Direito (e de sua aplicação) desempenhou historicamente um papel muito

---

219 O último epígrafe deste trabalho está dedicado a distinguir entre imparcialidade e neutralidade.

220 Frequentemente remete-se o ideal do "juiz imparcial" ao ideal da "lei precisa", confundindo, a meu ver, as exigências de legalidade com as de imparcialidade. Neste sentido, por exemplo, escreve Ferreres: "Só se a lei é precisa pode o Parlamento 'transmitir' ao juiz imparcialidade. O juiz poderá ser imparcial somente se resolve o caso de acordo a um critério preexistente, elaborado em outro lugar, em tempos não litigiosos. Se a lei é imprecisa, ao contrário, se abre um espaço de poder para o juiz, e existe então o risco

importante naquilo que poderíamos chamar "a invisibilidade dos juízes" para o sistema jurídico. De acordo com estes enfoques, os juízes são intercambiáveis; sua seleção deve ser guiada só pela excelência no conhecimento das leis; e o bom juiz é aquele que não se nota, o juiz invisível...

4.2. O positivismo normativista

O positivismo normativista[221] compartilha com o formalismo legalista a ideia de que a maior parte das funções civilizadoras que o Direito pode cumprir está vinculada à ideia de normas claras e precisas. Todas as funções de certeza, de estabilização de expectativas, estão vinculadas à noção de regra jurídica. O positivismo normativista compartilha, pois, com o formalismo o ideal "do governo das leis" (no sentido de regras). E se diferencia deste em dois aspectos essenciais. O primeiro destes aspectos é a ideia de complexidade do Direito. O Direito é um fenômeno social muito complexo de natureza convencional. No Direito tudo é convenção, mas nem tudo responde a estruturas formais. O segundo aspecto é que, embora o Direito seja limitado (isto é, acaba onde acaba a convenção), também está (necessariamente) aberto no sentido de que não dá (e não é possível que dê) uma solução para cada caso (pense-se, por exemplo, na tese da textura aberta da linguagem das regras). Neste sentido, o positivismo normativista vem a representar um legalismo que incorporou as críticas da filosofia analítica das linguagens naturais a propósito das possibilidades (e/ou as dificuldades) da comunicação. Para o positivismo normativista, o raciocínio jurídico é também essencialmente subsuntivo; mas, diferentemente do formalismo, sustenta que, além de casos resolvidos, no Direito também há casos não resolvidos. Isto é, sustenta que no Direito há clareza, mas também indeterminação[222].

---

de que o juiz, ao concretizar a lei em uma direção em vez de outra, o faça para beneficiar ou prejudicar a uma das partes". V. F. Comella. *El principio de taxatividad en materia penal y el valor normativo de la jurisprudencia (Una perspectiva constitucional)*, Civitas, Madri, 2002, p. 52-53.

221 Herbert Hart é o autor mais representativo desta concepção do Direito. Ver H. L. A. Hart: *El concepto del Derecho*. Trad. de G. R. Carrió. Editora Nacional, México, 1980 (reimpressão).

222 Na Espanha quem melhor representa esta linha de pensamento é, em minha opinião, Francisco Laporta, que publicou recentemente um livro imprescindível sobre o ideal do império da Lei. Nele se pode ler: "Mas minhas explorações não supõem que o ideal regulador do império da lei seja por isso um valor exaustivo, que sempre ministre soluções idôneas, que apresente o Direito como um todo completo e coerente que disponha sempre de uma resposta coerente ao Direito. O império da lei não é capaz por si só de satisfazer todas as demandas de juridicidade ou de justiça. Tem precisamente uns limites que podem ser formulados negativamente. Em primeiro lugar, nem sempre o Direito fornece uma resposta jurídica ao caso [...] Então o juiz se vê forçado a criar Direito *ex nihilo* [...]", in F. J. Laporta. *El imperio de la ley. Una visión actual*, Ed. Trotta, Madri, 2007, p. 218.

Pois bem, neste marco como fica a imparcialidade? Para captar a natureza das operações implicadas na aplicação do Direito é necessário, para esta concepção, distinguir entre "casos regulados" (resolvidos pelas regras jurídicas) e "casos não regulados" (não resolvidos pelas regras). Para o positivismo normativista, o esclarecimento do ideal de um juiz imparcial exige distinguir estas duas situações: a) A imparcialidade expressa um ideal jurídico quando o juiz se encontra perante um caso resolvido pelas regras; e como ideal jurídico se reduz à neutralidade, à aplicação neutra (objetiva, não valorativa) da lei[223]. b) A imparcialidade se converte em um ideal extrajurídico quando o juiz se encontra diante de um caso não resolvido, porque o Direito só alcança até onde alcança a convenção vigente. Tudo o que está além da convenção vigente não é Direito; é o resultado do exercício da discricionariedade entendida como liberdade e, neste sentido, expressão de subjetividade. Imaginemos que um juiz se encontre diante de um caso não resolvido pelas regras jurídicas; por exemplo, porque de acordo aos *standards* interpretativos vigentes, as regras permitem três soluções diferentes. A solução que finalmente "escolhe" o juiz está, por definição, além daquilo que o Direito exige. Logo, se isso é assim, a explicação da decisão tomada (da escolha realizada) terá que incluir necessariamente componentes relativos à subjetividade do juiz (às preferências do juiz) que sempre estarão além do puro cumprimento do dever imposto pelo Direito, pela convenção vigente. Quando o caso não está resolvido pelas regras jurídicas, então não cabe falar de aplicação neutra do Direito; e as valorações que o juiz realiza poderão ser, além de tudo, expressão de algum ideal extrajurídico de imparcialidade.

De tudo que foi dito, podem ser extraídos alguns corolários.

a) O juiz imparcial (neutro) é necessário para garantir a objetividade na aplicação da lei, quando esta é possível. Diante de um caso não resolvido pelas regras jurídicas (isto é, um caso no qual não se pode falar de aplicação neutra da lei), a imparcialidade se torna um ideal extrajurídico.

b) As causas de abstenção e impedimento são instrumentos necessários para assegurar a objetividade na aplicação da lei quando esta é possível. Quando se está perante um caso não resolvido pelas regras, então não cabe falar

---

223 Um trabalho recente que reflete perfeitamente estas colocações é o de Pablo E. Navarro: "La aplicación neutral de conceptos valorativos" (na imprensa, aparecerá em *Analisi e Diritto*, 2008). Nele, acompanhando Carlos Alchourrón e Eugenio Bulygin, sustenta que o uso e a aplicação de conceitos valorativos não implica em realizar valorações, posto que na medida em que exista uma convenção podem ser usados descritivamente, e que, consequentemente, cabe sua aplicação neutral. Assim, pode-se ler: "[...] quando um juiz aplica um conceito valorativo não é necessário que use esse predicado para impor suas próprias valorações em uma determinada situação, e sim que pode tentar determinar a que coisas se referem os membros de sua comunidade mediante esses conceitos." [no original, p. 4].

de aplicação objetiva do Direito, e as causas de abstenção e impedimento asseguram unicamente um relativo equilíbrio entre as partes em conflito.

c) Parcial é, em todo o caso, o juiz que incorre em causas de abstenção e impedimento. Também o é aquele que abandona a neutralidade (a objetividade) na aplicação da lei quando esta é possível (realizando valorações e impregnando de subjetividade a aplicação da *lei*).

4.3. O pós-positivismo (constitucionalismo) principialista

O pós-positivismo principialista[224] sustenta que no Direito não há somente regras – normas jurídicas que excluem a deliberação prática – como também há princípios[225]. Os princípios são um tipo de normas que dotam de um sentido protetor e/ou promocional de certos bens às regras e cuja aplicação, diferentemente do que ocorre com as regras, exige sempre deliberação prática. Portanto, além de subsunção, a aplicação do Direito exige "ponderação"; e esta é uma operação essencialmente valorativa, prática. Por outro lado, de acordo com esta concepção, o Direito não deve ser visto somente como um conjunto ou um sistema de normas: é também uma "prática social" que não é entendida em toda sua dimensão se for reduzida ao que seria seu puro aspecto externo ou convencional. Participar em uma prática não é só reproduzir conduta já pautada, é também desenvolvê-la coerentemente quando a convenção resulta, em algum sentido, insuficiente. Portanto, o Direito não é algo que simplesmente está aí, fora dos sujeitos, e que se objetiva com alguns perfis nítidos e acabados. A ideia de coerência normativa vai perfilando os limites do jurídico à medida que isso vai sendo necessário, entre outras coisas porque "o raciocínio jurídico é um caso especial do raciocínio prático geral"[226]. Consequentemente, para o pós-positivismo, a distinção relevante já não é a que se opõe caso regulado (resolvido pelas regras) a caso não regulado (não resolvido pelas regras), mas a que opõe caso fácil a caso difícil. Um caso é fácil quando a solução é o resultado de se aplicar uma regra do sistema e dita solução é consistente (logicamente compatível) com as outras regras do

---

224 O autor mais representativo desta corrente de pensamento jurídico é Ronald Dworkin. Ver: R. Dwork, *Los derechos en serio*. Trad. de M. Guastavino, estudo preliminar de A. Calsamiglia. Ariel, Barcelona, 1984; R. Dwork, *A matter of Principles*, Harward University Press, 1985; R. Dwork, *Law's Empire*, Fontana, Londres, 1986.

225 Na Espanha, uma defesa importante do papel dos princípios no Direito encontra-se em Manuel Atienza e Juan Ruiz Manero, *Las piezas del Derecho. Teoria de los enunciados jurídicos*. Ariel, Barcelona, 1996.

226 R. Alexy, *Teoria de la argumentación jurídica*. Trad. de M. Atienza e I. Espejo. Centro de Estudios Constitucionales, Madri, 1989.

sistema e coerente (valorativamente compatível) com os princípios do sistema. Pelo contrário, um caso é difícil quando a solução não provém diretamente da aplicação de uma regra do sistema, mas que há que encontrá-la como a resposta a uma questão prática que requer desdobrar uma intensa atividade deliberativa e justificativa. Um caso fácil não exige deliberação, mas simples aplicação da regra (*juris dictio*, dizer o Direito para o caso). Um caso difícil exige deliberação prática (*juris prudentia*, ponderar o Direito para o caso). Desde esta concepção, a discricionariedade do juiz, ou do aplicador em geral, já não é concebida como liberdade no sentido de permitir escolher entre as opções possíveis, mas sim no sentido de responsabilidade, desse tipo especial de deveres que chamamos responsabilidades[227].

Com esta bagagem, como fica a imparcialidade? O primeiro que se deve levar em conta é de que os predicados "neutralidade" e "imparcialidade" voltam plenamente a ser concebidos como relativos aos sujeitos chamados a aplicar a lei ou a deliberar sobre a solução do caso, não se predicam dos resultados da aplicação ou da solução. O juiz é que deve ser neutro ou imparcial, não a aplicação da lei. Portanto, se recupera a imparcialidade (e também a neutralidade) como garantia subjetiva da administração de justiça. O último adendo deste trabalho será uma breve digressão sobre a imparcialidade e a neutralidade assim entendidas, como exigências relativas a um terceiro frente a partes em conflito.

A segunda coisa que se deve notar é que o anterior é assim, entre outras coisas, porque já não há nenhum espaço para poder reduzir todo o Direito à lei (ou, em termos teóricos, todo o Direito às regras jurídicas) e, consequentemente, olhar a aplicação do Direito como se fosse uma questão puramente teórica e/ou avalorativa. No Direito há regras e, consequentemente, há raciocínios subsuntivos. Mas também há princípios; e guiar-se por (ou aplicar) princípios exige um tipo de raciocínio, a ponderação, que é diferente do raciocínio subsuntivo e que, além do mais, é sempre valorativo[228]. Então, o realmente significativo é a consideração de que a ponderação de princípios é uma operação mais básica do que a subsunção. As regras já não são entendidas como meras manifestações de vontade da autoridade que as tenha ditado, mas como o resultado de uma ponderação dos princípios relevantes levada a cabo pela autoridade. Isso pressupõe que a dimensão valorativa e justificativa

---

227 Ver I. L. Vidal, Dos conceptos de discrecionalidad jurídica, in *Doxa. Cuadernos de filosofia del Derecho*, n. 25, 2002, p. 424 e ss.

228 Sobre a subsunção, a adequação e a ponderação como raciocínio jurídicos ver M. Atienza, *El Derecho como argumentación*, Ariel, Barcelona, 2006.

do Direito adquire uma relevância fundamental[229]. A mudança central está, portanto, na consideração de que ser leal às regras não é sê-lo somente a sua expressão (porque não são apenas manifestações de vontade), mas sim a suas razões subjacentes, ao balanço de princípios que pretendem refletir, a seus propósitos protetores e/ou promocionais de direitos. A lealdade às regras, e a sua expressão, é um componente da lealdade ao Direito, mas o Direito está composto por princípios e por regras. Por isso, inclusive a máxima lealdade às regras pressupõe a realização de valorações[230].

A terceira ideia a seguir é que, igualmente ao que acontecia com o formalismo, o ideal de um juiz independente e imparcial é coerente com o ideal da única resposta para cada caso. Se o ideal de um juiz independente e imparcial alude a um juiz no qual a explicação e a justificação da decisão coincidem, isto é, na qual os motivos pelos quais decide coincidem com a motivação (a justificação) da decisão. Ou o que é o mesmo, que não tem outros motivos para decidir do que aqueles que justificam sua decisão. Então, o ideal de um juiz independente e imparcial pressupõe que é possível encontrar no Direito a solução para cada caso. A diferença radica em que enquanto o formalismo constrói a aplicação do Direito como uma questão teórica não comprometida em termos práticos e/ou valorativos (neutra), ela é construída pelo pós-positivismo como uma questão prática e valorativa.

5. IMPARCIALIDADE E NEUTRALIDADE

Muitas vezes se ouve dizer que a imparcialidade exige equidistância em relação às partes do processo e que este é precisamente o sentido de instituições como a abstenção e o impedimento: evitar a presença de juízes não equidistantes em relação às partes em conflito. Mas isto entra em choque com outra intuição também muito arraigada: O Direito não exige equidistância entre estuprador e estuprada ou entre credor e devedor; o Direito resolve conflitos de interesses e realiza valorações e o juiz imparcial é o que incorpora o balanço de interesses e valores que faz o Direito e, com muita frequência, estes não estão situados precisamente no centro. Para explicar estas duas instituições contrapostas parece-me imprescindível distinguir entre neutralidade e imparcialidade.

---

[229] J. A. Regla; M. Atienza; J. R. Manero, *Fragmentos para una teoría de la constitución*, Iustel, 2007, p. 17 e ss.

[230] Neste sentido, o art. 40 do Código Ibero-americano de Ética Judicial diz: "O juiz deve sentir-se vinculado não só pelos textos das normas vigentes, como também pelas razões nas quais elas são fundamentadas".

Não é difícil aceitar que tanto a neutralidade quanto a imparcialidade aludem, em seu núcleo central de significação, a atitudes de terceiros em relação a outros sujeitos que são partes em um conflito. Neste sentido, a atitude oposta à do neutro é a do aliado ou do partidário e a atitude oposta à do imparcial é a do parcial; o que nos transmitem estes opostos de maneira mais evidente é que um sujeito que toma essas atitudes perde (por dizê-lo de algum modo) sua condição de terceiro em relação ao conflito em questão. Pois bem, aquilo que têm em comum na vertente negativa não significa que não haja diferenças entre a atitude de neutralidade e a de imparcialidade em relação a um conflito; e estas diferenças aparecem de maneira evidente quando essas duas atitudes vêm normativamente exigidas em relação ao papel do terceiro em questão. Geralmente ao terceiro se exige neutralidade quando seu papel de terceiro consiste precisamente em não decidir o resultado do conflito ou da contenda; e, pelo contrário, se lhe exige imparcialidade quando é solicitado a decidir dito resultado. Por isso, muitos procedimentos que requerem a presença de um terceiro costumam exigir tanto a atitude de neutralidade quanto a de imparcialidade, porém em momentos ou aspectos diferentes do processo.

Em termos gerais, o juiz é solicitado a dirigir o processo e a decidir o resultado deste. Enquanto diretor do processo, se exige do juiz principalmente neutralidade (equidistância) em relação às partes em conflito, de forma que as decisões que tome não prejulguem o resultado do processo e mantenham o equilíbrio entre elas. Durante o desenvolvimento do processo, o juiz deve adotar uma atitude fundamentalmente cognitiva, de recepção de informação. A imparcialidade do juiz aqui se parece muito à neutralidade do cientista. Trata-se de conhecer, não de valorar nem de decidir. No entanto, em relação ao resultado do processo se exige ao juiz não que seja neutro, mas imparcial: o juiz é chamado a decidir dito resultado e, neste sentido, está comprometido com a verdade dos fatos que considerar provados e com a correção da decisão que toma. O que trato de ressaltar é que atrás da exigência genérica de imparcialidade do juiz se escondem duas atitudes diferentes e ambas parecem ser exigidas pela ideia de justiça. O princípio de imparcialidade parece exigir do juiz que seja neutro frente às partes durante o desenvolvimento do processo, de forma que se mantenham o equilíbrio e a equidistância perante os sujeitos enquanto partes do processo. Isso é fundamental para que o processo possa cumprir as funções epistemológicas que dele se esperam. Vista desde a vertente cognitiva, a imparcialidade do juiz se parece muito à neutralidade do cientista. Todas as concepções que reduziram a imparcialidade e a neutralidade sustentaram que aplicar o Direito é uma questão essencialmente teórica ou cognitiva, não prática[231]. No entanto, o juiz é chamado também a decidir o resultado do processo. Isto é, a determinar os fatos provados e as consequências devidas. E aqui a atitude que parece exigir o princípio de imparcialidade não é a da neutralidade, a de não fazer valorações e manter equidistâncias. A questão já não é cognitiva ou teórica, é estritamente prática. E a neutralidade parece valer pouco. O princípio de imparcialidade remete aqui a decisões comprometidas com critérios de correção substantiva. Sem critérios de correção substantivos, sem substância, não cabe, me parece, falar de imparcialidade da decisão. A imparcialidade na aplicação da lei não pode ser, neste sentido, uma questão meramente formal, processual, avalorativa e/ou de neutralidade.

---

231 Escreve Ferrajoli: "Precisamente, o Direito é um universo linguístico *artificial* como pode permitir, graças à estipulação e à observância de técnicas apropriadas de formulação e de aplicação das leis aos fatos julgados, a fundamentação dos juízos em decisões sobre a verdade convalidáveis ou invalidáveis como tais mediante controles lógicos e empíricos e, portanto, subtraídas o mais possível ao erro e ao arbítrio", in Luigi Ferrajoli, *Derecho y razón: Teoria del garantismo penal,* Trotta, Madri, 1995, p. 70.

Capítulo 7

OS PRINCÍPIOS, O PROBLEMA DA DISCRICIONARIEDADE JUDICIAL E A TESE DA UNIDADE DE SOLUÇÃO JUSTA[232]

Luis Prieto Sanchís[233]

Sumário
1. Diferentes significados da reivindicação do Direito judicial
2. A ideia de unidade de solução justa, entre o logicismo e o exercício da discricionariedade controlável
2.1. Modelo tradicional
2.2. Em busca de uma nova lógica
3. A filosofia moral e política como cláusula do sistema jurídico
3.1. A tese dos direitos e o juiz Hercules
3.2. Que devemos entender por discricionariedade?
3.3. Observações críticas

---

232 Traduzido por Eduardo Ribeiro Moreira, Professor e Doutor em Direito Constitucional.

233 Professor Catedrático de Filosofia do Direito da Universidade Castilla La Mancha, em Toledo.

1. DIFERENTES SIGNIFICADOS DA REIVINDICAÇÃO DO DIREITO JUDICIAL

Vimos que alguma forte teoria dos princípios não se limita a sustentar a existência no ordenamento de um peculiar tipo de normas que, tanto por sua morfologia como por sua função, poderiam diferenciar-se das demais, senão que descansa em uma profunda e meditada concepção global do Direito que constitui um ataque ao centro mesmo do positivismo, isto é, à separação entre Direito e moral; e também um ataque ao postulado básico de sua teoria do Direito, isto é, a sua vocação descritiva. Naturalmente, aqui não cabe um exame detalhado de problemas tão intrincados, se bem confio em ter oferecido alguns esclarecimentos e críticas nas páginas precedentes. A meu ver, no entanto, existe uma questão cujo tratamento não devemos omitir: que função institucional desempenha essa forte teoria dos princípios? Qual objetivo persegue no tocante à explicação (e justificação) de um determinado modelo de organização jurídica?

A verdade é que nem Esser nem Dworkin ocultam o nível de preocupação que os anima: sua teoria do Direito é quase exclusivamente uma teoria de decidir o caso concreto ou do Direito judicial; o legislador ou qualquer outro centro de produção jurídica, mais que figurar expressamente nessa teoria do Direito, adivinham-se como sujeitos um tanto evanescentes e geralmente perigosos para a integridade do Direito. Com isso, nossos autores não fazem mais do que seguir uma importante tradição jurídica que, quando menos, tem sua origem em Ihering e sua continuação em quantos "antiformalismos" se desenvolveram no último século e meio, desde a escola do Direto livre à tópica e hermenêutica, passando pelos diferentes realismos, a teoria jurídica nacional socialista ou a primeira teoria jurídica soviética[234]. Com acento mais ou menos rigoroso, os antiformalismos constituem uma reação à ideia paleopositivista da finitude lógica do sistema normativo e uma reivindicação da importância da interpretação judicial, acompanhada também em algumas ocasiões de uma curiosa simpatia pela própria função da judicatura[235].

Bem, creio que essa reivindicação genérica do papel dos juízes pode obedecer a sentidos ou propósitos diferentes. Primeiro um, que poderíamos chamar metodológico, representa somente uma reação ao formalismo extremo:

---

[234] De tudo isso vide com algum detalhe minha *Ideologia e interpretação jurídica*, citado, p. 31 e ss.

[235] "Nossos magistrados – escrevia Kantorowicz em 1906 – têm mais maturidade que a maioria dos membros de partidos que fazem as vezes do legislador", *La lucha por la licencia del Derecho*. Trad. de W. Goldschmidt, in Savigny e outros, *La ciência del Derecho*, citado, p. 370.

não é correto – vem a dizer – que a pergunta o que é o Direito possa ser respondida examinando tão somente as leis e os Códigos, pois o verdadeiramente importante é o Direito real, ou seja, o Direito em ação que se manifesta continuamente por meio dos operadores jurídicos e singularmente dos juízes; em suma, "o Direito é vigente porque é aplicado"[236], já que essa aplicação é o último e mais seguro *teste* de identificação do jurídico. No entanto, este ponto de partida não conduz à defesa de elementos de objetividade no raciocínio judicial, senão ao reconhecimento de que, de fato, os tribunais "obedecem" geralmente as prescrições da legislatura[237]; essa obediência habitual é o que chama Ross "consciência jurídica formal", mas que no trabalho interpretativo se conjuga necessariamente com a "consciência jurídica material", isto é, com o conjunto de valores, ideais e tradições culturais que também influem na decisão judicial. Em definitivo, para esse realismo a interpretação "é fundamentalmente uma tarefa teórico-empírica", que não prescinde das disposições gerais, e nesse aspecto é cognoscitiva, mas que não se esgota nelas, e nesse sentido é um "ato de vontade"; trata-se, pois, "de uma interpretação construtiva, que é ao mesmo tempo conhecimento e reconhecimento, passividade e atividade"[238].

Desta perspectiva, o enfoque realista não se afasta substancialmente do positivismo de Kelsen ou Hart, pois, mesmo que talvez sublinhe com mais intensidade a importância da atividade judicial para elucidar o conceito do Direito, não implica nenhuma reformulação do que em si mesmo significa dita atividade. Em Kelsen, efetivamente, pode prestar-se a discussão o significado e alcance que possa ter a lógica na aplicação do Direito[239], mas está fora de toda dúvida que as sentenças expressam atos de vontade, não expressam operações meramente cognoscitivas, e que, por conseguinte, têm um caráter criativo, particularmente ante os problemas de lacunas e antinomias[240]; "a jurisdictio ou

---

236 A. Ross, *Sobre el Derecho y la Justicia* (1958). Trad. de G. Carrio, Eudeba, Buenos Aires, 1963, p. 71. Neste sentido é famosa a afirmação de Holmes: "As profecias do que efetivamente farão os tribunais, e não nada mais pretensioso, são o que eu entendo por Direito", "The Path of the Law" (1897), in *Opinioni dissenzienti*, ed. De C. Geraci, Giuffrè, Milano, 1975, p. 260.

237 Vide M. Urso, "A. Ross e l'applicazione del Diritto", in F. Viola, F. Villa, M. Urso, *Interpretazione e applicazione del Diritto tra scienza e política*, Celup, Palermo, 1974, p. 85 e ss.

238 A. Ross, *Sobre el Derecho…*, citado, p. 132-135. Vide também E. Pattaro, *Elementos para uma teoria do Direito*. Trad. de I. Ara, Debate, Madri, 1986, p. 215 e ss.

239 Vide, por exemplo, as considerações de M. Losano, *La dottrina pura del Diritto dal logicismo all'irrazionalismo*, estudo preliminar à tradução italiana da *Allgemeine Theorie der Normen*, citado, p. XVII e ss.

240 Escreve Kelsen em uma nota crítica a Perelman que "o juiz, resolvendo conflitos de normas para um caso concreto ou bem preenchendo uma chamada lacuna cria novo Direito. Ao afirmar que somente efetua uma dedução lógica de um Direito já existente, ele se serve de uma ficção (que pode ser muito útil) cuja finalidade é evidentemente manter no público que pede justiça a ilusão da certeza do Direito", *Teoria generale…*, citado p. 464, nota 2.

ato de dizer o Direito – afirma já na primeira edição da Reine Rechtslehere – não tem o caráter simplesmente declarativo que sugerem estes termos... A jurisdição tem, pelo contrário, um caráter nitidamente constitutivo. É um verdadeiro ato criador do Direito..."[241]. Afirmação precisa que, no entanto, não conduz à dworkiana desvalorização das regras jurídicas: estas, e não as decisões judiciais encerram no fundamental a resposta à pergunta acerca do que é o Direito vigente; o que acontece é que essas regras não determinam com precisão a extensão do seu âmbito de validez "e é desta forma intersticial como principalmente se desenvolveria a criação judicial do Direito"[242].

Encontramos em Hart uma explicação análoga. A linguagem jurídica, como toda linguagem natural, apresenta em seu significado um núcleo de certeza e uma zona de penumbra ou textura aberta, de modo que quando pretendemos aplicar uma norma encontram-se casos que indubitavelmente estão contidos nela, mas aparecem também "áreas de conduta em que muito se deve deixar para que seja desenvolvido pelos tribunais... Aqui, na zona marginal das regras e nos campos que a teoria dos precedentes deixa abertos, os tribunais desempenham uma função produtora de regras"[243]. Mas se trata, sem dúvida, de uma zona marginal, pois também em Hart as normas institucionais desempenham um papel fundamental na hora de definir o Direito[244], e delas e só residualmente da moralidade, recolhem os juízes os critérios nos quais basear suas decisões. Em suma, frente ao "pesadelo" de alguns realistas que dissolvem o Direito em uma soma desconexa de sentenças judiciais e frente ao "sonho" daqueles que pretendem que o juiz *encontre* facilmente todas as chaves de sua sentença[245], a verdade situa-se em algum lugar intermediário; as normas são importantes e condicionam até certo ponto o sentido da sentença, mas, a partir desse ponto, se abre caminho à discricionariedade onde a teoria do Direito (descritiva) pouco tem a dizer.

---

241 H. Kelsen, *Teoria pura do Direito*, 1. ed.. Trad. de M. Nilve da edição francesa de 1953, Eudeba, Buenos Aires, 13. ed., 1975, p. 151-2.

242 L. Prieto, *Ideologia*..., citado, p. 77

243 H. Hart, *O conceito do Direito*, citado, p. 168-9.

244 Pois, a não ser assim, "a noção de regras que controlam as decisões dos Tribunais careceria de sentido, tal como pretendem – penso que com maus fundamentos – alguns dos realistas situados em atitudes extremas", H. Hart, O positivismo jurídico e a separação entre Direito e moral, in *Derecho y Moral. Contibuición a su análisis.* Trad. de G. Carrio, de Palma, Buenos Aires, 1962.

245 Esta comparação entre o pesadelo não assistemático de alguns realistas e o sonho de um modelo como o do juiz Hercules a apresenta Hart, in American jurisprudence through english eyes: the nighmare and the noble dream, *Georgia Law Review*, 11, 1977, p. 969 e ss. Vide mais amplamente J. R. de Paramo, *Hart e a teoria analítica do Direito*, citado, p. 168 e ss. e 379 e ss.

Assim, ao que poderíamos chamar judicialização da teoria do Direito pode resultar compatível com a explicação positivista, e o caso de Ross resulta paradigmático: com independência de onde situemos o teste de juridicidade (no que dizem as leis ou no que sentenciam os tribunais), o certo é que as regras ocupam um lugar fundamental na hora de explicar o Direito vigente e as próprias decisões jurisdicionais. No entanto, a partir de certo momento da argumentação, sobretudo nos casos difíceis, essas regras mostram-se insuficientes e abre-se passagem à discricionariedade judicial; uma discricionariedade que não tem porque ser equivalente à arbitrariedade, mas que se situa além do controle que possa se exercer desde o material jurídico positivo, e daí que o que se tem chamado "Direito vigente" não possa garantir a unidade de solução justa ou a única resposta correta ante um caso concreto. Resumindo, a judicialização da teoria do Direito pode manter-se fiel ao normativismo – ao menos, neste aspecto – e não tem que desembocar necessariamente na tese da unidade de solução justa.

Isto último convém deixar claro a fim de não confundir a que denominamos teoria forte dos princípios com qualquer classe de reivindicação do Direito judicial; é verdade que o "principialismo" parece circunscrever o núcleo de suas preocupações ao comportamento judicial, mas, também, não é certo que aqueles que fixam a atenção em dito comportamento compartilhem o "modelo dos princípios" nem, muito menos, a tese (ou ficção) da única resposta correta a que esse modelo conduz. De certo modo, esse ponto de vista foi adiantado nas páginas precedentes, mas acho que agora devemos nos aprofundar no argumento, pois me parece que constitui o verdadeiro desígnio político e ideológico (de ideologia jurídica) da configuração dos princípios que já conhecemos.

2. A IDEIA DE UNIDADE DE SOLUÇÃO JUSTA, ENTRE O LOGICISMO E O EXERCÍCIO DA DISCRICIONARIEDADE CONTROLÁVEL

2.1. Modelo tradicional

A pretensão de que a lógica como método científico domine os processos de criação e aplicação do Direito caracterizou alguns períodos de otimismo jurídico e singularmente à ideologia da codificação. O código foi obra do jusnaturalismo racionalista e, do mesmo modo que este havia concebido a "jurisprudência universal" como uma teoria especulativa e matematizante[246], assim também o Código quis apresentar-se como a expressão mais acabada do racionalismo entendida na tripla dimensão que indica Gomez Arboleya, isto é, como racionalismo utópico construtivo da realidade, como racionalismo político edificador do Estado e unificador da nação e, por último, como racionalismo burguês confirmador da vida profana, livre e igual[247]. A lei de iluminismo, e o Código que é seu monumento exemplar, recusam um argumento voluntarista vinculado ao mero exercício do poder e reclamam para si o prestígio da legislação racional que – supostamente – refletiria a estrutura natural das coisas e das relações humanas; por isso, cabe dizer que o legislador confiou antes que o juiz, na existência de uma só resposta justa ou correta, de uma só lei racional. O renovado interesse que hoje se observa na teoria da legislação vem recolher uma velha herança da reflexão jurídica.

No entanto, no marco do Direito moderno, a pretensão de uma legislação racional não pode prosperar, pois logo ficou evidente que as determinações do Direito positivo encarnavam a vontade, mais ou menos caprichosa, dos detentores do poder político[248]; um poder político que podia comportar-se de modo discricionário porque sua legitimidade residia – no melhor dos casos – na eleição democrática, não na racionalidade de sua atuação. Sim, chegou a prosperar, por outro lado, a ideia de uma jurisprudência ou de uma aplicação do Direito segundo cânones de lógica ou racionalidade. Os testemunhos são muito abundantes, mas basta recordar dois destaques, cuja influência ainda pesa sobre os juristas atuais: "Os juízes da nação não são, como dissemos, mais que o instrumento que pronuncia as palavras da lei, seres inanimados que não podem moderar nem a força nem o rigor das leis"[249]. "Em todo delito deve-se fazer-se pelo juiz um silogismo perfeito: a premissa maior deve ser a lei geral;

---

[246] Recordemos a afirmação de H. Grocio: "[...] assim como os matemáticos consideram as figuras com abstração dos corpos, assim eu, ao tratar do Direito, prescindi de todo fato particular", *Del Derecho de la Guerra y de la Paz* (1625). Trad. de J. Torrubiano, Réus, Madri, 1925, Prolegômenos, ep. 58, p. 39. E também a de J. Locke: "Não duvido que possam estabelecer-se, a partir de proposições evidentes por si mesmas, e por umas consequências necessárias tão incontestáveis como as dos matemáticos, as medidas do bem e do mal...", *Ensaio sobre o entendimento humano* (2690), ed. de S. Rabade e M. E. Garcia, Editora Nacional, Madri, 1980, V. II, Livro IV, Cap. III, p. 819.

[247] E. G. Arboleya, O racionalismo jurídico e os Códigos europeus (II), in *Estúdios de Teoria de la sociedad y del Estado*, Instituto de Estudos Políticos, Madri, 1962, p. 508-9.

[248] A Lei é simplesmente "A vontade do legislador", escreve J. Austin, *The province of jurisprudence determined* (1832), ed. de H. Hart, Humanity Press, Nova York, 1968, p. 96 e 155. Vide sobre o indicado no texto F. Gonzalez Vicen, Del Derecho natural al positivismo jurídico, in *Anales de la Universidad de La Laguna*, Faculdade de Direito, IX, 1981-82, p. 7 e ss.

[249] Montesquieu, *Del espiritu de las leyes*, (1748). Trad. de M. Blazquez e P. de Vega, Tecnos, Madri, 1972, Libro XI, Cap. III, p. 156.

a menor, a ação conforme ou não com a lei; a consequência, a liberdade ou a pena"[250]. Em suma, dir-se-ia que o trânsito do jusnaturalismo ao positivismo se traduz no deslocamento da razão desde a criação à aplicação do Direito, do legislador racional ao juiz racional[251].

Eis aqui, a meu ver, um dos mais persistentes mitos da ciência jurídica dos dois últimos séculos, a saber: o caráter técnico e neutro da jurisprudência, tanto na dimensão dogmática acadêmica, como na prática. O modelo de jurista da codificação, forjado a partir da filosofia iluminista, ou bem um é científico que ordena, sistematiza e expõe o material jurídico positivo, ou bem é um técnico a serviço de um Direito já "dado" desde fora de sua própria subjetividade. Como observa Tarello, a codificação proporcionou um estímulo definitivo a essa concepção técnica da atividade jurídica cuja função institucional deveria ser a observância rigorosa de uma ciência que elabora um objeto (o Direito) externo e preconstituído[252].

É verdade que a consolidação desta ideologia que fazia do jurista – incluído o juiz – um sujeito neutro e sem paixões, atravessou distintas etapas e teve que recorrer a diferentes argumentos, inicialmente, enquanto se manteve a noção antiga (e pejorativa) da *interpretatio* como uma espécie de fonte suplementar da *lex* alimentada à base de *rationes* e *auctoritates*[253], o cerceamento da discricionariedade judicial ou, se preferir, a garantia de sua racionalidade traduziu-se na proibição da própria *interpretatio*: aplicar a lei segundo um silogismo perfeito, como queria Beccaria, não era portanto interpretar[254]; o que teve seu complemento na técnica do recurso ao legislador, isto é, na obrigação de conseguir uma interpretação autêntica nos casos duvidosos[255]. Em suma, o iluminismo jurídico não chegou a manter o dogma da plenitude do Direito, mas, de certo modo, o da unidade de solução justa: a aplicação

---

250 C. Beccaria, *De los delitos y de las penas* (1764), ed. de F. Tomas Y Valiente, Aguilar, Madri, 1974, p. 76.

251 Vide L. Prieto, *Ideologia...*, citado, p. 28.

252 G. Tarello, *Storia della cultura giuridica moderna. V. I, Absolutismo e codificazione del Diritto*, Il Molino, Bologna, 1976, p. 18.

253 Vide G. Gorla, I precedenti storici dell'art. 12 disposizioni preliminary del Codice civile di 1942, in *Il Foro italiano*, 1969; G. Tarello, *Storia...*, citado, p. 67; P. Salvador, *La compilación...*, citado, p. 401.

254 Acertadamente escreve M. Cattaneo que o iluminismo jurídico concebeu a interpretação como uma atividade substancialmente criativa e daí que proibir-se ao juiz realizar tal função, atribuindo-a ao legislador, *Iluminismo e legislazione*, Ed. Di Comunità, Milano, 1966, p. 16. Vide, por exemplo, Voltaire, *Dictionnaire philosophique*, voz "Lois civiles et ecclesiastiques", em *Oeuvres completes*. Baudouin Frères, 2. ed., Paris, 1926, v. LVI, p. 492; também C. Beccaria, *De los delitos...*, citado, p. 75.

255 Vide, por exemplo, em relação aos códigos da ilustração germânica, P. Salvador, *La Compilación...*, citado, p. 391 e s.

do Direito deveria ajustar-se a cânones lógicos e, ali onde não fosse possível (*casus dubius*), recorrer-se-ia à autoridade inapelável do legislador.

A plena construção do mito tão somente necessitava desembaraçar-se do incômodo e perigoso recurso do legislador, substituindo-o pelo dogma da plenitude[256], e isto será obra da escola da exegese. Em *Code*, efetivamente, desaparece o dito recurso, como desaparece também a proposta de Portalis no sentido de autorizar uma sentença segundo equidade ou de acordo com os princípios naturais[257], ficando de pé unicamente a obrigação judicial de decidir em todo caso em obediência às estritas prescrições da lei; no máximo, a analogia e os princípios gerais do Direito constituirão o limite máximo a que pode chegar o raciocínio judicial, supondo de que se trata nos dois casos de uma "autointegração" do próprio Direito que em nada compromete a subjetividade do intérprete[258]. De um modo ou de outro, preservar a imagem técnica do jurista, eliminar a "válvula" do *casus dubius*, já fora recorrendo à velha *interpretatio* ou ao legislador, e assegurar que a lei oferecia uma, somente uma, resposta correta ao caso exposto, representaram três facetas de um mesmo desígnio da teoria e da ideologia jurídicas do primeiro positivismo.

2.2. Em busca de uma nova lógica

O primeiro positivismo foi combatido e ridicularizado mais de mil vezes[259], mas somente como *teoria* que afirmava a plenitude do ordenamento jurídico ou o caráter lógico dos métodos de interpretação, não como i*deologia* que pretendia avaliar a natureza técnica ou apolítica da jurisprudência e a unidade de solução justa. É mais do que isso, não deixa de ser surpreendente que tenham sido herdeiros da tradição positivista aqueles que venham a reconhecer a ilusão de tais postulados e, nesse sentido, já demos como dificilmente explicável às virtudes de uma judicatura na que fazem residir os arcanos da justiça.

Dito de outro modo, logo desapareceu essa fé ingênua em que com o Código em uma mão e a lógica na outra confiava em encontrar resposta fácil ante qualquer problema, mas para muitos não desapareceu, no entanto, a

---

256 Vide N. Bobbio, *Il positivismo...*, citado, p. 84-85.

257 Vide M. Cattaneo, *Illuminismo...*, citado, p. 144.

258 Como escreve P. Salvadoe, os princípios fechavam "o conjunto de regras sobre a interpretação judicial e, na prática, supunham o abandono da velha discussão entre o *casus clarus* e o *casus dubius* pelos efeitos do recurso ao legislador", *La Compilación...*, citado, p. 436.

259 R. Ihering foi um dos primeiros a fazê-lo, A jurisprudência de brincadeira e a sério, versão espanhola em *Revista de Direito Privado*, Madri, 1933. Com o título Bromas y veras en la jurisprudência foi traduzida por T. Banzhaf, Ed. Jurídicas Europa-América, Buenos Aires, 1974.

ideia de que um juiz – se se quer, um juiz competente e virtuoso – acertaria sempre com a única resposta justa ou correta; pressupondo, portanto que dita resposta exista e que de algum modo está preconstituida à própria decisão judicial. Por isso, tem toda razão R. Alexy quando inicia seu livro sobre a argumentação recordando que um dos poucos pontos em que existe acordo na discussão metodológico-jurídica contemporânea é a negação à teoria da subsunção lógica como explicação do processo de aplicação do Direito[260]; o que ocorre é que os juristas chegaram ao mesmo resultado por meio de caminhos algo mais tortuosos, e a doutrina forte dos princípios tem bastante responsabilidade nisso.

A unanimidade à que alude Alexy nos poupa invocar argumentos de autoridade e, sobretudo, nos poupa a reconstrução do que tem sido a ciência jurídica desde meados do século XIX, a saber: uma constante denúncia da imprecisão e insuficiência das normas e da existência de lacunas e antinomias no sistema jurídico. Basta recordar a categórica afirmação de Kantorowicz: "não se encontram casualmente lacunas na lei; o que acontece é (como se pode afirmar sem temor de equivocar-se) que há tantas lacunas quanto há palavras"; por isso, "resulta altamente improvável que um dado caso seja compreensível mediante a parte indubitável dos diferentes conceitos aplicáveis e que não nos deparemos com seus contornos borrados"[261].

De modo paradoxal, esta versão radical do antiformalismo que foi o movimento do Direito livre chegou a reconhecer como quimera a tese da unidade de solução justa e, no entanto, se manteve imperturbável na defesa do juiz como depósito da justiça, sequer da justiça do caso concreto, e como sujeito politicamente irresponsável. Pelo que se refere ao primeiro aspecto, Kantowicz mostra-se categórico: "afirmamos que muitos casos jurídicos não admitem nenhuma solução jurídica"; as diferenças entre os homens e as situações talvez "tenham que traduzir-se em uma solução diferente, pelo menos de uma parte dos casos"; "mas nem sequer podemos sustentar em princípio que todas as questões jurídicas sejam susceptíveis de uma solução subjetiva", pois até o Direito livre, pese à espontaneidade de suas decisões e à plasticidade emotiva de seu conteúdo, mostra-se incapaz de oferecer sempre uma e somente uma solução justa, de maneira que então "a decisão dependerá de normas de outras categorias ou da arbitrariedade"[262]. Mais ainda: não só

---

[260] R. Alexy, *Teoría de la argumentación jurídica*, citado, p. 23.

[261] G. Kantorowicz, *La lucha por la ciencia del Derecho*, citado, p. 337.

[262] *Ibidem*, p. 338-41.

cabe uma sentença arbitrária na ausência de lei, como também contra a lei quando esta apresente dúvidas ou pareça inadequada[263]. Em suma, "os ideais da legalidade, da passividade, da fundação racional, do caráter científico, da segurança e da objetividade parecem incompatíveis com o novo movimento"[264], que pretende dar aos sentimentos teor de autenticidade.

Pois bem, o paradoxo reside em que, depois de defender um modelo de jurisprudência como o exposto, se recusa dar o passo seguinte, lógico e necessário, de revestir o juiz com os atributos do legislador, mesmo quando fossem os de um legislador do caso concreto; pelo contrário, "se não podemos confiar no juramento do juiz... não existe garantia alguma"[265]. O juiz que nos descreve Kantorowicz recorda bastante à figura do juiz Hercules: estará familiarizado tanto com as concepções jurídicas dominantes no povo como com os resultados das ciências afins, também deve contar com uma sólida cultura econômica e mercantil, compreender as peculiaridades das profissões artísticas e inclusive estar em dia com todos os truques do criminoso profissional. Parece que, tanta sabedoria, unida ao juramento, tem como resultado sujeitos que "têm mais maturidade que a maioria dos membros de partidos que fazem o papel de legislador"[266].

Certamente, a maior parte dos juristas que receberam a influência do Direito livre – e não foram poucos – procurou evitar propostas tão radicais ou excessivas, intentando principalmente recuperar o mito da unidade da solução justa como fundamento dessa imagem técnica e irresponsável do juiz, que Kantorwicz tinha deixado em mãos da mais subjetiva emotividade. Os testemunhos poderiam multiplicar-se, mas será suficiente recordar o pensamento de um jurista do começo do século, H. Reichel, autor de um significativo livro *A Lei e a Sentença*[267]. Depois de uma crítica ao uso do dogma da plenitude hermética, Reichel oferece três caminhos para orientar a atividade judicial: o Direito consuetudinário, no qual ressurge "um bom pedaço do Direito natural"[268], a analogia e, sobretudo, a "natureza da coisa", do onde se deduzem ou obtém os princípios jurídicos que hão de disciplinar qualquer caso, por mais difícil que seja.

---

263 *Ibidem*, p. 363.

264 *Ibidem*, p. 361-2.

265 *Ibidem*, p. 364.

266 *Ibidem*, 370.

267 Publicado em 1914, existe tradução de E. Miñana Villagrasa, pela que cito, Réus, Madri, 1921.

268 H. Reichel, *La Ley y la Sentencia*, citado, p. 94

A definição do que se deve entender por natureza da coisa não é precisamente clara: "a natureza da coisa não é mais que o natural conforme a posição da coisa, isto é, o que então é adequado, justo, segundo a civilização, saudável"[269]; e, consequentemente, também resultam bastante obscuros os princípios que derivam desta e que, na opinião de Reichel, devem responder ao melhor dos postulados da justiça e das necessidades de nosso tempo e de nossa comunidade social. No entanto, não estamos ante um assunto "meramente subjetivo, de gosto e de sentimento"[270], "pois sempre decide o juiz segundo uma norma jurídica, não estabelecida por ele, mas sim determinada ou fixada... nunca estabelece o juiz princípios jurídicos... ele não faz nada além de colocá-los à vista"[271].

Em Reichel, como em tantos retóricos e hermeneutas, resulta enigmático e maravilhoso que noções tão evanescentes como a natureza da coisa, a compreensão prévia ou os princípios possam chegar aonde não chega uma lei conclusiva, isto é, que resolva de modo unívoco qualquer suposto de fato sem comprometer a subjetividade e a responsabilidade do juiz como órgão criador do Direito; talvez para compreendê-lo devamos nos aprofundar no que Ollero denominou acertadamente "a racionalidade do relativo"[272]. Certo é que essa imagem da judicatura pretende manter-se não só quando resolve na ausência da lei, senão também quando o faz contra ela. Mesmo que Reichel se mostre mais cauto que Kantorowicz, não deixa de afirmar categoricamente que "o juiz está obrigado, em razão de seu cargo, a separar-se conscientemente de um preceito legal, quando aquele preceito se encontra de tal sorte em contradição com o sentimento moral da maioria, que, se o mantivesse, correria muito mais perigo a autoridade do Direito e da lei, do que pela inobservância de dito preceito"[273]. O mais curioso é que um juiz que siga essa recomendação "trabalhou, não só subjetivamente de acordo com a boa consciência, como também objetivamente segundo o Direito"[274]. No fundo lei e Direito são coisas distintas; o Direito é superior à lei e nutre-se, entre outras coisas, a base de princípios. Eis aqui um dos desígnios da forte teoria dos princípios.

---

269 *Ibidem*, p. 106

270 *Ibidem*, p. 106.

271 *Ibidem*, p. 104-5.

272 A. Ollero, *Interpretación del Derecho y positivismo legalista*, citado, p. 113.

273 H. Reichel, *La ley y la sentencia*, citado, p. 137

274 *Ibidem*, p. 141.

Com argumentos mais ou menos depurados – e, em ocasiões, excepcionalmente depurados – uma boa parte da filosofia contemporânea do Direito empenhou-se na busca dessa nova lógica que pode substituir o ingênuo silogismo e que, ao mesmo tempo, permite preservar a imagem científica ou técnica do jurista[275]. Primeiro cunham-se alguns princípios para preencher as lacunas e se insiste em seu caráter jurídico e não arbitrário; logo se tende a identificar esses princípios com as exigências da justiça e, finalmente, posterga-se a própria aplicação das leis "injustas"; isso sim, tudo desde a mais ortodoxa atitude de respeito a um Direito que se supõe preconstituido à atividade judicial.

Vejamos o exemplo de Perelman: os princípios "se formam fora do juiz, mas, uma vez formados, impõem-se ao juiz e o juiz está *obrigado* a assegurar o respeito que os princípios reclamam"[276]. Agora, esses princípios não são somente os que se inferem do Direito positivo, senão os "comuns a todos os povos civilizados", os que "se consideram reconhecidos por todas as partes"[277], razão pela qual com sua aceitação "tende a desaparecer a contraposição nítida que o positivismo jurídico intentava manter entre o Direito positivo, legalista e estatal e o Direito natural"[278]. Em consequência pode ocorrer que algum desses princípios resulte incompatível com a solução jurídica que derivaria da aplicação das normas. Nesse caso, propõe Perelman que o juiz recorra a uma ficção que consiste em realizar uma qualificação dos fatos contrária à realidade, evitando assim uma solução inaceitável no caso concreto[279].

Em suma, pese os desmentidos da experiência, a maior parte dos juristas quis manter a ideologia positivista a propósito de sua própria função social, mesmo ao custo de destruir as premissas teóricas desse mesmo positivismo. O seguinte fragmento de Laband me parece sumamente esclarecedor e creio que ainda exerce sua influência tanto no ensino como na aplicação do Direito: "a decisão jurídica consiste na subsunção de um fato dado sob o Direito vigente e é, como toda conclusão lógica, independente da vontade... O chamado a decidir pode se ver obrigado a investigar o fato e no estabelecimento deste se lhe pode reconhecer um amplo espaço de jogo para sua livre apreciação,

---

275 Vide L. Prieto, *Ideologia...*, citado, p. 54 e s.

276 Ch. Perelman, *La lógica jurídica y la nueva retórica* (1976). Trad. de L. Diez-Picazo, Civitas, Madri, 1979, p. 105. Na realidade, o fragmento citado corresponde a Ganshof Van Der Meersch, mas é assumido por Perelman.

277 *Ibidem*, p. 104.

278 *Ibidem*, p. 117.

279 *Ibidem*, p. 88 e s.

porém a configuração deste não depende de sua vontade. Do mesmo modo, o Direito objetivo (a proposição lógica superior) pode conceder ao juiz um amplo poder discricionário, prescrever-lhe que atenda à equidade, autorizar-lhe uma sentença arbitrária. Apesar disso, o juiz não terá dado vigência a sua vontade, mas sim a do Direito objetivo, pois é a viva *vox legis*"[280].

3. A FILOSOFIA MORAL E POLÍTICA COMO CLÁUSULA DO SISTEMA JURÍDICO

3.1. A tese dos direitos e o juiz HÉRCULES

Como era de esperar, a mais vigorosa teoria dos princípios desenvolvida em nossos dias quis desempenhar também essa função institucional que consiste em preservar a imagem do juiz irresponsável, depositário da justiça e instrumento a serviço dos direitos subjetivos, em contraposição ao papel do político ou do legislador, guiado por critérios de utilidade social e artífice de um Direito novo; imagem que é, por sua vez, reflexo da mais profunda separação entre a racionalidade que dominaria a aplicação do Direito e a vontade, que seria dona dos processos de criação jurídica[281]. Este é um desígnio no qual Dworkin não se separa de boa parte da literatura jurídica continental, mesmo que não recorra a ela e mesmo que siga seus próprios caminhos. Com tudo, a posição do autor norte americano a propósito da discricionariedade e da unidade de solução justa, apresenta alguns problemas particulares, derivados uns do próprio significado que atribui à noção de discricionariedade, e outros em consequência do sentido valorativo e justificador que apresenta sua última do Direito, onde o jurista se apresenta mais como um concretizador da justiça ou defensor dos direitos individuais que como um mero aplicador das normas. Vejamos o desenvolvimento desta argumentação.

Dworkin confessa que na aplicação do Direito cabe reconhecer a presença de uma discricionariedade que não é incompatível com sua teoria de decidir o caso concreto nem, portanto, com a posição institucional do juiz em um modelo justo de organização política. É a chamada discricionariedade fraca, que pode referir-se a algum destes fenômenos: a) o ajuizamento em questão

---

280 P. Laband, *Das Staatsrecht dês Deutschen Reiches*, Tubinga, 1876, 5ª ed. V. II, p. 178; citado por Ch. Starck, *El concepto de ley en la Constitución alemana* (1970). Trad. de L. Legaz, C. E. C., Madri, 1979, p. 359.

281 Vide J. Wroblewski. "Legal Syllogism and Rationality of Judicial Decision", em *Rechtstheorie*, 1974, p. 33 e ss.

baseia-se em uma norma que não admite uma aplicação mecânica, mas que exige um exercício de discernimento; assim quando o tenente ordena ao sargento que forme uma patrulha com seus cinco homens mais experientes, requer da parte deste certa discricionariedade para determinar quem são os eleitos, porém não é esta uma discricionariedade "forte" ou que desvirtue a posição do juiz Hércules; b) alguma autoridade tem a última palavra sobre determinado assunto, de modo que sua decisão não pode ser revisada por nenhuma instância superior[282].

O que Dworkin exclui é a chamada discricionariedade em sentido forte, cuja defesa endossa aos positivistas[283] e que ele vincula estreitamente ao problema das lacunas. Existiria esta classe de discricionariedade se admitíssemos que, em presença de um problema determinado, o Direito não oferece uma solução unívoca, de maneira que o julgador seria chamado a decidir segundo seu próprio critério[284]. No entanto, parece que isto é algo que nem deve admitir-se à luz de um modelo de justiça, nem tem tampouco por que admitir-se à luz de uma sólida teoria do Direito.

Não se deve admitir, em primeiro lugar, porque dessa forma os juízes passariam a desempenhar o papel dos legisladores, dado que a 'discricionariedade equivale à criação de normas jurídicas[285]; e, em segundo lugar, porque com isso se frustrariam as legítimas expectativas dos justificantes que quando recorrem a um Tribunal buscam por uma decisão fundada no Direito preexistente e não em opiniões particulares do juiz[286]. Por conseguinte, a discricionariedade forte que os positivistas defendem – ou ante a qual se rendem – alenta ou justifica uma função jurisdicional antidemocrática e lesiva para os direitos individuais;

---

282 Vide R. Dworkin, *Los derechos en serio*, citado, p. 84.

283 Em realidade, como vimos, essa discricionariedade forte é defendida por Kelsen ou Hart, mas não pelos positivistas em geral, quase sempre dispostos a conceber a jurisprudência em termos de aplicação mecânica do Direito. Nesse sentido tem razão a crítica de Carrio ao dizer que "é Dworkin, e não Hart, quem sustenta, como fazem alguns teóricos 'positivistas', que os juízes se limitam a reconhecer direitos preexistentes e que, portanto, seu papel não pode ser considerado criador..." *Dworkin y el positivismo jurídico*, citado, p. 22.

284 É verdade que Dworkin vincula os casos difíceis ao problema das lacunas, não aos derivados da atribuição de significado às normas, e sobre isso vide R. Guastini, Soluzioni dubbie. Lacune e interpretazione secondo Dworkin. Com um'appendice bibliográfica, in *Materiali per una storia della cultura gicuridica*, XII, n. 2, 1983, p. 451. No entanto, parece que as lacunas não se equivalem simplesmente a uma ausência de critério normativo, mas também a uma ausência de critério plausível ou adequado desde o ponto de vista da justiça; isto é, os casos difíceis são aqueles que carecem de resposta (lacunas) ou aqueles que podem receber uma resposta normativa "injusta" ou incompatível com os princípios, vide A. Pintore, *La teoria analítica...*, citado, p. 174-175.

285 Vide *Los derechos en serio*, citado, p. 150.

286 "A tese dos direitos – afirma Dworkin – supõe que o Direito a ganhar um processo é um autêntico Direito político", *Los derechos en serio*, citado, p. 157.

antidemocrática porque os juízes não desempenham um poder representativo e a atribuição de um poder de criação jurídica vulneraria a separação de poderes; e lesiva para os direitos, porque se suas decisões produzem-se *ex post facto,* desaparece o postulado básico da previsibilidade das ações e, com isso, a segurança jurídica.

Mas a discricionariedade forte não só não se deve admitir, como ademais há boas razões para não fazê-lo, pois o Direito, tal e como o concebe nosso autor, é completo e oferece sempre uma, e somente uma, resposta correta. Naturalmente, aqui aparecem os famosos princípios cujos perfis já foram descritos; frente a um caso difícil, o juiz consulta o universo da moralidade e da filosofia política, do que forma parte o próprio Direito, e encontra um princípio que há de ser o que melhor explique e o mais adequado à tradição do sistema institucional e, ao mesmo tempo, o mais forte desde o ponto de vista ético, o que ofereça uma solução mais justa[287]. O juiz Hércules, onisciente e sobre-humano[288], conhece sua falta de legitimidade para criar normas e sabe que as partes no conflito pretendem o amparo de seu Direito, de um Direito próprio e preexistente. Portanto, sua tarefa há de ser desenvolver "a melhor e mais coerente teoria que explique e justifique o Direito explícito e, de modo particular, que integre e compreenda todas as exigências que derivam do sistema constitucional, com a segurança de encontrar o princípio adequado para resolver o conflito ou a hipótese de fato".

Em realidade, a confiança na unidade de solução justa não reside somente no auxílio que proporcionam os princípios, senão também na peculiar estrutura do raciocínio judicial e na posição institucional de quem administra justiça. Como explica Dworkin[289], a atividade jurisdicional caracteriza-se, primeiro, porque as pretensões das partes são mutuamente excludentes e não cabe uma terceira possibilidade (*tertium non datur*), de modo que existe delito ou não existe, que há responsabilidade ou não, que a norma é válida ou não o é etc.; e, segundo, porque ditas pretensões hão de ser necessariamente justificadas ou não justificadas, pois quem pede justiça não o faz simplesmente por conveniência ou interesse, senão porque pensa que sua posição conta com respaldo jurídico, porque se crê amparado por um Direito subjetivo. Dito de outro modo, e seguindo os exemplos do autor, se uma parte defende a validade do contrato e a outra sua invalidez, não cabe que o juiz manifeste a impossibilidade de

---

[287] Vide R. Dworkin, *A Matter of Principle*, Claredon Press, Oxford, 1986, p. 143.

[288] Com razão o qualifica R. Guastini de "juiz mítico", "*Soluzioni dubbie...*", citado, p. 454.

[289] "No Right Answer?", citado, p. 80 e ss.

dar razão a um ou outro, nem tampouco que adote uma terceira solução que não seja declarar a validez ou invalidez.

Certamente, esta última observação pode ser considerada uma descrição bastante adequada do modo de raciocinar e de comportar-se dos operadores jurídicos[290]. No entanto, não creio que esclareça nenhuma interrogativa sobre a discricionariedade, pois uma coisa é a obrigação processual do juiz de pronunciar-se em favor das pretensões de uma das partes, excluindo as da contrária, e, outra diferente, que existam critérios fundamentais vinculativos para adotar essa decisão[291]; isto é, que deva existir um pronunciamento e que deva amparar as pretensões de uma das partes, não significa que dito pronunciamento não se possa fundar na discricionariedade ou que teoricamente represente o único possível no marco do Direito positivo.

Por isso, o nó da questão continua sendo um problema fundamental e não processual; mas Dworkin transita com muito mais liberdade que um positivista nesses problemas fundamentais graças a sua tese sobre fusão entre Direito e moral e, particularmente, entre a ética e o Direito constitucional. Se a isto unirmos a concepção objetivista da moral que destila por toda a obra de Dworkin, compreende-se mais facilmente uma teoria da adjudicação baseada na unidade de solução justa. Pois, efetivamente, se aonde não chegam as normas institucionais explícitas ou onde estas não proporcionam uma resposta adequada, chega a moral; e, se essa moral não pode considerar simultaneamente algo como justo ou injusto, é óbvio que um juiz que cumpra o método hercúleo valer-se-á sempre de um critério externo para resolver cada caso; entendendo por critério externo aquele que não é criado pelo juiz, mas que é anterior a sua atuação e conhecido pelos que estão sendo julgados.

No fundo, a compreensão daquilo que fazem os juízes não difere excessivamente na aproximação de Dworkin e na que possa fazer um positivista como Hart. O que acontece é que sua concepção do Direito e da teoria do Direito é tão diferente que Dworkin pode falar de plena submissão ao sistema jurídico e de unidade de solução justamente ali onde Hart falaria

---

290 Bastante acertada embora, talvez, não totalmente exata. Por exemplo, é verdade que o juiz penal somente pode sentenciar a culpabilidade ou não culpabilidade do réu (*tertium non datur*), porém a pena que imponha não tem por que ajustar-se nem à petição fiscal nem à da defesa; de fato, em nosso processo penal reconhece-se a discricionariedade de alguns pronunciamentos. Do mesmo modo, um juízo sobre a constitucionalidade de uma lei pode desembocar em uma sentença das chamadas interpretativas, que não afirmam nem negam de modo categórico, senão que declaram que o preceito "X" é constitucional sempre que se interprete do modo "Y", ou que o preceito "X" é inconstitucional nas interpretações "X" ou "Z". Além do que, creio que na interpretação constitucional a unidade de solução justa nem sequer apresenta-se como ideia reguladora. Vide L. Prieto, "Notas sobre la interpretación constitucional", citado, p. 175 e ss.

291 Vide R. Guastini, "Soluzione dubbie...", citado, p. 455; C. Luzzati, *La vaghezza...*, citado, p. 93.

de discricionariedade[292]. E é que, efetivamente, na sua já descrita concepção interpretativa do Direito o autor norte-americano parte de um jurista que adota o ponto de vista interno e que se compromete valorativamente com as instituições; jurisprudência e filosofia se integram em um *continuum* que busca uma visão unitária e compreensiva da justiça e do Direito explícito, capaz de dar vida aos princípios e em especial aos direitos morais[293]. Mais além e acima das normas concretas, o Direito em Dworkin é um universo de princípios e direitos que não conhece limites ou fronteiras a sua operosidade, que admite uma permanente expansão a serviço de uma justiça que *existe* e que *deve buscar-se* em qualquer hipótese por mais difícil que seja.

Nesse sentido, convém sublinhar que os princípios que utiliza o juiz Hércules não podem confundir-se com as diretrizes políticas. Apesar de que Dworkin fale às vezes de princípios de um modo amplo, no marco da decisão do caso concreto ou da decisão judicial os princípios devem ser compreendidos exclusivamente como um critério ou tipo de modelo que "há de ser seguido, não porque favoreça ou assegure uma situação econômica, política ou social, mas por ser uma exigência da justiça, a equidade ou alguma outra dimensão da moralidade"[294]. Pois então, a solução correta não será dada por considerações de bem-estar ou porque o juiz estime que com sua decisão fortaleça algum objetivo geral, mas sim que a argumentação de princípios tende a proteger direitos naturais prévios[295]. Quando os indivíduos se aproximam do Tribunal buscam a satisfação de seu Direito e não a realização de uma finalidade coletiva; daí que o juiz Hércules somente possa ponderar princípios no sentido estrito, porque somente eles são vinculados a direitos individuais. Somente observando estes princípios garante-se que o juiz não produz Direito *ex post*

---

292 Que pretendam responder a perguntas diferentes não significa, a meu ver, que as teorias da decisão de Hart e de Dworkin resultem compatíveis, como sustenta J. Ruiz Manero, *Jurisdicción...*, citado, p. 181 e s. Seriam compatíveis caso Dworkin tivesse querido mostrar somente como deve comportar-se um juiz moralmente esclarecido, mas o que pretende mostrar é como deve fazê-lo um juridicamente competente.

293 Vide A. Pintore, *La teoria analítica...*, citado, p. 155.

294 R. Dworkin, *Los derechos en serio*, citado, p. 72. Vide as observações críticas de N. Maccormick, *Legal Reasoning...*, citado, p. 259 e s.

295 "No lugar da enganosa questão de se os juízes encontram as normas no 'Direito existente' ou estabelecem normas que não se encontram nele, devemos nos perguntar se os juízes intentam determinar que direitos têm as partes, ou se criam o que eles consideram novos direitos com a finalidade de servir a objetivos sociais", "Réplica aos críticos", em *Los derechos en serio*, citado, p. 415-16. Vide também Political Judges and the Rules of Law, in *The Proceedings of the British Academy*, v. 64, Londres, 1978, p. 259, em que Dworkin tenta diferenciar sua *tesis de los derechos* da que poderíamos chamar *tesis del Derecho escrito*; Segundo esta última, a argumentação judicial se esgota na norma, no Direito codificado, enquanto a concepção dos direitos exige do intérprete elevar-se além do sistema positivo, valorizando os direitos individuais prévios a toda legislação positiva.

facto e que tutela os direitos individuais sobre qualquer outra consideração política. Nesta ocasião, parece entrecruzar-se o argumento antiutilitarista com a crítica ao positivismo.

Como conclui Guastini, duas são as propostas principais da *rights thesis*: no capítulo da resolução dos *hard cases*, o juiz deve decidir não visando a qualquer objetivo coletivo, mas somente em conformidade aos direitos subjetivos das partes; no capítulo da *judicial review*, o juiz deve fazer prevalecer os direitos subjetivos constitucionais dos cidadãos sobre qualquer política social perseguida pelo legislador[296]. Nos dois casos, o Direito (os direitos) proporcionará uma só resposta justa ou adequada.

3.2. Que devemos entender por discricionariedade?

Talvez o primeiro aspecto que chama atenção no tratamento dworkiano da discricionariedade e dos casos difíceis consista precisamente em seu conceito de discricionariedade "forte" ou rechaçável, que se limita às hipóteses de lacunas e de soluções normativas injustas ou inadequadas à luz dos princípios. Ao contrário, mostra escassa preocupação pelos problemas de atribuição de significado aos enunciados normativos, cuja solução confia ao exercício do discernimento ou ao bom senso; por exemplo, dizer quais são os soldados mais experientes – e este é o exemplo de Dworkin –, os rapazes mais virtuosos, os melhores pais de família ou os opositores com mais méritos constituiriam suposições de discricionariedade fraca, o que, na argumentação de nosso autor, equivale a dizer que o significado de tais conceitos pode ser *descoberto* pelo intérprete sem necessidade de recorrer a sua moralidade subjetiva, sem necessidade de projetar na decisão os preconceitos e valores culturais do próprio operador jurídico; pois, se assim ocorresse, estaríamos já em presença de uma discricionariedade forte. Isso põe em relevo uma vez mais o pouco interesse de Dworkin pelos problemas da linguagem, pois a atribuição de significado às normas, especialmente quando padecem da inconsistência que caracteriza os exemplos enunciados (virtuoso, experiente etc.), exige algo mais que simples discernimento[297]. Por isso, pode dizer algum crítico que essa distinção entre uma discricionariedade fraca e outra forte não se mantém em pé[298].

---

[296] R. Guastini, *Soluzione dubbie...*, citado, p. 458.

[297] Como observa Aarnio, Dworkin "não considera absolutamente a possibilidade de que uma expressão seja genuinamente ambígua, isto é, que se possam apresentar em relação a ela vários significados alternativos", *Lo racional como razonable...*, citado, p. 216.

[298] C. Luzzati, *La vaghezza...*, citado, p. 191

Em realidade, creio que um exame cuidadoso da questão realça que Dworkin não aceita as consequências de uma discricionariedade fraca como a que acabamos de comentar, quer dizer, não aceita que o mero exercício de discernimento do sargento acerca do soldado mais qualificado ou do Tribunal acerca do opositor mais qualificado possa dar lugar a soluções diferentes dependendo de quem seja o sargento ou de quem componha o Tribunal. Talvez, ele pensa que nestes casos, como nos pretendidos de discricionariedade forte, existe sempre uma solução mais correta e, quando admite esse discernimento ou bom senso, o único que quer indicar é que a norma ou mandato não podem ser aplicados de um modo mecânico ou automático. O que significa que com o nome de discricionariedade fraca não alude a nenhuma suposição (aceitável) de autêntica discricionariedade, mas sim aos problemas de inconsistência da linguagem normativa; enquanto reserva o qualificativo de "forte" para referir-se aos problemas de lacunas ou de incompatibilidade entre as soluções normativas e os princípios. Definitivamente, para Dworkin, a discricionariedade não é aceitável em nenhum sentido porque à luz do Direito – tal e como ele o entende – *deve* existir sempre uma resposta correta, ou ao menos, uma mais correta do que qualquer outra.

Se bem que o binômio imprecisão/precisão não é equivalente ao do conceito/concepção, a ideia que acabamos de enunciar pode ficar mais bem ilustrada analisando este último, mesmo que seja somente porque nosso autor dedica escasso interesse ao primeiro deles. Com efeito, na linha dos problemas que suscita a interpretação da Constituição norte-americana, Dworkin formula essa distinção que qualifica de crucial[299], embora escolha uma doutrina bem conhecida[300]: os conceitos fazem referência a conteúdos ou proposições morais que não são objeto de discussão, enquanto as concepções representam uma forma histórica ou subjetiva de plasmar tais conceitos. "A diferença não reside no *detalhe* das instruções dadas, mas no *tipo* de instrução que se dá: quando se apela a um conceito coloca-se um problema moral; quando se formula uma concepção desse conceito, tenta-se resolvê-lo"[301].

Tentaremos explicar por meio de exemplo. Às vezes, a Constituição incorpora preceitos bem delimitados e completos, cujo significado é sempre idêntico por aludir a uma realidade determinada e conhecida; são as cha-

---

299 *Los derechos en serio*, citado, p. 214.

300 Vide G. Rebuffa, "Costituzionalismo e giusnaturalismo: Ronald Dworkin a la reformulazione del Diritto naturale", *Materiali per una storia della cultura giuridica*, v. X, n. 1, 1980, p. 371.

301 J. C. Bayon, "O debate sobre a interpretação constitucional na recente doutrina norte-americana", em *Revista de las Cortes Generales*, 4, 1985, p. 144.

madas concepções que o legislador constituinte quis fazer perdurar como decisões básicas do sistema[302]. No entanto, frequentemente os constituintes não desejaram que seus particulares pontos de vista sobre um conceito moral se cristalizassem como concepções firmes, senão que de forma premeditada cunharam termos "vagos"[303], referências a modelos de conduta cuja concretização dependesse das concepções do momento. São os chamados "conceitos" constitucionais, que exigem ser completados ou dotados de sentido por um Tribunal atento à teoria moral que já conhecemos. Assim, quando a Constituição consagra "o processo devido" ou o "igual tratamento" não significa que tenhamos de investigar que casos o primitivo legislador considerou como transgressores de tais princípios, senão que ponderaremos esses modelos à luz de uma concepção atual[304].

À primeira vista, poderia parecer que abrimos a porta ao exercício de certa discricionariedade que impediria continuar mantendo que sempre e em todo caso exista uma única resposta possível. Os conceitos morais seriam como tais conceitos, incontrovertíveis, porém admitiriam uma pluralidade de concepções; todos os juízes estarão de acordo – porque o que diz a Constituição, art. 15 – em que se deve abolir as "penas ou tratos desumanos ou degradantes"; mas cada um deles, sobretudo ao longo de certo tempo, poderá manter concepções díspares acerca de quais são essas penas ou tratos, de modo que, existindo consenso no *conceito*, racionalmente não pode dizer-se que exista na *concepção*. O próprio Dworkin dá força a esta interpretação quando fala de "concepções concorrentes" entre as que o juiz deverá "decidir"[305] ou quando afirma que as concepções são controvertíveis ou discutíveis[306]. E algum comentarista parece aceitar essa sugestão quando compara a distinção dworkiana com aquela outra que formula Hart entre núcleo de certeza e zona de penumbra, compreendendo-se que em torno aos conceitos existe um consenso entre todos

---

302 Penso no artigo 12 da Constituição espanhola que estabelece a maioridade aos dezoito anos e que logicamente não parece admitir mais do que uma *concepção*, pelo menos no que se refere à idade. No entanto, o que a Constituição não diz é quais são os direitos e obrigações que derivam da maioridade, nem os limites que podem surgir por situações particulares (incapacidade etc.).

303 Dworkin nega que os conceitos sejam vagos. "As cláusulas somente são vagas se as considerarmos como intentos mal feitos, incompletos ou esquemáticos de enunciar determinadas concepções. Se as tomamos como referências a conceitos morais, não as poderíamos precisar mais por muito que se as detalhasse", *Los derechos en serio*, citado, p. 216.

304 Vide R. Dworkin, *El império de la justicia*, citado, p. 60 e ss., e 74 e ss.

305 *Los derechos en serio*, p. 216.

306 Vide R. Dworkin, "Legal Theory and the problem of sense em R. Gavison [Ed.] *Issues in Contemporary Legal Philosophy*, Clarendon Press, Oxford, 1987, p. 15.

os membros da comunidade, porém que "do conceito de partida derivam muitas interpretações alternativas, cada uma das quais representa uma diversa concepção do mesmo conceito"[307].

No entanto, não creio que seja esta a melhor interpretação do pensamento de Dworkin. Mesmo que para os juristas é quase intuitivo pensar que na aplicação dos princípios existe maior margem de discricionariedade e, portanto, de responsabilidade do intérprete[308], nosso autor insiste em que seus princípios estão em condições de proporcionar a melhor resposta; isto é, não só existe somente um conceito de trato desumano e degradante, senão que em cada caso existe ou é possível encontrar também a melhor *concepção* desse conceito. Moralmente, não parece possível que duas respostas apresentem a mesma plausibilidade; uma delas deve ser sempre melhor que a outra. Como diz Pintore, as concepções querem representar um espaço de liberdade ou de voluntarismo, mas é um espaço muito exíguo e estreito, porque o pluralismo dworkiano resulta moderado pela consideração de que é possível encontrar a melhor concepção, o mais correto reflexo e elaboração do conceito[309]. Já conhecemos o método: fundir o Direito constitucional e a teoria ética.

Assim então, não creio que Dworkin aceite a existência de discricionariedade em nenhum sentido da palavra[310]; admite que se fale de discricionariedade fraca para aludir ao discernimento ou bom senso na aplicação das normas que se opõe ao mecanicismo ou automatismo, nada mais. Para ele – e nisto tem razão – a discricionariedade implica que o Direito pode amparar soluções diferentes de um mesmo caso, dentre as quais o juiz escolhe a que lhe parece moralmente mais justa ou socialmente mais útil; mas, por isso, a discricionariedade em sua opinião é inadmissível, tanto para descrever a simples decisão do sargento acerca do soldado mais experiente, como para dar conta do complexo raciocínio de um Tribunal Supremo ou Constitucional no tocante à proteção de um Direito subjetivo.

---

307 C. Luzzati, *La vaghezza...*, citado, p. 171.

308 S. Bartole, após indicar que nos princípios fica indeterminada a hipótese fática que autoriza sua aplicação acrescenta: "pode-se dizer em todo caso que, por hipótese, o juiz ou a autoridade subordinada, à que corresponde decidir de acordo com princípios, tem maior responsabilidade que nos demais casos, onde a decisão há de ser tomada a partir de pontuais disposições legislativas de minúcias", *Principi generali del Diritto*, citado, p. 527.

309 A. Pintore, *La teoria analítica...*, citado, p. 171.

310 Vide não obstante as observações de M. Porras del Corral, *Derecho, Igualdad y Dignidad...*, citado, p. 90 e s.

3.3. Observações críticas

A tese dos direitos, a concepção do Direito como integridade ou a teoria interpretativa são rubricas ou qualificativos que, sob diversos ângulos, encerram uma mesma concepção da ordem jurídica e da função da jurisprudência que pretende alçar-se como alternativa à tradição positivista e que representa hoje talvez a versão melhor articulada de um velho anseio dos juristas, que também pode expressar-se de diversas formas: domínio da razão sobre a vontade nos processos de criação e/ou aplicação do Direito, cientificidade do conhecimento jurídico, irresponsabilidade política do intérprete, exclusão da discricionariedade, unidade de solução justa em cada caso etc. Por conseguinte, as críticas e frustrações que têm acompanhado a história desse anseio reúnem-se ante as portas deste renovado intento de prolongar um ideal que para muitos constitui a única justificativa da existência dos juristas.

E, talvez, a primeira frustração provenha dos desmentidos da experiência ou, se preferir, do caráter particular da teoria de Dworkin, pensada para explicar e justificar um determinado modelo jurídico. Caso seja correto que "nos Estados Unidos existe uma estreita conexão entre as exigências do Direito e as da moral, na medida em que a concordância com certos modelos morais é um dos critérios usados para decidir se uma regra subordinada é uma norma válida"[311]; mas, com toda certeza, isto nem sempre foi assim, nem tem porque sê-lo necessariamente. E não somente pela existência de sistemas iníquos onde os juízes ver-se-iam obrigados a ponderar princípios injustos[312], como também porque entre eles poderia existir o dever legal ou o costume (regra de reconhecimento) de atender somente o Direito estrito, remetendo os casos difíceis ao legislador (*referé legislatif*) ou, simplesmente, porque a Constituição em vez de ser uma norma material cheia de valores fosse um pacto formal ou procedimental de organização dos poderes do Estado; enfim, o estilo hercúleo de decidir o caso concreto seria a característica contingente, própria de certos sistemas jurídicos, porém não de todos[313]. Na verdade, possivelmente esta seja uma observação que poderia ser assumida pelo Dworkin de *Law's Empire*, onde não se pretende descrever como se comportam os juízes, senão como devem comportar-se, e não em qualquer sistema jurídico, senão em um substancialmente justo.

---

311 G. Carrio, *Dworkin y el positivismo...*, citado, p. 31.

312 Vide antes epígrafe III, 4.

313 Vide H. Hart, *El nuevo desafío...*, citado, p. 14; também E. Soper, Legal Theory and the obligation of a Judge: The Hart-Dworkin Dispute, *Michigan Law Review*, n. 75, 1976-77, p. 473 e ss.

Bem, inclusive em um sistema justo – e esta seria a segunda das críticas – tampouco se compreende bem por que os juízes hão de aplicar necessariamente os princípios que estão na base dos direitos morais ou que representam uma exigência da justiça ou da equidade, e nunca esses outros princípios de segunda ordem que são as diretrizes políticas ou as considerações sobre o bem estar geral (*policies*). Dworkin, com efeito, parece pensar que os princípios em sentido estrito são "sempre" expressões do Direito que as partes reclamam como próprio, enquanto as diretrizes políticas frustram "sempre" as expectativas de justiça ou a segurança jurídica. Certamente, esta é uma tese que tem sua origem na concepção do autor norte-americano acerca dos direitos fundamentais como triunfos frente à maioria, em que as aspirações de bem-estar ou a satisfação de necessidades se articulam como exigência de uma política utilitária e nunca em forma de autênticos direitos básicos[314].

Seja como for, a restrição do tipo de princípios relevantes na teoria da decisão não parece uma descrição adequada do comportamento dos tribunais, talvez nem mesmo uma proposta razoável de um modelo ideal de juiz. De um lado, porque os objetivos sociais podem formar parte do sistema constitucional e inclusive dar lugar a direitos fundamentais; é certo que essa possibilidade não se concilia bem com a ideia geral de Dworkin nem com o Direito que ele tem tido presente, mas não por isso deve-se excluir em uma proposta geral; de modo particular, na Espanha a observância de objetivos sociais não só não constitui uma prática judicial antidemocrática ou uma suplantação do papel do legislador, senão que representa a cabal submissão a uma decisão constitucional[315]. Por outra parte, é verdade que a consideração acerca das consequências sociais da sentença não pode ser o único norte do raciocínio judicial, porém nem está ausente por completo na atuação efetiva dos tribunais, nem parece tampouco que deva está-lo[316]; é mais, cabe pensar que, após a ponderação de outras razões e argumentos, a atividade aplicadora do Direito resolve-se em considerações consequencialistas, isto é, em considerações acerca do impacto da decisão tanto entre as partes, como, sobretudo, no plano social da estimulação ou desalento de certas condutas[317].

---

314 Vide L. Prieto, *Estudios sobre derechos fundamentales*, citado, p. 32.

315 Como escreve C. S. Nino, comentando a obra de Dworkin, "os juízes não podem ignorar os objetivos sociais coletivos, mas devem ater-se aos que estão homologados pelos órgãos que gozam de representatividade democrática", *Introdución al análisis del Derecho*, Ariel, Barcelona, 1983, p. 436.

316 Vide H. Hart, American Jurisprudence..., citado, p. 140 e ss.

317 Vide N. Maccormick, On legal decisions and their consequences: from Dewey to Dworkin, em *New York University law Review*, 58, 1983, p. 240 e ss.

No entanto, à margem destas observações, existe uma terceira crítica que se dirige já ao cerne mesmo da teoria sobre a unidade de solução justa baseada no jogo dos princípios. Nas palavras de Hart, mesmo que o recurso aos princípios "atrase, não elimina, o momento da criação judicial do Direito, posto que em qualquer *caso difícil* possam apresentar-se diferentes princípios que apoiem analogias confrontadas, e o juiz terá frequentemente que escolher entre elas..."[318]; a discricionariedade seria eliminada se diferentes juízes ante um mesmo caso dessem vida a uma teoria hercúlea idêntica[319], isto é, se essa tarefa construtiva que consiste em explicar e justificar o Direito desembocasse necessariamente em uma única solução, o que só pode manter-se a partir de uma concepção objetivista da moral que, na opinião de Hart, resulta insustentável[320].

Sem dúvida, certo é que os princípios, por sua generalidade e imprecisão, por não considerar uma hipótese efetivamente determinada, gozam de uma notável força expansiva que atrai até eles os casos difíceis que carecem de regulação expressa ou sobre os que incidem normativas incompatíveis; e inclusive cabe aceitar que em um Direito como o espanhol sempre se encontrará algum princípio relevante capaz de orientar a decisão sobre qualquer problema. Nesse sentido, a existência de princípios e de argumentações baseadas neles constitui certa moderação da discricionariedade e não, desde logo, um estímulo ao livre desenvolvimento da subjetividade do intérprete. Como observa Ferrajoli, os princípios são um fator de racionalização que limita o arbítrio judicial; se as opções ou escolhas são inevitáveis, "e tanto mais discricionários quando mais amplo é o poder judicial de disposição, representa quando menos uma condição de seu controle e autocontrole, se não cognoscitivo ao menos político e moral, que aquelas sejam conscientes, explícitas e informados por princípios em vez de acríticas, ou disfarçadas ou em qualquer forma arbitrárias"[321].

Porém, justamente pelas mesmas razões, a aplicação dos princípios propicia o exercício da discricionariedade ou a escolha entre diversas alternativas; de um lado, porque frequentemente carecem de uma formulação precisa e nem sequer escrita e, de outro, sobretudo, porque em um sistema jurídico convivem princípios contrastantes ou que podem dar lugar a resultados contraditórios e,

---

318 H. Hart, El nuevo desafio..., citado, p. 10.

319 H. Hart, American Jurisprudence..., citado, p. 139.

320 H. Hart, El nuevo desafio..., citado, p. 13. Vide Também K. Greenawalt, Discretion and Judicial Decisión: The elusive Queso for the Fatters that Bind the Judges, *Columbia Law Review*, 55, 1975, p. 359 e ss; B. Hoffmaster, Understanding Judicial Discretion, em *Law and Philosophy*, 1, 1981, p. 21 e ss.; D. Brink, Legal Theory, Legal Interpretacion and Judicial Review, em *Philosophy and Public Affairs*, 17, 1988, p. 105 e ss.

321 L. Ferrajoli, *Diritto e Ragione. Teoria del garantismo penale*, Laterza, Bari, 1990, p. 156.

como já sabemos, não existe um critério seguro para medir seu peso relativo em cada caso[322]. Como indica Jori, na obtenção dos princípios inspiradores de um grupo, qualquer de normas é muito fácil descobrir princípios contrapostos (assim o princípio de tutela da vontade e o da declaração nos contratos), já que os institutos jurídicos são quase sempre o resultado de um compromisso entre valores incompatíveis, isto é, entre princípios divergentes ou de qualquer modo distintos; por isso, "o jurista que tente medir o peso relativo de tais princípios em um conjunto de normas terá sempre um amplo espaço de discricionariedade interpretativa"[323]. O que significa que, mesmo quando dispuséssemos de uma lista completa dos princípios de um sistema jurídico, isso "poderia dizer-nos o que é que se deve levar em consideração, mas não o que tem primazia frente ao resultado"[324].

No entanto, a posição de Dworkin não parece consciente dessas dificuldades e em certo modo contribui para encobrir a realidade do comportamento dos juízes, que dispõem assim de uma cobertura ideológica para *transferir* para outros suas próprias decisões, uma cobertura que não é cômoda por requerer deles um conhecimento e uma reflexão hercúlea, mas que, em troca, assegura sua irresponsabilidade como criadores do Direito; com o que, paradoxalmente, sua teoria não cerceia senão que estimula a discricionariedade judicial[325]. Dworkin no fundo pretende preservar a todo custo a figura positivista e liberal do juiz irresponsável; certamente, o juiz assume uma grave responsabilidade técnica, mas que se transforma em irresponsabilidade política desde o momento em que todos os aspectos de sua decisão lhe são dados por um Direito preexistente, que, no entanto, o estimula a superar as barreiras da normatividade para empenhar-se na defesa dos direitos morais instalados em algum lugar repartido entre o Direito e a moral. A lição poderia resumir-se assim: é verdade que os juízes não se ajustam às normas escrupulosamente, mas isso não significa que atuem como órgãos políticos porque as fontes morais de onde obtém os critérios para decidir formam parte do próprio Direito e, em todo caso, são alheias a suas crenças ideológicas subjetivas.

---

322 Vide A. Pintore, *Norme e principi...*, citado, p. 42-43; S. Bartole, Principi generali del Diritto, citado, p. 499 e 506.

323 M. Jori, *Saggio di metagiurisprudenza*, Giuffrè, Milano 1985, p. 321.

324 R. Alexy, Sistema jurídico, princípios jurídicos..., citado, p. 145.

325 Vide S. Bartole, In margine a "Taking Rights Seriously" di Dworkin, em *Materiali per una storia della cultura giuridica*, V. X, !, 1980, p. 193. Em sentido análogo escreve R. Guastini que "o que faz Dworkin *malgré lui*, é sugerir ao juiz uma técnica de argumentação capaz de justificar decisões altamente inovadoras do Direito vigente (criativas), evitando juridicamente dá-lo a conhecer", Soluzioni dubbie..., citado, p. 455.

Em definitivo, a particular relação que estabelece Dworkin entre o Direito e a moral gravita de modo fundamental na hora de enfocar o problema da discricionariedade. Se no Direito os casos difíceis impediriam manter a tese da unidade de solução justa, a não ser porque vem em nosso auxílio a moral, uma vez que ultrapassamos o umbral da moral nenhum caso parece ser difícil ou, ao menos, não tanto como para exigir o desenvolvimento da discricionariedade; um sistema normativo vago e lacunoso (o Direito) parece assim converter-se em outro claro, completo e objetivo (a moral). Por isso, os princípios e a melhor teoria do Direito que lhes dá vida não parecem levar em conta o pluralismo social, nem tampouco o pluralismo de valores e critérios jurídicos, que é ainda maior porquanto representa uma soma dessa pluralidade social ao longo da história. Como escreve Guastini, todos os sistemas jurídicos contemporâneos são o fruto não de uma, senão de muitas políticas do Direito antagônicas, incorporando por isso uma grande quantidade de princípios e regras incompatíveis. "Cabe pensar que uma, e somente uma, doutrina política (que se supõe internamente coerente) seja idônea para justificar todo princípio e toda regra do sistema? É possível que haja somente uma doutrina política, por mais geral, capaz de justificar seja a uma regra, seja a outra regra contrária àquela? Isso deve excluir-se em linha de princípio: por razões lógicas, e não somente por dificuldades práticas"[326]. Quase em sentido idêntico se expressa Maccormick: apesar dos critérios e regras que governam o pensamento jurídico, há ou pode haver um momento final de escolha que corresponde irremediavelmente ao intérprete, pois este não conta com um sistema de valores ou de princípios práticos, perfeitamente racional e superior a todos os demais[327].

Alexy, quem concebe a "única resposta correta (como) um fim ao que há que aspirar"[328] exclui mesmo assim que alguns princípios objetivos possam

---

326 R. Guastini, Soluzione dubbie..., citado, p. 455.

327 "O mais significativo limite da racionalidade – escreve Maccormick – é que, mesmo que essa possa excluir muitos pretendidos princípios de ação como 'discursivamente impossíveis' deixa aberta a possibilidade de que possa haver uma pluralidade de sistemas de razão prática, igualmente racionais, diferentes em sua substância prática, mas não em sua forma racional". Em suma, a racionalidade não pode "determinar a opção entre possibilidades igualmente racionais" e, por isso, "em certo estágio de um argumento jurídico, como geralmente na vida prática, chegamos a últimas opções, escolhas...", "Los limites de la racionalidad en el razonamiento jurídico" (1986). Trad. de M. Atienza e J. Ruiz Manero, em *Derecho y moral. Ensayos analíticos*, direção e coordenação de J. Betegon y J. R. de Paramo, Ariel, Barcelona, 1990, p. 17 e 22.

328 R. Alexy, Teoría de la argumentación jurídica, citado, p. 302. Os participantes em um discurso jurídico "devem pressupor a única resposta correta como ideia reguladora; a ideia reguladora da única correta não pressupõe que exista para cada caso uma única resposta correta. Somente pressupõe que em alguns casos se possa dar uma única resposta correta e que não se sabe em que casos é assim, do modo que vale a pena procurar encontrar em cada caso a única resposta correta", Sistema jurídico..., citado, p. 151.

satisfazer essa finalidade ou, mais exatamente, "é impossível uma teoria forte dos princípios de forma que determine para cada caso uma resposta"[329]. Nenhum dos procedimentos que se poderiam invocar para dotar de objetividade as valorações que hão de fundar a decisão jurídica resulta plenamente convincente: nem as convicções ou consensos fáticos, jurídicos ou não, nem as valorações que se poderiam deduzir do sistema normativo, nem aquelas que se poderiam basear em princípios suprapositivos. "Ao menos nas sociedades modernas, há diferentes concepções para quase todos os problemas práticos. Os consensos fáticos são raros, ao menos no que se refere a questões práticas algo concretas. No conjunto de um ordenamento jurídico podem encontrar-se sempre valorações divergentes que se podem por em relação, mas de maneira diferente, com cada caso concreto... Os princípios obtidos dessa maneira são além do mais concretizáveis de modo diferente"[330]. Falta, pois, um horizonte normativo objetivo e seguro, do qual inferir em cada caso uma única resposta justa ou correta que exclua o exercício da discricionariedade; falta também um modelo argumentativo capaz de produzir essa inferência.

Por outra parte, mesmo supondo que se conta com um catálogo completo dos princípios relevantes de um sistema jurídico, a tese da única resposta correta exigiria também o auxílio de algum critério que estabelecesse a ordem de prioridade destes, tanto abstratamente como ante um caso concreto. Mas, como indica Alexy, essa ordem estrita "somente seria possível se o peso dos valores ou dos princípios e suas intensidades de realização fossem exprimíveis, em uma escala numérica, de modo calculável", o que não parece possível[331]. Isso tampouco significa que os princípios se resolvam em uma sucessão de tópicos, que autorizasse uma aplicação arbitrária, senão que é possível desenhar uma "ordem fraca" que oriente sua ponderação mesmo quando não garanta essa *unidade* de solução justa[332].

Em definitivo, a ampliação das fronteiras do pensamento jurídico além do Direito estrito e sua abertura à moral por meio da via dos princípios apresenta, como vimos, numerosas dificuldades de ordem teórica e talvez

---

[329] R. Alexy, Sistema jurídico..., citado, p. 148.

[330] R. Alexy, *Teoría de la argumentación jurídica*, citado, p. 33-34.

[331] R. Alexy, Sistema jurídico..., citado, p. 145-46.

[332] Essa ordem fraca compõe-se, na opinião de Alexy, de três elementos: um sistema de condições de prioridade, isto é, "as condições sob as que um princípio prevalece sobre outro, formam a hipótese de incidência de uma regra que determina as consequências jurídicas do princípio prevalente"; um sistema de estruturas de ponderação, cuja regra fundamental é que "quanto mais alto seja o grau de descumprimento ou de descaso de um princípio, tanto maior deve ser a importância do cumprimento do outro"; e um sistema de prioridades *prima facie* que estabelece cargas da argumentação, de maneira que criam uma certa ordem no campo dos princípios, Sistema jurídico..., citado, p. 147-48.

alguma conclusão indesejável de ordem ideológica. Mas, sobretudo, a questão é que não consegue responder às interrogações e aos problemas propostos. A exclusão da discricionariedade judicial e o postulado da única solução justa não podem seguramente fundar-se em nenhum sistema de normas objetivas, pois qualquer sistema normativo, seja jurídico, moral ou as duas coisas juntas, mostra-se incapaz de garantir uma teoria hercúlea da interpretação intersubjetivamente sólida. Como se pergunta Aarnio, "que ocorre se há dois Hércules J.? Ambos são certamente seres racionais, mas serão capazes de resolver genuínos problemas axiológicos?". Sua conclusão é que "dois ou mais Hércules J. *podem* alcançar várias respostas não equivalentes e igualmente bem fundamentadas"[333]. Em realidade, a tese de Dworkin baseia-se "na suposição de valores absolutos", mas este "é um ponto de partida muito forte. Se não se aceita este tipo de teoria dos valores, toda a teoria de uma única resposta correta perde sua base. "A melhor teoria possível" é somente um postulado filosófico injustificável"[334].

---

[333] A. Aarnio, La tesis de la única respuesta correcta y el principio regulativo del razonamiento jurídico, em *Doxa*, 8, 1990, p. 32.

[334] A. Aarnio, Lo racional como razonable..., citado, p. 217.

Capítulo 8

A PROVA DOS FATOS

Marina Gascón Abellán

Sumário
1. Introdução
2. Duas concepções da prova: o cognoscitivismo e a concepção persuasiva
2.1. Concepção cognoscitivista da prova
2.2. Concepção persuasiva da prova
2.3. As relações verdade-prova
3. A prova judicial como prevalecentemente indutiva
3.1. Prova dedutiva e prova indutiva
3.2. A valoração da prova
4. Algumas construções doutrinais e jurisprudenciais – considerações críticas
4.1. A distinção prova direta/prova indireta
4.2. Os requisitos da prova indireta ou indiciária
5. Caráter institucionalizado da prova judicial
6. A motivação da prova
6.1. A necessidade de motivação da prova
6.2. Em que consiste a motivação. Relações entre justificação e descoberta
6.3. O estilo da motivação
6.4. Resumo: regras sobre a motivação

1. INTRODUÇÃO

A teoria da argumentação, que nas últimas décadas experimentou tão espetacular desenvolvimento, tem dedicado uma escassa atenção ao juízo de fato. Prova do que se acaba de dizer é que ao folhar as bibliotecas jurídicas constata-se que a maior parte das preocupações dos juristas tem se concentrado nos problemas de interpretação das normas, assumindo – implícita ou explicitamente – que o conhecimento de fatos não suscita problemas especiais ou que, suscitando-os, está irremediavelmente destinado à discricionariedade extrema e quando não, à pura e simples arbitrariedade judicial. Uma análise minimamente reflexiva não pode deixar de destacar, no entanto, que o juízo de fato é tão ou mais problemático do que o juízo de Direito; que nele a discricionariedade do juiz é frequentemente maior do que na interpretação das normas; que é, enfim, o momento de exercício do Poder Judicial em que o juiz é mais soberano e em que, consequentemente, pode ser mais arbitrário. Por isso, se a teoria da argumentação pretende ser minimamente completa não pode deixar de prestar atenção ao juízo de fato.

2. DUAS CONCEPÇÕES DA PROVA: O COGNOSCITIVISMO E A CONCEPÇÃO PERSUASIVA

Na medida em que a prova judicial se dirige a comprovar a verdade ou falsidade de afirmações sobre fatos relevantes para a causa (geralmente fatos do passado que não foram presenciados pelo julgador), a concepção da prova que se mantenha, vincula-se ao modo em que se entendam a natureza, possibilidades e limites do conhecimento empírico; isto é, à epistemologia que se adote. Como linha de princípio caberia adotar dois tipos de epistemologia, cabe distinguir, – também em linha de princípio – duas concepções da prova, cada uma delas se caracteriza por manter certa relação entre os conceitos de verdade (ou enunciado verdadeiro) e prova (ou enunciado provado). Estas duas concepções são a cognoscitivista e a persuasiva.

2.1. Concepção cognoscitivista da prova

Uma primeira epistemologia é a que poderíamos denominar objetivismo crítico: *objetivismo* porque entende que a objetividade do conhecimento se baseia em sua correspondência ou adequação a um mundo independente; *crítico* porque leva a sério as teses sobre as limitações do conhecimento. Ou seja, trata-se de uma epistemologia que afirma que existem fatos independentes que podemos conhecer embora o conhecimento alcançado seja sempre imperfeito ou relativo. A concepção da prova que deriva desta epistemologia é a *cognoscitivista*, que concebe a prova como sendo um *instrumento de conhecimento*, ou seja, como atividade direcionada a conhecer ou averiguar a verdade sobre fatos controvertidos ou litigiosos, mas ao mesmo tempo como fonte de um conhecimento que é somente provável. Em poucas palavras, desde esta perspectiva se assume que a declaração de fatos comprovados pode ser falsa. Além do mais, nesta concepção a valoração da prova concebe-se como uma atividade *racional*, consistente em comprovar a verdade dos enunciados à luz das provas disponíveis, e por isso susceptível de exteriorização e controle.

2.2. Concepção persuasiva da prova

Uma segunda epistemologia é a construtivista, que acha que a objetividade do conhecimento deriva de nossos esquemas de pensamento e juízos de valor; isto é, que a verdade dos enunciados está muito vinculada ao contexto. Em sentido estrito não cabe falar de um "conhecimento objetivo"; melhor dizendo, a verdade, entendida como correspondência, carece de sentido. A adoção de uma epistemologia construtivista no processo de prova manifesta-se naquelas propostas que adiam a averiguação da verdade, em favor de outras finalidades práticas do processo. Estas teses estão vinculadas à teoria do *adversary system* e, em geral, às posições ideológicas do processo civil que o concebem essencialmente como um instrumento para a resolução de conflitos[335]. É que se o objetivo do processo é dar uma solução prática ao conflito, não será necessário que a orientação da prova seja averiguar a verdade dos fatos litigiosos: bastará com obter um resultado formal que seja operativo. É mais, poderia inclusive pensar-se que a comprovação da verdade é um obstáculo para a rápida solução da controvérsia. Estas propostas alimentam uma concepção persuasiva da prova, que entende que a finalidade desta é somente persuadir com o objetivo de obter uma resolução favorável. Por isso a prova, enquanto atividade consistente em comprovar a verdade dos enunciados fáticos, não tem sentido: nem sequer pode-se discutir se o conhecimento do juiz é correto ou equivocado; simplesmente está persuadido. Além do mais, uma concepção deste tipo é compatível com (e, ainda mais, implica) uma concepção irracional da valoração da prova. De um lado, porque a persuasão de um sujeito sobre algo é um

---

335 Vide M. Taruffo, Modelli di prova e di procedimento probatório, *Rivista di Diritto Processuale*, XLV, 2, 1990, p. 429 e ss.

estado psicológico e nada mais; por outro lado, porque a persuasão poderá fundamentar-se sobre qualquer coisa que tenha influenciado na formação desse estado psicológico, e não necessariamente na produção de provas.

2.3. As relações verdade-prova

A distinção entre as duas concepções da prova comentadas pode ser analisada à luz das relações entre os conceitos de verdade e prova. Dizer que um enunciado fático é *verdadeiro* significa que os fatos descritos existiram ou existem em um mundo independente; ou seja, que é correta – no sentido de que se corresponde com a realidade – a descrição de fatos que formula. Dizer que um enunciado fático está *provado* significa que sua verdade foi comprovada; ou seja, que o enunciado foi confirmado pelas provas disponíveis[336]. Poderia dizer-se que enquanto o cognoscitivismo separa ambos os conceitos, a concepção persuasiva os identifica: pela perspectiva cognoscitivista *a declaração de fatos provados da sentença pode ser falsa*; pela concepção persuasiva não tem sentido fazer tal afirmação, pois mesmo que, a rigor, a verdade dos fatos aqui não é algo que se deva perseguir, é evidente que na prática esta posição descansa sobre um conceito de verdade em virtude do qual *verdadeiro é o que resulta provado no processo*.

Agora, note-se que o conceito de *verdade* (ou enunciado verdadeiro) traduz, em relação com o da prova (ou enunciado provado), um *ideal*, e nesta medida dita distinção tem a virtualidade de *destacar as inevitáveis limitações que o procedimento probatório padece* na hora de investigar o que efetivamente sucedeu: embora somente a declaração de fatos provados resulte juridicamente relevante, não é infalível, e desde logo pode ser diferente (de maior, mas também de menor qualidade) à obtida por meio de outros procedimentos, que não tenham as travas e as limitações processuais[337]. Por isso, a distinção entre esses dois conceitos não somente é possível, como necessária se se quiser dar conta do caráter autorizado, porém falível da declaração de fatos da sentença. Vai além, *a distinção desempenha também um importante papel metodológico*, pois põe em evidencia a necessidade de adotar cautelas e estabelecer garantias para fazer com que a declaração de fatos obtida no processo se aproxime o mais possível da verdade.

---

336 Se bem que, quando um enunciado fático tenha sido confirmado pelas provas disponíveis, *costuma dizer-se* que "é verdadeiro".

337 Como afirmam C. Alchourrón e E. Bulygin, poderá dizer-se que a verdade processual "é *final* no sentido de que põe fim à controvérsia, (mas por fim à discussão sobre a verdade não torna verdadeiro o enunciado!)". Os limites da lógica e o raciocínio jurídico, *Análise lógica e Direito*, CEC, Madri, 1991, p. 311.

Em resumo, uma concepção racional da prova exige distinguir entre os conceitos de verdadeiro e provado; exige, portanto, o cognoscitivismo, concepção segundo a qual o processo se orienta para a comprovação da verdade, mas o conhecimento alcançado é sempre imperfeito ou relativo. Além do mais – como indica L. Ferrajoli – esta é a única concepção da prova que se adapta a uma atitude *epistemológica não dogmática*, pois, diferentemente da concepção persuasiva, que não permite pensar que a declaração de fatos da sentença seja falsa, esta sim permite pensá-los: "permite sustentar a hipótese de que um imputado poderia ser inocente (ou culpado) mesmo que tal hipótese tenha sido rechaçada em todas as instâncias de um processo e esteja em contraste com todas as provas disponíveis"[338].

3. A PROVA JUDICIAL COMO PREVALENTEMENTE INDUTIVA

O objetivo principal de um procedimento de prova é a averiguação dos fatos da causa. Porém, isto não é um assunto trivial. Primeiro, porque o juiz não teve acesso direto aos fatos, de modo que o que imediatamente conhece são enunciados sobre os fatos, cuja verdade deve-se provar. Segundo, porque a verdade de tais enunciados deve ser obtida, quase sempre, mediante um raciocínio indutivo a partir de outros enunciados fáticos verdadeiros. Terceiro, porque a averiguação da verdade deverá fazer-se mediante normas institucionais que muitas vezes atrapalham (e outras claramente impedem) a obtenção desse objetivo. Agora nos ocuparemos do segundo aspecto.

3.1. Prova dedutiva e prova indutiva

A verdade dos enunciados fáticos relevantes para a causa pode ser conhecida, em alguns casos, mediante observação dos fatos a que fazem referência, isto é, mediante o que se poderia denominar *prova observacional*, cujo grau de certeza pode considerar-se absoluto. Por exemplo, o enunciado "queimaram-se vinte hectares de bosque" admite prova observacional mediante a medição da superfície queimada; embora o caso paradigmático deste tipo de prova é o reconhecimento judicial ou inspeção ocular. No entanto, em geral o juiz não esteve presente quando aconteceram os fatos, de modo que seu conhecimento sobre eles quase nunca é direto ou imediato, mas *indireto ou mediato*. Isto é, as

---

338 L. Ferrajoli, *Direito e Razão*, *op. cit.*, p. 67.

provas, nestes casos, não são o resultado direto da observação, porém de uma inferência que se realiza a partir de outros enunciados, inferência que pode ser de caráter dedutivo ou de caráter indutivo.

Algumas inferências probatórias, efetivamente, podem ser de caráter dedutivo, e, portanto, à medida que as premissas das quais se parta sejam verdadeiras, produzirão resultados também verdadeiros. É o que se poderia denominar *prova dedutiva*.

Um raciocínio dedutivo válido é aquele no qual a conclusão deriva necessariamente das premissas; de modo que é absolutamente impossível que as premissas sejam verdadeiras sem que a conclusão também o seja. Por isso, este raciocínio baseia-se em uma *lei* universal, uma lei que estabelece que sempre que acontecem umas circunstâncias se produzem necessariamente outras.

A coarctada e muitas provas científicas e biológicas são exemplos de prova dedutiva. Assim, as afirmativas "A não estava no lugar L no momento T", "havia vestígio de A no carro de B" e "havia sangue de A na roupa de B" poderiam provar-se mediante coarctada no primeiro caso, mediante prova datiloscópica no segundo, e mediante prova biológica no terceiro. A força dedutiva da coarctada, que esclarece por meio da regra lógica do *modus tollens*, aparece de modo irrefutável: a universalidade da lei em que se apoia (aquela segundo a qual ninguém pode estar simultaneamente em dois lugares diferentes) constitui um ponto fixo de nossa experiência, a não ser que estejamos dispostos a admitir o milagre, ou a magia, ou o "dom" da ubiquidade. E o mesmo caberia dizer de muitas provas científicas ou biológicas, embora por diferentes razões: nestes casos, a universalidade das regras que formam a premissa maior da inferência dedutiva deriva do elevadíssimo crédito de que gozam na comunidade científica.

A jurisprudência também reflete às vezes o caráter dedutivo ou demonstrativo das provas científicas, que deriva da "universalidade" que se atribui às leis científicas nas quais tais provas se apoiam. O Supremo Tribunal espanhol afirma, por exemplo, que "se as leis causais naturais estão asseguradas cientificamente, são princípios de *experiência obrigatória*" (STS 2.207/1993, fundamento segundo). Por isso, com referência a uma prova de balística, esse mesmo Tribunal assinala que "a força de tal prova científica... é tal, que... a habilidade dialética e a persistência argumentativa [para combatê-la]... não pode destruir a *força demonstrativa* da perícia balística"; e isso porque "a prova se baseia em conhecimentos científicos apoiados em regras indubitáveis de comprovação por reiteradas experiências em laboratórios próprios e estranhos, reproduzida por publicações de Técnica Policial e de Balística" (STS 1.852/1994, fundamento segundo).

Agora, mesmo que possa parecer uma obviedade, é preciso insistir na necessidade de separar nitidamente as questões lógicas das epistemológicas, a validez da verdade: a *validez* de um argumento dedutivo não garante a *verdade* da conclusão, pois a conclusão é verdadeira "à condição de que" as premissas sejam verdadeiras. Em outras palavras, o uso de meios de prova dedutiva não *garante*, por si só, a infalibilidade dos resultados; e não, obviamente, pelo caráter da inferência, mas sim pela qualidade epistemológica das premissas, particularmente pelas constituídas de asserções sobre fatos singulares.

Efetivamente, inclusive nas provas dedutivas fundamentadas em regras, cuja universalidade sequer pode ser questionado, como a prova "por sinais" (por exemplo, a fundada na regra: "o parto é sinal de gravidez prévia") ou a já mencionada da coarctada (fundada na regra: "ninguém pode estar simultaneamente em dois lugares diferentes"), convém manter uma atitude cautelosa, pois a premissa menor, da inferência dedutiva, pode ser falsa: pode ser falso que o parto acontecera, ou que alguém estivesse em determinado lugar em uma hora precisa. E em relação às provas científicas se impõem ainda maior cautela. De um lado, porque a confiabilidade dos resultados de uma prova científica dependerá de sua validez científica e de sua correção técnica: o primeiro, porque muitas dessas provas podem ser realizadas por métodos diferentes e não todos gozam do mesmo grau de aceitação pela comunidade científica, de modo que a *validez científica do método* usado poderia ser objeto de discussão; no segundo, porque a aceitabilidade da prova dependerá também de que esta tenha sida realizada corretamente, de maneira que sua *correção técnica* poderia também ser posta em dúvida.

Em todo caso, não se requer somente correção *técnico-científica*, como também correção – poderíamos dizer – *técnico-processual*. Assim, para valorar positivamente o resultado de uma prova digital, o problema já não é tanto a validez científica da prova, que poderia considerar-se absoluta, mas sua correta realização no laboratório (correção técnico-científica) e saber que colheu a impressão digital, por ordem de quem, em que objeto foi encontrada, em que ponto concreto etc. (correção técnico-processual). E o mesmo acontece em relação à análise de uma mancha de sangue, urina, saliva: é importante o detalhe exato da coleta das mostras que depois serão analisadas.

Além do mais, de outro lado, não todas as provas científicas podem perceber-se, apesar de sua aparência, como provas dedutivas. Muitas delas – por exemplo a prova positiva de DNA – são de natureza estatística, mesmo que tenham sido bem realizadas e se tenha usado métodos cientificamente válidos, seus resultados podem ser considerados dignos de toda confiança, razão pela qual costuma-se assimilá-las, do ponto de vista de seu grau de certeza, às provas dedutivas.

A jurisprudência espanhola mais recente parece consciente da natureza estatística de muitas provas científicas, mas também de sua elevada confiabilidade. Assim, acredita-se que "as provas biológicas no estado atual de desenvolvimento das ciências de investigação de paternidade revelam resultados que podem considerar-se de *alta probabilidade*" (STS 2.575/1992, fundamento segundo). Mais exatamente, "o grau de certeza é absoluto quando o resultado é negativo para a paternidade, e, quando positivo, os laboratórios de medicina legal assinalam graus de probabilidade de 99 por 100" (STC 7/1994 Fj 2º). Por isso – se afirma – "nos encontramos ante uma prova *assombrosamente demonstrativa...* Não é necessário que as provas biológicas demonstrem cem por cento a imputação da paternidade, já que é suficiente que demonstre... um alto índice de probabilidade que acredita de uma maneira certa e segura que se produziu o fato e a consequência biológica da gravidez" (STS 2.575/1992, fundamento segundo). E em relação à prova datiloscópica, embora se reconheça que "a eficácia prática da datiloscopia para a identificação dependeu, exclusivamente, do sistema classificatório dos datilogramas", tal prova considerou-se, desde sempre, como suficiente para enervar a presunção de inocência por gozar "*de absoluta confiabilidade*" (por todas, STS 2.814/1993).

As observações recém feitas são importantes, pois põem em evidência que, pese a aura de infalibilidade que cerca as provas científicas e todas as de natureza dedutiva, deve-se assumir como tese epistemológica geral que o grau de conhecimento que proporcionam é somente o de probabilidade, por mais alta que esta possa ser.

Porém, as inferências probatórias podem ser também de *caráter indutivo*, pois por indução, *em sentido amplo*, entende-se todo aquele tipo de raciocínio em que as premissas, mesmo sendo verdadeiras, não oferecem fundamentos conclusivos para a verdade de seu resultado, mas sim que este segue aquelas com alguma probabilidade. Falamos então de *prova indutiva*, que constitui, sem dúvida nenhuma, o tipo de raciocínio probatório mais frequente.

Na maioria das ocasiões, efetivamente, a prova judicial dos fatos relevantes para o processo exige lançar mão de leis ou regularidades empíricas que conectam as provas existentes com uma hipótese sobre os fatos; isto é, leis que permitem estabelecer que as provas, sendo corretas, a hipótese sobre os fatos também o será: *pà h*. É verdade que o raciocínio que se desenvolve a partir dessas leis (que se *pàh* e é *p*, então é *h*) tem aparência dedutiva, mas, a rigor, sua natureza é indutiva, e isso porque essas leis empíricas as que se recorre são leis probabilísticas; ou seja, somente estabelecem – de acordo com nossa experiência passada – que se as provas são verdadeiras é provável que também o seja a hipótese: *se p, então é provável que h.*

Por exemplo, leis do tipo: se alguém odiava outra pessoa que apareceu morta, e/ou estava no lugar do crime momentos antes do mesmo, e/ou tinha motivos suficientes para desejar sua morte, e/ou encontrou-se em sua casa a arma do crime, e/ou encontrou-se sangue da vítima em sua roupa, então *é provável que* a tenha matado.

Se a isso se agrega que no discurso judicial a maioria destas regularidades são leis sociais – portanto leis sobre a ação humana livre – e, principalmente, máximas de experiência baseadas no *id quod plerumque accidit*[339], então a natureza probabilística da implicação mostra-se ainda mais clara, apesar da aparência dedutiva do raciocínio. Talvez devido a essa aparência dedutiva não tem sido raro que os juristas atribuam aos resultados dessa inferência o valor de uma consequência necessária. Mas insistimos que isso é um erro. Uma inferência desse tipo é um tipo de indução, e por isso, no sentido estrito, o mais que se pode dizer, é que seu resultado é uma *hipótese*, isto é, um enunciado que consideramos verdadeiro mesmo quando não sabemos se o é ou não. Isso não significa, obviamente, que não se possam tratar as hipóteses como verdadeiras; mais ainda, há boas razões para esperar que o resultado de uma indução rigorosa seja fidedigno. Significa somente que, já que o conhecimento indutivo é somente provável, o resultado da indução pode ser falso.

A observação que se acaba de fazer não deixa de acarretar consequências para o *modelo judicial de prova*: ao se admitir a natureza falível dos resultados probatórios, fazem-se necessárias algumas precauções metodológicas com a finalidade de aproximar, o mais possível, esses resultados à verdade. Essas precauções projetam-se, principalmente, ainda que não somente, sobre a *valoração da prova*.

3.2. A valoração da prova

A valoração é o juízo de *aceitabilidade* (ou de veracidade) dos resultados probatórios (isto é, das hipóteses). Consiste, mais precisamente, em avaliar a veracidade das provas (ou seja, das informações aportadas ao processo por

---

339 As máximas de experiência, na célebre definição de Stein "são definições ou juízos hipotéticos de conteúdo geral, desligados dos fatos concretos que são julgados no processo, procedentes da experiência, mas independentes dos casos particulares de cuja observação foram induzidos e que, acima desses casos, pretende ter validez para outros novos" (Stein, *O conhecimento privado do juiz*, Madri, 1990, p. 42).

meio dos meios de prova), assim como em atribuir a elas um determinado valor ou peso na convicção do julgador sobre os fatos que se julgam. A valoração constitui, pois, o próprio núcleo do raciocínio probatório; isto é, do raciocínio que conduz, a partir dessas informações, a uma afirmação sobre fatos controvertidos.

É possível configurar, a princípio, dois diferentes modelos de valoração, dependendo de que esta venha ou não predeterminada juridicamente: o modelo de prova legal ou taxada, no primeiro caso, e o modelo de prova livre, no segundo. A *prova legal ou taxada*, que não é senão um prolongamento da prova irracional ou de ordália, pressupõe a existência de certas regras de valoração estabelecidas na lei que indicam ao juiz quando (e em que medida) deve dar um fato como provado, com independência de seu convencimento. O sistema de *prova livre*, ao contrário, deixa a valoração da prova à (livre) convicção judicial.

Se assumirmos que a prova proporciona resultados somente prováveis, deve-se descartar qualquer valoração predeterminada dos meios de prova, pois é bem possível de que no caso concreto o grau de probabilidade proporcionado por uma determinada prova resulte ainda insuficiente para fundamentar a decisão, por mais que o legislador lhe tenha atribuído um valor específico. O princípio da livre convicção vem estender esta situação, proscrevendo que se deva dar por provado o que a juízo do julgador ainda não *goza* de um grau de probabilidade aceitável. A *livre convicção não é, portanto, um critério (positivo) de valoração alternativo ao das provas legais, mas sim um princípio metodológico (negativo)*[340] que consiste simplesmente na recusa das provas legais como suficientes para determinar a decisão e que constitui, por isso, uma autêntica *garantia de verdade.*

Pois bem, enquanto princípio metodológico negativo, a livre convicção não só não é, mas também não impõe nenhum critério (positivo) de valoração; isto é, ainda não diz como valorar, como determinar o grau de aceitabilidade de uma hipótese. Mas se a livre convicção não diz nada, a concepção cognoscitiva da prova que proporciona algumas chaves a respeito. Por uma parte, *proscrevendo* alguns critérios de valoração: a valoração não pode ser entendida como uma convicção íntima, incomunicável, intransferível, e por isso incontrolável e arbitrária, pois é óbvio que a *íntima* convicção, por si mesma, não pode provar nada. Por outra, *indicando* o tipo de critérios que serão usados: se valorar é avaliar a aceitabilidade dos resultados probatórios, e levando em conta que

---

340 Vide também L. Ferrajoli, *Direito e Razão, op. cit.*, p. 139.

estes se considerarão aceitáveis quando seu *grau de probabilidade* se considere suficiente, os critérios (positivos) de valoração indicam quando uma hipótese alcançou um grau de probabilidade suficiente e maior do que qualquer outra hipótese alternativa sobre os mesmos fatos. Por isso, o objetivo dos *modelos de valoração* há de ser prover esquemas racionais para determinar o grau de probabilidade das hipóteses[341].

Na intenção de avaliar racionalmente o grau de probabilidade das hipóteses (ou de racionalizar a valoração da prova) tentaram-se, sobretudo nos Estados Unidos, alguns modelos que pretendem projetar neste âmbito os instrumentos matemáticos do cálculo de probabilidades. O *bayesianismo*, uma tentativa de aplicar o teorema de Bayes à valoração da prova, constitui talvez o desenvolvimento mais importante nesse sentido, embora também se enquadrem nessa linha o modelo das *belief functions* desenvolvido por G. Shaffer, ou o *evidentiary value model*, dos suecos P. O. Ekelöf, S. Halldén e M. Edman. No entanto, mesmo assim estes modelos apresentam sérias deficiências ou dificuldades para fundar uma teoria geral da valoração da prova, o que não impede que, em âmbitos específicos (por exemplo, na valoração das provas científicas), possam ter utilidade.

Porém, racionalizar a valoração da prova não necessariamente exige a aplicação do cálculo matemático-estatístico. De fato, a adoção de modelos matemáticos, talvez pelas dificuldades que ainda apresentam, mas talvez também pela tradicional resistência dos juristas em abrir-se a conhecimentos extrajurídicos, tem tido pouco êxito, e os modelos mais desenvolvidos de valoração racional da prova (e aceitos) são os esquemas indutivos do *grau de confirmação*, que a princípio são os mais bem adequados à estrutura de problemas probatórios com que o juiz se depara: a existência de uma ou de várias hipóteses sobre os fatos da causa e a necessidade de estabelecer, com base nas provas disponíveis, qual delas resulta mais aceitável ou considerável.

De acordo com os esquemas do grau de confirmação, *uma hipótese pode aceitar-se como verdadeira se não foi refutada pelas provas disponíveis e estas a tornam provável (ou seja, a confirmam); ou melhor, mais provável do que qualquer outra hipótese sobre os mesmos fatos.*

Há aqui três requisitos que passamos a analisar.

---

341 Sobre os modelos de valoração racional da prova, vide M. Taruffo, *La prova dei fatti giuridici*, Giuffrè, Milan, 1992; e M. Gascón, *Los hechos en el derecho. Bases argumentales de la prueba*, Marcial Pons, Madri, 2. ed., 2004.

1º – Requisito da confirmação

Uma hipótese (h) é confirmada por uma prova (p) se existe um nexo causal ou lógico entre ambas (que é uma simples lei probabilística ou uma máxima de experiência) que faz com que a existência desta última estabeleça uma razão para aceitar a primeira.

$$p \twoheadrightarrow h$$

$$\frac{p}{h} \text{ [é provável]}$$

A confirmação é, pois, uma inferência indutiva, pelo qual o *grau de confirmação* de uma hipótese é equivalente a sua *probabilidade*, isto é, à *credibilidade* da hipótese sob a luz do conjunto de conhecimentos disponíveis.

Sendo expressão do grau de confirmação, a probabilidade de uma hipótese aumenta ou diminui com os seguintes elementos:

I. *O fundamento cognoscitivo e o grau de probabilidade expresso pelas regras e máximas de experiência utilizadas.*
Que o fundamento e o grau de probabilidade das regras utilizadas na confirmação influa na probabilidade final da hipótese confirmada parece indubitável: enquanto algumas dessas regras expressam relações mais ou menos certas ou precisas, outras, ao contrário, somente expressam toscas e imprecisas generalizações de opinião da maioria. Além do mais, enquanto algumas delas têm um fundamento cognoscitivo mais ou menos sólido (como as que são vulgarizações de conhecimentos naturais ou científicos), outras carecem de fundamento suficiente (como as que reproduzem tópicos ou preconceitos difundidos). Pode-se dizer, por isso, que "quanto mais certo e preciso seja o tipo de conexão entre a hipótese e as provas, maior será o grau de confirmação da hipótese, que, pelo contrário, só obterá confirmações 'fracas' quando as conexões forem genéricas, vagas e de incerto fundamento cognoscitivo"[342].

II. *A qualidade epistemológica das provas que a confirmam.*
O fundamento desta afirmação também parece claro: se uma prova é fraca, o grau de confirmação que atribui à hipótese não pode ser alto, por mais

---

[342] M. Taruffo, *La prova dei fatti*, *op. cit.*, p. 247.

fundamentada que esteja a regra que conecta a prova com a hipótese. Por exemplo, a hipótese "A matou a B" poderia ser confirmada pelo resultado de uma prova de DNA que estabelecesse que "as amostras de pele e cabelo encontradas entre as unhas da vítima pertencem a A"; ou poderia ser confirmada pelo testemunho de X, um inimigo de A, que declarasse que, de acordo com o que havia comentado a vítima, "A odiava a B e o tinha ameaçado de morte". Parece que o grau de certeza da primeira prova é maior que o da segunda, pelo qual o grau de confirmação ou probabilidade conferido à hipótese "A matou B" será também maior no primeiro caso do que no segundo.

III. *O número de passos inferenciais que separam a hipótese das provas que a confirmam.*

Se a inferência indutiva em que consiste a confirmação atribui à hipótese (somente) certo grau de probabilidade, a probabilidade se debilita com cada passo inferencial, de modo que quanto maior seja o número de passos intermediários entre a hipótese e as provas que a confirmam, menor será a probabilidade. Assim, a hipótese "A comercia com drogas" poderia ser confirmada pelo testemunho de X: "A vendeu droga várias vezes no lugar L"; ou pelo testemunho de Y (a polícia): "A levava no carro uma balança de precisão e na sua casa foi encontrada uma importante quantidade de dinheiro e certa quantidade de droga". O número de passos inferenciais que separam a hipótese do testemunho de X é menor do que o número de passos que a separam do testemunho de Y.

Entre o testemunho de X e a hipótese existe somente um passo inferencial: o representado pelo juízo de credibilidade de X, que conduz à afirmação "A vendeu drogas em repetidas ocasiões no lugar L"; isto é, à hipótese "A comercia com drogas".

Entre o testemunho de Y e a hipótese há pelo menos dois passos inferenciais: primeiro, o próprio juízo de credibilidade de Y, que conduz a afirmação "A levava no carro uma balança de precisão e em sua casa foi encontrada uma importante quantidade de dinheiro e certa quantidade de droga"; depois, o qual, a partir daqui e de uma generalização (do tipo: se alguém leva em seu carro uma balança de precisão e em sua casa tem uma grande soma de dinheiro e certa quantidade de droga, provavelmente seja porque comercia com droga), conduz à hipótese "A comercia com droga".

Por isso, supondo que as duas testemunhas merecessem a mesma credibilidade, a probabilidade da hipótese seria maior no primeiro caso do que no segundo[343].

IV. A "quantidade" e "variedade" de provas e confirmações.

É evidente que se a probabilidade de uma hipótese equivale a seu grau de confirmação pelo conjunto de conhecimentos disponíveis, quanto maior seja o número de confirmações, maior será seu grau de probabilidade; probabilidade que também será maior quanto mais variadas sejam as provas que a confirmam; pois a variedade de provas proporciona uma imagem mais completa dos fatos.

Finalmente, posto que o grau de probabilidade de uma hipótese aumenta com a *quantidade e variedade* das provas que a confirmam, e posto que o procedimento de prova tenda a formular hipóteses com o maior grau de probabilidade possível, impõe-se a observação da seguinte regra epistemológica: *Não existem provas suficientes. Qualquer prova relevante é necessária, e por isso deveria ser admitida.*

Se esta afirmação tem nexo é porque habitualmente se diferencia entre os conceitos de relevância e de necessidade de prova. *A relevância (ou pertinência)* das provas é a relação que têm os fatos aos quais fazem referência com o objeto do juízo e com aquilo que constitui o *thema decidendi*, e expressa a capacidade da prova para formar a convicção do juiz. *Prova necessária* é aquela que é realmente útil para formar essa convicção[344]. A distinção pretende pôr em destaque que nem toda prova relevante (ou pertinente) é necessária, pois é possível que o julgador já possua elementos probatórios suficientes para formar sua convicção e, por isso, não seja necessário nenhum esforço probatório adicional. Esta doutrina, que tem a finalidade de evitar esforços probatórios inúteis, parece, no entanto, conceitualmente equivocada e (o que é pior) pode produzir no final resultados adversos para o fim cognoscitivo do processo de prova. Primeiro porque se os resultados probatórios não passam nunca da mera probabilidade, qualquer prova relevante é necessária, à medida que contribui para aumentar o grau de probabilidade da hipótese que se pretende provar. Segundo porque, escudando-se nesta distinção, o juiz poderia rechaçar a prática de provas relevantes, conformando-se com uma débil (e talvez falsa) declaração de fatos.

---

343 Mesmo com terminologia diferente, esta observação já está presente em J. Bentham, *Tratado de las pruebas judiciales*, 2 v., comp. de E. Dumont (1823). Trad. de M. Osório, EJEA, Buenos Aires, 1971, v. I, p. 365.

344 Deve-se dizer que na jurisprudência muitas vezes se alude ao binômio relevância/necessidade com os termos penitência/relevância ou necessidade.

Parecem, por isso, acertados os pronunciamentos jurisprudenciais que – como faz o TC espanhol – entendem que "a economia do processo, sua maior celeridade ou a eficácia na administração de justiça, sendo indubitavelmente valores dignos de tutela, não justificam o sacrifício do Direito dos cidadãos a usar provas pertinentes para sua defesa." (STC 51/1985, FJ 9).

2º – Requisito da não refutação

Para aceitar uma hipótese é necessário que, além de confirmada, não seja refutada pelas provas disponíveis; isto é, que estas não entrem em contradição com aquela. A sujeição à refutação das hipóteses é por isso a "prova de fogo" para poder aceitá-las. Daí deriva outra regra epistemológica importante (ou garantia de verdade) que exige a oportunidade de um momento contraditório no processo para poder refutar as hipóteses (requisito da contradição). Precisamente por isso, o processo inquisitório, em que a busca da verdade é confiada somente à confirmação da hipótese por parte do juiz, sem dar possibilidade para as partes (mediante um contraditório) de defender a própria hipótese demonstrando o infundado da contrária, é um processo afetado por um defeito epistemológico importante.

3º – Requisito da maior probabilidade do que qualquer outra hipótese sobre os mesmos fatos

Ao final do processo de confirmação e sujeição, a refutação das hipóteses pode resultar em que hipóteses rivais sobre os mesmos fatos estejam igualmente fundamentadas (ou tenham a mesma probabilidade), portanto falta ainda por determinar qual delas é a correta. Para isso pode ser útil o critério da *coerência narrativa* do modo em que o entende MacCormick, que indica qual das hipóteses em discussão resulta mais improvável[345]: é mais improvável a hipótese que exige pressupor um maior número de princípios explicativos auxiliares para permitir a coerência entre a hipótese e as provas.

Considere-se, por exemplo, o caso de uma prostituta que recebe os "clientes" em seu quarto enquanto seu marido está em casa. Se estivesse em questão se o marido conhece tal atividade, poderia pensar-se (hipótese 1) que sim, que está perfeitamente a par desta e que nunca entra para incomodar. Poderia pensar-se também (hipótese 2) que o marido não tivesse

---

345 N. MacCormick, "Coherence in Legal Justification" (1984), agora recolhido em M. Bessone e R. Guastini, (coords.), *Materiali per um corso di analisi della giurisprudenza*, CEDAM, Padova, 1994, p. 115 e ss.

notado nada. Sustentar esta segunda hipótese exige, no entanto, formular toda uma série de hipóteses suplementares: que o marido nunca entrou no quarto enquanto sua mulher estava com outros, que jamais ouviu um barulho estranho etc.

De acordo com o critério da coerência narrativa, é menos improvável, e, portanto mais racional, a primeira hipótese.

Contudo, é possível que no final nenhuma das hipóteses em discussão seja suficientemente provada em detrimento da outra, ou que, sendo a probabilidade de uma delas superior à da outra, essa probabilidade continue sem ser suficiente segundo os *standards* institucionalmente exigidos (por exemplo, enquanto nos processos civis, em geral, é suficiente uma probabilidade *preponderante*, nos processos penais costuma-se exigir um resultado *além de toda dúvida razoável*). A necessidade que tem o juiz de resolver, apesar deste resultado estéril, fica, então, protegida pelo reconhecimento (implícito ou explícito) de *regras legais de decisão* que indicam, em cada caso, a favor de qual hipótese há de se orientar a solução. O *in dubio pro reo* no processo penal e, em geral, as regras sobre a carga da prova representam exemplos destas.

4. ALGUMAS CONSTRUÇÕES DOUTRINAIS E JURISPRUDENCIAIS – CONSIDERAÇÕES CRÍTICAS

Entre as muitas distinções doutrinais sobre a prova tem especial importância aquela que distingue entre prova direta e prova indireta ou indiciária, pois algumas consequências importantes associam-se a ela, como a distinção entre níveis de valoração e entre exigências de motivação. Vale a pena examinar brevemente esta distinção com a finalidade de examinar os acríticos postulados na qual se fundamenta, assim como também o catálogo de requisitos que habitualmente se exige à denominada prova indireta ou indiciária.

4.1. A distinção prova direta/prova indireta

Embora não exista unanimidade sobre o critério que fundamenta esta distinção, pode-se dizer que a concepção "canônica" desta, por ser normalmente usada pela doutrina e, principalmente, pela jurisprudência, entende por ambos os tipos de prova o seguinte.

> *Prova direta*, cujos casos típicos são a testemunhal e a documental, é aquela que versa diretamente sobre o fato que se pretende provar, pelo qual – diz-se-a convicção judicial sobre esse fato *surge direta e espontaneamente*, sem nenhuma mediação nem necessidade de raciocínio, do meio ou fonte de prova.

> *Prova indireta ou crítica ou circunstancial ou indiciária* é aquela que não versa diretamente sobre o fato que se quer provar, mas sim sobre outros fatos circunstanciais (ou indícios), razão pela qual a convicção judicial sobre aquele *precisa do raciocínio ou da inferência* a partir destes últimos.

Tomemos, por exemplo, a definição destas provas recolhida na jurisprudência espanhola. "*Prova direta* é aquela que de *forma imediata* oferece um conteúdo probatório concreto já que dele surge, *espontaneamente*, a possibilidade de sua valoração. É enfim a prova que esclarece a investigação, permitindo a convicção judicial sem necessidade de deduções nem inferências. Assim, a confissão do acusado ou a declaração, em muitos casos, da testemunha. Mas frente a essa prova também existe a *indiciária ou indireta* quando por meio de dois ou mais indícios confirmados... chega-se *lógica e racionalmente*, e por vias da experiência... ao fato consequência... que se quer provar", STS 572/1996, de 16-09-1996.

São passíveis de *prova direta* aqueles nos quais "a demonstração do fato ajuizado surge de modo direto e imediato através do meio de prova utilizado; documentos, testemunhas etc. Sua valoração não apresenta as dificuldades próprias da prova indiciária, porque a consequência ou apreciação vem determinada, sem ser necessário fazer uso de operações mentais complexas, isto é, por ser de certo modo tarefa matizada de objetividade. O problema, a dificuldade e o perigo surgem com a *prova indireta*... Nela entra a subjetividade do juiz, enquanto, mentalmente, realiza o encadeamento entre o fato base e o fato consequência." (STC 169/1986, FFJJ 1º e 2º).

Com a distinção prova direta-prova indireta parece querer indicar-se, pois, a ausência ou presença de raciocínios e inferências, dependendo de que a prova verse ou não sobre o fato que se pretende provar. A prova direta, por versar diretamente sobre o fato que se quer provar, o provaria "espontaneamente", "sem necessidade de raciocínio". A prova indireta ou indiciária, ao contrário, por não versar diretamente sobre o fato que se pretende provar, mas somente sobre um fato circunstancial, para dar crédito àquele precisaria do raciocínio, da inferência. Além do mais, e conectado com o anterior, parece que a espontaneidade em um caso, e a necessidade de raciocinar no outro, acarreta também uma *diferente qualidade epistemológica* (e, portanto, um valor diferente ou força probatória) dos resultados de ambos os tipos de prova: maior no primeiro caso, "por ser, de certo modo, tarefa mais matizada de objetividade e, portanto, de imparcialidade"; menor no segundo, porque "entra nela a subjetividade do juiz enquanto, mentalmente, realiza o encadeamento entre o fato base e o fato consequência.

Essa distinção, no entanto, não parece aceitável, pois se fundamenta em uma acrítica percepção da chamada prova direta. Analisada rigorosamente, a declaração da testemunha Ta: "vi A atirar em B e este cair morto", exemplo de prova direta, não prova por si só (direta e espontaneamente, sem necessidade de raciocínio) o fato que se pretende provar (que A matou B); o único que esta declaração prova *por si só* é que "a testemunha Ta *diz que viu* A atirar em B e este cair morto". A declaração de Ta provará que "A matou B" somente se A diz a verdade (isto é, se não mente, nem cometeu um erro de percepção, nem agora sofre de lapsos de memória); mas esse dado (que Ta diz a verdade) é o resultado de uma inferência do mesmo tipo da que define a prova indireta. Então, do ponto de vista do raciocínio *não há nenhuma diferença essencial entre a chamada prova direta e a indireta*, pois, em ambos os casos, estão presentes inferências da mesma classe (indutivas, na verdade) e, em consequência, tão "matizada de subjetividade" podem estar tanto a primeira quanto a segunda. A ideia de que a prova direta é a que menos pode conduzir a erro judicial e deve ser posta em quarentena.

Na realidade, o único que a distinção entre prova direta e indireta pode indicar é que uma prova é *direta* se versa diretamente sobre o fato principal que se pretende provar e do qual depende a decisão judicial, e *indireta,* no caso contrário, sem outras considerações. Por exemplo, imaginemos que com o sujeito B se apreende uma pequena quantidade de droga e suspeita-se que seu destino seja o comércio e não o consumo próprio. Se o fato que se quer provar é se B comercia drogas, o que foi declarado pela testemunha Ta: "vi B vender droga em várias ocasiões no lugar L" constituiria (uma vez confirmado) uma prova direta do enunciado "B comercia com drogas". Enquanto o declarado pela testemunha Tb (por exemplo, a polícia): "B levava no carro uma balança de precisão" e "em sua casa encontrou-se uma importante quantidade de dinheiro e certa quantidade de droga" seria (uma vez confirmado) somente provas indiretas ou indiciárias de que "B comercia drogas". Insistimos em que a distinção, assim interpretada, não assinala uma diferença entre as provas em relação à presença ou não de raciocínios e inferências, porém em relação a que versem ou não diretamente sobre o fato principal do qual depende a decisão. Outra coisa é se pode afirmar-se – como acontece frequentemente – que o valor probatório da prova direta é muito grande, e o da indireta é sempre pequeno ou em todo caso inferior àquele, ao ponto de sustentar que uma prova direta, por si só, é apta para fundamentar a decisão do juiz sobre o fato que se pretende provar, enquanto uma prova indireta, por si só, não é apta para fundamentar essa decisão, porém que opera como um elemento a mais, que permite ao juiz inferir uma hipótese sobre aquele fato. Pode-se dizer a esse respeito que, certamente, o valor probatório da prova direta (uma asserção verificada sobre o fato principal que se pretende provar) tende a ser maior que o da indireta (uma asserção verificada sobre um fato circunstancial), porque a prova direta não requer nenhuma inferência a mais para provar o fato principal, enquanto provar este fato com uma prova indireta exige sempre inferências suplementares. Mas só como tendência, pois o valor probatório de uma prova (seja esta direta ou indireta) não depende só deste dado, mas também – como é evidente – de sua qualidade epistemológica, isto é, de seu grau de certeza.

Por exemplo, um jovem é encontrado morto no banheiro de uma discoteca. Existe a declaração de uma testemunha, amigo da vítima, que diz ter presenciado como o segurança da discoteca lhe deu uma surra mortal. Existe outra prova: entre as unhas da vítima foi encontrado restos de pele e sangue pertencentes ao amigo. O primeiro caso constitui uma prova direta; o segundo, uma prova circunstancial ou indiciária. No entanto, a qualidade epistemológica (e, portanto o valor probatório) da segunda é maior do que o da primeira, por ser o resultado de uma prova dedutiva.

Concluindo, em que pese à caracterização habitual da prova direta, esta constitui, em realidade, como a indireta ou indiciária ou circunstancial, um raciocínio de tipo indutivo, pelo qual seus resultados terão que ser avaliados também em termos de simples probabilidade.

4.2. Os requisitos da prova indireta ou indiciária

Mesmo que os termos: prova indireta ou prova indiciária – costumem ser reservados para o âmbito penal, sua estrutura é a mesma que a denominada, no âmbito civil, prova presumida ou presunções simples.

Efetivamente, as chamadas presunções simples, ou presunções *hominis*, ou presunções judiciais (para diferenciá-las das legais) aludem a um procedimento de prova indutiva que consiste em inferir, a partir de um fato provado ou conhecido (indício) e de uma regra de experiência, a existência de um fato desconhecido: assim, da fumaça pode-se inferir a existência do fogo, da posse da coisa roubada à participação no roubo ou a receptação, da posse da droga e de uma balança de precisão, a intenção de comerciar com ela etc. Em outras palavras, em que pese a terminologia possa levar a confusões, o esquema das presunções simples faz referência aos procedimentos probatórios em que não se prova diretamente o fato, que constitui o *thema probandum*. Exatamente por isso, para aludir ao procedimento de prova indireta ou indiciária, fala-se algumas vezes de prova de presunções: *as expressões: prova indireta, prova indiciária e prova presuntiva aludem a um mesmo tipo de raciocínio probatório.*

Posto que tais raciocínios se direcionem a provar (indiretamente) a existência de certos fatos, estas mal denominadas presunções constituem o suporte da (livre) convicção do juiz em relação a esses fatos. Por isso, para considerar válida essa convicção, vêm-se exigindo uma série de requisitos, que devem estar reunidos no raciocínio que conduz a ela. Trata-se, definitivamente, de requisitos da prova indireta, indiciária ou presumida.

Dado que a convicção que proporcionam estas provas encontra seu fundamento na experiência comum, que mostra como certos fatos são seguidos normalmente por outros, costuma exigir-se, em geral, um *enlace preciso e direto* entre o fato conhecido e o desconhecido. E certamente, à medida que esta exigência pretenda garantir o uso de máximas de experiência corretas, proscrevendo aquelas que resultem arbitrárias, por carecer de referente empírico, não há nada a objetar: ao contrário, a validez da prova indireta ou indiciária depende, fundamentalmente, da correção das máximas de experiência usadas.

As regras ou máximas de experiência errôneas, ao atribuir aos fatos um valor indiciário que não lhes corresponde, conduzem a resultados que contradizem a realidade. Exemplos extremos dessa distorção da realidade estavam presentes nas ordálias: no *judicium feretri*, construído sobre a regra de que o cadáver produz certos sinais na presença do homicida; e no *judicium aquae frigidae*, construído sobre a máxima de que, sendo a água um elemento puro, rechaça o culpado, de modo que todos os culpados boiam, e, portanto, não afundar é indício de culpabilidade.

Tradicionalmente, no entanto, vêm-se exigindo também outros requisitos, sem os quais – diz-se – o procedimento indiciário careceria de capacidade probatória, requisitos que põem em evidência uma série de preconceitos e mal entendidos sobre a natureza desse tipo de prova. Vejamos.

4.2.1. Certeza do indício

O indício ou fato conhecido deve estar fidedignamente provado mediante os meios de prova processualmente admitidos.

Com este requisito se quer excluir que as meras suspeitas ou intuições do juiz possam fundamentar a prova do indício, e neste sentido não há o que objetar, pois é evidente de que uma simples suspeita, intuição ou pressentimento não pode ser prova de nada. Agora, sob o requisito da certeza dos indícios, costuma excluir-se também a possibilidade de usar como indícios aqueles fatos dos quais só caiba predicar sua probabilidade e não sua certeza inquestionável. Precisamente esta segunda exclusão é a base da rejeição aos chamados *indícios mediatos*, isto é, aqueles que foram provados, por sua vez, mediante prova indiciária a partir de outros indícios, e cuja certeza, portanto, não se pode considerar absolutamente fora de dívida. Mais concretamente, o que se defende é que o indício deve estar provado por prova direta.

Esta segunda exclusão, no entanto, resulta criticável, e isso por várias razões.

1º Excluir os indícios mediatos (provados por prova indiciária) e aceitar os imediatos (provados por prova direta) revela uma *injustificada subvalorização da prova indiciária, assim como uma má compreensão e uma injustificada supervalorização da prova direta.* O primeiro porque a prova indiciária, indireta ou presumida, apesar de não ser um argumento demonstrativo, se realizada com rigor pode conduzir a resultados confiáveis. O segundo porque a prova direta é do ponto de vista de sua estrutura probatória, exatamente igual à prova indireta; só o que a separa desta última é seu menor número de passos inferenciais.

2º Além do mais, a exclusão dos indícios mediatos, levada às suas últimas consequências, conduz a resultados absurdos, inaceitáveis: *ao se rechaçar um indício mediato* por considerar que tem um baixíssimo ou nenhum grau de solidez epistemológica, *está se pondo em questão a própria validez do procedimento indiciário,* que foi o que conduziu à prova desse indício; portanto, deveria renunciar-se ao uso do procedimento indiciário em todos os casos, e não somente quando se usa para provar um indício. Esta conclusão, no entanto, é inaceitável, porque o procedimento característico da prova judicial é o da prova indireta ou indiciária, razão pela qual renunciar a este, equivaleria a renunciar à possibilidade de prova.

Resumindo, ao se aceitar a aptidão do procedimento indiciário para provar os fatos, não se entende por que não possa servir para provar um indício, isto é, um fato que poderá ser utilizado, por seu lado, como elemento probatório em outra prova indiciária. Poderá dizer-se talvez, que quando o indício tenha sido provado mediante procedimento indiciário (indício mediato) sua força probatória é menor[346], porém nada permite anulá-la por completo.

4.2.2. Precisão ou univocidade do indício

Outro dos requisitos que, segundo uma opinião clássica, deve possuir o indício é a precisão ou univocidade: o indício é unívoco ou preciso quando conduz *necessariamente* ao fato desconhecido; é, pelo contrário, equívoco ou contingente, quando pode ser devido a muitas causas, ou ser causa de muitos efeitos. Esta distinção projeta-se sobre a teoria da prova exigindo eliminar a equivocidade dos segundos, para poder ser usados como elementos de prova.

Prestando atenção, no entanto, a distinção entre indícios unívocos e equívocos é irrelevante em duplo sentido. Primeiro, porque os chamados indícios unívocos não fazem referência à prova indiciária, indireta ou presumida, mas sim a um raciocínio do tipo demonstrativo; isto é, ao que chamamos prova dedutiva. Segundo, o dado de equivocidade, em si mesmo, não tem muita relevância. Porém conecta com um terceiro requisito: a pluralidade de indícios.

4.2.3. Pluralidade de indícios

Este requisito expressa a exigência de que, precisamente pelo caráter contingente ou equívoco dos indícios, é necessário que a prova de um fato se fundamente em mais de um indício. Além do mais, este requisito costuma ser acompanhado pelo da *concordância ou convergência*: os (plurais) indícios concluirão em uma reconstrução unitária do fato ao qual se referirem.

O requisito da pluralidade de indícios parece lógico por, ao menos, duas razões. Primeiro, porque é uma maneira de evitar o risco de que, com base em um único dado, que é essencialmente equívoco, se estabeleça uma conclusão errônea. Segundo, porque se o resultado da prova indiciária ou presumida é de mera probabilidade, quantos mais indícios o apoiem, mais confiável será. Pois bem, este requisito também não pode ser interpretado em termos absolutos, pois pode haver hipóteses nas quais se disponha de só um indício, porém de tão alto valor probatório que permita, por si só, fundamentar a decisão.

---

[346] Este dado já o assinalava Bentham, ao falar da admissibilidade do indício mediato: "Não se deve excluir nem rechaçar nada daquilo que possa servir ou que se possa oferecer com o caráter de prova circunstancial; em particular não se pode excluir nada por razão de que se o supõe carente de força probatória. Por que se deveria excluir? Se causar um efeito, é útil; se não o causa, é inócuo". Outra coisa é que "em uma corrente de provas composta por um grande número de elos, quantos mais elos intermediários haja entre o primeiro fato circunstancial e o fato principal, menor será com relação a este sua força probatória", *Tratado de las pruebas judiciales, op. cit.*, v. I, p. 363 e 365.

5. O CARÁTER INSTITUCIONALIZADO DA PROVA JUDICIAL

A investigação da verdade é a finalidade principal da prova. Agora, averiguar a verdade não é o único valor a perseguir. A prova judicial não é uma atividade livre, mas que se desenvolve em um *marco institucionalizado de regras* que se direcionam a proteger, juntamente com a investigação da verdade, outros tipos de valores. De um lado, um valor que poderíamos chamar *prático,* já que expressa um traço básico do processo judicial: a finalidade prática e não teórica que o anima. De outro lado, uma série de valores que poderíamos chamar *ideológicos,* já que não são consubstanciais à ideia de ação judicial como atividade encaminhada a pôr fim a um conflito, mas que formam mais parte de certa ideologia jurídica.

Que o processo tenha uma *finalidade prática* significa que tem como objetivo primário a resolução de um conflito: o conhecimento dos fatos do passado que originaram o conflito não é o objetivo último e primordial da atuação do juiz, mas somente um passo prévio à decisão que deve adotar. Por isso, para resolver o conflito, o juiz está obrigado inescusavelmente a alcançar uma certeza oficial, e, daí, deriva uma exigência: a busca da verdade sobre esses fatos não pode prolongar-se indefinidamente; devem existir regras ou expedientes processuais que permitam fixar a verdade quando esta não possa ser descoberta com facilidade; e tem que chegar o momento em que a verdade, processualmente declarada, seja aceita como verdade final. Claro é, que esta "verdade final" não será infalível, mas será final, no sentido de que porá fim ao conflito *autorizadamente.* As regras de *limitação temporal, as formas de justiça negociada e algumas presunções* (as que se dirigem a prover uma resposta judicial em caso de incerteza) são exemplos dessas regras.

Por outro lado, na busca da verdade, os atuais ordenamentos jurídicos têm que preservar outros *valores* que se considerem merecedores de proteção. Isto acontece certamente no processo penal, onde a ideologia do garantismo impõe-se com força, exigindo que durante a averiguação da verdade sejam protegidos, em todo caso, determinados bens, particularmente a liberdade e a dignidade das pessoas. Algumas *limitações e proibições de prova e a presunção de inocência* são exemplos de regras que se instituem no processo probatório para preservar estes valores.

Resumindo, a investigação judicial dos fatos não é uma atividade livre, mas que se desenrola em um marco institucionalizado de regras, que condicionam a obtenção do conhecimento e que se encaminham, tanto a garantir uma resposta mais ou menos rápida que em algum momento ponha fim ao conflito, quanto a garantir outros valores que, em conjunto com a obtenção da verdade, se considerem dignos de proteção.

Muitas dessas regras processuais que regem a prova minimizam ou entorpecem a possibilidade de investigar a verdade. Vale a pena repassar algumas das mais significativas.

As regras de *limitação temporal* que regulam as leis processuais demarcam o conhecimento judicial dos fatos; isto é, estabelecem o *tempus* em que deve ser averiguada (provada) a verdade sobre os fatos. São regras que instam a uma mais ou menos rápida resolução do conflito e que garantem que, em um período de tempo predeterminado, será fixada a "verdade processual" sobre os fatos da causa. Mas é evidente que, ao limitar o tempo em que deve ser pronunciada uma decisão, estas regras em nada contribuem para se alcançar a certeza sobre os fatos que deram origem ao conflito, principalmente nos casos em que as diferentes teses fáticas enfrentadas aparecem igualmente plausíveis.

O mesmo pode-se dizer das *formas de justiça negociada*, especialmente as que se desenvolvem no campo penal. Estas consistem basicamente em solicitar aos imputados declarações acusatórias, oferecendo em troca reduções de penas, ou em pactuar, em todo caso, o conteúdo das imputações. São, portanto, práticas que procuram encontrar soluções rápidas para processos já instaurados, uma vez concluída a fase de investigação, pela via, em particular, da negociação sobre a pena e com o objetivo de evitar a celebração do juízo oral. Mas, com liberdade de que a obtenção de uma resposta rápida ao conflito seja a pretendida justificação dessas práticas, o certo é que constituem formas de justiça inspiradas na lógica mercantilista do *do ut des*, em que o conceito de verdade como correspondência é substituído pelo de verdade como *consenso*.

As fórmulas de justiça negociada florescem cada dia mais no campo penal. De um lado, na esfera da denominada *criminalidade de bagatela*, acontecem procedimentos de *mediação ou conciliação* que sacrificam o acordo, normalmente econômico, entre vítima e agressor, o tradicional objetivo da investigação da verdade, com a conseguinte ameaça à presunção de inocência. Por outro lado, já na esfera dos *delitos não tão leves*, a legislação arbitra ou propicia a *conformidade* do acusado, que renuncia a seu papel de defesa, ou inclusive sua *colaboração ativa* com a justiça em troca de determinados benefícios; o que, à margem de outras considerações, tende a transformar a confissão em "prova rainha" em detrimento, uma vez mais, dos fatos verdadeiramente produzidos.

Outra manifestação da institucionalização da prova são as *presunções legais*, – frente ao que às vezes se sustenta – e também não podem ser vistas como garantia da entrada da verdade no processo.

As presunções *iuris tantum* são *normas jurídicas* que, para garantir determinados valores, forçam a reconhecer uma situação como verdadeira em circunstâncias específicas e ausência de prova em contrário. Mais exatamente, instauram uma *regra de juízo ou de decisão* que indica ao juiz qual deve ser o conteúdo de sua sentença, quando não possua provas suficientes para formar sua convicção sobre os fatos litigiosos. Sua peculiaridade frente ao resto de normas apoia-se em que estas presunções garantem esses valores *regulando o ônus da prova*, o que pode concretizar-se em eximir àqueles em cujo benefício funciona o ônus de provar os fatos litigiosos (assim acontece nas presunções formais, por exemplo, o de inocência[347]) ou em modificar o objeto da prova para o beneficiário da presunção, que terá então o ônus de provar logo, não os fatos litigiosos, mas outros fatos ou estado de coisas que se conectam àqueles (assim acontece nas presunções materiais, por exemplo, o da paternidade[348]).

A constatação de que as presunções são normas jurídicas que instauram uma regra de juízo acrescenta uma importância crucial, pois significa que a conclusão da presunção não pode ser tratada como uma correta descrição da realidade. O erro de conceber estas presunções como correta descrição da realidade, no caso de consentir que o legislador, quando estabelece presunções (principalmente, presunções materiais de fato), costuma fazê-lo muitas vezes, apoiando-se em dados científico-técnicos e em regras de experiência. Por exemplo, na presunção de paternidade matrimonial, a experiência indica que o normal é que o casal coabite, e que as crianças nascidas no casamento sejam filhas do marido. Mas este é um conhecimento somente provável, e o legislador, quando estabelece a norma de presunção, sabe que a conclusão pode ser falsa. Se não houve prova em contrário, empiricamente somente pode-se constatar a dúvida, não que a presunção seja certa.

As presunções *iuris et de iuri*, por seu lado, são também *normas* que, para a proteção de certos valores e na presença de determinadas circunstâncias, estabelecem o singular efeito jurídico de dar como verdadeiros certos fatos e de não transigirem com nenhuma exceção não prevista. Por isso, nesse tipo de presunções, com mais razão do que na *iuris tantum*, podem adquirir valor de verdade, asserções que são empiricamente falsas.

Mais discutível, no entanto, é a contribuição do *segredo processual* para a averiguação da verdade.

---

347 Uma presunção formal é uma norma de comportamento dirigida ao juiz que obriga a reconhecer uma conclusão (C) na ausência de prova contrária (P): $- P \rightarrow C$.

348 Uma presunção material é uma norma de comportamento dirigida ao juiz que obriga a reconhecer uma conclusão (C) na presença de um fato ou situação (E) e ausência de prova contrária (P): $E. - P \rightarrow C$.

A favor da *publicidade* (e, portanto, *contra o segredo*) no processo militam várias razões. Por um lado, um *interesse público*, pois a publicidade e a transparência representam à primeira vista uma condição indispensável para o desenvolvimento do conhecimento que tem lugar no curso do processo, e constituem também um valor político garantidor da honestidade e limpeza na tomada de decisões: somente a publicidade permite o controle e a crítica social sobre a decisão judicial. Por outro lado, o *interesse das partes* em sua própria defesa e na regularidade do processo: somente o conhecimento das informações acumuladas no processo permite a contribuição de provas e de alegações. Agora, a favor do *segredo* (principalmente quando se constrói frente às partes) milita também uma razão poderosa: evitar que a intempestiva revelação das fontes de prova e, principalmente, dos nomes das testemunhas ou suspeitos em um delito, favoreça a alteração ou a destruição do material probatório, a fuga dos culpados e a intimidação das testemunhas. Definitivamente, a justificação do segredo pretende ser também, como a da publicidade, a busca da verdade.

Do anterior depreende-se que o segredo processual, frente à publicidade, *admite duas leituras*. Por um lado, é verdade que o segredo da investigação dirige-se a garantir a investigação da verdade, evitando que qualquer das partes possa manipular as provas. Mas por outro lado, – e esta é a segunda leitura – pode propiciar ao juiz uma cobertura inexpugnável para a seleção "subjetiva" e "preconceituosa" dos dados relevantes para o caso. O problema é que a quebra cotidiana do segredo do sumário de culpa comporta ao imputado todas as desvantagens do segredo e da publicidade. Os rumores em torno da investigação – enormemente aumentados pela ambígua relação entre *os mass media* e os juízes – transportam uma informação distorcida dos atos processuais, de modo que "a fuga de notícias" durante a instrução torna pública uma grande quantidade de informação (desvantagens da publicidade); mas como essa informação está distorcida não permite às partes um conhecimento cabal dos atos processuais (desvantagens do segredo). Por isso não é surpreendente que hoje as propostas doutrinárias se orientem a favor de tornar a publicidade no princípio geral de todo o processo, da instrução ao juízo oral, mesmo que concedendo ao juiz a possibilidade de modulá-la frente a terceiros, ou de excluí-la inclusive frente às partes, se bem que com um caráter estritamente excepcional e limitado; justamente em virtude de um melhor e mais veloz conhecimento dos fatos.

Por último, também se pode dizer que as *limitações probatórias* restringem ou entorpecem a averiguação da verdade, apesar de que com algum matiz.

Com efeito, se a prova está orientada a investigar a verdade, o critério que regerá a investigação dos fatos é a procura de informação livre e sem restrições; critério que se traduz na regra epistemológica que estabelece que *qualquer elemento que permita acrescentar informação relevante sobre os fatos que se julgam deve poder usar-se*. É evidente que as limitações probatórias (sejam sobre os meios da prova, sejam sobre as fontes da prova) constituem exceções a esse critério. No entanto, entre elas encontramos regras de três tipos, em função de sua contribuição à verdade e de sua orientação à garantia de outros valores.

5.1.

Formariam uma primeira classe aquelas limitações probatórias que, fundadas no interesse cognoscitivo do processo, *contribuem para a averiguação da verdade*, desprezando ou subvalorizando provas com baixo valor gnosiológico; por exemplo, o escrito anônimo ou o testemunho de referência, apesar de que o caso mais claro talvez seja a proibição da tortura, pois, mesmo que se dirija diretamente a garantir a vida e a dignidade humana, não resta dúvida de que contribui também a evitar a possível obtenção de uma verdade "distorcida".

O testemunho de referência alude às afirmações de uma testemunha sobre o que ouviu, mas que não sabe se é verdade; isto é, são informações de segunda mão. A justificação que se dá no *Law of Evidence* a esta *Exclusionary Rule* é que, posto que o mais provável é que a testemunha de referência não tenha um conhecimento pessoal dos fatos descritos, a parte contra quem emite essa informação não teria a possibilidade de uma *cross examination* (com o terceiro). No Direito espanhol, o testemunho de referência é admitido somente residualmente e sempre com cautela; em todo caso, se qualifica de "pouco recomendável".

A proibição da tortura, por seu lado, apesar de que se justifique pela desumanidade da prova, se justifica também por sua debilidade epistemológica. Os alegados ilustrados contra ela já insistiam nisso: "no tormento não há nem cabem mais que um grau de probabilidade, e este, tão débil, tão frágil, que sempre é inferior ao menor dos indícios"[349].

5.2.

Formariam uma segunda classe aquelas limitações probatórias que, fundadas na proteção de outros valores, claramente entorpecem (ou não ajudam) a investigação da verdade; isto é, produzem (ou têm a capacidade de produzir) um menosprezo na qualidade do conhecimento alcançado. Trata-se de regras que,

---

349 J. P. Forner, *Discurso sobre la tortura* (1792), edição de S. Mollfulleda, Barcelona, Críticqa, 1990, p. 182.

dirigindo-se primeiramente à tutela de determinados valores extraprocessuais que se consideram relevantes (o interesse público, a privacidade de certas relações, a dignidade humana, as liberdades e direitos), os fazem prevalecer frente às exigências processuais de averiguação da verdade. Encontramos entre essas regras a proibição, sob "segredo de Estado", de usar como provas certos documentos que possam afetar a segurança do Estado; ou as que dispensam ou excluem do dever de declarar por razões de parentesco, ou para proteger o segredo das relações advogado/cliente, ou dos ministros de um culto, ou dos funcionários públicos. Mas talvez o caso mais significativo constitui a proibição de (admitir e) valorar a prova ilicitamente obtida, que merece um comentário particular.

A prova ilícita é um caso *singular de prova nula*, porque nula pode ser também a prova obtida violentando as regras institucionais de aquisição de prova. É prova ilícita a que se obtém com vulneração de garantias constitucionais (como a inviolabilidade de domicílio ou o segredo das comunicações: por exemplo, a ata de entrada e registro praticado fora dos casos permitidos por lei, ou a transcrição de escutas telefônicas ilegais); ou lesando direitos constitucionais (como o Direito à defesa: por exemplo, a declaração do imputado sem ter sido informado de seus direitos); ou através de meios que a Constituição proíbe (por exemplo, a confissão arrancada perante hipnose ou soros da verdade, proscrita para a proteção da integridade moral e a proibição de tratamentos degradantes, ou uma coação para obter declarações sobre "ideologia, religião ou crenças", proscrita para a tutela da liberdade ideológica e religiosa). Finalmente, e para simplificar, *é ilícita a prova obtida com a violação dos direitos fundamentais;* estamos falando, portanto, de um tipo de *prova inconstitucional.* Por isso, a proibição de prova ilícita não requer regulamentação expressa, pois deriva da *posição preferente* dos direitos constitucionais no ordenamento e de sua condição de "invioláveis".

A proibição de prova ilícita não supõe somente a exclusão das provas *diretamente* obtidas a partir de ato que fere direitos fundamentais (por exemplo, a declaração dos policiais que fazem um registro que lesa o Direito à inviolabilidade do domicílio, ou a transcrição de conversas telefônicas interceptadas, lesando o Direito ao segredo das comunicações), mas tem, além do mais, um *efeito reflexo*: são também ilícitas as provas *indiretamente* obtidas com a lesão de um Direito fundamental, o que acabou denominando-se *prova ilícita indireta* (por exemplo, a transcrição de conversas telefônicas interceptadas – cumprindo com todos os requisitos – como resultado da informação obtida em um registro que lesa a inviolabilidade do domicílio; ou a declaração do policial que apreendeu uma partida de droga, cuja existência conheceu como resultado da lesão ao Direito fundamental ao segredo das comunicações). Trata-se, na realidade, de uma manifestação daquilo que a doutrina norte-americana denominou de *teoria dos frutos da árvore venenosa* (*the fruit of the poisonous tree doctrine*), que expressa a nulidade de tudo que forma causa de um ato nulo.

Em linha de princípio há duas possibilidades de reação frente a essa prova.

Cabe, em primeiro lugar, considerar que a exclusão da prova ilícita conecta-se ao Direito a um processo com todas as garantias (o devido processo), e que, portanto, dita regra deriva diretamente da Constituição. Isso significa que toda prova obtida (direta ou indiretamente) a partir da lesão de um Direito constitucional é nula; sem exceção possível. E similar consideração recebe o caso em que a prova tenha sido obtida quando se buscavam outras provas, porque se considera que, para a busca dessa prova, não havia cobertura jurídica que garantiria sua licitude.

Mas cabe também argumentar – como acontece frequentemente – que o fundamento constitucional dessa regra de exclusão não reside em um Direito concreto, mas sim na produção de um efeito preventivo ou dissuasório (*deterrent efect*) sobre as condutas que lesam direitos; e para ser mais exatos, na necessidade de prevenir as lesões aos direitos constitucionais por parte dos poderes públicos e particularmente da polícia. Melhor dizendo, o *deterrent* é uma arma de dois gumes, pois permite também formular exceções à regra de exclusão. Concretamente, essa tese permite sustentar, em determinados casos, que o ato ilícito já recebe uma sanção, razão pela qual a prova deve considerar-se válida. Ou permite sustentar que se deve avaliar em cada caso os interesses que estão em jogo, para dar preferência a um ou a outro: o interesse de reconhecer aos direitos constitucionais plena eficácia e o interesse público na obtenção da verdade processual. Assim, em relação à prova praticada a partir da informação obtida mediante uma prova ilícita, ou em relação à prova obtida enquanto se buscava outra coisa, a tese do *deterrent* permite à jurisprudência norte-americana sustentar sua permissão em momentos de grave aumento da criminalidade. Algo muito parecido teria que ser dito da jurisprudência constitucional espanhola inaugurada em 1998, que sustenta que estas provas são nulas somente se existe *conexão de antijuricidade*, o que acontece: a) se o conhecimento obtido com a prova ilícita é considerado indispensável e determinante para a prática da segunda prova; e b) se é muito necessária uma contundente proteção do Direito. Porém, a doutrina da conexão de antijuricidade, se bem que possa ser adequada para a busca da verdade, pode propiciar práticas probatórias recusáveis, do ponto de vista dos direitos.

Em todo caso, é evidente que esta importante regra de exclusão de prova diminui as possibilidades de averiguação da verdade no processo. De fato, a exclusão de prova ilícita é o reflexo de uma ideologia jurídica comprometida com os direitos fundamentais, e, em virtude da qual, – como se costuma dizer – "a verdade não pode ser obtida a qualquer preço".

5.3.

Por último, formariam uma terceira categoria aquelas limitações probatórias que, *não se orientando à proteção de nenhum valor extraprocessual*, são contrárias ao interesse cognoscitivo do processo; isto é, não protegem absolutamente e além do mais *entorpecem (ou não ajudam) a averiguação da verdade*. Assim acontece, por exemplo, quando uma regra estabelece taxativamente um *numerus clausus* de meios de prova admissíveis em um determinado sistema; isto é, quando não se reconhecem com caráter geral outros meios de prova além dos expressamente regulados pela lei. É verdade que, nessa regulação legal taxativa, a maioria dos sistemas probatórios contempla *todos* os meios de prova tradicionais, pelo qual, nesse sentido, não parece que problemas particulares sejam colocados. Se a limitação tem importância é, principalmente, porque entorpece a incorporação dos novos avanços probatórios, que não teriam lugar em uma interpretação restritiva da norma. De qualquer modo, a opção pelo *numerus clausus* de meios de prova não é um obstáculo intransponível, pois quase sempre é possível fazer uma interpretação extensiva dos meios de prova tradicionais legalmente aceitos que permita a inclusão neles desses novos avanços probatórios (assim, por exemplo, o aporte de fitas magnéticas de áudio pode ser introduzido como documento). Maiores dificuldades acontecem quando o que se estabelece é que não se poderão provar certos fatos, a não ser com determinados meios de prova prefixados por lei, pois nestes casos é certamente difícil fazer uma interpretação expansiva da norma legal, que permita evitar a restrição em favor do interesse cognoscitivo do processo.

Por exemplo, quando a lei estabelece que o erro de fato de um tribunal de instância só pode provar-se em cassação por meio dos documentos que constem nos autos. Ou quando se estabelece que o pagamento do preço estipulado, no juízo de despejo, somente se poderá provar por confissão judicial ou por documento que certifique o pagamento. Ou, quando na apelação penal, a única prova admissível é a documental.

Resumindo, a necessidade de assegurar uma resposta mais ou menos rápida, que em algum momento ponha fim ao conflito de modo definitivo e a necessidade de preservar certos valores considerados merecedores de proteção, faz com que o conhecimento processual de fatos deva se desenrolar em um ambiente institucionalizado de regras que substituem os próprios critérios da livre aquisição do conhecimento por outros autorizados juridicamente. Algumas dessas regras contribuem para a averiguação da verdade, porém outras (a maioria) entorpecem ou minimizam esse objetivo. Por isso, a institucionalização não deve conduzir a divinizar acriticamente a verdade alcançada. Ao contrário: a verdade obtida processualmente (a verdade processual) pode ser diferente (de maior, mas também de menor qualidade) do que a alcançada com outros esquemas de conhecimento, que não tenham os entraves ou limitações processuais.

Além do mais, não todas as regras institucionais são garantias de algum valor jurídico (prático ou ideológico) ou simplesmente garantias de verdade. Há numerosas regras processuais, que não são mais que uma soma de formalidades, ritos e liturgias que o único que fazem é dilatar o procedimento, tornando complicado o que é simples, assim que, ao abusar delas, corre-se o perigo de converter a justiça no angustiante labirinto que Kafka tinha denunciado. Mas não é só isso. A existência de um ritual excessivo, ao fazer do processo um maquinário pesado ao que custa muito mover-se, não só não propicia, como inclusive obstaculiza a averiguação da verdade. Isto já o tinha denunciado insistentemente Bentham, mas parece que seus ensinamentos têm tido escassa repercussão nas legislações processuais. Além do mais, a solução para o problema do ritualismo processual excessivo somente parece residir – com exceção, naturalmente, das possíveis reformas institucionais – na *atitude do juiz*. Impor-se-ia, de uma parte, uma chamada a sua *prudência na condução e instrução do processo, para esquivar seu aspecto patológico;* de outra parte, uma chamada a sua atitude vigilante, a fim de que *esgote todas as possibilidades para o esclarecimento da verdade* e não se respalde na cômoda e simples aplicação dos ritos processuais.

De tudo o que foi dito até aqui, percebem-se algumas consequências importantes. A primeira é que a hipótese (ou seja, a reconstrução dos fatos litigiosos da sentença) *deve justificar-se*, mostrando que as provas disponíveis a tornam provável; ainda mais, que a tornam mais provável do que qualquer das hipóteses alternativas concordantes com essas mesmas provas. A segunda é que, não obstante apresentar-se como justificada, o *status* epistemológico de uma hipótese sempre é somente a probabilidade, portanto, salvo exigências institucionais de maior peso, *deveria estar sujeita à revisão* se surgissem novas provas.

6. A MOTIVAÇÃO DA PROVA

6.1. A necessidade de motivação da prova

Apesar de que não se pode negar que a necessidade de motivar as sentenças converteu-se já em uma exigência incontestável, a cultura da motivação encontrou e ainda encontra uma especial resistência no âmbito da prova. Isto é devido a que o juízo de fato pertenceu durante muito tempo, seja no âmbito das questões jurídicas não problemáticas, seja a uma zona de penumbra na qual reina o arbítrio judicial. No primeiro caso, a motivação aparece como *desnecessária*. No segundo, a motivação não pode ser concebida a não ser como racionalização *a posteriori* de uma decisão, tomada à margem de qualquer procedimento racional; isto é, a motivação, entendida como justificação, é *impossível*.

No entanto, na perspectiva cognoscitivista, a motivação não é desnecessária nem é impossível. Se valorar a prova consiste em determinar se as afirmações introduzidas no processo através dos meios de prova podem considerar-se verdadeiras (ou prováveis em grau suficiente), ou seja, em avaliar sua correspondência com os fatos que descrevem, então *é necessária* a motivação, isto é, a explicitação das razões que apoiam a verdade dessas afirmações. Se não fosse assim, a valoração mais do que livre seria libérrima, subjetiva e arbitrária, consequentemente se abandonaria o cognoscitivismo (e a racionalidade) para entrar no campo do puro decisionismo judicial. Não podem ser mais infelizes a esse respeito tanto a habitual interpretação do *princípio de imediação*, como a conhecida figura jurisprudencial da valoração ou *apreciação conjunta da prova*.

A *imediação*, isto é, a intervenção pessoal e direta (imediata) do juiz na prática da prova continua aparecendo, maiormente, como a condição inescusável para a livre valoração, pois somente fundamentando o juiz sua convicção na *impressão imediata* recebida, e não em referências alheias – argumenta-se – esta poderá ser considerada como livre[350].

Bem, como é evidente que as impressões recebidas pelo juiz na imediação com o material probatório (e sobre as que se fundamenta a convicção) não podem ser comunicadas, o que se vem a sustentar é que no *âmbito da imediação*

---

[350] "Quanto mais livremente se valorize a prova – pode-se ler em um tratado de Direito processual – mais necessária é a percepção direta do juiz. Somente ouvindo a testemunha responder às perguntas e reperguntas [...] poderá o julgador valorar seu testemunho", E. G. Orbaneja, *Derecho procesal civil*, I, p. 297. É imprescindível que "toda prova desfile perante a quem há de julgar", pois de outra forma seria incompreensível o princípio de livre apreciação, escreve E. R. Vadillo, *El derecho penal sustantivo y el proceso penal*, p. 72.

o juiz é dono de sua valoração. A livre convicção se entende então como valoração livre, subjetiva e essencialmente incomunicável e incontrolável, como uma espécie de momento íntimo (e quase místico) capaz de permitir a valoração discricionária e *não discutível* da prova[351]. Em outras palavras, o princípio da livre valoração, interpretado com o tamis da imediação, é carregado de irracionalidade e subjetivismo e anula completamente a possibilidade de motivar. E se a convicção do juiz é o resultado de sua exposição direta ao material probatório (por meio do qual se dá conta se a testemunha treme ou titubeia, se se turba ou se surpreende, se sua ou fica inteiro, e – através de tudo isso – se diz a verdade ou se mente[352]), então essa convicção não é susceptível de exteriorização nem, por conseguinte de motivação ou controle. Esta interpretação da livre convicção em relação à imediação instaura assim uma zona opaca ao controle racional que contradiz profundamente a cultura da motivação, pelo fato de que as intuições e impressões existam e talvez sejam inevitáveis, não significa que possam ser usadas como desculpa para a não justificação.

Precisamente esta *leitura subjetivista* da livre convicção permitiu ao Supremo Tribunal espanhol e a uma boa parte da doutrina processualista manter a existência de dois níveis de valoração; um exteriorizado e controlável no recurso, e o outro não: o primeiro formado pelo raciocínio que o juiz possa realizar a partir dos dados que diretamente tenha percebido no juízo oral; o segundo, *incontrolável*, constituído por aqueles aspectos da valoração que dependam substancialmente da imediação, ou seja, da percepção direta das declarações prestadas em presença do tribunal de instância. As consequências que advém para a motivação desta distinção de níveis de valoração são claras: Somente se insiste na necessidade de motivar a chamada prova indireta (por participar nesta o raciocínio do juiz), enquanto se aliviam (até quase anular-se) as exigências de motivação da prova direta (pois esta prova, por versar diretamente sobre o fato que se pretende dar credibilidade, não precisa do raciocínio e ficaria protegida ela toda pelo "guarda-chuva da imediação", e portanto da convicção libérrima, subjetiva e incomunicável). Neste sentido – esclarece ainda mais esta doutrina – a questão da credibilidade das testemunhas, que cai no âmbito da imediação, fica fora das exigências de motivação e das possibilidades de revisão.

---

351 Esta interpretação da livre convicção está muito arraigada na ideologia dos juristas e chegou inclusive a ser definida como a convicção adquirida *com* a prova dos autos, *sem* a prova dos autos e ainda *contra* a prova dos autos; vide E. J. Couture, *Las reglas de la sana crítica*, *Estudios de Derecho Procesal Civil*, Buenos Aires, 1949, II, p. 221.

352 Esta é uma tese defendida tranquilamente na doutrina e na jurisprudência.

Por outro lado, também a doutrina da *"apreciação conjunta* dos meios probatórios" produz resultados perversos para a motivação, porque – com o excesso de trabalho que pesa sobre os juízos – permite uma declaração genérica de fatos provados sem raciocinar sobre os motivos nem as fontes mediante os quais a prova foi conseguida. A prática da valoração conjunta não é, pois, finalmente, senão um subterfúgio "formal" que faz passar por discurso justificativo, o que não o é em absoluto; um expediente, enfim, que propicia e encobre a ausência de motivação.

Resumindo, decidir com apego à consciência não pode significar basear a sentença em uma íntima e intransferível convicção, em uma espécie de *quid inefable*, impulsivamente não exteriorizado nem controlável; não pode significar, como infelizmente ocorre na prática, consagrar a subjetividade do juiz e refugiar-se em uma cômoda declaração de fatos provados, sem considerar os motivos pelos quais o foram. Se a racionalidade da decisão probatória há de ser controlada, é evidente que esse controle se projeta sobre as razões que fundamentam a livre convicção do juiz. Sustentar o contrário seria dar pábulo à ideia de *justicia del cadí*, de poder jurisdicional puramente potestativo, arbitrário e incontrolável; contrário, enfim, ao espírito de um sistema probatório que se quer cognoscitivo, fundado, não no poder mas sim no *saber*, um saber "somente provável, mas precisamente por isso refutável e controlável"[353]. Por isso, se a motivação não é diretamente uma garantia de verdade, sim o é indiretamente, à medida que permite um controle sobre esse espaço de discricionariedade que é o âmbito da livre valoração.

Não obstante – insistamos nisso – ainda continua muito enraizada na consciência jurídica, e, na prática jurisprudencial, uma concepção *subjetivista* da livre convicção que permeia o dever de motivar. Diz-se, por exemplo, que "a convicção que, através da imediação, forma o tribunal da prova direta praticada na sua presença, depende de uma série de circunstâncias de percepção, experiência e até *intuição,* que não são exprimíveis através da motivação" (Sentença da Segunda Sala do Supremo Tribunal, de 12 de fevereiro de 1993. Sublinhado acrescentado). E outro exemplo: Considera-se bem motivada a sentença impugnada porque "expressa claramente a fonte probatória da qual se vale prioritariamente (as declarações da vítima) e porque *sugere* também *a credibilidade dos testemunhos utilizados* [...] Pode parecer uma parca explicação, mas *não é o decisivo [...] a extensão, o detalhe ou a clareza na expressão dos motivos, mas sim sua própria existência* e sua suficiência para transmitir as razões jurídicas essenciais da decisão judicial. É claro que isso acontece assim na sentença

---

353 L. Ferrajoli, *Derecho y razón, op. cit.*, p. 623.

impugnada, principalmente quando [...] *a convicção do julgador fundamentou-se em percepções inerentes à imediação judicial que são de difícil comunicação*" (STC 225/1997, de 15 de dezembro, FJ sétimo. Sublinhados acrescentados).

6.2. Em que consiste a motivação. Relações entre justificação e descoberta

A motivação é um tipo de *justificação plasmada no documento* da sentença. Mas naquilo em que deva consistir essa motivação, depende de como se concebam as relações entre descobrimento e justificação.

No discurso sobre a prova, a *descoberta* é o *iter* intelectivo que levou o juiz a formular como verdadeiras asserções sobre fatos controvertidos; a *justificação* refere-se às razões pelas quais essas asserções podem considerar-se verdadeiras. Pois bem, por mais que o processo de descoberta possa e deva transcorrer mediante operações racionais (as que comandam a valoração da prova e que depois servirão como argumentos justificativos), nele também podem estar (e de fato estão) presentes elementos puramente emotivos ou não racionais: aqueles que – como se viu – propiciam uma certa interpretação do princípio de imediação. O corolário do que foi dito apresenta-se claro: a justificação não pode confundir-se com a descoberta, e por isso *a motivação não pode ser compreendida como a exata reprodução das causas reais* (que também podem ser psicológicas, sociológicas ou puramente intuitivas ou irracionais) que levaram às afirmações sobre fatos, mas sim como o conjunto de argumentos que permitem apresentar tais afirmações como verdadeiras.

Tomando o exemplo de Hamlet: o fantasma revelou a Hamlet que seu pai não morreu de morte natural, mas que foi assassinado pelo marido de sua mãe. Hamlet obtém essa informação porque o fantasma lhe revelou, porém agora ele tem que justificar que isto foi assim; isto é, tem que justificar a hipótese *h* (O pai de Hamlet foi assassinado pelo marido de sua mãe, e para isso terá que se apoiar nas provas, por exemplo, em *p1, p2 e p3.*

> *p1: O marido da mãe de Hamlet tinha motivos para matar o*
> *pai de Hamlet (tornar-se rei da Dinamarca).*
> *p2: Esse homem e sua mãe se casaram com muita pressa.*
> *p3: O pai de Hamlet sempre gozou de boa saúde.*

Com o objetivo de justificar *h*, é indiferente que Hamlet tivesse formado sua convicção sobre os fatos por meio das revelações do fantasma ou por um processo indutivo, que o pudesse conduzir desde *p1, p2* e *p3* até *h*. O importante é justificar que *h* é (provavelmente) o que aconteceu.

Além do mais, a separação entre descoberta e justificação tem uma importância especial em um contexto de prova institucionalizado, em que, em virtude de diversas regras jurídicas, há provas que não devem ser atendidas ou conhecimentos extraprocessuais que não devem ser levados em consideração. O juiz deve então adotar sua decisão sobre os fatos "como se" não conhecesse esses dados, no entanto é evidente que tais provas e conhecimentos podem influir psicologicamente em sua decisão. Por isso, no final, este dever de "sentenciar... como se" somente pode ser controlado por meio da motivação: o juiz deve saber motivar, inclusive, contra sua convicção, "e não deve 'fazer dizer' aos outros elementos de prova aquilo que lhe tenham podido comunicar os elementos inutilizáveis, se aqueles não tiverem capacidade de transmitir esse conhecimento a quem conhece *somente estes*"[354]. A necessidade de diferenciar descoberta e justificação aflora outra vez; agora por razões institucionais.

Na doutrina e, principalmente, na práxis jurisprudencial nem sempre se é consciente desta distinção entre descobrir e justificar, o que provoca não poucas confusões e mal-entendidos. Aquela que às vezes se denomina *concepção mentalista ou psicologista* da motivação representa um bom exemplo desta confusão, pois expressa a posição daqueles que entendem que motivar consiste em explicitar *todo* o processo mental que levou à decisão. Se a isso se acrescenta que tradicionalmente a livre valoração foi concebida como convicção íntima, intransferível e irreproduzível, se compreenderá por que se pode sustentar que o processo de descoberta (guiado por esta íntima convicção) não é suscetível de justificação; por que, em resumo, a motivação se tem mostrado como uma operação impossível.

Certamente, esta confusão entre justificação e *iter* decisório é também o que faz com que alguns continuem vislumbrando como impossível (ou muito difícil) uma *rigorosa* motivação da prova, porque impossível (ou muito difícil) é a explicitação e subsequente controle de *todo* o processo mental que tenha levado à decisão. E, do mesmo modo, sustentar que em um órgão colegiado não é exigível (e que em todo o caso é impossível) uma motivação exaustiva, porque não se imagina como se redigiria a sentença, tendo em conta que os diferentes membros do colégio possam ter chegado à conclusão por caminhos diferentes, obedece novamente a que se está identificando entre motivação e reprodução do *iter* mental[355]. Quando se diferencia, entretanto, ambos

---

354 E. Fassone, Questio facti, *Materiali per um corso di analisi della giurisprudenza, op. cit.*, p. 319.

355 Afirma o mesmo J. Igartua, em *Valoración de la prueba, motivación y control em el proceso penal*, Valencia, Tirant lo Blanch, 1995, p. 150.

os conceitos desaparece qualquer diferença essencial entre a motivação de um juiz unipessoal e a de um juiz colegiado: o foro íntimo de cada um dos juízes do colegiado se expressará no debate anterior à sentença, e não na própria sentença.

Concluindo, o juiz não pode descobrir uma verdade, que depois não tenha condições de justificar mediante padrões de racionalidade, e para isso, necessariamente, terá que fazer uso de tais padrões no próprio processo de investigação da verdade. Mas, por seu lado, a motivação pode não coincidir exatamente com a descoberta, porque nesta podem aparecer elementos irracionais dos quais não pode encarregar-se aquela. A motivação assume, pois, uma tarefa depuradora sobre a atividade cognoscitiva que exige do juiz uma reconsideração de suas convicções iniciais à luz dos argumentos racionais, que são os únicos que inevitavelmente terá de usar para fundamentar sua decisão.

6.3. O estilo da motivação

Existem, em linha geral, duas grandes técnicas de motivação: a analítica e a globalizadora[356]. A *técnica analítica* entende que a motivação deve estruturar-se com uma exposição pormenorizada de todas as provas efetuadas, do valor probatório que se lhes fixou, e, de toda a cadeia de inferências que conduziu, finalmente, à decisão. A *técnica globalizadora*, ao contrário, consiste a *grosso modo* em uma exposição conjunta dos fatos, em um relato, em uma história que os põe em conexão em uma estrutura narrativa. A celebrada e tão aplaudida *coerência narrativa é* o melhor apoio teórico desta maneira de agir.

Na prática judicial domina infalivelmente a técnica do relato. Dita técnica, no entanto, apresenta duas importantes deficiências que conduzem a seu rechaço. A primeira é que, tal como é posta em prática na maioria dos casos, a técnica do relato em vez de esclarecer confunde, pois não acrescenta em uma exposição bem narrada da *história* dos fatos, mas sim na declaração apodíctica destes como *provados*, seguindo na forma – como se tem dito – "o torturado e torturador modelo da francesa *phrase unique*, redigida em jargão impenetrável e sempre bem enfeitada com gerúndios"[357]. Além do mais – e esta é a principal deficiência – a técnica do relato não somente pode provocar

---

356 Estes dois grandes estilos se corresponderiam com os dois grandes métodos (analítico e holista) de decisão sobre os fatos. Para uma análise mais detalhada, W. Twining, *Theories of Evidence: Bentham and Wigmore*, London, Weidenfeld & Nicolson, 1985, p. 183 ss.

357 P. Andrés, Acerca de la motivación de los hechos en la sentencia penal, *Doxa*, 12, 1992, p. 288.

confusão, mas, o que é pior, pode ser um biombo que escude uma decisão judicial insuficientemente justificada.

Efetivamente, se justificar os enunciados fáticos consiste em aportar razões que permitam considerá-los verdadeiros (ou prováveis em grau suficiente) à luz das provas efetuadas, não se vê que tipo de justificação pode aportar o simples relato, isto é, uma sucessão de enunciados sobre fatos provados, melhor ou pior narrados. O relato *pressupõe* a verdade dos enunciados que o compõem, mas não constitui *per se* justificação destes. De outro modo, nada impede que a decisão probatória possa concluir com um relato, porém não com *qualquer* relato, por mais coerente e persuasivo que este seja, mas sim com um que possa acreditar-se *verdadeiro*, e, portanto essa veracidade deverá justificar-se. O relato, pois, não exime a necessidade de se justificar as afirmações que o compõem. E além do mais, e conectado com o anterior, a técnica do relato está também em desacordo com uma das funções básicas que cumpre a motivação, e que se baseia em limitar a atividade irracional ou arbitrária do juiz por meio dos recursos: dificilmente se poderá controlar a racionalidade da decisão probatória mediante os recursos, se na sentença não se expressam os critérios que pretensamente a sustentam e se opta por uma simples narração fática.

Pelo que já foi dito, se a motivação, enquanto atividade justificadora, quer ser assumida de maneira cabal, a técnica do relato deve ser substituída pela analítica, consistente na exposição e valoração individual e ordenada por todas as provas efetuadas. Mais exatamente, a motivação deve consistir "em deixar constância dos *atos de prova* produzidos, dos *critérios de valoração* utilizados e do *resultado* dessa valoração. Tudo isso com a precisão analítica necessária, prévia a uma avaliação do material probatório em seu conjunto"[358]. Este é o único estilo de motivação que permitiria (I) controlar exaustivamente a entrada na sentença de elementos probatórios inaceitáveis ou insuficientemente justificados; e (II) controlar todas as inferências que compõem a cadeia da justificação. E a esse respeito, três precisões:

A primeira tem a ver com o *papel da valoração conjunta* neste estilo de motivação. A valoração conjunta, tão vinculada à técnica do relato, não representa por si só justificação alguma; pelo contrário, é uma prática que eventualmente camufla decisões injustificáveis ou em qualquer caso injustificadas. No entanto, a técnica analítica não despreza ou prescinde da valoração conjunta; somente a priva de valor justificador se não é precedida pela exposição e valoração individualizada das provas efetuadas que, depois,

---

[358] P. Andrés, De nuevo sobre la motivación de los hechos, *Jueces para la democracia*, 1994, p. 87.

valoram-se conjuntamente[359]. E mais, a valoração conjunta não somente não é desprezada senão que faz sentido plenamente, ao se levar em conta que a justificação dos fatos dista, geralmente, de ser algo simples. Na maioria das vezes, são muitos os elementos probatórios de diversos tipos que concorrem a favor ou contra uma hipótese, e não todos têm o mesmo valor probatório e, portanto, justificador; a justificação da hipótese deve fundamentar-se então na valoração conjunta de todos esses elementos. Mas é que, além do mais, em muitas ocasiões os mesmos dados probatórios permitem justificar hipóteses ou histórias diferentes; nesses casos devem-se confrontar essas hipóteses dando razões do porque de se optar por uma em detrimento de outras, e este exercício de confrontação, requer justamente uma valoração conjunta de todos os dados probatórios. Resumindo, no estilo analítico, a valoração conjunta cumpre seu papel, quando já se justificou individualmente a valoração de cada prova relevante efetuada, e, traduz, na realidade, a exigência de ponderar, frente à justificação final, o valor probatório de todas essas provas conjuntamente consideradas.

A segunda precisão é mais uma insistência. A motivação – já foi dito – deve consistir na exposição e valoração individual e ordenada de todas as provas efetuadas. Mas – note-se – de *todas as provas efetuadas*. Portanto, não somente daquelas que versam diretamente sobre um fato principal, mas também das que têm relação com a comprovação de um fato secundário, quando este constitua uma premissa para estabelecer a verdade de um fato principal. E (principalmente) não somente daquelas que se considerem condutoras à decisão, mas também daquelas outras, que, se fossem aceitas, conduziriam a uma decisão diferente. Esta última insistência não é insignificante, pois é muito fácil para um juiz, excluir na motivação aquelas provas relevantes cujos resultados não coincidam ou contrastem com a reconstrução dos fatos que pretende justificar. Por isso, se não se quer escamotear à motivação seu sentido justificador, não se deve diminuir a exigência de examinar e valorar *todas* as provas relevantes, e, por conseguinte também (ou principalmente) as que não avalizam a reconstrução dos fatos que se justifica: a justificação não será completa se não se justifica também por que não foram levadas em conta essas provas.

Por último, a exigência de motivação *exaustiva* que deriva do estilo analítico (particularmente pela função extraprocessual que a motivação cumpre)

---

359 Neste sentido J. Igartua: "a valoração conjunta não vem *em lugar*, porém *depois* da valoração singularizada pelos meios da prova", em *Discrecionalidad técnica, motivación y control jurisdicional*, Madri, Civitas, 1998, p. 143.

se orienta em fazer da sentença um documento autossuficiente, que se explica a si mesmo; um documento que mostra como, a partir da atividade probatória realizada, se chega racionalmente ao relato fático resultante. Portanto, não basta com uma motivação subentendida ou que remeta às atas. A motivação deve ser feita de modo que "permita ao leitor *externo* (ainda mais se carece de qualificação técnica) uma compreensão cabal do sucedido no ajuizamento e do fundamento da decisão"[360].

Porém, a exigência de motivação exaustiva não pode ser confundida (nem, portanto, entender-se como cumprida) com uma motivação simplesmente abundante. Não se trata de auspiciar motivações extensas, prolixas, intermináveis. Além do que, algumas motivações extensas, repletas de malabarismos argumentativos e meandros dialéticos, não somente são pouco compreensíveis e (pelo menos neste sentido) pouco racionais, podendo além do mais servir como um biombo que possa encobrir alguma arbitrariedade. Trata-se, na verdade, de adotar um estilo de motivação que fuja dos argumentos *ad pompam ou ad abundantiam* e que se restrinja aos elementos precisos para tornar racionalmente justificada e controlável a decisão. Como afirma Taruffo, "a justificação que segue rigorosos cânones de racionalidade é mais completa, mas também mais simples e linear"[361].

6.4. Resumo: regras sobre a motivação

6.4.1.

Motivar é justificar. A motivação não pode considerar-se cumprida se não se aportam razões que permitam sustentar como correta a resolução judicial fática. Lamentavelmente esta asserção não é uma obviedade. Em muitas sentenças, ao falar do desenrolar da prova, pode ler-se: "nos remetemos a Ata, em honra da brevidade".

6.4.2.

Motivar exige explicitar (e justificar) as provas usadas e o raciocínio. O raciocínio, exigível para efeitos de motivação, deve permitir passar dos dados probatórios (as provas) aos fatos provados, de acordo com as regras de inferência aceitas e as máximas de experiência usadas. Infelizmente, o que jurisprudencialmente se entende por explicitar o raciocínio para efeitos justificadores acarreta às vezes

---

[360] Com estas palavras se expressa a (nisto excepcional) STS 333/2001, Sala Penal, de 7 de março, FJ primeiro (Ponente Perfecto Andrés).

[361] M. Taruffo, *Il vértice ambíguo*, Il Mulino, Bologna, 1991, p. 150.

grande insatisfação, julgando por pronunciamentos do seguinte teor: a única contradição do raciocínio probatório relevante para efeitos de sua revisão na cassação é "a que se pode produzir quando o Tribunal faz afirmações sobre fatos que se contradigam logicamente (*por exemplo, que X esteja morto e esteja vivo*) ou que segundo a experiência sejam impossíveis (*por exemplo, que um cavalo voe*)". Fora essas situações, parece que não existe contradição relevante.

6.4.3.

Todas as provas requerem justificação. Também, portanto, a chamada prova direta. O fato de não ter reparado que a chamada habitualmente *prova direta* é também, como a indiciária, uma prova de tipo indutivo, tem conduzido a um relaxamento ostensivo das exigências de controle. Assim, o Supremo Tribunal espanhol assinala que "o não cumprimento do dever de motivação na prova direta, mesmo supondo uma irregularidade formal, não causa falta de defesa, nem a nulidade do correspondente ato judicial. Ao contrário do que acontece na prova indireta ou indiciária, onde se exige que o correspondente raciocínio se expresse".

6.4.4.

A motivação exige uma valoração individualizada das provas. A valoração conjunta não substitui, e sim vem depois da valoração singularizada das provas, tomadas uma por uma.

6.4.5.

Serão consideradas todas as provas efetuadas. Em particular, uma sentença condenatória deve dar conta racional do por que de não se ter atendido às provas escusatórias; ou seja, deve justificar a valoração conferida aos meios de prova escusatórios. E uma sentença absolutória deve dar conta racional do por que de não se ter atendido as provas incriminatórias; ou seja, deve justificar a valoração conferida aos meios de prova incriminatórios.

Terceira Parte

NEOCONSTITUCIONALISMO E O PAPEL DO POSITIVISMO

Capítulo 9

POSITIVISMO CORRIGIDO E POSITIVISTAS INCORRIGÍVEIS[363]

Alfonso García Figueroa

Sumário
1. Um positivismo atento às mudanças do Direito
2. Mudanças endógenas e exógenas na teoria do Direito
2.1. A transformação exógena da teoria do Direito continental
2.1.1. O que se entende por "constitucionalização"?
2.1.2. Estamos realmente diante de uma mutação genética?
2.2. A transformação endógena da teoria do Direito angloamericana
2.3. Alcance conceitual da constitucionalização
3. Positivismo corrigido ou positivismo preterido?
3.1. A clareza conceitual: uma jaula de Faraday para as ciências sociais
3.2. A clareza ética e política: uma armadilha para o positivismo jurídico
3.2.1. O argumento da frustração
3.2.2. O argumento do descrédito
4. Conclusão: Que alternativas nos restam?

---

362 Tradução por Eduardo Ribeiro Moreira, Professor e Doutor em Direito Constitucional.

1. UM POSITIVISMO ATENTO ÀS MUDANÇAS DO DIREITO[363]

Em nosso país Gregório Peces-Barba se inscreve em um amplo movimento que tende a matizar a visão positivista do Direito, com sua proposta de um "positivismo corrigido", ao que também se refere como "positivismo aberto", "flexível", "ético" ou *"dúctil"*[364]. É óbvio que quem propugna um positivismo *corrigido* pressupõe algumas coisas. Trivialmente, pressupõe que o positivismo jurídico constitui uma teoria não de todo correta, mas sim basicamente correta. Como é uma teoria não de todo correta, o positivismo jurídico *requer* correções. Como é basicamente correta, *merece* correções que lhe permitam manter-se de pé. O positivismo corrigido afirma a tese positivista básica da separação entre Direito e moral, mas admite (diferentemente de um positivismo sem correções como o positivismo exclusivo de Josef Raz) a *possibilidade* de que a regra de reconhecimento do Direito contenha referências morais ou materiais. Em palavras de Peces-Barba, "moralidade pública é relevante para identificar o Direito; ou dito de outra forma, uns critérios de moralidade fazem parte da norma básica de identificação das normas"[365]. Por outro lado, o professor Peces--Barba se mantém atento a uma certa dimensão moral do Direito que resulta particularmente chamativa nos sistemas jurídicos dos Estados constitucionais e que pode ser de difícil acomodação nos esquemas positivistas:

> *Todo Direito é um ponto de vista sobre a Justiça, [...] mas em nenhum campo está tão presente, tão próximo esse mundo da ética, dos valores; esse mundo do homem e de suas necessidades, referência inelutável de todo Direito que pretenda ser justo, como em este campo do Direito dos direitos fundamentais*[366].

Mas estas considerações em torno à dimensão moral das atuais Constituições não levam nosso autor a abraçar nenhuma forma de antipositivismo. Ao contrário, Peces-Barba "não pode compartilhar a impossibilidade de passar de um positivismo de regras a um positivismo de princípios assinalada

---

363 Esse texto foi publicado no livro em homenagem a Peces-Barba e na *Revista de Estudos Constitucionais* n. 3.

364 G. Peces-Barba, Desacordos e acordos com uma obra importante, epílogo a G. Zagrebelsky, *El Derecho Dúctil, Ley, Derechos, Justicia*, Madri Trotta, 1995, p. 166-7. Nas notas sucessivas me referirei a este trabalho só como "Epílogo".

365 Epílogo, p. 166.

366 G. Peces-Barba, *Derechos fundamentales*, Madris, Latina, 1980, p. 78

por Zagrebelsky [...]"[367] e por outros autores como Ronald Dworkin ou Robert Alexy, e mantém que "uma análise juspositivista dos direitos não é impossível"[368] Peces-Barba tende pois por um compromisso: o positivismo corrigido. Isso pode expressar-se também de outro modo, o positivismo de Peces-Barba é sensível a certas transformações do Direito, mas não ao ponto de invalidar o positivismo em suas teses fundamentais. Mas o que mudou no Direito para que deva mudar o positivismo?

2. MUDANÇAS ENDÓGENAS E EXÓGENAS NA TEORIA DO DIREITO

As transformações do positivismo jurídico obedeceram a uma ideia central: o positivismo jurídico tradicional não é capaz de explicar adequadamente a realidade do Direito. Essa crítica ao positivismo jurídico baseia-se, pois, no chamado "argumento do contraste com a prática"[369]. No entanto, 'a prática" não é igual em todos os lugares e isto marca uma diferença relevante entre as transformações da teoria do Direito nas culturas jurídicas anglo-americana e continental europeia respectivamente. Concretamente: se no continente europeu a constitucionalização do Direito é (ou é percebida como) uma novidade que repercute sobre a teoria do Direito; entre os anglo-americanos não há tal novidade e portanto a teoria do Direito fica transformada por fatores puramente internos à teoria. Nesse sentido, podemos dizer que as mudanças que se verificam na teoria do Direito anglo-americana são meramente teóricas e endógenas, enquanto as mudanças na teoria do Direito continental são exógenas, no sentido de que respondem às transformações da fenomenologia dos ordenamentos jurídicos. Claro está que isso não deixa de ser uma simplificação, mas será assumida aqui com propósitos sobretudo explicativos.

2.1. A transformação exógena da teoria do Direito continental

A filosofia jurídica continental tem demonstrado cada vez mais interesse por refletir em suas teorias as transformações efetuadas nos sistemas jurídicos dos Estados constitucionais. O já referido argumento do contraste com a prática,

---

[367] Epílogo, p. 168

[368] Epílogo, p. 162

[369] J. C. Bayòn, Derecho, convencionalismo y controvérsia, in M. C. Navarro y Redondo, *La relevância del Derecho. Ensayos de filosofia jurídica, moral y política*, Barcelona, Gedisa, 2002, p. 57-92, aqui p. 57.

que afirma que o positivismo tradicional não é capaz de dar conta da realidade do Direito, foi muito importante nos últimos tempos em que precisamente no âmbito continental mudou a realidade do Direito (ou ao menos isso se pensa). À medida que assumamos que se trata de uma virada teórica de causas exógenas, esta questão requer mais aprofundamento.

Na filosofia jurídica continental, o argumento do contraste com a prática concentrou-se nas dificuldades do positivismo jurídico para oferecer uma teoria do Direito capaz de explicar as transformações causadas nas normas jurídicas pelo impacto de sua constitucionalização. Para alguns autores, o Direito transformou-se tão profundamente que houve uma mudança substancial. Gustavo Zabgrebelsky nos fala nada menos de uma genuína mutação genética do ordenamento jurídico[370]. Podemos chamar "tese da mutação genética" a que afirma que, efetivamente, o Direito constitucionalizado é *qualitativamente* diferente do não constitucionalizado.

Sob esse ponto de vista, o neoconstitucionalismo pode ser considerado o movimento jurídico que se caracteriza por adotar como objeto predileto de estudo e caso paradigmático o dos ordenamentos jurídicos dos Estados constitucionais, assumindo assim a relevância dessa mudança e assumindo em maior ou menor grau a "tese da mutação genética". A adição da tese da mutação genética ao argumento do contraste com a prática implica que a teoria do Direito viu mudar substancialmente seu objeto de estudo e isso exigiria rediscutir completamente o discurso da teoria do Direito positivista e talvez a teoria do Direito *tout court*. Nesse ponto, caberia propor várias questões problemáticas: Em que consiste essa transformação; se realmente nos encontramos diante uma genuína transformação do Direito; qual seja seu impacto nas diversas culturas jurídicas; qual seu alcance conceitual e se há alternativas às apresentadas pelos positivistas e antipositivistas. Analisemos agora algumas delas.

2.1.1. O que se entende por "constitucionalização"?

São diversas as características que permitem falar de um sistema jurídico constitucionalizado. De acordo com uma conhecida caracterização devida a Riccardo Guastini[371], nem todas têm a mesma relevância. As duas primeiras,

---

[370] "A importância da transformação deve induzir a pensar em uma autêntica mudança genética, mais que em um desvio momentâneo..." (G. Zagrelsky, *El Derecho dúctil, op. cit.*, p. 33)

[371] R. Guastini, La costituzionalizzazione dell'ordinamento italiano, *Ragion pratica*, n. 11, 1988, p. 185-206 (existe uma tradução para o castelhano em M. Carbonell, Neoconstitucionalismo(s), Madri, Trotta).

que são a presença de uma Constituição rígida (escrita e resistente frente à legislação ordinária) e a presença de algum sistema de controle de constitucionalidade, gozam de um caráter por assim dizer essencial (são *conditiones sine quibus non*), enquanto a presença do resto[372] é somente indicativa de um *maior* grau de constitucionalização. Tratar-se-iam de características acidentais (poderíamos dizer paralelamente que se trata de *conditiones quibus plus*). O mínimo denominador comum de todo sistema jurídico constitucionalizado consiste, pois, na existência de uma Constituição escrita, rígida e garantida por algum sistema de controle de constitucionalidade.

Porém, a característica mais relevante para a teoria do Direito e especificamente para o problema do positivismo jurídico é na realidade uma consequência dessas características essenciais. Trata-se da moralização do Direito que comporta a presença de uma Constituição com uma forte carga axiológica e a posterior moralização do raciocínio jurídico singularmente no exercício do controle de constitucionalidade, isto é, o problema da incorporação à Constituição de conteúdos morais e como se pode interpretar este fenômeno em registro positivista (i. e. mantendo a independência do Direito em relação à moral)[373]. Como é sabido, no âmbito anglo-americano esse problema se manifesta significativamente em torno ao debate do chamado "incorporacionismo" ou "inclusivismo", e no continente em torno ao paradigma jurídico do chamado "neoconstitucionalismo".

2.1.2. Estamos realmente diante de uma mutação genética?

Uma forma de desativar o argumento do contraste com a prática ao que recorre o neoconstitucionalismo (quando é antipositivista) consiste em negar que realmente a prática (a realidade do Direito) tenha mudado substancialmente.

---

372 O resto das características são: a força vinculante da Constituição (no sentido de que dizíamos que esta é propriamente uma norma jurídica e não uma mera norma programática como indicava García de Enterría em seu clássico trabalho *A constituição como norma jurídica*, in A. Pedrieri; E. García de Enterría (coords.), *La Constitución española de 1978*, Madri, Civitas, 1980); a sobreinterpretação ("sovra-interpretazione") da Constituição (a propensão das normas constitucionais a regular qualquer controvérsia imaginável); a aplicação direta da Constituição aos particulares (a chamada Drittwirkung vide e. g. Eduardo Ribeiro Moreira, *Obtenção dos Direitos Fundamentais nas Relações entre Particulares*, Rio de Janeiro, Lúmen Júris, 2007); a interpretação das leis conforme a Constituição que se aprecia com especial clareza no fenômeno das sentenças interpretativas prolatadas pelo Tribunal Constitucional em suas diversas versões: aditivas, redutoras, manipulativas (vide J. Díaz Revorio, *As sentenças interpretativas do Tribunal Constitucional*, Valladolid, 2001) e finalmente a influência da Constituição sobre as relações políticas.

373 Refiro-me a esta questão no meu trabalho *La teoría del Derecho en tiempos de constitucionalismo*, M. Carbonell (comp.), *Neoconstitucionalismo(s), op. cit.*, p. 159-186.

Contra a tese da mutação genética pode-se alegar que em realidade não há nada de novo na incorporação à Constituição de conteúdos morais. Sempre teriam existido referências morais no Direito implícitas em modelos infraconstitucionais como o "diligente pai de família", "a ordem pública", "a boa-fé", "os bons costumes" etc. E mais: o realmente difícil é encontrar algum sistema jurídico viável sem tais referências. Moreso nos propõe[374] acertadamente como exemplo do formalismo puramente insensível (ou *entrincheirado* frente) a qualquer circunstância particular ou consideração moral o Direito formal da Roma arcaica. Recordemos um clássico exemplo nas palavras de Gayo em suas *Instituições*:

> *As ações que estavam em uso entre os antigos se chamavam ações da lei [...] porque se adaptavam aos termos das leis, que se cumpriam com o mesmo imutável rigor com que se cumpriam as mesmas leis. Daí que, alguém ao reclamar de umas cepas cortadas mencionava a palavra "cepa" em sua ação, diziam os jurisconsultos que perdia o pleito já que deveria dizer "árvores", pois a lei das XII Tábuas, em virtude de a ação que competia pelas cepas cortadas, falava genericamente de "árvores".[375]*

Que esse sistema jurídico nos pareça excêntrico demonstraria que realmente a tese da mutação genética não se sustenta. O Direito sempre teria tido referências morais. E mais: tampouco seria uma genuína novidade do pensamento neoconstitucionalista a superposição de normas jurídico-positivas e morais no raciocínio jurídico. As pessoas sempre se referiram à "administração de *justiça*" para falar da atividade dos juízes e se têm dito que os juízes "fazem *justiça* conforme ao Direito". Desde esse ponto de vista, a chamada "tese do caso especial" (segundo a qual o raciocínio jurídico é um caso especial de razão prática geral) simplesmente reconhece e reformula tecnicamente o que intuitivamente haviam pensado juristas e leigos em Direito[376]. Em suma: nada de novo sob o sol, no que concerne tanto ao sistema jurídico, quanto a sua aplicação.

---

374 Vide B. Celano, Podemos elegir entre particularismo y universalismo?, *Discusiones: Razones y normas*, n. 5, 2005, p. 101-128.

375 Gayo, Instituciones, § 2, 11 *in fine* [cito por la edición de R. Domingo (coord.), *Textos de Derecho Romano*, Aranzadi, Cizur Menor, 2002, p. 196 s.].

376 Sobre as implicações justeóricas desta tese creio que pode ser ilustrativo o debate que a propósito mantive com Isabel Lifante: A. García Figueroa, La tesis del caso especial y el positivismo jurídico, *Doxa*, n. 22, 1999, p. 195-220; I. Lifante, "Una crítica a un crítico del "no positivismo"", *Doxa*, n. 23, 2000,

Não é possível ocupar-me aqui dessa objeção e não é necessário desde o momento em que não só não invalida a estratégia do neoconstitucionalismo, senão que simplesmente estende sua área de influência além dos confins do Direito constitucionalizado. Se a tese da mutação genética não é válida, então os argumentos do neoconstitucionalismo poderiam aplicar-se *a fortiori* aos sistemas jurídicos não constitucionalizados. Desde esse ponto de vista, não é uma objeção de fundo, senão mais de procedimento. Em todo caso creio que o importante não é tanto se existiam ou não referências morais nos sistemas jurídicos e na argumentação dos juristas, prévios à constitucionalização do Direito, senão bem mais a diversa consciência ou consideração que esse fato provoca em uma cultura jurídica. Parece que a cultura jurídica europeia antigamente legicêntrica e formalista mudou sua forma de ver o Direito com as Constituições materializadas. Ao menos parece claro que o jurista está *mais* disposto a interiorizar a ideia de que o raciocínio jurídico é um caso especial de razão prática geral a partir do fenômeno da constitucionalização do Direito.

A importância que reveste para o neoconstitucionalismo concentrar-se no modelo do Direito dos Estados constitucionais não está tanto em destacar essa mutação genética, quanto em excluir da extensão dos sistemas jurídicos *relevantes,* paradigmáticos, aqueles que estão claramente fora da área de influência desse modelo. Dizendo de outro modo, trata-se de afirmar uma premissa pragmática no fazer de reconstrução conceitual: nos interessa sobretudo reconstruir o Direito dos Estados constitucionais e não os sistemas vigentes na Alemanha nazista ou no regime de Pol Pot. Com ou sem mutação genética, o Direito constitucionalizado se transforma no modelo paradigmático para o desenvolvimento da teoria. Fica desativada assim uma velha réplica do positivista e que caberia formular-se assim: "Então é Direito o ordenamento da Alemanha nazista (ou qualquer outra ordem normativa legal extremada e evidentemente injusta)?" Santiago Sastre toma emprestada de Félix Ovejero a jocosa expressão *"bongobongoismo"* para definir esta estratégia mediante a qual nas ciências sociais se desautoriza uma teoria invocando um caso marginal (o da tribo dos "bongo-bongo") na que aquela não funciona[377]. Os "bongobongo" da filosofia jurídica são o Direito nazista, o do regime de Pol Pot etc. Na filosofia jurídica sempre podemos recorrer ao exemplo desses regimes para invalidar uma teoria do Direito não positivista. A resposta mais honesta é que o Direito

---

p. 709-728 e A. García Figueroa, El Derecho como argumentación y el Derecho para la argumentación. Consideraciones metateóricas en respuesta a Isabel Lifante, *Doxa*, n. 24, 2001, p. 629-653.

377 S. Sastre, La recuperación de la política. Algunas reflexiones sobre el republicanismo, in A. García Figueroa, (coord.), *Racionalidad y Derecho*, Madri, CEPC, 2006, p. 187-218. Sastre remete-se a F. Ovejero, *La libertad inóspita*, Barcelona, Paidós, 2002, p. 152.

nazista não é *interessante* para reconstruir as características fundamentais do Direito dos Estados constitucionais. Esta resposta pressupõe, pois, certo pragmatismo.

2.2. A transformação endógena da teoria do Direito anglo-americana

Na filosofia jurídica anglo-americana, Herbert L. A. Hart se opôs não só à doutrina do Direito natural, como também ao imperativismo de John Austin, ao transcendentalismo de Hans Kelsen e ao empirismo de Alf Ross ao nos revelar a importância do ponto de vista interno na hora de estudar o Direito[378]. Com sua distinção entre "ver-se obrigado" a fazer algo e "ter a obrigação" de fazê-lo ou com a importância conferida à aceitação no Direito, Hart estava abrindo uma caixa de Pandora que como tal certamente não volte a fechar-se jamais. Acertadamente afirmou-se que Hart é o autor que separa a filosofia jurídica de ontem da filosofia jurídica de hoje[379]. A Hart deve-se um verdadeiro "giro hermenêutico" na filosofia do Direito[380].

Por outro lado, para considerar o impacto das transformações do Direito sobre a teoria do Direito, convém, como avancei mais acima, atender também à fenomenologia dessa transformação em cada cultura jurídica. Torna-se então mais gritante que na cultura jurídica anglo-americana parece ainda mais difícil falar de uma mutação genética ou de um genuíno impacto da constitucionalização do Direito e isto porque, em síntese, no Reino Unido não houve constitucionalização e nos EUA não houve impacto.

Por um lado, no Reino Unido não houve propriamente constitu-cionalização. Evidentemente, é um sistema constitucionalizado em um sentido profundo[381], mas não no sentido estipulado por Guastini, dada a peculiar natureza consuetudinária das fontes constitucionais britânicas. Por outro lado, nos EUA não cabe falar propriamente de "impacto", posto

---

378 Vide A. Schiavello, *Il positivismo giuridico dopo Herbert L. A. Hart. Un'introduzione critica*, Turin, Giappichelli, 2004, p. 110.

379 F. Viola; G. Zaccaria, *Diritto e interpretazione. Lineamenti di teoria ermeneutica del diritto*, Roma-Bari, Laterza 1999, p. 21 ss.

380 B. Bix, *Teoria del Derecho: ambición y limites*. Trad. de P. E. Navarro & al., Madri, Marcial Pons, 2006 p. 127.

381 Por exemplo, N. Matteucci grifa que os princípios do constitucionalismo emergem na história cons-titucional inglesa "apesar de carecer de uma codificação explícita por uma espécie de resistência que caracteriza a tradição política inglesa a formas excessivas de racionalização" (N. Matteucci, *Organización del poder y libertad. Historia del constitucionalismo moderno*, Madri, Trotta, 1998, p. 26).

que a constitucionalização é um fenômeno consubstancial às origens da nação americana. Isso explica que a transformação da teoria do Direito seja endógena. Opera no plano teórico, dogmático e jurisdicional, mas não propriamente no sistema de fontes. Por exemplo, na Inglaterra só recentemente tem-se questionado o dogma da supremacia do Parlamento por parte de juízes e juristas[382].

Isso marca uma diferença relevante entre as duas grandes culturas jurídicas tradicionais: a legicêntrica continental e a anglo-americana de base judicial. A teoria do Direito interage com uma cultura jurídica da qual bebe e da qual se serve. No entanto, os argumentos lançados a um e a outro lado do canal da Mancha às vezes se confrontam sem levar em conta estas diferenças. Talvez um ponto de contato interessante que explorarei mais adiante seja o seguinte: Se as teorias do Direito finalmente apresentam alguma carga normativa ou ideológica, então o elemento comum mais interessante à discussão em torno à crise do positivismo em ambas culturas jurídicas talvez consista nos limites que nos Estados modernos devam se impor ao poder judicial (ou *jurisdicional*, para incluir ao Tribunal Constitucional). É neste ponto onde me parece convergem os problemas ideológicos subjacentes à discussão em torno aos limites do Direito (a forma de conceber as relações entre Direito e moral). Um Direito controvertido ao que se soma uma moral controvertida convertem a jurisdicional em uma labor moral e politicamente controvertido.

2.3. Alcance conceitual da constitucionalização

Em vista de tudo isso, as opções que se apresentam em torno à relevância da constitucionalização do Direito ou de sua dimensão substancial em geral para a teoria do Direito são múltiplas. Se aceitamos a tese da mutação genética em um sentido fraco e em todo caso se aceitamos o argumento do contraste com a prática, então o positivismo jurídico se situa ante uma velha disjuntiva: adaptar-se (i. e. corrigir-se) ou morrer. Como se sabe, o positivismo de autores como Luigi Ferrajoli, Luis Prieto ou Gregório Peces-Barba exploram cada um a seu modo a primeira via. O antipositivismo neoconstitucionalista de autores como Robert Alexy, Ronald Dworkin ou Carlos Santiago Nino exploram a segunda. Se não aceitamos a tese da mutação genética nem que

---

382 Sobre esta revolta judicialista frente ao princípio de supremacia do Parlamento, vide J. Goldsworthy, *The Sovereignty of Parliament*, Oxford, Clarendon, 1999.

exista um contraste do positivismo com uma prática realmente nova, então o discurso da teoria do Direito se mantém nos termos de sempre: positivismo ou antipositivismo. Talvez por isso no âmbito anglo-americano o debate se apresentou de outro modo. Ali a questão é se é *possível* (positivismo inclusivo) ou não (positivismo exclusivo) que a regra do reconhecimento contenha elementos morais. A transformação do debate é puramente teórica (endógena), no sentido de que não responde a uma mudança na fenomenologia do Direito como no continente europeu. O que no continente chegou a se considerar uma mutação genética, parece entre os anglo-americanos algo admitido desde sempre com naturalidade e a questão é mais até que ponto é aconselhável normativamente esse modelo. O debate em última instância se desloca uma vez mais para questões normativas: que sentido tem *hoje em dia* o positivismo jurídico?

Significativamente, frente ao positivismo corrigido, um positivista exclusivo (puro) e a um antipositivista coincidem paradoxalmente em algo: em que o positivismo corrigido renuncia certamente ao que dá sentido ao positivismo jurídico como teoria: à possibilidade de estabelecer confins *assegurados* do ordenamento jurídico frente a outras ordens normativas (tese dos limites do Direito). Esta tese funciona como um pressuposto transcendental da teoria do Direito, no sentido de que se erige em condição da possibilidade de conhecimento do Direito. Se o Direito não tem limites, não podemos conhecê-lo do modo que em geral interessa à teoria do Direito.

3. POSITIVISMO CORRIGIDO OU POSITIVISMO PRETERIDO?

Todas estas considerações remetem ao discurso da metateoria do positivismo jurídico que definitivamente responde à pergunta "Por que ou para que ser positivistas?". Este metadiscurso se articula em pelo menos três diferentes planos. Em um plano puramente descritivo ou conceitual, o positivismo procura *clareza*. Em um plano puramente valorativo muito importante em seu vértice político, o positivismo procura *certeza*. Por isso a tradução valorativa da clareza é a certeza e a tradução metodológica da certeza é a clareza. À clareza conceitual e à certeza política se incorpora uma terceira vertente, a moral ou ética. Segundo alguns autores, o positivismo jurídico é uma teoria na qual é bom acreditar. Dizendo de outro modo, a aceitação do positivismo jurídico comporta maiores benefícios morais.

Minha impressão, que a seguir desejaria justificar, é de que hoje em dia o positivismo jurídico em geral e o corrigido em particular está renunciando a essas virtudes conceituais, políticas e éticas que o fizeram *historicamente* valioso sem resolver as insuficiências que o positivismo jurídico exibe atualmente em seu contraste com a prática[383].

3.1. A clareza conceitual: uma jaula de Faraday para as ciências sociais

À teoria do Direito tradicional interessa acima de tudo individualizar um conjunto de normas empregadas pelos juízes e que normalmente chamamos "Direito"[384]. Para isso a teoria do Direito de orientação analítica reconstrói o Direito como mais interessa a sua metodologia seja ela empirista, seja ela formalista. Em consequência, a metodologia, adotada determina as conclusões do pensamento estabelecido. Por exemplo, se reconstruímos o Direito como um sistema axiomático de normas formuladas e derivadas identificadas mediante critérios alheios a considerações morais, então é fácil concluir que o Direito é assim porque isso permite reconstruí-lo desse modo (que é o que em seu caso *interessa*).

Com essa petição de princípio, o Direito fica, por assim dizer, *congelado temporariamente*[385]. O Direito pode ser então objeto de dissecação por parte dos teóricos dos sistemas jurídicos de inspiração analítica. Para recorrer a uma imagem da física, a teoria do Direito de orientação analítica introduz o sistema jurídico em uma espécie de jaula de Faraday[386], onde o fenômeno para sua observação fica preservado de toda interferência que possa invalidar a tese que se intenta demonstrar. No entanto, muitas vezes o que mais nos

---

383 Talvez por isso se incline finalmente por "un positivismo sin calificativos". R. Escudero, *Los Calificativos del Positivismo Jurídico El debate sobre la incorporación de la moral*. Madri, Civitas, 2004

384 Por exemplo, como nos indica Isabel Turégano, o propósito de Austin em *The Province of Jurisprudence Determined* não é *descrever* o Direito real mas *delimitar* o âmbito da jurisprudência (I. Turégano, *Moral Derecho y em John Austin*, Madri, CEPC, 2001, p. 185 ss.).

385 Esta imagem do Direito pode resultar muito distorcida em particular quando atende ao caráter derrotista de, como pouco, boa parte das normas sobre direitos fundamentais.

386 Em seu discurso de ingresso *honoris causa* ao claustro de doutores da Universidade de Granada junto ao professor Elias Díaz, o professor de física aplicada Lyklema explicou a importância desse instrumento para eliminar certas interferências. Um colaborador de Lyklema não pode usar a caixa de Faraday em um experimento pelo exagero dos instrumentos. Enquanto seu colaborador estava apaixonado, o experimento fracassou. Quando o romance acabou, o experimento teve êxito. Parece que a gravata de seda que ele usava quando encontrava sua namorada arruinava o experimento por causa de sua carga elétrica. A moral da história pode ser de que as interferências que podem incidir sobre o conhecimento são inesperadas *(Discursos pronunciados en el acto de investidura de Doctor honoris causa del excelentísimo señor D. Johannes Lyklema*, Crucero del Hospital Real de Granada, 11 maio 2007).

interessa do Direito é precisamente esse conjunto de *interferências* que invalidam as conclusões do positivismo jurídico. Por exemplo, se admitimos que ao menos muitas das normas jurídicas têm a propriedade de ser *derrotáveis,* isto é, a propriedade de conter um conjunto de exceções não enumeráveis exaustivamente *ex ante,* então esta propriedade exige contemplar o Direito, por assim dizer, *em movimento* e fora da jaula de Faraday[387].

Por tudo isso, quem estuda o Direito não desde a perspectiva do sistema jurídico, mas do raciocínio jurídico (como fazem os teóricos da argumentação jurídica) tende a remarcar a indivisibilidade de argumentos legais e extralegais no raciocínio jurídico. A chamada "tese do caso especial", que considera o raciocínio jurídico como um caso especial do raciocínio prático geral, é assim um sério problema para a teoria do Direito, que provém da teoria da argumentação jurídica. É muito significativo que os teóricos da argumentação jurídica desembarquem mais tarde[388] ou mais cedo[389] em posturas críticas ao positivismo jurídico. De certo modo positivismo e antipositivismo não expressam somente um desacordo teórico acerca das relações entre Direito e moral mas antes um desacordo metodológico em torno à perspectiva que devemos adotar para nos aproximar do fenômeno jurídico: a concepção de Direito como um sistema de enunciados normativos (dentro da jaula de Faraday) ou bem como um sistema de argumentos (fora da jaula à mercê das "interferências"). A crítica de Dworkin ao positivismo jurídico joga explicitamente esse trunfo: a teoria do Direito deve ser, sobretudo, uma teoria da adjudicação.

Quando o propósito do positivismo jurídico se esgota na clareza, pressupõe algo que é muito questionável, a saber: que seja desejável (e antes possível) afastar o Direito de toda uma série de "interferências" e elaborar um conceito do Direito plausível a partir desse modelo. Tomemos como exemplo uma teoria tão influente na filosofia jurídica positivista em castelhano como *A introdução à metodologia das ciências jurídicas e sociais,* de Alchourrón e Bulygin. Na "introdução" à *A introdução* podemos ler uma interessante declaração de princípios reiterada na obra inteira:

> *Seria um erro interpretar nossa caracterização do processo de sistematização [...] como uma tentativa de* descrever *o que os juristas efetivamente fazem; trata-se mais bem de uma* recons-

---

387 Ocupei-me dessa questão em meu artigo *Princípios y derechos fundamentales,* em J. Betegón *et. al.* [Eds.], *Constitución y derechos fundamentales,* Madri, CEPC, 2004, p. 235-268.

388 Vide el prólogo revisado de N. Maccormick, *A Legal Reasoning and Legal Theory,* Oxford, Clarendon, 1994, p. XII y XV.

389 Vide R. Alexy, *El concepto y la Validez del Derecho.* Trad. de J. M. Seña, Barcelona, Gedisa, 1994.

trução *de alguns* ideais *da ciência jurídica. Esses ideais são fundamentais para um estudo científico, isto é, racional, do Direito, e como são* independentes de toda ideologia política, *podem caracterizar-se como ideais* puramente racionais. *Entre eles, o ideal de* completitude *desempenha um papel muito importante no pensamento jurídico*[390]. [grifo meu]

Em primeiro lugar, os autores argentinos não pretendem *descrever* o Direito, senão *reconstruí-lo*. Isso poderia escandalizar a algum positivista, mas isto não será considerado aqui o mais importante. Mais atenção merece como se efetua esta *reconstrução*, que tem lugar introduzindo o Direito ou uma parte dele em uma particular jaula de Faraday onde se submete o Direito a um processo de axiomatização. Brevemente, um sistema axiomático está conformado por um conjunto de enunciados, os axiomas, que formam a base axiomática do sistema e um conjunto de enunciados, os teoremas, que são o conjunto de consequências lógicas da base axiomática. Para um sistema jurídico ou um subsistema normativo do Direito as coisas seriam semelhantes: a base axiomática está formada pelas normas formuladas (enunciados normativos e não normativos formulados) e o conjunto de consequências lógicas é formado pelas normas derivadas logicamente das formuladas. Desse modo, as normas do sistema conhecidas como "dependentes" são válidas por cumprir bem com o critério de legalidade (por terem sido formuladas por uma autoridade normativa) ou bem pelo critério de dedução (por ser consequência lógica de alguma outra forma do sistema).

Nesse labor de axiomatização do Direito e insistindo nas analogias com os sistemas axiomáticos, se *consideram* virtudes do sistema normativo três propriedades: a completude (ausência de lacunas), a coerência (ausência de antinomias) e a independência (ausência de redundâncias). Chegando a este ponto, Alchourrón e Bulygin reconhecem que o Direito não costuma ser nem completo, nem coerente, nem independente. E mais, em suas próprias palavras, crer em tal coisa seria cair em uma "ilusão racionalista"[391]. No entanto, quando Alchourrón e Bulygin conferem à completude, coerência e independência o *status* de *ideais* dos sistemas normativos, começam a incorporar valorações. Para continuar com a imagem, abriram inadvertidamente a jaula de Faraday para introduzir alguma interferência de modo que sua *reconstrução* é *guiada*

---

[390] C. E. Alchourrón; E. Bulygin, *Introducción a la metodología de las ciencias jurídicas y sociales,* Buenos Aires, Astrea, 1975, p. 24 s. e 226.

[391] *Ibid.*, p. 235 ss.

por esses ideais. Certamente isto exige uma explicação. Alchourrón e Bulygin insistem em que o deles é um "ideal puramente racional [[...] que] é independente de toda ideologia política e filosófica"[392]. Certo é que no panorama atual recorrer a uma "razão pura" é comprometido. Desde esse ponto de vista, um jusnaturalista poderia criticar a Alchourrón e Buylgin que de certo modo substituíram uma metafísica por outra. Um pragmatista os acusaria diretamente de fundacionalismo.

Mas admitamos que não exista outra saída além de assumir certos ideais em nosso labor de reconstrução conceitual e interpretemos nestes termos a obra de Alchourrón e Buylgin. Em tal caso, caberia colocar se os ideais que adotam Alchourrón e Buylgin são realmente os mais aconselháveis. Curiosamente, ao menos sob a perspectiva de Luigi Ferrajoli, nos encontramos ante uma espécie de transmutação dos valores no sentido de que sob um Estado constitucional a presença de imprecisões linguísticas, incoerências e lacunas deve ser saudada como meio para reforçar a dimensão moral ou substancial dos ordenamentos jurídicos constitucionalizados. Em outras palavras, é bom que o Direito seja impreciso, incompleto e incoerente, porque isso é o que lhe permite ser mais justo[393] (a justiça é imprecisa, incompleta e incoerente em algum sentido).

Se tudo é assim, então a teoria de Alchourrón e Buylgin seria como um gigante com os pés de barro, no sentido de que falharia em seus fundamentos. Desde logo não se trata propriamente de uma descrição do Direito (já não se trata do *Direito que é*), mas de uma *reconstrução* do Direito (mais propriamente de uma parte do Direito, posto que uma axiomatização total seria impraticável) e à medida que se trata de uma reconstrução normativamente tendenciosa, isto é, *guiada* por certos ideais, tais ideais teriam ficado defasados para guiar o estudo da realidade do Direito atual (e nesse sentido, sua teoria não superaria o argumento do contraste com a prática). Desde esse ponto de vista, a de Alchourrón e Buylgin pode ser considerada uma boa teoria dos sistemas normativos, mas não parece um bom ponto de partida para elevar conclusões sobre a natureza do Direito, nem um bom ponto de chegada para reconstruir os sistemas jurídicos atuais.

Talvez em última instância o modelo de Alchourrón e Buylgin expresse de forma especialmente dramática um problema que aflige boa parte das teorias positivistas: a insatisfação. O positivismo explica *poucas coisas* em troca de fazê-lo com *mais rigor* e isto quebra expectativas que outros enfoques se dispõem a satisfazer além da jaula de Faraday justilosófica.

---

[392] *Ibid.*, p. 232.

[393] L. Ferrajoli, *Derechos y garantias. La ley del más débil*. Trad. de P. Andrés Ibañez, Madri, Trotta, 2001, p. 24.

Ante este panorama, corrigir o positivismo (qualificá-lo com adjetivos como "corrigido", "fraco" ou "crítico") supõe retirar *um pouco* o Direito da caixa de Faraday e passar a considerar o que modelos como os de Alchourrón e Buylgin consideram como meras *interferências*, em especial essa dimensão moral dos sistemas jurídicos constitucionalizados. Pretende-se explicar mais em troca de perder em clareza. Desse ponto de vista, a virtude da clareza tão exaltada pelo positivismo se ressente. Provavelmente isso não deve ser de todo mal porque, como temos visto, talvez a clareza da teoria (como a precisão linguística, a coerência ou a completude dos sistemas jurídicos) tenha deixado de ser em certa medida uma virtude. No entanto, é uma virtude importante *para o positivismo* e sua restrição só pode ser levada adiante por muito boas razões. Corrigir o positivismo analítico de autores como Alchourrón e Buylgin ("abrindo-o à moralidade", diria Peces-Barba, i. e.: extraindo o Direito da jaula de Faraday) sem abandonar o positivismo jurídico, certamente requer ulteriores razões. São numerosos os autores positivistas que sustentam que as razões finais do positivismo são razões normativas.

3.2. A clareza ética e política: uma armadilha para o positivismo jurídico

A procura da certeza parece um elemento fundamental para muitos positivistas. Não se trata somente da certeza *cognitiva* que nos oferece a clareza e que se esgota em si mesma. Trata-se mais bem de uma certeza *política e moral*, de maneira que a clareza do positivismo jurídico coloca-se a serviço de um ideal normativo. Por um lado, a *clareza* é boa desde um ponto de vista político, porque nos proporciona *certeza*, segurança jurídica. Também se afirma que é boa desde um ponto de vista moral porque permite delimitar os confins entre Direito e moral aos efeitos de preservar a moral de sua *contaminação* pelo Direito. Em uma paráfrase de um texto de Kant, Liborio Hierro assim expressa esta ideia: "Temos que limitar a Ciência do Direito, para reservar um lugar para a moral"[394]. Como veremos, esta paráfrase é bela, mas certamente contraproducente. No texto de *A crítica da razão pura* escreve Kant: "Tive, pois, que suprimir o *saber*, para dar lugar à *fé*"[395]. Fica assim exposta a objeção de fundo: Não sei se um positivista pode submeter-se a uma fé (mesmo que seja a fé na razão prática) para justificar uma teoria que, como a positivista, se orienta ao questionamento de, entre outras coisas, qualquer fé.

---

394 L. L. Hierro, Por que ser positivista?, *Doxa*, n. 25, 2002, p. 263-302.

395 I. Kant, Prólogo da segunda edição da *Crítica da razão pura* (1787). Trad. P. Ribas, Madri, Alfaguara, BXXX, p. 27

Denominou-se "positivismo normativo" a ideia de que devemos ser positivistas por razões morais[396]. Esta formulação permite perceber imediatamente que não é propriamente uma forma de positivismo, senão bem mais de metapositivismo, uma fundamentação normativa do positivismo jurídico. Apesar de sua ampla repercussão na doutrina anglo-americana, esta fundamentação do positivismo jurídico sustentada, por exemplo, por Tom Campbell[397] é muito prejudicial para o positivismo jurídico[398]. Aqui somente desejaria assinalar alguns argumentos[399] muito brevemente que chamarei, respectivamente, o argumento da frustração, o argumento do descrédito e o argumento da unidade do discurso prático.

3.2.1. O argumento da frustração

Parece-me que o positivismo normativo deve ser frustrante para seus defensores porque o positivismo jurídico é uma crença e as crenças não são controláveis, ficam fora do nosso controle, como insistiu em destacar Bernard Williams[400]. Nessa medida, dizer "você deve crer no positivismo jurídico" é tão absurdo como dizer "seja espontâneo!", para usar um exemplo do célebre psicólogo Paul Watzlawick. Dá a impressão de que o positivismo à medida que seja normativo, só pode funcionar com aqueles que já o assumiram previamente.

3.2.2. O argumento do descrédito

Este argumento vem demonstrar que o positivista normativo não é plenamente *normativo*, porque o discurso normativo não pode se fragmentar como pensa o positivismo jurídico. Ao menos não pode fragmentar-se sem que perca sua condição prática. Se um raciocínio prático renuncia à possibilidade de ser questionado racionalmente, então perde seu caráter prático, sua capacidade

---

[396] J. Waldron, Normative (or Ethical) Positivism, in J. Coleman, [Ed.], *Hart's Postscript. Essays on the Postscript to the Concept of Law*, Oxford, OUP, 2001, p. 411-433.

[397] Vide e. g. T. Campbell, El sentido del positivismo jurídico. Trad. de A. Ródenas, *Doxa*, n. 25, 2002, p. 303-331.

[398] Pode ver-se uma incisiva crítica ao positivismo normativo de Campbell em P. Rivas Palá, *El retorno a los orígenes de la tradición positivista. Una aproximación a la filosofía jurídica del positivismo ético contemporáneo*, Madri, Civitas, 2007, cap. IV.

[399] Pode ver-se uma crítica específica ao positivismo corrigido de Peces-Barba em R. Escudero, *Los Calificativos del Positivismo Jurídico, op. cit. P. 154 ss.*

[400] Vide e. g. B. Williams, *Verdad y veracidad. Una aproximación genealógica.* Trad. A. E. Alvarez e R. Orsi, Barcelona, Tusquets, 2006, p. 87.

de ser uma razão para guiar o comportamento. Quando nos ocupamos de questões práticas, sempre deve ser possível perguntar ulteriormente "e por quê?". Excluí-lo supõe abandonar o jogo de linguagem que denominamos "justificar". Existe um dramático episódio ocorrido em Auschwitz que expressa em toda sua crueza esta situação quando é levada ao extremo. Parece que, em seu primeiro encontro com seu guardião no campo de concentração Primo Levi lhe perguntou "Por quê?", ao que o guardião respondeu "Aqui não existe 'por quê'"[401]. O positivismo nos obriga analogamente a dizer em um determinado momento "Aqui não há mais 'por quê'" e isto é inadmissível do ponto de vista da justificação.

Portanto, se o que o positivismo normativo busca em última instância é satisfazer um ideal moral, parece que dificilmente nos ajudará a alcançá-lo uma doutrina como a positivista que fragmenta o discurso prático com a finalidade de separar severamente razões propriamente jurídicas e morais. Desse ponto de vista, o positivismo normativo persegue metas incompatíveis. O positivismo normativo, se é verdadeiramente normativo, tem aspirações morais, mas se é verdadeiramente positivista contribui a conter as aspirações morais do Direito. Para condensá-lo em uma pergunta: Como pode estar justificada uma teoria que favorece a validez de normas e decisões injustificadas?

Aqui poderia entrar em jogo a correção ao positivismo jurídico que nos propõe o professor Peces-Barba. A seu ver, produziu-se uma "ampliação da norma básica"[402] (o critério de validez do sistema jurídico) que conferiu relevância à moral no Direito. No entanto, o alcance dessa vinculação com a moral é muito frágil por duas razões. Primeiro, porque tal vinculação à moral fica condicionada a seu eventual reconhecimento pela norma básica de identificação das normas e nesse sentido trata-se de uma "moralidade legalizada"[403] e, por outro lado, Peces-Barba insiste em que tal moralidade legalizada não é a moral privada, mas sim a "moral pública" à que também se refere como "ética pública" ou "moralidade ética" ou "moralidade pública"[404] e que caracteriza assim:

Essa moralidade pública é procedimental, posto que não prescreve comportamentos ou condutas que expressem uma ideia do bem, da virtude ou da felicidade, senão que assinala objetivos sociais, políticos e jurídicos que

---

[401] Vide E. Tugendhat, 1999: Diálogo en Leticia, Barcelona, Gedisa, 1999, p. 98.

[402] Epílogo, p. 166.

[403] Epílogo, p. 169.

[404] Epílogo, p. 166.

contribuam a uma organização na qual cada pessoa se encontre em decidir livremente sobre seus planos de vida, sobre sua moralidade privada, sobre sua ideia do bem, da virtude ou da felicidade.[405]

Acredito, no entanto, que uma das características da filosofia moral atual consiste na relativização dessa distinção que na teoria de Peces-Barba se apresenta como arquimédica. Realmente a distinção entre moral pública e privada se encontra seriamente discutida pela ética discursiva e em geral pelo construtivismo ético que, em definitivo, questionaram seriamente a distinção que subjacente àquela: a distinção entre moral social e moral crítica. Se definimos a moral social como o conjunto de pautas aceitas (por uma pessoa ou conjunto de pessoas) com independência de sua racionalidade e a moral crítica como o conjunto de pautas racionais com independência de sua aceitação; então sob o construtivismo ético[406] é muito difícil estabelecer uma distinção severa entre moral social e moral crítica porque ambas se imbricam no discurso prático geral. Hoje em dia é muito difícil aceitar a ideia de Voltaire de que: "il n'y a qu'une morale [...] comme il n'y a qu'une géometrie"[407] e isso exige algum compromisso entre ambas as ordens. Por exemplo, a teoria do discurso combina ambos os aspectos: o racional e o convencional, o crítico e o social, o objetivo e o relativo. Robert Alexy o expressou com clareza:

> [...] *Cabe assim dizer que o resultado do procedimento discursivo não é nem relativo nem objetivo. É relativo na medida em que está condicionado pelas particularidades dos participantes e é objetivo na medida em que forneça regras. Desse modo a teoria do discurso evita as debilidades tanto das teorias morais relativistas como das objetivistas*[408].

Introduzir-nos nesta questão excede em muito os propósitos deste trabalho. Conste apenas de que a plausibilidade do construtivismo ético seria indicativa da inviabilidade do positivismo corrigido e de que, por outra parte, uma vez aberta a caixa de Faraday da teoria do Direito, uma vez aberto o positivismo à moralidade, já não é possível tornar a fechá-la parcialmente à justificação.

---

[405] Epílogo, p. 169

[406] Vide C. S. Nino, *El constructivismo ético*, Madri, CEC, 1989.

[407] Voltaire, voz "Morale", *Dictionnaire philosophique* (1764), Paris, Flammarion, 1964, p. 299

[408] R. Alexy, *Recht, Venunft, Diskurs*, Francfort del Meno, Suhrkamp, 1995, p. 102. (A tradução do fragmento é minha.)

4. CONCLUSÃO: QUE ALTERNATIVAS NOS RESTAM?

Se as razões tanto de ordem conceitual como normativa para ser positivistas não são satisfatórias, então caberia enfocar que outras opções teóricas nos restam além das oferecidas por positivistas (corrigidos ou não) e antipositivistas. Bem pensado, o positivismo jurídico pode ser atacado de dois modos. Podemos afirmar que o positivismo jurídico está equivocado porque seus adversários tradicionais estão certos ou bem que o positivismo jurídico está equivocado porque também o estão seus adversários. Em outras palavras, seria possível manter dois tipos distintos de antipositivismo. Um antipositivismo interno (à dialética que mantém positivistas e não positivistas) e um antipositivismo externo que critica a própria dialética que mantém positivistas e não positivistas.

O antipositivismo externo é uma opção que já foi considerada historicamente. De fato, em sua busca por uma resposta ao velho problema das relações conceituais entre Direito e moral os filósofos do Direito tem tropeçado seguidamente no obstáculo ao que Stanley Paulson denominou a "antinomia da teoria do Direito"[409]. Trata-se da aporética situação que deverá afrontar quem aceite os três enunciados seguintes:

1. Existem duas teorias do Direito: positivismo e jusnaturalismo.
2. Ambas as teorias do Direito são mutuamente excludentes e conjuntamente exaustivas e
3. Ambas as teorias vão contradizer-se.

Como é natural, o positivismo jurídico não pode aceitar essa colocação e assim o positivismo corrigido em certo modo questiona 2 (se defende um certo "compatibilismo"[410]) para questionar 3 (podemos salvar ao menos o positivismo jurídico adequadamente corrigido). Ao contrário, o antipositivismo externo questionaria também 2 (positivismo e jusnaturalismo não se contrapõem totalmente pois estão de acordo em certos pressupostos aos que me referirei mais adiante) mas para confirmar 3: Os termos em que se propõem

---

[409] S. L. Paulson, Normativismo continental y su contraparte británico. Qué tan diferentes son?. Trad. de Guadalupe Barrena e Carla Huerta, *Boletín Mexicano de Derecho Comparado*, n. 114, 2005, p. 1139-1163, p. 1142-5; S. L. Paulson, La alternativa kantiana de Kelsen: una crítica. Trad. de José García Añon, *Doxa*, n. 9, 1991, p. 173-187. A expressão "antinomia da teoria do Direito" apresenta antecedente em as "antinomias matemáticas" kantianas (I. Kant, *Prolegómenos a toda metafísica futura que haya de poder presentarse como ciencia*, edição bilíngue. Trad. de Mario Caimi, Madri, Istmo, 1999, § 52 c, p. 229). Esta noção serve para apresentar a aporia à que pretende dar saída o normativismo kelseniano. Permito separar-me da mais literal tradução "antinomia jurisprudencial" que talvez dê lugar à confusão em nossa língua na qual normalmente não usamos o termo jurisprudência para falar da teoria do Direito.

[410] A expressão é de R. Shiner, *Norm and Nature. The Movements of Legal Thought*, Oxford, Claredon, 1992, cap. 9.

tradicionalmente os problemas da teoria do Direito são inadequados. Para usar uma imagem, o antipositivismo externo consideraria a positivistas e não positivistas (internos) como dois velhinhos (por outro lado tão veneráveis) que diariamente se encontram para discutir ariscamente, mas na realidade com seu diário deambular mantém limpo de ervas daninhas o vetusto caminho de terra que definitivamente une suas casas. Certamente muitos outros transitam por esse caminho com a finalidade de limpá-lo e enfeitá-lo ante o espetacular desenvolvimento urbanístico do entorno, mas faz tempo que esse caminho vizinho perdeu o interesse.

Mesmo que o antipositivismo externo possa se beneficiar de alguns argumentos do antipositivismo interno, o antipositivismo externo sequer consideraria os argumentos de positivistas e antipositivistas (internos) salvo para manifestar quais pressupostos compartem (esse velho caminho) e como essa base argumental comum serve à sobrevivência de uma dialética profundamente histórica. Em outras palavras, o antipositivismo externo não critica a positivistas e antipositivistas (internos) por suas discrepâncias em suas respostas, senão pela concordância nas perguntas. O antipositivismo externo crê que perguntas como "Que é Direito?" ou "Existe uma relação conceitual necessária entre Direito e moral?" ou bem estão mal formuladas (expressam um pseudoproblema) ou bem são essencialistas (pressupõem que existem essências ao estilo das ideias platônicas) ou bem são objetualistas (pressupõem que o Direito é uma coisa do tipo que estudam as ciências naturais) ou bem são pouco interessantes (particularmente ante as mudanças experimentadas pelo Direito e a moral). Em outros trabalhos[411] explorei esses argumentos que permitem pensar que talvez o problema do positivismo radique em que seja incorrigível, em que se tenha cercado por pressupostos que compartilha com a teoria que pretende atacar.

---

411 Podem ver-se meus recentes trabalhos: "The Pseudo – problem of Legal Theory and the Rise of Neo-constitutionalism", in J. J. Moreso [Ed.], *Legal Theory/Teoria del Derecho. Legal Positivism and Conceptual Analysis/Positivismo jurídico y análisis conceptual, Proceedings of the 22nd IVR World Congress, Granada 2005, Archiv für Rechts – und Sozialphilosophie,* caderno n. 106, 2007, p. 34-42; El paradigma jurídico del neoconstitucionalismo. Un análisis metateórico y una propuesta de desarrollo, in A. García Figueroa (coord.), *Racionalidad y Derecho, op. cit.,* p. 265-289; Bemerkungen zu einer dipositionellen Erklärung des Rechts anhand der Diskussion der Verbindungs – und Trennungsthese, in *Aechiv für Rechts – und Sozialphilosophie,* dez. 2006, p. 363-381.

Capítulo 10

REFLEXÕES ESPARSAS EM TORNO AO POSITIVISMO JURÍDICO E À GLOBALIZAÇÃO[413]

Susanna Pozzolo

Sumário
1. Introdução
2. Globalização e teoria do Direito
3. O positivismo jurídico, o estado, a metáfora da pirâmide
3.1. "O estado, de fato, nada mais é do que uma ideia, uma ideia de ordem!"
3.2. A metáfora da pirâmide
3.2.1. A pirâmide e o Direito internacional
3.2.2. A integração europeia, o estado continental
4. Conclusões

---

412 Tradução por Eduardo Moreira, Professor e Doutor em Direito Constitucional.

1. INTRODUÇÃO

> *O estado, de fato, não é outra coisa que uma ideia, uma ideia de ordem!*[413]

Isto que proponho nestas páginas não é para oferecer respostas, trata-se mais de uma introdução, de um projeto de pesquisa a desenvolver. Os modelos teóricos que vou aqui construindo procuram esclarecer, oferecem diferenças e conceitos por meio dos quais compreenderemos melhor o Direito vigente e as discussões em torno disso. Embora a reflexão teórica não sirva para decidir qual seja o Direito vigente, pode, contudo, permitir desmascarar algumas argumentações falaciosas em relação ao Direito. Conhecendo essa potencialidade, o objetivo destas páginas é o de esclarecer alguns pontos que me parecem importantes, adotando uma atitude analítica, metodologicamente positivista ou realista moderado, mas também crítico sob alguns aspectos. Objetivo não menos importante destas páginas, efetivamente, é o de mostrar como certo modo de aproximar-se ao Direito possa ser profícuo diante das mudanças, às vezes repentinas, impostas pela globalização, sem precisar deixar excessivo espaço a posições de tipo neoconstitucionalista relativas ao Direito internacional, hoje muito difundido.

2. GLOBALIZAÇÃO E TEORIA DO DIREITO

Nos últimos anos a literatura filosófico-política e sociológica sobre o fenômeno da *globalização* tornou-se, dizendo pouco, copiosa. O mesmo, contudo, não acontece no âmbito da teoria do Direito de cunho analítico; não quer dizer que isso seja um defeito, mas de algum modo impressiona. Posto que também aquilo que falta pode ser um dado relevante, desenvolverei algumas reflexões sobre o tema, sem a pretensão de dar alguma resposta, apenas com a esperança de sugerir alguma dúvida que valha a pena discutir.

A globalização parece ter efeitos devastadores para as clássicas reconstruções do ordenamento jurídico e de alguns conceitos jurídicos fundamentais; parece então importante tentar compreender as viradas no plano do método e dos conceitos teórico-gerais. Com essa finalidade pode ser útil analisar alguns discursos filosófico-jurídicos no tema de globalização.

---

[413] H. Kelsen, *Il concetto di sociológico e il concetto giurídico di Stato*, E. S. I., Napoli, 1997, p. 98. Agradeço a atenção e os comentários que Francesca Poggi e Giulio Itzcovich dedicaram à primeira versão deste trabalho.

É suficiente, a meu ver, levar a sério o uso difundido de termos como "desterritorialização", "desnacionalização" ou "desestatalização" para deduzir que poderia tratar-se de um fenômeno em grau de minar as próprias bases da concepção jurídica moderna. Qual é o âmbito de aplicação das normas se separadas do território? Que significa separá-las da delimitação territorial? De que maneira podem ser separados Direito e estado, sem prejudicar a evolução positiva dos direitos subjetivos e humanos? Quais outros seres podem garantir eficazmente a aplicação dos direitos? Que significa afirmar que o estado perde soberania? Estas são somente algumas perguntas; muitos são os problemas a serem levados em conta.

O núcleo central do debate sobre globalização e Direito gira em torno da antiga questão da relação entre Direito nacional e Direito internacional: da definição de supremacia de um ou do outro. Nesse contexto institucional mutável pode ser útil perguntar-se se existe ainda uma função e, caso existia, qual, para reconstruções de tipo juspositivístico. Na opinião de muitos, qualquer que seja a acepção de "positivismo jurídico" que se queira considerar, trata-se todavia sempre de uma *ideologia* exaurida, de uma hipótese errada, incapaz de oferecer instrumentos e conceitos em grau de contribuir para a compreensão do Direito. Isto por várias razões, porque: i) a pretensa avaliabilidade do seu método teria falido, já que o Direito contemporâneo apresentaria a indiscutível característica de ter religado os liames entre Direito e moral; ii) a sua teoria não corresponderia à realidade dos sistemas jurídicos contemporâneos; iii) a sua ideologia, em sentido estrito, teria sido abandonada pelas ditaduras do século passado. Entretanto, nos últimos anos muitas vezes e fora de propósito ouviu-se falar de morte das ideologias, de teorias superadas que repentinamente reflorescem e de métodos inovadores que não servem para nada. Nas páginas seguintes, procurando responder ainda a esse primeiro quesito, tentarei propor um exercício analítico, metodologicamente juspositivista, mas tentarei também formular uma possível projeção institucional bastante realista.

3. O POSITIVISMO JURÍDICO, O ESTADO, A METÁFORA DA PIRÂMIDE

Nos últimos séculos desenvolveu-se e consolidou-se uma tendência sistemática da doutrina que, evolvendo contextualmente o estado nacional, encontrou sua máxima expressão e influência no decorrer do século XX com a elaboração juspositivista. A ideia do sistema pouco a pouco representou a meta capaz de dar conta da totalidade, "cuja estrutura, uma vez individualizada, permite explicar a composição, o movimento e a mutação de cada parte"[414]. A ideia de sistema encontrou forma estável no paradigma piramidal: a pirâmide mantém unidas as diversas partes que a compõem através de uma ordem geométrica, por meio de conexões hierárquicas que autorizam e legitimam a produção e a aplicação das normas. A ordem assim constituída tomou o nome ora de estado, ora de ordenamento jurídico.

A globalização parece decididamente colocar em crise a capacidade explicativa, descritiva, do modelo sistemático piramidal e, talvez, da própria ideia de sistema. Antes de tudo pareceria o próprio estado vir a faltar com o prosseguimento desse processo, e junto com o estado viriam a faltar certas características dos sistemas jurídicos que permitem assim denominar certas associações humanas. Contudo não é claro o que permanece e o que "cresce" em seu lugar. As diversas propostas ou prefigurações de futuros cenários institucionais parecem querer deixar de lado certo tipo de ordem, mas, no final das contas, não daquelas características que juntas dão lugar àquilo que hoje chamamos "estado". Parecem-me tentativas direcionadas a recuperar o elemento da força e da capacidade coercitiva de tal modelo organizador, porém ancorando essas potencialidades com finalidade éticas ou morais, a organizações mais complexas e estratificadas do que as tradicionais, às quais não parece poder-se aplicar o paradigma piramidal[415].

A tentativa, nem muito encoberta, parece ser a de argumentar, ainda que por meio de argumentos "estruturais", a tese dogmática voltada a afirmar a supremacia de algumas normas de Direito internacional sobre os ordenamentos estatais[416], reconhecendo-lhes a mesma força que até hoje era típica somente do Direito estatal. Mas isso não tanto e somente a fim de rebater a obrigatoriedade de tais normas em regular o comportamento dos estados entre eles – pois que já se considera legítima a reação da comunidade internacional pela violação das normas de Direito internacional por parte dos estados –, quanto a fim de reconhecer-lhes a força para uma aplicação direta, interna, por parte dos juízes nacionais e, em caso de inobservância destes últimos, até para abrir a possibilidade de uma intervenção externa que considere não mais o estado, mas os cidadãos como sujeitos do Direito internacional.

---

[414] N. Bobbio, *Dalla struttura allá funzione*, Ed. Di Comunità, Milano, 1977, p. 203; G. B. Ratti, *Sistema giurídico e sistemazione del diritto*, tesi dottorale inédita, 2007, cap. II.

[415] Nesse sentido creio que se possa interpretar a proposta habermasiana.

[416] Além das normas consuetudinárias, são aqui particularmente relevantes as normas contidas em convenções e tratados. Insistindo principalmente nestas últimas, o ordenamento jurídico internacional pareceria "negociado", ou seja, construído por meio de vínculos autoimpostos pelo estado. Sobre isso, por exemplo, H. Kelsen, *Il problema della sovranità*, Giuffré, Milano, 1989, p. 245 e ss.

Parece que se possam fazer algumas observações. Em relação à tradicional legitimidade reconhecida para com a reação da comunidade internacional pela violação das normas de Direito internacional, a insistência em grifar e remarcar a obrigatoriedade de pelo menos uma parte de tal Direito não creio que seja separada, de um lado, do desenvolvimento do chamado Direito humanitário e, por outro lado, do afirmar-se da ideia de que existe um Direito objetivo, cheio de valor, válido independentemente da execução humana, a quem o Direito ou, melhor, os direitos estatais devem adequar-se para serem considerados *originários, autônomos, independentes* etc. No plano da aplicação direta das normas de Direito internacional, por um lado, este fenômeno reconhece o papel até hoje fundamental que desempenha a organização estatal em geral, sobretudo na garantia dos direitos. Por outro lado, isto evidencia também a fraqueza do Direito internacional, já que no caso de inobservância ou inadimplência do estado não se encontram disponíveis instrumentos eficazes e, em suma, nem mesmo autoridades em grau de intervir. A este propósito me parece interessante notar o delinear-se de um diferente modelo justificativo, talvez não completamente inovador na substância, mas certamente nas suas dimensões, em relação à reação da comunidade internacional nos casos de violação da normativa internacional por parte dos estados. Por exemplo, depois da guerra nos Bálcãs, no Iraque e contra o terrorismo, a reação da comunidade internacional[417] foi descrita como uma operação de *polícia*, ou bem como uma intervenção não diversa daquela que a violação da lei comporta cotidianamente no plano doméstico por parte das normais forças policiais (faz-se obviamente abstração dos meios empregados). Isto me parece interessante para compreender o sentido veiculado de termos como *desterritorialização*, que não indicam tanto a falha do território quanto sua transformação, principalmente a sua ampliação e, no caso específico, se unem à construção de uma diversa ideia de comunidade internacional, que se torna sempre mais parecida à nacional[418]. Os argumentos desenvolvidos para sustentar a tese da supremacia do Direito internacional, nestes casos, em particular, revelam-se funcionais a sustentar uma transformação da comunidade internacional para formas mais organizadas e menos espontâneas; para formas decisivas sempre menos particularistas – adequadas quando não há um Direito superior a aplicar, mas somente acordos entre iguais de (fazer)

---

[417] Não importa agora se ela tenha sido legítima ou ilegítima.

[418] Tese diferente sobre a debilitação do estado, porém muito interessante desenvolvida em diversos livros de Kenichi Ohmae.

respeitar ou renegociar – e mais sistemáticos: decididamente próximos aos modelos jurídicos domésticos.

Tais discursos, todavia podem revelar-se perigosos. O Direito estatal de fato se impôs coercitivamente, por meio de órgãos centrais de produção normativa, de aplicação e de gestão pela força. O direto positivo global com que força se aplicaria? A rápida judicialização do sistema global terá *necessidade* de *órgãos* para aplicar coercitivamente as suas decisões?[419]

3.1. "O estado, de fato, nada mais é do que uma ideia, uma ideia de ordem!"

Em *O conceito sociológico e o conceito jurídico de Estado*[420], Kelsen identifica e leva à luz as características da noção jurídica de estado. Parece-me importante procurar esclarecer analiticamente o objeto que muitos acham que a globalização vai dispensar: somente assim acho possível evitar fáceis entusiasmos ou pessimismos.

O conceito de estado, aponta Kelsen, não pode ancorar-se à ideia de comunidade de consciência ou de espírito coletivo; "no oceano dos acontecimentos psíquicos tais comunidades podem vir à tona como ondas do mar e depois de breve existência afundar em um circuito sempre mutável"[421]. O pensamento kelseniano é dirigido para encontrar as características de uma estrutura permanente, estável e forte como um edifício de concreto. O conceito de estado remete a algo durável e preciso "com contornos definidos"; o que diferencia o "estado"? Direito e estado no pensamento kelseniano identificam-se. A reflexão kelseniana leva ao cumprimento e conclui a elaboração teórica em torno da ideia de estado moderno, iniciada séculos atrás[422], ao mesmo tempo ela representa também um ponto central da reflexão sobre o papel do Direito supranacional em um mundo que vai pouco a pouco se globalizando.

---

419 No plano político, esta tese pode ser usada para transformar a influência entre estados, que já exercem uns sobre os outros com base em sua força político-econômica, atribuindo juridicidade e neutralizando-a, assim tornar menos evidente o seu uso unilateral e fazendo-a, ao contrário, aparecer como um Direito aparentemente disponível a todos em um plano de igualdade, uma modalidade de ação governada pela argumentação jurídica, pelas boas razões.

420 H. Kelsen, *Il concetto sociológico e il concetto giurídico di Stato, op. cit.*

421 H. Kelsen, *Il concetto sociológico e il concetto giurídico di Stato, op. cit.*, p. 27.

422 Sobre a associação entre estado Direito e direitos humanos é preciso fazer uma reflexão específica. Muito facilmente a literatura no tema da globalização e Direito é propensa a interpretar os direitos humanos como "desestatizados"; porém não está claro como a redução do estado possa modificar os direitos, nascidos e pensados com o estado moderno.

Parece interessante tentar assumir uma atitude analítica e metodologicamente positivista para mostrar algumas dificuldades que atingem os discursos no tema de globalização e Direito.

Antes de tudo é bom recordar que, como o Direito é instrumento de intervenção sobre o mundo, que serve a modificar o mundo segundo diretivas jurídicas, assim o estado é um ordenamento jurídico, ou bem um critério de ordem, que está sobre um espaço físico e o organiza, o modifica de acordo com suas normas. Isto permite pôr em evidência como a tradicional importância do elemento territorial na elaboração das formas de domínio político se torne fundamental com a afirmação do estado moderno[423]. Pode-se perguntar então se o vínculo entre estado e território seja ou não necessário. Observando conhecidas definições, como as propostas por Max Weber e Hans Kelsen, pareceria mesmo que sim. Seja Weber seja Kelsen ligam, um, o uso legítimo da força, o outro, a esfera de validez de um ordenamento jurídico, a um território[424]. Parece interessante considerar esse tipo de definição, particularmente se reverbera sobre o uso tão difuso de termos como "destatalização" e "desterritorialização" para descrever a atual realidade jurídica.

Parece-me útil levar em conta a distinção entre o conceito sociológico e o jurídico de estado. Na obra acima recordada, Kelsen não está interessado em aprofundar o papel mais ou menos coercitivo da *coletividade* na produção das regras, não tem interesse em uma reconstrução sociológica, mas somente pela teórico-geral. Kelsen não nega a importância das categorias sociológicas, mas critica o uso do conceito sociológico de estado por parte dos juristas, porque em tal modo esses tendem a contrapor 'estado' e 'direito' personificando o primeiro (e abrindo assim a estrada para reconstruções metafísicas). Kelsen faz questão de grifar que o estado não é um fenômeno natural, mas é um fenômeno eminentemente jurídico[425]. O estado é um ordenamento normativo da conduta humana e reconhecer sua coercitividade não significa reconhecer um fato, e sim o conteúdo do ordenamento de dever[426]: "O estado apresenta-se como a unidade de um sistema de normas que regulam as condições nas quais

---

[423] É um elemento encontrado já na Idade Média.

[424] M. Weber, *The Theory of Social and Economic Organisation*, Hodge, London, 1947; H. Kelsen, *Teoria generale del diritto e dello stato*, Etaslibri, Milano, 1994.

[425] Para que fique clara a artificialidade do estado, Kelsen recomenda o uso do verbo *dever*. Isso, contudo, implica que se proceda com precisão na distinção do jurídico e do moral, já que mesmo este último é isento de "deveres". Kelsen precisa que enquanto o dever moral se realiza *no ser do correto agir,* o dever jurídico se realiza *no ser, no efetivo, causalisticamente determinado, comportamento dos seres humanos existentes, ou seja, na conduta conforme o Direito, conduta correta no sentido do Direito;* H. Kelsen, *op. cit.*, p. 87.

[426] H. Kelsen, *Il concetto sociológico e il concetto giurídico di Stato*, p. 89.

— 313 —

uma determinada coerção deve ser exercitada de homem para homem. Se, e em que medida, esta coerção é efetivamente exercitada é outra questão"[427]. O que aqui interessa é o dever ser, não o ser[428].

Pode-se admitir então que o reconhecimento do estado e de seu poder obtém-se distinguindo-o de outros poderes, individualizando suas características peculiares. A soberania é uma característica fundamental, mas não é sua essência, é uma característica entre outras que permite distingui-lo entre as diversas associações humanas. O estado é um ordenamento de normas que determinam o que deve acontecer, onde deve acontecer e quando. Pois que, como recorda Kelsen, "a existência do estado não está somente no espaço, como também é delimitada pelo tempo"[429], será fácil ver a coexistência de estados do mesmo tipo e com os mesmos direitos. Como conciliar a soberania de cada estado com o reconhecimento da soberania dos outros? Se, como sugere Kelsen, tal coexistência repousa no pressuposto que acima destes estados vigora alguma associação superior, então os estados seriam associações parciais. Com tal pressuposição, porém, junto à soberania, os estados perderiam também qualquer diferença essencial em relação às associações que neles estão inseridas, como as regiões ou os municípios; seriam também eles não originários, mas derivados, dependentes de um sistema superior[430]. Se esta pode ser uma reconstrução interessante, não me parece absolutamente corresponder aos nossos atuais conhecimentos.

Tal hipótese, todavia, poderia ser precisamente aquela em grau de esclarecer o sentido propagado do uso de termos como "desestatalização"[431].

---

427 H. Kelsen, *Il concetto sociológico e il concetto giurídico di Stato*, p. 90.

428 "Se estes seres humanos – que ocupam o 'poder público' – não fossem pensados como 'órgãos' de uma coletividade, isto é de um ordenamento coercitivo universalmente válido, se não fosse definitivamente decisiva a ideia pela qual estes 'órgãos', no exercício do poder, se limitam a realizar o ordenamento jurídico, se em suma não fossem submetidos somente a esse ordenamento jurídico e não aos seres humanos que afirmam de fato o poder, então sem dúvida não existiria a ideia de *Estado*. Isso, porém, significa que seria necessário constatar fatos de 'força pura', não um Estado. O Estado, de fato, nada mais é do que uma ideia, uma ideia de ordem!": H. Kelsen, *Il concetto sociológico e il concetto giurídico di Stato*, p. 98.

429 H. Kelsen, *Il concetto sociológico e il concetto giurídico di Stato*, p. 92.

430 Como é notório, fala-se de estado quando um ordenamento apresenta as seguintes características: a) é um ordenamento relativamente centralizado, b) é um ordenamento independente (ou originário), c) é um ordenamento dotado de uma esfera territorial de eficácia, d) é um ordenamento dotado de efetividade. Por exemplo R. Guastini, *Lezioni di teoria del diritto e dello Stato*, Giapichelli, Torino, 2006, p. 162-167.

431 Para alguns também com o uso de "desnacionalização". Deixando de lado o sentido econômico de "desnacionalização" como privatização de algum setor produtivo, o termo poderia indicar a redução da ideia de estado como nação, como pertinência étnica e o surgimento, ao contrário, de estados "laicos" sob o perfil da pertinência. Outro significado também pode ser a perda individual ou coletiva do Direito de pertinência à comunidade política, ou bem, a anulação da cidadania por parte do estado que constringe o indivíduo à condição de apátrida.

Na literatura em tema de globalização e Direito, vocábulos deste tipo (muitas vezes usados de modo totalmente genérico e impreciso) parecem de fato empregados para indicar (em termos outro tanto genéricos) uma provável redução da soberania estatal; uma redução devida ao maior papel, ou peso, ou importância, assumido pelo Direito internacional até no ordenamento de questões tradicionalmente deixadas à política interna dos estados. Afirmações do tipo "O Direito internacional adquiriu maior peso" ou "Para a perseguição de certos delitos, o Direito internacional encontra aplicação mesmo dentro os confins estatais independentemente da vontade do estado", ou remetem a uma espécie de Direito natural, que se produz e se aplica graças a fenômenos extraterrenos, ou melhor, tais afirmações implicam existência de alguma associação humana que produza e aplique tal normativa. Deixando de lado o primeiro, no segundo caso o que se está discutindo é a questão das relações entre o estado e tal associação ou instituição. Não é este o lugar para evocar nem mesmo por alto um debate tão relevante como aquele sobre a relação entre Direito nacional e internacional, mas pode ser útil recordar alguns pontos. No final, uma parte relevante da literatura globalizada me parece que volte a propor, com novos argumentos, uma tese do tipo "monismo internacionalista" à la Kelsen.

Como é sabido e simplificando bastante, o tema em debate vê oporem-se os defensores da teoria dualista aos defensores da teoria monista. Para uns, ordenamentos estatal e internacional são distintos (e deveria falar-se, portanto, de pluralismo), para os outros, trata-se de um único ordenamento.

Dada a natureza conceitual dos problemas afrontados do ponto de vista teórico-geral, a solução dada à questão da supremacia de um ou de outro Direito incide somente como o Direito interno e internacional é descrito, sem que o próprio Direito seja assim modificado em seu conteúdo "que não está em discussão" – escreve Guastini –, já que "adotar uma tese teórica em preferência de uma outra não induz a concluir pela vigência de normas que, segundo a tese oposta, não seriam de fato em vigor"[432]. Guastini oferece como exemplo o problema da qualificação do ordenamento internacional de modo a considerá-lo elemento da mesma classe dos outros ordenamentos estatais, ou também como algo de diferente. "Se decidimos que as normas internacionais são normas jurídicas, então falaremos do ordenamento internacional nos trata-dos de Direito público; se decidimos que são normas morais, então falaremos de tratados de ética"[433]. Em um caso ou no outro, afirma Guastini, o conteúdo

---

[432] R. Guastini, *op. cit.*, p. 193.

[433] R. Guastini, *op. cit.*, p. 194, nota 3.

normativo não muda. De acordo. Contudo, a reconstrução conceitual tem uma inegável influência prática, ela não é desgarrada da realidade política. Certo, neste ponto Guastini sustentaria que passamos do plano teórico ao dogmático.

A tese monista (internacionalista) recebeu muitas críticas. O princípio de efetividade, no sentido de "aquele princípio em virtude do qual é válida cada constituição efetiva (isto é geralmente respeitada)"[434], não pode dar validade à Constituição, isto reconhece um poder preexistente *extra ordinem* – de modo que pareceria próprio que "os estados *não* tiram seus poderes normativos do Direito internacional"[435], a norma fundamental de cada ordenamento de fato seria uma norma autônoma. Todavia o princípio de efetividade, no sentido apenas enunciado, me parece que desempenhe um papel necessário na identificação do estado. Com efeito, sem o reconhecimento, não necessariamente expresso por uma declaração, por parte dos outros estados, ao menos de alguns e não obstante na presença de efetividade, a associação humana não consegue ser identificada como "estado" no plano internacional. Embora na doutrina se sustente em geral que a personalidade de Direito internacional seja completamente independente do reconhecimento, que incidiria somente nas relações com o estado que concede ou nega o reconhecimento, não incidindo sobre sua "estatualidade", à medida que a este conceito (o de estado ou de estatualidade) se queira reconhecer um papel no mundo globalizado é preciso constatar que têm sempre menos relevância as relações diplomáticas bilaterais, sobretudo se um dos dois sujeitos não é uma potência "em grau de fazer pesar o próprio peso" econômico e político no plano internacional. Nesse sentido me parece emblemático o caso de Taiwan; não é certamente a ausência das características necessárias para identificar a ilha como estado que constitui o problema para sua estatualidade, mas sim importantíssimas pressões chinesas (tanto que Taiwan é reconhecido como estado por cerca de 25 outros estados, que contudo não "têm o peso" de uma potência). Então, Taiwan é ou não é um estado? E por quê? Levando em conta as exceções que foram produzidas, e vão produzindo-se ao menos desde os anos 90, não me parece tão simples rejeitar a ideia de que o "reconhecimento internacional", não necessariamente por meio de declarações expressas, tenha uma natureza não somente declarativa, mas em alguma medida constitutiva[436]. Certo que se deve ter presente que, como escreve Kelsen, à "medida que se pressupõe que soberano é o ordenamento jurídico do estado individualmente, o problema do seu primeiro nascimento

---

434 R. Guastini, *op. cit.*, p. 196.

435 R. Guastini, *op. cit.*, p. 197.

436 Kelsen não fala nestes termos, contudo cfr. Id., *Il problema della sovranità, op. cit.*, p. 334-344.

torna-se um problema de natureza metajurídica"[437]. Torna-se um problema jurídico na medida em que se considere que o novo ordenamento jurídico é parte de um sistema mais amplo, o ordenamento internacional, do qual fazem parte também os outros ordenamentos jurídicos estatais. E se quisermos falar de problema jurídico, efetivamente, não se pode esquecer que "ultrapassar os estreitos confins do estado individual é impossível sem construir um Direito universal acima dos Estados e inclusive de todos os Estados individuais. No espaço juridicamente vazio não há conhecimento jurídico"[438]. Contudo, colocando-se da prospectiva do ordenamento internacional, o reconhecimento do novo estado, "isto é, a delegação do novo ordenamento jurídico estatal, a sua recepção no sistema universal do Direito internacional inclusive de todos os ordenamentos jurídicos parciais, a criação de uma relação favorável entre o velho sistema e esse que há pouco vem de se unir revelam-se como uma imprescindível necessidade lógico-jurídica"[439]. Isto não implica a necessidade de atos explícitos, ao contrário, escreve Kelsen, o novo estado tem Direito ao reconhecimento se absolver certas condições. O reconhecimento resulta, segundo Kelsen, em geral "trâmite uma norma jurídica do Direito internacional que estabelece as condições às quais um Estado existe no Direito internacional, vale dizer às quais é, pelo Direito internacional, sujeito a deveres e direitos"[440].

Tal norma fixa as características conceituais do estado, ou bem as condições nas quais "um ente é 'reconhecido' como Estado no sentido do Direito internacional"[441]. Contudo, em virtude das exceções, pode-se perguntar se essa norma tornou-se defectível, ou melhor, vaga.

Como quer que se resolva a questão conceitual sobre o nascimento dos estados, analisando os discursos no tema de globalização e Direito parece prevalente a tese dirigida a sustentar que o processo de globalização determina uma perda de soberania por parte dos estados. Somente perdendo soberania – argumenta-se – os estados podem conviver entre eles.

Efetivamente, se soberania significa 'superioridade', 'estado soberano' será aquilo que 'está sobre' e que não reconhece superior: é aquilo que domina[442]. Contudo, pode-se argumentar que o estado domina e governa aquilo que justamente "lhe está sob", ou seja, o espaço físico dentro do qual são válidas

---

437 H. Kelsen, *Il problema della sovranità*, *op. cit.*, p. 345.

438 H. Kelsen, *Il problema della sovranità*, *op. cit.*, p. 346.

439 H. Kelsen, *Il problema della sovranità*, *op. cit.*, p. 335.

440 H. Kelsen, *Il problema della sovranità*, *op. cit.*, p. 337.

441 H. Kelsen, *Il problema della sovranità*, *op. cit.*, p. 338.

442 H. Kelsen, *Il problema della sovranità*, *op. cit.*, p. 11-12.

suas normas – isso relembra a importância já assinalada do elemento territorial. Colocada assim a questão, pode-se notar a ambiguidade do uso do termo "soberania". A adesão à tese da supremacia do Direito internacional pareceria implicar adesão à tese da perda de soberania, mas faltando a soberania pareceria faltar a independência-originalidade do estado e consequentemente a possibilidade de distingui-lo de outras associações, como, por exemplo, as regiões. Esta conclusão não me parece corresponder aos nossos conhecimentos sobre o mundo jurídico contemporâneo. Poderia então sustentar que a "soberania não é um atributo que o Direito internacional confere aos estados. Não [há] uma norma, a qual oficialize "se estado, então soberania". A soberania é, antes, um traço definidor do estado"[443]. O fato de que o estado seja objeto e sujeito de deveres internacionais não diminui a sua soberania, "somente os estados soberanos [de fato] são sujeitos a deveres internacionais"[444]. Nesse sentido, no Direito internacional "soberania" não indica absolutamente "poder supremo"[445], antes o atributo da "soberania" indica que a associação política apresenta o conjunto dos pressupostos a fim de que se possa considerá-la sujeito de Direito.

Um modo para tornar compatíveis as nossas intuições sobre o estado e a ideia do Direito internacional obrigatório poderia ser o de representar o vínculo determinado pelas normas que organizam a vida entre os estados como uma limitação da liberdade deles (pré-jurídica). Uma liberdade de fato – escreve como exemplo Guastini – "já que na ausência de normas internacionais os estados viveriam no 'estado de natureza'[446]. A tese não é nova, mas tudo somado parece ainda convincente. Exceto que a metáfora do estado de natureza apresenta dificuldades: usada a fim de descrever hipotéticas relações interestaduais, isto é, relações entre estados na ausência de Direito, me parece desviante. De fato, se a metáfora funciona para os indivíduos deve-se ao fato que *o indivíduo é um fenômeno natural*; não do mesmo modo o estado, que é um fenômeno eminentemente normativo, nada mesmo natural![447]

É claro que o processo de globalização comporta uma maior necessidade de atenção em relação ao papel da comunidade internacional; ao passo que se "encurtam as distâncias", nenhuma associação humana que ambicione ser Estado pode prescindir do comportamento dos outros estados em relação a si

---

443 R. Guastini, *op. cit.*, p. 211.

444 R. Guastini, *op. cit.*, p. 214.

445 Um poder de tal índole seria o do estado no "estado de natureza"? Mas seria então um poder de fato. No plano do Direito interno, ao invés, o estado representa o poder supremo.

446 R. Guastini, *op. cit.*, 215.

447 Tanto que parece que se possa conjeturar que sem o reconhecimento da sua soberania por parte dos outros estados, não o seria, e esse reconhecimento é um ato normativo.

próprio; não existem mais estados tão distantes ao ponto de desinteressar-se uns dos outros. Em todo caso, para falar de perda de soberania teria que dar-se uma situação pela qual ao estado em questão não possa mais reconhecer-se o poder originário. Mas não é necessário falar de perda de soberania para sustentar que o Direito internacional obriga o estado[448], aliás, se a soberania é um caráter constitutivo do estado, sem ela nem existiria o sujeito do Direito internacional.

Esse tipo de resposta, contudo, parece minimizar o problema ou, melhor, a importância das mudanças em ato, particularmente em relação às fontes do Direito. Se bem que nos últimos séculos a locução *Direito objetivo* tenha mais ou menos exclusivamente indicado o Direito estatal – não somente no ocidente, graças à difusão global do modelo estado-nação no curso do século XX – e o Direito internacional – um e outro enquanto capazes de absorver as inumeráveis autoridades existentes anteriormente – não parece peregrino interrogar-se hoje sobre relações entre Direito, estado e comunidade internacional: afinal, a ordem de tais relações é só uma das possibilidades de regulamentação das condutas. Não se pode negar o fato que existem muitos novos atores na cena jurídica doméstica e internacional em grau de produzir normas, que adquirem um valor geral e, em certa medida, abstrato, se bem que por meio de formas "não ortodoxas" (frequentemente negociais). Qual a importância disso? Estas normas devem ser consideradas Direito do mesmo gênero daquele internacional?

Não são poucos os que respondem positivamente. Esse modo de ver baseia-se na ideia que o processo histórico que levou ao estado e colocou no centro do Direito a sua forma inverteu-se ou ao menos se interrompeu. Isso abriria uma diferente tendência para as formas jurídicas *brandas* ou *flexíveis*: por exemplo, segundo Boaventura de Souza Santos o estado se dissolveria na sociedade civil, um processo que iria de formas rígidas a redes informais de relações sociais[449], segundo outros, por exemplo Teubner, o estado se envolveria

---

448 Questão diferente é se as limitações à chamada liberdade dos estados sejam *consensuais* ou *impostas coercitivamente* e, no segundo caso, por quem ou por que coisa. Este último ponto não pode ser deixado sem aprofundar a antiga questão da definição de liberdade, ou bem, sem tentar a identificação de um ponto além do qual se encontra a coerção mesmo que esta não seja de natureza física. Na ciência política são usadas as categorias da *influência* e a noção de *esfera de influência*; querendo usar estes termos, poderia sustentar que quando a influência exercitada é extremamente forte, a liberdade não é limitada mas coarctada. Em todo caso, mesmo apenas a tentativa de averiguar o grau da força de tal influência levaria muito longe, e o tema não pode ser desenvolvido aqui, embora me pareça bastante importante.

449 Por exemplo, Boaventura de Souza Santos, Law and Community: the changing nature of state power in late capitalism. In: *International Journal of the Sociology of Law*, 8, 1980.

em um sistema de coordenação entre centros mais ou menos autônomos[450]. O Direito, em suma, tornar-se-ia diálogo, negociação, deliberação. Contudo, perdendo sua forma me parece que o Direito arrisque de perder também sua substância: o princípio de legalidade, antes de tudo. O Direito torna-se a regularidade que se afirma na vida dos consociados, sem que nenhuma autoridade tenha condição de incidir e modificá-la e, não obstante a presumida morte das ideologias, o Direito sem autor arrisca de tornar-se novamente *natural, auto-evidente*[451]. Mas se o Direito objetivo perde sua forma específica, o que o distingue de outros ordenamentos normativos? O que diferencia o Direito das normas morais ou dos costumes?[452]

3.2. A metáfora da pirâmide

Pirâmides, tetos, colunas, templos: estas metáforas arquitetônicas evocam o pensamento sistemático, aquele pensamento que, no campo jurídico, incitou no século XIX os pandectistas a "construírem" o material romanístico e, no século XX, Kelsen a buscar a "estrutura" do direito"[453]. Como observa Losano, com esse tipo de teoria os juristas explicaram por alto o Direito até hoje. O modelo kelseniano, em particular a metáfora da pirâmide, representa a elaboração mais bem sucedida dessa prospectiva reconstrutora, ao ponto de ter influenciado quase todas as teorias sucessivas do direito[454].

Mais do que outras metáforas, essa da pirâmide adapta-se à tendência sistemática da ciência jurídica do estado moderno, nacional e de Direito; tendência coroada pela constitucionalização e pela garantia da constituição[455].

---

[450] Por exemplo, G. Teubner, Substantive and Reflexive Elements in Modern Law, em *Law and Society Review*, 17, 1983.

[451] Nesse sentido me parece que esteja se desenvolvendo uma parte importante do discurso sobre a justiça global.

[452] O interessante ensaio de S. Roberts, After Government? On Representing Law Without the State, em *The Modern Law Review*, 68, 2005.

[453] M. Losano, *Diritto turbolento. Alla ricerca di nuovi paradigmi nei rapporti fra diritti nazionali e normative sovrastatali*, em *Rivista Internazionale di Filosofia del Diritto*, 2005, p. 405-406.

[454] M. Losano, *op. cit.*, p. 408.

[455] De fato, "se o ordenamento estatal é uma pirâmide que culmina na constituição, é preciso impedir que a coerência da pirâmide normativa seja posta em perigo por normas que não respeitam os diversos níveis hierárquicos. Particularmente, se uma lei contrasta com a constituição, deve ser eliminada do sistema – isto é da pirâmide normativa – em harmonia com as regras processuais do próprio sistema. Isso é possível somente reproduzindo no nível da constituição aquele controle que, em um nível inferior, se encontra nas relações entre sentença e lei: um tribunal supremo anula as sentenças contrastantes com a lei; não diversamente o tribunal constitucional anula as leis contrastantes com a constituição": M. Losano, *op. cit.*, p. 411.

Dentro da pirâmide se encontra o Direito posto, o Direito positivo, o único Direito, onde cada parte é ligada à outra em um todo unitário, ordenado, coerente. A pirâmide e a conexão hierárquica entre as partes, melhor do que outras metáforas, dá conta da noção de Direito no sentido de "ordenamento normativo". Não que para Kelsen o Direito seja *naturalmente* sistemático: é a ciência do Direito que o reconstrói como sistema a fim de poder conhecer o próprio objeto.

Mas a globalização parece colocar diretamente em discussão, se não completamente em crise, as capacidades explicativas.

Pôr em discussão a reconstrução sistemática da teoria do ordenamento, contudo, parece pôr em discussão o próprio positivismo jurídico: "a teoria do ordenamento jurídico foi "inventada", isto é, introduzida *ex novo* pelo positivismo [...]. Antes de seu desenvolvimento de fato faltava no pensamento jurídico o estudo do Direito considerado [...] como entidade unitária constituída pelo complexo sistemático de todas as suas normas"[456]. O positivismo representa, com efeito, uma manifestação central e paradigmática do processo que levou à formação e ao completo desdobramento do estado moderno, "isto é a monopolização do poder de produção jurídica por parte do estado"[457]. O positivismo jurídico "constitui a teoria que acompanha (ou, melhor, que encarna o êxito jusfilosófico mais importante da) transformação epocal do estado particularista em estado centralizado e centralizador: mudança que encontra uma adequada transposição jurídica no sistema dos princípios, com a passagem do Direito consuetudinário e/ou do Direito escrito disperso em uma miríade de fragmentos [...] a um longo e complexo processo de simplificação e sistematização, enfim dragado nas grandes codificações do fim do século XVIII e do início do século XIX"[458]. Antes a ideia de código e depois de constituição rígida representa a definição do processo de centralização do poder pelo estado.

Em tempo de globalização, porém, esse modelo reconstrutor se revela sempre mais inadequado. Fenômenos de pluralismo jurídico no plano interno parecem pôr em discussão a unicidade do Direito-estado[459]. Mas

---

456 N. Bobbio, *Il positivismo giuridico*, Giappichelli, Torino, p. 203. Ed. Brasileira: O positivismo Jurídico. Trad. Márcio Pugliesi, Edson Bini e Carlos Eduardo Rodrigues, São Paulo: Ícone, 1995.

457 N. Bobbio, *Giusnaturalismo e positivismo giurídico*, Ed. Di Comunità, Milano, 1965, p. 107.

458 G. B. Ratti, *op. cit.*, p. 55.

459 Ratti desenvolve algumas interessantes considerações sobre a proposta dworkiana em relação à noção de sistema jurídico. Embora tenha sido em certos casos apresentada como a passagem do paradigma da piramidal ao paradigma da rede, "no qual a unidade do sistema se deve à íntima coesão (*coherence*) dos seus diferentes elementos" (Ratti, p. 191), em outros casos o esquema dworkiniano foi comparado a

é principalmente o plano supraestatal que traz dificuldade. Em primeiro lugar certamente a nível europeu, mas mais em geral a nível internacional. O que parece entrar em crise é a própria ideia de ordem, de critério em torno ao qual o conjunto roda e se ordena; o centro para o qual o sistema, o ordenamento, converge. Fica algum espaço ou utilidade ao menos para alguns conceitos e para o método juspositivista? É bom distinguir o plano internacional do comunitário.

3.2.1. A pirâmide e o Direito internacional

O processo de difusão do estado-nação, que se acelerou na época pós-colonial, "designou como paradigma do desenvolvimento político"[460] o impulso para a individuação de uma identidade nacional, ou seja, a ideia que o mundo "seria composto por nacionalidades idênticas umas às outras como átomos"[461] universalizou um processo provavelmente "de desenvolvimento relativamente breve, fortemente delimitado no plano local e nada concluído"[462]. Difundiu-se, em suma, não somente a ideia de estado como ordem, como ordenamento jurídico, mas de estado como nação, como "consciência da própria origem, da afinidade de pensamento e de aspecto exterior, de língua e de comida, de fé religiosa e de modo de ser que liga os indivíduos uns aos outros, e consequentemente pelo vínculo de pertença"[463].

No decorrer dos últimos vinte anos, porém, delineou-se pouco a pouco um processo de reorganização política e econômica[464]. A economia não é mais limitável dentro das dimensões estatais, tornam-se até anacrônicas noções como a de "produto nacional" ou de "made in". Reich escreveu que "a única coisa que permanecerá enraizada dentro das fronteiras nacionais são as pessoas

---

uma pirâmide truncada, cujo vértice está ou não está presente, ou sacudido por uma contínua mutação. Contudo, o projeto poderia sugerir uma estrutura elástica e maleável, em grau de seguir o turbilhão de transformações dos acontecimentos. A ideia dworkiniana é a de um sistema aberto, não claramente delimitado (oposta à kelseniana). É uma ideia coletivista e não algorítmica de sistema que quebra as rígidas divisões internas entre os diversos ramos do Direito, e de certo modo entre as funções e os deveres desempenhados pelos diversos intérpretes jurídicos. Na elaboração dworkiniana pode-se perceber uma tentativa precoce em responder aos desafios que o processo de globalização, na sua primeira fase de aceleração, parecia formular ainda somente no plano interno, estatal: os sistemas jurídicos há tempos se mostram incoerentes, porosos, dificilmente hierarquizáveis.

[460] C. Geertz, *Mondo globale, mondi locali. Cultura e política allá fine del Ventesimo secolo*, Il Mulino, Bologna, 1999, p. 37.

[461] C. Geertz, *op. cit.*, p. 38.

[462] C. Geertz, *op. cit.*, p. 37.

[463] C. Geertz, *op. cit.*, p. 41. Realmente ampla é a literatura em tema de justiça global.

[464] R. Reich, *The Work of Nation*, Random House, New York, 1991.

que compõem a nação", e talvez nem mesmo isto. A mudança em andamento tem implicações políticas, econômicas, jurídicas. A tradicional ideia de solidariedade nacional, que afinal está por trás ou é parte da ideia dos direitos positivos, tende a diminuir, pois que, de um lado, aqueles que estão mais bem posicionados no mercado mundial procuram afrouxar os vínculos de fidelidade nacional para liberar-se das várias formas de *welfare* dispostas em suporte dos menos favorecidos e, por outro lado, se o governo financia as indústrias de certa região, por exemplo, a de Silicon Valley nos EUA, automaticamente cria oportunidades de trabalho na Índia e no Japão, para onde essas indústrias transferiram parte das suas atividades[465]. A extrema mobilidade dos capitais contribui, talvez até determine, para a impossibilidade de controle da política e da intervenção pública no plano nacional. Determina-se então uma abertura para políticas supranacionais que, se tentam resolver problemas não mais enfrentáveis no plano doméstico, ao mesmo tempo parecem minar a unidade do ordenamento jurídico dos estados, parecem impedir a própria possibilidade de reconstruir autonomamente os diversos ordenamentos jurídicos estatais segundo o tradicional modelo piramidal, sem, contudo, dissolvê-los em um modelo no formato de rede[466].

Losano observa claramente a dificuldade de oferecer uma reconstrução tradicional, mas considera que o modelo piramidal e o reticular podem coexistir. "O simbolismo da pirâmide convive com o da rede, mas cada um dos dois símbolos expressa uma aproximação – diferente e igualmente essencial – ao Direito. A pirâmide exprime a estrutura do Direito; a rede exprime a função do Direito. De fato a pirâmide é até hoje prevalente da visão dos juristas positivistas e dos cultores da dogmática jurídica; ao invés disso a rede é o instrumento explicativo sempre mais preferido pelos sociólogos do Direito. São duas vias – uma tradicional, e outra inovadora – para capturar o polimorfo Direito com a limitada mente humana. Esse limite é o ponto crucial de todo modelo de ordenamento jurídico"[467].

Não concordo nem um pouco com Losano. Entre outras coisas, me parece que a rede deva desenvolver uma nova ideia de estrutura, se bem que desempenhe também a função de veicular uma especial ideia do papel do Direito.

A metáfora da rede me parece útil para descrever a estrutura do Direito em nível internacional; nível no qual o paradigma piramidal apresenta indu-

---

465 R. Reich, *op. cit.*

466 A. Cassese, *Oltre lo stato*, Laterza, Roma-Bari, 2007, spec. Cap. II.

467 M. Losano, *op. cit.*, p. 429.

bitáveis dificuldades de aplicação: a reconstrução fundamentalista precisa de um vértice; precisa daquela norma fundamental[468] que o sistema internacional parece não ter.

O que representa então a metáfora da rede? Como se configura um sistema jurídico em rede? Antes de tudo, se de sistema se trata, não será nada de caótico, pois haverá fontes de produção, normas de competência, técnicas de interpretação e balanceamento em uso (mais ou menos *codificadas*), pelos órgãos competentes, e assim por diante.

Parece-me que a ideia da rede reenvia a (e se concentre sobre) uma pluralidade de fontes do direito: não sugere um sistema acéfalo[469], mas sim pluricéfalo, sem um vértice unitário, mas com muitos centros nevrálgicos. Centros que produzem normas que se pretendem válidas sobre o mesmo território, se bem não seja claro qual ele seja[470], e ao mesmo tempo normas que, portanto, devem ser de algum modo coordenadas. Mas por enquanto no Direito internacional não emergem precisas e indiscutíveis normas de competência, normas que resolvam as antinomias, (talvez segundo critérios de especialização e sem o uso do critério hierárquico): parece ser ainda uma situação fortemente pluralística. Não se trata tanto de problemas que atinjam a aplicação de algumas normas, e sim de uma incerteza que atinge o conjunto dos diversos sistemas de normas, que, produzidas por diferentes centros autônomos entre si, produzem o problema. Ou seja: é a nova forma da coexistência sistemática que deve ser regulada.

---

[468] A norma fundamental é só uma. Kelsen, como se sabe, hierarquiza a relação entre Direito estatal e internacional em favor do segundo. A soberania neste tipo de prospectiva nada tem de absoluto, de metafísico, de organicista; a soberania representa um conjunto de competências atribuídas ao estado pelo ordenamento internacional que desse modo reconhece as associações estatais como sujeitas ao Direito. A solução piramidal oferecida pelo monismo internacionalista é promissora, porque reconhece personalidade internacional aos indivíduos que, já reconhecido pelo jusnaturalismo, pouco a pouco se foi dissolvendo até firmar-se na concepção oposta na primeira metade do século XX. Nesse último período, o Direito internacional é visto, sobretudo se não exclusivamente, como um Direito meramente interestadual: obriga os estados e os estados obrigam os indivíduos (Itzcovich cita uma sentença da Corte permanente de justiça de 1928 onde esse último princípio era consagrado: a Corte negou "em conformidade a um enraizado princípio de Direito internacional, que um tratado internacional pudesse "como tal, criar diretamente direitos e deveres para os indivíduos": Id., p. 52). Como se sabe, depois da segunda guerra mundial os indivíduos foram pouco a pouco novamente reconhecidos como sujeitos de Direito internacional. Isto, não obstante as inúmeras violações, parece adquirir força e prestígio, mas não está ainda claro como se configurarão as relações entre os diversos sujeitos de Direito, nem quais sejam precisamente estes sujeitos do Direito internacional.

[469] S. Roberts, *op. cit.*

[470] Nem está ainda resolvida a dúvida acerca do âmbito territorial de aplicação; trata-se de um território com limites instáveis. Talvez também por isso difundiu-se muito velozmente o uso do termo *desterritorialização*.

A metáfora da rede, com seus fios de conexão e os laços de produção e recepção normativa, parece descritiva da situação atual. Embora seja a dimensão do espaço-território do ordenamento aquela que entrou em crise, não o é porque diminuiu a exigência do território e dos confins, absolutamente não! Mas porque o território tradicional do estado tornou-se pequeno, apertado, limitado, estreito, insuficiente para desenvolver normativas eficazes e eficientes. Uma parte importante dos comportamentos regulados não pode mais sê-lo, e principalmente não pode mais ser controlada, sobre base estatal; então nascem normas dirigidas a obrigar os comportamentos de modo transversal, horizontal, sobre amplos territórios que abraçam mais estados[471].

A rede representa bem uma estrutura que vai se desenvolvendo. Não se trata, porém, de uma estrutura achatada, exclusivamente horizontal; a rede tem muitas dimensões. Apresenta diversos níveis de validez e eficácia, que lhe dão forma sólida e que se sobrepõem e se conectam através de laços (estatais, mas também de uma variedade de associações humanas diversas às quais é reconhecida interestadualmente uma capacidade normativa, uma legitimidade para uma produção normativa, frequentemente especializada)[472]. A rede, além disso, tem uma dimensão temporária ou, melhor, variáveis temporárias, exemplificáveis por meio dos diversos graus de desenvolvimento econômico e social que caracterizam partes diversas do planeta. Não me parece que mude a função do Direito. Do ponto de vista funcional seja o estado, seja o Direito internacional podem ser considerados formas de controle e direção social[473]. A rede, contudo, parece até funcional para transmitir uma particular ideologia segundo a qual o Direito não é produto de arbítrio, mas de autoridade positiva, não tem conteúdos contingentes, mas objetivos, racionais, necessários. Nesse sentido, o poder de produção normativa e os conexos poderes de acerto e de aplicação parecem afastar-se do plano positivo para enganchar-se a uma pressuposta naturalidade objetiva. Os problemas evidentes dessas propostas

---

471 É de interesse de todos os estados regular ou proibir certos comportamentos (por exemplo a reciclagem de dinheiro ou o tráfico de mulheres); ao mesmo tempo as pessoas (que cumprem os atos regulados) e os capitais (que solicitam tais comportamentos) se movem sempre com mais velocidade, sem ser contidos nos confins nacionais. É claro então que a regulamentação do comportamento adquire eficiência se a regra "pode perseguir" o comportamento no mesmo curso "horizontal", ou seja, sem precisar passar pelo vértice das autorizações estatais cada vez que tenha que ultrapassar uma fronteira nacional: ou bem, recomeçar um longo processo dirigido a reconhecer de novo aquele comportamento como efetivamente regulado.

472 Se bem que diferentes entre eles, só para fazer algum exemplo, pode-se recordar agências internacionais incumbidas de tutelar este ou aquele interesse (WIPO, WTO etc.) S. Cassese, *op. cit.*, cap. II.

473 N. Bobbio, *Dalla struttura alla funzione, op. cit.*

neoconstitucionalistas e jusnaturalistas são conhecidos. Aqui só posso remeter à literatura em discussão.

O fenômeno reticular que aqui se esquematiza e simplifica, por meio de uma visão rápida, apresenta muitos aspectos e peculiaridades extremamente interessantes sobre os quais precisa sem dúvida continuar a refletir[474]. Diversas são as hipóteses em estudo acerca de um futuro possível ordenado pelas instituições mundiais, mas esse aprofundamento deve ser deixado para outras ocasiões.

3.2.2. A integração europeia, o estado continental

A União Europeia é certamente um caso interessante e inédito; ela é parte daquele processo de reorganização que caracteriza os últimos vinte anos, mas não nasce com ele e se enraíza na própria história secular europeia. "A União Europeia não é o Estado-guia dos 'grandes espaços', mas é um poder externo e superior ao Estado nacional"[475], assim escreve Mario Losano. Uma espécie de terceiro nível entre o ordenamento nacional e o ordenamento internacional: o ordenamento comunitário. Mas o processo que conduziu desde os primeiros tratados do pós-guerra à União é verdadeiramente inédito, tanto que foi cunhada a locução de *integração jurídica europeia*[476].

Se bem que estruturas outras e diversas dos estados existem muitas, somente a singularidade do processo de integração europeia pode permitir pressupor a formação de um estado continental. Em todo caso, qualquer que seja o resultado do processo em andamento se trata de um experimento extraordinário na história política e jurídica mundial. A meu ver, se trata de um processo histórico acelerado no último quarto de século pela globalização, que pouco a pouco impôs dimensões qualitativamente diversas, dimensões continentais, ao espaço territorial que se pode pensar de ordenar através daquela ideia de ordem que é o estado: ou seja, um modelo de ordem que consentiu um controle político e jurídico para uma intervenção pública eficiente. Deve-se levar em conta que o estímulo para a unificação dos mercados e das legislações não é somente europeu; muitas são as organizações regionais surgidas no século apenas concluído; só para citar alguns exemplos: Nafta (North American Free Trade Agreement), Asean (Association of South-East

---

474 Somente a título de exemplo se podem recordar alguns temas abertos: a formação de uma sociedade civil internacional; o papel desempenhado pelo "poder monetário" pelos bancos centrais e por centros como IMF e o World Bank.

475 M. Losano, *op. cit.*, p. 419.

476 G. Itzcovich, Integrazione giuridica. Un'analisi concettuale. In: *Diritto pubblico*, 3, 2005.

— 326 —

Asian Nations), Mercosur (Mercado Comun de Cono Sud), o Pacto Andino e o Mercado Comum Centro-Americano. Contudo, somente a União Europeia está em uma situação particularmente *integrada*.

Não é esta a sede nem mesmo para fazer um simples aceno ao debate sobre a União Europeia, mas parece-me interessante desenvolver algumas considerações ainda no tema de ordenamento jurídico, metáfora da pirâmide e positivismo jurídico.

Escreve Losano, raciocinando sobre modelos jurídicos: "a situação atual colocou em discussão a noção de estrutura piramidal, mas não a superou, de fato tal estrutura ainda se encontra em nível infraestatal, estatal e supraestatal. As dificuldades nascem da coordenação presente e futura destes três níveis"[477]. Losano refere-se ao inédito europeu, sublinhando como a pirâmide esteja aqui sem cabeça. A sua reflexão me parece pressupor a persistência dos três diversos ordenamentos. De fato, Losano se pergunta "se a massa das normas comunitárias possa ser organizada em um sistema, isto é, se possa ser ordenada segundo uma estrutura piramidal que, de algum modo, seja parecida àquela do ordenamento jurídico dos simples Estados membros"[478]. Ou seja, pareceria sugerir um terceiro ordenamento *sui generis*, diferente do estatal e do internacional, mas dotado das características daquele estado. E de fato ainda se pergunta "se o ordenamento comunitário na sua totalidade seja autônomo em relação aos ordenamentos nacionais e supranacionais. Ao responder afirmativamente, o atual inteiro sistema normativo será organizado segundo um esquema tri-polar, com importantes consequências organizativas em nível nacional, comunitário e internacional"[479]. Resultaria então em um sistema reticular formado, grosso modo, por três pirâmides coordenadas entre si.

Para compreender o fenômeno europeu me parece convincente a análise do conceito de *integração jurídica (europeia)* proposta por Itzcovich[480]. Se bem que desde o princípio pareceu bastante claro que o que se estava construindo na Europa era alguma coisa diferente, juridicamente inédito, nota Itzcovich, o conceito de integração remetia a qualquer coisa de "muito político, incerto, inutilizável no raciocínio jurídico"[481] (5). O termo enfim entrou no nosso léxico. O que significa integração europeia de um ponto de vista teórico-jurídico?

---

477 M. Losano, *op. cit.*, p. 420-421.

478 M. Losano, *op. cit.*, p. 421.

479 M. Losano, *op. cit.*, p. 421-422.

480 G. Itzcovich, *Teorie e ideologie del diritto comunitário*, Giappichelli, Torino, 2006; Id., *Integrazione giuridica, op. cit.*

481 G. Itzcovich, Integrazione giuridica. Un'analisi concettuale. In: *Diritto pubblico*, 3, 2005, p. 749-786, p. 756.

A integração jurídica pode ser definida "como um processo de unificação entre dois ou mais ordenamentos jurídicos. Um processo é uma série sequencial de atos jurídicos voltados à produção de um efeito. No caso da integração jurídica o efeito seria a construção de um único ordenamento jurídico, em lugar de uma pluralidade de ordenamentos jurídicos preexistentes"[482] (7). A característica fundamental é que o processo modifica no seu desenrolar as normas da produção jurídica dos ordenamentos que se vão integrando. O processo de integração jurídica conduz, em suma, à formação de um único ordenamento jurídico integrado, não só no sentido que nasce em vários lugares, mas que as partes pouco a pouco se fundem entre si dando vida a algo novo, cujos componentes tornam-se indistinguíveis uns dos outros.

Disse acima que em nível de Direito internacional é problemático individualizar um ordenamento, em primeiro lugar porque não se encontram normas de competência (ao menos estáveis em algum grau que seja relevante) capazes de resolver os conflitos normativos. Pois bem, o que vai se produzindo em nível europeu pode ser interpretado propriamente como um sistema de regras *secundárias*[483] estáveis, que agem entre ordenamentos diversos, porém, à medida que o processo toma forma, tais regras acabam por agir diretamente no interior dos ordenamentos, construindo um ordenamento integrado. Deve-se esclarecer que não é de Itzcovich a tese do estado continental; o estudioso genovês se limita a uma rigorosa reconstrução do conceito de *integração*, sustentando que o Direito comum europeu hoje pode ser descrito como um espaço jurídico unitário, embora não homogêneo, isto é, não como um ordenamento, já que é movido por processos de integração e desintegração: um des-ordenamento jurídico[484].

Tentando enxergar o fim desse processo, desenvolvendo, claro que apenas hipoteticamente, uma projeção institucional e normativa, poderá talvez resultar de novo descritiva qualquer versão do paradigma piramidal. Mas no desenrolar deste processo é a ideia da rede que assume um caráter eminentemente descritivo: não são tanto os atos de autorização explícita, quanto a execução de órgãos comunitários e nacionais por meio de metodologias quase informais, os que constroem passo a passo laços de produção e recepção normativa de forma reticular, sem os tradicionais vínculos hierárquicos, pois se trata de órgãos de

---

[482] G. Itzcovich, *Integrazione giuridica, op. cit.*, p. 759.

[483] S. Roberts (*op. cit.*, p. 10-11), refletindo sobre a possibilidade de um Direito sem estado, assinala como a proposta hartiana seja um elegante modo de teorizar a exclusividade do Direito estatal, mas contemporaneamente deixe espaço para a possibilidade de um âmbito social livre do ordenamento jurídico, porém governado por regras.

[484] Agradeço Giulio Itzcovich pela oportuna precisão sobre o ponto.

ordenamentos diferentes. Como me parece sugerir Itzcovich, se trata de um processo pelo qual os órgãos, por meio de procedimentos "juspositivisticamente ilegais", "dialogam entre si", balançam e convergem em torno de um núcleo comum de princípios. De tal modo constroem uma rede que pouco a pouco integra os ordenamentos; uma vez estavelmente integrado o ordenamento europeu, nada exclui que possa ser descrito de modo piramidal, nada exclui que se forme o estado continental.

Na sua exposição, todavia, como as autoridades europeias em formação não podem "pressupor a própria autoridade, mas [devem] construir-se um espaço na esfera pública por meio de um processo 'cooperativo' ou negociador, que deve necessariamente envolver as instituições nacionais"[485], o paradigma reticular desempenha também uma função normativa importante ao facilitar a integração tornando mais flexível a percepção dos ordenamentos (e por isso os próprios ordenamentos): a rede, portanto, não está conexa com uma diversa função do Direito, mas é ela mesma funcional para a integração dos ordenamentos. Órgãos nacionais e comunitários estimulam a autoridade de princípios e de valores comuns a fim de que tome forma uma ideia de Europa secularizada, não mais unificável sob bases teológicas, unida em torno a um projeto forte de cidadania. Diversos agentes e a inteira comunidade jurídica contribuem para desenvolver um sentimento comum de pertinência[486], levando à execução daquela concepção jurídica da Europa e do mundo que tinha começado a desfraldar-se no final do século XVIII[487]. Para construir essa nova entidade, que não contradiz o processo histórico voltado à difusão do estado-nação, mas em certo sentido o sintetiza, não era apropriada certa reconstrução juspositivista do ordenamento jurídico. As "concessões à ilega-lidade" teriam sido demais. Desenvolver um "Direito que 'será direito'", não era suficiente, mas não teria sido nem mesmo possível aplicar um Direito 'que já é direito'; sobre um Direito em formação 'trata[va]-se de chamar a atenção: o 'tornar-se estado' do Direito comunitário não procede de um ato de fundamento unilateral, mas requer a cooperação de um conjunto de agentes institucionais relativamente autônomos, entre os quais não existem relações hierárquicas"[488]. Como sublinha Itzcovich, o Direito comunitário devia conquistar a sua própria obrigatoriedade, devia fazer publicidade na

---

485 G. Itzcovich, *Teorie e ideologie del diritto comunitário, op. cit.*, p. 414.

486 Uma nova forma para a ideia de *nação*?

487 No Congresso da paz de Paris em 21 de agosto de 1849 Victor Hugo falou pela primeira vez de *Estados Unidos da Europa*.

488 G. Itzcovich, *Teorie e ideologie del diritto comunitário, op. cit.*, p. 418.

comunidade dos juristas, aliás, o Direito comunitário teria contribuído para construir *uma* comunidade de juristas europeus. Uma comunidade que toma necessariamente consciência do próprio papel jurídico e sobretudo político[489]. Claro que teorias do tipo juspositivístico se revelavam inadequadas nesta fase de construção, pois *fortemente discricionária*, pela comunidade jurídica. Às cortes atribuía-se um peso extremamente relevante, o processo favorecia uma argumentação que brincava com cânones interpretativos *indulgentes ou flexíveis* para construir princípios supremos em grau de unir *estruturalmente* sistemas jurídicos diferentes. O conceito de diálogo, aquele da razoabilidade, aquele da moderação, adquirem importância em prejuízo da certeza, da legalidade, da ordem hierárquica entre as normas e as instituições. Porém, este processo não contradiz o histórico em cujo sulco se situa o estado-nacional, ao contrário pode representar a síntese no modelo de estado continental.

Certamente trata-se de um processo em formação que apresenta êxitos ainda muito incertos. Contudo me parece que a Europa represente um laboratório único no seu gênero para tentar delinear as transformações institucionais incrementadas ou aceleradas pela globalização.

4. CONCLUSÕES

Conforme preanunciado, não ofereci nenhuma resposta, mas espero ter fornecido alguns elementos para discussão. Como escreve Kelsen, o estado é uma ideia de ordem jurídica, e é uma forma de organização política: trata-se de nada mais do que isto. Os processos em curso põem em crise as tradicionais reconstruções dogmáticas do ordenamento jurídico/estado, o que não significa que tais reconstruções não possam ainda tornar-se úteis e que a crise seja só temporária: incertos demais são por enquanto os êxitos dos fenômenos em curso, para fazer um balanço. À parte isso, ao menos como critérios ou cânones de confronto para interpretar a mudança, os conceitos jurídicos tradicionais e fundamentais revelam-se até hoje necessários. A busca por uma maior clareza analítica, de fato, não pode evitar prestar contas com uma aproximação ao Direito que pretende jogar fora com muita pressa os instrumentos de pesquisa e reconstrução teórica desenvolvidos nos últimos séculos, acabando por oferecer um discurso algo confuso e obscuro. Um discurso que descreve o Direito no tempo da globalização como um "fenômeno denso, difuso e penetrante". Com sincera curiosidade, não se pode evitar perguntar: em que sentido?

---

[489] G. Itzcovich, *Teorie e ideologie del diretto comunitário*, *op. cit.*, p. 307.

Capítulo **11**

O SISTEMA DE ENSINO E O JUSPOSITIVISMO – BREVE EXCURSO HISTÓRICO

Márcio Pugliesi[491]

Sumário
1. A questão de base
2. O bacharelismo
3. Período do Império
4. Período Republicano
5. Eventos do Regime Militar e seus desdobramentos
6. O mercado, a Constituição de 1988 e sua influência
7. O estado atual da arte segundo a Resolução CNE/CES N. 9, de 29 de setembro de 2004
8. Fontes e Bibliografia

---

[490] Doutor e Livre-docente em Direito pela Universidade de São Paulo; Doutor em Filosofia pela Pontifícia Universidade Católica de São Paulo; Doutor em Educação: Currículo pela Pontifícia Universidade Católica de São Paulo, Professor do Programa *Stricto Sensu* de Estudos Pós-graduados de Direito da PUC-SP.

1. A QUESTÃO DE BASE

Afastando-se as incursões efetivadas na área no período do Estado Novo (1937-1945) pela chamada Reforma Capanema e que introduziu, mediante oito Decretos que regulamentaram o ensino em seus diversos níveis e ratificaram a ordem vigente e de interesse das camadas dominantes da sociedade pela manutenção do dualismo na educação brasileira, sempre se argumentou pela democratização do ensino como uma forma consistente de evolução social e de desenvolvimento do país.

O dualismo na educação consistia (e ainda consiste), durante sua longa vigência, na organização de um sistema de ensino com dois caminhos possíveis: ensino secundário público votado às "elites condutoras" e ensino profissionalizante para as camadas populares.

Assim, se as relações de trabalho foram reguladas por meio da CLT – Consolidação das Leis do Trabalho, por outro lado, estabeleceu-se para o sistema público de ensino uma legislação que facilitou separar aqueles que poderiam estudar, daqueles que deveriam estudar menos e entrar no mercado de trabalho mais rapidamente[491].

Os estudantes oriundos das camadas médias e altas da sociedade cursavam o primário e depois o secundário em seus dois ciclos (ginásio e colégio) e finalmente a profissionalização no ensino superior (tendo o Direito de cursar qualquer curso universitário). Para os filhos de famílias oriundas das camadas baixas *o caminho era*: conseguir uma vaga em escola pública (que não garantia matrícula para todos) e assim possivelmente cursar o primário (que contava com um quinto ano, preparatório ao Exame Admissão ao ginásio – os que não eram considerados aptos neste exame não podiam cursar o ginásio em escola pública), depois entrar no ensino secundário *profissionalizante* também em dois ciclos (o primeiro de quatro anos e o segundo de três anos) para, enfim, poder cursar o ensino superior em uma cadeira correspondente a habilitação no ensino secundário: o clássico, o científico e o normal. Estudantes que fizessem o Ensino Normal, por exemplo, só poderiam frequentar o Ensino Superior em um dos cursos da "Faculdade de Filosofia", enquanto científico, originariamente unificado, dividiu-se posteriormente em biológicas e exatas, direcionando o futuro acadêmico dos secundaristas.

O processo de desenvolvimento econômico: requereu um novo perfil da força de trabalho urbana impondo eficaz escolarização. A fim de profissionalizar a massa trabalhadora, já no ensino secundário, implantaram-se o SENAI

---

491 Paulo Ghiraldelli Jr., *História da Educação*. São Paulo: Cortez, 2000, p. 84.

em 1942 e o SENAC em1946, para qualificar a mão de obra necessária, nesse estágio socioeconômico, para a indústria, o comércio e o incipiente mercado de prestação de serviços. A Confederação Nacional da Indústria (CNI) e a Confederação Nacional do Comércio (CNC), além do ensino gratuito, pagavam uma "ajuda de custo" a seus estudantes, tornando o estudar nessas instituições ainda mais atraente.

De toda sorte, o estudante ao trilhar o caminho da profissionalização destacava-se, simultaneamente, do estrato daqueles que seguiam os ciclos conducentes aos cursos superiores de destaque e dos outros que permaneciam apartados da educação formal e destinados, desde logo, aos azares da iniciativa comercial ou aos empregos de menor remuneração e, no limite, ao desemprego estrutural.

No dizer de Foracchi[492], um segundo processo se instaurava:

> *Fica claro, portanto, que o sentido da manutenção do jovem como estudante é o de manter os vínculos de dependência* no limiar da transformação da situação familiar em situação de classe. *Convém não esquecer, entretanto, que essa transformação é um, processo e que isso nos impede de tomar a situação de classe como situação cristalizada e definida. Mantendo o estudante e preservando, assim os vínculos de dependência que o ligam à família como situação de existência, esta se assegura condições favoráveis para manipulá-lo como agente de sua própria transformação e continuidade no sistema. Todavia, conforme indicamos acima, no momento em que esse processo se consuma, o estudante deixa de estar vinculado à família, quer dizer, nega-se como parte da família para integrar-se ao sistema como agente de classe, Na concretização de sua condição social específica, está, por conseguinte, inscrita a marca da camada que o produziu e a negação parcial do grupo que o constituiu.*

Afirmativas que conduzem, desde logo, a questões de reestruturação social, por força das transformações que os *habitus* adquiridos na escolaridade acabam se incorporando no horizonte familiar e, ainda, importando para a autoconcepção da família que se torna "importante" porque formou um "doutor" ou que transforma sua participação na esfera do consumo em decorrência

---

492 M. M. Foracchi. O estudante e a transformação da sociedade brasileira. São Paulo: Nacional, 1965, p. 110.

do acréscimo dos salários de seus filhos mais velhos e se torna capaz de investir em educação mais elaborada de seus filhos mais novos.

O que é relevante assinalar, sempre: a produção de escolarizados pela família comporta alterações em seu funcionamento e em sua estrutura de poder, com a busca da ascensão social por efeito da manipulação do estudante como elemento de redefinição e ampliação de sua inserção e influência sociais.

Sob esse ponto de vista, a demanda social por educação levava a duas opções: escolas que classificavam socialmente ou escolas que preparavam mais rapidamente para o trabalho, num implícito processo de discriminação social. Foracchi[493], novamente, apresenta uma síntese adequada:

> *As condições de transformação do sistema global fazem com que a preservação das posições adquiridas seja coincidente com a sua modificação permanente, quer dizer, com a possibilidade de desenvolver um tipo de ajustamento flexível e renovado de situações de existência social. Por essa razão, a preservação das posições conquistadas está associada nas representações familiares com a manutenção do impacto de mobilidade, anteriormente responsável pela alteração da situação de origem. Acontece, todavia, que, nas circunstâncias presentes, é indispensável equacionar esse impulso de mobilidade em termos de fatores formais, socialmente estabelecidos e regulamentados e manipular agentes humanos capazes de conduzi-lo a termo. A educação, notadamente a superior, representa um desses fatores e, ao mesmo tempo, um mecanismo eficiente para o controle da mobilidade, em escala social. E o estudante representa o agente humano incontestavelmente capaz de concretizar o projeto familiar.*

A percuciente análise reflete os traços de seu tempo, de fato, o projeto de carreira contém componentes familiares indiscutíveis: mal se nasce e os pais já decidem os futuros e as carreiras possíveis, mas há que se considerar o projeto dos beneficiários da educação: os empregadores. Quando mais adequada aos fins do sistema produtivo for a carreira, tanto mais será remunerada e atrativa com seus consectários respeito social e "sucesso".

---

493 *op. cit.* p. 175-176.

2. O BACHARELISMO

A participação significativa de juristas nos Conselhos da Coroa no episódio de formação do estado português serviu de modelo para a implantação do estado brasileiro, que passa a se organizar social, política e economicamente por via de uma elite, aquela dos grandes proprietários rurais e do emprego de mão de obra na sua maioria escrava (índios, mestiços e negros), consolidando-se o poder sem identidade nacional, sem vínculo com os nativos, mas com as mesmas características burocráticas da administração da metrópole, reforçadas com a chegada da família real ao Brasil.

Anteriormente não fora possível, à colônia, esfugir as influências da metrópole, presa à ideologia da Contrarreforma avessa aos ventos da modernidade e do tipo de progresso resultante do capitalismo europeu. As Reformas Pombalinas, em conformidade com os Estatutos de 1772, atacaram a ação e a educação formatada pelos jesuítas culminando com sua expulsão do Brasil em 1759 e propiciando o chamado Iluminismo Pombalino, que levou ao liberalismo português, que exerceu sua influência, no Brasil, apenas no final do século XVIII.

Os juristas, progressivamente, tornaram-se elite dominante, responsável pelo aconselhamento da Coroa, segundo um ideal conservador, com magistrados e professores portugueses, que influenciaram a formação dos juristas aqui nascidos, geralmente formados em Coimbra, e, posteriormente, lotados nos cargos públicos.

Para tanto, deveriam obedecer a uma série de normas que previam o distanciamento do magistrado da vida social local, a fim de assegurar a manutenção dos princípios de lealdade e obediência ao rei, inerentes ao próprio cargo e havido, em geral, por questões de origem social e apadrinhamento (elemento do privilégio), além da formação na Universidade de Coimbra, exercício da profissão por dois anos e aprovação no concurso de ingresso no serviço público (elemento da nascente meritocracia burguesa). Após o ingresso na carreira, exerceria os cargos de juiz de fora, ouvidor da comarca, corregedor e desembargador segundo a experiência acumulada na metrópole ou nas colônias.

Esse fenômeno da grande participação de juristas nos órgãos de governo foi designado por bacharelismo e desde a instalação dos cursos jurídicos em 1827 o ocupar de cargos de relevo, as funções de estado, pelo bacharel em Direito tornou-se constante na vida política brasileira. Não apenas a inserção nos cargos de administração estatal, mas um projeto de carreira, um ideal de vida capaz de prover segurança e ascensão profissional e social. Permitindo-se, dessa forma, o intervencionismo estatal no âmbito socioeconômico e jurídico, gerador de diretrizes burocráticas e patrimonialistas consoante o que ocorria na Metrópole.

Na sociedade escravocrata da época, seguindo os moldes de culturas ancestrais (como a grega e a latina) o trabalho manual era visto como inferior e aquele dos letrados apreciado como de seres superiores que se ocupavam de misteres de caráter público, como se vê no texto de Tomás Antônio Gonzaga[494]:

Lira XXVI

Tu não verás, Marília, cem cativos
Tirarem o cascalho, e a rica terra,
Ou dos cercos dos rios caudalosos,
Ou da mina da terra.

Não verás separar ao hábil negro
Do pesado esmeril a grossa areia,
E já brilharem os granetes de ouro
No fundo da bateia.

Não verás derrubar os virgens matos;
Queimar as capoeiras ainda novas;
Servir de adubo à terra a fértil cinza
Lançar os grãos nas covas

Não verás enrolar negros pacotes
Das secas folhas do cheiroso fumo;
Nem espremer entre as dentadas rodas
Da doce cana o sumo.

Verás em cima da espaçosa mesa
Altos volumes de enredados feitos;
Ver-me-ás folhear os grandes livros,
E decidir os pleitos

---

494 Tomás Antônio Gonzaga. *Obras completas*. ed. crít. Manuel Rodrigues Lapa. São Paulo: Nacional, 1942.

Enquanto revolver os meus consultos,
Tu me farás gostosa companhia,
Lendo os fatos da sábia mestra história,
E os cantos da poesia
Lerás em alta voz a imagem bela,

Eu vendo que lhe dás o justo apreço,
Gostoso tornarei a ler de novo
O cansado processo
Se encontrares louvada uma beleza,

Marília, não lhe invejes a ventura,
Que tens quem leve à mais remota idade
A tua formosura.

O autor, nascido no Porto e, inicialmente, judicando em Beja, removido posteriormente para Vila Rica, onde foi juiz de ausentes e mortos, manifesta nessa obra publicada originariamente em 1792, com clareza, a oposição entre as funções extrativas e de cultivo com aquelas dos letrados, sob a óptica do tempo. Essa visão ainda se mantém e parece decorrer, não do retorno financeiro da função, mas da inserção social aderente ao trato das lides. De fato, o magistrado português do período colonial, como o caso do poeta que faleceu em Moçambique como juiz de alfândega, representante dos interesses de Portugal, pouco difere dos bacharéis dos séculos XIX e XX, no Brasil, representantes dos interesses das elites agropecuárias.

Essa posição, por sua vez, franqueava o acesso a carreiras políticas financiadas pelos interesses da clientela e foi base para muito do sucesso do bacharelismo legalista resultado de uma formação liberal-conservadora, desde logo conferindo supremacia da autonomia da ação individual sobre a ação coletiva, para efeito da manutenção das formas de poder existentes.

O bacharelismo apegou-se (e ainda se apega como epifenômeno do neoliberalismo) aos resultados garantidos, às fórmulas consagradas, à manutenção irracional de estruturas de poder e aos valores conservadores, embora irrefletidos, legitimados por uma idealização permanente do funcionamento do mundo, como consequência do liberalismo ensinado nas escolas de Direito, em que o ideário burguês-individualista fundado na propriedade, na segurança, nos direitos individuais e na trilogia da revolução francesa (igualdade, liberdade e fraternidade) descurava e descura do valor maior da solidariedade.

Nesse sentido, o bacharel reproduziu as práticas de seus mestres e conservou/conserva os discursos liberais descolados da realidade e das práticas solidárias. O democratismo de suas falas absconde a fera necessidade de proteger a propriedade privada a todo custo, vez que essa proteção constitui a mola mestra do sistema que deve preservar a título de manter o funcionamento da democracia. A retórica vazia, grandíloqua, substitui o raciocínio fundado, a supremacia do interesse público, a efetividade da prática social e do contato com o mundo dos desvalidos. Constitui, então, para si, o bacharel uma identidade lastreada em ideias, ao mesmo tempo, liberais e conservadoras, esvaziando-se diante das instituições conservadoras e antidemocráticas da sociedade brasileira, num pensar e pensar-se sem fundamento filosófico, sempre desprezado, tal conteúdo, diante daqueles dogmáticos das disciplinas de seu currículo. Enseja-se, assim, uma postura técnica e casuística, atenta à dinâmica social (para estabelecer controles sobre esta) e incapaz de responder às suas novas demandas. Entretanto, como grupo de pressão, estabelece vínculos a mercê de associações, organizações de subclasses e busca manter e obter privilégios, obstaculiza o acesso a posições de mando e controle aos efetivos juristas e repete, num ramerrão infindo de velhos valores e concepções banais.

A expectativa de formação de profissionais capazes de trabalhar a partir de posturas teóricas, da capacidade de abstração filosófica e de compreensão científica, da reflexão política incessante para cobrar significado coletivo em sua atuação em casos isolados e, ainda, fundamentação sócio-filosófica capaz de facultar adequada compreensão dos textos legais e aplicá-los adequadamente diante da dinâmica social – permanece distante das possibilidades do corpo docente que, por sua vez, também precisa ser formado.

3. PERÍODO DO IMPÉRIO

A sanção da Lei de 11 de agosto de 1827, instituidora dos cursos de Direito em São Paulo e Olinda, foi um marco no processo de institucionalização brasileira. Em Coimbra, por força da Reforma Pombalina no ensino jurídico, em conformidade com os Estatutos de 1772, os brasileiros receberam o influxo das transformações liberais da Faculdade de Direito daquela cidade e tornaram-se vetores das mesmas no Brasil. Os efeitos dessa reforma foram ratificados pelos ideais da grande revolução burguesa e Napoleão incumbiu-se de a impor por toda Europa peninsular.

Os efeitos da educação coimbrense, como se apontou, no Brasil foram intensos, vez que os lá formados ocupariam cargos de relevância no Império brasileiro e a herança liberal dessa formação espelhou-se na estruturação curricular das primeiras escolas jurídicas brasileiras.

Essa tendência liberal é confirmada pela estrutura curricular "una", apresentada na Carta de lei de 11 de agosto de 1827, motivada pelo projeto de Lei da autoria dos deputados Januário da Cunha Barbosa e José Cardoso Pereira de Melo, de 5 de julho de 1826, de cunho rígido e invariável, constituída por nove cadeiras (*cathedras*) a serem cursadas em 05 (cinco) anos. Currículo esse, com grande influência do Direito Natural (jusnaturalismo) e, também, da Igreja, vez que a religião oficial do Império era o catolicismo e o Direito Canônico compunha o quadro de saberes exigíveis.

Uma primeira alteração curricular aconteceu em 1854, com o acréscimo de duas novas cadeiras: Direito Romano e Direito Administrativo a fim de atender, em particular, aos reclamos do serviço público e da falta de uma estrutura efetiva de Direito Civil, preso ainda às Ordenações, ficando assim composto o currículo nacional dos cursos de São Paulo e Olinda:

1º ano: Direito Natural; Direito Público; Análise da Constituição do Império; Diplomacia, Direito das Gentes.

2º ano: Direito Natural; Direito Público; Análise da Constituição do Império; Diplomacia; Direito das Gentes; Direito Público Eclesiástico.

3º ano: Direito Pátrio Civil; Direito Pátrio Criminal (e processo criminal).

4º ano: Direito Pátrio Civil; Direito Mercantil e Marítimo.

5º ano: Economia Política; Teoria e Prática do Processo.

Não apenas se nota a insistência nas relações internacionais, modelo necessário numa colônia recém liberta e desprovida de meios, como se vislumbra o fim do Absolutismo e a influência de um novo paradigma de ciência que afastava o aristotelismo-tomista e introduzia a visão kantiano--newtoniana promovendo uma ruptura potencial com o domínio da Igreja e com a ala eclesiástica da academia. O jusracionalismo[495] decorrente levou ao positivismo jurídico e a novas regras hermenêuticas e posturas retóricas a fim de fundamentar o exercício do poder.

Rui Barbosa elaborou um longo parecer sobre o ensino, a partir das posturas do Decreto 7.247/1879 e, juntamente com este, o Projeto n. 64 de 1882, sustentando muitas das propostas da "faculdade livre" do decreto n. 7.247 de 19 de abril de 1879. Entre outros pontos defendia a liberdade de

---

495 Confrontar Norberto Bobbio. *O positivismo jurídico: Lições de Filosofia do Direito.* Trad. Márcio Pugliesi, Carlos E. Rodrigues e Edson Bini, São Paulo: Ícone, 1995 e Cláudio De Cicco. *Direito: Tradição e Modernidade – poder e autoridade no Direito e no Estado das origens romanas ao Direito brasileiro moderno.* São Paulo: Ícone, 1993, p. 137 e ss.

opinião para efeito do estudo do Direito e a supressão da disciplina: Direito Eclesiástico. A esse projeto seguiu-se aquele de Almeida Oliveira, propondo um curso de Direito voltado à formação de solicitadores; escrivães e tabeliães. Projeto que propõe um ensino profissionalizante, dedicado a atender aos reclamos do mercado de mão de obra, de então. O próximo decreto a tratar do currículo dos cursos de Direito é o Decreto n. 9360 de 1885, que trazia muitas novidades em seus 398 artigos, mas pouco afetava ao currículo em vigor.

Enfim, já nos albores da República e representando uma clara insatisfação com o estado de coisas no ensino de Direito, advém o projeto de 1887, de autoria do Barão de Mamoré, que pretendia unificar os cursos jurídicos e aquele de Ciências Sociais, além de introduzir a Enciclopédia Jurídica, correspondente, de modo aproximado à contemporânea Introdução ao Estudo do Direito. Esse projeto não chegou a ser implantado.

4. PERÍODO REPUBLICANO

Aquela profunda intervenção na legislação ensejou nova reforma no ensino do Direito, tendo em vista, ainda, que as escolas de São Paulo e Olinda não mais conseguiam atender os reclamos do mercado de profissionais do Direito. O capitalismo tardio[496] e a recém-proclamada República e o sucesso da cafeicultura e da indústria do leite geravam transformações econômicas e demandas sociais, produzindo a chamada "industrialização tardia" que exigia cada vez mais pessoas capacitadas para a gestão e a manutenção do novel sistema de poder.

Já em 1891 foi criada a Faculdade de Direito da Bahia e a educação passou a ser entendida como força de expansão e inovação da sociedade, abrindo-se escolas particulares vistas como focos de qualificação do ensino por força de uma darwiniana seleção natural: o mercado.

Sob a luz da Razão e do Iluminismo prevalecente, em decorrência da plena dominação burguesa do sistema produtivo, afastaram-se as visíveis influências clericais na constituição do currículo das escolas de Direito (Reforma Benjamin Constant (Decreto 1.232, de 2 de janeiro de 1891) e,

---

[496] A cafeicultura e a industrialização nascente requeriam mais profissionais aptos a resolver problemas mais intricados e a empreender uma sistemática revisão do processo civil do império na nascente República. A respeito indica-se João Manuel Cardoso de Mello; Fernando Novais. *Capitalismo tardio e sociabilidade moderna*. 2. ed., Campinas/São Paulo: ed. UNESP/FACAMP, 2009.

enfim, na Reforma de 1895[497] (Lei n. 314, de 30 de outubro de 1895), a disciplina Direito Eclesiástico foi, simplesmente suprimida dos currículos, sendo então constituída a seguinte estrutura curricular a fim de se obter maior profissionalização do bacharel, vez que o aspecto prático de cada disciplina deveria ser ressaltado, seguindo o tom positivista que o país adquiria e que seria levado a sua máxima expressão na nascente República:

1º ano: Filosofia do Direito
Direito Romano
Direito Público Constitucional

2º ano: Direito Civil
Direito Criminal
Direito Internacional Público e Diplomacia
Economia Política

3º ano: Direito Civil
Direito Criminal (Direito Militar e Regime Penitenciário)
Ciência das Finanças e Contabilidade do Estado
Direito Comercial

4º ano: Direito Civil
Direito Comercial (Direito Marítimo; Falência e Liquidação Judiciária)
Teoria do Processo Civil, Penal e Comercial
Medicina Pública

5º ano: Prática Forense
Ciência da Administração e Direito Administrativo
História do Direito e especialmente do Direito Nacional
Legislação comparada sobre Direito Privado

Nas reformas Rivadávia Corrêa (Decreto n. 8.659, de 5 de abril de 1911), de profundo cunho positivista e que estabeleceu o privatismo no ensino, com baixo poder interventivo do Estado no processo, e a de Carlos Maximiliano (1915), que reintroduziu o controle estatal, buscava-se, em ambas embora a diversidade de tom, dar suporte à república liberal e ao processo de codificação

---

[497] AlbertoVenâncio Filho. *Das Arcadas ao Bacharelismo (150 anos de ensino jurídico no Brasil)*. São Paulo: Perspectiva/Secretaria da Cultura Ciência e Tecnologia, 1977, informa: "Em 19 de outubro de 1894, a comissão constituída por Francisco da Veiga, presidente, Augusto de Freitas, relator, Dino Bueno, professor da Faculdade de Direito de São Paulo, Pedro Vergne, Gonçalves Ferreira, Augusto Montenegro, Paulino de Souza Junior e Anísio Auto de Abreu, apresentava o projeto que, no próprio entender da Comissão encarregada de elaborar o projeto de reforma do ensino jurídico, propunha medidas julgadas imprescindíveis como meio seguro de impedir a marcha progressiva e rápida de triste decadência a que as reformas decretadas nesses últimos anos arrastaram o ensino do Direito no país." (p. 222)

civilista e como consequência desenvolveram-se grades curriculares que ampliaram o predomínio das disciplinas afetas ao Direito Privado.

Como decorrência dessa abordagem juspositivista buscou-se codificar as normas relativas à civilidade por via de projetos de elaboração de um Código Civil para o Brasil, tendo por modelo o Código Napoleão.

A proposta de Teixeira de Freitas que ensejou a formulação do código argentino e seguia as disposições do modelo francês, que pensava a completude sem lacunas e deixava artigos em branco para essa finalidade, aqui não foi aceita e a formulação do Código Civil em 1916, pelo projeto de Clóvis Bevilaqua seguiu mais os parâmetros pandectistas e o feitio geral do Direito alemão permaneceu em vigor até 2002.

E, em 1927, cem anos após a criação dos cursos jurídicos no Brasil, existiam 14 cursos de Direito com mais de mil alunos matriculados no fenômeno conhecido à época como fábrica de bacharéis que, por força da manutenção das formas de poder, reproduzia a matriz do liberalismo[498] votada ao plano dos conteúdos curriculares da livre economia e à produção dos textos legais aptos a regular o Estado Liberal, ratificando esse modelo e dando-lhe vigor e continuidade.

Não se exigia, dos professores (dos lentes – vez que liam as apostilas dos catedráticos), mais que sucesso profissional prático: a "militância forense" e essa ênfase se refletiu num nivelamento pedagógico pragmático: a formação de profissionais de Direito capazes de realizar as tarefas práticas, sem qualquer busca de reflexão e análise de consequências de sua atuação numa clara adoção do paradigma positivista, interessando-se mais pelo conhecimento do texto legal (*dura Lex sed Lex*) do que pelas técnicas hermenêuticas e pelo conhecimento do social.

A reforma do ensino proposta por Francisco Campos, cognominado Chico Ciência, desdobrou o curso de formação jurídica em dois: o bacharelado e o doutorado, dedicando-se o primeiro à formação profissional, aquela de práticos do Direito – com exclusão de disciplinas de lata e alta especulação e cultura e o segundo votado à formação de professores de Direito com a discussão de assuntos de alta cultura e fundado em três áreas principais: Direito Privado; Direito Público Constitucional e Direito Penal e Ciências Criminológicas.

---

[498] Conforme, em particular, Aurélio Wander Bastos. O ensino jurídico no Brasil. 2. ed., Rio de Janeiro: Lumen Juris, 2000.

A implantação do capitalismo (tanto o monetário, quanto o industrial), nesse período, sofreria uma de suas grandes crises cíclicas[499] e suas consectários alcançariam a estruturação do ensino indicando a aglutinação das faculdades como possível redutor dos custos: não por acaso, portanto, as primeiras universidades brasileiras datam dessa década.

No Brasil, as oligarquias agropastoris perderam espaço com essa crise e uma nova classe dominante urbana, centrada no comércio e na indústria começou a se estabelecer. Na década de 1920 agravam-se as contradições da República Velha e intensificam-se os movimentos de renovação social, política e cultural, que culminam na Revolução de 1930. São índices desse processo, as greves operárias, o movimento tenentista, a Semana de Arte Moderna (1922), a fundação do Partido Comunista (1922), a criação da Academia Brasileira de Ciências (1922) e da Associação Brasileira de Educação[500] (1924), entre outros movimentos de organização da sociedade civil. A influência do modelo do Welfare State encontra eco no estado brasileiro e novas demandas por educação se estabeleceram, tendo em vista o dirigismo social decorrente desse processo de dominação e de regulação intensiva da economia.

Getúlio Vargas, após assumir o poder em 1930 como chefe do "Governo Provisório", passou a presidente da epública eleito pela Assembleia Nacional Constituinte de 1934, com mandato até 1937. Tomou uma série de medidas de agrado popular[501] e estaria preparando a sucessão presidencial a ocorrer

---

499 Conforme aponta Barry Eichengreen. A Globalização do Capital: uma história do sistema monetário internacional. Trad. Sérgio Blum, São Paulo: 34, 2000: "Esse quadro financeiro frágil se desenhava sobre um problema fundamental: o colapso da produção industrial. O mundo industrializado já havia passado por outros períodos recessivos, mas não como aquele iniciado em 1929. Os abalos foram gigantescos – entre 1929 e 1932, a produção industrial dos Estados Unidos caiu 48% e na Alemanha a queda foi de 39%. As estatísticas de desemprego registraram um pico equivalente a 25% da força de trabalho nos Estados Unidos, na Alemanha, o desemprego na indústria atingiu 44%." (p. 108)

500 Sede dos responsáveis pelo Manifesto dos Pioneiros da Educação Nova (1932), redigido por Fernando de Azevedo, com pontos inovadores e divergentes da política educacional oficial. Entre outros, o próprio conceito aplicado ao ideal de educação para o Brasil: obrigatória, pública, gratuita, mista e laica. Objetivava ainda uma adequação psicobiológica dos alunos ao ensino que se lhes subministrasse a escola, propugnava por uma organização escolar dotado de funcionalidade educativa, com adequada relação entre a escola, o trabalho e a vida; entre a teoria e a prática, facilitando o progresso coletivo. Criticava o processo de ensino oficial por oferecer um ensino fragmentado, sem articulação entre os diversos conteúdos ensinados e o mundo. Um sistema de organização educacional, tal qual exigiam, deveria proporcionar unidade, mas não uniformidade educativa: a educação deve ser entendida como organismo, em relação profunda com a vida prática e motivadora do progresso. O Manifesto tem vocação interdisciplinar ao defender uma educação funcional, cujo planejamento deveria fundar-se na pedagogia, na filosofia e demais ciências a fim de obter, concomitantemente, o desenvolvimento do indivíduo e da sociedade.

501 Destacam-se, entre outros: em *18 de novembro de 1930*, criou, por meio do Decreto n. 19.408, a Ordem dos Advogados do Brasil (OAB); em *1931*, criou o Correio Aéreo Militar, depois denominado CAN – Correio Aéreo Nacional e o DAC – Departamento de Aviação Civil; em *11 de abril* de 1931,

---

343

em 1938, quando o cargo passaria para *Armando Salles de Oliveira*, interventor em São Paulo ou para o candidato governista *José Américo de Almeida*, quando tratou de dar continuidade a seu governo, mediante o desforço político conhecido como golpe do Estado Novo.

Alegou para tanto, com os exageros teatrais requeridos, que havia a ameação iminente de o comunismo tomar assento no poder. Listavam-se como sinais claros desse risco: a anistia, pelo Congresso, aos antigos perseguidos políticos (entre eles Luís Carlos Prestes, tenentista, líder da Coluna Prestes, que se filiava ao Partido Comunista Brasileiro (PCB)); a fundação da ANL (Aliança Nacional Libertadora), que sob a orientação da Internacional Comunista, de agentes comunistas estrangeiros e da direção nacional do PCB, tendo Prestes como presidente de honra, teria como objetivo organizar a revolta armada contra o governo de Vargas e formar um governo popular.

Tal campanha alarmista foi ao auge em 30 de setembro de 1937, pela divulgação do ficto "Plano Cohen" consistente em uma estratégia comunista para a tomada do poder e instauração de uma "república soviética brasileira" (*sic!*) o que teria levado o ministro da Guerra (futuro presidente) Eurico Gaspar Dutra e o chefe das Forças Armadas, General *Góis Monteiro*, encaminharem ao Congresso a proposta de decreto de "estado de guerra" no território nacional e que foi aprovada por quase três quartos dos parlamentares. Em 10 de novembro de 1937, Vargas outorgou a nova Constituição redigida principalmente por *Francisco* Campos, inspirada naquela polonesa do marechal Josef Pilsudski e na de Benito Mussolini e instituindo uma República com executivo forte e conservador, nos moldes preconizados pelo Positivismo, capaz de intervir na produção e no desenvolvimento econômico.

O regime instaurado pela Constituição de 1937, em lugar do estilo da democracia liberal europeia buscou a centralização e promoveu a supressão

---

pelo Decreto n. 19.851 disciplina o *ensino superior* no Brasil enfatizando aquele em *universidades*; em *26 de dezembro* de 1931 pelo Decreto n. 20.859, criou o Departamento de Correios e Telégrafos, atual *Empresa de Correios e T*elégrafos; em *21 de março* de *1932*, instituiu, por meio do Decreto n. 21.175, a *Carteira de Trabalho* ou Carteira Profissional; em *22 de março* de 1932, por meio do Decreto n. 21.186, estabeleceu para os trabalhadores do comércio, a jornada de trabalho de 8 horas diárias e 48 horas semanais, que foi estendida aos industriários em 4 de maio de 1932; em *1 de junho* de *1933*, Decreto n. 22.789, criou o Instituto Nacional do Açúcar e do Álcool; em 23 de janeiro de *1934*, pelo decreto n. 23.793, criou o *Código Florestal*, (em vigor até *1965*); em *6 de julho* de *1934*, por meio do Decreto n. 24.609, criou o Instituto Nacional de Estatística, atual IBGE; em *10 de julho* de *1934*, pelo Decreto n. 24.643, instituiu o Código das Águas, ainda em vigor com alterações; em *19 de março* de *1931*, pelo Decreto n. 19.770, regulamentou a sindicalização das classes patronais e operárias, tornando-se obrigatória a aprovação dos estatutos dos sindicatos trabalhistas e patronais pelo Ministério do Trabalho, o que ainda permanece em vigor; em *30 de abril* de 1931, pelo Decreto n. 19.941, reestabeleceu o ensino religioso nas escolas públicas facilitando as relações com a Igreja Católica abaladas desde a proclamação da República etc.

dos direitos políticos. Fechados o *Congresso Nacional*, as assembleias legislativas e as câmaras municipais, substituídos por interventores, nomeados por Vargas, os governadores discordantes do *Estado Novo*, o poder concentrou-se no executivo federal.

O DIP – Departamento de Imprensa e Propaganda serviu como agente para censurar os meios de comunicação, suprimindo eventuais manifestações de descontentamento e para inculcar os princípios do Estado Novo às camadas populares reforçando a imagem de Pai do Povo para o chefe do executivo.

No espírito da grande revolução burguesa, implantou, no limite das possibilidades, os concursos públicos no recrutamento do funcionalismo a fim de privilegiar a formação profissional, a capacidade técnica e o mérito, em lugar do predomínio da filiação partidária ou da indicação política. Em 1938, o DASP – Departamento Administrativo do Serviço Público, órgão que visava racionalizar a prestação de serviços à população foi instituído.

Entre outras realizações com esse mesmo elemento norteador destacam-se nesse período de duração do Estado Novo (1937-1945):

Atualização e modernização das normas relativas ao imposto de renda; sanção do Código de Minas, do Código Penal, do Código de Processo Penal e a Consolidação das Leis do Trabalho; implementação da centralização administrativa gerando uma burocracia estatal profissionalizada, aumento do número de vagas nas escolas de Direito e criação da Fundação Getúlio Vargas (1944) com o fito de preparar pessoal qualificado para a administração pública (principalmente) e privada.

Como forma de intervenção estatal no domínio econômico foram instituídos o Conselho Nacional do Petróleo (CNP) que deu origem à Petrobras (1953); a Companhia Siderúrgica Nacional (CSN), a Companhia Vale do Rio Doce, a Fábrica Nacional de Motores (FNM) e a Companha Hidrelétrica do São Francisco (CHESF). Na mesma direção, para efeito do desenvolvimento rumo ao interior do país foram criados territórios federais, em 1943, com o objetivo de povoar essas remotas regiões: Amapá; Rio Branco (Roraima); Guaporé (Rondônia); Ponta Porã e Iguaçu (que foram reincorporados aos estados de origem).

No âmbito educacional, além da criação do SENAI e do SENAC tentou implementar a racionalização da aplicação de recursos agrupando escolas isoladas. De fato, a reforma proposta por Francisco Campos, como aponta Venâncio Filho[502], para reorganização da Universidade do Rio de Janeiro (criada em 1920 por justaposição da Faculdade de Medicina, a Escola

---

[502] *op. cit.*, p. 309.

Politécnica e a Faculdade de Direito), em 1937, revelava o seu direcionamento às demandas do mercado, mantendo – contudo – seu modelo liberal, em particular na Faculdade de Direito, resultante da fusão da escola de Direito e daquela de Ciências Sociais, em que se manteve o incentivo ao estudo do Direito positivo com particular aplicação ao Direito pátrio.

O Estado Novo, como se pôde indicar, produziu Códigos e intentou reduzir a legislação esparsa e pela edição de nova Lei de Introdução ao Código Civil, a fixação de critérios de interpretação, colmatação de lacunas legais e uma abrangente referência para leitura de normas infraconstitucionais. Sem se preocupar com a fixação de critérios qualitativos laborou na ampliação dos cursos de Direito no país, o que pareceu contribuir para a chamada crise do ensino do Direito, em discussão permanente, desde então.

San Tiago Dantas em seu texto: Renovação do Direito[503], em 1941, disse que só se poderia considerar em crise uma Faculdade de Direito em que o saber jurídico tivesse assumido a forma de um precipitado insolúvel, resistente a todas as reações, tornando-se um "museu de princípios e praxes", visto que o mundo de então ofereceria um "panorama de cujo esplendor raras gerações de juristas se beneficiam".

A posição do professor da Faculdade Nacional de Direito, criticando a existência de "um museu de princípios e praxes", destoante da intensa legiferação da época apontava para a necessidade de uma nova didática, a que se referiu na sua aula magna de 1955[504], pautada no estudo de casos (*case study/ case system*) das escolas jurídicas americanas.

Desde o governo Dutra, que sucedeu a Vargas mediante eleições, até o governo de João Goulart, as tentativas de alteração curricular dos cursos jurídicos tiveram pouca relevância[505]. O agitado contexto sócio-político, o final da Segunda Guerra Mundial e o rearranjo das forças político-econômicas tiveram profundos reflexos na conjuntura nacional e o esgotamento da política de fechamento comercial e de substituição de importações requeria novas

---

[503] Francisco Clementino de San Tiago Dantas – Renovação do Direito. *In:* Universidade de Brasília. Encontros da UnB: Ensino Jurídico. Brasília: EdUnB, 1978 – 1979. p. 37-54.

[504] San Tiago Dantas. A educação jurídica e a crise brasileira. In *Revista Forense*, Rio de Janeiro, v. 159, ano 52, maio/jun. 1955, p. 449-459.

[505] Citam-se: a de Aliomar Baleeiro, em 1951, intentando reduzir para três anos o tempo de estudos necessários para a formação em ciências políticas facultando a inscrição na Ordem dos Advogados do Brasil para efeito de litigar no âmbito fiscal exclusivamente. O projeto incluía as cadeiras de Economia Política (com duração de dois anos) e Direito Governamental e Finanças Municipais. Ainda, a de San Tiago Dantas (1955) que sugeria a inclusão de especializações, ainda no bacharelado, em Direito Penal, Direito de Empresas, Direito Administrativo e, em Ciências Econômicas e Sociais, sempre atrelando o processo de ensino à nova didática consistente no *case system*.

transformações no alcance da formação jurídica e do papel do profissional do Direito na sociedade.

Em 1961, sob a égide do Conselho Federal de Educação, implantou-se o conceito de "currículo mínimo"[506] para os cursos de Direito a fim de que se assegurasse a exigência de um mínimo para a formação geral do jurista. Sem um controle conveniente, o currículo mínimo tornou-se todo o currículo processado pelas instituições de ensino, em particular, as privadas. Para tanto fixaram-se, como componentes do currículo mínimo, as seguintes disciplinas: Introdução à Ciência do Direito; Direito Civil; Direito Comercial; Direito Judiciário Civil (com prática forense); Direito Internacional Privado; Direito Constitucional (com noções de Teoria do Estado); Direito Internacional Público; Direito Administrativo; Direito do Trabalho; Direito Penal; Medicina Legal; Direito Judiciário Penal (com prática forense); Direito Financeiro e Finanças e Economia Política.

O andamento dessa proposta foi o da propagação de cursos de Direito, vez que o Conselho Federal de Educação, consoante o Parecer 365/67, não recusava autorização para cursos em que não interviessem recursos públicos.

5. EVENTOS DO REGIME MILITAR E SEUS DESDOBRAMENTOS

Com o advento do Regime Militar, em 1º de abril de 1964, privilegiou-se o tecnicismo e esvaziaram-se as perspectivas sugeridas pela Escola Nova pela adesão aos Acordos MEC/USAID, que conduziram à reforma educacional de 1968. Referindo-se ao episódio, em seu alcance na Faculdade de Direito de São Paulo, Faria[507] escreveu:

> *Na crise de 1968, a ocupação da Faculdade de Direito da Universidade de São Paulo pelos alunos, por um lado, e a divisão do corpo docente em posições doutrinárias bem nítidas face ao ocorrido, por outro lado, tiveram importantes desdobramentos. Tanto as reivindicações estudantis quanto as divergências entre os professores estimularam muitos membros da Congregação a*

---

506 Em decorrência da Lei de Diretrizes e Bases da Educação Nacional, Lei n. 4 024 de 20 de dezembro de 1961, defluente da proposta durante o ministério de Clemente Mariani, que dispunha em seu artigo 70 o controle e fixação pelo Conselho Federal de Educação, do currículo mínimo e duração dos cursos de formação de profissões liberais.

507 José Eduardo Faria. A Reforma do Ensino Jurídico. Porto Alegre: SAFE, 1987, p. 22.

refletir de maneira mais aprofundada sobre a grade curricular da graduação e sobre a orientação metodológico-pedagógica dessa tradicional escola, levando-os a cotejá-la, por exemplo, com a estrutura e a orientação adotadas na Columbia University Law School [...].

A meta do Regime consistia na formação de quadros capazes de apoiar o crescimento econômico financiado externamente, novos técnicos para o estabelecimento e manutenção do "milagre brasileiro" e assim, a exigência de formar novos quadros sobrepôs-se aos critérios da busca de qualificação e formação: em uma década forma dobradas as vagas oferecidas, sem o competente aumento do número de docentes.

A crise, entretanto, era mais ampla, alcançava a organização dos cursos, o método, a didática, o currículo e o mercado, incomodando, como se viu, mesmo as mais tradicionais das escolas brasileiras. Entretanto, como de hábito, a solução foi intentada mercê da alteração da grade curricular e por meio da Resolução CFE 3/1972, acreditou-se que a inviabilidade de implantação de soluções inovadoras decorresse da dilatada extensão do currículo mínimo e não da canhestra insistência no modelo liberal.

Mesmo assim, embora a baixa adesão das escolas particulares ao modelo, vigeu de 1973 a 1994, fixando o currículo mínimo, o mínimo de horas-aula, a duração do curso e normas gerais pertinentes à estruturação do curso, até ser substituída pela Portaria/MEC 1.886/94. Estabeleceu novo currículo mínimo, em seu artigo 1º, composto pelas seguintes disciplinas:

➢ *Básicas:* Introdução ao Estudo do Direito; Economia; Sociologia e Profissionais: Direito Constitucional (Teoria do Estado-Sistema Constitucional Brasileiro); Direito Civil (Parte Geral – Obrigações, Parte Geral e Parte Especial: Coisas, Família, Sucessão); Direito Penal (parte Geral, parte especial); Direito Comercial (Comerciante, Sociedades, Títulos de Crédito, Contratos Mercantis e Falência); Direito do Trabalho (Relação do Trabalho-Contrato de Trabalho, Processo Trabalhista); Direito Administrativo (Poderes Administrativos-Atos e Contratos Administrativos, Controle de Administração Pública-Fundação Pública); Direito Processual Civil (Teoria Geral, Organização Judiciária, Ações; Recursos, Execução); Direito Processual Penal (Tipo de procedimento, Recursos, Execução).

➢ *Optativas:* (duas a escolher entre as seguintes): Direito Internacional Público; Direito Internacional Privado; Ciência das Finanças e Direito Financeiro (Tributário e Fiscal); Direito da Navegação (Marítima); Direito Romano; Direito Agrário; Direito Previdenciário e Medicina Legal.

➤ *Práticas:* Estágio supervisionado em Prática Forense.

➤ *Complementares:* Educação Física (prática de esportes) e Estudo de Problemas Brasileiros (EPB).

Consoante o artigo 2º dessa Resolução, a duração mínima do curso de Direito seria de 2700 horas de atividades, com mínimo de quatro e máximo de sete anos letivos; sendo possível, conforme facultava o artigo 3º, a criação de habilitações específicas.

Como já se disse, o currículo mínimo em âmbito nacional permitiria a intercambiabilidade e a reposição de mão de obra especializada no mercado, facilitando a manutenção do investimento e da produção. A semestralização e a possibilidade de habilitações específicas sugeria a implantação de um currículo estruturado calcado em visão interdisciplinar do Direito, contemplando as necessidades do mercado de trabalho e as diversidades regionais e locais. Isso, mostrou o tempo, não aconteceu, haja vista a falta de preparo de gerentes e professores para tanto.

6. O MERCADO, A CONSTITUIÇÃO DE 1988 E SUA INFLUÊNCIA

Promulgada a Constituição Federal de 1988, com exigências de cunho legal para efeitos de assegurar direitos ao ensino, esperavam-se alterações indispensáveis no ensino. Nessa época, 186 cursos de Direito no país mantinham a estrutura curricular imposta pela Portaria/CFE 3/72 e um ensino pouco adequado ao novo mercado implantado pelo investimentos realizados, mas que, por força do esgotamento do "milagre econômico", não mais conseguia absorver os formados segundo requisitos mínimos. Exigia-se formação superior à oferecida pelas escolas para enfrentar os requisitos da complexidade crescente decorrente dos preparativos para a abertura da economia[508].

A Ordem dos Advogados do Brasil, por sua Comissão de Ensino Jurídico, intentou, em 1992, uma reavaliação da função social do advogado e de seu papel como cidadão a partir de estudos e avaliações dos cursos de

---

508 Jean-Claude Guillebaud. A reinvenção do mundo: uma adeus ao século XX. Trad. Maria Helena Kühner, Rio de Janeiro: Bertrand Brasil, 2003, p. 24-25, expressa a perplexidade deste tempo: "Entramos no tempo do saber fragmentado e labiríntico. Não podemos mais pretender outra coisa além de competências parciais, locais, circunscritas. Avançamos às apalpadelas em direção a um horizonte de domínios múltiplos, de identidades plurais, de razão modesta, de lógicas fractais e de redes complexas." Indaga-se: estaria a formação oferecida aos juristas aptas a esse desafio?

Direito no Brasil, ainda sob a égide da Resolução CFE n. 03/72. Instituiu uma Comissão de Especialistas em Ensino Jurídico no âmbito da Secretaria de Ensino Superior do Ministério de Educação e Cultura – SESu/MEC – e se obteve a elaboração do texto final da Portaria 1.886/94 do MEC, que regulou as diretrizes curriculares mínimas para os cursos de Direito no Brasil, favorecendo o desenvolvimento de novas opções profissionais aos bacharéis, ao possibilitar ao curso jurídico, conforme seu artigo 8º, "concentrar-se em uma ou mais áreas de especialização", promovendo, destarte, adequação às vocações regionais e locais, bem assim, às demandas sociais e ao mercado.

Constituindo indiscutível avanço em relação às posturas legais anteriores, visava à inserção do estudante de Direito no desenvolvimento da sociedade brasileira e à formação contínua destes, pensando a educação como um processo infinito e um lugar para a pesquisa e investigação científica, atividades complementares (art. 4º da Portaria n. 1.886/94). No mesmo viés, a previsão de atividades de iniciação científica estimularia, no plano jurídico, a produção de trabalhos votados ao desenvolvimento da ciência e da tecnologia e da criação e difusão da cultura, mediante a análise crítica e reflexiva sobre as questões determinantes das interpretações jurídicas e decisões judiciais.

Reforça essa visão a exigência do Trabalho de Conclusão de Curso que, mediante o concurso de um professor orientador, introduziria o estudante no universo acadêmico por força de requerer maior enforque metodológico e reflexivo para seu desenvolvimento, além de lançá-lo na busca de superar a distância entre o conhecimento dogmático do Direito e a "realidade".

Como supedâneo a essa tarefa, o art. 5º da Portaria nº 1.886/94, exige a presença, nas bibliotecas dos cursos jurídicos de, no mínimo, dez mil volumes de obras jurídicas atualizadas e de periódicos legais, doutrinários e jurisprudenciais, para que seja autorizado seu funcionamento. Além disso, exige-se sua integração telemática a outras bibliotecas, vez que será, sempre, indispensável, o acesso a outras pesquisas e abordagens.

Nota-se, entretanto, que os pressupostos dessa intervenção no ensino jurídico não percebem que, se tem razão Rodrigues[509] (e parece tê-la), nem o rompimento com o normativismo positivista (calmo e seguro refúgio para, por exemplo, o magistrado prolatar sentenças sem compromisso social); nem a suposição de seja operador do Direito apenas aquele que exerce atividade forense; nem a necessidade de profissionais com formação teórica, interdisciplinar, crítica, com lastro dogmático, superando a sala de aula como conceito

---

509 Horácio Wanderlei Rodrigues. Novo currículo mínimo dos cursos jurídicos. São Paulo: Revista dos Tribunais, 1995, p. 122.

final de educação – seriam possíveis sem a educação do educador e sem a superação geral do modelo.

Visando alcançar a atualização do corpo docente, o Conselho Federal da OAB, por meio da Comissão de Ensino Jurídico, introduziu como indicador de avaliação externa dos cursos jurídicos: a produção científica dos docentes nos últimos cinco anos – artigos, ensaios, trabalhos, livros e teses publicadas. O mesmo critério é seguido pelos órgãos de financiamento da pesquisa, como CAPES e CNPq, entre outros.

Sendo o saber uno, embora sua aparente fragmentação pelos especialismos, o artigo 6º da Portaria 1.886/94, em seu Parágrafo Único, prevê a interdisciplinaridade como "pressuposto fundamental de uma análise dialética do fenômeno jurídico", permitindo "compreender a totalidade estruturada que os contém em interseção de múltiplos conhecimentos" e motivar o desejo de permanente aprendizagem e aperfeiçoamento pessoal e profissional.

Assim, o currículo pleno, resultante do conteúdo mínimo acrescido das matérias e atividades definidas no projeto pedagógico de cada curso, à mercê de sua autonomia, deveria facilitar ao estudante a produção de sua identidade e sua profissionalização, mediante o desenvolvimento de matérias e suas disciplinas em estreita correlação com matérias e disciplinas de outras áreas do conhecimento humano, mediante a parte flexível do currículo, livremente escolhida pelo estudante entre disciplinas extracurriculares e seminários, projetos de pesquisa, monitorias, participação em congressos, publicação de trabalhos individuais e coletivos etc.

Cabe lembrar, entretanto, na esteira já identificada há muito (6ª reimpressão em 1954), por Mannheim[510], que:

> *A educação era um compartimento à parte porque a escola e o mundo haviam se tornado duas categorias não complementares, mas antes opostas entre si. A educação era um compartimento até uma idade em que se julgava o ser humano tornar-se acessível à influência educacional: até certa idade, as instituições educacionais procuravam impressionar o indivíduo e o comportamento deste, ao passo que após aquele limite o indivíduo ficava livre. Essa tendência para a compartimentação foi sustada pelo conceito revolucionário de educação de adultos, ensino extracurricular, cursos de revisão e aperfeiçoamento que nos acostumaram à ideia*

---

510 K. Mannheim. Diagnóstico de nosso tempo. 3. ed.. Trad. Octávio Alves Velho, rev. tec. Dirceu Lindoso e Moacir G. S. Palmeira, Rio de Janeiro: Zahar, 1973, p. 73-74.

de pós-educação e reeducação. Deve-se, igualmente, à salutar influência da educação de adultos termos admitido o fato de que a educação deve prosseguir pela vida afora, que a sociedade é um agente educativo, e que a educação na escola só é boa quando, por múltiplas formas, incorpora a técnica educativa da vida. Doravante, a finalidade da escola não é apenas inculcar conhecimentos já prontos de antemão, mas habilitar-nos a aprender mais eficientemente através da própria vida.

e que, além desses, hoje, fatos pouco discutíveis, há que se pensar na produção de instituições jurídicas para o futuro, tendo em vista a acelerada mudança em escala mundial do mercado e dos valores sociais a defender.

Sabidamente não se defende a atual estruturação do ensino jurídico, com suas prescrições e controles oficiais que enfraquecem a possibilidade de ousar inovações. Será preciso pensar, a partir de outras intervenções oficiais a se analisar, ainda neste trabalho, projetos capazes de objetivação extensiva e em âmbito nacional.

7. O ESTADO ATUAL DA ARTE SEGUNDO A RESOLUÇÃO CNE/CES N. 9, DE 29 DE SETEMBRO DE 2004[511]

Conforme se pode mostrar, nessa exploração, em autêntico *vol d'oiseaux*, os currículos dos cursos jurídicos no Brasil, bem assim como a sua organização e estruturação, apresentam duas tendências: um ensino excessivamente dogmático, desvinculado de outras dimensões do conhecimento da humanidade e da sociedade conducente a um juspositivismo exacerbado e, ainda, um ensino teórico – zetético do Direito cada vez mais desvinculado da realidade social, face sua progressiva tecnicidade, afastando-se das antigas e novas tramas argumentativas e mergulhando cada vez mais profundamente na teoria de jogos[512] e pesquisa operacional.

Como consequência da primeira tendência, essa "educação bancária" no sentir de Paulo Freire, o profissional torna-se apto a passar nos exames da OAB, nos concursos públicos, capaz de aplicar a norma aos *facti specii*, mas sem as condições requeridas para compreender as efetivas demandas sociais, o que

---

511 CNE. Resolução CNE/CES 9/2004. Diário Oficial da União, Brasília, 1º de outubro de 2004, Seção 1, p. 17.

512 O que se tratou de fazer em Márcio Pugliesi. Teoria do Direito. 2. ed., São Paulo: Saraiva, 2009.

seria possível por meio de uma concepção interdisciplinar, capaz de aproximar a teoria jurídica da plural realidade social, por uma problematização crescente das abordagens, por hábil retórica sistêmica, tornados individualizados, como efetivos problemas sociais.

Embora não se possa crer na Educação como capacitada a transformar a realidade social, vez que as questões de infraestrutura sempre se impõem, de uma ou outra forma, àquelas supraestruturais, não se pode deixar de crer que os projetos, logo no âmbito da Cultura, sempre serão capazes de conduzir os investimentos e os sonhos, de que nasce a "realidade".

Ora, as perspectivas de mudança social e transformação da sociedade, defluentes das novas exigências de nossos tempos, requerem funcionários capazes de servir a esses anseios e como os quadros se compõem, na administração da justiça, inteiramente de bacharéis em Direito, a revisão desse arcaico modelo de ensino de claro viés liberal/positivista, esse paradigma jurídico-dogmático dominante nas escolas de Direito que escamoteia a circulação de várias formas de poder, de Direito e de conhecimentos que ultrapassam seus credos e postulados; produzindo, desse modo, uma sensação de exterioridade do Direito frente aos requisitos da sociedade a que se aplica, poderá conduzir a uma revisão das estratégias argumentativas e deslocar o foco das justificativas das respostas "certas" pretendidas por muitas escolas de retórica e argumentação, para um entendimento mais profundo do que subjaz nos bastidores da construção da (des)igualdade e da diferença.

Como inculcadoras dos postulados da dogmática jurídica, as faculdades mantêm-se alheias às candentes questões sociais, produzem identidades desvinculadas, que se permita, da carne e do sangue sociais, "formando" profissionais alienados de si e do mundo, mas a cavaleiro do poder da jurisadministração[513], modificando por meio das sentenças que, ao fim, são prolatadas, o estado de coisas da sociedade, mas sem o alcance dos reflexos destas.

Esse ensino dogmático, estribado apenas na leitura dos Códigos e do entendimento chão dos textos legais, produziu a sociedade em que vivemos. Os institutos legais aptos a modificar e fazer repensar a estrutura da esfera

---

513 Maurício Tragtenberg. A delinquência acadêmica: o poder sem saber e o saber sem poder. São Paulo: Rumo, 1979, p. 55, indica: "Administração é antes de mais nada o exercício do poder por intermédio de um quadro administrativo, que atua como elemento mediador entre os que detêm o poder de decisão e a sociedade civil, especialmente os não proprietários, a que Weber chama os dominados. O poder administrativo, seja na esfera pública ou privada sob o capitalismo, seja em formações econômico-sociais pré-capitalistas, tem como principal função a reprodução do conjunto de relações sociais determinadas pelo sistema econômico dominante. [...] A burocracia com seu quadro administrativo 'fetichiza' seu papel de mediação entre dominantes e dominados, por meio de sua autolegitimação, como necessidade 'natural' ao bom funcionamento das instituições". Acolhe-se essa posição e dela se não há esquecido nesta formulação.

pública são malvistos na judicatura, como exemplo, pense-se no arquivamento, quase sempre sumário e por "inépcia" da inicial nas ações populares que, em regra, se destinam a examinar a conduta do administrador público.

Ensinar a pensar a partir dos textos legais e com seu vínculo aos reclamos da sociedade implica o recurso ao espaço interdisciplinar, nova organização do ensino jurídico centrado nos problemas, tornando, metodologicamente, o Núcleo de Prática Jurídica, não o lócus das angústias e da obrigatoriedade pela norma educacional, mas o centro do próprio curso de Direito, muito além das aulas de cátedra, como se exporá adiante.

A reforma curricular dos cursos jurídicos proposta pela Resolução CNE/CES n. 9, de 29 de setembro de 2004, embora represente um avanço, não basta para assegurar novo perfil para o profissional do Direito, pois deixa de redefinir os conteúdos programáticos, a bibliografia e, principalmente, o perfil do corpo docente despreparado didática e pedagogicamente para o exercício do magistério.

Essa lacuna formativa conduz, no mais da vezes, a um ensino que se pauta, acriticamente, pela transmissão descritiva da norma, pela reprodução de valores da classe dominante e pela mantença da estrutura de dominação. Tal concepção, característica do positivismo jurídico, está presente nos textos legais que fixam as diretrizes curriculares para os cursos de graduação em Direito, vez que, em geral, oriundos da pena de juristas formados nessa mesma tradição.

Para fundar o que se disse, basta ver que a divisão em eixos de formação fundamental, profissional e prática, conforme dispõe a Resolução CNE/CES n. 09/2004[514], adota a concepção do Direito como ciência normativa, visto que tão somente o *eixo de formação profissional* é admitido como Ciência do Direito; os demais conteúdos, aqueles da discussão dos valores (filosofia, ética) ou do

---

514 Versa em seu: Art. 5º: O curso de graduação em Direito deverá contemplar, em seu Projeto Pedagógico e em sua Organização Curricular, conteúdos e atividades que atendam aos seguintes eixos interligados de formação:

I – Eixo de Formação Fundamental, tem por objetivo integrar o estudante no campo, estabelecendo as relações do Direito com outras áreas do saber, abrangendo, dentre outros, estudos que envolvam conteúdos essenciais sobre Antropologia, Ciência Política, Economia, Ética, Filosofia, História, Psicologia e Sociologia.

II – Eixo de Formação Profissional, abrangendo, além do enfoque dogmático, o conhecimento e a aplicação, observadas as peculiaridades dos diversos ramos do Direito, de qualquer natureza, estudados sistematicamente e contextualizados segundo a evolução da Ciência do Direito e sua aplicação às mudanças sociais, econômicas, políticas e culturais do Brasil e suas relações internacionais, incluindo-se necessariamente, dentre outros condizentes com o projeto pedagógico, conteúdos essenciais sobre Direito Constitucional, Direito Administrativo, Direito Tributário, Direito Penal, Direito Civil, Direito Empresarial, Direito do Trabalho, Direito Internacional e Direito Processual; e

III – Eixo de Formação Prática, objetiva a integração entre a prática e os conteúdos teóricos desenvolvidos nos demais Eixos, especialmente nas atividades relacionadas com o Estágio Curricular Supervisionado, Trabalho de Curso e Atividades Complementares.

âmbito social (sociologia geral, sociologia jurídica), são considerados "outras áreas do saber", e com o propósito do "estabelecimento de suas relações com o Direito".

A consequência imediata dessa postura normativa é a elaboração dos currículos pelas diferentes escolas que tendem a considerar as matérias e suas consectárias disciplinas referentes a áreas jurídicas como dotadas de autonomia metodológica-prática, autênticas matrizes exemplares, no sentido kuhniano, remotamente ligadas a casos práticos.

Acresça-se: as coordenações/direções dos cursos jurídicos estão, em geral, despreparadas pedagogicamente para propor metodologias de ensino e ações interdisciplinares, buscando uma flexibilização e diversificação de métodos, além dos critérios individuais dos docentes. Para comprovar esse fato, basta ver que as grades curriculares das diferentes instituições guardam extrema semelhança, até para permitir transferências, no elenco de disciplinas e cargas horárias respectivas.

Há uma razão mercadológica: as escolas líderes, as bem-sucedidas nas medições oficiais e oficiosas de desempenho, acabam por "sugerir" o caminho para as lideradas, mas imersa nessa simples aparência há o fundamental reclamo da intercambiabilidade e da reposição de mão de obra no mercado. Os profissionais resultantes devem ser semelhantes para efeito da segurança sistêmica.

A Portaria/MEC n. 147, de 02 de fevereiro de 2007, exige a indicação do Núcleo Docente Estruturante, responsável pela formulação do projeto pedagógico do curso, sua implementação e desenvolvimento, composto por professores com titulação em nível de pós-graduação *stricto sensu*, com regime de contratação capaz de assegurar dedicação plena ao curso e com experiência docente e, ao fazer isso, desvela que a responsabilidade pela implementação de qualquer projeto pedagógico repousa, em grande parte, sobre o corpo docente. Contudo, parece esquecer que a docência só se torna possível com a presença, ainda que remota, de discentes. O advento, irreversível, do ensino à distância (EAD) com o requisito de aulas-*show*, mostra que essa interação é pressuposto definitivo para a aprendizagem.

Por outro lado, sempre é importante lembrar que a titulação não traz, como corolário, a capacidade docente, nem o acompanhamento de disciplinas como Prática de Ensino e Didática do Ensino Superior. Esse é um requisito técnico que os programas pós-graduados de formação, em sua maioria, não têm. Dessa forma, os docentes das escolas de Direito são, em grande parte, capacitados dogmaticamente e despreparados para a transmissão de seus saberes, além da incontornável ausência de experiência didática prática (dada pelos estágios) e, sobretudo, de prática social.

No mesmo viés, as Diretrizes Curriculares presentes na Resolução CES/CNE n. 9/2004 reforçaram a ênfase dada pela Portaria MEC 1.886/94, sobre a necessidade de disciplinas propedêuticas nos currículos jurídicos, mas as condições para uma efetiva interdisciplinaridade não foram, nem o poderiam ser, estabelecidas, tendo em vista as ponderações de Fazenda[515]:

> *Para que o trabalho interdisciplinar atinja realmente rigor, criticidade e profundidade, se faz mister a escolha de uma diretriz metodológica para sua execução. Ao buscar essa diretriz na estrutura de qualquer ciência estamos negando a própria interdisciplinaridade. Paradoxalmente, o trabalho executado sem uma direção predeterminada estaria construído como um castelo na areia, desmoronando ao sabor do primeiro impacto. É nesse momento que a interdisciplinaridade encontra como base, como alicerçamento para sua edificação, a filosofia, pois só a filosofia pode dar à interdisciplinaridade o caráter de totalidade coerente que ela requer.*

Ora, o dispositivo legal sob análise inclui a Filosofia como disciplina componente do eixo de formação fundamental e isso é relevante, mas a prática sói ser desestimulante: contratam-se professores de qualquer titulação, face à dificuldade de mercado de se encontrar pesquisadores capacitados para tanto, para que a disciplina seja oferecida. O resultado é a falta do eixo norteador de qualquer tentativa de interdisciplinaridade. Talvez fosse possível buscá-la a partir do disposto no art. 2, § 1º, inciso VIII: "incentivo à pesquisa e à extensão, como necessário prolongamento da atividade de ensino e como instrumento para a iniciação científica". Mas, como argumenta Mangialardo[516]

> *Infelizmente, a pesquisa na área jurídica caracteriza-se quase sempre pela reprodução de estudos formalistas e dogmáticos.*

---

515 I. Fazenda. *Interdisciplinaridade: qual o sentido?* 2. ed., São Paulo: Paulus, 2006, p. 44.

516 Paula Mangialardo. A importância da pesquisa para o ensino do Direito e a possibilidade de realização do princípio da indissociabilidade "ensino-pesquisa" por meio de núcleos de iniciação científica. *In:* CONPEDI. Anais do XIV Encontro Preparatório para o Congresso Nacional do CONPEDI – 2005: a construção do saber jurídico no século XXI. Florianópolis: Boiteux, 2005, p. 1042.

Com efeito, forma-se um círculo vicioso em que mestres e doutores que esse tipo de pesquisa forma, que são nossos docentes e pesquisadores, tornam-se repetidores dos padrões existentes, refletindo isto no ensino do Direito e em suas próprias pesquisas.

E, de fato, os PIBICs, embora visem a grandes espaços teóricos, alcançam restrições decorrentes da própria metodologia de pesquisa. A segurança do saber conduz à compartimentação do conhecido. Arriscar-se ao desconhecido traz o risco do erro, da incerteza – mas, trilhar os mesmos e batidos caminhos teóricos também. A prática da ciência normal não conduz a páramos infensos ao erro. Os professores precisam, também, ser educados.

E a inclusão de atividades complementares, interdisciplinares por origem, e realizadas por meio de seminários, palestras, eventos científicos etc. ficam, via de regra, restritas aos discentes e docentes do curso de Direito, o que cerceia a possibilidade de integração com outros cursos. Mesmo as práticas integrativas, como aquelas da PUC-SP, acabam resultando em trabalhos especializados com o recorte de seus orientadores (ver Anexo I) e, com pálido liame ao tema geral proposto.

Sendo assim, muito embora a aplicação das Diretrizes Curriculares Nacionais para os cursos jurídicos mal tenha completado um ciclo e, em consequência mal se possa avaliar seu êxito ou fracasso no alcançar dos requisitos autoimpostos para o perfil final do educando:

Art. 3º. O curso de graduação em Direito deverá assegurar, no perfil do graduando, sólida formação geral, humanística e axiológica, capacidade de análise, domínio de conceitos e da terminologia jurídica, adequada argumentação, interpretação e valorização dos fenômenos jurídicos e sociais, aliada a uma postura reflexiva e de visão crítica que fomente a capacidade e a aptidão para a aprendizagem autônoma e dinâmica, indispensável ao exercício da Ciência do Direito, da prestação da justiça e do desenvolvimento da cidadania.

Art. 4º. O curso de graduação em Direito deverá possibilitar a formação profissional que revele, pelo menos, as seguintes habilidades e competências:
I – leitura, compreensão e elaboração de textos, atos e documentos jurídicos ou normativos, com a devida utilização das normas técnico-jurídicas;

II – interpretação e aplicação do Direito;

III – pesquisa e utilização da legislação, da jurisprudência, da doutrina e de outras fontes do Direito;

IV – adequada atuação técnico-jurídica, em diferentes instâncias, administrativas ou judiciais, com a devida utilização de processos, atos e procedimentos;

V – correta utilização da terminologia jurídica ou da Ciência do Direito;

VI – utilização de raciocínio jurídico, de argumentação, de persuasão e de reflexão crítica;

VII – julgamento e tomada de decisões; e,

VIII – domínio de tecnologias e métodos para permanente compreensão e aplicação do Direito.

e, que também, apesar de a Secretaria de Educação Superior/MEC e a Ordem dos Advogados do Brasil terem intentado regulamentação adicional, com critérios mais rígidos para a autorização de novos cursos de Direito, este continuam proliferando (só em São Paulo tem-se hoje 166 cursos distintos funcionando em número ainda maior de unidades) e o desempenho, se esse critério pudesse ser válido por si, dos estudantes no exame de Ordem, de resto entregue aos cuidados de instituição de ensino particular e com interesses no setor, continua lamentável, não atingindo dois dígitos no percentual de aprovação.

Naturalmente, ao corpo docente incumbe a implementação do currículo, de forma integrada e participativa, em consenso com a coordenação e/ou direção do curso. *Ipso facto*, estruturar uma equipe docente comprometida com os objetivos do Projeto Pedagógico, com vínculos resilientes e duradouros à Instituição, consiste num avanço para a possibilidade de se implementar um modelo adequado de curso. Entretanto, parece, se faz necessário um salto qualitativo, além dessa simples consistência entre o Projeto Político Pedagógico, materializado no currículo prescrito e a prática pedagógica, realizada no currículo oculto, é preciso repensar a metodologia do ensino e intentar outra prática pedagógica, posto que as mudanças qualitativas não alcançaram a sala de aula, que se mantém distante do contexto social e incapaz de preparar o futuro profissional para bem argumentar quando convocado (*ad vocado*) para o exercício de seus místeres.

8. FONTES E BIBLIOGRAFIA

BASTOS, Aurélio Wander. *O Ensino Jurídico no Brasil.* 2. ed., Rio de Janeiro: Lumen Juris, 2000.

BOBBIO, Norberto. *O Positivismo Jurídico: Lições de Filosofia do Direito.* Trad.: Márcio Pugliesi, Carlos E. Rodrigues e Edson Bini, São Paulo: Ícone, 1995.

CARDOSO DE MELLO, João Manuel; NOVAIS, Fernando. *Capitalismo tardio e sociabilidade moderna.* 2. ed., Campinas: ed. UNESP/FACAMP, 2009.

DE CICCO, Cláudio. Direito: *Tradição e Modernidade – poder e autoridade no Direito e no Estado das origens romanas ao Direito brasileiro moderno.* São Paulo: Ícone, 1993.

EICHENGREEN, Barry. *A Globalização do Capital: uma história do sistema monetário internacional.* Trad. de Sérgio Blum, São Paulo: 34, 2000.

FARIA, José Eduardo. *A Reforma do Ensino Jurídico.* Porto Alegre: SAFE, 1987.

FAZENDA, Ivani. *Interdisciplinaridade: qual o sentido?* 2. ed., São Paulo: Paulus, 2006.

FORACCHI, Marialice Mencarini. *O Estudante e a Transformação da Socie-dade Brasileira.* São Paulo: Nacional, 1965.

GHIRALDELLI JR., Paulo. *História da Educação.* São Paulo: Cortez, 2000.

GONZAGA, Tomás Antônio. *Obras Completas.* Ed. Crít. de Manuel Rodri-gues Lapa. São Paulo: Nacional, 1942.

GUILLEBAUD, Jean-Claude. *A Reinvenção do Mundo: um adeus ao século XX.* Trad.: Maria Helena Kühner, Rio de Janeiro: Bertrand Brasil, 2003.

MANGIALARDO, Paula. A Importância da Pesquisa para o Ensino do Direito e a Possibilidade de Realização do Princípio da Indissociabi-lidade 'Ensino-Pesquisa' por meio de Núcleos de Iniciação Científica. *In:* CONPEDI. *Anais do XIV Encontro Preparatório para o Congresso Nacional do CONPEDI – 2005: a construção do saber jurídico no século XXI.* Florianópolis: Boiteux, 2005, p. 1042.

MANNHEIM, Karl. *Diagnóstico de Nosso Tempo.* 3. ed. Trad. de Octávio Alves Velho, rev. tec. Dirceu Lindoso e Moacir G. S. Palmeira, Rio de Janeiro: Zahar, 1973.

PUGLIESI, Márcio. *Teoria do Direito.* 2. ed., São Paulo: Saraiva, 2009.

SAN TIAGO DANTAS, Francisco Clementino de. *Renovação do Direito. In:* Universidade de Brasília. Encontros da UnB: Ensino Jurídico. Brasília: Ed. UnB, 1978-1979.

TRAGTENBERG, Maurício. *A Delinquência Acadêmica: o poder sem saber e o saber sem poder.* São Paulo: Rumo.

VENÂNCIO FILHO, Alberto. *Das Arcadas ao Bacharelismo (150 anos de Ensino Jurídico no Brasil).* São Paulo: Perspectiva/Secretaria da Cultura Ciência e Tecnologia, 1977.

Capítulo 12

CONSTITUCIONALISMO E GARANTISMO[518, 519]

Luis Prieto Sanchís

---

[517] Traduzido por Eduardo Ribeiro Moreira, Professor e Doutor em Direito Constitucional. Texto publicado na *Revista de Direito do Estado* n. 7.

[518] As notas de rodapé incluídas pelo tradutor foram precedidas da notação 'NT', sendo todas as demais originais.

Ferrajoli insistiu que o paradigma garantista "é um, e o mesmo que o do atual estado constitucional de direito"[519] ou que representa "a outra cara do constitucionalismo" concretamente aquela que se encarrega de "formular as técnicas de garantia idôneas para assegurar o maior grau de efetividade aos direitos reconhecidos constitucionalmente"[520]. Mesmo quando o garantismo apresente expressamente diferentes modelos de análise[521], como por outro lado acontece também com o constitucionalismo[522], cabe afirmar que o Estado constitucional de Direito expressa a fórmula política do garantismo, único marco institucional em que pode prosperar o ambicioso programa garantista. Um programa cujo elemento medular consiste em uma concepção instrumental das instituições a serviço dos direitos que só pode ser alcançada desde o Estado constitucional; só este modelo político incorpora um rigoroso "princípio de estrita legalidade, que supõe a submissão do poder não somente a limites formais, como também a limites substanciais impostos pelos princípios e direitos fundamentais"[523].

Certamente, o Estado constitucional tampouco apresenta características uniformes ou homogêneas em todas as suas manifestações, oferecendo versões mais ou menos vigorosas de controle do poder. Como observou Guastini, a constitucionalização deve ser concebida como um processo, – não como uma qualidade tudo ou nada –, que se fortalece e enriquece com sucessivos elementos ou exigências[524]: força normativa ou vinculante, aplicação direta pelos juízes e funcionários sem necessidade de interposição legislativa, maior ou menor rigidez frente à reforma, garantia jurisdicional mais ou menos ampla ou eficaz etc., e, principalmente pelo que aqui interessa uma densidade variável de conteúdo normativo. Em relação a este último aspecto, poderíamos dividir as Constituições em duas grandes categorias ideais: Constituições formais ou

---

519 L. Ferrajoli, *Garantias* (1999). Trad. de A. de Cabo e G. Pisarello, *Juízes para a democracia*, 38, 2000, p. 40.

520 L. Ferrajoli, "Juspositivismo crítico e democracia constitucional". Trad. de L. Córdova e Salazar, *Isonomia*, 16, 2002, p. 16

521 Concretamente, o garantismo pode ser entendido como um modelo de Direito positivo, como uma teoria do Direito e como uma filosofia política, vide L. Ferrajoli, *Direito e razão. Teoria do garantismo penal (1989)*. Trad. de P. Andrés, A. Ruiz Miguel, J. C. Bayón, J. Terradillos e R. Cantarero, Trotta, Madri, 5. ed. 2001, p. 851 e ss. Um preciso estudo destes níveis em M. Gascón, "A teoria geral do garantismo", *Jurídica*, Anuário do Departamento de Direito da Universidade Iberoamericana, 31, México, 2001, p. 195 e ss.

522 Permito-me referir ao meu livro *Justiça constitucional e direitos fundamentais*, Trotta, Madri, 2003, p. 101 e ss.

523 Vide Ferrajoli, *Os fundamentos dos direitos fundamentais, debate com L. Bacelli, M. Bovero, R. Guastini e outros*, ed. de A. de Cabo e G. Pisarello, Trotta, Madri, 2001, p. 53.

524 R. Guastini, "A constitucionalização do ordenamento jurídico: o caso italiano" (1998), em *Estudos da teoria constitucional*, ed. e apresentação de M. Carbonell, UNAM, México, 2001, p. 153 e ss.

procedimentais, cujo objeto exclusivo seria organizar o poder e, com isso as Fontes do Direito (*norma normarum*), indicando quem manda e como manda, mas deixando que depois sejam os diferentes órgãos estatais que decidam o que se deve autorizar ou proibir; e as Constituições materiais ou substantivas, que incorporariam um programa político fechado que praticamente asfixiaria a liberdade política do legislador e das demais instituições, que se transformariam em meros executores do documento constitucional[525].

Logicamente, nenhuma destas categorias se desenvolvem em estado puro: as Constituições, por mais formais que sejam, necessariamente hão de incorporar alguns preceitos substantivos, mesmo que seja somente para assegurar as condições da formação democrática da lei; e, por mais material que queira ser, nenhuma Constituição poderia descer à regulação de tantos detalhes que tornasse supérflua a ação do legislador. Mas mesmo que não possam existir em estado puro, todas as Constituições se aproximam a um ou outro modelo inclusive poderíamos designá-las com um nome: Constituições Kelsen e Constituições Ferrajoli. Kelsen efetivamente, talvez seja o autor que, levando a sério a força normativa da Constituição, mais dificuldades e cautelas mostrou no momento de incorporar ao texto princípios ou direitos, em suma, limites materiais à ação do legislador[526]. Ferrajoli por seu lado, possivelmente seja o autor que, levando a sério a democracia parlamentar, haja construído um modelo mais denso e vigoroso de Constituição normativa.

Na fórmula garantista o respeito pelas regras da democracia, isto é, pelas formas e procedimentos de produção democrática das leis é uma condição necessária e suficiente para assegurar a vigência ou validez formal, mas não a validez substancial das decisões: "para que uma lei seja válida é também necessária a coerência de seus significados com as regras e princípios que podemos chamar normas substanciais sobre a produção... Essas regras são essencialmente as estabelecidas de um modo geral na primeira parte das cartas constitucionais..."[527]. Formam-se assim três esferas a propósito das decisões

---

525 É bastante citada a imagem de Forsthoff quando critica aos que querem ver na Constituição uma espécie de ovo jurídico do qual tudo surge, desde o Código Penal até a lei sobre fabricação de termômetros, *O Estado na sociedade industrial (1971).* Trad. por L. Lopes Guerra e J. Nicolas Muniz, Instituto de Estudos Políticos, Madri, 1975, p. 242.

526 E isso expressamente frente ao temor de que os juízes se transformassem nos autênticos senhores da Constituição. Vide, por exemplo, "A garantia jurisdicional da Constituição (a justiça constitucional)" (1928), em *Escritos sobre a democracia e o socialismo,* ed. de J. Ruiz Manero, Debate, Madri, 1988, p. 142 e s.

527 L. Ferrajoli, "Sobre a definição da democracia. Uma discussão com M. Govero". Trad. de N. Guzmán, *Isonomia,* 19, 2003, p. 230.

políticas: a esfera *do indecidível*[528] constituída "pelo conjunto dos direitos de liberdade e de autonomia que impedem, enquanto expectativas negativas, decisões que possam lesioná-los ou reduzi-los; a esfera *do indecidível que não*, determinada pelo conjunto dos direitos sociais que impõem, enquanto expectativas positivas, decisões dirigidas a satisfazê-los"; e a esfera *do decidível*, "em cujo interior é legítimo o exercício dos direitos de autonomia"[529], tanto a autonomia política mediante a representação, como da autonomia privada segundo as regras do mercado[530]. Na democracia constitucional *forma* e *conteúdo* se associam às diferentes tipologias de direitos fundamentais: a democracia formal aparece gerada pelos direitos de autonomia que determinam quem e como se manda; a democracia substancial vem delimitada pelos direitos de liberdade que dão lugar a obrigações de abstenção ou respeito de âmbitos de imunidade (o indecidível) e pelos direitos sociais que exigem ações positivas de dar ou de fazer (o indecidível que não).

Ferrajoli esclarece que a sua quer ser uma tese teórica, não de filosofia da justiça nem de dogmática constitucional; isto é, não pretende esclarecer qual é o equilíbrio ótimo entre democracia e direitos, nem descrever as diferentes soluções práticas que oferecem os sistemas positivos: "minhas teses se limitam a dar conta de um fato: que os direitos fundamentais estabelecidos por uma constituição rígida impõem, queiram ou não, limites e vínculos substanciais... à democracia política tal como se expressa nas decisões das maiorias contingentes"[531]. Seja uma tese teórica ou também, como parece vislumbrar-se em outros trechos, a proposta de um modelo normativo de organização política[532], o certo é que o garantismo exige ou se apoia em uma versão particularmente forte de constitucionalismo, que poderíamos chamar de constitucionalismo rematerializado ou constitucionalismo baseado em direitos.

Este fenômeno da rematerialização tem sido expresso de muitas formas: a moral "já não paira sobre o direito... (se não que) emigra ao interior do Direito

---

528 'NT': Os termos utilizados no original *indecidible, decidible, lo indecidible que no* foram elaborados pelo autor, pois não consta qualquer referência no dicionário. Como são explicados no texto, melhor fica sua tradução literal, mantidos os destaques presentes no original.

529 *Ibidem*, p. 231

530 Vide uma caracterização mais precisa em L. Ferrajoli, *Direito e razão, cit.*, p. 855 e ss; *Os fundamentos dos direitos fundamentais, cit.*, p. 35, 167 e 339 e ss.

531 L. Ferrajoli, *Os fundamentos dos direitos fundamentais, cit.*, p. 342.

532 Assim quando confessa que o objetivo de seu trabalho é combater a intolerância e a desconfiança frente ao constitucionalismo como sistema de limites, vínculos e garantias inclusive na presença de um poder democrático, *Os fundamentos dos direitos fundamentais, cit.*, p. 347.

positivo"[533]; de maneira que "o conflito entre Direito e moral se desloca para o âmbito do Direito positivo"[534]; cabe dizer então algo metaforicamente que "o Direito por princípio encontra o Direito natural[535]" ou que se produziu uma "fusão entre o Direito constitucional e a teoria ética[536]" desde o momento em que "a moralidade pública (valores morais) se realiza eficazmente por meio do Direito"[537]. O próprio Ferrajoli tem reconhecido uma aproximação entre "legitimação interna ou dever ser jurídico e legitimação externa ou dever ser extrajurídico"[538]. Dito de um modo mais ou menos literário, a conclusão parece unânime: graças às Constituições, a moral – quer dizer os veneráveis direitos naturais – tem feito ato de presença no Direito, mais concretamente na cúspide do Direito.

Esta última matização é interessante porque, na realidade, a moral (a moral social, boa ou má) sempre tem estado presente no Direito; as normas jurídicas que não sejam das chamadas meramente penais sempre têm incorporado pautas ou estereótipos de comportamento de natureza moral ou substantiva que diziam ao destinatário o que podia, devia ou não devia fazer. A diferença, que sem dúvida tem a maior importância, é que geralmente estas normas dirigiam-se aos cidadãos e serviam para medir sua conduta, enquanto agora pretendem vinculá-las também aos poderes públicos, cuja conduta por sua vez se expressa em forma de norma jurídica. A consequência é então que o juízo sobre a validade das normas tem se convertido em um juízo substantivo que toma como parâmetros normas constitucionais que encarnam ao mesmo tempo normas de moralidade; singularmente, que expressam direitos fundamentais que são, segundo opinião comum, o compêndio da moral pública da modernidade. O garantismo necessita do constitucionalismo para tornar real seu programa ilustrado; e o constitucionalismo se alimenta do projeto garantista para condicionar a legitimidade do poder à obediência a certas exigências morais que se condensam nos direitos fundamentais.

Disto chega-se a uma conclusão que poucos poderão negar, é que um dos critérios clássicos de distinção entre Direito e moral desaparece. Refiro-me

---

533 J. Habermas, "Como é possível a legitimidade através da legalidade?", em *Escritos sobre moralidade e ética*, Introdução e trad. de M. Gimenez Redondo, Paidos, Barcelona, 1991, p. 168

534 R. Dreier, "Direito e moral", em *Direito e filosofia*, E. Garzón Valdés (comp)., Alfa, Barcelona,1985, p. 74.

535 G. Zagrebelsky, *O Direito útil* (1992). Trad. por M. Gascón, Epílogo de G. Peces-Barba, Trotta, Madri, 1995, p. 116.

536 R. Dworkin, *Levando os direitos a sério*, (1977). Trad. por M. Guastavino. Apresentação de A. Calsamiglia, Ariel, Barcelona, 1984, p. 233.

537 G. Peces Barba, *Ética Pública e Direito*, Real Academia de Ciências Morais e Políticas, Madri, 1993 p. 32.

538 Ferrajoli, *Direito e razão, cit.*, p. 366

à distinção entre sistemas estáticos e dinâmicos: nos primeiros uma norma é válida ou pertence ao sistema quando seu conteúdo constitui uma dedução de outra norma o próprio sistema[539], do mesmo modo que o particular pode ser subsumido no geral ou no universal; ao contrário que nos segundos uma norma é válida quando o ato de sua produção está autorizado e regulado por outra norma superior do sistema; daí que "a validade de uma norma jurídica não possa ser discutida baseando-se em que seu conteúdo é incompatível com algum valor moral ou político[540]". Justamente o contrário ocorre no Estado constitucional substancial ou rematerializado: a validade de suas normas pode ser discutida não só porque se tenham vulnerado as regras de habilitação relativas ao órgão e procedimento de produção, se não também porque seu conteúdo não esteja de acordo com o prescrito por certos valores morais ou políticos, porque mande ou permita o que não deveria mandar ou permitir e penetre na esfera do indecidível, ou porque não mande o que se deveria mandar e penetre na esfera do indecidível que não. Pode-se dizer assim, o Estado constitucional do garantismo descansa em um sistema jurídico também estático e não somente dinâmico.

Esta aproximação entre o modo de ser do sistema jurídico e o modo de ser do sistema moral representa uma fortíssima tentação a que poucos resistem. A tentação, é óbvio, consiste em impugnar uma tese central do positivismo, aquela que defende a separação conceitual entre o Direito e a moral. Desde esta perspectiva, ao menos onde existem Constituições rematerializadas (isto é, de maneira contingente e não conceitual) a tese positivista conduz à esterilidade de todo esforço hermenêutico que não tenha presente a reconciliação entre o Direito e a moral pública da modernidade: o sistema jurídico gera legitimidade, fundamenta um autônomo dever de obediência (a um Direito que já é justo, claro está) e reclama dos operadores jurídicos e em geral dos juristas uma atitude comprometida ou militante com um Direito positivo ao fim grávido de moralidade[541].

É mais ou menos esta a tentação do constitucionalismo ético, uma tentação a que Ferrajoli tem resistido como poucos, não se cansando de reiterar que "a doutrina ilustrada da separação entre Direito e moral constitui o pressuposto necessário de qualquer teoria garantista"[542]; é mais, o garantismo

---

539 Vide H. Kelsen, *Teoria pura do Direito* (1960). Trad. por J. Vernengo, UNAM, México, 1986, p. 203 e ss.

540 H. Kelsen, *Teoria Geral do Direito e do Estado* (1944). Trad. por E. García Maynez, UNAM, México, 1979, p. 133.

541 Tentei uma aproximação crítica a esta derivação do constitucionalismo contemporâneo em *Constitucionalismo e Positivismo*, Fontamara, México, 1997, p. 49 e ss.

542 Ferrajoli, *Direito e Razão, cit.*, p. 231.

não só repousa na autonomia da moral, como também reclama a "primazia do ponto de vista externo" o crítico respeito do Direito positivo, um ponto de vista que impede "aquela variante do legalismo ético e do juspositivismo ideológico que seria o constitucionalismo ético"[543]. Nada, pois, de uma complacente assunção das opções morais e políticas do Direito como último horizonte de uma ética pública, nada de presunções de justiça em favor da legalidade, incluída a legalidade democrática, nada, enfim, de fundamentos morais em favor da obrigação jurídica.

A meu ver, este saudável distanciamento moral com respeito ao Direito representa uma das peculiaridades mais valiosas do constitucionalismo de Ferrajoli. É que, mesmo sendo muito consciente de que o critério estático ou substantivo do qual antes falamos oferece um certo ar de família com o jusnaturalismo,[544] Ferrajoli considera que mesmo a melhor forma de organização política não deixa de ser uma utopia do Direito positivo que jamais será realizada com perfeição[545]. O argumento não expressa nenhuma opinião intuitiva ou caprichosa, senão que responde a uma concepção profunda a propósito da natureza do Estado e das instituições. Como manifestação da ilustração consequente, para o constitucionalismo garantista o Direito e sua força são um mal, talvez um mal necessário, mas afinal que conserva sempre um irremediável resíduo de ilegitimidade e, portanto, uma necessidade de justificativa perante uma instância superior, que é justamente a moral, sempre crítica e externa ao Direito positivo. Todos os totalitarismos comportam uma visão otimista do poder; "ao contrário, o pressuposto do garantismo é sempre uma concepção pessimista do poder, seja quem for que o possua, posto que se encontra exposto em todo caso, a falta de limites e garantias e a degenerar em despotismo"[546].

Creio que esta concepção das instituições está no próprio núcleo da filosofia contratualista da qual o constitucionalismo é legítimo herdeiro; o Estado não se concebe aqui como um fato natural que temos de aceitar como um desígnio divino, senão que é um fenômeno artificial e convencional, construído pelos homens para tutelar suas necessidades e direitos naturais... o que é natural não é o Direito ou o Estado, mas sim a ausência do Direito e o estado de natureza"[547]. Daí que se possa falar de uma "irredutível ilegitimidade política do poder no estado de direito[...] Garantismo e democracia são

---

543 Ferrajoli, "Juspositivismo crítico e democracia constitucional", *cit.*, p. 19.

544 *Ibidem*, p. 7.

545 *Ibidem*, p. 14

546 Ferrajoli, *Direito e Razão, cit.*, p. 885.

547 Ferrajoli, "Juspositivismo crítico e democracia constitucional", *cit.*, p. 15.

sempre, efetivamente, modelos normativos imperfeitamente realizados e valem, portanto, além de parâmetros de legitimação, também como parâmetros de deslegitimação política"[548]. O Direito, todo Direito, enquanto antinatural e orientado à consecução de fins se encontra sempre necessitado de justificação, principalmente à luz de uma moral que é externa ao próprio Direito e que toma corpo nos direitos fundamentais. Por muitos que sejam os valores morais incorporados pelo constitucionalismo substancial este nunca perde seu fundo de ilegitimidade e, por isso, nunca pode dissipar-se a tensão crítica a que nos convida a ilustrada primazia do ponto de vista externo, tensão crítica que não há de manter o observador externo, senão a própria ciência do Direito. Longe do jurista complacente com o Direito positivo, longe do jurista crente da democracia representativa, o garantismo propugna uma ciência jurídica crítica e comprometida, mas comprometida com a efetividade dos direitos fundamentais.

Efetivamente, Ferrajoli propõe um modelo particularmente vigoroso de Estado constitucional, mas está bem consciente que esse modelo não é o reflexo ou a descrição da realidade, mas sim uma proposta para sua transformação, um *dever ser* nunca completamente realizado. O Estado constitucional é normativo, incorpora um dever ser com frequência desmentido pela prática institucional, daí surgirem *antinomias* e *lacunas*. Antinomias que nascem da promulgação de normas que violam ou contradizem proibições constitucionais, por exemplo as que derivam de direitos-imunidade que impõem como garantia primária uma obrigação de abstenção ou não fazer. E lacunas que, ao contrário, são produzidas por uma ausência de normas, concretamente daquelas normas que seriam indispensáveis para dar execução a mandatos positivos que derivam da Constituição, por exemplo dos direitos sociais ou de prestação que impõem como garantia primária uma obrigação de dar ou de fazer.

Precisamente, porque existem essas patologias é necessário atribuir uma sobressalente função crítica aos juízes e juristas, convocados a denunciar e em seu caso controlar as normas e decisões que, à luz da Constituição, existem sem dever existir (antinomias), ou não existem devendo existir (lacunas): a jurisdição já não é a simples sujeição do juiz à lei, mas sim a análise crítica de seu significado como meio de controlar sua legitimidade constitucional. E a ciência jurídica deixou de ser, supondo que o tenha sido alguma vez, simples descrição, para ser crítica e projeção do seu próprio objeto[549]. Em particular, à ciência jurídica corresponde uma crítica *desde dentro* detectando as lacunas

---

[548] Ferrajoli, *Direito e razão, cit.*, p. 886 e s.

[549] Ferrajoli, *Os fundamentos dos direitos fundamentais, cit.*, p. 55.

e antinomias existentes, e propondo as soluções garantistas que oferece o próprio sistema; e também uma crítica *desde fora* que formule novas formas de garantia[550].

Agora, não deixa de ser algo surpreendente que uma visão tão conflitante do sistema jurídico em seu conjunto se torne uma concepção fortemente coerentista do próprio texto constitucional. Em outras palavras, as patologias que denuncia Ferrajoli (antinomias e lacunas) e que resultam cruciais na configuração no seu modelo de juiz e de jurista parecem ser sempre verticais ou nomodinâmicas, produto de um desajuste entre o *dever ser* constitucional e o *ser* das normas inferiores, entre o prometido por um constitucionalismo de direitos e a realidade institucional da democracia representativa, entre o Direito formalmente vigente (porque foi produzido por uma autoridade competente) e o Direito substancialmente válido, aquele que deveria existir segundo a Constituição. O modo de resolver estes desajustes ou conflitos é simples, ao menos em linha de princípio: em virtude da regra de supremacia constitucional corresponde ao juiz e à ciência do Direito uma tarefa depuradora das patologias do sistema. No entanto, o que Ferrajoli não parece considerar é o aparecimento dessas patologias dentro do próprio documento constitucional; em particular não parece considerar a existência de conflitos entre direitos fundamentais, nem o problema de sua limitação legal em nome de outros direitos ou valores constitucionais. Com isso separa-se decididamente das mais usuais apresentações do constitucionalismo contemporâneo, que por sinal faz das colisões entre preceitos substantivos da Constituição a mais destacada senha de identidade do sistema jurídico constitucionalista.

---

550 Vide Ferrajoli, "Juspositivismo crítico e democracia constitucional", *cit.*, p. 11. O modelo de teoria e ciência jurídica crítica de Ferrajoli resulta irremediavelmente polêmico; vide, por exemplo, L. Gianformaggio, "Direito e razão entre ser e dever ser", e R. Guastini, "Os fundamentos teóricos e filosóficos do garantismo", ambos em *As razões do garantismo. Discutindo com L. Ferrajoli*, a cura de L. Gianformaggio, Giapichelli, Torino, 1993; M. Gascón, "A teoria geral do garantismo", *op. cit.*, p. 206 e ss. Não procede aqui uma análise detalhada desse problema, mas me permito dar uma opinião. O que Ferrajoli chama crítica externa não pode ser objeto de uma teoria ou ciência do Direito que pretenda ser descritiva, o que obviamente não impede de se adotar essa ótica em outra ocasião, e assim parece soltar-se de *Direito e razão*, p. 852 e ss. Em troca, a crítica interna bem poderia prescindir da etiqueta de "crítica" sem perder por isso sua eficácia e, talvez, dando satisfação àqueles que se mostram "críticos de uma teoria crítica". Em realidade o que Ferrajoli propõe é aceitável desde uma concepção positivista da ciência do Direito, pois simplesmente trata-se de descrever tal qual é, pondo em evidência a existência de antinomias, neste caso entre uma norma constitucional e alguma outra norma inferior, assim como a existência do que se chama – talvez impropriamente – lacunas, isto é, a não promulgação de normas necessárias para executar certos mandatos constitucionais. Mas, creio eu, ambas as atividades são perfeitamente constatativas; a "crítica" não deriva do discurso científico, senão que emerge da própria realidade. O modelo de ciência jurídica do garantismo não é crítico; simplesmente o parece porque recusa encobrir a realidade apresentando como *ser* de um sistema jurídico o que só é o seu *dever ser*, que é justamente o que tem feito a ciência jurídica tradicional.

369

As Constituições não são como as leis, e não só no óbvio sentido formal de ostentar uma hierarquia superior, mas em um sentido mais morfológico ou substantivo que afeta a sua própria forma de ser. As leis são a expressão de um momento político unitário e monolítico, a expressão de uma maioria parlamentar que, bem ou mal, responde a uma determinada concepção moral e política. Claro que existem contradições entre as leis, mas estas se resolvem basicamente segundo um critério cronológico. Isso não acontece com as Constituições, ao menos com as que regem hoje na Europa; elas pretendem expressar uma coexistência de projetos políticos possíveis que se traduz em uma coexistência de princípios plurais e com tendências contraditórias, algo que afeta também e de modo sobressalente o âmago mesmo de sua normativa material, que são os direitos fundamentais. Creio que este é o argumento principal que percorre toda a colocação de Zagrebelsky, e me parece no essencial acertado: do caráter monolítico da lei ao pluralismo constitucional. A Constituição pluralista não é nem um mandato nem um contrato e, por isso, nem a teoria da interpretação da lei nem a do contrato tornam-se satisfatórias: não há vontade constituinte que possa ser tratada como intenção do legislador, nem mesmo de umas partes que chegam a um acordo. O que existe são "princípios universais, um junto a outro segundo as pretensões de cada parte, mas faltando a regulação de sua compatibilidade, a solução das 'colisões' e a fixação dos pontos de equilíbrio"[551]; produz-se, então, o que poderíamos chamar uma pluralidade de "mundos constitucionalmente possíveis"[552].

A questão não teria maior transcendência se as Constituições se conformassem em ser documentos políticos sem força normativa. Mas as coisas não são assim: as Constituições hoje não só têm força normativa, senão que, graças a sua rematerialização, oferecem soluções ou, quando menos, orientações de sentido nas mais variadas esferas da relação jurídica. Isto é o que se deu ao chamar efeito impregnação ou irradiação[553], que justamente significa o transbordamento de um Direito constitucional que agora inunda o conjunto de regulamentação; já não se trata somente de regular as relações entre os poderes do Estado, senão que quase se poderia dizer que todo

---

551 G. Zagrebelsky, "História e constituição", em *O futuro da constituição*, ed. de G. Zagrebelsky, P. Portinaro e J. Luther, Einaudi, Torino, 1996. Talvez isso explique porque a originalidade e a extraordinária importância que nos Estados Unidos se concede às intenções do constituinte tenham ao contrário na Europa tão pouca relevância.

552 A expressão de J. J. Moreso, *A indeterminação do Direito e a interpretação da Constituição*, CEPC, Madri, 1997, p. 167.

553 O "efeito irradiação" (Ausstrahlungswirkung) costuma aludir na doutrina alemã à eficácia ou projeção dos direitos fundamentais no âmbito do Direito privado. Aqui se usa em um sentido mais geral. De impregnação fala Guastini em "A constitucionalização do ordenamento jurídico: o caso italiano", *cit.*, 153 e ss.

conflito jurídico, desde o horário das padarias à etiquetagem do chocolate[554], encontra alguma resposta constitucional. Mas, se isso é assim, a imagem das três esferas que propõe Ferrajoli em parte se dissipa: já não cabe falar do âmbito *do decidível* como se este fosse um mundo de absoluta liberdade para o legislador democrático, pois, como se disse, a Constituição satura todo o sistema; e eventualmente também as esferas *do indecidível* e *do indecivível que não* apresentem umas fronteiras tão impenetráveis como é sugerido, dado que muitas vezes a Constituição não nos fala com uma só voz. O que é que cabe encontrar na Constituição e em seu catálogo de direitos fundamentais? Só algumas vezes as respostas são categóricas e conclusivas; frequentemente, unicamente é possível se obter razões tendencialmente conflitantes. Assim, para seguir com nosso exemplo, uma lei que limite o horário do trabalho noturno nas padarias poderá alegar em seu favor razões justificativas (a saúde dos trabalhadores, o Direito ao descanso), mas também terá de superar outras razões em contra (a liberdade negociável das partes, o Direito do empresário em organizar o trabalho). Se concentramos o olhar no trabalho encomendado pelo garantismo aos juízes e à própria ciência do Direito vê-se que sua tarefa depuradora já não se torna tão simples.

Tudo isso tem a ver com um traço típico do constitucionalismo contemporâneo, que é a natureza "principiológica" de suas normas substantivas. Muito se discutiu sobre a diferença entre regras e princípios e não se trata de voltar ao tema, mas, independentemente de existir ou não uma diferença forte ou qualitativa, no que parece se alcançar uma certa unanimidade é em que a ideia de princípios adquire toda sua eficácia jurídica no marco dos conflitos normativos[555] e, mais concretamente, dos conflitos normativos intraconstitucionais: dizemos que as normas são princípios quando suas colisões não se saldam com a perda da validade de um deles, nem mediante a configuração de um exceção permanente ao outro (conforme a regra da especialidade), senão como um triunfo que poderíamos chamar circunstancial e que se decide pela ponderação; assim, entre a liberdade ideológica e a cláusula de ordem pública (que na Constituição espanhola figura como um limite expresso, art. 16, 1) não se advertiria uma fronteira nítida, de modo que, vulnerada a ordem pública, deixasse de atuar sem mais a tutela jusfundamental, senão que cabe

---

554 Ambos os exemplos pertencem à jurisprudência alemã e pode ver-se seu comentário, respectivamente, em M. Borowsky, *A estrutura dos direitos fundamentais*. Trad. de C. Bernal, Universidade Externado da Colômbia, Bogotá, 2003, p. 50 e ss., e R. Alexy, "Epílogo à teoria dos direitos fundamentais". Trad. de C. Bernal, *Revista Espanhola de Direito Constitucional*, 66, 2002, p. 28.

555 Aplicar um princípio, diz Gianformaggio, comporta sempre em aplicar outro princípio relevante na situação específica, *Estudos sobre a justificação jurídica*, Giappichelli, Torino, 1986, p. 117.

perfeitamente que uma mesma conduta seja *prima facie* e simultaneamente ambas (exercício da liberdade religiosa e alteração da ordem pública), devendo triunfar *em definitivo* o Direito ou seu limite segundo o peso de cada um deles no caso concreto. Por isso fala Guastini de uma "hierarquia móvel"[556]. Este é o núcleo de juízo de ponderação[557] e é o núcleo também de toda uma concepção dos direitos fundamentais e de suas possíveis restrições[558].

Pois bem, nada de tudo isso que comentamos é possível encontrar no constitucionalismo de Ferrajoli. Bem ao contrário, nosso autor parece defender uma ideia fortemente coerentista da Constituição e da sua aplicação pelos juízes, o que é acompanhado, às vezes, de um juízo depreciativo sobre a amplíssima literatura que, segundo ele, dramatiza impropriamente o "conflito" entre direitos[559]. Inicialmente, não existe conflito, mas uma rigorosa ordenação hierárquica entre o que chama "três níveis de figuras deônticas": o nível da liberdade extrajurídica ou não regulada, o nível dos direitos de autonomia (civis e políticos) e o nível das liberdades ou direitos fundamentais. A liberdade extrajurídica não entra em conflito com ninguém, senão que está chamada a ser limitada livremente pelo que os indivíduos tenham acordado em exercício de sua autonomia privada, bem através da lei que expressa sua autonomia pública[560]. Por sua vez, esses direitos de autonomia tampouco resultam conflitantes com as liberdades fundamentais ou com os direitos sociais, senão antes bem limitados por tais liberdades e direitos, que operam assim como fronteiras intransponíveis para a autonomia privada ou política[561].

Esta última afirmação resulta atraente: o Direito triunfa sempre sobre o mercado e sobre a política. Mas também pode ser uma afirmação enganosa se mostra que os direitos são capazes de oferecer cobertura ou legitimidade a negócios privados e a leis democráticas de significado contraditório. Bem é verdade que para Ferrajoli isto parece que não possa ocorrer: a intuição geral de que os direitos colidam confunde questões que devem ser cuidadosamente

---

556 R. Guastini, "Os princípios no Direito positivo", em Distinguindo. *Estudos de teoria e metateoria do Direito.* Trad. de J. Ferrer, Gedisa, Barcelona, 1999, p. 170.

557 Permito-me remeter de novo à *Justiça constitucional e direitos fundamentais, cit.*, p. 175 e ss.

558 Refiro-me à concepção dos direitos fundamentais como princípios que defende Alexy, e que na língua castelhana foi objeto de uma análise exaustiva e enriquecedora por parte de C. Bernal Pulido, *O princípio da proporcionalidade e os direitos fundamentais*, CEPC, Madri, 2003.

559 Vide Ferrajoli, *Os fundamentos dos direitos fundamentais, cit.*, p. 306 a 311 e 351 a 354.

560 De onde se deduz – se não me engano – que uma lei absurda que nos imponha o dever de usar chapéu ou de usar túnica resultaria juridicamente irrepreensível, dado que não existe nenhum Direito expresso sobre o particular.

561 Vide Ferrajoli, *Os fundamentos dos direitos fundamentais, cit.*, p. 310 e ss.

separadas: "a) direitos-imunidade ilimitados, dado que sua garantia não interfere com outros direitos; b) direitos de liberdade (diferentes das simples liberdades, que não são, de forma alguma, direitos) que têm seus limites impostos pela convivência com os direitos de liberdade dos outros; c) direitos sociais cujos limites não estão nos direitos fundamentais de outro tipo, senão somente nos custos de sua satisfação...; d) direitos-poder, que são justamente os que as leis, em função da tutela e da satisfação dos outros direitos constitucionais... têm a tarefa de impor limites, vínculos e controles jurisdicionais de validade e licitude"[562]. Examinemos brevemente as quatro categorias que propõe nosso autor.

Primeiro: as imunidades, como o Direito à vida e à liberdade de consciência não podem colidir. A meu juízo, não só podem colidir com outros direitos, senão que às vezes o fazem entre eles mesmos[563]. Como explicar de outro modo o conflito jurídico que suscitam as Testemunhas de Jeová que, em nome de algum preceito de origem divina, recusam as transfusões de sangue, colocando em risco suas vidas e as de seus filhos?[564] Ou estabelecemos uma hierarquia entre os direitos de imunidade, o que intencionalmente não faz Ferrajoli, ou não vejo mais remédio do que falar de uma colisão entre o Direito à vida – e as obrigações de cuidado que isso comporta – e a liberdade religiosa. Por outro lado, é possível também que algumas liberdades extrajurídicas que tínhamos expulsado pela porta dizendo que sempre podiam ser limitadas pela lei ou pelos pactos privados regressem agora pela janela da liberdade de consciência. Creio que podemos definir esta última como a liberdade que nos autoriza a nos comportarmos na vida pessoal e social de acordo com as prescrições de nossa consciência, de acordo com o que consideramos bom ou verdadeiro[565]; e

---

[562] *Ibidem*, p. 354.

[563] Isso não significa que todos os direitos de imunidade se configurem como princípios chamados à colisão. Alguns funcionam como disse Ferrajoli: assim, o Direito do preso a ser posto a disposição judicial ou em liberdade no prazo de setentas e duas horas (prescindamos agora da legislação antiterrorista ditada ao amparo do art. 55, 2 C. E.) responde ao modelo das regras: Dada a condição de aplicação (que alguém esteja detido e hajam transcorrido setenta e duas horas) a autoridade governamental não tem nada que ponderar; só terá que escolher entre a posta em liberdade ou a disposição judicial. O mesmo acontece, por exemplo, com a abolição da pena de morte ou com a proscrição da tortura que, como diz a Constituição (art. 15), não poderá aplicar-se em nenhum caso.

[564] Este é o trágico caso examinado na STC 154/2002. Na presença de pais condenados pela morte de seu filho de 13 anos que obstinadamente se negou a receber uma transfusão de sangue, o Tribunal Constitucional diz o seguinte: "a aparição de conflitos jurídicos por razão de crenças religiosas não é de estranhar em uma sociedade que proclama a liberdade de crenças e de culto dos indivíduos e das comunidades, assim como o laicismo e a neutralidade do Estado. A resposta constitucional... só pode resultar de um juízo ponderado que atenda às peculiaridades do caso. Tal juízo estabelecerá o alcance de um direito – que não é ilimitado ou absoluto – à vista da incidências que seu exercício possa ter sobre outros titulares de direitos e bens constitucionalmente protegidos e sobre elementos integrantes da ordem pública protegidos pela lei".

[565] Vide, por exemplo, E. Stein, *Direito político* (1971). Trad. de F. Sainz Moreno, Aguilar, Madri, 1973, p. 210.

373

não é necessário dizer que ao longo da história as consciências têm formulado exigências muito variadas e até surpreendentes. Assim, se uma religião ordena que os carneiros devem ser sacrificados de uma certa maneira, sendo que esta maneira fere a normativa sanitária, só cabe uma dessas duas respostas: ou negar que estamos na presença de um problema relativo a direitos fundamentais, dado que nenhum Direito tutela expressamente prática semelhante, o que não deixaria de ser surpreendente para os seguidores dessa religião; ou admitir que se trata de um caso de exercício de liberdade religiosa, mas então teria que admitir-se também o conflito entre a dita liberdade e o Direito à saúde.

Segundo: só as liberdades entendidas como direitos de atividade (liberdade de expressão, manifestação, associação) parecem admitir a ideia do conflito, por exemplo, com o Direito à honra, à vida etc. Aqui estamos de acordo, mas suspeito que Ferrajoli mantenha uma certa imagem de tais conflitos próxima ao que se costuma chamar "teoria interna" dos direitos fundamentais[566], segundo a qual entre os direitos e seu limite seria possível traçar uma nítida fronteira, de modo que poderíamos catalogar exaustivamente as condutas tuteladas pelo Direito e aquelas outras incluídas no campo de atuação do limite. Esta também não me parece uma visão adequada. Não se deve excluir que uma mesma situação ou conduta apresente propriedades atribuíveis ao Direito e outras atribuíveis ao seu limite. Isso parece claro desde um ponto de vista material[567], mas creio que é correto também desde um ponto de vista jurídico; os direitos estão limitados, mas os limites também o estão e precisamente pelos próprios direitos, sem que a *partir da Constituição* possa se deduzir em que casos triunfam uns ou outros. Daí o juízo de ponderação tão frequente resultar na jurisprudência sobre direitos: se aceita, por exemplo, que certa informação fere o Direito à honra ou à intimidade e, no entanto, em certos casos se concede maior peso ou valor à liberdade de expressão[568].

---

566 Digo que o suspeito porque, ao tratar do tema, comprova o princípio *neminem laedere*, sugerindo que, desde o momento em que este se vê afetado, deixa de operar a tutela do Direito. Na literatura espanhola há muitos defensores dessa "teoria interna", como, a título de exemplo, J. Cianciardo, *O conflituosismo dos direitos fundamentais*, Universidade de Navarra, Pamplona, 2002, p. 243 e ss.; P. Serna e F. Toller, *A interpretação dos direitos fundamentais. Uma alternativa aos conflitos de direitos*, A Lei, Buenos Aires, 2000; T. de Domingo, *Conflitos entre direitos fundamentais?*, CEPC, Madri, 2001, p. 337 e ss.

567 Por exemplo, não há inconveniente em dizer que alguém se manifesta com infração da ordem pública.

568 Como diz a STC 104/1986, "encontramo-nos ante um conflito de direitos ambos de nível fundamental, o que significa que não necessariamente e em todo caso tal afetação ao Direito a honra tenha que prevalecer em relação ao exercício que se tenha feito daquelas liberdades (as do art. 20), nem tampouco tenham que ser estas consideradas como prevalentes, senão que se impõe uma necessária e casuística ponderação entre um e outras". Convém assinalar: *prima facie* a conduta ajuizada representa um exercício da liberdade de expressão ou informação e, *ao mesmo tempo*, supõe uma lesão ao Direito à honra e à intimidade. Quem triunfe *em definitiva* depende precisamente de como se resolva o conflito.

Daí também o chamado princípio de concordância prática[569]; se este aparece como possível é justamente porque se reconhece que uma mesma conduta pode (e deve) atribuir-se tanto ao direto como a seu limite.

Terceiro: o que costuma apresentar-se como um conflito entre os direitos sociais e outros direitos fundamentais geralmente não é tal coisa, senão um problema de custos econômicos, de escolhas políticas sobre a distribuição dos recursos. Aqui Ferrajoli tem toda a razão: não se devem confundir as dificuldades factíveis com as jurídicas, o que não significa que estas nunca possam produzir-se, e o próprio autor reconhece algum caso de efetiva colisão[570]. Sendo assim, por trás das decisões políticas não existem somente dificuldades concretas ou de falta de recursos, pois também há opções em favor de um ou de outro Direito, já que os direitos sociais podem entrar em colisão entre si ou com outros direitos[571]. Manter esse debate somente na esfera política ou parlamentar pressupõe renunciar a uma possível tutela judicial, mesmo que mínima, das posições subjetivas de prestação. Apresentar a questão como um conflito entre direitos ou bens constitucionais supõe abrir a porta a uma ponderação capaz de preencher, mesmo parcialmente, as lacunas deixadas pela lei e os regulamentos; pois cabe dizer que os direitos sociais constitucionais são tão importantes que não podem ficar completamente à disposição do que decidam as maiorias[572].

Quarto: os direitos de autonomia não colidem com as liberdades fundamentais, senão que estão submetidos ao seu império; nossa capacidade negocial privada e nossa autonomia política expressa na lei têm sua fronteira nos direitos de liberdade, e este seria o miolo do constitucionalismo rígido. A meu juízo, isto resulta em vários problemas. O primeiro tem a ver com a inalienabilidade dos direitos nas relações do Direito privado. Certamente, a titularidade dos direitos não pode ser objeto de negociação à medida que esta vem diretamente atribuída por normas gerais[573], mas creio que não cabe dizer o mesmo de seu exercício, que pode ficar condicionado, e muito, pelo que é

---

569 Fala-se de concordância prática quando um conflito de direitos não finda com o triunfo total de um ou de outro, senão por meio de uma solução conciliadora que procure satisfazer no maior grau possível ambos direitos.

570 Assim, na proibição ou restrição de um gênero de produção nociva produz-se uma colisão entre o Direito e a saúde e o Direito e o trabalho, *Os fundamentos dos direitos fundamentais, cit.*, p. 352.

571 Vide R. Alexy, *Teoria dos direitos fundamentais, cit.*, p. 492 e s.

572 Sobre a tutela judicial dos direitos sociais tratei em "*Lei, princípios, direitos*, Dykinson, Madri, 1998, p. 96 e ss.

573 Que a titularidade seja inalienável tem seu fundamento em uma característica na qual tem insistido muito Ferrajoli, e é que os direitos fundamentais (mas não somente eles) vêm reconhecidos por normas *téticas*, enquanto muitos outros direitos (por excelência, os patrimoniais) o são por normas *hipotéticas*.

estabelecido em um contrato, no qual inclusive eventualmente podem concorrer direitos fundamentais das duas partes; por exemplo, se aceitamos, como se tem sido aceito na Espanha, que a chamada liberdade de ensino inclui o Direito de que particulares fundem colégios com "ideais", então irremediavelmente sofre a liberdade ideológica dos professores que terão que "vender" parte dela para se comunicar com as classes. Até onde possa chegar essa "venda" é algo que também fica entregue ao juízo de ponderação, mas, em todo caso, se isso é assim, me parece enganoso dizer que os direitos representam um limite insuperável para a autonomia privada. De fato, a ampla discussão que existe acerca da eficácia dos direitos nas relações jurídico-privadas se explica porque esses direitos entram em conflito com as cláusulas acordadas ou, em geral, com os direitos da outra parte (assim como as faculdades do empregador para organizar o trabalho). O segundo problema refere-se à lei e em parte já foi comentado: à medida que uma lei regule o exercício de um Direito e que este possa entrar em conflito com outro Direito, torna-se também inevitável que a própria lei colida. Dito de outro modo, não cabe afirmar que os direitos representam um limite insuperável para as leis, desde o momento em que estas podem intervir na esfera dos direitos.

Na minha opinião, esta forma de conceber os direitos e o próprio constitucionalismo é mais bem explicada à luz da posição que Ferrajoli mantém a propósito da interpretação. Se nenhum dos problemas que até aqui foram mencionados parece representar uma autêntica dificuldade para Ferrajoli, se o mundo dos direitos que nos apresenta é um mundo nítido e hierarquizado, talvez seja porque o mesmo mantém uma teoria da interpretação notavelmente cognitivista. Guastini chamou a atenção sobre isso: o coração do modelo garantista representa todo um esforço para reduzir ao mínimo a discricionariedade judicial: "taticamente, faz sua a tese ilustrada (de Montesquieu e Beccaria) segundo a qual o poder jurisdicional só pode funcionar como garantia ou barreira frente ao poder executivo a condição de ser um poder de certo modo nulo... (o juiz) não deve ter espaços de valoração ou opção... deve ser somente um poder cognitivo (*cognitivismo*) e não um poder decisional (*decisionismo*)[574]. Não há dúvida de que a visão conflitualista dos direitos abre as portas a um gênero de argumentação baseado em juízos ponderativos e em cálculos de

---

Norma *tética* é aquela que atribui imediatamente situações ou *status* a determinadas classes ou sujeitos, enquanto normas *hipotéticas* são as que predispõem situações ou *status* como efeitos dos atos previstos como hipóteses, vide *Os fundamentos dos direitos fundamentais, op. cit.*, p. 155 e s, nota 32.

[574] R. Guastini, "Os fundamentos teóricos e filosóficos do garantismo", *op. cit.*, p. 53.

proporcionalidade dificilmente compatível com uma concepção das tarefas interpretativas como a que acaba de comentar-se[575].

O garantismo e em geral o constitucionalismo às vezes são acusados de judicialistas, no sentido de propiciar um controle judicial de todos os atos do poder, inclusive a lei, tomando como parâmetro os estritos preceitos constitucionais, não sempre precisos e conclusivos. O déficit de racionalidade e com isso o de legitimidade que isso possa supor é compensado por boa parte dos enfoques constitucionalistas mediante uma complexa e poderosa teoria da argumentação jurídica na qual, provavelmente, depositem mais confiança do que se deveria. Mas não é esse o caso de Ferrajoli: o extraordinário poder de censura que o garantismo deposita sobre os juízes quer se tornar suportável por meio de uma visão cognitivista da interpretação em que o juiz é chamado a constatar e, em escassa medida, a escolher, valorar ou decidir. As cláusulas materiais da Constituição e em especial os direitos não convidam o juiz garantista a ponderar pesos e proporcionalidades relativas, nem a realizar juízos consequencialistas; o convidam simplesmente a subsumir. A lei e os pactos privados limitam nossa liberdade natural, e aqui nada há a discutir; por sua vez, a lei e os pactos vêm submetidos pela barreira intransponível e "evidente" dos direitos constitucionalizados, e parece que aqui também não há nada a discutir; e enfim, os direitos formulam-se como mônadas isoladas cujos contornos aparecem perfeitamente delimitados desde o seu enunciado constitucional, e basta aplicá-los às distintas hipóteses fáticas.

Questão diferente é aquela em que o juiz garantista que vigia não só a vigência, como também a validade das normas possa em realidade escapar às escolhas e juízos de valor. O próprio Ferrajoli o reconhece: "uma vez incorporados aos níveis mais altos, os valores transformam em valorativos os juízos de validade sobre as normas do nível mais baixo". Daí que o Estado constitucional "deve admitir paradoxalmente um poder de disposição do juiz, não na qualificação dos fatos como delitos, mas sim na qualificação de invalidade das leis que permitem a qualificação dispositiva dos fatos como delitos"[576]. Com razão esta foi qualificada como uma "consequência aporética" do pensamento ferrajolano: o juiz que denuncia as antinomias e as lacunas "goza de faculdades potestativas ou valorativas que vão contra a lógica da estrita legalidade em quanto princípio que exclui que o juiz tenha, além de um poder

---

575 Certamente, o cognitivismo de Ferrajoli é compartilhado pela "teoria interna" dos direitos fundamentais que foi mencionada acima, vide C. Bernal Pulido, *O princípio de proporcionalidade e os direitos fundamentais, cit.*, p. 472 e s.

576 L. Ferrajoli, *Direito e razão, cit.*, p. 877

de detonação e conotação, também um poder de disposição"[577]. Mas, se isso é assim, cabe indagar-se por que não completar a ambiciosa proposta garantista com uma teoria da argumentação que traga alguma racionalidade a esses juízos de valor. Estou de acordo que "com os valores não cabem exorcismos: se os expulsam pela porta, voltam pela janela"[578], mas, à margem de que pensamos ser conscientes disso também no capítulo da interpretação da Constituição e de seus direitos, nada impede que procuremos dominar sua incidência por meio de uma teoria da argumentação.

Em resumo, creio que o garantismo representa uma das mais estimulantes versões do constitucionalismo. Como filosofia política recupera e leva até suas últimas consequências o melhor e o mais ambicioso do programa ilustrado e contratualista que faz das instituições um artifício instrumental a serviço dos direitos. Ninguém como Ferrajoli apresentou um modelo tão exigente, minucioso e amplo de direitos e ninguém aprofundou com tanto detalhe e profundidade em todas as suas implicações, que são outros tantos requerimentos para que o poder e sua força, irremediavelmente maus e sem legitimação, apresentem um rosto mais tolerável e menos tenebroso. No entanto, há dois aspectos em que Ferrajoli se afasta claramente das formulações constitucionalistas mais divulgadas. A primeira tem a ver com uma tese básica do chamado positivismo conceitual: não há em Ferrajoli a mais mínima concessão nem ao neojusnaturalismo constitucionalista, nem ao positivismo inclusivo ou incorporacionismo, nem nada similar que possa parecer ao constitucionalismo ético; a separação entre Direito e moral fica firmemente assegurada. A segunda refere-se à teoria da argumentação. Esta costuma apresentar-se como uma das mais felizes descobertas do constitucionalismo e, no entanto, não se encontram rastros dela no garantismo.

De minha parte, e em relação a estas duas peculiaridades do constitucionalismo de Ferrajoli, já disse que compartilho da primeira e me distancio da segunda. Mas a esta altura devo confessar que me ocorre uma dúvida, que já não tentarei resolver: é possível manter um rigoroso positivismo conceitual e, ao mesmo tempo, aceitar como saudável uma teoria da argumentação? É viável defender o ponto de vista externo e simultaneamente apelar a uma argumentação racional como forma de mitigar a indeterminação do Direito? Eu acho que sim, mas, caso estivesse equivocado e me visse forçado a optar, fico desde logo com a venerável tese da separação conceitual entre o Direito e a moral.

---

577 M. Gascón, "A teoria geral do garantismo", *cit.*, p. 205.

578 L. Ferrajoli, *Direito e razão, cit.*, p. 878

Capítulo 13

NEOCONSTITUCIONALISMO, DERROTABILIDADE E RAZÃO PRÁTICA

Alfonso García Figueroa

Sumário
1. Introdução
2. Neoconstitucionalismo: uma janela constitucional aberta no muro formalista
2.1. Primeiro reparo à dicotomia regra/princípio
3. Princípios e derrotabilidade
3.1. Derrotabilidade teórica
3.2. Derrotabilidade prática
3.2.1. Inconvenientes para reconhecer a derrotabilidade de nossas normas: o risco de niilismo normativo kripkeano
3.2.2. Razões teóricas para a derrotabilidade: imprevisibilidade
3.2.2.1. A imprevisibilidade dos participantes no discurso. Construtivismo ético discursivo
3.2.2.2. A imprevisibilidade do conjunto de propriedades relevantes na configuração dos casos: particularismo prático
3.2.3. Razões práticas para a derrotabilidade
3.3. Uma concepção disposicional da derrotabilidade
3.3.1. Existem normas inderrotáveis? O caso da dignidade humana
3.3.2. Paradoxos principialistas
3.3.2.1. Primeiro paradoxo: principialistas escravos de regras. O caso Noara
3.3.2.2. Segundo paradoxo: regras e princípios, uma dicotomia autofrustrada
3.3.2.3. Uma confusão principialista
4. A axiologia aspiracional da derrotabilidade sob uma concepção argumentativa do Direito
4.1. Derrotabilidade e objetividade deíctica
4.2. Derrotabilidade e ideais
5. Consequências práticas da teoria: porcos-espinhos que querem ser raposas

1. INTRODUÇÃO

Os argumentos essenciais que se opuseram ao positivismo jurídico do séc. XX foram o argumento da injustiça e o argumento dos princípios (Dreier, 1991). Segundo o argumento da injustiça, uma norma extremamente injusta não é Direito (Radbruch, 1999, v. 3, p. 83-93). Segundo o argumento dos princípios, se existem princípios no Direito, então existe uma relação conceitual necessária entre Direito e moral (e. g. Dworkin 1984a, caps. 2 e 3, Alexy 1993; GF, 1998, p. 219ss., p. 383ss.). Cada argumento teve uma eficácia diferente sobre o ordenamento jurídico e isso em momentos históricos díspares. Se o argumento da injustiça apresenta uma eficácia *redutora* do ordenamento jurídico (nos diz quais normas *não são* jurídicas, apesar de serem *positivas*); o argumento dos princípios apresenta, ao contrário, uma eficácia *expansiva* sobre o ordenamento jurídico (nos diz que normas *principais* são jurídicas *além* das *regras positivas*). Se o argumento da injustiça é invocado em casos de extrema gravidade como os derivados de guerras, genocídios ou regimes totalitários; o argumento dos princípios aparece com todo o seu vigor em situações de normalidade democrática. Por tudo isso, o argumento da injustiça se orienta a garantir um umbral de correção mínima no ordenamento, enquanto o argumento dos princípios indica um horizonte ideal a cuja aproximação ótima fica vinculado o Direito.

Desde uma perspectiva histórica, isto faz supor que a consolidação e expansão da democracia constitucional reforçou a vigência do argumento dos princípios na teoria do Direito e o fez dentro de um marco teórico mais amplo denominado genericamente neoconstitucionalismo. Neste sentido, o neoconstitucionalismo apresenta um aspecto epigônico em relação ao argumento dos princípios frente ao positivismo jurídico. E digo epigônico porque o contexto da discussão em torno aos princípios e sua virtualidade contra o positivismo jurídico transformou-se em dois aspectos trivialmente relevantes. Por um lado, já não se discute do mesmo modo sobre a dicotomia regras/princípios e, de outro, já não se discute do mesmo modo sobre o positivismo jurídico. A discussão sobre a dicotomia regras/princípios deslocou-se mais para a polêmica em torno à distinção entre normas inderrotáveis e derrotáveis. Por outro lado, a discussão sobre a plausibilidade do positivismo jurídico conceitual kelseniano e hartiano deslizou para uma deriva "compatibilista" (Shiner, 1992, cap. 12), em busca de sua mais adequada qualificação como fraco ou forte, exclusivo ou inclusivo, normativo ou conceitual etc. (e. g. Escudero, 2004; Rivas, 2007).

Na sequência desejaria defender que a derrotabilidade é uma propriedade disposicional própria de todas as normas jurídicas de um Estado constitucional (regras *inclusive*) e, por outro lado, que só uma visão antipositivista do Direito de acordo com as exigências do paradigma do neoconstitucionalismo permite contemplar adequadamente o Direito dos Estados constitucionais.

2. NEOCONSTITUCIONALISMO: UMA JANELA CONSTITUCIONAL ABERTA NO MURO FORMALISTA

Talvez uma forma de fazer honra à colocação tendencialmente pragmatista que venho defendendo implicitamente consista precisamente em atender a um caso parcialmente real e articular em torno a ele, de forma necessariamente fragmentária e imprecisa, alguns dos argumentos que vou empregar aqui. O caso, que já tomei emprestado em alguma outra ocasião (GF, 2007) de Luis Prieto (1998, p. 63ss) (que por sua vez o havia recebido do civilista Angel Carrasco, 1996), é muito expressivo em sua simplicidade e aqui será invocado muito livremente. Como se verá, do que se trata é de comprovar se é possível abrir uma janela para a moral no Direito do Estado constitucional.

Suponhamos que desejo abrir uma janela em minha casa. A propriedade contígua fica perto, então antes de abrir uma janela devo pelo menos considerar o que me diz o art. 582 do Código Civil espanhol em seu inciso primeiro:

> *Não se pode abrir janela com vista direta, nem varandas ou seme-lhantes, sobre a propriedade do vizinho, sem pelo menos dois metros de distância entre a parede na qual se construa e a outra propriedade...*

A princípio, a aplicação desta norma parece simples. O art. 582 C. C. expressa o que se costuma conhecer como uma regra por sua estrutura binária, que divide o universo de casos em dois: mais de dois metros de distância permitido, menos de dois metros proibido. A aplicação formalista se *entrincheira* nessa norma e possibilita não entrar a considerar outras razões para resolver o caso. O formalismo se revela assim com tendência atomista em sua visão do Direito (considera as disposições jurídicas isoladamente) e mecanicista na interpretação (o juiz deve limitar-se a subsumir o fato na norma jurídica correspondente). Isto é: *da mihi factum* (a distância da propriedade contígua), *dabo tibi jus* (proibição ou permissão de abrir uma janela). O Supremo Tribunal, em sua Sentença 959/1995 de 7 de novembro, de certo modo acolhe esta posição formalista:

> *Se o caso concreto encontra pleno e claro encaixe no suposto normativo, por mais que resultem penosas as consequências do restabelecimento da situação jurídica lesada, não há outra alterna-*

tiva que a do respeito rigoroso da norma em questão, e, nenhuma dúvida deixa a respeito a aplicação ao caso do art. 582 do Código Civil (FJ 6º).

Por usar uma imagem de Aarnio (1997, 17), as regras nos guiam como os trilhos de um trem: ou os seguimos fielmente ou descarrilamos. Mas suponhamos que a janela que pretendo abrir se encontra a 1 metro e 98 centímetros da propriedade vizinha e que é a única maneira que permite arejar e dar luz suficiente a crianças enfermas nela amontoadas e suponhamos que tal abertura da janela não provocasse algum prejuízo ao proprietário da propriedade contígua. Segundo o art. 582 C. C., parece claro que sequer neste caso cabe abrir uma janela sobre a propriedade vizinha. Mas existe frente a um caso como este alguma alternativa ao "respeito rigoroso da norma em questão" que não seja descumprir o Direito, *descarrilar*?

Creio que deve haver necessariamente alguma alternativa ou pelo menos deve haver, independentemente da solução que adotemos, a possibilidade de interrogar-se sobre outras alternativas. A mera *possibilidade* de poder propor esta questão deveria ser um traço próprio do Direito em um Estado constitucional e isso ao menos se nos levamos a sério, o que significa sermos regidos pelo Direito sob um Estado constitucional. O Estado constitucional sói estar comprometido com valores como "a igualdade, a justiça, a liberdade e o pluralismo político" (art. 1.1 da Constituição espanhola) e isso deveria significar algo. Creio que pelo menos deveria significar que devemos nos reservar a *possibilidade* de questionar (revisar, e inclusive derrotar) certas normas e certas decisões sem por isso *sair do Direito*, sem ficarmos fora do Direito.

Quem não aceite nem sequer esta possibilidade (possibilidade que devemos considerar com caráter prévio à resolução de *qualquer* caso, mesmo que seja só para qualificá-lo como rotineiro e susceptível de aplicação subsuntiva) e confie, portanto, em que as normas jurídicas podem excluir totalmente a deliberação prática está fazendo algo simplesmente contrário à razão prática? Como aqui se assumirá a inseparável vinculação do Direito à razão prática, deve-se concluir que é precisamente aquele que negue a possibilidade de argumentar além do art. 582 C. C. atomisticamente considerado, quem está *saindo do Direito*. Se este último enunciado soa paradoxal, só pode ser porque presumamos um conceito de Direito positivista, submetido a numerosas dificuldades.

Não resisto a evocar um assustador episódio histórico para compreender os antecedentes do formalismo aqui questionado. Ernst Tugendhat nos recorda que quando Primo Levi ingressou no campo de concentração de Auschwitz, perguntou a seu carcereiro simplesmente "Por quê?", ao que este respondeu igualmente conciso: "Aqui não há "por quê" (Tugendhat, 1999, p. 98). Sem necessidade de exagerar no aspecto patético da cena, dizer "aqui não há por quê" (o que é uma formulação particularmente precisa de dizer *Gesetz ist Gesetz* ou *lex dura sed lex*) pressupõe uma suspensão do debate racional que não pode subscrever um ordenamento constitucional sem incorrer em contradição. Não quero com isso recorrer à estratégia fácil e suficientemente desacreditada da chamada *reductio ad Hitlerum* injustamente padecida pelo positivismo jurídico. O único que quero sublinhar é que os Estados atuais reclamam uma legitimidade que vai muito além daquela que pode invocar um conjunto de ordens respaldadas por ameaças e essa pretensão exige coerência, posto que tais Estados também ficam sujeitos às exigências práticas de justificação inerentes a essa legitimidade reclamada.

Na realidade, a notável atenção prestada nas últimas décadas à teoria da argumentação jurídica (uma teoria da justificação racional das decisões judiciais) é coerente com o desenvolvimento do Estado constitucional. Sob um Estado constitucional a possibilidade de aperfeiçoar a justiça das decisões judiciais deve ficar aberta. Quando se suspende esta possibilidade passamos do discurso racional ao discurso "de quem a quem", para recordar uma irônica expressão de Lênin e a profunda dimensão justificadora do Direito no Estado constitucional requer uma cobertura conceitual da parte da teoria do Direito. Valeria neste caso uma aplicação analógica do argumento da pergunta aberta de Moore (2002, 38 ss.). Se alguém afirmasse que o caso da janela fica *justificado juridicamente* pela aplicação do art. 582 C. C. sem atenção a nenhuma outra norma ainda que contraviesse os princípios de justiça mais elementares, caberia perguntar: Mas de verdade está *justificada* tal decisão?

O neoconstitucionalismo neste ponto pretende *levar a Constituição a sério* e isso significa que não podemos aplicar o art. 582 C. C. como uma regra porque podemos tratar o Direito isoladamente, fragmentariamente. Parece razoável que na resolução do caso da janela fosse possível invocar o primeiro inciso do art. 47 da Constituição espanhola que diz assim:

> *Todos os espanhóis tem Direito a usufruir de uma moradia digna e adequada. Os poderes públicos promoverão as condições necessárias e estabelecerão as normas pertinentes para efetivar este Direito, regulando a utilização do solo de acordo com o interesse geral para impedir a especulação. A comunidade participará na mais-valia que gere a ação urbanística dos entes públicos.*

Com isso, superamos o atomismo formalista que fragmenta o discurso jurídico e que desatende a relação que existe entre as diversas normas. Existem neoconstitucionalistas positivistas que reconhecem as particularidades do Direito no Estado constitucional (não fragmentam o discurso como faz o formalista que não atende ao ditado da Constituição na hora de aplicar o art. 582 C. C.), mas ao mesmo tempo dizem que isso não afeta em absoluto a tese da separação entre Direito e moral (fragmentam sim, portanto, o discurso prático geral). Com efeito, podemos resolver o caso sem sair do Direito positivo. O art. 47 da Constituição (certamente, um princípio, pelo seu caráter geral, vago, aberto, indeterminado) constitui uma exceção à regra do 582 C. C. e poderíamos reformular a norma completa resultante (a qual podemos chamar N1) do seguinte modo:

> *Não se pode abrir janela com vista direta, nem varandas ou semelhantes, sobre a propriedade do vizinho, se não houver dois metros de distância entre a parede a construir e a dita propriedade, salvo quando isto vulnere o Direito a desfrutar de uma moradia digna.*

O princípio do art. 47 da Constituição apresenta-se como uma exceção à regra do art. 582 C. C., o que permite que nos afastemos do formalismo recém indicado. Aparentemente podemos ser neoconstitucionalistas (dar uma cobertura conceitual e normativa em nossa teoria do Direito às particularidades dos sistemas jurídicos dos Estados constitucionais) sem renunciar às teses fundamentais do positivismo jurídico (é o que propõe certo positivismo inclusivo, fraco, corrigido, também o positivismo crítico de Luigi Ferrajoli). Aqui se considera esta posição muito instável, no sentido de que sua concepção neoconstitucionalista dos direitos não se reflete em uma concepção plenamente neoconstitucionalista do Direito (Iglesias, 2005 e GF, 2005; réplica em Ferrajoli, 2006: cap. 2; duplica em GF, 2009).

Do mesmo modo que não posso fragmentar o discurso jurídico isolando o art. 582 C. C. do art. 47 da Constituição. Por causa do chamado efeito de irradiação das normas constitucionais sobre o resto do ordenamento, creio que também não podemos fragmentar o discurso justificador afirmando que uma decisão está juridicamente justificada, mas não o está em absoluto moralmente. O neoconstitucionalismo reconhece que não podemos fragmentar o ordenamento jurídico pela força irradiante da Constituição, mas aqui os caminhos do neoconstitucionalismo se bifurcam. Como vimos, podemos distinguir um neoconstitucionalismo fraco como o de Ferrajoli ou de Luis Prieto na Espanha (Prieto 1997; 1998), que não fragmenta o ordenamento jurídico constitucional, mas sim fragmenta o discurso prático geral e um neoconstitucionalismo forte que reconhece a imbricação sucessiva do art. 582 C. C. e o art. 47 da Constituição com a razão prática no estilo antipositivista de Alexy, Dworkin ou Nino. Aqui se sustenta que só esta versão do neoconstitucionalismo está apta para explicar adequadamente o discurso jurídico envolvido na aplicação de princípios jusfundamentais em um Estado constitucional.

2.1. Primeiro reparo à dicotomia regra/princípio

À luz do caso da janela, como fica a distinção entre princípios e regras implícita no argumento dos princípios? Que sentido tem a distinção entre normas derrotáveis e não derrotáveis? Se o art. 582 C. C. é uma regra e o art. 47 da Constituição é um princípio, então o que é a norma completa N1? Faz já alguns anos Juan Carlos Bayón (1991, p. 361 s) nos advertia sobre o efeito cavalo de Troia que esta interação entre regras e princípios ocasiona e que destrói o caráter de regra das normas. O itinerário desta, por assim dizer, "desregulação" (e isto com muitas aspas) do art. 582 C. c. seria o seguinte: Se o art. 47 Const. Não é uma regra, mas um princípio que contém o sintagma "moradia digna", então não se pode conhecer o conteúdo do art. 47 da Constituição sem desenvolver uma argumentação moral em torno do que significa "dignidade" em "moradia digna". Mas se não podemos argumentar juridicamente fazê-lo moralmente com o art. 47 e esse artigo condiciona a aplicação do art. 582 C. C., então a mais elementar transitividade, nos leva a concluir que não é possível argumentar com o art. 582 C. C. sem argumentar moralmente.

Aqui estão implicadas, pois, duas teses conexas muito relevantes: a tese da eficácia irradiante, a *Ausstrahlungswirkung,* da qual nos fala o Tribunal Federal da Alemanha, segundo a qual todas as normas do ordenamento (entre elas o art. 582 C. C.) se encontram irradiadas ou impregnadas em seu conteúdo pelas normas constitucionais (entre elas o art. 47 da Constituição) e a tese do caso especial (a alexiana *Sonderfallthese*), segundo a qual argumentar juridicamente é sempre argumentar moralmente com certos limites constitucionais (v. gr. Alexy, 1999), o que pressupõe admitir a unidade ou não fragmentação do discurso prático (Nino, 1994, p. 64).

Isto é, a causa do efeito da irradiação, não se pode aplicar atomisticamente o art. 582 C. C. sem levar em conta a incidência do art. 47 da Constituição que *pode* excepcionar sua aplicação, e por sua vez argumentar com o art. 47 da Constituição, que incorpora a referência ao Direito a uma moradia digna, nos faz submergir no discurso moral plenamente, porque não se pode saber o que seja a dignidade de uma moradia sem atender a considerações morais; porque a dignidade é, para usar uma expressão de Dworkin, "uma criatura da moralidade" (Dworkin, 1984b, p. 256).

3. PRINCÍPIOS E DERROTABILIDADE

Creio que esta colocação demonstra que a distinção severa entre regras e princípios é improcedente e distorce a realidade do Direito sob um Estado constitucional. Mas para fundamentar esta afirmação é necessário explicar, além do mais, o que cabe entender por "princípio" mais precisamente. O que são os princípios? Ainda que isto não será pacífico, cabe pensar que quando dizemos de uma norma que é um princípio, estamos dizendo que essa norma é derrotável. Costuma-se afirmar que uma norma é derrotável, superável, passível de revisão, quando o conjunto das exceções para sua aplicação não possa ser determinado exaustivamente *ex ante*.

3.1. Derrotabilidade teórica

Em nossa vida fazemos usos cotidianos de enunciados derrotáveis, aludimos ao que sói acontecer, ao normal; formulamos certos juízos por inexatidão. O exemplo clássico é "Todas as aves voam". Utilizamos este tipo de enunciados conscientes de que poderíamos tentar incorporar as exceções para manter a validez do enunciado "Todas as aves voam, menos o canário ferido do vizinho do quarto, menos o pinguim do zoológico...", mas não podemos estabelecer um elenco de exceções, *exaustivo* e *ex ante* (isto é, não podemos fixar um enunciado estável e *definitivo*). Esta circunstância leva a este tipo de enunciados a não cumprir a lei do reforço do antecedente. É possível que a adição de novos enunciados ao antecedente invalide o consequente. O que cria instabilidade; abre a possibilidade de que o enunciado seja passível de revisão. Em outras palavras, o raciocínio com este tipo de enunciados se torna monótono. Um exemplo de Robert Brandon (2001, p. 88) nos mostra a "hierarquia oscilante" própria de um raciocínio não monótono:

- Ao se raspar uma serrilha seca e bem feita, então se acenderá ($p \rightarrow q$);
- Se "p" e a serrilha se encontram sob um campo eletromagnético, então não se acenderá ($p \ \& \ r \rightarrow q$);
- Se "p" e "r" e a serrilha se encontram sob a jaula de Faraday, então se acenderá ($p \ \& \ r \ \& \ s \rightarrow q$);
- Se "p" e "r" e "s" e se extrai o oxigênio, então não se acenderá ($p \ \& \ r \ \& \ s \ \& \ t \rightarrow q$).

Caberia questionar então se poderíamos acrescentar novos elementos ao antecedente com a finalidade de fechá-lo e eliminar assim a instabilidade do enunciado. Poderíamos construir realmente um antecedente formado por todo o conjunto de casos *relevantes* para a ignição de uma serrilha e cancelar assim a revisabilidade de nosso enunciado sobre as serrilhas? Certamente parece difícil e em todo caso nosso conhecimento não parece basear-se em enunciados assim exaustivos, daí que desatender o fenômeno da derrotabilidade possa ocasionar problemas. Inclusive quando raciocinamos com enunciados teóricos como o da serrilha, nossos enunciados sobre como é o mundo parecem presididos por generalizações mantidas pragmaticamente pela assunção de sua derrotabilidade, de sua revisabilidade, de sua *falseabilidade*, para dizê-lo popperianamente.

Isto explica, para dar um par de exemplos, que Stephen Jay Gould se mostre entre cético e divertido diante do fato de que invariavelmente surja nos congressos de história natural algum experto que trate de invalidar as teses alheias aludindo a "um rato de Michigan com o qual isso não acontece" (Gould, 2007, p. 60) ou que, com esse mesmo espírito, Félix Ovejero (2002, p. 152) e com ele Santiago Sastre (2006, p. 189) tachem essa estratégia argumentativa de "bongobongoísta", entendendo por *bongobongoísmo* a análoga prática de evocar um caso marginal para desautorizar uma tese antropológica razoável, o caso marginal da tribo dos *bongo-bongo*, onde a tese antropológica qualquer que seja não se verifica. Formulamos generalizações revisáveis e não podemos fazer outra coisa.

3.2. Derrotabilidade prática

Estas reflexões podem transferir-se com seus matizes para o âmbito prático. Parece que por mais que procuremos acrescentar ao art. 582 C. C. em conexão com o art. 47 da Constituição (à norma N1) novos enunciados que fossem alterando a polaridade do consequente, não seria possível determinar de uma vez para sempre o conjunto de exceções exaurivelmente. Mas por que não é possível desenvolver um "antecedente total" (como o chama Giovanni Sartor, 1995, p. 120) que incorpora todas as possíveis e previsíveis exceções ao antecedente de modo que idealmente pudéssemos converter qualquer norma em uma regra inderrotável e estável (talvez essa regra completa unificada em torno a uma sanção imaginada e nunca exemplificada por Kelsen)? Existem diversas razões de caráter teórico e prático, mas antes desejaria indicar um grave problema ao qual nos leva a constatação da derrotabilidade das normas e que não pode ser evitado. Trata-se do risco de niilismo normativo, o qual nos pode levar a reconhecer a derrotabilidade das normas.

3.2.1. Inconvenientes para reconhecer a derrotabilidade de nossas normas: o risco de niilismo normativo kripkeano

No mundo das normas, a rejeição de estratégias como a do rato de Michigan ou a do *bongobogoísmo* parece assumir que as normas são derrotáveis porque seu conteúdo *deve* ser (por razões teóricas e práticas que veremos) *passível de revisão, sensível* aos novos casos. No entanto, por sua vez isto supõe assumir que seu conteúdo pode *depender* das particularidades (infinitas e imprevisíveis) dos *casos* em que a norma *seja* aplicável. Isto pode apresentar algum problema se não quisermos cair no realismo jurídico extremo. E isto porque, se se assume a chamada "relação interna" das regras com os casos de sua aplicação, como a célebre (e tão questionada) interpretação kripkeana do problema wittgensteiniano do seguimento de regras promove (Kripke, 2006, p. 70 ss.), então corremos o risco de cair num forte ceticismo ante as regras e ante certo niilismo regulador (vide Narváez, 2004, cap. III). Recordemos o que diz Wittgenstein (1954, 2003) no § 201 de suas Investigações filosóficas:

> *Nosso paradoxo era este: uma regra não podia determinar nenhum curso de ação porque todo curso de ação pode se fazer concordar com a regra. A resposta era: se tudo pode se fazer concordar com a regra, então também se pode fazer discordar. Donde não haveria nem concordância nem desacordo.*

As considerações em torno ao emprego de juízos derrotáveis adquirem assim uma especial relevância no âmbito prático, donde as consequências de não assumir a derrotabilidade de nossos juízos resultam especialmente insustentáveis, mas ao mesmo tempo podem nos levar ao devastador niilismo realista da dissolução do universo prático.

3.2.2. Razões teóricas para a derrotabilidade: imprevisibilidade

Parece-me que neste contexto a imprevisibilidade nos é revelada como um problema central e impossível de sanar que afeta particularmente às ciências sociais e claro muito especialmente às ciências que se ocupam de objetos culturais com uma dimensão prática como o Direito ou a moral, que pretende guiar futuras condutas. Para colocar só um dos exemplos de inevitável imprevisibilidade, gostaria de referir-me ao que Popper denominou "inovação conceitual radical" e que conta em um fragmento que cito de MacIntyre (MacIntyre, 2004, p. 122):

Certa ocasião, na Idade da Pedra, você e eu estamos discutindo sobre o futuro e eu prevejo que dentro dos próximos dez anos alguém inventará a roda. "Roda?", você pergunta. "O que é isso?" Então eu lhe descrevo a roda, encontrando palavras, com dificuldade sem dúvida, posto que é a primeiríssima vez que se diz o que será um aro, os raios, um cubo e talvez um eixo. Então faço uma pausa, pasmado: "Ninguém inventará a roda, porque acabo de inventá-la eu". Em outras palavras, a invenção da roda não pode ser prevista. Uma parte necessária para prever essa invenção é dizer o que é uma roda.

A possibilidade de inovações conceituais radicais ilustra simplesmente um fenômeno mais amplo: a intrínseca imprevisibilidade a qual estamos submetidos e isso especialmente quando formulamos juízos práticos. Se, por exemplo, queremos saber o que no futuro será considerado uma moradia digna (que nos permita aplicar razoavelmente o art. 582 C. C. em última instância), então (e assumindo uma metaética construtivista discursiva) nos encontraremos pelo menos diante dos problemas que são insanavelmente imprevisíveis: *quem* decide o que seja uma moradia digna e *que* constelação de propriedades confluirão nos imprevisíveis casos futuros.

3.2.2.1. A imprevisibilidade dos participantes no discurso. Construtivismo ético discursivo

Comecemos com o *quem*. Se assumimos a ética do discurso como uma ética aceitável (algo assim como a fisiologia das criaturas da moralidade que são nossos direitos), então a pergunta sobre *quem* decide como são é importante, posto que uma teoria ética discursiva atende a certas particularidades dos participantes no discurso quando se resolve uma questão como, por exemplo, o que seja uma moradia digna. Frente às colocações do realismo moral, o construtivismo ético considera que a moral não é algo que esteja aí fora, mas sim algo que construímos de acordo com um procedimento racional e que os descendentes teóricos de Kant consideram que se constrói discursiva e não monologicamente (v. gr. Rawls, 1980). Neste caso, nossos juízos morais dependem de alguma medida de uma contingência imprevisível: as particulares concepções do mundo dos futuros participantes no discurso moral.

3.2.2.2. A imprevisibilidade do conjunto de propriedades relevantes na configuração dos casos: particularismo prático

A pergunta sobre *quais* casos possam apresentar-se também é importante, como sublinha o particularismo ético de, especialmente, Jonathan Dancy. O princípio do holismo das razões afirma que a polaridade de uma razão só pode determinar-se no caso porque tal polaridade depende da interpretação das diversas razões relevantes no caso concreto e não podemos conhecer que constelações de razões se formarão no futuro. Para ilustrar esta questão, me parece especialmente expressivo um exemplo de Jonathan Dancy (2004, p. 15 s.), que nos fala de um restaurante de Nova York se devemos recomendá-lo ou não. Um amigo nos diz que a comida é horrível e disto não gostamos. Outro diz que as porções são minúsculas e disto também não gostamos. Tomadas isoladamente, ambas são razões para desaconselhar o restaurante. Certamente, as porções pequenas da *nouvelle cuisine* podem ser uma razão para não ir a um restaurante e a má comida é também uma razão para não ir a um restaurante, mas, pensando bem, se a comida é ruim, então parece bom que se sirva em pequenas porções. As pequenas porções trocaram a polaridade e começam a ser uma boa razão para ir jantar com os amigos, especialmente se a essa razão se unem outras considerações. Por exemplo: que comer menos nos permitirá de aproveitar o belo panorama do terraço, da amabilidade dos garçons ou da música ambiente.

Em suma, não podemos prever nem *quem* decidirá (i. e. não podemos prever como serão nossos participantes no discurso) nem *sobre o que* se deverá decidir (que constelação de rasgos relevantes configurarão o caso). Isto significa que a imprevisibilidade dos futuros casos traz um desafio à própria possibilidade de empregar normas gerais inclusive *prima facie* (o que os particularistas denominam "geralismo rossiano"). Eu creio que a consideração como normas derrotáveis tanto das normas constitucionais como das normas infraconstitucionais pelo efeito de irradiação permite resolver razoavelmente o problema da imprevisibilidade do futuro sem cair em um particularismo cético ante toda norma geral e as razões práticas para a derrotabilidade servem para explicar por quê.

3.2.3. Razões práticas para a derrotabilidade

A derrotabilidade responde a uma exigência da razão prática, porque nossos juízos práticos devem ser passíveis de revisão para podermos enfrentar satisfatoriamente às particularidades de casos que não podemos prever. Seria irracional que cancelássemos a possibilidade de deliberar e revisar nossas normas ante a emergência de casos imprevisíveis e a razão prática e a razão prática não pode ser irracional. Isso poderia provocar uma sensação de desamparo se atendermos ao risco de niilismo kripkeano acima indicado, pois não poderíamos conhecer o conteúdo das normas. No entanto, a razão prática não só serve para *fundar* a derrotabilidade das normas; também é o instrumento para *administrar* a derrotabilidade. Deste ponto de vista, somente considerando as normas (e isso inclui as jurídicas) como normas submetidas à razão prática geral, as normas são inteligíveis (existem e podemos conhecer seu conteúdo) e sua aplicação pode manter-se *sob controle*.

No entanto, caberia razoavelmente suscitar que, se o risco de niilismo normativo kripkeano afeta às normas jurídicas, também deveria fatalmente afetar às normas da razão prática que supostamente deveriam excluir esse risco das normas jurídicas. Uma resposta plausível encontra-se na assunção de uma ética construtivista nos termos indicados anteriormente. Se a razão prática se concebe em termos construtivistas e discursivos, então é a mera continuação do procedimento discursivo da parte de participantes ideais ou reais no discurso, o que garante a justiça do resultado. A relação interna entre o resultado do procedimento discursivo e a correção desse resultado (justiça procedimental pura) exclui uma deriva niilista ou cética kripkeana. Deste ponto de vista, a derrrotabilidade das normas é uma exigência da razão prática, mas ao mesmo tempo é um mecanismo administrado e mantido sob controle pela razão prática.

3.3. Uma concepção disposicional da derrotabilidade

Com este esquema em mente é possível começar a dar respostas a algumas inquietudes muito generalizadas. Por exemplo: existem normas inderrotáveis? Minha resposta é não. Talvez fosse possível achar algum exemplo extremo de norma inderrotável. Por exemplo, o "caso especial" ao que se refere Brad Hooker (2000, p. 5) da norma que rejeitasse qualquer ato que eliminasse para sempre toda a consciência do universo (a não ser, pois, inclusive esta regra teria suas exceções, quando seja o único meio de impedir uma eternidade de miséria universal).

No entanto, me parece que as normas de um sistema jurídico constitucionalizado são necessariamente derrotáveis. Grande parte da confusão a este respeito (em que eu mesmo incorri em algum escrito anterior) tem a ver com a incompreensão da dimensão disposicional da derrotabilidade. Que uma propriedade disposicional (e a derrotabilidade o é) não se manifeste ou que excluamos de algum modo sua manifestação não significa que tal propriedade não exista.

Devo deter-me algum minuto para recordar brevemente o que seja uma propriedade disposicional por oposição a uma proposta categórica. O exemplo clássico de propriedade disposicional é a solubilidade na água de, por exemplo, o sal. Rudolf Carnap, em um artigo dos anos 1936 e 1937, "Testability and Meaning" (Carnap, 1936, p. 440) representava assim a estrutura lógica de uma disposição: $D \longleftrightarrow (C \rightarrow M)$

Onde "D" significa disposição, "C" significa condição de manifestação e "M" significa manifestação da disposição. Isto é: o sal tem a propriedade disposicional da solubilidade se e somente se, no caso de se submergir em água, então o sal se dissolve. A estes elementos caberia acrescentar a base da disposição. A base é a causa que explica a disposição. Por exemplo, no caso de que nos ocupamos, a base da solubilidade consiste na estrutura química do sal.

Se transferimos este esquema para a derrotabilidade, então caberia afirmar que uma norma é derrotável (D) se e somente se, no caso de entrar em conflito com uma norma de maior peso (C), então é derrotada (M). A base da derrotabilidade consiste no vínculo das normas com a razão prática. Creio que este esquema nos permite resolver dois juízos que creio que não são corretos.

3.3.1. Existem normas inderrotáveis? O caso da dignidade humana

O primeiro consiste na crença de que existem normas inderrotáveis (regras). Existe um caso de inderrotabilidade que sói invocar-se na dogmática alemã, onde não somente se questiona a inderrotabilidade do art. 1.1. GG, como é um tabu sequer aventar essa possibilidade (Teifke, 2005, p. 142, nota 1). O art. 1.1 da *Grundgesetz* afirma em seu primeiro inciso que a dignidade humana é inviolável ("*Die Würde des Menschen est unantastbar*. Sie zu achten und zu schützen ist Verpflichtung aller staalichen Gewalt"). Do meu ponto de vista, o fato de que cancelemos a manifestação de uma disposição não implica o cancelamento da disposição. Por exemplo, ninguém diria que o sal deixou de ser solúvel por tê-lo introduzido numa câmara blindada absolutamente impermeável. Acho que ninguém negaria que a disposição *sobrevive* a tais contingências. O sal conserva a base (química) que causa sua solubilidade inclusive confinada na câmera blindada. Analogamente, introduzir uma norma em uma caixa forte ou câmara blindada como a Constituição não exclui sua natureza disposicional intimamente vinculada à base da disposição que conhecemos como derrotabilidade. Essa base consiste em seu caráter ético.

O resultado final pode soar paradoxal, mas o imoral não é aceitar a derrotabilidade de normas como a do artigo 1.1 da *Grundgesetz*. O realmente imoral, enquanto contrário à razão prática, consistiria em não permitir essa revisão quando fosse necessária (e não podemos prever como o será). É uma exigência da razão prática que possamos enfrentar racionalmente a novos casos que não podemos prever. A esta conclusão nos deve conduzir necessariamente uma ética construtivista de caráter discursivo. Aparentemente, somente se incorremos em alguma forma de jusnaturalismo ou de realismo moral que confie na existência de fatos morais na natureza poderemos rejeitar esta conclusão.

3.3.2. Paradoxos principialistas

Esta ordem de considerações nos permite abordar uma revisão da própria polêmica acerca da distinção entre regras e princípios. Os críticos da distinção entre princípios e regras concentraram-se em grifar os problemas dos princípios como categoria autônoma. No entanto, não parece uma boa estratégia para atacar essa dicotomia. Como acabamos de ver, a noção problemática da dicotomia regras/princípios não é a noção de princípio, mas a noção de regra (como norma inderrotável) implícita na configuração por contraste dos princípios. O questionável não é a derrotabilidade das normas, e sim a possibilidade de sua inderrotabilidade. Isto leva a dois paradoxos e uma confusão a qual incorrem muito habitualmente alguns defensores da distinção entre regras e princípios, aos que poderíamos chamar os "principialistas".

3.3.2.1. Primeiro paradoxo: principialistas escravos de regras. O caso Noara

O primeiro paradoxo do principialista consiste em que com a finalidade de reafirmar por contraste um conceito mais forte de princípio, o principialista configura as regras de modo que nem um formalista acérrimo admitiria. Talvez um caso recente ilustre esta afirmação mais claramente. Faz uns meses, em Sevilha, uma menina gravemente enferma, Noara, precisava de um transplante de fígado com urgência. Como este tipo de transplante requer somente parte do fígado do doador, é possível extraí-la de um doador vivo. Felizmente, a pessoa idônea para doar parte de seu próprio fígado era a própria mãe de Noara. No entanto, existia um impedimento legal: a mãe era menor de idade. Como, entre outras normas, o art. 4 da Lei n. 30/1979 de 27 de outubro sobre extração e transplantes de órgãos dispõe como condição *aparentemente* inderrotável nestes casos que o doador vivo seja maior de idade, em princípio não era possível que Noara recebesse a doação de sua própria mãe, também menor de idade. Por meio de um argumento analógico de pouco interesse para nós, o juiz decide então em um Auto que, apesar de tudo, procede a doação, uma vez *explorada* a mãe de Noara, mas o que aqui interessa assinalar é o caráter claramente derrotável que apresenta a norma presumentamente inderrotável que proíbe a doação entre vivos quando o doador não é maior de idade. Este caso põe em relevo dois aspectos-chave para compreender a justificação da derrotabilidade das normas jurídicas: sua dimensão constitucional e ética (a solução ao caso apenas raciocinada neste caso expressiva de sua evidência e de que é a razão prática e não as técnicas dogmáticas as que aconselham a solução ao caso) e a imprevisibilidade dos fatos (ou sua imprevisão, claramente denunciável ao legislador), especialmente da perspectiva de sua configuração nos termos do particularismo ético e jurídico.

3.3.2.2. Segundo paradoxo: regras e princípios, uma dicotomia autofrustrada

O segundo paradoxo consiste em que a dicotomia regra/princípio surgiu para dotar de uma cobertura conceitual a certas particularidades do Direito no Estado constitucional, mas é precisamente o Direito constitucionalizado o que nos revela a idoneidade de uma distinção forte entre regras e princípios como demonstra nosso exemplo da janela. Para que queremos então uma distinção forte entre regras e princípios se não serve a seus próprios propósitos?

3.3.2.3. Uma confusão principialista

Uma confusão que a concepção disposicional dos princípios como normas derrotáveis contribui para esclarecer, radica na ideia muito generalizada de que só podemos saber se uma norma é uma regra ou um princípio a partir do momento de sua aplicação. Muitos autores insistem em que, até sua efetiva derrota por outra norma de maior peso, um princípio funcionaria como uma regra. Por exemplo, Colin Tapper, em um trabalho aparecido pouco depois da publicação de *El modelo de normas* de Ronald Dworkin, estava intuindo um problema fundamental da dicotomia regras/princípios quando assinala quão decepcionante resultava que só pudéssemos atribuir-lhe o caráter de regra ou princípio às normas, depois de sua efetiva aplicação (Tapper, 1971, p. 630).

Mas afirmar que só podemos saber se uma norma é derrotável depois de sua aplicação supõe ignorar que a derrotabilidade é uma propriedade disposicional. Que nunca se verifique a condição de manifestação de uma propriedade disposicional não significa que tal propriedade não exista. Ainda que jamais se dissolva meu sal na água, nada me impedirá de reconhecer sua solubilidade. Este tipo de problema foi o que certamente levou a Carnap a inclinar-se por uma segunda fórmula para representar a estrutura lógica das disposições: $D \rightarrow (C \longleftrightarrow M)$.

4. A AXIOLOGIA ASPIRACIONAL DA DERROTABILIDADE SOB UMA CONCEPÇÃO ARGUMENTATIVA DO DIREITO

Uma vez, debilitada a distinção entre regras e princípios e reafirmada a estrutura derrotável das normas constitucionais (e infraconstitucionais por irradiação), fica mais claro o porquê do êxito das normas consideradas como princípios. A marca do ideário neoconstitucionalista creio que se manifesta neste trabalho em termos muito gerais na defesa de uma concepção argumentativa do Direito. O Direito é aqui concebido como um conjunto de argumentos e menos como um sistema de normas e isto é uma forma de dizer que se assume a "relação interna" entre as regras e os casos de aplicação. Em outras palavras, *só a aplicação racional das normas torna inteligível o conteúdo das normas.*

Em um Estado constitucional isto implica, no plano estrutural, que as normas tenham uma estrutura flexível (derrotável) capaz de dirigir a base ética da derrotabilidade das normas (Celano, 2002, p. 37), isto é, a intensa dimensão axiológica do Direito constitucionalizado em dois sentidos: por um lado os princípios jusfundamentais apresentam uma dimensão moral objetiva. Por outro lado, os princípios servem para encaminhar a dimensão ideal ou utópica do Direito. Ambas as questões merecem um esclarecimento.

4.1. Derrotabilidade e objetividade deíctica

Por um lado, na argumentação constitucional, objetividade não pode implicar caráter absoluto (inderrotabilidade) e creio conveniente insistir neste extremo, com a ajuda de uma analogia. Nos princípios constitucionais confluem objetividade e subjetividade de modo que expressam uma sorte de dêixis ética. São termos deícticos "agora", "aqui" e "eu". "Agora" poderia referir-se a muitos momentos, mas somente um é agora. Aqui poderia referir-se a muitos lugares, mas quando digo "aqui" já não é assim. "Eu" pode designar uma infinidade de pessoas, mas só uma delas sou eu quando profiro a palavra "eu". O referente destes termos depende de regras de uso e depende do contexto. Na dêixis convive, pois, a objetividade das regras de uso e a subjetividade do contexto. Se pensarmos, é algo muito parecido ao que acontece com os direitos fundamentais: dependem de regras de uso (creio que enraizadas na razão prática) e dependem do contexto (existe uma dimensão contextual à qual dão entrada as éticas discursivas). Em suma: que o Direito apresente caráter objetivo não significa que apresente caráter absoluto.

Na realidade, como bem indica Alexy (1985, p. 52), o discurso prático não é nem puramente objetivo nem puramente subjetivo. É objetivo à medida que as regras que regem o discurso prático são objetivas, mas é relativo aos participantes no discurso que podem variar ao longo do tempo. Isto explica que os conceitos constitucionais admitam diversas concepções, que tenhamos *living constitutions*. A axiologia discursiva constitucional requer por sua vez uma deontologia flexível. Os valores constitucionais expressam-se por meio de normas derrotáveis. Os princípios *derrotáveis* são o correlato deontológico da axiologia pluralista que rege nossas sociedades crescentemente multiculturais.

4.2. Derrotabilidade e ideais

Porém, a necessidade de que tais normas sejam derrotáveis não é só uma consequência da axiologia pluralista que invocam as atuais constituições e reconhecem as éticas construtivistas e discursivas. Além do mais, estamos ante uma axiologia *aspiracional,* uma axiologia que estabelece ideais, horizontes utópicos e de novo isto requer um tipo de norma, os princípios, as normas derrotáveis, que podem garantir a viabilidade de uma ordem jurídica rematerializada neste sentido. Sem uma deontologia flexível, não seria possível uma axiologia de ideais.

Para expressá-lo melhor, me permitam recordar um bom exemplo que Urmson nos oferece em seu clássico trabalho *Saints and Heroes* (Urmson, 1969, p. 63): Um soldado deixa escapar por descuido uma granada a ponto de explodir e decide de imediato jogar-se sobre ela para, imolando-se, salvar a vida de seus companheiros. Esta conduta, como muitas outras parecidas dos santos e heróis, é extraobrigatória, e Urmson chama a nossa atenção sobre o fato de que este tipo de conduta heroica determina uma interessante descontinuidade entre valores e normas, entre axiologia e deontologia. Normalmente entre os planos axiológico e deontológico existe uma correlação que nos leva a pensar que o que é bom é devido. No entanto, as ações extraobrigatórias são *boas*, mas não são propriamente *devidas*. Ninguém negará que a ação do soldado é valiosa, mas certamente ninguém se atreveria em seu momento a ditar uma norma obrigando-o a imolar-se para assim salvar a seu próximo.

Creio que o argumento de Urmson nos ajuda a compreender a necessidade de que o ordenamento constitucional apresente normas derrotáveis ou normas flexíveis em geral. Se o ordenamento apresenta uma carga axiológica em um marco pluralista e além do mais apresenta uma dimensão utópica que consagra ideais aos quais devemos aspirar, então as normas que pretendem realizar esses ideais não podem ser *devidas e prontas* como uma norma (regra) que proíba fumar (também submetida à irradiação em todo caso), mas tampouco podem considerar-se não devidas como a conduta do soldado. Em conclusão,

— 396 —

o que precisamos são normas que promovam a ótima realização dos ideais. A alexiana consideração dos princípios como *mandatos de otimização* (Alexy, 1993, p. 86) acho que cumpre com esta função. Um mandato de otimização é uma norma que deve ser cumprida na maior medida possível dentro de limites fáticos e jurídicos. Esta norma não vincula os destinatários a um cumprimento total (nisto recorda à ausência de um dever para levar a cabo ações supererogatórias), mas sim vincula seus destinatários para que otimizem sua aplicação e esse ótimo se for alcançável. Os princípios apresentam assim esta dimensão utópica, porém também tópica (esta vez em sentido algo diferente do que lhe conferiria Viehweg).

Naturalmente isto nem sempre é fácil de compreender dentro da cultura jurídica em que vivemos. Por um lado, ainda somos conscientes (talvez reféns) do papel racionalizador de uma fonte como a lei em sua qualidade de norma abstrata e geral, e nos sentimos em dívida com ela. Por outro lado, as normas derrotáveis e a carga axiológica e ideal das Constituições provocam incertezas e receio pelo risco de judicialismo que comporta. Para dizê-lo de modo a causar efeito, o Antigo Regime ditava normas rígidas para alguns, a Lei, então, se dirigiu a todos, mas os princípios jusfundamentais do Estado constitucional referem-se a todos, mas nem sempre são efetivos e a administração desses "nem sempre" é fácil.

Não é estranho, pois, que a concepção dos direitos fundamentais como princípios deva vencer numerosas resistências tanto por parte daqueles que considerem a possibilidade de éticas absolutas, quanto dos céticos que considerem a implausibilidade de toda ética e considerem que além dos confins do Direito não existe nada, salvo ideologia e irracionalismo. Também contará com a resistência geral das colocações legalistas preocupadas pela possibilidade de que a assunção do modelo neoconstitucionalista incremente a incerteza. No entanto, não se examinará aqui: o alcance conceitual que a teoria do Direito deve conceder à constitucionalização dos sistemas jurídicos, a relevância conceitual que possa adquirir, por exemplo, a derrotabilidade das normas jurídicas tal e como aqui foi assinalado.

5. CONSEQUÊNCIAS PRÁTICAS DA TEORIA: PORCOS-ESPINHOS QUE QUEREM SER RAPOSAS

Que consequências poderia ter a assunção de uma colocação como a aqui proposta? Talvez tanto teóricos quanto práticos pudessem extrair alguns ensinamentos. Do ponto de vista dos juízes, a assunção desta colocação que inscreve resolutamente o discurso jurídico no mais amplo discurso prático geral deveria levá-los a considerar a ampliação do horizonte de seus conhecimentos e conceber o Direito como algo mais do que uma técnica sofisticada de mero controle social. É de se imaginar que isto exigiria aos juízes assumir um compromisso virtuoso com o ordenamento e adquirir maior familiaridade com a filosofia moral e política (Dworkin, 2007).

Do ponto de vista dos teóricos, é certo que, nos termos da clássica dicotomia entre porcos-espinhos e raposas, muitos dos que nos dedicamos à teoria do Direito nos fomos convertendo pouco a pouco em porcos-espinhos e de certo modo não sejamos os mais indicados para dar conselhos. Como se sabe, o porco-espinho faz uso de uma única e sólida defesa (teoria do Direito no caso do porco-espinho neoconstitucionalista), bem diferente da raposa que recorre aos mais diversos ardis (*multa novit vulpes, verum echinus unum magnum*). No entanto, é ilusório pensar que fazer teoria do Direito continua sendo hoje em dia coisa de porcos-espinhos. Atualmente, sob o ascendente paradigma jurídico do neoconstitucionalismo, impõe-se a integração de amplas áreas da reflexão jurídica: dogmática constitucional e teoria do Direito, filosofia política e moral e teoria do sistema jurídico e da argumentação. Não é, em absoluto, a mesma coisa ser um porco-espinho especializado nas propostas da modificação das diretivas europeias sobre sociedades anônimas do que ser um porco-espinho neoconstitucionalista. Creio que este acabará mais cedo ou mais tarde assemelhando-se a uma raposa e não por nenhuma condição intelectual especial sua, mas sim por pura necessidade, por instinto de sobrevivência.

Esta me parece uma importante contribuição prática (de inspiração pragmatista) que cabe esperar deste movimento heterogêneo e *in fieri* que se resolveu denominar neoconstitucionalismo: cabe esperar que se converta em algo assim como uma "filosofia do Direito aplicada" (Moreira, 2008, p. 17). Apesar de seu fundo inevitavelmente teórico, poderíamos dizer que, seguindo uma exortação rortyana, o que o neoconstitucionalismo nos propõe é que deixemos de buscar o sublime e eterno do jurídico, para que nos conformemos com o belo e temporal (Rorty, 2000, p. 16). O reconhecimento da derrotabilidade das normas jurídicas, em conexão com uma concepção construtivista e discursiva da ética, não é nada mais do que mais uma manifestação a mais deste espírito.

Quarta Parte

PATRIOTISMO CONSTITUCIONAL E A EXPANSÃO DO CONSTITUCIONALISMO

Capítulo 14

HABERMAS/ALEXY E O DISCURSO PRÁTICO

Antonio Cavalcanti Maia

Sumário
1. Introdução
2. A reabilitação da razão prática
3. O discurso prático
4. Teoria da argumentação
5. Situação ideal de fala
6. Conclusão

1. INTRODUÇÃO

> *A filosofia deve optar sempre pelo não existente; ela deve se engajar contrafaticamente, ela deve desafiar a realidade enquanto a reconhece.* (Manfred Frank)

> *Argumentar constituye, en definitiva, la actividad central de los juristas y se puede decir incluso que hay muy pocas profesiones – si es que hay alguna – en que la argumentación juegue un papel más importante que en el Derecho.* (Manuel Atienza)

Há dez anos, em publicação recenseando o panorama contemporâneo dos estudos jusfilosóficos no mundo de língua alemã, James E. Herget[579] elenca as principais correntes do debate contemporâneo: a "teoria do discurso", "a teoria retórica", a "teoria dos sistemas" e o "positivismo legal institucionalista". Posso afirmar que, nesse último decênio, a teoria do discurso do Direito e da democracia – de Jürgen Habermas, Robert Alexy e Klaus Gunther – granjeou uma crescente audiência para as suas teses, sobretudo por oferecer uma alternativa crível ao paradigma dominante juspositivista. Neste artigo, procurarei expor uma série de elementos articulados ao conceito-chave de "discurso", pedra de toque de uma empresa filosófica desenvolvida – não obstante as emergentes diferenças entre os principais protagonistas – por Karl-Otto Apel, Jürgen Habermas e Robert Alexy. De fato, focalizarei minha análise nas relações entre os trabalhos destes dois últimos, posto que o trabalho do jurista alemão encontra-se constitutivamente vinculado ao projeto da ética do discurso, já que "a teoria de Alexy significa, por um lado, uma sistematização e reinterpretação da teoria do discurso prático habermasiana e, por outro lado, uma extensão dessa tese para o campo específico do direito".[580]

A "ética do discurso" caracteriza-se por ser um enfoque cognitivista no campo da ética, inspirado numa reinterpretação da intuição básica presente no imperativo categórico kantiano – um princípio de universalização – expressa numa proposta procedimentalista que realiza-se por meio de uma teoria da argumentação. Tal proposta procura produzir um critério baseado na ideia de imparcialidade – núcleo dos "ganhos" de aprendizagem moral alcançados pela

---

579 J. E. Herget. *Contemporary german legal philosophy*. Philadelphia: University of Pennsylvania Press, 1996.

580 M. Atienza. *As razões do Direito. Teorias da argumentação jurídica*. São Paulo: Landy, 2000, p. 234.

modernidade ocidental[581] com a transição para um estado pós-convencional de consciência moral. O nível de consciência moral pós-convencional (reconhecido a partir dos trabalhos de Piaget e Kohlberg) pressupõe a faculdade de tomar parte em discursos práticos. Neste particular, há uma confluência entre as propostas de Habermas e Robert Alexy, alicerçadas na ideia de *discurso prático*. Em especial, se tivermos em mente que "Alexy formulou em regras grande parte das condições discursivas avançadas por Habermas".[582] Isto posto, apresentarei aqui alguns aspectos dessa problemática, sempre no intuito de expor os elementos teóricos utilizados por Habermas (e, no caso, também, Alexy) para elevar o debate jusfilosófico a um diferente patamar, abrindo a perspectiva pós-positivista. Destaque-se ainda que a plausibilidade do discurso prático constitui elemento capital na chamada reabilitação da filosofia prática (como será mais bem explicado no item seguinte). A abertura dessa dimensão teórica enseja o solo a partir do qual tanto Habermas como Alexy podem oferecer a proposta de uma plausível de superação do estiolado debate jusnaturalismo/positivismo jurídico, com a reabertura do domínio normativo às discussões racionais, insurgindo-se contra o ceticismo dominante no quadro jusfilosófico novecentista. Tal empreitada refuta um dos postulados das diversas correntes do positivismo – quer seja sociológica, normativa ou realista – ao reconhecer que "o mundo da ética não é o mundo do silêncio, mas dos argumentos".[583]

No caso de Alexy, a sua teoria da argumentação jurídica não poderia ter sido desenvolvida sem o texto seminal "Teorias da Verdade"[584], de Habermas, no qual este sustenta a possibilidade do discurso prático. Nesse aspecto, o filósofo de Frankfurt, como já mencionado, insurge-se contra um elemento central do enfoque positivista – como o de Hans Kelsen ou o de Alf Ross –, ao defender a idoneidade dos discursos práticos. A aposta na plausibilidade de tais "[...] 'discursos práticos' – enquanto forma não institucionalizada de tornar explícitas e de avaliar as razões a favor de determinadas pretensões de retidão ou correção normativa – como recurso ótimo para fundamentar propostas

---

581 Para uma explicitação dessa ideia, ver Antonio Cavalcanti Maia. "A distinção entre fatos e valores e as pretensões neofrankfurtianas". *In:* Antonio Cavalcanti Maia *et al.* [Org.]. *Perspectivas atuais da filosofia do Direito.* Rio de Janeiro: Lumen Juris, 2005, p. 3-30. Antonio Cavalcanti Maia. "Direitos humanos e a teoria do discurso do Direito e da democracia". *In:* Celso A. Mello; Ricardo Lobo Torres [Org.]. *Arquivos de direitos humanos.* Rio de Janeiro: Renovar, 2000, p. 3-81.

582 J. C. Velasco Arroyo. *La teoria discursiva del derecho. Sistema jurídico y democracia en Habermas.* Madri: Boletín Oficial del Estado y Centro de Estudios Políticos y Constitucionales, 2000, p. 126.

583 M. Milovic. *Comunidade da diferença.* Rio de Janeiro: Relume Dumará, 2004, p. 58.

584 J. Habermas. "Teorias de la verdad". *In: Teorías de la acción comunicativa: complementos y estudios previos.* Madri: Ediciones Cátedra, 1994, p. 113-158.

práticas e resolver conflitos entre normas e interesses contrapostos"[585] constitui o eixo norteador da maior parte dos trabalhos de Habermas (em estreita colaboração, neste aspecto, com Apel).

Tanto Alexy utiliza elementos do trabalho de Habermas quanto este também emprega alguns de seus desenvolvimentos teóricos (cabe salientar ainda, como afirma Habermas em *Facticidade e Validade*, que a argumentação[586] possui um papel central na teoria do discurso no domínio jurídico. Neste sentido, conferir o capítulo V – intitulado "Indeterminação do Direito e Racionalidade da Jurisdição" –, item 3, sobre a teoria do discurso do direito). Assim, a ideia crucial de que se pode pensar uma conexão entre Direito e moral[587], a partir da noção de "pretensão de correção" – a qual "implica uma pretensão de fundamentabilidade"[588] –, seria impensável sem o respaldo da teoria do agir comunicativo habermasiana. Em "Notas Programáticas para a Fundamentação da Ética do Discurso", publicado em *Consciência Moral e Agir Comunicativo*, Habermas se utiliza dos desenvolvimentos elaborados por Robert Alexy em sua obra denominada *Teoria de la Argumentacion Jurídica*,[589] na qual o professor de Kiel define as regras e formas do discurso prático, em geral, antes de discriminar as regras específicas do discurso jurídico.

A exposição acerca das características do discurso prático – elemento central da teoria discursiva do Direito e da democracia – será: 1) de início, contextualizada com uma apresentação sumária do movimento geral de ideias caracterizado como a "reabilitação da filosofia prática", no qual se inscreve a ideia de discurso prático; 2) seguida de uma exposição sumária de algumas das características do que significa o discurso; 3) desdobrada em uma breve apresentação de elementos da teoria da argumentação de Habermas; 4) por fim, focalizada no polêmico conceito de situação ideal de fala.

---

585 J. C. Velasco Arroyo. *La teoría discursiva del derecho – Sistema jurídico y democracia en Habermas. op. cit.*, p. 122.

586 Quanto às relações entre argumentação e democracia, e sua importância nos debates metodológicos e de hermenêutica constitucional contemporânea, desenvolvi algumas considerações de caráter propedêutico e complementar às teses aqui expendidas no texto "Notas sobre Direito, argumentação e democracia". *In:* Margarida Maria Lacombe Camargo [Org.]. *1988 – 1998: Uma década de Constituição*. Rio de Janeiro: Renovar, 1999, p. 395-430.

587 Como sustenta Alexy, "em muitos casos a resposta não é clara. A teoria do discurso não é uma máquina que nos permita determinar exata, objetiva e definitivamente o peso de cada Direito, mas mostra que são possíveis os argumentos racionais acerca dos direitos. E, por isto, mostra que a inclusão de direitos fundamentais no sistema jurídico conduz a uma conexão entre Direito e Moral".

588 R. Alexy. *El concepto y la validez del derecho*. Barcelona: Editorial Gedisa, 1994, p. 82.

589 R. Alexy. *Teoria de la argumentación jurídica*. Madri: Centro de Estudios Constitucionales, 1989, em especial páginas 283, 284 e 285.

Na estrutura deste artigo, seguirei uma forma de abordagem semelhante à realizada por Manuel Atienza, quando da exposição da teoria da argumentação jurídica de Robert Alexy, em seu livro *As Razões do Direito. Teorias da Argumentação Jurídica*.[590] Semelhante, por um lado, pois terei sempre em mente mais as convergências entre esses dois projetos do que marcar suas diferenças; por outro, desenvolverei minha análise em uma espécie de "zigue-zague", indo de Habermas a Alexy e de Alexy a Habermas (neste particular, diferentemente de Atienza – cuja análise se estende mais acerca da *démarche* alexyana – terei como eixo principal Habermas).

2. A REABILITAÇÃO DA RAZÃO PRÁTICA

O florescimento do debate sobre o domínio dos negócios humanos – que trouxe em seu bojo a reabilitação da filosofia prática – colocou em xeque alguns dos postulados da perspectiva positivista,[591, 592] em especial ao procurar se posicionar para além do simples equacionamento da questão da legitimidade apenas em termos de legalidade – abandonando-se quaisquer tentativas de tecer considerações acerca da relação entre o mundo legal e referências de natureza moral. Ora, esta mudança de enfoque implicou a demanda de esforços

---

590 M. Atienza. *As razões do Direito. Teorias da argumentação jurídica*. São Paulo: Landy, 2000.

591 O termo positivismo é entendido (em sua dimensão jurídica) seguindo o magistério de Herbert Hart: "a) a opinião de que não há necessária conexão entre Direito e moral ou entre Direito tal qual ele é e tal qual ele deveria ser; b) a opinião de que um sistema legal é 'um sistema lógico fechado', no qual as decisões corretas legais podem ser deduzidas por meio de procedimentos lógicos a partir de regras jurídicas predeterminadas sem referência a fins sociais, políticas e *standards* morais [...]". No tocante às características do positivismo – como tendência do pensamento filosófico – e com expressivas consequências no campo da ética –, tem-se, do filósofo do Direito de Oxford: "[...] c) a opinião de que os julgamentos morais não podem ser estabelecidos ou defendidos, como podem afirmações de fato, por argumentos racionais, evidência ou prova (não cognitivismo em ética)." H. L. A. Hart. "Positivism and the separation of Law and Morals". *In:* R. M. Dworkin. [Ed.]. *The philosophy of law*. Oxford: Oxford University Press, 1986, p. 18.

592 Cabe salientar que Habermas não está isolado nesse movimento de insatisfação com o paradigma positivista. Devem ser destacados outros autores alemães como Albrecht Wellmer, Ernest Tugendhat e a Escola de filosofia metodológica de Erlangen, com sua teoria da deliberação prática ancorada em uma ética construtivista, bem como os desenvolvimentos realizados por filósofos da ciência da cultura anglo-americana, como Thomas Kuhn, Paul Feyerabend e Lakatos (quanto a este elenco, sigo a informação de Davide Held. *Introduction to critical theory – Horkheimer to Habermas*. Berkeley: University of California Press, 1980, p. 464). Ademais, deve-se ter em mente que Habermas "está incluído em um movimento de filósofos que se recusa a relegar os procedimentos de decisão éticos ao decisionismo existencialista ou ao plácido emotivismo." (William Rehg. *Insight and solidarity: a study in the discourse ethics of Jürgen Habermas*. Berkeley: University of California Press, 1997, p. 21). Assim, Habermas, juntamente com Apel, posiciona-se na esteira de filósofos como Kurt Baier, Stephen Toulmin e R. M. Hare, que procuraram refutar, desde o final dos anos 50, as teorias éticas não cognitivistas (de matriz positivista), base epistemológica dos diversos positivismos.

para repensar o regime democrático. Contudo, o interesse e a atualidade das cogitações sobre a democracia – e os efetivos meios de dinamizá-la – não se resumiram a impulsos provenientes apenas dos ambientes teóricos. As transformações assistidas na realidade político-institucional em diversos quadrantes do planeta motivaram significativamente este movimento geral de ideias. Não devemos esquecer que essas discussões estão inseridas no quadro mais amplo de um debate relativo ao efetivo funcionamento da democracia no Estado Democrático de Direito contemporâneo.

A utilização do *slogan* "reabilitação da filosofia prática" indica o movimento de ideias iniciado no alvorecer da década de 60 e que ganhou *momentum* a partir dos anos 70, tornando-se central nos debates filosóficos travados ao longo dos anos 80. Interessa aqui a abordagem da teoria discursiva do Direito e da democracia (que, juntamente com a obra de John Rawls, desenvolve um enfoque de inspiração kantiana). Entretanto, esse movimento tem como marco de origem reflexões inspiradas numa retomada das lições de Aristóteles.

Apesar de a análise deste último enfoque não ser o objeto central deste trabalho, sua menção faz-se obrigatória à medida que ela se inscreve em um grande movimento intelectual, predominantemente teutônico[593], que ocupou largo espaço nos debates acadêmicos entre as décadas de 60 a 80, caracterizado como "reabilitação da razão prática". Tal abordagem renova os estudos de Aristóteles no domínio da reflexão filosófica voltada para a *práxis*, e tem como principais objetos de interesse a ética, a economia e a política. Os autores mais importantes desse movimento são: Hans-Georg Gadamer, Hannah Arendt, Leo Strauss, Rüdiger Bubner, entre outros[594], que forneceram decisivas contribuições para o quadro atual das reflexões sobre a democracia, a legitimidade e as conturbadas relações entre teoria e prática. Com relação ao projeto habermasiano e, *ipso facto*, ao de Alexy, há uma convergência entre os seus esforços e o empreendimento dos neoaristotélicos – embora por meio de estratégias metodológicas distintas – no tocante ao fortalecimento de uma espécie de pressão erosiva contra o paradigma positivista. Nessa medida, as seguintes considerações descrevem este clima geral de ideias:

---

593 Não se pode esquecer a *Nova Retórica* de Chaïm Perelman, em colaboração com Olbrechts-Tyteca desenvolvido no mundo de fala francesa, utilizando-se também do pensamento aristotélico na busca de superar os impasses reducionistas, no âmbito da filosofia moral, postos pelas diversas perspectivas céticas.

594 Para uma referência extremamente elucidativa sobre este assunto, ver Enrico Berti. "La philosophie pratique d'Aristote et sa 'réhabilitation' récente". *In: Revue de Metaphysique et de Morale*, n. 02, Paris, 1990, p. 249-266. Também oportuna acerca desta discussão: Franco Volpi. "La naissance de la rationalité prátique dans la diferenciation aristotélique du savoir: sa tradition et son actualité". *In:* Jean-François Mattei. [Org.]. *Naissance de la raison en Grèce*. Paris: Actes du Congrés de Nice, PUF, 1990.

Por volta de 1968, a tradição positivista, que tinha suas origens no séc. XIX e que foi revitalizada e refinada pelo positivismo lógico, já estava sob severo ataque. Porém, não se pode subestimar a extensão que a índole positivista penetrou e dominou a vida cultural e intelectual. Nesse contexto, Habermas está falando de 'positivismo' de uma maneira larga e englobante. Ele quer identificar a tendência – para qual vários movimentos independentes contribuíram – que estreita e restringe o âmbito da racionalidade. A razão, dessa perspectiva, pode nos capacitar cientificamente para explicar o mundo natural e até mesmo o mundo social. Ela pode discernir regularidades nomológicas, fazer predições e apreender as consequências empíricas de diferentes cursos de ação. Ela pode avaliar procedimentos de decisão racional e apreciar os custos de meios concorrentes para alcançar fins específicos. Mas está além do âmbito da razão justificar fins ou garantir normas universais. Se aceitarmos essa caracterização de razão, então rejeitamos o tipo de reflexão crítica onde, através de uma profunda compreensão e explicação dos processos sociais, podemos levar mais longe a emancipação humana de suas formas ocultas de repressão e dominação. O olhar que Habermas está desafiando é mais comoventemente e tragicamente representado por Weber.[595]

A década de 80 já é conhecida como aquela caracterizada pelo espetacular "retorno do Direito" como termo ou valor de referência.[596] Vale dizer, as enormes transformações ocorridas na Europa com a queda do muro de Berlim e a progressiva institucionalização da Comunidade Europeia acarretaram o reconhecimento cada vez maior da centralidade do modelo democrático

---

595 R. Bernstein. "Introduction". *In: Habermas and Modernity.* Cambridge: MIT Press, 1985, p. 18. Quanto ao positivismo, torna-se oportuno também transcrever a seguinte passagem: "O positivismo abole a distinção entre razão teórica e razão prática, e só admite a primeira. Com o desaparecimento da razão prática, o reino das normas e fins deixa de ser acessível à razão, pois esta, reduzida à razão científica, só tem competência sobre as proposições analíticas da lógica e da matemática e sobre as proposições sintéticas relativas ao mundo objetivo dos fatos. As proposições normativas escapam a essas duas esferas. Elas não são nem empíricas nem tautológicas, e portanto não podem ser fundamentadas à luz da única instância racional que sobreviveu à dissolução da razão kantiana – a razão teórica." Paulo Sérgio Rouanet. "Ética Iluminista e ética discursiva". *In: Habermas 60 Anos.* Rio de Janeiro: Tempo Brasileiro, 1989, p. 31.

596 Quanto à ideia acerca do "retorno do Direito", utilizo-me da expressão empregada por Alain Renaut e Lukas Sosoe em *Philosophie du droit.* Paris: Presses Universitaires de France, 1991, um trabalho onde procuram articular a perspectiva da filosofia do Direito dos juristas com a dos filósofos, bem como estabelecer as vinculações entre as tradições de pensamento contemporâneo continental e anglo-saxônica, em especial conferir as páginas 18 a 31.

como o padrão incontornável de organização da vida pública. Correlato a estas transformações estruturais, um enorme debate no campo da filosofia e da teoria política procurou refletir sobre as instituições e os mecanismos e procedimentos garantidores do aproveitamento dos potenciais democráticos presentes na tradição ocidental pós-Revolução Francesa. Desta forma, as democracias ocidentais, no momento em que conquistam uma legitimidade incontestável no cenário internacional, reinterrogam os modelos políticos e jurídicos por ela produzidos. Portanto, investigações acerca dos elementos, instituições e práticas capazes de dinamizar a democracia estão na ordem do dia.

Esta reabilitação geral da filosofia prática – filosofia política, filosofia do Direito e ética – fez com que diversos filósofos voltassem sua atenção a caros temas presentes na tradição ocidental. Por conseguinte, volta ao foco das reflexões teoréticas a "[...] questão central da filosofia política: quais são os princípios de associação política que é justo estabelecer?"[597]. A par disso, a indagação acerca do que devo fazer, ou o que a longo prazo é bom para mim e para o grupo social. Se estas questões animaram parte substancial do debate de ideias dos gregos até o séc. XVIII, no século XX, o *main stream* do discurso filosófico até os anos setenta, sobretudo aqueles inspirados na filosofia analítica – quer seja na esteira do empirismo lógico do Círculo de Viena ou nas instigantes investigações wittgensteinianas –, tinha sido muito parcimonioso nas tentativas de elucidação destes problemas relacionados ao âmbito do atuar humano e de suas instituições.

No tocante à fundamentação normativa da Teoria Crítica, os esforços de Habermas implicaram o desenvolvimento de um projeto filosófico focalizado no campo dos "[...] discursos práticos, ou seja, [daqueles] processos de entendimento mútuo que servem para responder questões práticas do tipo: 'O que devo/devemos fazer?'."[598] Para tanto, como já destacado, Habermas – em conjunto com Karl-Otto Apel, com a colaboração de Albrecht Wellmer e seguido por Robert Alexy – desenvolveu o projeto da ética do discurso (ou ética da comunicação), que procura analisar os discursos práticos onde se busca um consenso racionalmente motivado acerca das normas de convivência social. Assim, "a ética do discurso articula o critério que guia os discursos práticos e serve de standard para a distinção entre normas legítimas e ilegítimas."[599] Eis que, ao elaborar uma perspectiva na qual se procura fornecer critérios

---

597 C. Larmore. *Modernité et morale*. Paris: Presses Universitaires de France, 1993, p. 20.

598 J. Habermas. "Notas programáticas para a fundamentação de uma ética do discurso". *In: Consciência moral e agir comunicativo*. Rio de Janeiro: Tempo Brasileiro, 1989, p. 106.

599 J. Cohen. "Discorse ethics and civil society". *In:* RASMUSSEN, David [Ed.]. *Universalism vs. Communitarism: contemporary debates in ethics*. Cambridge: MIT Press, 1990, p. 84.

racionais para a justificação dos ditames regradores da vida coletiva, têm-se repercussões importantes no campo da filosofia do Direito, à medida que o problema da legitimidade pode ser tratado a partir de um discurso racional de justificação, e não deixado ao voluntarismo e ao irracionalismo, subjacentes às posições positivistas.

Nesse sentido, o projeto da ética do discurso se inscreve no coração do movimento de reabilitação da filosofia prática, insurgindo-se contra a constelação filosófica dominante do século XX, que deixava ao largo dos debates racionais as questões atinentes às normas regradoras da vida social. Com relação a este quadro filosófico, cuja superação a Teoria Crítica da sociedade vem se esforçando em alcançar enquanto alternativa plausível, Karl-Otto Apel afirma:

> *Nós sabemos que a situação da filosofia na primeira metade do século XX reflete esta constelação [...]: de um lado, encontramos as variações do positivismo cientificista, que estão orientadas em função do paradigma de racionalidade das ciências axiologicamente neutras. Eles não dominam apenas a filosofia teórica, na forma de uma teoria da ciência, mas igualmente as metateorias da economia e do Direito, em síntese: o conjunto de domínios de racionalidade procedimental publicamente reconhecidos. Nesta perspectiva, os valores e as normas da moral não podem ser concebidos a não ser como um assunto de sentimentos ou de decisões irracionais, em síntese: como um assunto privado – como a religião – e é precisamente nesses confins de racionalidade procedimental publicamente reconhecida que podem entrar em jogo, na forma de instâncias complementares da filosofia positivista-cientificista, as variações do existencialismo; e como Max Weber previu, cabem a elas tematizar o problema das decisões axiológicas últimas como irracionais e privadas.*[600]

O desenvolvimento da ética do discurso, por parte de Habermas, se dá basicamente em dois livros – *Consciência Moral e Agir Comunicativo* (de 1983) e *Esclarecimento Sobre a Ética do Discurso* (de 1991). No primeiro, estribado no texto "Notas Programáticas para a Fundamentação de uma Ética do Discurso", à semelhança da *Fundamentação da Metafísica dos Costumes*, de Kant, lança as bases de um projeto ético cognitivista, isto é, "[...] a filosofia moral que considera possível fundamentar a norma ética em princípios gerais e abstratos, de caráter secular, e que em tese não postula qualquer diferença categorial

---

600 K.-O. Apel. *Éthique de la discussion*. Paris: Les Éditions du Cerf, 1994, p. 24-25.

entre o conhecimento dos fatos do mundo físico e os do mundo moral."[601] Deste modo, situa-se claramente em um ponto de vista contrário à perspectiva positivista, que, por sua vez, assume uma posição não cognitivista – na qual os juízos morais são compreendidos como expressões de preferências subjetivas ou de desejos arbitrários, colocando-se assim além do alcance de qualquer justificativa racional. Importa observar que algumas das características do projeto ético de Habermas são necessárias para a compreensão de suas reflexões no campo do Direito, uma vez que a sua "[...] filosofia prática, [...] tem por núcleo a ética comunicativa ou discursiva, e por ramificações uma filosofia do Direito adequada a tal ética e uma reflexão sobre a política, fundamentalmente sobre o modo de vida democrático"[602]

Importa observar algumas das características do projeto ético de Habermas, necessárias à compreensão dos seus trabalhos no campo do Direito, uma vez que a sua "[...] filosofia prática, [...] tem por núcleo a ética comunicativa ou discursiva, e por ramificações uma filosofia do Direito adequada a tal ética e uma reflexão sobre a política, fundamentalmente sobre o modo de vida democrático".[603] Portanto, a defesa de princípios universais no domínio normativo, como advogada por Habermas em *Facticidade e Validade*,[604] no tocante aos direitos humanos, está alicerçada em uma posição universalista no campo da filosofia moral.

Com o desenvolvimento da intuição kantiana de que o único critério possível de justificação das normas morais, após o solapar das visões religiosas e metafísicas do mundo, é o de universalização – expresso no imperativo categórico (ao estabelecer o seguinte: 'age de tal modo que a máxima de tua vontade possa em cada momento valer ao mesmo tempo como princípio de uma legislação universal') –, Habermas estabelece as bases do seu projeto ético. Apesar da nítida inspiração kantiana, o herdeiro da Escola de Frankfurt procura livrar seu projeto da pesada carga individualista e monológica presente no trabalho do filósofo de Königsberg. Desta forma, ao estabelecer o seu princípio de universalização, ele embute uma dimensão dialógica que

---

601 S. P. Rouanet. "Ética Iluminista e ética discursiva". *op. cit.*, p. 28.

602 A. Cortina. "Etica Comunicativa". *In:* Victoria Camps. [Org.]. *Concepciones de la Ética.* Madri: Editorial Trotta, 1992, p. 177.

603 *Idem.*

604 Nesta obra, será utilizada a tradução inglesa desse livro, de Jürgen Habermas. *Between facts and norms – a contribution to a discourse theory of law and democracy.* Cambridge: MIT Press, 1996. Embora no Brasil tenha se adotado um outro título, *Democracia e direito – Entre facticidade e validade.* Rio de Janeiro: Tempo Brasileiro, 1997, opto por designá-lo pela tradução do seu título em alemão, *Faktizität und Geltung.*

procura estar atenta à necessidade de reconhecimento dos interesses de todos aqueles concernidos pelas regras.

Assim, o seu princípio de universalização "U" (*Universalierungsgrundsatz*) estabelece o seguinte:

> *Toda norma válida deve satisfazer à condição [de] que as consequências e efeitos colaterais que (previsivelmente) resultarem, para a satisfação dos interesses de cada um dos indivíduos, do fato de ela ser universalmente seguida, possam ser aceitas por todos os interessados (e preferidos a todas as consequências das possibilidades alternativas e conhecidas de regragem)".*[605]

Certamente, a justificação deste princípio "U" constitui um dos elementos mais complexos de todo trabalho de Habermas, pressupondo à sua inteligência uma compreensão da sua empresa no campo da filosofia da linguagem por meio do desenvolvimento do que chama de uma pragmática universal. Não posso fazer justiça, nos estreitos limites deste trabalho, aos diversos níveis da argumentação aduzida à justificação desse princípio, no entanto, como salienta Habermas, é possível "[...] deduzir 'U' do conteúdo normativo das pressuposições pragmáticas universais da argumentação em geral".[606]

Ora, o princípio "U" para Habermas, diferentemente do imperativo categórico kantiano, não funciona como um critério que diretamente testa a validade das normas de ação; o princípio "U" desempenha o papel de uma regra de argumentação. Segundo nosso autor, toda vez que se procura discutir consequentemente sobre algum assunto, utilizando-se dos princípios definidores das práticas argumentativas reconhecidas nos discursos científicos e filosóficos, assume-se implicitamente o funcionamento deste princípio, sem o qual seria impossível chegar-se a um resultado consistente em qualquer discussão visando a atingir o entendimento mútuo. Ao longo da década de 80, avolumaram-se as críticas[607] à forma pela qual Habermas deduz esse princípio – em 1983, estabelecia a derivação deste de um modo, àquela época,

---

605 J. Habermas. "Notas programáticas para a fundamentação de uma ética do discurso". *op. cit.*, p. 86.

606 _____. "Qu'est-ce qui rend une forme de vie 'rationnelle'?". *In: De l'éthique de la discussion*. Paris: Les Éditions du Cerf, 1992, p. 34.

607 Certamente, entre as reprovações levadas em consideração nos desenvolvimentos dos trabalhos de Habermas acerca do "princípio U", uma das mais contundentes é a formulada por um dos coautores da ética do discurso, Albrecht Wellmer, no seu texto "Ethics and dialogue: elements of moral judge in Kant and discourse ethics". *In: The persistence of modernity. Essays on aesthetics, ethics and postmodernism*. Cambridge: MIT Press, 1991, sobretudo p. 148-156. Uma outra série de ressalvas, realizadas no intento

caracterizado como "quase transcendental" – fazendo com que o filósofo a abandonasse. Fundamentado nas respostas formuladas às críticas ao seu projeto ético, expostas em 1991 no livro *Esclarecimentos sobre a Ética do Discurso*, "Habermas agora apresenta o princípio de universalização como a expressão, em um vocabulário controlado, de nossas intuições *qua* participantes em uma cultura da Modernidade".[608]

A ética do discurso pode ser caracterizada como uma ética da argumentação. Por meio do princípio "U", procura-se definir um procedimento capaz de guiar as discussões no âmbito das controvérsias acerca das normas de ação. Utilizando-se dos desenvolvimentos das lógicas informais, em especial dos trabalhos de Stephen Toulmin – que, em 1958, com o seu *The Uses of Argument*, deu início ao desenvolvimento de toda uma nova perspectiva no campo da argumentação –, Habermas enfrenta o desafio de oferecer uma justificativa racional no domínio dos discursos práticos (sobre a teoria de argumentação de Toulmin algumas considerações serão expendidas adiante neste artigo). A dimensão argumentativa é relevante na empresa habermasiana à medida que constitui a própria tarefa da ética filosófica a análise das pressuposições da argumentação racional, procurando elucidar a sua estrutura, na busca da lógica intrínseca do raciocínio moral. Todo esse esforço visando a clarificar e justificar o ponto de vista moral moderno.

Um dos grandes problemas enfrentados pelo princípio "U" habermasiano, que define uma ética universalista, é a crítica de ele estar eivado de etnocentrismo. Ora, uma ética universalista "[...] afirma que este princípio moral [no caso o princípio "U"] (ou um outro análogo) não exprime apenas as intuições de uma cultura ou de uma época determinada, mas vale de forma universal"[609]. Certamente, mesmo o leitor simpático ao projeto da ética do discurso reconhece a dificuldade de defesa de uma posição como essa em uma conjuntura relativista e contextualista como a nossa.

Essa questão apresenta-se como um dos maiores óbices ao ponto de vista advogado pela ética comunicativa. Na literatura especializada, esta problemática, girando em torno do *ethnocentric predicament* (embaraço), surge no horizonte de toda perspectiva universalista na esfera moral e jurídica. Insigne

---

de uma crítica construtiva, está presente no trabalho de Seyla Benhabib. *Critique, norm and utopia – a study of the foundations of critical theory, op. cit.*, p. 308, no qual, motivada basicamente por uma inspiração hegeliana, aponta problemas na justificação do "princípio U".

608 A. Ferrara. "The communicative paradigm in moral theory". *In:* David M. Rasmussen. [Ed.]. *Handbook of critical theory*. Oxford: Blackwell Publishers, 1996, p. 126.

609 J. Habermas. "Les objection de Hegel à Kant valent-elles également pour l'éthique de la discussion?". *In: De l'éthique de la discussion. op. cit.*, p. 18.

representante dessa posição crítica – compartilhada não só pelos autores tributários de uma posição de matriz aristotélica, como os comunitarianos, mas também pelos autores pós-estruturalistas (Foucault, Lyotard, Derrida) – é Richard Rorty.[610] O mais festejado autor do neopragmatismo no cenário de ideias contemporâneo ocupa uma posição antinômica à de Habermas no atual clima de opiniões, colocando sob suspeita o desiderato do filósofo alemão quando este sustenta: "Deve-se poder mostrar que nosso princípio moral não reflete os preconceitos de um cidadão adulto, branco, homem, burguês, natural da Europa continental."[611]

Certamente, nos estreitos limites deste trabalho, não poderia responder definitivamente às objeções formuladas pelos autores supracitados no tocante à possibilidade de justificação de um ponto de vista moral universal; contudo, esta tem sido uma das maiores preocupações de Habermas na defesa de um projeto intencionando situar-se para além tanto da "Cila" do relativismo, como da "Caribdis" do dogmatismo. A questão é candente por conta da defesa de uma posição não só universalista, fulcral à ética do discurso, mas também central à arquitetônica jurídica defendida em *Facticidade e Validade*. Embora não possa aqui tratar dessa problemática, cabe apenas salientar que uma avaliação correta da proposta da ética do discurso deve levar em conta o imbricamento desse projeto ético com as posições universalistas no campo da psicologia cognoscitiva e moral sustentadas por Jean Piaget e seu continuador, Lawrence Kohlberg, bem como o acoplamento dessa discussão com uma teoria da evolução social. Somente reconhecendo o papel representado por esses trabalhos, pode-se aquilatar a plausibilidade da defesa de um ponto de vista universalista no domínio moral e jurídico (as principais referências a articulação do projeto da ética do discurso e os trabalhos de Piaget e sobretudo de Kohlberg encontram-se no livro de Habermas *Consciência moral e agir comunicativo*).

Mas, ainda dentro da discussão concernente à ética do discurso, cabe a referência a alguns elementos que, por um lado, auxiliam a inteligência do

---

610 No tocante a esta discussão, torna-se referência incontornável o texto do principal colaborador americano de Habermas, em que, a partir da perspectiva do herdeiro da Escola de Frankfurt, faz-se uma crítica dos pressupostos da crítica behaviorista de Rorty e de seu esforço de – ao enfatizar "o temporal em face do intemporal, o contingente em face do necessário, o local em face do universal e o imanente em face do transcendente [...]" –, infirmar a possibilidade de qualquer perspectiva que transcenda o contexto no qual ela emerge. Thomas Mc Carthy. "Philosophy and social practice: avoiding the ethnocentric predicament". *In:* Axel Honneth. e outros. [Ed.]. *Philosophical interventions in the unfinished project of enlightenment.* Cambridge, MIT Press, 1992, p. 244.

611 J. Habermas. "Les objection de Hegel à Kant valent-elles également pour l'éthique de la discussion?". *op. cit.*, p. 18.

travejamento conceitual desenvolvido e, por outro, iluminam aspectos que terão importância no desenvolvimento da teoria do Direito de Habermas.

Após a indicação do princípio "U", há uma longa discussão, em que o nosso filósofo procura refutar as posições céticas. Para tanto, Habermas sustenta a incontornabilidade do respeito a certos pressupostos inevitáveis nas práticas argumentativas para uma espécie, como a humana, que necessita da sua competência comunicativa para coordenação de seus planos de ação. Tal atividade é indispensável à subsistência da própria espécie. Sob pena de incorrer em uma contradição performativa (elemento argumentativo que Habermas compartilha com Apel em seu esforço de construir a ética do discurso), qualquer interlocutor, ao entrar em uma discussão/argumentação, vê-se obrigado a respeitar certos pressupostos pragmáticos mínimos, como, por exemplo, ser coerente com aquilo que afirma. Após esse complexo desenvolvimento teórico, Habermas introduz o outro princípio da ética do discurso: o princípio "D" (*Diskursgrundsatz*), segundo o qual "só podem reclamar validez as normas que encontrem (ou possam encontrar) o assentimento de todos os concernidos enquanto participantes de um discurso prático".[612]

Agora, temos um princípio de natureza moral, diferente do princípio "U". Funciona o "princípio D" como parâmetro à condução das discussões sobre controvérsias morais; situa-se no cerne da teoria moral habermasiana, garantindo o critério capaz de aferir a legitimidade dos ditames da ação. A relevância desse princípio à teoria do discurso do Direito será destacada em *Facticidade e validade*. Como poderei elucidar melhor no item 3 deste capítulo, com o desenvolvimento do princípio "D" (princípio do discurso), estabelece-se o princípio da democracia. Deste último será deduzido o sistema de direitos, eixo central da reconstrução habermasiana dos sistemas jurídicos modernos.

Além de a ética do discurso apresentar-se como universalista, cognitivista e deontológica, ela também possui uma característica formalista, já que "[...] designa uma regra ou procedimento que estabelece como um conflito de ação moralmente relevante pode ser julgado imparcialmente – isto é, de um ponto de vista moral".[613] Afinal, uma ética formalista deve poder fornecer um princípio que, justificadamente, consiga dirimir questões prático-morais litigiosas, mediante um acordo racional motivado. Por conseguinte, esta característica implica que os conteúdos morais surgirão da própria vida social, por meio dos embates travados pelos próprios interessados, os quais, seguindo

---

612 _____. "Notas programáticas para a fundamentação de uma ética do discurso". *op. cit.*, p. 116.

613 _____. "Justice and solidarity: on the discussion concerning 'Stage 6'." *In:* Michael Kelly. [Ed.]. *Hermeneutics and critical theory in ethics and politics*. Cambridge: MIT Press, 1991, p. 35.

a moldura argumentativa proposta pela ética do discurso, podem chegar consensualmente a acertar suas diferenças. De modo algum o teórico, dentro da perspectiva da ética comunicativa, assume a posição de quem pode indicar padrões axiológicos; o que ele sustenta é a inevitabilidade do reconhecimento de determinadas regras de argumentação provenientes de uma análise interna das propriedades da comunicação linguística em geral.

A ética do discurso é um veículo para a reflexão sistemática acerca do problema de como obter um acordo racionalmente motivado em uma sociedade pluralista, procurando explicitar o ponto de vista moral moderno. Acerca deste particular:

> *Sob condições de vida moderna nenhuma das tradições competitivas pode mais reivindicar,* prima facie, *validade geral. Desta forma, até mesmo em questões práticas relevantes nós não podemos mais garantir fundamentos convincentes por meio da autoridade de tradições inquestionadas. Se quisermos parar de resolver questões normativas elementares da vida coletiva por meio de direta ou velada violência, por meio de coerção, por meio do exercício da influência, ou por meio do poder do interesse do mais forte, e, ao invés, convencer os outros sem violência, por meio de um consenso racionalmente motivado, então, nós devemos nos concentrar no âmbito de questões que são acessíveis a um sopesamento imparcial. Nós não devemos esperar uma resposta com validade geral quando perguntamos o que é bom para mim, ou o que é bom para nós, ou bom para eles; nós devemos sim perguntar: o que é* igualmente bom para todos? *Este 'ponto de vista moral' constitui um agudo mas estreito foco de luz, que seleciona da massa de questões avaliativas aqueles conflitos relacionados às ações que podem ser resolvidos com referência a interesses generalizáveis; estas são questões de justiça.*[614]

Malgrado um projeto com a pretensão de fornecer critérios racionais à avaliação da legitimidade dos regimes políticos parecer, *prima facie*, possuidor de pretensões desmedidas, uma melhor análise das propostas habermasianas garante uma apreensão mais fiel do seu intento. Em primeiro lugar, a sua perspectiva no campo da filosofia moral isola como objeto de análise as normas

---

[614] _____. "Discourse ethics, law and sittilchkeit". *In:* DEWS, Peter [Ed.]. *Autonomy and solidarity – interviews with Jürgen Habermas.* London: Verso, 1992, p. 248-249.

sociais que aspiram ao estatuto de legítimas. Não se procura elaborar uma reflexão moral preocupada com as questões atinentes à vida boa. Segundo o filósofo alemão, o incontornável (e positivo) pluralismo de valores das sociedades contemporâneas representa um óbice a qualquer esforço de definição de critérios racionalmente fundados, capazes de guiar as escolhas que concernem ao domínio do bem. No caso da ética do discurso, há a prioridade do justo. Além do mais, a teoria moral habermasiana apresenta um caráter justificatório e de modo algum pretende propor parâmetros, ou seja, "é importante sublinhar a distinção entre uma teoria moral 'geradora', que estabelece novas normas de conduta, e uma teoria 'justificadora', como a ética comunicativa, que reconhece como tarefa da filosofia moral o estabelecimento de padrões bem gerais para o sopesamento da validade de normas morais, políticas e sociais já dadas".[615]

Este particular deve ser sublinhado à medida que se inscreve dentro de uma série de reduções estabelecidas por Habermas no âmbito de cogitações da teoria moral. Essas reduções são necessárias a um projeto que procura sustentar consequentemente – diferentemente do *main stream* do debate ético contemporâneo – uma posição cognitivista. No tocante a essa distinção entre teorias morais geradoras e teorias morais justificadoras, ele afirma: "[...] eu compreendo a discussão prática como um procedimento que não serve para a produção de normas justificadas, mas ao exame da validade de normas já existentes, mas tornadas problemáticas e consideradas sob um ângulo hipotético".[616]

Essa estratégia de redução do âmbito da discussão moral implica não só, como já destacado, que "as éticas cognitivas eliminam os problemas do bem viver e concentram-se nos aspectos rigorosamente deônticos, generalizáveis, de tal modo que do bom resta apenas o justo"[617], mas também uma posição modesta quanto à competência de uma ética filosófica. Assim:

> *Tampouco precisamos nos aferrar à pretensão de fundamentação última da ética, tendo em vista sua presuntiva relevância para o mundo da vida. As instituições morais do quotidiano não precisam do esclarecimento do filósofo. Neste caso, a autocompreensão da filosofia como uma espécie de terapêutica, tal como inaugurada*

---

615 S. Benhabib. "Autonomy, modernity, and community: communitarism and critical social theory in dialogue". *In:* Axel Honneth. [Ed.] *Cultural-political interventions in the unfinished project of enlightenment.* Cambridge: MIT Press, 1992, p. 56.

616 J. Habermas. "Qu'est-ce qui rend une forme de vie 'rationnelle'?". *op. cit.*, p. 35-36.

617 _____. "A filosofia como guardador de lugar e como intérprete". *In: Consciência moral e agir comunicativo. op. cit.*, p. 32.

por Wittgenstein, parece excepcionalmente vir a calhar. E a ética filosófica tem, em todo caso, uma função esclarecedora em face das confusões que ela própria provocou na consciência das pessoas cultas – logo, apenas na medida em que o cepticismo axiológico e o positivismo jurídico se instalaram como ideologias profissionais e penetraram na consciência quotidiana através do sistema educacional. *Ambas neutralizaram com interpretações erradas as intuições adquiridas de maneira espontaneamente natural no processo de socialização; em circunstâncias extremas, eles podem contribuir para desarmar moralmente os estratos acadêmicos alcançados pelo cepticismo cultural.* (grifo meu)[618]

Difícil desconhecer a relevância dessas discussões do campo da filosofia moral para o âmbito do pensamento jusfilosófico. Ora, defender um projeto ético, procurando reconhecer e reconstruir as nossas intuições morais, presentes em nossa vida quotidiana, acarreta – como uma das consequências principais – o desarmar das posições céticas que penetraram no sistema da cultura por meio de uma concepção cientificista embasadora da posição positivista acerca da inacessibilidade ao discurso racional das questões normativas.

Merece que se destaque, igualmente, nesta caracterização do projeto habermasiano no domínio da filosofia moral, que as repercussões políticas da ética do discurso também apresentam um âmbito bastante circunscrito dentro de uma autocompreensão modesta da teoria moral, na qual se operaram reduções sucessivas do âmbito de cogitações desta teoria, preocupando-se basicamente com o ponto de vista moral – no nível pós-convencional. Por conseguinte, "[...] a ética do Discurso pode adquirir o significado de uma orientação para a ação. Mas isso, é verdade, não enquanto ética, logo, de uma maneira imediatamente prescriptiva [...]".[619] Dito de outra maneira, como já afirmado, este projeto ético não objetiva oferecer critérios conteudísticos objetivos, e, sim, procedimentos para a resolução dos conflitos morais, na busca de soluções imparciais – núcleo da razão prática moderna. Todavia, pode, de fato, estabelecer critérios que permitam uma "[...] diferenciação entre interesses particulares e interesses universalizáveis".[620]

Destarte, a ética do discurso assume uma posição singular no debate contemporâneo de ideias. Como salienta uma das principais divulgadoras do

---

[618] _____. "Notas programáticas para a fundamentação de uma ética do discurso". *op. cit.*, p. 121.

[619] *Idem*, p. 139.

[620] *Idem*, p. 140.

pensamento frankfurtiano na Espanha, "com efeito, frente ao *cientificismo*, que reserva a racionalidade para o saber científico-técnico, amplia nossa ética a capacidade de argumentar ao âmbito ético; frente ao *solipsismo metódico*, próprio da filosofia da consciência de Descartes e Husserl, que entende a formação do juízo e a vontade abstratamente como produto da consciência individual, descobre a reflexão pragmática o caráter dialógico da formação da consciência; frente ao *liberalismo contratualista* – expressão política do solipsismo metódico –, que entende a justiça desde um pacto de indivíduos egoístas, defensores de seus direitos subjetivos, e se mostra incapaz de reconstruir as noções de racionalidade prática e solidariedade, revela o 'socialismo pragmático' que o *telos* da linguagem é o consenso e não o pacto; frente ao *racionalismo crítico*, que desemboca no decisionismo ao negar toda possibilidade de fundamentar o conhecimento e a decisão, por ter uma ideia abstrata de fundamentação, mostra a pragmática formal que o método da filosofia é a reflexão transcendental; frente ao *pensar pós-moderno*, que dissolve a unidade da razão nas diferenças, abrindo a porta ao poder de qualquer força que não seja a do melhor argumento, proporciona a ética comunicativa uma noção de racionalidade que exige a pluralidade de formas de vida e desautoriza por irracional a violência não argumentativa; frente ao *contextualismo radical*, que reduz a objetividade à aspiração a solidariedade de uma sociedade concreta, constrói a ética discursiva um modelo de filosofia prática, que conserva o mínimo de unidade e incondicionalidade necessários para superar argumentativamente o dogmatismo do vigente, do socialmente dado."[621]

A relevância dessa perspectiva na filosofia moral para o campo da filosofia do Direito é enorme, ainda mais porque a ética do discurso "[...] poderá, em concorrência com as outras éticas, ser mobilizada para a *descrição de representações morais e jurídicas* empiricamente constatadas, ela poderá ser inserida em *teorias do desenvolvimento da consciência moral e jurídica*, tanto no plano do desenvolvimento sociocultural quanto no plano da ontogênese [...]".[622]

As considerações até agora elaboradas serviram basicamente para contextualizar e destacar algumas das características da ética do discurso. É com base nesse projeto filosófico que Robert Alexy pôde desenvolver a mais ambiciosa proposta jusfilosófica presente no cenário continental europeu. Ambiciosa, na medida em que procura se colocar além dos dois paradigmas tradicionais deste âmbito de cogitações, bem como procura oferecer uma descrição do Estado

---

621 A. Cortina. "La ética discursiva". *In:* Victoria Camps. [Ed.]. *Historia de la ética.* Barcelona: Editorial Crítica, 1989, p. 536-537.

622 J. Habermas. "Notas programáticas para a fundamentação de uma ética do discurso". *op. cit.*, p. 120-121.

constitucional contemporâneo que rompe com o paradigma liberal tradicional, ao reconhecer a nova situação de vários dos ordenamentos jurídicos contemporâneos onde se observa o fenômeno da constitucionalização[623] do Direito. Tal fenômeno implica no reconhecimento de um novo patamar na história do pensamento jurídico ocidental. Interessa agora neste trabalho explicitar a ideia de discurso prático – elemento capital dos projetos de Habermas e Alexy.

3. O DISCURSO PRÁTICO

A tese geral proposta por Alexy considera o discurso jurídico como um caso especial do discurso prático (*Sonderfallthese*). Gostaria de elucidar apenas alguns aspectos dessa modalidade discursiva, sempre relacionando-a com a proposta mais ampla desenvolvida por Habermas – e endossada pelo próprio Alexy. A plausibilidade de tal discurso é sustentada pelo herdeiro da Escola de Frankfurt por meio do estabelecimento de uma analogia com o discurso teórico. Enquanto este estriba suas teses por meio do processo de inferência indutivo, baseando-se, via de regra, na constatação empírica referida a determinados estados de coisas, o discurso prático conta com um "princípio-ponte" (*Brueckenprinzipien*) ou "passarela" diferente, vinculando a fiabilidade de suas conclusões a um princípio de universalização. Assim, Habermas reconhece que "as diferenças entre a lógica da argumentação teórica e da argumentação prática não são de tal monta a ponto de banir a última do reino da racionalidade; que questões político-morais podem ser decididas 'com razão', através da força do melhor argumento."[624] Como esclarece também seu mais abalizado comentador, "a finalidade do discurso prático é alcançar um acordo racionalmente motivado acerca de pretensões de correção problemáticas, um acordo que não é o produto de constrangimentos internos ou externos que interfiram na discussão, mas somente o resultado do peso da evidência e do argumento."[625] E esta possibilidade de alcançar um acordo racionalmente motivado possibilita ao discurso prático a articulação de um momento reflexivo que pode valorar e funcionar como um espécie de contraste às práticas existentes.

Importa observar, de início, também que Alexy adota a distinção habermasiana entre discurso e ação. Como afirma o filósofo de Frankfurt,

---

623 A melhor descrição desse novo patamar da história do pensamento jurídico constitucional (e suas implicações no âmbito da filosofia do direito) encontra-se no livro *Neoconstitucionalismo(s)*. [org.] Miguel Carbonell. Madri: Editorial Trotta, 2003.

624 T. Mc Carthy. *The critical theory of Jürgen Habermas*. Cambridge: MIT Press, 1989, p. 311.

625 *Idem*, p. 312.

419

Com a expressão "ação", introduzo o âmbito da comunicação em que tacitamente reconhecemos e pressupomos as pretensões de validade implicadas nas emissões e manifestações (e, portanto, também nas afirmações), para trocar informações (ou seja, experiências relativas à ação). Com a expressão "discurso", introduzo a forma de comunicação caracterizada pela argumentação, em que se torna tema as pretensões de validade que se demonstram problemáticas e se examina se são ou não legítimas. [...] os discursos não trocam informações, mas argumentos que servem para respaldar (ou rechaçar) pretensões de validade problematizadas. [...] nos plexos da ação comunicativa seria redundante a explicação da pretensão de validez exposta com as afirmações, mas tal explicação é incontornável nos discursos, pois estes tematizam o Direito que assiste a tais pretensões de validade[626].

Essa aposta no discurso prático, isto é, em um "procedimento para provar e fundamentar enunciados normativos e valorativos por meio de argumentos",[627] central à perspectiva neofrankfurtiana, constitui um *diferendo* entre as concepções pós-positivistas[628] e as diversas vertentes do positivismo

---

626 Sobre essa distinção sigo aqui a indicação de José Antonio Seaone. *Um código ideal y procedimental de la razón práctica. La teoria de la argumentación jurídica de Robert Alexy. In:* Pedro Serna. [Org.]. *De la argumentación jurídica a la hermenêutica.* Granada: Editorial Comares, 2005, p. 120. A passagem de Habermas se encontra no texto "Teorias de la verdad", p. 116 e 117.

627 R. Alexy. "Derechos, razonamiento jurídico y discurso racional". *op. cit.,* p. 34.

628 Na doutrina pátria o termo pós-positivismo foi introduzido por Paulo Bonavides e já encontra ampla utilização entre nossos constitucionalistas. Na literatura espanhola, esse movimento de ideias capitaneado por Dworkin e Alexy recebeu também a denominação de "não-positivismo principialista". Confira-se o excelente obra – e, em linhas gerais, crítica-reprobatória desses autores –, de Alfonso García Figueroa, *Principios y positivismo jurídico. – El no positivismo principialista en las teorías de Ronald Dworkin y Robert Alexy.* Madri: Centro de Estudios Políticos y Constitucionales, 1998. Na mesma tradição jusfilosófica de língua castelhana, há a esclarecedora análise de Albert Calsamiglia no texto "Postpositivismo". *In: Doxa*, 21-I, 1998, p. 209-220. Já Robert Alexy qualifica sua posição como não positivista, em seu livro El *Concepto y la Validez del Derecho.* Barcelona: Gedisa, 1994. Posso afirmar aqui, infelizmente sem o devido respaldo em face da complexidade do problema, que há uma diferença inequívoca entre pós--positivismo e "pós-modernidade" (termo já usado por inúmeros autores para descrever a configuração do pensamento jurídico contemporâneo). Não há que se confundir esses dois movimentos teóricos. Em uma sentença posso resumir o diferendo entre essas duas abordagens: *o pós-positivismo faz uma aposta na reabilitação da racionalidade prática – de matriz kantiana – o que é completamente contestado pelos autores pós-modernos, via de regra, alinhados à matriz nietzschiana.* Esclareço também que Jürgen Habermas situa seu projeto jusfilosófico também em um quadro para além da dicotomia tradicional da filosofia jurídica. Como ele afirma, *"a teoria do discurso navega entre os escolhos do Direito natural e do positivismo do Direito* [...]" (grifo meu). Jürgen Habermas. "Posfácio". *In: Direito e democracia – entre facticidade e validade, v. II.* Rio de Janeiro: Tempo Brasileiro, 1997, p. 315. Quanto à caracterização geral do movimento pós-positivismo, permito-me remeter o leitor para o texto "O Direito constitucional do limiar do século XXI: princípios jurídicos e pós-positivismo", onde desenvolvi uma série de considerações

420

jurídico, que não reconhecem a capacidade da racionalidade humana para discernir critérios possibilitadores do enfrentamento das incontornáveis diferenças valorativas presentes nas sociedades plurais contemporâneas. Habermas (e também Alexy) enfrenta o problema da justificação dos juízos normativos por meio de uma reelaboração dialógica do imperativo categórico kantiano. Trata-se de uma regra de universalização, posta em funcionamento a partir de um cuidadoso procedimento argumentativo, norteado por um "princípio da universalização de interesses universalizáveis em uma discussão racional"[629], que garante a acessibilidade racional ao plano normativo. Assim, trata-se de uma "lógica da argumentação moral ligada à lógica da universalização dos interesses".[630]

Ora, a teoria discursiva do Direito e da democracia estabelece uma conexão entre os "conceitos de correção, de justificação e de generalizabilidade",[631] permitindo assim não só a reabilitação do discurso racional no âmbito normativo, mas também uma reconexão entre Direito e moral – por meio da ideia de correção aferida por meio de uma pretensão de validade –, transferindo a relação entre essas duas esferas normativas para um patamar diferente daquele sustentado pelo positivismo jurídico.

Além das características já destacadas neste trabalho acerca da concepção de discurso, gostaria agora de me deter mais nitidamente nessa temática. Em primeiro lugar, o discurso racional prático lida com questões atinentes ao domínio dos negócios humanos. Trata de "sentenças práticas", isto é, "sentenças sobre normas, sentenças sobre valores, sentenças expressando fins e preferências"[632]. Em segundo lugar, a noção de discurso – diferentemente do que parece ser o sentido mais comum na língua portuguesa, isto é, uma fala de caráter formal prolatada por um orador em face de uma audiência qualquer – assume para os teóricos do discurso um caráter essencialmente dialógico (mais presente no termo, consagrado pelas traduções francesas, *discussion*), coetâneo com a perspectiva intersubjetivista desenvolvida por Habermas. Todavia, a tradução do conceito alemão *Diskurs* por discurso,

---

acerca dessa nova constelação do pensamento jurídico. Tal texto foi publicado como prefácio (p. xxv a xlviii) do livro de Guilherme Peña de Moraes, *Readequação constitucional do Estado Moderno*. Rio de Janeiro: Lumen Juris, 2006.

629 J.-M. Ferry. *Habermas, l'éthique de la communication*. Paris: Presses Universitaires de France, 1987, p. 360.

630 *Idem*, p. 381.

631 "A razão prática faz-se valer em discursos de fundamentação, através de um princípio de generalização." Jürgen Habermas. "Excurso: transcendência do interior, transcendência para este mundo". *In: Textos e contextos*. Lisboa: Instituto Piaget, 2001, p. 139.

632 O. Weinberger. "Conflicting views on practical reason. Against pseudo-arguments in practical philosophy". *In: Ratio Juris*. Oxford: Blackwell Publishers, V. 5, Num. 3, dez. 1992, p. 253.

já consagrada no debate teórico em nosso país, acompanha a caracterização do desdobramento do projeto da teoria crítica da sociedade habermasiana no domínio da filosofia moral: "a ética do discurso". Quanto às razões pelas quais, em nossa língua, optou-se pela utilização do termo discurso, arrolo aqui algumas das cogentes justificativas do tradutor brasileiro de *Consciência Moral e Agir Comunicativo*, Guido de Almeida:

> *Na linguagem comum, 'Diskurs' é um termo antiquado que significa algo como uma conversação animada ou uma discussão minuciosa ou ainda os arrazoados ou explanações que um dirige ao outro. [...]*
>
> *Dessas definições e exemplos resulta que a palavra 'Diskurs' exprime três aspectos semânticos distintos:*
>
> *1) o aspecto intersubjetivo de uma relação dialogal e eventualmente polêmica, que serve para classificar o 'Diskurs' como um caso da conversação ou da discussão, debate ou disputa de opiniões;*
>
> *2) o aspecto subjetivo da vivacidade ou da animação com que os arrazoados são feitos pelos participantes e acompanhados por um terceiro;*
>
> *3) o aspecto lógico conceitual (ligado à 'explanação') e argumentativo (ligado a 'discussão' ou 'debate de opiniões').*
>
> *Habermas, por sua vez, introduz 'Diskurs'como um termo técnico para referir-se a uma das duas formas de comunicação (*Kommunikation*) ou da 'Rede' (discurso, fala) e que consiste especificamente na comunicação, fala ou discurso, que chama de 'agir comunicativo' ou 'interação' [...].*[633]

Em terceiro lugar, o discurso constitui uma forma de discussão orientada para a resolução consensual de pretensões de validade. Tal resolução deve se orientar força do melhor argumento (quanto à ideia de pretensão de validade, confira-se o próximo item deste artigo). Assim, "o discurso quer checar

---

[633] Guido Antônio de Almeida. "Nota preliminar do tradutor". *In:* Jürgen Habermas. *Consciência moral e agir comunicativo*. Rio de Janeiro: Tempo Brasileiro, 1989, p. 7-9. Quanto ao discurso prático ver ainda: Manfredo Oliveira. *Reviravolta linguístico – pragmática na filosofia contemporânea*. São Paulo: Edições Loyola, 1996, p. 294, 303 a 307. Na página 306 explica: "Discurso para Habemas é um tipo determinado de ação comunicativa, em que os participantes não estão primariamente interessados em trocar informações, mas em fundamentar as pretensões de validade levantadas em suas falas. A finalidade essencial da ação discursiva é discutir pretensões de validade que se tornam problemática."

opiniões compartilhadas através de convencimentos mútuos".[634] A noção de resolução consensual merece, pelo menos, um esclarecimento. De início, afastar o sentido corriqueiro da palavra que remete a uma situação de aplastamento caracterizado pelo nivelamento das diferenças. O sentido empregado por Habermas pode ser mais bem capturado pela palavra francesa *entente* (como na célebre *"entente cordiale"* reunindo Inglaterra e França a partir de 1904 até a Primeira Guerra Mundial). O consenso, na perspectiva habermasiana, conecta-se com a ideia de acordo racionalmente motivado, que confia na intuição quase paradoxal "da força sem força dos melhores argumentos".

Em quarto lugar, o discurso racional prático tem como um dos seus objetivos precípuos prover critérios com base nos quais pode-se defender (ou criticar) a legitimidade de uma prática social ou política e "os discursos são procurados quando a dúvida e a incerteza prevalecem."[635] "A virada para o discurso, que inclui, mas não é limitada à ética comunicativa, é, em parte, um movimento de passagem de uma concepção substantiva da teoria política e moral para uma concepção procedimental. Mais do que prover valores baseados em uma concepção (*account*) da natureza humana ou da razão, abordagens baseadas no discurso oferecem um conjunto de procedimentos que, se seguidos, produziriam princípios legitimadores das práticas sociais e das instituições."[636]

O discurso prático se realiza por meio de um procedimento argumentativo balizado por uma teoria da argumentação. Com efeito, afirma Alexy, em seu texto "A Concepção Teorético-discursiva da Razão Prática", que a teoria do discurso é uma teoria procedimental. A concepção de racionalidade aplicável à teoria do discurso consiste, assim, em uma racionalidade procedimental, universalista. Neste texto seminal são expostas as teses básicas dessa modalidade discursiva – já tendo como pano de fundo as bases do projeto alexyano expostas na sua *Teoria da Argumentação Jurídica – A Teoria do Discurso Racional como Teoria da Fundamentação Jurídica*. Com efeito, "o discurso prático é racional quando ele cumpre as condições de uma prática argumentativa racional. Estas condições podem ser sintetizadas em um sistema de regras do discurso."[637]

---

634 J. Habermas. "Remarks on legitimation through human rights". *In: Philosophy and social criticism.* V. 24, n. 2/3. London: Sage Publications, 1998, p. 160.

635 R. Schomberg. "The erosion of our value spheres: The ways in which society copes with scientific, moral, and ethical uncertainty". *In:* René Schomberg; Kenneth Baynes. [Ed.]. *Discourse and democracy. Essays on Habermas' Between facts and norms.* Albany: State University of New York Press, 2002, p. 230.

636 J. Donald Moon. "Practical discourse and communicative ethics". *In:* Stephen K. White. [Ed.] *The cambrigde companion to Habermas.* Cambridge: Cambridge University Press, 1995, p. 143.

637 R. Alexy. "A discourse-theoretical conception of practical reason". *In: Ratio Juris.* Oxford: Blackwell, V. 5, n. 3, dez. 1992, p. 235.

Tal sistema, nas palavras de Alexy, constitui, por assim dizer, um "código da razão prática"[638] e funciona alicerçado nos princípios de "consistência, eficiência, testabilidade, coerência, generalizabilidade e sinceridade."[639] Importa observar que "foi Alexy o primeiro a formalizar em regras grande parte das regras discursivas avançadas pela teoria habermasiana.[640]

Saliente-se também, como afirma Letizia Gianformaggio, que a noção de procedimento constitui uma noção-chave nas teorias atuais de argumentação jurídica e de argumentação prática racional, posto que "a razão prática pode ser definida como a habilidade de alcançar um julgamento prático de acordo com este sistema de regras". O procedimento é, em um certo sentido, o conjunto das regras do jogo. Uma norma é correta se ela é resultado de um determinado procedimento – o discurso prático racional. Sendo assim, tanto Habermas quanto Alexy podem sair dos impasses presentes nas antinômicas posições do postivismo ceticista e da ética material dos valores de Max Scheller e Nicolai Hartmann – ambas as correntes extremamente influentes no domínio jusfilosófico e de teoria constitucional –, oferecendo uma via média ao decisionismo das primeiras correntes (adeptas de um naturalismo cientificista irrefletido) e ao absolutismo das segundas (carregadas de concepções metafísicas incompatíveis com o atual cenário do pensamento contemporâneo). Afinal, o procedimento, dentro da teoria discursiva do Direito, identifica uma espécie de racionalidade formal, a única que pode dar conta do campo das normas, dos deveres e dos valores; e tal procedimento se alicerça em uma ética minimalista – a ética do discurso.

Difícil não reconhecer a procedência de parte dos argumentos daqueles que reprovam o projeto da teoria do discurso prático por sua excessiva racionalização, abstração e confiança nos procedimentos. No entanto, deve-se pelo menos ter em mente que "as regras do discurso só podem ser cumpridas

---

638 O resumo de tal código se encontra nas páginas 283 a 287 da *Teoria da argumentação jurídica*. Baseado na ideia de que o discurso jurídico é uma forma especial do discurso prático geral, tal proposta se estrutura a partir de uma clivagem básica: 1) as regras e formas do discurso prático geral, divididas em seis itens – as regras fundamentais, as regras da razão, as regras de carga da argumentação, as formas de argumentos, as regras de fundamentação e as regras de transição. 2) já as regras e formas do discurso jurídico subdividem em dois grandes grupos – as regras e formas da justificação interna e as regras e formas de justificação externa. Esbocei, juntamente com Cláudio Pereira de Souza Neto, breves comentários sobre e esse código em "Os princípios de Direito e as perspectivas de Perelman, Dworkin e Alexy. *In:* Manoel Messias Peixinho. *et al.* [Org.]. *Os princípios da Constituição de 1988*. Rio de Janeiro: Lumen Juris, 2001, em especial nas páginas 91 a 95.

639 E. T. Feteris. "Argumentation in the field of law". *In:* Frans H. Van Eemeren. [Ed.]. *Crucial concepts in argumentation theory.* Amsterdam: Amsterdam University Press, 2001, p. 209.

640 J. C. Velasco. *La teoría discursiva del derecho: sistema jurídico y democracia en Habermas. op. cit.* p. 127.

aproximadamente"[641] e que, "em geral, tanto no raciocínio prático como no raciocínio jurídico não se pode esperar obter um método que forneça uma solução definitiva para cada caso difícil. O que pode ser criado são estruturas racionais de raciocínio".[642] Tais estruturas podem oferecer uma parametrização capaz de submeter ao teste discursivo tanto propostas legislativas como decisões judiciais.

4. TEORIA DA ARGUMENTAÇÃO

Os principais desenvolvimentos da teoria da argumentação de Habermas estão presentes no texto "Teorias da Verdade" e no excurso sobre argumentação na *Teoria do Agir Comunicativo*. Estribado em Toulmin, Habermas une-se aos esforços desse filósofo para mover a filosofia além do estreito foco da lógica formal.

No primeiro volume de sua *opus magnum*, *The theory of communicative action – reason and rationalization of society*[643], há um breve excurso sobre esta problemática, tomando-se como ponto de partida a *démarche* desenvolvida por Stephen Toulmin nos livros *The uses of argument*, de 1958, e *Human understanding*, de 1972. Habermas também examina, no referido *excursus*, os últimos desenvolvimentos no campo da lógica informal implementados pelo trabalho de Wolfgang Klein, intitulado *"Argumentation und argument"*. A ideia central de Habermas no tocante à sua teoria da argumentação consiste na noção de "sistema de pretensões de validade". Como ele afirma, "argumentos são meios pelos quais o reconhecimento intersubjetivo de pretensões de validade hipoteticamente erguidos por algum proponente pode ser alcançado (*brought about*) e assim opiniões são transformadas em conhecimento".[644] As pretensões

---

641 R. Alexy. "A discourse-theoretical conception of practical reason". *In: Ratio Juris. op. cit.*, p. 245.

642 R. Alexy. "Rights, legal reasoning and rational discourse". *In: Ratio Juris. op. cit.*, p. 150.

643 J. Habermas. *The theory of communicative action – reason and rationalization of society*. Boston: Beacon Press, v. I, 1984, p. 22-44.

644 *Idem*, p. 25. Explicitando melhor o que significa essa atividade básica humana, sirvo-me do magistério de Manuel Atienza. "Mas o que significa argumentar? Que é um argumento? O ponto de partida para responder a estas perguntas poderia ser este: em uma argumentação – como atividade – e em um argumento – como resultado dessa atividade – existem sempre, pelo menos, estes elementos: 1) uma linguagem, vale dizer, argumentar é uma atividade liguística, e um argumento é um produto linguístico que se plasma em um conjunto de enunciados; 2) uma conclusão, isto é, o ponto final da argumentação ou o enunciado com o qual se encerra o argumento; 3) uma ou várias premissas, isto é, o ponto de partida da argumentação ou os enunciados com que se abre o argumento, e 4) uma relação entre as premissas e a conclusão." M. Atienza. "El derecho como argumentación". *In: Isegoría – revista de filosofía moral y política*, n. 21, nov. 1999, p. 40.

de validade, que podem ser discursivamente resgatadas, são erguidas em relação a três regiões da realidade, segundo diferentes aspectos de racionalidade: uma pretensão de validade pode ser erguida na dimensão da verdade, em face de eventos da natureza externa; uma outra pretensão diz respeito à correção das normas de ação encontradas na dimensão intersubjetiva aberta pela vida social, em que se dá a integração por meio de normas e valores; e, por fim, uma pretensão de veracidade e sinceridade pode estar presente nos proferimentos ligados à expressividade de estados internos. As pretensões de validade podem ser resgatadas ou honradas por meio de argumentos. Tais alternativas às soluções violentas de controvérsia são postas em movimento nas "práticas argumentativas ligadas à ação comunicativa, isto é, mediatizadas por pretensões de validade que podem ser reconhecidas na intersubjetividade".[645]

A argumentação, para Habermas, pode ser compreendida como uma pugna em torno dos melhores argumentos a favor de ou contra uma pretensão de validade controvertida e serve à busca da verdade. Verdade, marcada por um espírito falibilista, entendida como aceitabilidade racional. Os critérios elencados nas suas reflexões sobre argumentação e referenciados à situação ideal de fala (que será objeto de considerações a seguir) possibilitam pensar na ideia de um consenso não coarctado, isto é, em uma aceitação racional de pretensões de validade. Tal processo repousa na convicção intuitiva de que há uma diferença entre convencer e persuadir, entre motivação mediante razões e influência causal, e entre aprendizagem e doutrinamento. Tanto Habermas como Alexy se utilizam de Toulmin (e ambos os projetos possuem convergências com a empreitada da nova retórica desenvolvida por Chaïm Perelman[646]).

A teoria de Toulmin origina-se (assim como as teorias da argumentação de Perelman e Habermas) de preocupações com o domínio da ética. A necessidade imperiosa de garantir alguma forma de controlabilidade racional ao campo das decisões, eleições, condutas e opções valorativas funcionou com um aguilhão na carne normativa desses dois pensadores, testemunhas da barbárie nazista. O desenvolvimento de suas diferentes teorias de argumentação (a retórica filosófica de Perelman e a lógica argumentativa de Toulmin) converge no

---

645 J.-M. Ferry. *Habermas, l'éthique de la communication. op. cit.*, p. 362.

646 Como afirma o próprio Perelman, "[...] gostaria de sublinhar que o ponto de vista retórico se junta ao dos lógicos alemães, nomeadamente Lorenzen, Apel e Habermas, que conferem um primado à pragmática sobre a semântica." Chaïm Perelman. "Perspectives rhétoriques sur les problèmes sémantiques". *In: Logique et analyse*, n. 67-68, 1974, p. 251, *apud*. Rui Alexandre Grácio. *Racionalidade argumentativa*. Coimbra: Edições ASA, 1993, p. 150. No mesmo diapasão, para uma excelente apresentação das convergências entre o filósofo alemão e o propulsor da Escola de Bruxelas, veja-se Guy Haarscher. "Perelman and Habermas". *In: Law and philosophy* n. 5, Netherlands: D. Reidel Publishing Company, 1986, p. 331-342.

esforço de submeter o domínio dos negócios humanos a parâmetros capazes de balizar a ação na conturbada realidade social na qual se desenrola a vida coletiva dos seres humanos, encontrando meios não violentos para dirimir os inevitáveis conflitos dela decorrentes. Saliente-se também um outro elemento comum a ambas empresas filosóficas: a utilização do modelo do Direito. O reconhecimento da pertinência dos cânones básicos do processo judicial, verdadeira decantação de dois mil anos de experiência de aprendizado jurídico, serve como um modelo alternativo à geometria e à matemática, "musas inspiradoras" de todas as diferentes versões do positivismo.

Embora se assemelhe em muitos aspectos ao projeto da nova retórica, a "lógica argumentativa" desenvolvida por Toulmin segue um caminho diferente. Não é na tradição greco-romana que se encontram os elementos capacitadores de estabelecer um enfoque teórico crítico às posições do positivismo lógico, dominante no quadro filosófico anglo-americano, que com seu avatar logicista só reconhece como argumentos válidos aqueles que seguem o modelo de inferência dedutiva-analítica. Entretanto, com as transformações operadas no âmago da tradição analítica, com a abertura do campo de exame da linguagem ordinária, Toulmin, aluno de Wittgenstein, amealhou elementos capazes de estabelecer um projeto filosófico ambicioso, nascido do descontentamento com as visões absolutistas, que só reconheciam as evidências empíricas constringentes e os argumentos dedutivos conclusivos como capazes de lastrear o conhecimento teórico e o *insight* moral prático (afinal, segundo a posição analítica ortodoxa, a argumentação válida só se dá por meio da dedução).

Toulmin chegou à conclusão de que era um absurdo reduzir o termo "argumentação racional" ao âmbito da lógica formal e das ciências da natureza. Assim, procurou mover a filosofia além do foco estreito da lógica formal, pois, desde o Iluminismo, há uma fixação na lógica dedutiva e na certeza evidencial como únicos caminhos para capturar a racionalidade; no entanto, estes são caminhos estreitos para dar conta da racionalidade argumentativa e de diversas formas de investigação científica. Portanto, não aderir a cânones demonstrativos não implica necessariamente a falta de *standards* normativos para definir um bom argumento. Ora, também argumentamos em terrenos como o Direito, a moral, a arte, a direção de empresas etc. Em todos eles a estrutura da argumentação consta essencialmente dos mesmos passos: defender uma pretensão com boas razões, expor essas razões à crítica, e, se necessário, modificar nossa opinião ou conduta a partir dos resultados obtidos desta contraposição de informações.

Toulmin desenvolveu um modelo capaz de dar conta da estrutura da argumentação nos seus diversos campos de aplicação. A estrutura de um argumento substantivo é composta de quatro elementos: uma conclusão (C), dados angariados em seu favor (*Data* – D), aquilo que autoriza a fornecer esses dados para aquela conclusão (*Warrant* – W) e as evidências casuísticas que apoiam W (*Backing* – B).

O modelo desenvolvido por Toulmin serviu de referência fundamental às elaborações teóricas de Jürgen Habermas, possivelmente o filósofo contemporâneo mais focalizado na problemática da argumentação, visto que essa atividade está estreitamente ligada à ideia de agir comunicativo, que, por sua vez, é elemento axial à reprodução do mundo-da-vida – categoria capital à arquitetônica teórica habermasiana (quanto às relações de Toulmin com Alexy, confira-se o exame feito do filósofo inglês nas páginas 91 a 102 de sua *Teoria de la Argumentacion Jurídica*).

Por fim, dentro desta breve exposição importa destacar que "a teoria da argumentação de Habermas [...] contém um momento ideal que é fortemente universalista e cognitivista".[647] Tal momento é capturado pela polêmica ideia de situação ideal de fala (SIF), uma projeção idealizante empregada por Habermas no seu esforço de desenvolver uma parametrização argumentativa capaz de nos orientar em face dos incontornáveis conflitos axiológicos presentes nas plurais sociedades do capitalismo tardio.

5. A SITUAÇÃO IDEAL DE FALA

A situação ideal de fala foi um recurso utilizado por Habermas para justificar a plausibilidade do discurso prático elaborada em seu texto seminal "Teorias da verdade", de 1972. O filósofo de Frankfurt denomina "ideal a uma situação de fala em que as comunicações não somente não vêm impedidas por influxos externos contingentes como tampouco pelas coações que se seguem da própria estrutura da comunicação."[648] Tal recurso se inclui dentro dos critérios da comunicação ideal que caracterizam os princípios contrafactuais de uma ordem discursiva justa/correta (e já esclareço, desde agora, que "nem Habermas nem Gunther acreditam que a SIF possa atualmente existir. Esta

---

647 W. Rehg. "Reason and rhetoric in Habermas's theory of argumentation". *In:* Walter Jost; Michael J. Hyde. [Ed.]. *Rhetoric and hermeneutics in our time: a reader.* Londres: Yale University Press, 1997, p. 359.

648 J. Habermas. "Teorias de la verdad". *In: Teoria de la acción comunicativa: complementos y estudios previos. op. cit.*, p. 153.

é uma noção que funciona simplesmente como uma idealização que já está sempre pressuposta no discurso."[649])

A situação ideal de fala recorre a certas pressuposições idealizadas como as de que todos os participantes devem ser verídicos, todos os interessados podem participar, todos podem problematizar qualquer afirmação, todos podem introduzir quaisquer argumentos e de que nenhum participante pode ser coagido. Estas condições "especificam uma norma de comunicação que pode ser nomeada de *reciprocidade igualitária.*"[650] Disso decorre que aqueles que utilizam o expediente da situação ideal de fala não pretendem que tais condições ocorram simultaneamente na vida real. Como explica Rouanet: "Não importa que estas condições sejam frequentemente contrafactuais, isto é, que não sejam sempre presentes em processos comunicativos concretos: eles são apenas pressupostos, que podem ou não realizar-se, mas são pressupostos *necessários*, porque sem eles o ingresso na argumentação é impossível."[651]Cabe, ainda, esclarecer que é próprio de uma situação contrafática a constatação de que o descumprimento de algum de seus pressupostos não implica a invalidação deste constructo teórico, vale dizer, a não observância empírica dos ditames previstos em tal situação não acarreta a sua ineficácia. A qualidade ou característica que atribui a algum elemento teórico o estatuto de contrafático implica necessariamente a sua potencial contestabilidade.

Em relação à SIF, Habermas explica:

> *Eu tentei caracterizar a situação ideal de fala não pelos traços próprios à personalidade de locutores ideais, mas pelos traços estruturais de uma situação de discurso possível, a saber, por uma distribuição simétrica de chances de adotar papéis no diálogo e de efetuar atos de fala. Esta construção deve permitir demonstrar que nós podemos efetivamente antecipar uma situação ideal de*

---

649 J. Lenoble. "Law and undecidability. Toward a new vision of the proceduralization of law". *In:* Michel Rosenfeld; Andrew Arato. [Ed.] *Habermas on law and democracy. Critical exchanges.* Berkeley: University of California Press, 1998, p. 65.

650 S. Benhabib. "Liberal dialogue versus a critical theory of discursive legitimation". *In:* Nancy L. Rosenblum. [Ed.] *Liberalism and moral life.* Cambridge: Harvard University Press, 1989, p. 150. No mesmo parágrafo, esclarece a filósofa estadunidense: "os constrangimentos procedimentais da situação ideal de fala são que cada participante deve ter uma chance igual de iniciar e continuar a comunicação. Cada participante deve ter uma igual chance de fazer assertivas, recomendações e explicações. Todos devem ter uma igual chance de expressar seus desejos, aspirações e sentimentos. E, finalmente, em uma situação de diálogo os falantes devem se sentir livres para tematizar aquelas relações de poder que, em contextos usuais, constrangeriam a ampla articulação livre de opiniões e posições." *Idem*, p. 150.

651 S. P. Rouanet. "Ética Iluminista e ética discursiva". *op. cit.*, p. 37.

fala por meio de quatro – e somente de quatro – categorias dos atos de fala, antecipação que todo falante que dispõe de competência comunicativa deve efetuar na medida em que ele deseja participar de uma discussão.[652]

Em um certo sentido, pode-se dizer que o recurso a situações contrafáticas como a SIF[653] – da mesma forma que o juiz Hércules de Dworkin e o auditório universal de Perelman (no qual podem ser mais facilmente reconhecidas as características gerais do constructo teórico habermasiano) – representa um preço pago pelas correntes filosóficas que se inscrevem no bojo do movimento anteriormente denominado de "reabilitação da filosofia prática". Destaque-se que todos esses constructos contrafáticos têm como inspiração a ideia de comunidade ilimitada de pesquisadores desenvolvida por Charles Peirce em seu pragmaticismo. No tocante à SIF, assevera Habermas que esse "experimento mental [...] é sem dúvida uma projeção idealizante, mas não é arbitrária."[654] Quanto a esse controverso conceito, cabe esclarecer alguns traços deste cenário que tornaria esse nível de interação comunicativa possível. Com efeito, para garantir que qualquer consenso atingido é racionalmente justificado, todos os participantes no discurso devem possuir uma distribuição igual e simétrica de oportunidades para selecionar e realizar atos de fala, contribuir, em outras palavras, para a resolução argumentativa de pretensões de verdade. Idealmente, a situação de fala deveria ser capaz de ser estendida indefinitivamente através do tempo, de forma a poder garantir que a nenhum participante é negado um lugar no debate e a expressão de nenhuma opinião relevante é negada por conta de condições históricas contingentes. Reconhecidamente, tal situação de fala é de fato ideal, talvez até utópica; mas a antecipação de um consenso alcançado sob as condições expressas por esse ideal é uma pressuposição necessária de uma comunicação racionalmente fundamentada, especialmente uma comunicação visando ao balanço de pretensões de verdade.

---

652 Jürgen Habermas. *Sociologie et théorie du langage*. Paris: Armand Colin, 1984, p. 118.

653 Um aspecto que deveria ser destacado aqui e que ficará para melhor detalhamento em continuação da dessa pesquisa é o papel da pragmática universal na abertura do acesso através da reconstrução racional das ações voltadas para o entendimento. É a partir da concepção da linguagem adotada por Habermas que o discurso prático se desenvolve articulado à ideia de uma situação contrafática como a SIF. A integração dessas ideias com a possibilidade de sustentação de um padrão crítico capaz de aferir a legitimidade das ordens políticas vigentes é sintetizada por Jean-Marc Ferry: "Esta crítica procede de forma normativa, no sentido de que ela pressupõe explicitamente o ponto de vista da pragmática universal, isto é, a reconstrução contrafática de normas legítimas por uma dada sociedade em face das quais podemos avaliar a medida da repressão social". Jean-Marc Ferry. *Habermas, l'éthique de la communication. op. cit.*, p. 360.

654 Jürgen Habermas. *O discurso filosófico da modernidade*. São Paulo: Martins Fontes, 2000, p. 477.

A situação ideal de fala constitui elemento central do discurso prático geral alexyano. Como já salientado, dentro do enfoque de Alexy o discurso jurídico é uma forma especial de discurso prático geral. Quando Alexy detalha, na sua exposição acerca do discurso prático, as suas regras da razão (*Teoria da Argumentação Jurídica*, p. 187), utiliza-se de e explicita os elementos estruturantes da situação ideal de fala habermasiana ou atividade comunicacional pura. Assim, o segundo grupo de regras do discurso prático geral, denominado regras da razão, tem a seguinte forma:

> *1) Todo falante deve, quando lhe for exigido, fundamentar o que afirma, a não ser que possa dar razões que justifiquem a rejeição de uma fundamentação.*
> *1.1) Quem pode falar pode tomar parte no discurso.*
> *1.2) (a) Todos podem problematizar qualquer afirmação.*
> *(b) Todos podem introduzir qualquer afirmativa no discurso.*
> *(c) Todos podem expressar suas opiniões, desejos e necessidades.*[655]

Não é necessária muita perspicácia para se reconhecer a dificuldade de se sustentar a plausibilidade de um construto teórico como a SIF em um horizonte cultural marcado, por um lado, pelo cientificismo naturalista positivista e, por outro, pela apologia da fragmentação e da incomensurabilidade dos discursos teóricos pós-modernos. Relativismo e contextualismo marcam a ordem do dia em nosso tempo. As inúmeras críticas à ideia de SIF obrigaram Habermas a um refinamento de seu posicionamento. Uma das mais desafiadoras reprovações provém de uma crítica imanente à teoria crítica da sociedade realizada por Albrecht Wellmer *vis-à-vis* Habermas (e, sobretudo, Apel). Parte dos problemas deve-se ao que destacou Rainer Rochlitz: "Habermas abandonou esse conceito em razão dos mal-entendidos substancialistas que ele suscitou".[656] Este problema foi denominado no debate técnico como "*fallacy of misplaced concretenness*". Assim, Habermas desloca o foco de sua discussão da ideia de SIF para a noção de pressupostos pragmáticos da argumentação, abandonando a referência à SIF. Os pressupostos pragmáticos da argumentação não são nada mais do que idealizações imanentes ao uso geral da linguagem. Com

---

655 R. Alexy. *Teoria de la argumentación jurídica. op. cit.*, p. 283.

656 R. Rochlitz. "Fonction généalogique et force justificative de l'argumentation". *In:* Christian Bouchindhomme; Rainer Rochlitz. [Ed.]. *Habermas, la raison, la critique.* Paris Les Éditions du Cerf, 1996, p. 203.

efeito, como afirma Habermas, em *Consciência Moral e Agir Comunicativo*, há uma tensão que se manifesta na comunicação cotidiana como a força factual dos pressupostos contrafactuais.

6. CONCLUSÃO

Os esforços desenvolvidos neste artigo procuraram expor elementos básicos presentes na teoria discursiva do Direito e da democracia. Esta vertente do pensamento teórico contemporâneo abre um novo campo para a reflexão jurídica, recolocando o problema da relação entre legalidade e legitimidade em um patamar diferente daquele defendido pelo *main stream* do pensamento jusfilosófico novecentista – o positivismo jurídico. Robert Alexy pode consistentemente reprovar o positivismo jurídico graças à ancoragem filosófica oferecida pela empresa teórica de Habermas (em estreita colaboração com Apel). E, graças à adesão crescente da comunidade de pesquisadores no âmbito do Direito às teses defendidas por essa escola, reconhece-se que a razão prática não está mais relegada a um campo para além do tangível e testável, possibilitando desarmar o ceticismo moral e o relativismo axiológico subjacentes às diversas versões do positivismo jurídico. Afinal, não são poucos aqueles que concordam com essa ideia básica de Habermas:

> *Não estou convencido de que a 'teoria da vontade', segundo a qual as normas hão de ser entendidas como expressão da vontade de alguém que ostenta o poder, coincida com nossas intuições. As expectativas normativas se distinguem das meras expressões da vontade por um caráter obrigatório que se deriva da pretensão de validade das normas que as fundamentam. Para os membros de uma comunidade que regulam em termos normativos sua convivência as normas significam algo distinto que para um observador sociológico: não são fatos meramente sociais, mas expectativas de conduta cujo caráter vinculante em termos normativos mostram um certo parentesco com a força racionalmente motivadora dos enunciados verdadeiros.*[657]

---

[657] J. Habermas. "Entre tradiciones. *Una laudatio* a Georg Henrik Von Wright". *In: Fragmentos filosófico-teológicos. De la impresión sensible a la expresión simbólica.* Madri: Editorial Trotta, 1999, p. 61.

Capítulo 15

A MOTIVAÇÃO.
CONCEITOS FUNDAMENTAIS

Alfonso García Figueroa

Sumário
1. Os "saltos na interpretação"
2. Algumas categorias centrais da motivação judicial
2.1. Falemos de argumentos e não de pessoas: contexto de descoberta e contexto de justificação
2.2. Conceito e classes de justificação
2.2.1. Justificação interna e justificação externa
2.2.1.1. Justificação interna/externa como justificação lógico-dedutiva ou não
2.2.1.1.1. Os juristas frente à lógica: o Direito não tem que ver com a lógica
2.2.1.1.2. Os lógicos frente ao Direito: a lógica não tem que ver com o Direito
2.2.1.2. Justificação interna/externa como justificação sobre normas sistemática ou extra-sistemáticas
3. O papel das premissas fáticas. Remissão
4. Em que medida estas distinções diferenciam a atual TAJ em relação a suas precursoras?
5. A TAJ *standard*
5.1. Justificação interna ou de primeira ordem
5.1.1. Problemas de relevância
5.1.2. Problemas de interpretação
5.1.3. O problema da prova
5.1.4. Problemas de fatos secundários ou problemas de qualificação
6. Algumas pistas muito gerais para uma justificativa externa
6.1. Consistência e coerência
6.2. Universalizabilidade
6.3. Consequencialismo

1. OS "SALTOS" NA INTERPRETAÇÃO

A interpretação faz referência à atribuição de um significado a um enunciado e, portanto, a interpretação jurídica faz referência à atribuição de significado a um enunciado jurídico. O termo "interpretação" evoca etimologicamente a ideia de mediação entre dois extremos e trata-se de uma conotação que podemos comprovar reiteradamente na vida diária: o *intérprete* traduz o que uma pessoa quer comunicar a outra que se expressa em uma língua diferente; o pianista *interpreta* uma peça diante de um auditório e se coloca como mediador entre o compositor da obra e o público; o cartomante *interpreta* o significado das cartas do *tarot* e então põe seu cliente em contato com uma realidade supostamente sobrenatural etc. Cada um destes intérpretes (tradutor, pianista, cartomante) deixa em maior ou menor grau sua marca na sua atividade hermenêutica e todos temos a sensação de que esta atividade não é puramente técnica nem mecânica e não se exaure apenas em associar uns signos a outros de modo automático. Por isso há bons e maus intérpretes, há pianistas mais brilhantes que outros e há cartomantes com mais sucesso que seus colegas.

No mundo do Direito, as valorações que administra o próprio intérprete no (por assim dizer) trânsito desde uma disposição jurídica genérica até uma norma concreta na forma de sentença judicial apresentam uma indubitável transcendência. Isto não significa que possa ser considerada uma atividade puramente arbitrária. Nesta designação de significado deve existir certa racionalidade. Não pode acontecer de uma maneira arbitrária, mas deve ser fundamentada, raciocinada, motivada. Uma das missões da TAJ consiste em analisar a racionalidade que inspira o raciocínio jurídico, a racionalidade que deve presidir o trânsito desde uma disposição legal à interpretação resultante em um caso concreto por parte de um juiz.

Vejamos um exemplo bem conhecido[658]. Em uma estação de trem nos encontramos com um aviso bem visível que proíbe a entrada de cachorros ali. Um dia um camponês aparece no lugar acompanhado de um urso, o que provoca uma natural confusão. O enunciado:

r: "proibida a entrada de cachorros"

então deve ser interpretado para poder decidir o que fazer. Existem pelo menos duas possibilidades neste caso. Por um lado, pode-se insistir na literalidade

---

[658] Radbruch junta um caso real ao parecer citado por Petrasyski (L. Recaséns, *Tratado general de filosofia del Derecho*, Porrúa, México, 1965, p. 645 e ss.).

da proibição, o que não impediria a entrada do urso na estação, porque um urso não é um cachorro. Isto é, favorecendo uma argumentação *a contrario*, podemos interpretar o enunciado *r* como o enunciado:

r': *"proibida a entrada de cachorros e só de cachorros"*

ou bem se pode ensaiar uma segunda interpretação que atenda ao "espírito" que o inspira, favorecendo uma argumentação *a simili*, no sentido de:

r'': *"proibida a entrada de cachorros e outros animais que possam causar problemas semelhantes aos que eles provocam em uma estação de trem".*

Qual das duas interpretações aqui mostradas é melhor? Tudo depende do raciocínio que se faça para apoiar a adoção de uma ou de outra opção. Suponhamos que no caso do qual nos ocupamos a interpretação de *r* no sentido de *r''* fosse a escolhida. Pode-se representar o resultado da atividade interpretativa do seguinte modo, seguindo a Aleksander Peczenik:

$$I^w\, r = r''$$

Em que "*I*" significa *interpretação* e "*w*" o conjunto das regras aplicadas para fundamentar o trânsito desde *r* até *r''*. Portanto, a interpretação de *r* de acordo com as regras *w* nos conduz a *r''*. Este trânsito foi denominado por Peczenik "transformação" ou "salto", porque a passagem de *r* a *r''* não tem um caráter (abertamente) lógico. Em síntese, segundo Peczenik, nos encontramos ante uma "transformação" ou "salto" desde o enunciado *r* ao enunciado *r''*, quando se verificam as duas seguintes condições:
1. *r''* se deriva de *r*;
2. *r''* não é uma consequência lógica de *r*.

Pois bem, o esclarecimento da natureza destes *saltos*, isto é, das razões nas quais se apoiam (*w*) são parte fundamental do objetivo da TAJ. No entanto, a realidade nos diz que estes *saltos* às vezes são maiores e às vezes menores. Isto significa, correlativamente, que o volume de *w*, assim como o recurso à TAJ, é maior e mais necessário em umas ocasiões do que em outras. Existe, pois, certa gradação entre casos fáceis e casos difíceis.

Há quem tenha colocado que na realidade todos os casos são difíceis, porque todos os casos são, pelo menos teoricamente, capazes de provocar controvérsia. Todos os casos são problematizáveis teoricamente. No entanto, a realidade é que na prática do Direito todos temos a sensação de que há casos que provocam discrepâncias sérias, enquanto outros se resolvem de forma rotineira, como se não houvesse a menor sombra de dúvida acerca de como se teria que decidir. Do que foi dito, caberia deduzir que teoricamente todos os casos são difíceis, mas na prática se deve distinguir entre casos fáceis e casos difíceis. Em outras palavras, a distinção entre casos fáceis e casos difíceis se manteria em um nível pragmático[659].

Então, é possível que existam casos tão fáceis como para que sua interpretação seja absolutamente desnecessária? Segundo um conhecido brocardo ("*in claris non fit interpretatio*") a resposta seria afirmativa: nos casos claros não seria necessário interpretar. No entanto, como se viu aqui certa interpretação tem sempre lugar. Sempre devemos designar um significado a uma disposição para poder aplicá-la. Questão diversa é se esta interpretação é mais ou menos complexa, se suscita maior ou menor adesão. A questão se resolve se fazemos distinção entre interpretação *sensu largo* e *sensu stricto*. Em sentido amplo, interpretar é atribuir um significado a uma disposição normativa. Em sentido estrito, interpretar significa atribuir um significado a uma disposição normativa no caso de que exista controvérsia em relação a seu significado. Portanto, é sempre necessária a interpretação *sensu largo* e somente às vezes a *sensu stricto*. Assim que o brocardo *in claris non fit interpretatio* (ou *clara non sunt interpretanda* etc.) poderia precisar-se dizendo simplesmente: *in claris non fit interpretatio sensu stricto*. Novamente, a questão se resolve distinguindo entre o que acontece teoricamente e o que acontece na prática dos juristas.

No capítulo anterior vimos as circunstâncias que põem em evidência a insuficiência do formalismo para explicar os problemas interpretativos e argumentativos da atividade jurisdicional e no tema 2 tivemos a oportunidade de ver algumas teorias que já indicavam para algumas possíveis respostas. A seguir desejaria ocupar-me da resposta que a TAJ dá atualmente aos problemas que suscitam a interpretação e a argumentação jurídicas e para isso usarei como referência aquelas que constituem talvez as duas obras fundamentais da TAJ moderna. Refiro-me a *Theorie der juristischer Argumentation* de Robert Alexy e *Legal Reasoning and Legal Theory* de Neil MacCormick. Ambos os livros foram publicados em 1978 e representam, nas palavras de Manuel Atienza, a *teoria standard da argumentação jurídica*.

---

659 Vide, por exemplo, J. Bengoetxea, N. MacCormick e L. Moral Soriano, "Integration and Integrity in the Legal Reasoning of the European Court of Justice", em G. de Búrca e J. H. H. Weiler, *The European Court of Justice*, O. U. P., Oxford, p. 43-85.

2. ALGUMAS CATEGORIAS CENTRAIS DA MOTIVAÇÃO JUDICIAL

Em contraste com suas precursoras dos anos cinquenta, as modernas teorias da argumentação jurídica pretendem reforçar o papel da razão em sentido forte no campo da argumentação jurídica. A TAJ atual é uma aposta pela racionalidade no discurso jurídico frente às correntes irracionalistas. As circunstâncias que favoreceram o auge da TAJ moderna são muitas. Na opinião de Summers o racionalismo da TAJ se ergue frente às seguintes propostas e seus lemas associados:

> *1. Majoritarismo cínico (os votos são o decisivo); 2. Libertarismo inadequado (um homem é livre de adotar qualquer posição); 3. Relativismo ético (o que é bom aqui e agora é bom só aqui e agora); 4. Pseudo-freudianismo (não conhecemos nossas razões reais, então por que se preocupar?); 5. Dedutivismo inapropriado (só os argumentos dedutivamente concludentes podem ter força); 6. Determinismo ideológico (nossas razões estão todas socialmente condicionadas pela ideologia, de modo que têm pouca força); 7. Cientificismo (só o raciocínio sobre assuntos de fato é verdadeiramente respeitável)*[660].

Agora, quais são as chaves da atual TAJ? As teorias de Alexy e MacCormick têm uma considerável semelhança que é matizada pelo método diferente empregado por cada um deles. Atienza afirma que "ambos percorreram o mesmo caminho, porém em sentidos opostos"[661], pois Alexy parte da generalidade do discurso prático para posteriormente introduzir-se no mundo do Direito, enquanto a proposição de MacCormick[662] finca suas raízes na realidade das decisões judiciais, para construir a partir de sua análise, uma teoria da argumentação. Certamente são muitos os traços que singularizam a teoria *standard* da argumentação jurídica em relação às antigas teorias da argumentação jurídica às quais já me referi. No entanto, caberia insistir em dois aspectos fundamentais nos quais a teoria atual pretende superar as proposições prévias a fim de reforçar a racionalidade da argumentação jurídica.

---

660 R. S. Summers, "Comments on "The Foundation of Legal Reasoning", em W. Krawietz e R. Alexy, *Metatheorie juristischer Argumentation*, Duncker & Humblot, Berlim, 1983, p. 145-157.

661 M. Atienza, *Las razones del Derecho. Teorías de la argumentación jurídica*, C. E. C., Madri, 1991, p. 177.

662 Vide D. N. MacCormick, *Legal Reasoning and Legal Theory*, Clarendon, Oxford, 1978.

O primeiro aspecto relevante é constituído pela assunção por parte da teoria *standard* da distinção entre contexto de descoberta e contexto de justificação. O segundo elemento a ressaltar vem aqui representado pela delimitação da justificação interna e a justificação externa.

2.1. Falemos de argumentos e não de pessoas: contexto de descoberta e contexto de justificação[663]

Como temos visto, a motivação das decisões judiciais constitui um dos elementos fundamentais do Estado de Direito como conquista ante as arbitrariedades dos processos no Antigo Regime. A motivação garante que os juízes e magistrados se submetam ao princípio de legalidade e permite aos justificantes conhecer as razões que fundamentam as decisões, abrindo a possibilidade dos recursos correspondentes. Assim o art. 120.3 da Constituição espanhola de 1978 assim reza: "As sentenças serão sempre motivadas e se pronunciarão em audiência pública".

Entre os primeiros textos legais em que se sanciona o dever dos juízes de *motivar* suas sentenças, se destaca a pragmática de 27 de setembro de 1774 do Reino de Nápoles, que dizia assim:

> *Per togliere alla malignità e alla frode qualunque pretesto, ed assicurare nell'opinione del pubblico la esatezza e la religiosità dei magistrati, vuole la Maestà Sua, anche sull'esempio e sull'uso dei tribunali più rinomati, che in qualunque decisione che riguardi o la causa principale, o gli incidenti, fatta da qualunque tribunale di Napoli, o collegio, o giunta, o altro giudice della stessa capitale, che abbia la facoltà di decidere, si spieghi la ragione di decidere o siano i motivi sui quali la decisione è appoggiata*[664].

No entanto, creio que, apesar de sua pertinência, o termo "motivação" sofre de uma ambiguidade que pode resultar confundível se advertimos, como cabe fazê-lo neste texto antigo, que a motivação parece referir-se indistintamente à *"razão* para decidir" e os *"motivos* sobre os quais se apoia a decisão". Esta forma de expressar a exigência de motivação permite pensar

---

[663] Reproduzo a seguir quase literalmente o segundo epígrafe de meu trabalho "Palavras, palavras, palavras. Sobre o que o Direito diz aos juízes", em *Jueces para la Democracia*, n. 36 (nov. 1999), p. 58-66. Reeditado em *Derecho y Sociedad*, Facultad de Derecho de la Pontificia Universidad Católica de Perú, n. 15 (2000), p. 267-279.

[664] Texto legal citado por S. Evangelista, voz "motivazione della sentenza civile", em *Enciclopédia del diritto*, v. XXVII, Giuffrè, Varese, 1977, p. 154-181, nota 1, sublinhado por mim.

que provavelmente o próprio termo "motivação" não seja o mais idôneo para designar a fundamentação de uma sentença[665]. Motivar é expressar os motivos e os motivos não são necessariamente razões justificadoras. Um motivo parece ser em princípio a causa psicológica pela qual uma ação tem lugar. Por exemplo, cabe dizer que Otelo matou Desdêmona *motivado* (isto é, movido) pelos ciúmes. Mas é estranho dizer que o mouro de Veneza tirou a vida a Desdêmona *justificado* pelos ciúmes. Os ciúmes explicam a ação assassina de Otelo, mas não a justificam. Do mesmo modo, a rigor, ao processado (e à teoria *standard* da argumentação jurídica) não interessam tanto os *motivos* do juiz para ditar uma sentença condenatória (sua ideologia, seus problemas pessoais, suas fílias ou suas fobias), quanto as *razões jurídicas* que fundamentam essa sentença condenatória[666].

Pode-se replicar que simplesmente nos encontramos entre uma estipulação conceitual, mediante a qual se designou com o termo "motivação" aquilo que é a *justificação* jurídica de uma sentença. Do contrário, a obrigação de motivar se esvaziaria de conteúdo. Que sentido teria expor o inevitável *iter voluntatis* do juiz, se não fosse por sua eficácia justificadora? De que serviria por em evidência a existência de motivos? Na realidade, estes sempre existem salvo na suposição, impensável acho eu, de uma sentença ditada como consequência de um ato involuntário causado por impulsos cerebrais fora de nosso controle. Seria por acaso possível ditar uma Sentença como se move involuntariamente a perna com o impacto do pequeno martelo com o qual o médico prova os reflexos?

---

665 No *Novíssimo Digesto Italiano* define-se "motivazione", seguindo a Crisafulli, como "l'enunciazione esplicita o implícita contestuale o non, dei motivi che precedettero e determinarono l'emanazione di un atto giuridico" (G. Lombardi, voz "motivazione en diritto costitucionale", *Novissimo Digesto Italiano, v. X,* UTET, Turim, 1982 (reimpr.), p. 954-958), mas pouco mais adiante podemos ler na voz "motivi a delinquere": "Il termine "motivo" sembra poter riferire sai il momento affetivo, all'impulso anche inconsapevole, che caratterizza il "movente", sia al momento in cui l'affetto vede l'obiettivo da conseguire, e si risolve in decisione di realizzarlo, e, così si trasforma in un "fine"..." (A. Malinverni, íd., p. 962-970, aqui p. 963) e ainda mais tarde encontramos a consideração de um motivo como "rappresentazione psichica che interessa la volontà e la induce al negozio..."em Guzzi, R., voz "motivo del negozio giuridico", id., p. 970-973, aqui p. 970. Confluem assim no termo "motivo"acepções diversas. Por um lado parece fazer referencia a uma razão justificadora e por outro a um estímulo psicológico.

666 Esta forte distinção entre motivos psicológicos e justificação é propugnada, mesmo que com cautela, por Igartua em uma defesa da exigência de fundamentação em questões relativas à chamada discricionariedade técnica da Administração (Igartua Salaverría, J., *Discrecionalidad técnica, motivación y control jurisdiccional,* Civitas, Madri, 1998, p. 76 e ss.). A exigência da fundamentação não se deve deter nesse âmbito, como sustenta muito razoavelmente este autor na citada obra, tampouco no Jurado, que deve oferecer uma motivação suficiente de seu veredito (Igartua Salaverría, J., "El jurado y la motivación de su veredicto (a propósito da STS sobre o "caso Otegui")", em *Revista Vasca de la Administración Pública,* n. 51 (1998), p. 215-235. Por outro lado, deve-se dizer que no raciocínio jurídico a exigência de fundamentação não deve somente se referir a questões de interpretação do Direito, como também se estende às questões de fato.

No entanto, admitindo isso tudo, cabe por sua vez perguntar se esta estipulação é meramente casual ou encobre alguma significação. Parece que se vislumbra na denominação de "motivação" certo realismo jurídico inconsciente em alguns juristas. Provavelmente, a inconsciência seja o sintoma mais claro do vigor de um preconceito. Vejamos em que sentido existe certo realismo em nossa cultura jurídica.

O realismo jurídico baseou grande parte de sua análise do Direito na concepção do raciocínio judicial como um processo psicológico. A argumentação realista chegou a essa concepção a partir de uma desvalorização da capacidade justificadora do sistema jurídico, depreciação baseada em uma atitude profundamente contrária à ideia de sistema jurídico do positivismo. A ideia de sistema jurídico pressupõe a existência de um conjunto de normas vinculadas entre si por algum tipo de relação, especialmente por relações lógicas. Pois bem, o realismo é cético ante as normas[667], pois considera que não são senão "puro papel até que não se demonstre o contrário"[668], uma série de enunciados susceptíveis às mais insuspeitadas interpretações, e se mostra cético frente à lógica, pois "a vida do Direito não tem sido lógica, a vida do Direito tem sido experiência"[669]. Sem normas e sem lógica que as relacione, o resultado é a dissolução da noção de sistema jurídico. Deste modo, o único Direito é o que emana dos órgãos jurisdicionais, o Direito vivo, o Direito em ação: uma série de decisões fruto de uma vontade humana e não de uma fundamentação racional a partir das normas preexistentes de um sistema jurídico.

Direito é então o que os juízes dizem que é Direito e a origem de tal Direito está no processo psicológico que dá lugar à sentença. Dado que não existe *ex ante* um sistema jurídico de *justificação* que preceda à decisão judicial e sobre a qual esta possa apoiar-se, o estudo do Direito se transfere quase naturalmente à análise da *explicação* dos *motivos* desse processo psicológico do aplicador do Direito. Em uma versão mais frívola trata-se da chamada "teoria da digestão": as decisões jurídicas dependem do humor gerado por algum alívio no operador jurídico. As consequências deste enfoque derivam para uma concepção irracional do raciocínio jurídico em uma primeira instância que depois se estende sobre o fenômeno jurídico em sua totalidade. Não existe um sistema normativo que limite o aplicador do Direito e, portanto, não pode existir justificação da decisão judicial, mas somente a exposição do

---

[667] Vide H. L. A. Hart, *El concepto de Derecho*. Trad. Genaro R. Carrió, Abeledo-Perrot, Buenos Aires, 1991., cap. VII.

[668] K. Llewellyn. "Una teoria del Derecho realista: el siguiente paso". Trad. de Pompeu Casanovas, em Casanovas, P. e Moreso, J. J. (comps.), *El ámbito de lo jurídico*, Crítica, Barcelona, 1994, p. 244-293.

[669] O. W. Holmes, *The Common Law*, Boston, 1881, p. 1.

processo psicológico que o haja provocado. Quase inexoravelmente se chega à conclusão de que o Direito é uma questão de impulsos (*hunches*) e não de fundamentações racionais. Em última instância, se produz a dissolução da própria noção de justificação jurídica porque, se qualquer justificação é possível, então a justificação perde completamente seu sentido.

No fundo, a situação que suscita o realismo é problemática em relação ao caráter vinculador do Direito para o juiz de maneira análoga à qual se refere Platão em Eutífron, quando Sócrates diz: "Mas reflete sobre isto: acaso o piedoso é amado pelos deuses porque é piedoso ou é piedoso porque os deuses o amam?"[670]. Nós diríamos a um realista extremo: "Mas reflete sobre isto: acaso as normas são jurídicas porque as aplicam os juízes ou as aplicam os juízes porque são jurídicas?".

Recorda também à disputa teológica travada no seio da doutrina jusnaturalista entre voluntaristas e racionalistas. As diferenças metaéticas entre ambas as escolas residiam em que enquanto os voluntaristas afirmavam que o bom é o ordenado por Deus, os racionalistas afirmavam pelo contrário que o ordenado por Deus é bom. Esta segunda opinião se justificava porque, se considerássemos, com a primeira, que tudo que é ordenado pela divindade fosse bom, então não seria possível considerar boa a divindade. Esta seria uma simples máquina de produzir normas que adquiririam através de sua origem correção moral, o qual não parece compatível com própria noção de bondade moral[671]. As coisas não são moralmente boas ou más porque alguém as ordene ou as sustente, senão que antes nos parecem boas ou más independentemente (ou mesmo apesar) de quem as ordene ou as sustente. Analogamente, uma norma não se pode transformar em Direito simplesmente porque um juiz a incorpore aos fundamentos de sua decisão. Antes o juiz incorpora uma norma aos fundamentos de sua Sentença porque faz parte do Direito. Insisto, se tudo o que o juiz ditasse fosse Direito, então não seria possível falar de submissão do juiz ao ordenamento jurídico.

Impõe-se, pois, distinguir entre contexto de descoberta e contexto de justificação. Historicamente, a distinção entre contexto de descoberta e contexto de justificação, esta expressão devemos a H. Reichenbach[672], que

---

670 Platão, *Eutífron*, 10 a, cito o texto traduzido, selecionado e comentado por E. García Máynez, *Teorias sobre la justicia en los diálogos de Platón*, v. Y, UNAM, Mexico, 1981, p. 55 ss e 211.

671 C. S. Nino faz referência a esta disputa teológica entre Guilherme de Occam e Santo Tomás em um contexto diverso: para elucidar algumas questões de metaética ou ética analítica (C. S. Nino, *Introducción al análisis del Derecho*, Ariel, Barcelona, 1991, p. 361).

672 A obra mais citada de H. Reichenbach é *La filosofia científica*. Trad. de Horacio Flores Sáncez, Fondo de Cultura Econômica, México D. F., 1967.

resgata de certo modo aquela outra contraposição entre *inventio* e *iudicium* que oferecera Cicero[673]. Como vimos no contexto da descoberta aparecem as motivações de ordem psicológica ou sociológica que condicionaram um conhecimento científico ou, em nosso caso, uma determinada resolução judicial ou argumentação jurídica. Partindo do contexto de justificação se prescinde do processo mental que conduziu à decisão. Dito de outro modo, no contexto da descoberta encontramos *causas*, enquanto no contexto de justificação encontramos *razões*[674]. O essencial a partir do contexto de justificação é, na sede da argumentação jurídica, o conjunto de razões que se aportam para apoiar a decisão resultante. Esta dissociação entre o processo de elaboração (*Herstellung*) e sua justificação, sua representação (*Darstellung*)[675] conduz à "*eliminação do psicologismo*"[676], isto é, permite restringir o campo de estudo da teoria da argumentação em torno ao contexto de justificação, deixando a investigação dos processos psicológicos que condicionam a argumentação jurídica nas mãos da psicologia e da sociologia.

No entanto, este psicologismo, essa maneira de pensar que confunde razões e causas, parece muito interiorizado em certos juristas, que replicam à análise racional da justificação do raciocínio jurídico com a constatação do processo psicológico do operador jurídico. Isto é, quando se fala da possibilidade de um controle racional da justificação das decisões judiciais, se responde que a realidade é que o juiz, frente um caso concreto, primeiro decide a solução e posteriormente a reveste com uma roupagem jurídica. Pode ser que, efetivamente, seja assim, mas se está respondendo a uma pergunta diversa da que se formula. A questão não é como se chega a uma decisão jurídica, mas apenas se essa decisão é justificável juridicamente. Trata-se, pois, de questões distintas a que convém separar. Apesar de sua improbabilidade, não existem razões conceituais que impeçam que um juiz de personalidade agressiva e vinculado à Ku Klux Klan dite uma sentença justa para um caso no qual intervém um cidadão de raça negra ou um magistrado angélico e simpatizante da Anistia Internacional condene sem fundamento jurídico a um mártir dos direitos humanos completamente inocente.

---

673 M. Atienza, *Las razones del Derecho. Teorías de la argumentación jurídica, cit.*, p. 53; J. A. García Amado, *Teorías de la tópica jurídica*, Civitas, Madri, 1988, p. 39.

674 Sobre as noções de causa e razão, cfr. S. Toulmin, "Razones y causas", em AA. VV., *La explicación em las ciências de la conducta.* Trad. de J. Daniel Quesada, Alianza, Madri, 1982, p. 43.

675 U. Neumann, *Juristische Argumentationslahre*, Wissenschaftliche Buchgesellschaft, Darmstadt, 1986, p. 17.

676 K. Popper, *La lógica de la investigación científica* (1934). Trad. Victor Sánchez de Zavala, Madri, 1982, p. 30.

A existência de mecanismos, como a recusa e a abstenção, responde a uma questão não conceitual e sim empírica, a saber: que normalmente a presença de algum interesse próprio em um pleito pode alterar a imparcialidade do juiz na hora de decidir o caso e que, já que a interpretação pode incorporar uma infinidade de valorações, convém prevenir a possibilidade de uma decisão distorcida. Existem, consequentemente, razões prudentes que aconselham o estabelecimento destas garantias de imparcialidade, mas isto não significa que a personalidade ou a ideologia do juiz devam tornar-se objeto central de discussão de uma controvérsia jurídica, como parecem promover principalmente os meios de comunicação e os partidos políticos. Às vezes a cultura jurídica popular parece nesse sentido exageradamente *realista*. Isto não é difícil de explicar: para questionar a fundamentação jurídica de uma decisão judicial requerem-se certos conhecimentos sobre Direito; pelo contrário, para opinar sobre os motivos pessoais de um juiz, não é preciso nenhuma qualificação especial nem um esforço intelectual extraordinário. Atualmente, a pujante teoria da argumentação jurídica que se desenvolveu desde 1978 até nossos dias[677] afiançou a importância da distinção entre *contexto de descoberta e contexto de justificação*, situando neste seu âmbito de investigação.

A confusão de razões e motivos recém examinada provavelmente não seja privativa da esfera jurídica. Por exemplo, na linguagem coloquial dizemos que estamos *desmoralizados* ou *de moral baixo*[678] quando nos sentimos pouco motivados, quando nos sentimos psicologicamente frágeis, e não, como seria mais lógico, quando nossas decisões resultam moralmente reprováveis. De qualquer modo, uma teoria da argumentação jurídica deve ser consciente desta distinção e deve concentrar-se, por uma questão de competência, no contexto de justificação, desviando para áreas como da sociologia jurídica o estudo do contexto de descoberta.

---

677 Vide N. MacCormick. *Legal Reasoning and Theory* (1978), Clarendon Press, Oxford, 1997 (reimpr.); R. Alexy. *Teoría de la argumentación jurídica* (1978). Trad. de Manuel Atienza e Isabel Espejo, Centro de Estudios Constitucionales, Madri, 1989; Aarnio, Alexy e Peczenik, "The Foundation of Legal Reasoning", em *Rechtstheorie*, n. 12 (1981), p. 133-158; 257-279; 423-448; Aarnio, A., *Lo racional como razonable*. Trad. de Ernesto Garzón Valdés, Centro de Estudios Constitucionales, Madri, 1991; Peczenik, A., *On Law and Reason*, Kluwer, Dordrecht, 1989.

678 Aranguren refere-se a estas expressões para ilustrar uma questão diferente (J. L. L. Aranguren, *Ética de la felicidad y otros lenguajes*, Tecnos, Madri, 1992, p. 110 ss.). A Server, usamos termos como "desmoralização" ou dizemos que não temos a "moral elevada" para indicar que não nos sentimos donos de nós mesmos. Aranguren interpreta este significado como um indício de que a experiência moral representa um pressuposto necessário de nossa existência. Quando falta este pressuposto sentimos que não temos domínio sobre nosso destino, sobre nossos atos e nos sentimos "desmoralizados". Aqui recorro ao uso coloquial destes termos, como se vê, em outro sentido.

Em minha opinião, apesar de que possa parecer paradoxal desde uma perspectiva *motivacional*, convém que os juízes façam sua esta distinção. Kant[679] concedia valor moral às ações que se realizam por dever e não por uma inclinação pessoal. O ato do filantropo que ajuda o próximo por prazer não gozaria para o filósofo Königsberg de um valor especial; no entanto, o ato do misantropo que ajuda aos outros por dever contaria com um valor moral específico. Há algo de excessivo nesta severidade prussiana, que parece associar moralidade e ascese. Não obstante, o que me parece atraente do enfoque kantiano, uma vez transferido ao âmbito jurídico, é que, pelo menos em um Estado de Direito constitucional como o nosso, é bom outorgar valor às decisões do juiz enquanto expressão do exercício de um dever profissional e não tanto de um compromisso pessoal. É bom que o juiz continue acreditando-se acima de tudo um profissional que realiza seu trabalho justificando suas decisões da maneira mais ajustada à Constituição. É bom que considere que suas decisões estejam não tanto *motivadas* quanto *justificadas* juridicamente. Pessoalmente, por melhor que seja seu trabalho, acho que na prática convém ter receio dos juízes messiânicos, justiceiros, midiáticos ou heroicos. Por mais que o ideal do juiz como discrição do Direito tenha sido criticado sua reiterada posta em dúvida por sua inadequação à realidade, só o confirma como ideal, um ideal com o qual a atual TAJ pretende contribuir.

Como frequentemente acontece nestes casos, uma vez assumida uma posição de forma básica é preciso matizar seu alcance. Em primeiro lugar, deve-se assinalar que a dissociação de contexto de descoberta e contexto de justificação não é indiscutida. Na filosofia da ciência, Kuhn, entre outros, pôs em evidência que não convém separar ambas as esferas de uma maneira radical[680]. Em segundo lugar, a designação do protagonismo ao contexto de justificação não impede reconhecer a importância do contexto de descoberta, da relevância do choque da confrontação de opiniões[681] ou da necessidade de certa intuição ou empatia, uma *Einfühlung,* que, mesmo fora do alcance da análise racional, resulta decisiva na hora de formular hipóteses científicas no âmbito das ciências experimentais[682] ou de desenvolver a ciência jurídica[683].

---

[679] I. Kant, *Fundamentación de la metafísica de las costumbres* (1785), ed. de Luis Martínez de Velasco, Austral, Madri, 1994, capítulo primeiro.

[680] Vide A. Casamiglia, *Introducción a la ciencia jurídica*, Ariel, Barcelona, 1986, p. 38 ss.

[681] O. Weinberger. *Logische Analyse als Basis der juristischen Argumentation, cit.*, p. 192.

[682] K. Popper, *La lógica de la investigación científica, cit.*, p. 31-32.

[683] Vide C. Alchourrón e E. Buligyn, *Introducción a la metodología de las ciencias jurídicas y sociales*, Astrea, Buenos aires, 1987, p. 133-137.

2.2. Conceito e classe de justificação

Uma vez situados no contexto de justificação é necessário determinar o que significa justificar ou *motivar* uma decisão jurisdicional[684]. O termo "justificação" apresenta diversas acepções muito além dos limites do Direito. Segundo a amplitude do sistema de justificação ao qual se recorra, podemos nos encontrar ante três tipos de justificações. Cada uma delas é mais ampla do que a posterior à qual abarca:

a) Justificação *sensu largissimo*. Consiste em dar razões que fundamentem tanto enunciados descritivos quanto normativos. De acordo com esta acepção dizemos, por exemplo, que está justificado o enunciado:

E: "A teoria da gravitação universal é verdadeira"

Ou que está justificada a norma N1 ou a norma N2 que logo se verá.

b) Justificação *sensu largo*. Consiste em dar razões em favor de um enunciado normativo de acordo com algum sistema normativo vigente. De acordo com esta acepção, poderíamos dizer que está justificada em algumas culturas a norma:

N1: "A viúva deve morrer na pira funerária de seu marido",

mas não estaria justificado o enunciado E, que não é normativo.

c) Justificação *sensu stricto*. Consiste em dar razões a favor de um enunciado normativo a partir de um sistema justificativo correto. De acordo com esta acepção, dizemos que a norma está justificada.

N2: "Não deves, prima facie, *fazer mal a teu próximo"*

mas não o está N1 (que não pode ser justificada por um sistema justificativo correto) e também não está justificado *sensu stricto* o enunciado E (que não pertence ao discurso normativo, e sim ao descritivo e portanto não pode *derivar-se* de um enunciado prescritivo, segundo a lei de Hume).

---

[684] Continuo aqui algumas das ideias expostas em meu próprio trabalho "Haciendo justicia desde el lado activo del Derecho. Teoría del Derecho y teoría de la argumentación", em *Revista de Ciencias Sociales*, Valparaíso (Chile), n. 45 (2000-2001), p. 193-218.

Que uma decisão está justificada não significa que esteja *absolutamente* justificada. A justificação sempre é *relativa* a um sistema de justificação, bem seja este um sistema normativo de justificação (*stricto sensu*) correto ou ideal (sobre o qual discutem os filósofos morais), bem seja um sistema de justificação (*sensu largo*) baseado em normas positivas (como o Direito, as regras que regem uma corporação, os hábitos sociais ou a moral social) ou inclusive um paradigma científico (como quando se afirma que uma teoria científica *está justificada – sensu largissimo,* deveria ser acrescentado aqui).

Em uma decisão judicial, a justificação baseia-se em diversos tipos de premissas[685]:

a) Premissas descritivas. A premissa fática, os fatos. A TAJ em princípio não se ocupa claramente de fatos brutos, cujo estudo (e em seu caso justificação *sensu largissimo*) corresponde basicamente às ciências experimentais. Questão diferente é a qualificação jurídica e a transcendência prática das questões empíricas no raciocínio jurídico. Deste ponto de vista, os fatos apresentam uma importância enorme e em sua elucidação estão implicadas questões filosóficas (teorias da verdade) e jurídicas (a prova e a qualificação dos fatos[686]).

b) Premissas normativas. As premissas normativas podem ser de dois tipos: sistêmicas e extrassistêmicas. Aqui me inclinarei em denominar "justificação interna" ao conjunto de premissas da justificação de uma decisão jurisdicional que se baseia em premissas sistemáticas e "justificação externa" ao conjunto de premissas da justificação de uma decisão jurisdicional que se baseia em premissas extra-sistemáticas[687].

b.1) São premissas sistemáticas aquelas que, por utilizar a terminologia positivista hartiana, são identificadas pela regra de reconhecimento do sistema. A justificação do recurso a estas premissas é desnecessária. Em tese, o juiz não tem que justificar a aplicabilidade de, por exemplo, as normas do Código penal e as partes em um processo também não têm que

---

685 Não é relevante aqui o problema da viabilidade ou não da aplicação da lógica ao raciocínio jurídico e prático em geral. Sobre os problemas que se apresentam vide R. Hernández Marin, *Interpretación, subsunción y aplicación del Derecho,* Marcial Pons, Madri, 1999, cap. 4.

686 Precisamente sobre estas questões, vide M. Gascón, *Los hechos en el Derecho. Bases argumentales de la prueba,* Marcial Pons, Madri, 1999 e R. de Asís, *Sobre el razonamiento judicial,* MacGraw-Hill, Madri, 1998, p. 14 ss.

687 A distinção entre justificação interna e externa deve-se a J Wroblewski, "Legal Syllogism and Rationality of Judicial Decision", em *Rechtstheorie,* n. 5 (1974), p. 33-46. No entanto, trata-se de uma distinção ambígua, como acertadamente destacou M. C. Redondo, *La noción de razón para la acción em el análisis jurídico,* C. E. C., Madri, 1996, p. 219 ss. Aqui se interpretará a distinção de acordo com o denominado por Redondo "critério de la externalidad de las premissas".

alegá-las (*iura novit cúria*), então o operador jurídico deveria limitar-se a raciocinar sobre a *subsunção* do caso à hipótese jurídico contemplado na norma e a prescrever as consequências jurídicas de tal norma.

b.2) São premissas extra-sistêmicas as normas que não pertencem ao sistema jurídico. Estas, por sua vez, podem ser de dois tipos: premissas extra-sistêmicas expressas e premissas extra-sistêmicas entinemáticas.

b. 2.1) As premissas extra-sistêmicas expressas costumam ser normas consuetudinárias, normas estrangeiras aplicadas por meio de uma norma de Direito internacional, normas históricas aplicáveis em virtude de uma norma de Direito transitório, mas também normas de caráter moral como "ninguém pode se beneficiar do seu próprio crime" que não encontram fácil justificação porque sua aplicabilidade não encontra um claro apoio entre as normas do sistema[688].

b. 2.2) As premissas extra-sistêmicas entinemáticas são aquelas que não aparecem no raciocínio por ser consideradas, de alguma maneira, óbvias. Consequentemente, o caráter entinemático de uma premissa é relativo a uma comunidade de falantes e seus costumes. Aqui é onde uma TAJ deve difundir sua atividade e alcançar sua máxima utilidade e é aqui onde a eficácia crítica de TAJ adquire máxima importância, porque com a dissecação da fundamentação das decisões jurisdicionais, é possível por em relevo os pressupostos (entinemas) assumidos às vezes acriticamente pelos juristas, abrindo caminho para uma crítica racional das decisões judiciais. Como todo o mundo sabe muitas vezes o mais importante de uma argumentação não é tanto o que se diz quanto o que se cala.

2.2.1. Justificação interna e justificação externa

A contraposição de justificação interna e justificação externa foram formuladas nestes termos por Jerzy Wróblewski e tanto Alexy[689] quanto MacCormick a incorporam a suas respectivas teorias, se bem que o autor escocês utilize outros termos, fazendo distinção entre uma "justificação de primeira ordem"

---

688 Vide J. J. Moreso. *La indeterminación del Derecho y la interpretación de la Constitución*, Centro de Estudios Políticos y Constitucionales, Madri, 1998, p. 151 ss.

689 Vide R. Alexy, *Teoria de la argumentación jurídica, cit.* p. 213 e ss.

e uma "justificação de segunda ordem" (*second order justification*)[690]. A justificação de primeira ordem reproduz a interna e a de segunda ordem a externa. A justificação interna expressa-se em termos lógico-dedutivos:

$$(x)\ Fx \rightarrow Gx$$
$$\frac{Fa}{Ga}$$

Quando um caso é fácil, a aplicação do Direito se aproxima a uma operação similar a aquela que representa o *silogismo judicial* do qual nos havia falado Beccaria. Alguns autores têm considerado que o Direito chega a tal perfeição que todo caso pode ser resolvido meramente com os materiais do ordenamento jurídico (positivismo como teoria). Durante a codificação esta ideia obteve grande relevo e de certo modo impregnou os hábitos dos juristas. Os juízes deveriam ser nas palavras de Montesquieu, *êtres inanimés*, seres inanimados que se limitariam a pronunciar as palavras da lei. No entanto, a insuficiência desta justificação interna, que é clara nos chamados *casos difíceis*, leva à necessidade de uma justificação externa onde uma teoria da argumentação jurídica deve alcançar sua maior eficácia, deve encontrar critérios que permitam revestir com racionalidade aquela parte da justificação que escapa à lógica formal. A justificação externa pretende cobrir a lacuna de racionalidade que se verifica nos "saltos" ou "transformações"[691]. Por isso, "o próprio campo da interpretação é a justificação externa"[692].

No entanto, existe realmente uma ambiguidade considerável no uso da contraposição entre justificação interna e justificação externa. Às vezes parece que a justificação interna se refira à justificação baseada em critérios lógico--dedutivos, a partir de normas do sistema jurídico que são consignadas de forma expressa na justificação da sentença. A justificação externa se referiria

---

690 Vide D. N. MacCormick, *Legal Reasoning and Legal Theory, cit.*, caps. II e V.

691 "Uma transformação (*a jump*) acontece se, e somente se, as seguintes condições forem preenchidas: (1) *p* is brought forward as a reason for *q*; and (2) *p* does not deductively entail *q* (A. Aarnio, R. Alexy, A. Peczenik, "The Foundations of Legal Reasoning", em *Rechtstheory*, 12 (1981), p. 133-158 (primeira parte). Deve-se assinalar, com Neumann, que o termo "transformação" é enganador porque *p* não se transforma em *q*, e ainda que *p* é um fundamento de *q* (U. Neumann, *Juristische Argumentationslehre, op. cit.* P. 98).

692 R. Alexy, "Juristische Interpretation" em *Recht, Vernunft, Diskurs. Studien für Rechtsphilosophie*, Suhrkamp, Francfort del Meno, 1995, p. 71-92. No mesmo sentido, R. Alexy, "Die logische Analyse juristischer Entscheidungen", em ARSP, caderno 14 (1980), p. 181-212. Este artigo aparece publicado em R. Alexy, *Recht, Moral, Diskurs, cit.*, p. 13-51.

por outro lado a uma justificação que não apresentaria caráter lógico-dedutivo, cujas premissas apresentariam caráter extrassistêmico (não seriam jurídicas) e, finalmente, também não estariam expressamente reunidas nos fundamentos da sentença. Isto significa que estariam sendo empregados simultaneamente diversos critérios para sustentar esta distinção. O caráter lógico-dedutivo ou não do raciocínio e o caráter sistêmico ou extrassistêmico das premissas. Cristina Redondo[693] propõe denominar o primeiro critério de distinção entre justificação interna e externa, "critério da dificuldade dos casos" e ao segundo "critério do caráter externo das premissas". O critério da dificuldade dos casos na realidade se refere ao problema da aplicação da lógica ao Direito e a seus limites. O critério do caráter externo das premissas evoca o problema dos limites entre Direito e moral e a questão da discrição judicial. Vejamos estes problemas separadamente.

2.2.1.1. Justificação interna/externa como justificação lógico-dedutiva ou não

Segundo este critério, é justificação interna a justificação lógico-dedutiva de um raciocínio jurídico e é justificação externa a parte do raciocínio jurídico que não apresenta caráter lógico-dedutivo.

Na realidade, interpretada a dicotomia justificação interna/externa nestes termos, a questão por resolver com caráter prévio é a própria possibilidade de aplicar a lógica no Direito, para que, uma vez admitida a possibilidade, definir seu alcance e seus limites no raciocínio jurídico. Então, a primeira pergunta simplesmente poderia formular-se assim: é possível aplicar a lógica ao Direito?[694]

Esta questão tem sido respondida negativamente por muitos autores. A justificação desta negativa basicamente seguiu duas vias. Mesmo com o risco de incorrer em alguma simplificação (e, consequentemente, em alguma injustiça), talvez seja possível dividir as argumentações antilogicistas em dois grandes grupos: (a) as dos juristas e (b) as dos lógicos. Os primeiros têm afirmado que o Direito não tem a ver com a lógica. Os segundos que a lógica não tem a ver com o Direito.

---

693 M. C. Redondo, *La noción de razón para la acción en el análisis jurídico, cit.*, p. 219.

694 Transfiro aqui algumas das opiniões às quais faço referência em meu trabalho "Acerca de la indeterminación del Derecho (uma vigília com José Moreso)", em *Anuário de Filosofia del Derecho*, Ministerio de Justicia-B. O. E., Madri, n. XV (1998), p. 369-386.

2.2.1.1.1. Os juristas frente à lógica: o Direito não tem a ver com a lógica

> *A boa lógica, como acontece com o* whisky, *deveria consumir-se em pequenas doses. E, como no caso do* whisky, *a lógica é um gosto adquirido apesar de que invoque um apetite natural.* (L. C. Velecky)[695]

Estas palavras que causam tanto efeito se dirigem àqueles que se iniciam na lógica e põem em destaque que a lógica não é algo alheio a ninguém que pense racionalmente, mas sim algo que de modo mais ou menos consciente deve utilizar quem quer que seja que argumente. No entanto, este *dom natural* deve além do mais cultivar-se.

Os juristas têm objetado a aplicação da lógica ao Direito a partir de uma fundamentação que acima de tudo transluz uma aversão visceral a seus métodos. A maior parte dos juristas – diz-se – desenvolveram sua função sem necessidade de conhecimentos específicos de lógica e os conflitos e as soluções em Direito parecem ter mais a ver com questões de vontade, força, sentimentos ou interesses do que com a pura racionalidade da lógica.

Quando nos anos 50 surge a lógica das normas de G. H. von Wright, alguns autores (especialmente certos teóricos da argumentação jurídica) reagiram contra. Esta rejeição à lógica expressa-se de muitas formas e por intermédio de autores que já tivemos a oportunidade de examinar aqui. Por exemplo, Viehweg[696], um exemplo paradigmático deste aspecto, proclamou sua preferência pelo chamado "pensamento problemático" frente ao "pensamento sistêmico". No entanto, frequentemente estas opiniões alcançam um tom emotivo e pejorativo. Assim Recaséns Siches[697] declara sua animadversão ao que ele denomina "*computadoritis*" e Toulmin considera *naïf* certas aplicações da lógica ao Direito[698]. Por seu lado, Perelman[699], depois de desistir de seu intento de transferir ao Direito os estudos do lógico Frege, chegou a considerar que a recondução dos argumentos jurídicos a silogismos só pode provocar uma "satisfação pueril"[700].

---

695 L. C. Velecky, resenha a I. Tammelo, *Outlines of Modern Legal LOgic*, Franz Steiner, Wiesbaden, 1969, em *The Modern Law Review*, p. 223-225.

696 Vide T. Viehweg, *Tópica y jurisprudencia, cit.*, p. 54 ss.

697 L. Recaséns Siches, *Experiencia jurídica, naturaleza de la cosa y lógica de lo razonable, cit.*, p. 553.

698 Vide Neumann, U., *Juristische Argumentationslehre, cit.*, p. 27.

699 Vide Ch. Perelman, *La lógica jurídica y la nueva retórica, cit.*, p. 135 ss.

700 Vide *op. cit.*, p. 11.

2.2.1.1.2. Os lógicos frente ao Direito: a lógica não tem que ver com o Direito

Os lógicos (e os juristas que têm analisado o Direito desde a perspectiva da lógica) têm questionado a possibilidade de uma lógica das normas esgrimindo argumentos sensivelmente mais refinados e menos emotivos. O problema básico origina-se em que a lógica trata com proposições, isto é, orações às quais cabe predicar verdade ou falsidade. No entanto, as normas não são verdadeiras nem falsas. A norma expressa mediante o enunciado: "Abra a porta!" não é verdadeira nem falsa. Podemos dizer dela que é: *eficaz* se se cumpre, *válida* se a emite uma autoridade competente mediante procedimento apropriado, ou *justa* se é moralmente correta. Consequentemente, a lógica, vinculada aos valores de verdade ou falsidade, não poderia ser aplicada às normas.

Esta situação nos situa ante uma disjuntiva aporética, o célebre dilema de Jörgensen: ou rejeitamos a lógica para as normas ou bem modificamos a própria noção de lógica, emancipando-a dos valores de verdade ou falsidade. O primeiro ramo do dilema parece conduzir a resultados contraintuitivos, porque temos a sensação de que o Direito e a aplicação do Direito não são esferas completamente alheias à lógica e à racionalidade. O segundo ramo supõe a criação de uma lógica específica das normas, uma lógica deôntica, capaz de evitar as dificuldades.

Naturalmente, o desenvolvimento deste segundo ramo do dilema pode seguir várias vias. Por exemplo, Alchourrón e Martino[701] propuseram enfatizar a ideia de consequência lógica com a finalidade de expandir o campo da lógica também no âmbito das normas. Na Espanha, José Juan Moreso[702] opta por uma lógica das normas que trataria com a eficácia. Sendo breve, esta estratégia consiste em associar os enunciados normativos a enunciados descritivos sobre sua eficácia em um mundo ideal. Por exemplo, a norma N1 "proibido fumar" (que não é verdadeira nem falsa) encontraria certa correspondência com o estado de coisas em um mundo ideal no qual fosse *verdade* que nenhum indivíduo nunca fumara (e o enunciado "ninguém fuma" sim é que é verdadeiro ou falso). Esta tradução de uma norma em uma proposição verdadeira ou falsa por meio da ideia da eficácia permitiria transferir os esquemas da lógica para as normas e, consequentemente, ao Direito.

Existem outros problemas mais específicos que expressam algumas dificuldades que surgem na hora de transferir ao plano normativo os métodos

---

701 Vide C. E. Alchourrón y Martino, A., "Logia without Truth" em *Ratio Iuris,* v. 3, n. 1 (mar. 1990), p. 46-67.

702 Vide J. J. Moreso, *La indeterminación del Derecho y la interpretación de la Constitución, cit.*, p. 24 ss.

da lógica, como, por exemplo, o problema das antinomias[703]. Aqui só me interessa contestar as críticas desde outra perspectiva. Como tinha assinalado a rejeição à lógica da parte dos juristas (ou desde o ponto de vista do jurista) parece em muitos casos obedecer mais a uma questão emotiva do que puramente teórica. Na realidade, considerar a lógica – assim, nestes termos tão gerais – como algo totalmente alheio ao Direito é autofrustrante, pois significa rejeitar completamente um elemento essencial da racionalidade, o que desqualificaria o próprio trabalho do jurista. De certo modo, não é que possamos selecionar a lógica como método; a lógica é um elemento essencial de todo método racional, apesar de que sua articulação no Direito não seja fácil. Aparentemente, os limites que encontra a lógica no Direito conduziram a uma disjuntiva extremada: admiti-la ou rejeitá-la totalmente. Talvez fosse mais adequado matizar este enfoque tão rigoroso, como advertiu Kelsen[704] em seu momento e como têm sugerido as atuais teorias da argumentação jurídica de Alexy[705] e MacCormick[706], que concederam um importante papel à lógica jurídica, se bem que reconhecendo suas limitações[707]. A lógica, ciência formal por antonomásia, não pode pretender abarcar a totalidade dos problemas

---

[703] O problema das antinomias (vide J. J. Moreso, *La indeterminación del Derecho y la interpretación constitucional, cit.*, p. 72 ss.): segundo o princípio do falso Scotto, *ex falso quodlibet sequitur*: de duas proposições incoerentes (falsas) pode derivar-se qualquer outra. Em termos normativos, isto significa que de duas normas contraditórias pode inferir-se qualquer outra. Em outras palavras, qualquer norma pertence, por razões lógicas, a um sistema normativo no qual haja pelo menos uma antinomia. Isto pressupõe a absoluta dissolução do sistema jurídico e representa um problema para a concepção do sistema jurídico como um sistema axiomático, tal e como o elaboram, por exemplo, C. E. Alchourrón e E. Bulygin, *Introducción a la metodologia de las ciencias jurídicas y sociales, cit.* A solução para evitar este efeito de indefinição das consequências jurídicas de um sistema normativo passa pela determinação de quais são as consequências lógicas *relevantes*. Assim Moreso (*La indeterminación del Derecho y la interpretación constitucional, cit.*, p. 67 ss.) se liga ao enfoque de Schurz, segundo o qual, em síntese, só são relevantes as conclusões cujas variáveis proposicionais não sejam substituíveis por qualquer outra. Em nosso exemplo, "será castigado com 10 anos de prisão ou será mandado em excursão pelo Caribe" não é relevante, vale dizer "será castigado com 10 anos de prisão ou deverá visitar o cemitério Père Lachaïse ou comerá espinafre no café da manhã." Ao contrário, é uma conclusão lógica e relevante: "será castigado com 10 anos de prisão". Claro que existem muitos outros problemas que a lógica deve afrontar especialmente no raciocínio jurídico, vide por exemplo, L. Goldstein, "Four paradoxes in legal reasoning", em *Cambridge Law Review*, n. 38 (nov. 1979), p. 373-391.

[704] Kelsen rejeita em sua *Teoria general de las normas* que exista uma lógica especificamente jurídica, mas precisamente porque não a exclui do Direito: "É a lógica universal que se emprega tanto nas frases descritivas da ciência do Direito como nas normas prescritivas do Direito, *porquanto seja empregável aqui a lógica*" (H. Kelsen, *Teoria general de las normas*. Trad. de Hugo Carlos Delory Jacobs e revisão de Juan Federico Arriola, Trillas, México, 1994, p. 265, sublinhado por mim).

[705] Vide R. Alexy, *Teoria de la argumentación jurídica, cit.*, p. 213 ss.

[706] Vide N. MacCormick, *Legal Reasoning and Legal Theory, cit.*, caps. II, V.

[707] Sob uma certa perspectiva (pois se trata de ima distinção ambígua, como bem assinala Maria Cristina Redondo, *La noción de razón para la acción em el análisis jurídico, op. cit.*, 219 ss), a adoção feita por estes autores da distinção entre justificação interna e externa de Wróblewski ("Legal Syllogism and

que estuda a filosofia jurídica, pela razão trivial de que só nos pode oferecer respostas de caráter formal e não de caráter substantivo. Isto significa que as questões substantivas requerem algo mais do que o mero recurso aos métodos da lógica. A lógica é uma ferramenta útil, mas insuficiente. Isto não diz nada contra essa disciplina, mas somente – reitero – confirma seu caráter formal. Se olhamos o passado, sua importância foi notavelmente incrementada com o auge da filosofia analítica; se olhamos o futuro, sua importância será crescente com o desenvolvimento de sistemas expertos[708]. Neste sentido, a aversão para com a lógica jurídica é injustificada, como também o seria a pretensão de reduzir a questões puramente lógico-formais todas aquelas que ocupam a teoria da interpretação e a argumentação jurídicas.

Acho que vale a pena recordar aqui algumas palavras de Fiedler relacionadas a este assunto: "Em relação à aplicação da lógica matemática à ciência do Direito, não há o que temer em absoluto – por razões puramente técnicas – uma "extralimitação" ("matematização"). Neste sentido, a distribuição de responsabilidades é clara e resta somente a questão da utilidade"[709]. Isto é, o papel da lógica é claro e não pode abrigar aspirações *imperialistas*. O reconhecimento da insuficiência da lógica formal na explicação das decisões jurídicas constitui o *prius* lógico de toda teoria da argumentação[710] e caberia dizer com Alexy que a justificação externa constitui o próprio âmbito da argumentação jurídica ou do discurso jurídico[711].

Uma vez admitida a possibilidade de explorar uma lógica jurídica, faltaria então assinalar quais são seus limites específicos na aplicação do Direito.

Rationality of Judicial Decision", em *Rechtstheorie*, nº5 (1974), p. 33-46) parece aceitar a lógica no raciocínio jurídico (justificação interna), e ao mesmo tempo reconhecer as carências de uma aplicação silogística do Direito.

708 Sobre as possibilidades e o alcance da lógica para a aplicação ao Direito da tecnologia dos computadores, vide H. Fiedler, *Derecho, Lógica, Matemática*. Trad. de Eugenio Bulygin e Ernesto Garzón Valdés, Fontamara, México, 1992, (2. ed.), cap. III.

709 H. Felder, *Derecho, Lógica, Matemática, op. cit.*, p. 51.

710 "Não é possível nenhum Pd (procedimento da criação estatal do Direito) que possa facilitar aos submetidos ao Direito e àqueles que o aplicam [...] normas a partir das quais, conjuntamente com as premissas empíricas possa ou interferir-se logicamente ou, com a ajuda das regras do método jurídico, se possa fundamentar inequivocamente o que está ordenado juridicamente no caso particular. Isto fundamenta a necessidade da teoria da argumentação jurídica. Existem numerosos casos nos quais, com relação ao material autorizadamente produzido por Pd, são possíveis várias decisões jurídicas. A tarefa da argumentação jurídica consiste em preencher com racionalidade esta lacuna" (R. Alexy, "La idea de una teoría procesal de la argumentación jurídica", *cit.*, p. 55)

711 "Man kann die externe Rechtfertigung mit einigem Recht als eigentliche Feld der juristischen Argumentation oder des juristischen Diskurses bezeichnen" (R. Alexy, Die logische Analyse juristischer Entscheidungen, *ARSP*, caderno 14 (1980), p. 181-212). Este artigo foi publicado em uma recompilação de trabalhos de Alexy: *Recht, Vernunft, diskurs, cit.*, p. 13-51.

Em outras palavras, falta determinar quais são os limites da justificação interna. Mas na realidade, esta proposta sempre parece ser algo enganador. Por exemplo, Aarnio[712] considera que "a justificação interna e a externa estão reciprocamente inter-relacionadas. A justificação externa equivale à soma de novos silogismos à cadeia de argumentos a fim de apoiar a premissa anterior" e nesse sentido tinha se pronunciado Ota Weinberger[713], que ao contrário prefere separar o estabelecimento dos fatos e sua fundamentação da fundamentação jurídica das bases normativas.

Na realidade, o fato de que das premissas explícitas de um raciocínio não siga logicamente uma solução, não significa que o raciocínio lógico-dedutivo não funcione. Somente significa que não todas as premissas estão explicitamente reunidas na fundamentação da sentença. Dito de outra forma, que o raciocínio jurídico seja entimemático não significa que não possa ser lógico-dedutivo.

Dadas as seguintes premissas:

a) r: Proibida a entrada de ursos na estação Z.

b) Permitido ao juiz aplicar normas analogicamente de forma justificada.

c) r'': proibida a entrada na estação de animais que provoquem incômodos semelhantes aos cachorros.

d) Fica justificado que r'' é uma norma análoga a r.

e) O indivíduo x introduziu na estação Z um urso.

f) Um urso é um animal que provoca incômodos semelhantes aos cachorros.

g) Logo, o indivíduo x deu lugar a um estado de coisas proibido.

É claro que com as premissas heterogêneas (a)-(f) e outras adicionais possíveis podemos justificar o enunciado (g) que qualifica como proibida a conduta de x ao introduzir um urso na estação Z; no entanto, ninguém estranhou que não todas as premissas tivessem que aparecer explicitamente e também não seria de estranhar que outras normas logicamente necessárias não aparecessem. O que interessa destacar é que o caráter não expresso por óbvio (isto é, entimemático) de uma premissa não invalida o caráter lógico-dedutivo de um raciocínio. As limitações da lógica provêm

---

[712] A. Aarnio, *Lo racional como razonable.* Trad. de Ernesto Garzón Valdés e revisão dele e de Ruth Zimmerling, Centro de Estudios Constitucionales, Madri, 1991, p. 170.

[713] Vide O. Weinberger, "Logische Analyse als Basis der juristischen Argumentation", *cit.*, p. 202-203. Depreende-se a mesma ideia de O. Weinberger, "Topik und Plausibilitätsargument", em *ARSP*, n. 59/1 (1973), p. 17-36. Bulygin sem fazer menção expressa da questão oferece um enfoque similar em "On Legal Interpretation", em H. J. Koch e U. Neumann (comps.) *Praktische Vernunf und Rechtsawendung, ARSP*, caderno 53 (1994), Franz Steiner, p. 11-22.

de outros argumentos que vimos anteriormente de modo superficial. Tudo isto permite pensar que com toda probabilidade, o critério do caráter externo das premissas seja certamente muito mais frutífero na hora de distinguir justificação interna e externa.

2.2.1.2. Justificação interna/externa como justificação sobre normas sistemáticas ou extra-sistemáticas

Desse ponto de vista, o que diferencia a justificação interna da justificação externa é o caráter intra – ou extra-sistemático das premissas normativas. Isto é, a justificação interna é aquela que recorre a normas do sistema jurídico. A justificação externa é aquela que, ao contrário, se baseia em normas que não pertencem ao sistema jurídico. Desse ponto de vista, a justificação interna se dirige para a justificação da decisão sobre a base de normas jurídicas e se reduz à congruência expressa na lei e a norma concreta da decisão. A justificação externa é ao contrário o conjunto de razões que não pertencem ao Direito e que fundamentam a sentença. Entre estas razões podem encontrar-se normas consuetudinárias, princípios morais, juízos valorativos etc. O conjunto de razões não jurídicas que fundamentam uma sentença constitui o produto de uma atividade argumentativa que se costuma denominar "discricionariedade judicial".

Para compreender o alcance da justificação externa (e, portanto, da discricionariedade judicial) é necessário primeiro conhecer onde está o limite entre razões intra – e extra-sistemáticas, é necessário conhecer os limites do sistema jurídico e esta não é uma questão precisamente pacífica. Na realidade, a determinação dos limites do sistema jurídico requer que se disponha de um conceito de Direito para poder distinguir as normas jurídicas daquelas de outra ordem normativa como a moral, a religião, as ideias políticas, os costumes, os hábitos sociais etc. Embarcar neste problema significa fazê-lo no problema mais importante da filosofia jurídica de todos os tempos: o debate entre positivismo jurídico e jusnaturalismo.

Agora assumirei (dogmaticamente) que é possível estabelecer limites entre Direito e moral e entre justificação interna e externa. É possível distinguir o Direito que é do que deveria ser e então gostaria de indicar algumas respostas que dão os autores da TAJ para guiar os operadores jurídicos no exercício da discricionariedade judicial.

3. O PAPEL DAS PREMISSAS FÁTICAS. REMISSÃO

Por enquanto vimos que a TAJ, tal e qual foi cultivada pela teoria *standard*, se circunscreve ao estudo do contexto de justificação (não ao de descoberta) e se ocupa primordialmente da justificação externa das decisões (e não tanto da interna). Caberia acrescentar uma terceira delimitação do espaço no qual se desenvolve a TAJ. A TAJ tem-se concentrado normalmente na justificação externa dos enunciados que não sejam os empíricos (pois a análise destes compete às ciências empíricas e às regras da prova no processo) nem normas jurídicas (já que sua justificação representa um labor designado a uma teoria da validez)[714]. Estas restrições têm levado alguns autores a afirmar em tom crítico que assim a teoria *standard* da argumentação jurídica não presta atenção aos aspectos empíricos das decisões jurídicas[715].

Em suma, o domínio da TAJ tal e qual tem sido desenvolvida pela teoria standard é assim delimitado negativamente por três vezes. Em primeiro lugar, prescinde-se das motivações de ordem psicológica ou de outra natureza que tenham podido intervir no contexto de descoberta; em segundo lugar, a justificação externa manifesta-se a partir daquele da justificação interna, isto é, a justificação externa começa onde termina a interna e, por último e mais concretamente, a argumentação jurídica tem lugar sobre aqueles enunciados que não são regras de Direito (pois sua justificação não corresponderia a uma teoria da argumentação jurídica propriamente, mas sim a uma teoria de validez) nem a enunciados empíricos (cuja justificação é responsabilidade das ciências empíricas, as regras do ônus do processo ou as máximas da presunção racional).

4. EM QUE MEDIDA ESTAS DISTINÇÕES DIFERENCIAM A ATUAL TAJ EM RELAÇÃO A SUAS PRECURSORAS?

Para compreender em que medida a atual TAJ pressupõe um avanço em relação a seus predecessores dos anos cinquenta, é conveniente contrastar a assunção da contraposição contexto de descoberta/contexto de justificação frente a Viehweg e para comprovar a virtualidade da dualidade da justificação interna/externa e, portanto, a admissão da lógica formal no Direito, sempre

---

[714] R. Alexy, *Teoria de la argumentación jurídica, cit.*, p. 222.

[715] M. Atienza, "Para una teoría de la argumentación jurídica", em *Doxa*, n. 8 (1990), p. 39-59.

com as reservas que impõe sua insuficiência no raciocínio jurídico, convém contrastar a atual TAJ com a tese de Perelman.

Como tem sido realçado frequentemente, a noção de tópica é ambígua. Costuma citar-se a Otte[716] para expressar seus possíveis traços básicos: uma especial fundamentação das premissas, uma técnica de busca de tais premissas ou bem uma técnica da discussão de problemas. Enquanto técnica de busca das premissas, como técnica do pensamento problemático, vimos em seu momento que a tópica pretende ser uma espécie de *ars inveniendi* que se desenvolve consequente no nível do contexto de descoberta (*inventio*) mais do que no de justificação (*iudicium*). Viehweg sugere certa homogeneidade de valor dos diversos tópicos, entre os quais se encontram as leis, os precedentes e a dogmática. A teoria de Viehweg então parece ignorar a superioridade hierárquica de certos critérios no raciocínio judicial ou, como diz Alexy, a teoria de Viehweg incorre na "infravaloração da importância da lei, a dogmática jurídica e do precedente"[717]. É provável que neste sentido a tópica seja fiel à realidade do processo de elaboração das decisões judiciais: talvez o operador jurídico na hora de decidir não respeite sempre estritamente os ditados do sistema de fontes, funcionando, efetivamente, como "uma caixa preta" (para usar uma expressão de Vernengo), cuja opacidade permite somente observar o que nela se introduz e a resposta que proporciona. Este fato vem demonstrar que a teoria de Viehweg não está atenta ao contexto de justificação. O contexto de justificação requer a observância de certos limites no raciocínio judicial, uns limites que na teoria de Alexy restringem o raciocínio prático e que são sintetizados na lei, no precedente, na dogmática jurídica e nas leis processuais[718]. Concluindo Alexy comparte certos propósitos com a tópica jurídica[719], mas difere desta (entre outras coisas) pela referida infravaloração de certos elementos que especificam a argumentação jurídica em relação raciocínio prático. Este desacordo põe em relevo a assunção da distinção entre contexto de descoberta e contexto de justificação de acordo com Alexy[720].

---

716 Vide Otte, "Zwanzig Jahre Topik-Diskussion: Ertrag und Aufgaben", em *Rechtstheorie*, caderno 1, volime 1 (1970), p. 183-197. Vide R. Alexy, *Teoria de la argumentación jurídica, cit.*, p. 40 e M. Atienza, *Las razones del Derecho, cit.*, p. 57.

717 R. Alexy, *Teoria de la argumentación jurídica, cit.*, p. 41-42.

718 R. Alexy, "La idea de uma teoría procesal de la argumentación jurídica". Trad. de Carlos de Santiago, em Garzón Valdés (comp.), *Derecho y filosofía*, Alfa, Barcelona/Caracas, 1988, p. 43-57.

719 R. Alexy, *Teoria de la argumentación jurídica, cit.*, p. 42: "esta investigação assume, em certo sentido, as intenções da tópica jurídica".

720 R. Alexy, *Teoria de la argumentación jurídica, cit.*, p. 42.

Após ter limitado o campo da argumentação jurídica em relação ao contexto de justificação, cabe perguntar-se como deve ser a natureza desta argumentação e, no caso de que se admita a possibilidade de um raciocínio lógico, é possível questionar-se então qual deva ser seu alcance na fundamentação jurídica. Como vimos Perelman[721], depois de tentar construir uma lógica para os juízos de valor inspirada nos métodos do lógico G. Frege, chega à conclusão de que não há uma lógica específica dos juízos de valor porém uma série de técnicas de argumentação que tinham sido cultivadas na Antiguidade especialmente pela retórica. Sua teoria não pretende substituir a lógica formal mas complementá-la; no entanto, se dá, como lamenta Alexy[722], "uma renúncia para utilizar o instrumental da filosofia analítica". Perelman parece incorrer, de fato, numa espécie de falsa disjuntiva: a lógica constituiria o próprio método das disciplinas *compactas* (para usar uma expressão de Toulmin) e o resto dos campos do saber, alheios à lógica formal, se veriam privados de seus benefícios. Estas posturas excluem a possibilidade de se aprofundar na estrutura dos argumentos[723].

A distinção entre justificação interna e justificação externa (entendida sob o critério da dificuldade dos casos) permite contemplar o papel da lógica dedutiva nas fundamentações jurídicas em seus termos precisos e não impede que os instrumentos de análise que proporciona a lógica sejam empregados na investigação dos argumentos a fim de introduzir mais racionalidade no campo da argumentação. Além do que, "(t)arefa de uma teoria da justificação externa é, em primeiro lugar, a análise lógica das formas de argumentação"[724]. A exposição explícita da justificação interna expõe totalmente as premissas do raciocínio não extraídas do Direito positivo. Esta função negativa da justificação interna tem sido considerada por Alexy como seu aspecto mais impostante[725]. A justificação externa pretende se aprofundar na fundamentação dos saltos ou transformações.

---

721 Vide Ch. Prerelman, *La lógica jurídica y la nueva retórica, cit.* p. 136.

722 R. Alexy, *Teoria de la argumentación jurídica, op. cit.*, p. 167.

723 Cfr. R. Alexy, *Teoria de la argumentación jurídica, op. cit.*, p. 42. com relação a teoria de Viehweg; e M. Atienza, *Las razones del Derecho, op. cit.*, p. 100, com relação a Perelman

724 Vide R. Alexy, *Teoria de la argumentación jurídica, op. cit.*, p. 223.

725 "A exigência da dedução leva precisamente ao contrário do encobrimento da parte criativa da aplicação do Direito: as premissas não extraídas do Direito positivo aparecem claramente em toda sua extensão. Talvez isto seja o aspecto mais importante da exigência de justificação interna. Justificar essas premissas não extraídas diretamente do Direito positivo é a tarefa da justificação externa" (R. Alexy, *Teoria de la argumentación jurídica, op. cit.*, p. 220).

5. A TAJ *STANDARD*

Os dois autores mais representativos da teoria da argumentação jurídica atual talvez sejam Neil MacCormick e Robert Alexy, apesar de que também caberia destacar autores escandinavos como Aulis Aarnio ou Aleksander Peczenik. O prof. Donald Neil MacCormick ocupa a cátedra de filosofia do Direito em Edimburgo e é um seguidor do legado intelectual de H. L. A. Hart. Foi coautor de *Na Institutional theory of Law*, com o professor austríaco Ota Weinberger. No que se refere à sua teoria da argumentação jurídica, MacCormick escreveu uma obra fundamental: *Legal Reasoning and Legal Theory*. Esta obra foi publicada em 1978, ao mesmo tempo em que a outra grande obra da teoria *standard* da argumentação jurídica: *Theory der juristichen Argumentation*, de Robert Alexy.

Robert Alexy é atualmente catedrático de filosofia do Direito e Direito público na Universidade de Kiel (Alemanha). Ao mesmo tempo de sua citada *Teoria de la argumentación*, destaca em sua obra *Theorie der Grundrecthe* (trad. espanhola *Teoria de los derechos fundamentales*) e seu *Begriff und Geltung des Rechts* (trad. espanhola *Concepto y validez del Derecho*). Representa um dos mais relevantes críticos ao positivismo jurídico atual e desenvolveu uma interessante teoria dos princípios jurídicos que será analisada mais tarde.

Manuel Atienza assinalou que ambas as teorias chegam a resultados semelhantes percorrendo diferentes caminhos: MacCormick pertence à cultura jurídica da *common law*, é seguidor de Hart e da filosofia de Hume. Alexy pertence à cultura jurídica alemã e segue os passos de Habermas. MacCormick parte das decisões dos tribunais para induzir os princípios gerais de sua teoria, enquanto, ao contrário, Alexy parte da abstração do discurso prático geral para transferi-lo para a esfera mais concreta do Direito.

5.1. Justificação interna ou de primeira ordem

Vimos que a justificação interna se reconstrói por meio de um raciocínio lógico dedutivo, cuja insuficiência exige o concurso de uma justificação externa ou de segunda ordem. Isto significa que a justificação de segunda ordem se faz necessária ante as insuficiências da justificação de primeira ordem. A seguir, volto a referir-me a alguns dos problemas seguindo o *iter* argumentativo de MacCormick. O autor escocês destaca quatro grandes problemas que concernem a uma justificação meramente interna, dois deles se situam na premissa normativa e os outros dois na premissa fática. Reitero esta questão para introduzir os critérios de resolução que propõe e para destacar alguma particularidade que adquirem estes problemas na cultura jurídica anglo-americana. Os problemas da premissa normativa são os problemas de relevância e interpretação. Os problemas da premissa fática são de prova e de qualificação dos fatos. MacCormick ilustra cada um desses problemas com um caso.

5.1.1. Problemas de relevância

Esta questão surge quando nos perguntamos qual norma é relevante para o caso e se apresenta com ênfase particular nos sistemas jurídicos de base judicial, fundamentalmente nos anglo-americanos. MacCormick ilustra este problema com o caso Donoghue v. Stevenson (1932)[726]. Os fatos eram os seguintes: a Sra. Donoghue tinha bebido em um bar *ginger beer* de uma garrafa opaca da marca Stevenson. Quando esvaziou completamente a garrafa descobriu no fundo uma minhoca em decomposição. As consequências da fatal descoberta foram: uma gastrenterite e um *shock* nervoso (claro, na pessoa de Mrs. Donoghue).

Não havia então nenhum *Statute* nem nenhum precedente conclusivo para resolver o assunto, apesar dos precedentes suficientemente análogos para ajuizar estes fatos e determinar responsabilidades da marca Stevenson. A aplicação de um remédio análogo deve amparar-se em uma justificação de segunda ordem. A Sra. Donoghue foi indenizada pelo seu fatal encontro com a minhoca.

No Direito espanhol, a analogia esta expressa no artigo 4.1 do Código civil, que diz assim: "Procederá à aplicação analógica das normas quando estas não contemplem uma hipótese de incidência específica, mas regulem outra semelhante entre as que se aprecie identidade de razão".

A questão fundamental consiste em encontrar a "identidade de razão" que permita fundamentar a aplicação das consequências jurídicas de uma norma a um caso diferente, mas parecido, ao contemplado na norma jurídica. Deve-se argumentar por que o caso que se resolve pode ser incluído no "círculo de semelhança" da hipótese de incidência fática contemplada na norma.

5.1.2. Problemas de interpretação

Como devo interpretar as palavras da norma? Este tipo de problema tem a ver com a ambiguidade da linguagem e de sua indeterminação. A origem

---

[726] *Legal Reasoning and Legal Theory, cit.*, p. 69 ss.

deste problema encontra-se nas imprecisões inerentes à linguagem natural; por outro lado, sua "textura aberta" (Waismann) conduz invariavelmente a imprecisões. Como assinala Hart em *El concepto del Derecho*, "a incerteza nos limites é o preço que tem que se pagar pelo uso de termos classificatórios gerais em qualquer tipo de comunicação relativa a assuntos de fato".

MacCormick propõe aqui o caso *Ealing London Borough Council v. Race Relations Board* (1972)[727]. Em virtude da *United Kingdom's Relations Act* de 1968, se proibia a discriminação de cor, raça, origem étnico ou nacional em relação, entre outras coisas, ao acesso à moradia. O problema surgiu quando uma autoridade local restringiu aos cidadãos britânicos a opção de ser incluídos em uma lista de solicitantes de moradias em virtude da *British Nationality Act* de 1948. O problema era a interpretação da norma de 1968: o que significa discriminação por origem nacional? A proibição de discriminação por origem nacional inclui a discriminação por razão de nacionalidade legal? Em outras palavras, proíbe a norma de 1968 a discriminação por nacionalidade ou não? Esta é uma questão de interpretação, do alcance do significado de uma norma. Só se for resolvida esta ambiguidade, é possível resolver o caso.

5.1.3. O problema da prova

O problema da prova dos fatos é ilustrado por MacCormick por meio do caso Voisin[728]. Provar algo significa desenvolver um *test* de coerência narrativa entre um enunciado do passado como "cometeu-se o ato x" e uma série de enunciados sobre o presente que sejam congruentes com o primeiro enunciado. Por exemplo, dadas as seguintes premissas:

1. Em Regent Square se encontra o cadáver de Émilienne Gerard. Seu corpo estava esquartejado em um embrulho sobre o qual alguém havia escrito "Bladie Belgiam".
2. Requer-se de um suspeito, Louis-Marie Joseph Voisin, que escreva em um papel "Bloody Belgian". Este indivíduo não põe nenhum inconveniente e escreve incorretamente "Bladie Belgiam".
3. Examinada a casa do já detido sujeito suspeito, descobrem-se restos de sangue humano.
4. A cabeça seccionada, assim como as mãos da vítima, foram encontradas no sótão da casa de Voisin.
5. O acusado levava consigo as chaves da casa da mulher assassinada.

---

[727] *op. cit.*, p. 65 ss.

[728] *op. cit.*, p. 88 ss.

Todas estas proposições não garantem absolutamente a verdade da proposição sobre o passado "Voisin assassinou a Émilienne Gerard". Sim, podemos dizer que esta proposição é *narrativamente* coerente com as cinco proposições enunciadas. As peças se encaixam. Assim, pois, o *test* de coerência nos permite mediante a acumulação de alguns testemunhos e fatos do presente ter acesso em conhecer com um alto grau de probabilidade o que aconteceu no passado. A proposição "Voisin assassinou a Émilienne Gerard" se encaixa com as cinco do presente "como as peças de um quebra-cabeça", nos diz MacCormick. Em certas áreas do Direito se articula elementos como o ônus da prova (*onus probandi*) ou esquemas de presunções para facilitar o labor interpretativo ou conseguir certos objetivos.

5.1.4. Problemas de fatos secundários ou problemas de qualificação

Em certas ocasiões o problema não é propriamente sobre os fatos, mas sobre a qualificação jurídica dos fatos. O caso que nos propõe MacCormick para ilustrá-lo é o caso MacLennan v. MacLennan[729]. Os fatos eram os seguintes: os MacLennan eram um casal que passavam longas temporadas separados. Após um ano de ausência, quando voltou o Sr. MacLennan, encontrou sua mulher grávida. Algo lhe dizia que não podia ser o pai daquele *nasciturus* e por isso iniciou os trâmites para sua separação e divórcio alegando adultério da parte de sua mulher. No entanto, Mrs. MacLennan, que não negou o fato de que Mr. MacLennan não era o pai, não admitiu a acusação de adultério, alegando que sua gravidez tinha sido provocada por uma inseminação artificial. Então, a questão é se a inseminação artificial pode ser considerada um ato de adultério. Em outras palavras, se cabe qualificar como adúltera a conduta de inseminar-se artificialmente com o esperma de um homem distinto do próprio marido. De novo, fica evidente que os fatos brutos representam uma importância relativa se nos atemos aos fatos "interpretados" ou classificados juridicamente. Somente quando traduzidos à linguagem do Direito os fatos adquirem uma condição relevante.

---

729 *op. cit.*, p. 93 ss.

6. ALGUMAS PISTAS MUITO GERAIS PARA UMA JUSTIFICAÇÃO EXTERNA

Prescindindo das questões de fato (*infra*, tema IX), ficam por resolver opções interpretativas e argumentativas muito importantes, cuja resolução exige uma cuidadosa reflexão caso a caso. Por mais que possa parecer paradoxal, este caráter profundamente casuístico dos problemas práticos e jurídicos exige por isso mesmo acudir a princípios muito gerais. Em última instância, MacCormick propõe na realidade como critérios gerais de resolução, dos quais me servirei livremente para examinar a justificação de segunda ordem: uma exigência de racionalidade geral que é a coerência, um princípio da tradição utilitarista, o consequencialismo, e, finalmente, um princípio fundamental da razão prática kantiana, o princípio da universalidade[730].

Estes princípios funcionam como guias para resolver alternativas argumentativas em casos como Ealing, MacLennan ou Donoghue. MacCormick encontra um ar familiar entre a concepção popperiana da ciência, segundo a qual, o progresso científico baseia-se em escolher a teoria mais forte frente a mais fraca sob certa provisoriedade. Renuncia-se assim a considerar que uma teoria é absolutamente verdadeira e se considera que as teorias são provisoriamente consideradas verdadeiras contanto que não sejam *falseadas*, contanto que não se tenha podido demonstrar que são equivocadas ou que há outra teoria melhor. Algo parecido aconteceria com a alternativa entre considerar no caso Ealing que "origem nacional" inclui ou não nacionalidade ou que no caso Donoghue o fabricante tem responsabilidade frente o consumidor pelo que engarrafa ou não.

Continuando com os paralelismos com a ciência, do mesmo modo que o científico contrasta um corpo do conhecimento, que é a ciência, com certos fenômenos do mundo, assim o operador jurídico também deve tentar que sua decisão seja harmônica com um corpo, neste caso de normas, e com o mundo no qual sua decisão se materializará. A decisão do juiz deve ter sentido no Direito e no mundo.

6.1. Consistência e coerência

As normas de um ordenamento jurídico podem entrar em conflito, podem, em outros termos, conter antinomias. Para que exista uma antinomia, são necessárias duas condições: (1) que as normas contraditórias se refiram à mesma

---

730 *op. cit.*, cap. V.

hipótese de incidência e (2) que as soluções (consequências jurídicas) sejam compatíveis entre si. As normas expressas nos enunciados "proibido fumar" e "permitido fumar" constituem uma antinomia porque associam ao mesmo fato uma qualificação deôntica incompatível. Não é racional que a conduta de fumar esteja ao mesmo tempo proibida e permitida.

As decisões dos juízes devem apresentar também este tipo de conformidade. Não é admissível que uma decisão concreta, que é uma norma particular, entre em conflito com a norma geral que contempla o ordenamento jurídico. Se o Decanato proíbe todos os estudantes de fumar nas salas e João é um estudante, então o docente não lhe pode permitir em um dia de bom humor, pois não é possível que a conduta de João de fumar esteja ao mesmo tempo proibida (enquanto João é estudante) e permitida (de acordo com a norma emitida por uma autoridade inferior como o professor em um dia de bom humor). Quando isto acontece no mundo do Direito na realidade o juiz dita uma sentença *contra legem* e está descumprindo o Direito e infringindo o princípio de legalidade.

No entanto, segundo MacCormick não basta que o juiz dite decisões *consistentes*. Seu raciocínio deve ser além do mais coerente. Mas que diferença existe entre consistência e coerência? Ou, melhor dizendo, que diferença existe entre inconsistência e incoerência? Já vimos um exemplo de inconsistência. Duas normas são inconsistentes quando são logicamente incompatíveis. Por exemplo, a norma do docente bem-humorado "A João permito fumar" é inconsistente com a norma do Decanato "Proibido fumar a todos os estudantes", porque João é um estudante. No entanto, de vez em quando pode ser que duas normas não sejam inconsistentes, mas mesmo assim apresentem algum tipo de incoerência. MacCormick nos propõe em exemplo muito esclarecedor. Imaginemos ao acaso as seguintes normas em um código de circulação:

> *N1: proibido circular a mais de 100km/h aos automóveis vermelhos.*
> *N2: permitido circular a mais de 100/h aos automóveis azuis.*
> *N3: permitido circular entre 25 e 35 km/h aos automóveis verdes.*

De um ponto de vista formal, não existe nenhum inconveniente que um código de circulação contivesse semelhante regulação. Não nos encontramos diante de uma inconsistência porque não se verifica a primeira das condições acima citadas, isto é, N1, N2 e N3 não contemplam a mesma hipótese de incidência. N1 dirige-se aos condutores de carros vermelhos, N2 aos de carros azuis e N3 aos dos verdes. No entanto, podemos perguntar: são coerentes estas normas? A resposta é negativa se levamos em conta que o código de circulação se deve inspirar em valores como a segurança viária, para a qual a cor dos carros é uma característica a princípio irrelevante. Pois bem, as decisões dos juízes não devem ser somente consistentes com as normas do ordenamento, devem além do mais resultarem coerentes e isso supõe desenvolver um raciocínio atento aos valores implícitos que unificam o ordenamento.

6.2. Universalidade

Do mesmo modo que a consistência, a universalidade de uma norma é uma das exigências essenciais da razão prática. Se uma norma não é consistente com o resto do sistema ou não é universalizável dificilmente poderá ser considerada moralmente aceitável[731]. O *test* de universalizabilidade apresenta um profundo raizame moral e singularmente kantiano. Como sabemos, uma das formulações do imperativo categórico assim diz: *"opera segundo aquela máxima que possas querer que se converta, ao mesmo tempo, em lei universal"*[732].

Em última instância, isto significa que devemos tratar do mesmo modo *todos* os casos cujas propriedades relevantes sejam as mesmas e de forma diferente aos que tenham propriedades diferentes. Naturalmente, a determinação das propriedades relevantes é uma atividade valorativa que pode distorcer o juízo moral, principalmente se feita de modo superficial. Por exemplo, no âmbito moral universalizar significou até hoje em dia universalizar entre seres humanos, mas já há quem pense que isto não é suficiente. Há quem pensa que isto constitui um defeito denominado "especieísmo" e que deveríamos formular juízos morais universalizáveis ampliando o círculo de sujeitos morais a outros seres sensíveis diversos dos seres humanos como são os animais em geral[733]. Consigno este debate ao objeto de sublinhar, pois, que a universalizabilidade de uma decisão exige a prévia determinação das propriedades relevantes do caso que são a base do princípio da universalizabilidade, mas isto não é fácil e pressupõe juízos valorativos que exigem por seu lado argumentar sobre as razões de selecionar certas propriedades em prejuízo de outras. Na realidade, visto desta perspectiva, a universalizabilidade tem muito que ver com a questão da consistência e da coerência. A universalizabilidade abarca o problema substancial de definir as propriedades relevantes de modo que o passo posterior passa a converter-se em uma questão de consistência. Isto é, a norma do docente

---

731 R. B. Brandt, *Teoria ética*. Trad. de Esperanza Guisán, Alianza, Madri, 1982, cap. 2.

732 L. Kant, *Fundamentación de la metafísica de las costumbres* (1785), ed. de Luis Martínez de Velasco, Espasa Calpe, Madri, 1994, p. 92.

733 Sobre este debate, ver P. de Lora, "Los derechos de los animales", em E. Díaz e J. L. Colomer [Eds.], *Estado, Justicia, Derechos*, Alianza, Madri, 2002.

que um dia permite João fumar em sala pode ser considerada não somente uma norma inconsistente com as normas do Decanato, como também uma norma que não é universalizável se pretendermos que as normas do Decanato tenham alguma vigência, uma vez que consideramos relevante a propriedade de ser estudante que é predicado de João.

É, por outro lado, importante distinguir duas categorias que às vezes se confundem neste contexto. Refiro-me às noções de universalidade e generalidade. O universal contrapõe-se ao existencial. Um juízo é universal quando é predicado de todos os membros de uma classe (por exemplo: "*todos* os cisnes são aves") e um juízo é existencial quando é predicado somente de alguns membros de uma classe (por exemplo: "*alguns* cisnes são negros"). O geral, pelo contrário, se contrapõe ao menos geral. Trata-se de uma propriedade gradual que se refere à amplitude da extensão dos membros de uma classe. O enunciado E1: "Todos os cisnes brancos são aves" e E2: "Todos os cisnes negros são aves" são ambos os enunciados universais porque se referem a todos os membros de uma classe, porém o enunciado E1 é mais geral do que E2, porque há mais cisnes brancos que negros.

Falar do papel do princípio de universalizabilidade em profundidade não é possível aqui. Só desejaria destacar que autores como Alexy têm vinculado o raciocínio jurídico ao raciocínio moral e particularmente à razão prática de raiz kantiana que desenvolveu contemporaneamente Jürgen Habermas. Isto significa que a teoria de Alexy vincula intensamente o raciocínio jurídico ao princípio de universalizabilidade, se bem que introduzindo algumas modificações.

6.3. Consequencialismo

Quando falamos de teorias de ética normativa, é muito comum dividi-las em dois grandes grupos: teorias deontológicas e teorias consequencialistas. As teorias deontológicas são aquelas cujo conceito básico é formado pela ideia de dever. As teorias consequencialistas são aquelas cujo conceito básico é formado pela ideia de bondade. Por exemplo, o expoente máximo de teoria deontológica é certamente a teoria de Kant. O autor prussiano considerava que devemos agir por dever e que as consequências do exercício desse dever moral constituem algo secundário: *fiat iustitia, pereat mundus*. Por exemplo, Kant chega a sustentar que não devemos mentir nunca, sejam quais forem as consequências de nossa sinceridade. Kant coloca o problema em seu trabalho sobre o suposto Direito a mentir, onde se apresenta o problema do que fazer na seguinte hipótese: imaginemos que acolhemos em casa um indivíduo perseguido por um bando que pretende prendê-lo e matá-lo. Estes bandidos então nos perguntam se essa pessoa a quem pretendem fazer de vítima se encontra conosco. Segundo Kant, não podemos abdicar do nosso dever de dizer a verdade e teremos de responder que o perseguido está conosco. Devemos cumprir com nosso dever moral e as consequências negativas posteriores resultam secundárias.

A tradição utilitarista inaugurada pelo radicalismo inglês com autores como James e John Stuart Mill, assim como Jeremy Bentham, sustentam o contrário, que os juízos morais estão associados de forma inseparável à avaliação das consequências de nossos atos. Isto significa que, para saber se uma conduta é moralmente correta, devida, devemos analisar as consequências do ato. Se as consequências são boas (e isto significa, de maneira geral, que incrementem a felicidade dos indivíduos ou da comunidade), então a ação é moralmente correta, devida. O enfoque consequencialista do utilitarismo é, pois, o oposto do modelo deontologista kantiano.

A translação dos fundamentos do utilitarismo ao Direito apresenta alguns problemas, mesmo que se tenha tentado. Nos Estados Unidos foram desenvolvidos estudos, a análise econômica do Direito, que quantificam os custos dos processos e a legislação e a legislação e tentam otimizar os recursos do Estado e dos particulares na resolução de conflitos. Esta consideração em relação aos problemas práticos e jurídicos em termos de estrita eficiência resulta extremamente problemática, mas parece inquestionável que o juiz deve de algum modo ter em conta as consequências que representará sua decisão na hora de dar a resposta a uma controvérsia.

Capítulo 16

FILOSOFIA CONSTITUCIONAL

Eduardo Ribeiro Moreira
Maria Eugênia Bunchaft[735]

Sumário
1. Introdução
2. Direito e Moral na Filosofia Constitucional
3. Neoconstitucionalismo e Filosofia Constituciona
3.1. Neoconstitucionalismo como Teoria do Direito
3.2. Neoconstitucionalismo como Filosofia do Direito
3.3. Neoconstitucionalismo como Filosofia Política do Estado
4. Reflexões sobre a teoria política contemporânea adequada ao pensamento constitucional
5. Elementos dimensionados pela filosofia constitucional: consciência, sentimento e patriotismo constitucional
6. O conceito de patriotismo constitucional
7. Da sociedade plural conectada aos direitos sociais como representação da filosofia constitucional
8. A prioridade do justo sobre o bem na filosofia constitucional contemporânea
9. O embate teórico entre procedimentalismo e substancialismo como reflexo da teoria de justiça.

---

[734] Professora de Teoria do Direito e de Direito Constitucional. Doutora e Mestre em Direito Constitucional pela PUC/RJ.

1. INTRODUÇÃO

A ideia de articular as reflexões sobre a filosofia do reconhecimento à Teoria da Constituição constitui um dos pilares fundamentais de um novo ramo do Direito denominado de Filosofia Constitucional. Nesse sentido, a Filosofia do reconhecimento e a Teoria da Constituição possuem um elemento teórico comum: o desafio do pluralismo que marca sociedades multiculturais. De um lado, a tarefa de responder à problemática decorrente da multiplicidade de concepções de vida digna, que impera em sociedades pluralistas, constitui uma das propostas fundamentais da Filosofia Constitucional. A Filosofia Constitucional tem largo objeto de pesquisa como as teorias sociais do Direito (com base nos estratos de desigualdade), as teorias raciais do Direito e as propostas feministas, dentre outras.

No estrito objeto do texto, procurando introduzir a filosofia constitucional sob o víeis da formação das identidades, assume especial relevância a concepção de patriotismo constitucional como nova forma de identificação política, fundamentada em princípios universalistas consagrados na Constituição. O tema alinhado às sociedades multiculturais propõe como ideia central que a herança republicana só pode ser salva à medida que os cidadãos participam ativamente de processos deliberativos se identificam com um projeto constitucional compartilhado. Nesse sentido, é tarefa da Filosofia Constitucional questionar se uma cultura política fundamentada em princípios constitucionais pode suscitar efetiva adesão dos indivíduos, investigando, ainda, a possibilidade de integração desse conceito à cultura política brasileira, tendo em vista sua articulação com a efetividade dos direitos sociais. Daí nasceu a ideia de expandir o tema em nova classificação e estruturação juspolítica em consciência constitucional sentimento constitucional e patriotismo constitucional, como degraus de cidadania constitucionalmente estabelecida numa nação.

De outro lado, a Filosofia Constitucional também propugna investigar um dos assuntos mais debatidos no âmbito da Teoria Constitucional: os limites e a amplitude de atuação da jurisdição constitucional em sociedades pluralistas. Nesse sentido, perspectivas substancialistas são antidemocráticas ou necessárias para resguardar uma esfera de inviolabilidade moral? Os direitos fundamentais são um limite ou um pressuposto para a democracia? Seria mais legítimo transferir ao povo a tarefa de interpretar a Constituição? Essas serão questões investigadas ao longo do texto.

Por fim, é tarefa da Filosofia Constitucional indagar a existência ou não de uma relação necessária ou contingente entre Direito e moral e suas implicações na compreensão hermenêutica do fenômeno jurídico. Nesse aspecto, a concepção habermasiana sobre Direito e Democracia constitui um referencial teórico fundamental para compreensão da relação entre Direito e moral. A teoria do Direito neconstitucionalista amplia os horizontes dessa relação em vertente afirmativa por tal conexão.

2. DIREITO E MORAL NA FILOSOFIA CONSTITUCIONAL

Juristas e filósofos procuram desenvolver formas mais aprimoradas de compreensão do fenômeno jurídico capazes de contemplar uma inevitável aproximação entre as esferas do Direito e da moral. Nessa perspectiva, desde *Direito e Democracia: entre Faticidade e Validade*, a singularidade da análise de Jürgen Habermas revelou-se como um instrumental teórico fundamental para a compreensão do fenômeno jurídico, não como um sistema fechado em si mesmo, mas como uma estrutura normativa capaz de contemplar uma abertura para os discursos morais. Com efeito, em contraposição à análise weberiana fundamentada na concepção de um Estado racional-burocrático, marcado pela lógica do cálculo e da previsão, assume especial relevância a compreensão habermasiana do fenômeno jurídico como elemento de integração entre sistema e mundo da vida.

Habermas leciona que o Direito não é mais compreendido como portador de uma racionalidade intrínseca decorrente da própria sistematização jurídica realizada por um corpo especializado de funcionários. O fenômeno jurídico possui um duplo fundamento, baseando-se tanto na *facticidade* como na *validade*, permitindo tanto o uso da racionalidade comunicativa como a estratégica, pois "a legitimidade pode ser obtida através da legalidade, na medida em que os processos para a produção de normas jurídicas são racionais no sentido de uma razão prático-moral procedimental."[735] Em síntese, o fenômeno jurídico não é um sistema fechado em si mesmo, possuindo abertura para uma moralidade procedimental, porquanto, para ser legítimo, precisa estar aberto às pretensões normativas que são racionalizadas no espaço público.

Se ainda fosse preso as concepções de Weber, o Direito seria portador de uma racionalidade intrínseca decorrente de própria sistematização jurídica, de forma que a noção de legitimidade seria decorrente da própria legalidade. Nesse sentido, o estabelecimento de uma relação interna entre Direito e moral

---

735 J. Habermas. *Direito e Democracia – entre Facticidade e Validade*, v. II. Rio de Janeiro: Tempo Brasileiro, 2003, p. 203.

comprometeria a própria racionalidade formal inerente ao Direito. Entretanto, como salienta Habermas, "a moral não paira mais sobre o Direito, como era sugerido pela construção do Direito racional, tido como uma série de normas suprapositivas: ela emigra para o Direito positivo, sem perder sua identidade."[736] Para o herdeiro da Escola de Frankfurt, diferentemente, a legalidade só é capaz de produzir legitimidade à medida que o ordenamento jurídico institucionaliza determinados pressupostos comunicativos que garantem a co-originalidade entre autonomia pública e privada.

Habermas sublinha que a construção democrática de um sistema de direitos incorpora, não apenas objetivos políticos gerais, "mas também fins coletivos que se articulam em lutas por reconhecimento"[737] Em suma, o Estado Constitucional não é apenas reflexo de princípios universalistas, sendo eticamente impregnado pelos princípios constitucionais. Nesse aspecto, os cidadãos, por meio de práticas dialógicas, interpretam princípios constitucionais à luz de singularidades culturais específicas. Nesse aspecto, quando se reconhece a impregnação ética do Estado Constitucional, adotando uma estratégia para flexibilizar a distinção rígida entre questões éticas e morais, deve-se buscar a sua forma articulada de maneira mais sofisticada, encontrada nas propostas do neoconstitucionalismo.

3. NEOCONSTITUCIONALISMO E FILOSOFIA CONSTITUCIONAL

Pela expressão neoconstitucionalismo, termo empregado como novo paradigma da teoria do Direito, podemos entender o Direito constitucional do século XXI que se desdobra na nova teoria do Direito. Não como teoria geral, mas como teoria do Direito fundada nas bases de constituições democráticas, com previsão e proteção de direitos fundamentais e com um sistema constitucional que confira supremacia à constituição – rigidez constitucional *vs.* Emendas, sistema funcionam de controle de constitucionalidade, previsão de direitos fundamentais com garantias que lhes dá efetividade. Quando se observam tais pré-requisitos, pode-se afirmar que há um caminho aberto para uma teoria do Direito capaz de concretizar as práticas jurídicas ocidentais contemporâneas, que o positivismo e o jusnaturalismo já não mais conseguem. As práticas

---

[736] *Ibidem*, p. 218.

[737] Jürgen Habermas. "Lutas pelo Reconhecimento no Estado Constitucional Democrático". *In:* J. Habermas, *A Inclusão do Outro*. São Paulo: Loyola, 2002, p. 244.

jurídico-constitucionais ultrapassam as explicações positivistas, realistas e jusnaturalistas. Se por um lado o neoconstitucionalismo é menos ambicioso por cuidar do Direito de parte das nações (e não um Direito universal-geral para todos os países), por outro ele é mais ambicioso, pois em nome de uma conexão necessária entre o Direito, a moral e a política o neoconstitucionalismo apresenta-se, a partir das bases fixadas na teoria da Constituição, para se desdobrar como filosofia do Direito, teoria do Direito e como filosofia política do estado. Destacamos cinco elementos fundamentais de cada uma das suas propostas, para ao final alcançar a relação entre neoconstitucionalismo e filosofia constitucional.

3.1. Neoconstitucionalismo como Teoria do Direito

3.1.1.

A constitucionalização do Direito é o fenômeno em evidência que permite, por um lado, a releitura de todos os campos do Direito pela Constituição – o que inclui não somente as bases fixadas na Constituição, como também as mudanças legislativas que regulamentam a Constituição. Por outro lado, o processo de constitucionalização do Direito somente se completa com a percepção de todos (acadêmicos, advogados, juízes, ministério público) que os direitos fundamentais irradiam em todos os campos do Direito indistintamente produzindo inúmeros ganhos com a proteção jusfundamental maximizada. Ressalte-se que a festejada constitucionalização do Direito é um processo intrínseco já que fica no âmbito jurídico normativo: a constituição (o sol) irradia para todos os demais campos do Direito (os planetas).

3.1.2.

O neoconstitucionalismo somente conseguiu alcançar *status* de teoria do Direito pelo destaque dado pelos sistemas constitucionalizados aos direitos humanos fundamentais, e, que já foram sentidos pela sociedade. Neste ponto, o Direito civil-constitucional e a eficácia direta dos direitos fundamentais entre particulares permite viradas sociais, onde propriedade e conservadorismo reinavam. Hoje, com a obtenção dos direitos fundamentais nas relações entre particulares, permite-se enxergar o Direito com nova dupla função: em primeiro lugar o Direito constitucional encontra-se em conflitos vividos na sociedade (e não somente em tribunais constitucionais e tribunais supremos) e, em segundo lugar, agora ele é transformador.

3.1.3.

A revisão das fontes do Direito é a maior prova de que a teoria constitucional transformou-se em teoria do Direito. As bases antigas desta ficaram muito diminuídas diante das novas perspectivas constitucionais. Numerando sucintamente: I. Para que analogia com saídas pela abertura e irradiação dos direitos fundamentais, que realizam a comunicabilidade do sistema; II. Menos regras e preocupação com a subsunção e mais aplicação dos princípios e suas técnicas específicas; III. Consequentemente menos estudos das antinomias das regras (cronologia, especificidade e hierarquia) e mais aplicação da ponderação e dos seus subprincípios; IV. A equidade perde o caráter de justiça e reverte-se agora de pretensão de correção que atinge todo o Direito e é verificada em cláusulas gerais; V. Não há mais ordem de completude das fontes e os princípios que eram fontes supletivas aplicados em último lugar (art. 4 da LICC) agora ostentam posição inaugural; VI. Revê-se as verdadeiras fontes do Direito, isto é, para que falar de costumes como fonte se o que aplicamos é mesmo a jurisprudência, sobretudo a constitucional. Para maior aprofundamento à revisão das fontes do Direito, ler o capítulo XIII do neoconstitucionalismo – a invasão da Constituição.

3.1.4.

Com a transformação da tipologia das normas nós não nos orientamos mais somente pelas regras, mas também – e porque não, principalmente – pelo impacto e confronto entre princípios e outras normas aparecem, como as políticas públicas de origem anglo-saxã e os critérios argumentativos procedimentais, verdadeiras metodologias argumentativas. Sem dúvida nenhuma que, considerando as inúmeras implicações da nova tipologia, a teoria da norma muda por completo na análise das normas presentes no neoconstitucionalismo. Para maior aprofundamento a revisão das fontes do Direito ler o capítulo VIII do neoconstitucionalismo – a invasão da constituição.

3.1.5.

A interpretação jurídica não é mais alternativa que cabe quando a lei for omissa, pois ela é necessária em todos os momentos, já que a compreensão se dá com a interpretação correta. O que se dirá do campo de expansão da interpretação constitucional promovido pela interpretação conforme a Constituição e da derrotabilidade. Para maior aprofundamento à revisão das fontes do Direito, ler o capítulo VII do neoconstitucionalismo – a invasão da Constituição.

3.2. Neoconstitucionalismo como Filosofia do Direito

3.2.1.

Não só transformações ocorridas permitem o neoconstitucionalismo ser Teoria do Direito, pois instrumentos revitalizados advindos da filosofia permitem ele ser Filosofia do Direito. O primeiro deles não poderia ser outro senão a conexão necessária entre o Direito e a moral. Uma moral intersubjetiva e orientada para exercer uma incessante pretensão de correção. Daí deriva que o dever ser e o ser encontram um meio termo no poder ser. Para maior aprofundamento à revisão das fontes do Direito, ler o capítulo V do neoconstitucionalismo – a invasão da Constituição.

3.2.2.

A argumentação permite que o raciocínio jurídico mude e fuja da lógica tradicional para dar alternativas práticas aos pensamentos jurídicos. Com a argumentação jurídica constitucionalizada, o Direito passa a ser dinâmico e a enfrentar os casos, as justificações e os problemas não presentes na lei. Todo o texto trata da argumentação, motivo pelo qual não discorreremos mais por aqui, lembrando que a argumentação jurídica é o principal elemento trabalhado no neoconstitucionalismo.

3.2.3.

A ponderação revolucionou o julgamento e fica incrementada com os demais critérios procedimentais – a universalidade, a razoabilidade, a coerência – que compõem a metodologia constitucional, a qual é jusfilosófica, pois tais critérios procedimentais não se originam da lei e sim na filosofia do Direito. O debate sobre a ponderação também se encontra em outros textos desse livro, motivo pelo qual não há necessidade de aprofundá-los.

3.2.4.

A redefinição dos poderes e o novo papel do Poder Judiciário, mais presente nas deliberações da sociedade, mas nem por isso menos controlado. Surgem muitas implicações com a discricionariedade judicial (também densamente debatida nos demais textos do livro), mas o neoconstitucionalismo não pretende produzir uma teoria de neutralidade científica, pois está engajado com as opções constitucionais. Formula-se pela primeira vez na história uma política com metas fixadas e conhecidas. A partir daí, pode-se falar não só em controlar os poderes (em especial, o Poder Legislativo, pelo controle de constitucionalidade das leis e o Poder Executivo pelo controle judicial das políticas públicas constitucionalmente vinculantes), como também sedimentar uma filosofia política com base na Constituição por meio das instituições jurídicas. Neste paradigma, o Poder Judiciário é conclamado a atuar, mas o faz cercado de maiores cuidados argumentativos. Esse é um ponto de reflexão importante, reconhecer que as técnicas de incremento à racionalidade prática, se corretamente aplicadas, fecham a discricionariedade judicial[738].

3.2.5.

Dupla Integridade, esse é um conceito em construção, mas que explora não só a integridade como correção discorrida por Ronald Dworkin, como também a integridade como harmonização, das novas técnicas constitucionais, sobretudo os critérios argumentativos procedimentais. A racionalidade prática ganha entrada definitiva no Direito com a compreensão que o sistema funcional com correção moral e reunindo em pleno e concomitante (se necessário) funcionamento os critérios procedimentais advindos da filosofia, daí a integridade possuir dois significados, o de correção moral material e o de integração do ordenamento procedimental.

3.3. Neoconstitucionalismo como Filosofia Política do Estado

3.3.1.

Finalmente, o neoconstitucionalismo se desdobra em filosofia política do estado em primeiríssimo lugar pela conexão necessária entre o Direito e a política. E isto traz importantes desdobramentos. Destacam-se as relações juspolíticas advindas do debate entre liberais e comunitaristas e entre substancialistas e procedimentalistas, temas abordados na sequência deste texto. Sem uma visão integrada de Direito e política, o Direito constitucional fica descolado das intervenções do poder e os teóricos perdem em referência juspolítica.

3.3.2.

A nomenclatura filosofia política *do estado* é justamente para aproveitar a reconstrução dos elementos clássicos do estado (povo, governo e território) com outros temas trabalhados mais recentemente pela teoria do estado (poder, estado de exceção, ordem internacional) pelo viés do neoconstitucionalismo. Embora Sanchís prefira dividir teoria política e teoria do estado em dois

---

738 Esse sentido é defendido por Lenio Streck em *Verdade e Consenso*, p. 91.

seguimentos distintos[739], achamos que uma tripartição que reparta pressupostos de teorias do Direito e filosofia do Direito ajuda a compreendermos a origem do fenômeno, além da unificação das categorias de filosofia política e teoria do estado compõem um sólido elemento integrado e facilmente identificado por juristas. São três campos do saber exógenos ao dogmatismo jurídico.

3.3.3.

O debate entre multiculturalismo e universalismo ganha projeção com o patriotismo constitucional (e na nossa classificação, o mesmo vale para o sentimento constitucional e a consciência constitucional), uma relação temática e direta com o neoconstitucionalismo é percebida já que o "neo-constitucionalismo também se manifesta como uma ideologia, isto é, uma filosofia política que concebe o Estado Constitucional como um marco justo para o exercício do poder e, a partir dela, alguns autores sustentam que, ao menos nos sistemas políticos se ajustam ao dito modelo, é plenamente justificável uma obrigação de obediência ao Direito. A vertente ideológica do neoconstitucionalismo se vê fortalecida por uma forte carga axiológica e a dimensão dirigente presente nos textos constitucionais, concebidos como elementos geradores de consenso e dinamizadores de um 'patriotismo constitucional' que nas atuais sociedades pluralistas e multiculturais do ocidente vêm a suprir o recurso à ideia de nação.[740] Vê-se que os temas se integram em torno do neoconstitucionalismo e de todos os projetos constitucionais abarcados na filosofia constitucional.[741]

3.3.4.

O quarto ponto é bem afeto aos constitucionalistas, pois trata do Tribunal constitucional, não no estudo de suas funções e organização jurídica constitucional, mas com respeito a análises juspolitizadas como o ativismo judicial, a proteção às minorias, os renovado debates entre Direito e a

---

739 L. S. Prieto. *Justicia constitucional y derechos fundamentales.* Madri: Editorial Trotta, 2000, p. 132.

740 G. P. Lopera Mesa. *La aplicación del derecho en los sistemas jurídicos constitucionalizados.* Medelin, março de 2004, p. 20 (mimeo).

741 Sanchís é de opinião oposta ao afirmar que a filosofia política constitucionalista não é necessariamente equivalente ao chamado patriotismo constitucional, tão debatido nos últimos tempos. Àquela alude a uma certa forma de organizar o Estado de Direito que apresenta algumas peculiaridades em respeito ao modelo liberal clássico e, em especial, ao comprometimento da lei a um Direito Superior; o patriotismo, por sua vez, me parece consistir em fazer a própria Constituição um elemento de adesão e integração política e social complementando o substituto de outras ideias mais amenas, como a ideia de nação. Tratam-se em ambos os casos de ideologias, porém com significados e funções diferentes.

democracia constitucional e, ainda, os momentos constitucionais; enfim, o papel institucionalizado do Tribunal Constitucional confrontado aos saberes jusfilosóficos.

3.3.5.

Não poderia faltar aqui uma análise de teoria da justiça, que na filosofia constitucional é conectada aos direitos sociais e às representações das minorias – como desacatam os defensores do feminismo jurídico, da teoria racial do Direito, das teorias estratificantes das desigualdades, todos aporte consagrados como grandes temáticas da filosofia constitucional.

A teoria da justiça juspolítica serve como principal campo para desenvolvimento social para o neoconstitucionalismo como filosofia política do estado, pois apresenta resultados diretos no corpo social, na decisão judicial e no campo da fundamentação (filosofia constitucional).

Não arriscaria dizer aqui que o neoconstitucionalismo na vertente de filosofia política do estado teria absorvido ou mesmo equivaleria ao que vem sendo traçado, objeto da filosofia constitucional, porém estes 5 pontos ora apenas sugeridos coincidem pelo interesse e objeto de estudo coincidentes, tanto da filosofia constitucional como do neoconstitucionalismo. Em outro momento estreitaremos essa relação, mas por hora vale ressaltar que a filosofia constitucional possui campos incomparáveis com o neoconstitucionalismo, sobretudo quando ela aproveita outras teorias do Direito como o pragmatismo. Aí aparece um ponto de tensão e incompatibilidade. Menor é verdade, mas como esse outros existem.

Enfim, o neoconstitucionalismo apresenta-se como Teoria do Direito e Filosofia do Direito, mas *já postula alcançar status de filosofia política do Estado*. E isto tudo é feito a partir de um repensar à filosofia política pelo inovador vértice da filosofia constitucional, modelo de comprometimento constitucional que se anuncia. O Brasil passa por um período de estabilidade democrática, que, embora ao lado de grande desigualdade econômica e cultural, torna propensa a defesa de uma consciência constitucional. Países que já adquiriram a percepção da importância dos seus direitos básicos e da defesa de sua Constituição, que podem ser manifestados por meio de um patriotismo constitucional, conseguem, pela Constituição, desenvolver novos direitos, novas disposições constitucionais. É a aposta político-civilizatória mais viável que já encontra exemplos, no século XXI, na Alemanha e em países nórdicos.

478

4. REFLEXÕES SOBRE A TEORIA POLÍTICA CONTEMPORÂNEA ADEQUADA AO PENSAMENTO CONSTITUCIONAL

Um ponto de partida para a percepção da atualidade da filosofia constitucional é que para toda a filosofia política contemporânea é imprescindível a força da Constituição. Isto porque, todas as metas de Estado analisadas conjuntamente revelam uma filosofia política comum, reveladas a partir da Constituição, em outras palavras, o agir político trazido às raízes da filosofia e submetido a debates técnicos pode conduzir o Estado às metas constitucionais desejadas. A dissociação quando ocorre revela um problema ou da filosofia política descolada da realidade política ou da condução dos atos políticos. A Teoria do Estado por séculos foi edificada em torno das figuras do governo, do povo, do governo e do território. Uma projeção política, hoje, leva em conta outros fatores de alta complexidade, em especial as relações de poder e as constantes percepções que vivemos em um estado de exceção permanente. Quanto mais o Direito, como teoria e prática, estiver conjugado com a teoria da democracia constitucional, estudos de economia política e relações internacionais, mais próximo de dar conta dos fenômenos contemporâneos o Estado estará. O procedimento forma acrescentado do poder conferido pelo povo não acaba de configurar a legitimidade democrática, mas apenas uma democracia fraca, pois para ser forte tem de considerar a Constituição e as suas cláusulas pétreas. Tudo está submetido ao Direito constitucional que como função principal impõe limites aos poderes.

Os direitos fundamentais devem ser pensados como cláusulas do contrato social, cláusulas que reforçam a democracia e a condicionam à continuação do cumprimento do pacto, pois a realização da democracia (dos votos) está longe de ser um tema absoluto. Os titulares do contrato social têm alcance, no tempo e no espaço, muito mais abrangentes que os contratantes. A todos e a cada um na vigência da Constituição. A maioria não pode dispor ou mudar as cláusulas pétreas e nenhuma maioria pode fazer esse ato indesejado e ilegítimo que não seja por um golpe de estado.

O Direito, para sair do plano de aplicação do Direito, isto é, do plano estrito da decisão, necessita de voos mais altos. A Filosofia do Direito permite, em parte, no plano criativo, novos horizontes, mas lhe falta a operacionalidade no Estado. As abstrações e os caminhos apontados pela filosofia do Direito ganham pragmaticidade com as aspirações da filosofia política. Aqui não se deseja retomar o debate em torno da separação entre Direito e filosofia política, mas apenas reconhecer a importância de no século XXI assimilar que

Direito, filosofia política e filosofia moral são saberes conjuntos imbricados para uma cosmovisão. Como exemplos pense-se na judicialização da política como o ponto em que o Direito dá a direção ao Estado. A maior manifestação do Direito, no próprio corpo do Estado, projeta-se para conjugar as forças, democráticas, econômicas[742], em um sentido comum.

Essa possibilidade de reunião do Estado pela força da Constituição mostrou-se pouco ou parcialmente eficaz, até hoje, no Brasil. Para que o quadro mude, e tenhamos uma democracia constitucional, deve-se conjugar toda a força normativa do Direito, somada ao seu ideal, em torno da Constituição (aparece a filosofia constitucional), e, assim, o Estado terá novas propostas e mecanismos de agir. Explorar os preceitos fundamentais da Magna Carta de 1988 voltados para campos não tradicionalmente jurisdicizados é essencial para promover a potencialidade constitucional. Sem essa perspectiva, o plano que se vai alcançar é o de reconhecer que existe outra 'fase' a ser explorada pelo Direito, mas a prisão ao texto impedirá novos voos. O neoconstitucionalismo como teoria do estado pretende romper essa barreira entre a filosofia política e teoria do Direito, que faz com que sejam ensinados e se manifestam separadamente, com metodologias distintas.

Podem-se estudar as condições do surgimento do Estado, mas o hoje para elaborar uma proposta atual se pressupõe a democracia e a função transformadora do Direito em uma influente atualização dos seus pilares, que se desdobram nas concepções clássicas do Estado. Essa é a chave da reformulação de o Direito recondicionar os elementos formadores do Estado em um modelo constitucional de Direito, de Filosofia e de Estado.

O governo, um dos pilares do estado, passa a ter sua condição essencialmente estatal contestada não somente pela legalidade de seus atos, assim sob sentimento de cumprimento integral-substancial da constituição, a qual ele se sujeita, sobretudo nas condições materiais. Aí se revela a legitimidade constitucional. O programa de governo, por exemplo, deve passar a ser plano de Estado. Um exemplo prático são os planos plurianuais, que devem ser revistos e cumpridos pelos governos sucessores. Cada ponto em andamento deve ser votado, e, consequentemente, assumido ou rejeitado – ainda que nas hipóteses de rejeição haja maior ônus argumentativo. Essa é uma inovação que deveria ser prevista no programa do partido. A figura do político, como preceptor dos votos, afasta-se, por diversas vezes, do real comprometimento

---

742 Flávia Piovesan considera o grande desafio dos direitos humanos de permear as agências financeiras internacionais, bem como a política monetária, cambial e fiscal. F. Piovesan, *Direitos Humanos e Justiça Internacional*, p. 24.

com o seu programa de governo, e ainda com a compatibilidade deste com as diretrizes constitucionais, o que é muito pior.

Os princípios políticos constitucionais devem ser as pautas permanentes do programa de Estado. São temas eminentemente constitucionais que remontam as raízes dos problemas nacionais. O programa do partido que contrarie a Constituição deve ser impugnado pela Justiça Eleitoral. Ao contrário do que querem uns, reformar a Constituição deve ser fato excepcional; são os programas de governo que devem estar adequados à Constituição[743].

Não somente o governo, mas todos os elementos clássicos do Estado devem sofrer uma (re)visão constitucionalizada. O povo deve ser reavaliado sobre a cultura local e a sua projeção sobre um sentimento constitucional – que, em grau embrionário, é a formação de uma consciência constitucional, e, em grau mais evoluído, é o patriotismo constitucional –, o qual conduz a sociedade de intérpretes da Constituição aos fatores de democracia real.

O território, por sua vez, deve ser analisado sobre a divisão de riquezas, de forma a corrigir as situações regionais indesejadas, objetivos da federação e repartição de competências de forma acertada e comprometida com a justiça distributiva. Outro elemento, o poder, é identificado no cerne da Constituição – objetivos, princípios estruturantes, metas e políticas públicas, proteção a direitos fundamentais, restrições no estado de exceção – e nas influências contrafaticamente sentidas na conjugação de forças para o seu cumprimento. Aqui o Direito se mistura às influências antes excluídas e que devem ser sentidas na formação do Estado real e de tensão democrática natural.

Perde-se em fatores teóricos ideais, se ganha em fatores políticos que levam ao cumprimento da Constituição.

Todas essas transformações sentidas no Estado ganham impulso com uma base comum. A filosofia política tradicional, até o aparecimento da filosofia constitucional e do patriotismo constitucional, não tinha sido receptora das mudanças e influências mais projetivas, com base na Constituição. Na ordem interna, desde a promulgação da Constituição e consequente restauração da democracia, operou-se uma revolução. Costumam-se notar as pioras, mas mesmo os mais céticos devem enxergar que o Estado de Direito finalmente penetrou na sociedade brasileira. Como exemplo dessa

---

743 Defende-se, nefastamente, mais uma assembleia constituinte no Brasil, agora revisional, para adequar a Constituição aos projetos políticos e "eliminar os obstáculos, embaraços e impedimentos de toda a ordem" (justificativa apresentada na proposta de emenda à Constituição n. 157). Tal pretensão inconstitucional e impopular em um país que já tenha adquirido uma consciência constitucional é dita e defendida sem ressalvas pelos nossos políticos. Para mais informações, consultar nosso texto, E. Moreira, *Nova Revisão Constitucional: um atentado à Constituição Federal.*

transformação, podemos citar à atuação do Ministério Público, o incremento de acesso à justiça e a preocupação com os direitos fundamentais, realidades que fazem parte do ideário brasileiro. Estão todos os dias nos jornais, nos debates públicos, as questões de Direito. Todo projeto político deve passar pelos objetivos da Constituição, assim como toda mudança no Estado deve se pautar nas normas políticas constitucionais. O controle judicial mediante tais situações, bem como o incremento de justicialização do espaço público, era uma situação impensável há dez anos. Uma teoria do estado entrelaçada com a teoria do Direito dominante é necessária para a inclusão do jurista no debate político. Com essa participação no debate político pode-se alcançar alçada muito maior.

Agindo como uma filosofia política da teoria do estado, a filosofia constitucional projeta-se nas condições e nos fins do Estado. Direito e Estado não mais ficam separados e contam com a reunião da filosofia do Direito para formar um pensamento jurídico integrado e prático – o que é um diferencial. Não se trata de um trilema, em que uma concepção do Direito é prevalecente, sendo as demais sacrificadas. As três concepções (Teoria do Direito, Filosofia do Direito e filosofia política do estado) devem ser, conjuntamente, exploradas para que a melhor resposta seja, satisfatoriamente, encontrada[744].

A filosofia política do Estado no século XXI deve reconfigurar seus elementos clássicos, para uma ordem jurídica constitucional pragmática. As respostas constitucionais são verdadeiros vínculos políticos e sociais, que considerando as repercussões internacionais, ampliam o conceito de povo, governo e território para a formação de um Estado Constitucional em mundo cosmopolita.

5. ELEMENTOS DIMENSIONADOS PELA FILOSOFIA CONSTITUCIONAL: CONSCIÊNCIA, SENTIMENTO E PATRIOTISMO CONSTITUCIONAL

A filosofia constitucional, como Teoria do Estado, redimensiona também os elementos preocupados com a ordem internacional (como um Direito cosmo-polita), sem a qual estudar a soberania estatal fica sem sentido. Democracia e internacionalização dos direitos humanos desenvolvidas em suas devidas

---

744 Lafer, usando as lições de Hannah Arendt, explica porque, historicamente, houve tensão entre filosofia pura e a política, a ponto de a primeira desejar escapar dos vícios concretos da segunda. Em momento posterior, intenção política e filosofia se juntaram para formar a filosofia política. C. Lafer, *A Reconstrução dos Direitos Humanos*, p. 308.

dimensões ganham *status* de partes integrantes do Estado junto com o povo, o território e o poder; enfim, a filosofia constitucional acarreta uma postura do próprio Estado que abarca o sentimento de racionalidade e de pretensão de correção atrelados aos elementos do Estado (reformulados).

No âmbito internacional, quando as políticas internas majoritárias estão afinadas com os postulados internacionais de direitos humanos, a Jurisdição Internacional se faz menos presente[745], diversamente do que ocorre quando o Estado não está alinhado com a proteção internacional dos direitos humanos, situação em que determinada nação pode ver a Jurisdição Internacional como uma ameaça potencial a sua soberania. Vale destacar a preocupação de Habermas:

> *Destaca-se a necessidade de transformar o Direito internacional num Direito cosmopolita em que as pessoas também confiem dentro do quadro das relações intra-estatais e que elas, se for o caso, possam fazer valer em relação a seus próprios governos. Os direitos humanos, codificados em diferentes declarações, podem preencher essa função. [...]*
>
> *[...] Por certo, desde a queda da União Soviética, as diferenças de concepção entre os sistemas sociais recuaram. Mas, no lugar delas, irromperam oposições interculturais, em especial entre um Oeste secularizado e correntes fundamentalistas do Islã, de uma parte, e entre um Oeste individualizado de tradições asiáticas, da outra.*[746]

As implicações sobre a defesa máxima dos direitos fundamentais e a tendência de imposição forçada de uma cultura com parâmetros estrangeiros formam o debate que irá seguir como a principal pauta da política internacional

---

745 Veja-se que esse é um fenômeno que já se denota nos Estados-nações internamente pois quando as políticas majoritárias e seus órgãos representativos desempenham bem seu papel – eficácia social dos direitos humanos fundamentais – a sua Jurisdição Constitucional é menos vital para o desenvolvimento civilizatório, menos requisitada. Assim, em países como a Alemanha ou a Suécia, a Jurisdição Constitucional não é vista como tábua de salvação aos problemas nacionais e é menos requisitada, julga menos (e consequentemente melhor). Os números de processos julgados pelo Supremo Tribunal Federal são irrealizáveis, do ponto de vista de um julgamento refletido, ponderado e bem trabalhado. Com cerca de cem mil processos/ano, somente alguns casos desfrutam da competência integral dos seus Ministros, que têm desempenhado árdua tarefa de julgar sem parar. A competência recursal, de agravo regimental e das reclamações que são propostas perante ao Supremo Tribunal Federal é tão vasta que desloca o eixo de importância de atividades como o controle concentrado de constitucionalidade e de solução de competência territorial dos Estados-Membros para mais um processo a ser decidido, e não *o processo importante do mês*. Uma análise depurada e crítica é feita por O. V. Vieira, *Supremo Tribunal Federal*, p. 217-233.

746 J. Habermas, *Verdade e Justificação*, p. 325.

no século XXI. Isto porque o Direito internacional fracassou na sua primeira função a proibição da guerra – ou a conservação da paz perpétua. Mesmo no sua outra grande função, a de dispor sobre uma grande quantidade de direitos humanos, incluso aqueles comuns a todos os povos, fica ameaçada pela falta de garantias, também chamadas de legislação de atuação. Essa falta de garantias torna o Direito internacional fraco e o constitucionalismo mundial se faz necessário. Isso se reflete naqueles que postulam a defesa dos direitos humanos em escala global e sentem-se vulneráveis pela falta de um Poder Executivo global que possa tornar efetiva a Declaração Universal dos Direitos Humanos mediante intervenções necessárias, até mesmo à revelia dos Estados-nações[747]. Nesse ínterim, enquanto esse quadro não muda de figura, é nos ambientes internos dos estados onde a equação entre diversidade cultural *vs.* intolerância com o outro volta a aparecer como temática central.

Por outro lado, os que se sentem ameaçados com a política internacional dos direitos humanos temem a criação de inimigos fantasmas e de uma invasão cultural em nome de uma democracia, que é ausente nos tradicionais modelos orientais[748]. Essa situação internacional dicotômica e central no debate jusfilosófico de hoje deve receber toda a atenção da filosofia constitucional, sem fronteiras ou barreiras culturais da filosofia ocidental de outrora.

A questão da (des)igualdade deve ser enfrentada pela filosofia política com juízos sobre a alocação de poder, o momento de sua distribuição e as dinâmicas de controle[749], pela lei, por autoridade, por divisão dos povos ou pela violência simbólica. Os direitos humanos não atuam somente às claras, e quando isso acontece os direitos humanos se inibem diante de desestabilizadores sociais. Estes elementos (ex-*lobbys*) devem ser incluídos nas condicionantes contrafáticas da filosofia constitucional. Na percepção do poder, o Estado Democrático de Direito vela, primordialmente, pela identidade da República, acima dos pactos políticos. Sem tal vetor, o pacto político não é democrático; realiza, quando muito, interesses de momento, ainda que de uma maioria de momento. Não encontrando eco na Constituição, a política é desprovida de legitimidade. A orientação constitucional forma, no seio do Estado, uma cultura política orientada por princípios constitucionais[750]. A autodeterminação dos povos, em uma sociedade democrática, deve tutelar a cultura de origem, desenvolver o programa econômico e comunicar-se com

---

[747] J. Habermas, *A Inclusão do Outro*, p. 213.

[748] J. Habermas, *A Inclusão do Outro*, p. 146.

[749] D. Easton, *Modalidades da Análise Política*, p. 106.

[750] J. Habermas, *A Inclusão do Outro*, p. 266.

os Estados estrangeiros, com assimilação dos direitos humanos, eis que ideais universais. A autodeterminação dos povos é conjugada, como vetor das relações internacionais com a paz e a prevalência dos direitos humanos (artigo 4º da Constituição da República).

A manutenção da identificação passa pela Constituição, que projeta as metas políticas nos princípios constitucionais, refletidos nos valores sociais. O povo, elemento clássico, está no vértice dessa filosofia política da teoria do estado neoconstitucional. Por sua vez, a "democracia é sinônimo de auto--organização política da sociedade",[751] e o reflexo dela pode ser sentido na afirmação da Constituição, no seio da sociedade. Para os países que já adquiriram consciência constitucional, pode-se fazer a defesa do espaço político a partir dos princípios constitucionais, que revelam as pautas políticas do Estado e a defesa dos direitos fundamentais. Nesses países, de constitucionalismo socialmente desenvolvido, já se fala em patriotismo constitucional[752], que reúne a reserva cultural, o nacionalismo revisado, os intérpretes da Constituição[753] e o sentimento constitucional forte. O espaço político conduz-se pelo discurso jurídico, o qual permite à cosmovisão ser a preocupação também do Direito[754]. A dinâmica constitucional é condutora de ajustes entre a tradição democrática e a experiência cultural de uma nação.

Em países de larga tradição democrática, os avanços culturais materializados pela Constituição são mais evidentes[755], pois ela está presente no cotidiano do homem médio. O homem médio ganha consciência constitucional quando percebe que a vontade democrática não pode se sobrepor aos direitos fundamentais.[756] Não há concorrência entre um e outro; Direito e democracia atendem a um mesmo fim. Em um Estado que já adquiriu uma consciência constitucional, a Lei Fundamental é fonte e contínuo resultado do desenvolvimento do Estado. Não é apenas condição necessária para eliminar a tensão entre direitos humanos e democracia; afinal essa é a justificativa encontrada e defendida pelo liberalismo.[757] A identidade da Constituição, perante seus cidadãos, deve ser inspiradora de conduta, de debates e dos fins que revelam o comprometimento da nação. A ponderação entre direitos fundamentais,

---

[751] J. Habermas, *A Inclusão do Outro*, p. 89.

[752] J. Habermas, *A Inclusão do Outro*, p. 157.

[753] P. Häberle, *La Libertad Fundamental en el Estado Constitucional*, p. 127.

[754] P. L. Verdú, *Teoria General das Relaciones Constitucionales*, p. 89.

[755] P. L. Verdú, *Teoria General das Relaciones Constitucionales*, p. 101.

[756] L. Streck, *Verdade e Consenso*, p. 91.

[757] J. Habermas, *A Era das Transições*, p. 154.

presente em um caso célebre, com repercussão social e decidido pela Corte Constitucional, diz respeito aos valores socialmente tidos como preferenciais. A moralidade é enxergada sob um agir público, principiológico e funciona como correção dos desajustes sociais.

O fundamento da identidade constitucional não deve se limitar às condições ideais de fala, mas promover o agir político real, consubstanciado nas especificidades brasileiras e nos objetivos da Constituição brasileira (art. 3º), como meta inescapável e sempre presente no agir político interno[758]. Já na defesa do agir político externo, deve-se buscar, incessantemente, a concretização das metas das relações internacionais anunciadas na Constituição (art. 4º); é quando a Constituição guia o espaço interrelacional da República Federativa do Brasil, como nação. Atente-se que a doutrina de vanguarda festeja tanto na ordem interna como na ordem externa a defesa dos direitos fundamentais, identificada, sobretudo, na dignidade da pessoa humana, sempre trazida à lume, e na prevalência dos direitos humanos, nas relações internacionais[759].

Busca-se, enfim, uma adequação da teoria do patriotismo constitucional à realidade brasileira, que se inicia com a preocupação de uma consciência constitucional. Consciência constitucional mistura a percepção de importância da Constituição, como meta cívica e educacional[760], à capacidade reflexiva diante dos poderes – componente de justificação racional – e o grau de um nacionalismo renovado, que conjugue cultura local com saberes válidos internacionais, sobretudo os direitos fundamentais, que não ficam sujeitos, no Brasil, à origem nacional (mas advém de uma preocupação global). A consciência constitucional é a capacidade natural de agir com um sentimento constitucional genuíno e refletido – até nos pontos de discordância –, que corrobora para a criação de laços de identidade.

Trazer o patriotismo constitucional – que tem requisitos e estágio mais desenvolvido –, nesse momento de entrada da filosofia constitucional e de afirmação do neoconstitucionalismo –, para o Brasil, não condiz com a realidade nacional, principalmente pela falta de consciência constitucional, a ser fomentada com políticas nacionais educativas[761]. É dever do Estado educar pela Constituição. A consciência constitucional deve traduzir legitimamente

---

[758] Gilberto Bercovicci, *Constituição Econômica e Desenvolvimento Social*, p. 36.

[759] Celso Lafer, *A Internacionalização dos Direitos Humanos*, p. 24 e seguintes.

[760] Jürgen Habermas, *A Era das Transições*, p. 159.

[761] Se essa fase – a da formação da consciência constitucional for ultrapassada – e devemos lutar por isso – é plenamente sustentável e otimizador o discurso e a condução do patriotismo constitucional. Lenio Streck tem opinião diversa, pela insustentabilidade da teoria habermasiana, em qualquer fase de desenvolvimento jurídico, que pode ser confrontada em *Verdade e Consenso*, p. 89.

um consenso mínimo, com base inafastável das preferências jusfundamentais. Os princípios constitucionais são condutores das práticas sociais em uma sociedade em desenvolvimento e, sobretudo, funcionam como protetores dos males que podem recair sobre as novas democracias. Ainda que a maior preocupação no momento dessa percepção seja de caráter acentuadamente individualista.

Já na defesa de um patriotismo constitucional, o Estado Constitucional – que já tem uma consciência constitucional cristalizada e um sentimento constitucional forte – comanda os debates sociais da nação e as escolhas políticas, que devem ser congruentes aos princípios. Os princípios constitucionais são vetores da democracia que se renova com seu preenchimento e se esvai com seu descomprometimento. A racionalidade pública afasta-se de defesas preferenciais[762] para se direcionar em uma aposta comum[763], a partir

---

[762] Como acaba acontecendo com o liberalismo, ou mesmo uma política estatal neoliberal, em que muitas escolhas ficam pautadas nas potências privadas e seus interesses empresariais, formando dentro do Estado a defesa de interesses preferenciais, distantes do interesse público comum. Nas privatizações claramente se vê esse processo, justificável do ponto de vista econômico sustentável e até de melhoria de qualidade de serviços postos à disposição da sociedade – em alguns casos –, mas guiados por uma política inafastável: o lucro. Essa defesa típica progressista e presente nos Estados democráticos capitalistas se esquece de considerações secundárias como a perda de uma identificação com o vínculo estatal, a quebra de garantias de uma organização nacional por uma disposição de mercado. Esses problemas, que atingem secundariamente a identidade cultural, não afastam a necessidade das privatizações realizadas em alguns setores no Brasil, mas com ela devem ser compatibilizados, para que se encontrem remédios para a perda de identidade nacional, em uma nação imersa em prestadoras de serviços estrangeiras, que vendem hábitos transnacionais. Uma afetação como esta continua sendo ignorada pela política estatal; se não importa em prejuízos econômicos, acarreta prejuízos culturais, sensíveis à formação de uma consciência constitucional.

[763] Somente é válida uma aposta comum em um modelo novo e revisado. O Estado social ideologicamente foi autodestrutivo. No exemplo Alemão, da Constituição de Weimar de 1919 – cheia de direitos e promessas sociais –, em que as apostas sociais tinham um significado de filosofia política, em clara oposição ao liberalismo praticado pelos vencedores da Primeira Guerra Mundial, as sementes foram plantadas em nome de tais direitos. O partido vencedor social-nacionalista das eleições de 1933 defendia e chegou a cumprir, em larga escala, o Estado social. A defesa incondicionada de um interesse comum, enraizado em um discurso nacionalista, levou às atrocidades conhecidas na Segunda Guerra Mundial. É uma oposição aparente, que, com a soma desses fatores: nacionalismo, recuperação do Estado alemão e Constitucionalismo social, levou a uma ascenção absoluta do nazismo. Não por acaso, seu principal jurista teórico, Carl Schmitt, escreveu em defesa dos poderes em torno do chefe do executivo, como guardião da Constituição e nos poderes e limites existentes em um Estado de Exceção. Eternamente associado ao nazismo Schmitt, tido como grande teórico pelos seus estudiosos, perdeu a credibilidade jurídica para boa parcela da doutrina internacional até hoje. Jürgen Habermas é seu opositor e seu patriotismo constitucional segue linha diversa do nacionalismo alemão dos anos 30/40. É curioso que apesar de volumosa e importante construção jurídica, principalmente nos debates com Hans Kelsen, os textos de Schmitt tenham sido traduzidos para o português somente em 2006 (Carl Schmitt, o Guardião da Constituição e Carl Schmitt, Teologia Política, ambos editados pela Del Rey no segundo semestre de 2006), talvez explicado pelo desprestígio que o autor alemão passou a sofrer na Europa. No Brasil, encontramos referência teórica de esquerda às obras de Smicht, no estudo sobre o Estado de Exceção, de autoria do professor da Universidade de São Paulo, G. Bercovicci, *Constituição e Estado de Exceção Permanente*, e de P. Ghetti, *Direito e Democracia sob os espectros de Schmitt*. Escolhemos um

dos princípios. *No Estado de Direito de consciência constitucional adquirida os princípios constitucionais são os vínculos políticos que criam a moralidade pública contemporânea.* Eles podem forjar uma identidade coletiva que se funda no apreço da proteção constitucional por um papel civilizatório do Direito. Este novo papel do Direito legitimaria uma terceria via, fora do Estado (neo)liberal e fora do Estado Social: o Estado Democrático, que deve ter uma teoria que também trabalhe a filosofia política do Estado (como propõe o garantismo constitucional e o neoconstitucionalismo). Nesse momento a filosofia constitucional legitimadora das transformações ocorridas analisa as relações sociais concretas, expandindo-se no contexto das instituições democráticas. Em países com problemas com a imigração e direitos dessa população à margem da sociedade, o sentimento constitucional estimula a integração social possível. A Constituição trazida no debate da coletividade, seja nos sindicatos, seja nas agremiações desportivas, mantém participação cívica, sem fugir dos valores constitucionalmente defendidos. Esse é o produto de um patriotismo constitucional: os valores políticos da cidadania democrática, sobrepostos as identidades individualizadas e aos nacionalismos estatalistas.

A cidadania democrática por sua vez só é alcançável com um enraizamento de um sentimento constitucional. Título da obra de Pablo Verdú, o sentimento constitucional é fase transitória possível após a formação da consciência constitucional, acrescentando às bases desta uma cidadania democrática e a preocupação já com problemas coletivos e não mais individualizados. Para nossa classificação, enquanto a consciência constitucional é um estágio inicial (nessa são vislumbradas somente preocupações individuais), o sentimento constitucional representa estágio posterior com sentimento de pertença e nela uma representação dos problemas coletivos e excesso do individualismo.

O último estágio – que cuidaremos mais a frente –, conecta esses elementos a um patriotismo renovado, bem como questões de nacionalismos e políticas culturais na formação de identidades. Essas considerações da formação da identidade abarcando condicionantes como a imigração são objetos do patriotismo constitucional.

---

trecho do segundo, p. 187: "A teoria política e as teorias da democracia contemporânea redescobriram Schmitt. Diante das mazelas da democracia do pós-guerra, diversos autores identificados com um ideário de esquerda, descrentes do economicismo ortodoxo marxista, procuraram alternativas que incentivassem as perspectivas de vitória de uma luta política não mais atrelada a questões de classe, nem garantida por um télos inscrito na história, buscando uma luta política que fosse orientada, isto sim, por questões identitárias e intelectuais, pelo humanismo socialista, pela revolta direta contra os fatores da opressão e o fato do poder, pelo anarquismo e o pacifismo, enfim, toda a plêiade de movimentos sociais e perspectivas políticas que ressurgem na Europa por ocasião da grande revolta dos anos 60."

Menelick aponta a distorção da formação de um sentimento constitucional por dois fatores primordiais: (I) as práticas remanescentes da ordem autoritária no Brasil, distantes do ideal apregoado pela Constituição Federal de 1988, e (II) pela tentativa recorrente de alteração formal da Constituição.[764] A verdadeira legitimidade do Estado só é alcançada com uma filosofia política heteropoética, isto é, que vem da sociedade heterogênea de pessoas, forças e classes sociais. Quando os indivíduos confluem para a formação do Estado, existe uma consciência constitucional mínima, já alcançada, percebida na defesa do modelo constitucional de 1988, em um país recém-saído da ditadura militar. As forças plurais que tiveram voz ativa no processo constituinte enfrentaram duplo desafio, "romper com legado da cultura autoritária e ditatorial e consolidar o regime democrático, com o pleno respeito aos direitos humanos amplamente considerados".[765] A preocupação com a soma das forças encontradas na sociedade heterogênea, bem como a exclusão fundada em classes sociais, e uma segregação baseada na origem dos membros da sociedade são temáticas enfrentadas pela filosofia constitucional. Nesse aspecto, assume especial relevância para a filosofia do reconhecimento a concepção de patriotismo constitucional.

6. O CONCEITO DE PATRIOTISMO CONSTITUCIONAL

O tema do patriotismo constitucional surgiu no contexto alemão-ocidental do *Historikerstreit*, consistindo na controvérsia sobre o processo de reconstrução da identidade nacional da República Federal da Alemanha, após o nazismo. O Estado Nacional Socialista foi substituído pela emergência democrática constitucional, tendo sido objeto de controvérsia entre intelectuais alemães, a relação entre consciência histórica e identidade alemã. Foi Jürgen Habermas quem promoveu o debate político, contrapondo-se o neo-historicismo e sua tentativa de, após Auschwitz, trivializar o significado histórico do Holocausto.[766] No Debate dos Historiadores durante a metade da década

---

764 M. de C. Netto, *A Hermenêutica Constitucional sob o Paradigma do Estado Democrático de Direito*, p. 25.

765 F. Piovesan, *Direitos Humanos e Justiça Internacional*, p. 86.

766 J. Habermas. *The New Conservatism: Cultural Criticism and the Historian's Debate*. Cambridge, Massachusetts: MIT Press, 1994, p. 13.
O tema do patriotismo constitucional já começa a encontrar eco entre os constitucionalistas brasileiros. A respeito do assunto, ver: Cláudio Pereira de Souza Neto. *Teoria Conctitucional e Democracia Deliberativa–um estudo sobre o papel do Direito na garantia das condições para a cooperação na deliberação democrática*. Rio de Janeiro: Renovar, 2006, p. 134-135; Marcelo Cattoni. *Poder Constituinte e Patriotismo Constitucional*. Belo Horizonte: Mandamentos, 2006, p. 65-74; Gisele Cittadino. *Pluralismo, Direito e*

de oitenta, Habermas adota o conceito de patriotismo constitucional, contrapondo-se a alguns historiadores conservadores que propagavam interpretações revisionistas que relativizavam o passado nazista.[767] Assim, o patriotismo constitucional alemão significou uma apropriação crítica da própria história, estabelecendo uma democracia constitucional ancorada em princípios universalistas, com potencialidade de inspirar adesão emotiva dos cidadãos.[768] Com base em Dolf Sternberg, o autor alemão delineou o conceito de patriotismo constitucional, como uma forma de estabelecer uma forma mais aprimorada de identificação política dos cidadãos a uma ordem ancorada em princípios constitucionais.[769]

No final da década de setenta, Dolf Sternberger sustentou que a Lei Fundamental Alemã teve a virtude de transformar os sentimentos dos cidadãos alemães, suscitando admiração e respeito entre a população e contribuindo para o desenvolvimento de um segundo patriotismo fundado politicamente na Constituição.[770] Com efeito, o texto constitucional tem inspirado uma nova forma de identidade coletiva, pluralista e integradora,

---

Justiça Distributiva. Rio de Janeiro: Lumen Juris, 2000, p. 170-182; Daniel Sarmento. "Colisões entre Direitos Fundamentais e Interesses Públicos". *In:* Daniel Sarmento; Flávio Galdino. [Orgs.]. *Direitos Fundamentais: Estudos em Homenagem ao Professor Ricardo Lobo Torres.* Rio de Janeiro: Renovar, 2006, p. 318.

767 Sobre essa questão, Antônio Cavalcanti Maia analisa: "As referências iniciais ao conceito de "patriotismo constitucional" (*Verfassungspatriotismus*) aparecem nos trabalhos de Habermas durante a metade da década de oitenta em uma das intervenções mais incisivas na esfera pública alemã: o Debate dos Historiadores – o *Historikerstreit.* Naquele momento, inserido na controvérsia acerca da tentativa de alguns historiadores alemães de negarem a singularidade do Holocausto, o herdeiro da Escola de Frankfurt – dirigindo a sua crítica a um grupo de historiadores conservadores liderados por Ernst Nolte (seguido por Hillgruber e Stürmer), que procurava trivializar o significado do passado nazista para a história alemã por meio de uma reinterpretação histórica – utilizou o conceito de "patriotismo constitucional", cunhado pelo cientista político Dolf Sternberger." Antonio Cavalcanti Maia. "Diver-sidade Cultural, Identidade Nacional Brasileira e Patriotismo Constitucional". *In:* Antonio Herculano Lopes; Lia Calabre. *Identidade Cultural Brasileira.* Rio de Janeiro: Casa de Rui Barbosa, 2005, p. 133.

768 Jürgen Habermas. "Identidad Nacional y Identidad Postnacional-entrevista com Jean Marc Ferry". *In:* J. Habermas. *Identidades Nacionales y Postnacionales.* Madri: Tecnos, 1998, p. 115-116.

769 As intervenções de Habermas no debate social e político alemão fornecem um valioso exemplo a respeito do que o patriotismo constitucional significou na prática: "Em resposta às alegações dos neoconservadores de que uma identidade nacional integral era indispensável para o funcionamento da democracia, Habermas abraçou a ideia do patriotismo constitucional. Particularmente importantes para nossas preocupações são os argumentos nos quais ele se baseou para fundamentar essa ideia, abordando as questões relativas a qual responsabilidade os alemães deveriam continuar a aceitar pelas atrocidades nazistas e de como a orientação do pós-guerra da República Federal Alemã deveria ser compreendida." Ciaran Cronin. "Democracy and collective identity: *In:* Defence of Constitutional Patriotism". *In: European Journal of Philosophy*, v. 11, n. 1. London: Blackwell Publishing, 2003, p. 17.

770 D. Sternberger. *Patriotismo Constitucional.* Bogotá: Universidad Externado de Colombia, 2001, p. 85-86.

capaz de aglutinar a sociedade alemã, traumatizada pela barbárie do nazismo, em torno da tarefa de construir uma cultura política democrática. O patriotismo constitucional, educa-se pela participação cidadã na vida política, desenvolvendo uma nova forma de lealdade cívica, que se configura como uma alternativa ao nacionalismo. A diferença reside na sua capacidade de incorporar um universalismo baseado em direitos fundamentais consagrados na Constituição.

Outrossim, em sociedades multiculturais, como não existem mais valores universalmente compartilhados, a construção da identidade com base na nacionalidade vem sendo considerada um processo histórico em vias de extinção. Para Habermas, a cidadania perdeu o sentido de pertencimento a uma comunidade cultural, e a herança republicana só pode ser salva na medida em que os cidadãos participem ativamente do processo político e se identifiquem com um projeto constitucional compartilhado. Em sociedades pluralistas, uma cultura política, cristalizada em torno de um projeto constitucional, pode assegurar uma coesão política e um grau de integração social capaz de transcender os vínculos baseados em língua, cultura e etnia.

O patriotismo constitucional de Habermas tenta estabelecer uma comunidade política na base de um universalismo normativo. Entretanto, críticos têm questionado se princípios constitucionais poderiam inspirar uma efetiva solidariedade capaz de garantir coesão entre seus membros. Nesse sentido, Craig Calhoun, um dos mais ilustres comentadores do empreendimento habermasiano, destaca: "Não há razão intrínseca para o patriotismo constitucional não funcionar na escala europeia, mas questiona-se até que ponto poderia se sustentar de forma isolada, como fonte adequada de participação e compromisso mútuo."[771] Em suma, a questão fundamental para o autor é se, efetivamente, a ideia de uma identidade constitucional pode motivar os cidadãos a se engajarem em práticas de adesão a princípios abstratos, razão por que defende uma concepção de Constituição como substrato que enseja a criação de relações sociais concretas e de instituições.

Assim, inúmeros críticos têm questionado se o patriotismo constitucional tem potencialidade em articular o universalismo dos princípios e o particularismo das identidades e uniões. A generalidade dos argumentos sustenta que o patriotismo constitucional seria um ideal muito abstrato para inspirar uma genuína adesão dos cidadãos a princípios constitucionais. Críticos

---

771 Craig Calhoun. "Constitutional Patriotism and the Public Sphere: Interests, Identity, and Solidarity in the Integration of Europe". *In:* Pablo de Greiff; Ciaran Cronin. [Eds.]. *Transnational Politics.* Cambridge: MIT Press, 1999, p. 12.

têm problematizado a distinção habermasiana entre integração política e cultural, por ser simplista, já que os sistemas legais e políticos não podem ser culturalmente neutros.

Contrapondo-se à perspectiva habermasiana, os nacionalistas cívicos consideram a nação como o substrato fundamental da identidade política, uma vez que a distinção entre integração política e integração cultural seria equivocada. Inobstante à relevância de princípios universais, duvidam que estes possam criar laços sociais relativamente estáveis e capazes de suscitar um genuíno apego à Constituição.[772] E a este desafio cabe a filosofia constitucional encontrar os caminhos, como analisar se efetivamente a concepção de patriotismo constitucional pode inspirar uma efetiva adesão dos cidadãos ao ideário constitucional, tendo em vista especialmente a sua relação intrínseca com a efetividade de direitos sociais.

7. DA SOCIEDADE PLURAL CONECTADA AOS DIREITOS SOCIAIS COMO REPRESENTAÇÃO DA FILOSOFIA CONSTITUCIONAL

O pluralismo presente no Brasil, ainda desigual, deve ter medidas estimuladas à formação de uma consciência constitucional que deve se somar às medidas corretivas de desajustes sociais brasileiros, como o combate à corrupção, à ignorância simbólica da lei e outros elementos de deformação social.[773] Não se pode olvidar de que as forças pluralistas que constroem sua posição, afirmando a democracia, são, potencialmente, intérpretes da Constituição[774].

A filosofia constitucional apresenta uma complexidade que só pode ser resolvida com a inclusão das repercussões sentidas na comunidade internacional; os conflitos sociais produzem, muitas vezes, ruídos de longo alcance. A comunidade internacional cada vez mais exige comprometimento e medidas de correção, maximizadoras dos direitos humanos fundamentais.

---

772 Críticos do patriotismo constitucional, como Margaret Canovan, têm a preocupação de que o espírito cosmopolita do conceito termine por desconsiderar lealdades particulares e identidades concretas dos sujeitos que os unem como compatriotas. A oposição à ideia de patriotismo constitucional deriva da preocupação de que ele desconsidere a diversidade de identidades particulares que lhe são anteriores. Margaret Canovan. "Patriotism Is Not Enough". *British Journal of Political Science*, v. 30, n. 3. Cambridge: Cambridge University Press, 2000, p. 413-432.

773 J. J. Echavarría, *Opinión Pública*, p. 154.

774 P. Häberle, *Hermenêutica Constitucional, a Sociedade Aberta dos Intérpretes da Constituição*, p. 40.

A filosofia política – é bem sabido – compreende análises e reflexões críticas, que pertencem, fundamentalmente, ao campo da razão prática. É, pois, um setor da filosofia da práxis, junto à filosofia moral, jurídica e, em termos mais englobantes, à inteira filosofia social. E é verdade que tais reflexões nunca estiveram ausentes da história da filosofia e assim seguem até nossos dias, como preocupação pela pólis, *as* civitas, *a* res publica, *os reinos, os impérios..., os Estados, a comunidade internacional, com base sempre nas convivências e conflitos sociais.*

A formação de uma filosofia constitucional tem essa marca, a defesa substancial dos direitos fundamentais sociais, a relação entre cidadãos e Constituição e a redefinição dos elementos formadores do Estado, hoje, em muito mudados. O nível de comprometimento social de um Estado (re)configura os direitos fundamentais, também com fins educativos e culturais[775], que, no Brasil, oxigena a consolidação de um Estado constitucional. –

O Neoconstitucionalismo, – que quando presente é indicador de tal avanço – parte de Constituições avançadas, democráticas e que possam conduzir à reunião do Direito, da política e da moral, o que, apesar de não ser universal – no sentido de teoria geral –, ainda possui um espectro de grandeza considerável. A moral ganha densidade quando fica atrelada à evolução dos direitos sociais. Com a pretensão de correção substituindo a equidade, uma interpretação conforme a Constituição, um Poder Judiciário ativo, voltado para a defesa dos direitos fundamentais sociais e um Ministério das Relações Exteriores comprometido com a correção dos objetivos internacionalmente assumidos em matéria de direitos sociais, vê-se um sistema de direitos sociais evoluído. A construção desse ponto cuidado pela filosofia constitucional deve ser cuidadosa, afinal as Constituições têm tanto os problemas conjugados nas realidades nacionais, como recebem pressões dos blocos continentais e isto tudo quando tais interesses ainda não divergem.

Nesse sentido é tarefa da filosofia constitucional analisar se efetivamente a concepção de uma consciência constitucional pode inspirar uma efetiva adesão dos cidadãos brasileiros aos ideário constitucional, tendo em vista a integração do conceito à cultura política brasileira, bem como sua relação intrínseca com a efetividade dos direitos sociais. Nesse aspecto, assume especial

---

775 P. Häberle, *La Libertad Fundamental en el Estado Constitucional*, p. 279.

relevância para a filosofia constitucional o embate teórico entre procedimentalismo e substancialismo, que deságua na relação entre a prioridade entre o justo sobre o bem.

8. A PRIORIDADE DO JUSTO SOBRE O BEM NA FILOSOFIA CONSTITUCIONAL CONTEMPORÂNEA

Outro aspecto fundamental para a filosofia constitucional constitui a aproximação conceitual entre os fundamentos filosóficos da teoria da justiça e os elementos da Teoria da Constituição que, como pretendemos demonstrar, possui reflexos no debate sobre o papel do Judiciário na concretização dos direitos fundamentais. No momento, apenas importa destacar que a discussão relativa à concepção kantiana da prioridade do justo sobre o bem constitui um dos pilares da Teoria de Justiça. Esse debate reflete-se nas teorias da justiça contemporâneas. Desde Kant, os princípios de justiça sobrepõem-se às concepções de bem eleitas pelos indivíduos, pois, quando determinados valores substantivos contrapõem-se a tais princípios, estes merecem primazia. O justo diz respeito àquilo que é correto, ou seja, a normas de justiça universalmente válidas, independentemente do compromisso dos indivíduos com valores específicos, ou seja, independentemente das concepções de bem particulares. Aqui se pode traçar um parentesco com a concepção jusfundamental dos direitos fundamentais.

Com efeito, a prioridade do justo implica que princípios de justiça, em razão de sua universalidade, são incorporados à esfera pública e independem de concepções particulares de vida boa, pois independem de resultados. A tradição liberal enfatiza, diversamente, uma dimensão deontológica que estabelece princípios neutros de justiça, como pressuposto para que os indivíduos escolham suas concepções de vida boa. Na concepção liberal clássica há primazia circundando o bem. Em Kant, a legislação moral não admite que uma ação possa ser cumprida segundo uma inclinação ou um interesse, mas somente para obedecer à lei do dever, ou seja, a ação moral não é determinada por desejos particulares. Para Kant, a liberdade implica a descoberta da base motivacional que impulsiona as ações humanas. A moralidade não é definida em termos de resultados específicos, mas pelo exercício racional da autonomia individual. Kant propõe uma moral guiada por leis que estabeleceriam *a priori* o que se deve fazer, ou seja, o uso da liberdade, segundo imperativos necessários e universais da conduta humana. É necessário agir segundo minha verdadeira natureza, enquanto ser racional, porquanto, agir segundo inclinações sensíveis, constitui uma perspectiva heterônoma, razão por que propugna estabelecer, por meio de procedimentos racionais, princípios universais que pautam a moralidade humana. Enquanto a ética relaciona-se a valores contingentes de uma forma de vida particular, a moral é suscetível de universalização, porque diz respeito ao justo. Inserindo-se em tal embate teórico, dois autores assumem especial relevância no âmbito da filosofia constitucional: Charles Taylor e Axel Honneth

Taylor é professor de Introdução à Teoria Política na McGill University e desempenhou uma intensa atividade política no Canadá, tendo sido vice--presidente do New Democratic Party. Axel Honneth, por sua vez, é filósofo da denominada "terceira geração da Escola de Frankfurt", dirige o Instituto de Pesquisa Social, fundado nos anos 20, sendo também professor de filosofia social da Universidade Johann Wolfgang Goethe, de Frankfurt. Ambos os autores, seguindo a tradição hegeliana, estabelecem a prioridade do bem sobre o justo, enfatizando que perspectivas universalistas tendem a desconsiderar questões éticas sobre o bem. Assim, há uma contraposição teórica no âmbito da filosofia constitucional entre filosofias morais universalistas – como a kantiana – e as que seguem uma matriz hegeliana. Na perspectiva de Honneth, a justiça não pode ser concebida como uma dimensão independente da ética, porquanto "sem antecipar uma concepção de vida boa é impossível criticar quaisquer das injustiças contemporâneas."[776] Taylor, por sua vez, delineia um arcabouço teórico que se contrapõe ontologias universalistas, que estabelecem a prioridade do justo sobre aspectos relativos ao bem, ocultando singularidades culturais específicas em uma perspectiva homogeneizante.

As éticas procedimentais procuram estabelecer princípios racionais por meio dos quais os indivíduos avaliam se as normas sociais são corretas. Esses procedimentos visam a alcançar princípios universais inerentes a qualquer sujeito racional independentemente de um conteúdo substancial. Segundo Taylor, "se a coisa certa a fazer ainda tiver de ser entendida como aquilo que é racionalmente justificável, essa justificação terá de ser procedimental. Ela não pode ser definida pelo resultado particular, mas pela maneira pela qual se chega a esse resultado."[777] Assim, as éticas procedimentais buscam estabelecer normas que permitam aos indivíduos distinguir quais são as moralmente justas, independentemente das concepções de bem dos sujeitos. Nesse sentido,

---

776 Axel Honneth. "Redistribution as recognition: a response to Nancy Fraser". *In:* N. Fraser; A. Honneth. *Redistribution or Recognition.* Londres/New York: Verso, 2003, p. 114.

777 Taylor na sua obra emprega o termo moral como equivalente à ética; C. Taylor. *As Fontes do Self – A construção da identidade moderna.* São Paulo: Loyola, 1997, p. 119

o filósofo canadense considera que o justo constitui uma forma de bem, não podendo ser desvinculado de um contexto concreto. A concepção de racionalidade, com base em critérios universais, produz normas vazias de conteúdo e desarticuladas de um *ethos* concreto. Seguindo a filosofia hegeliana, Taylor considera a vida comunitária como o substrato, o ponto de referência para as condutas morais, contrapondo-se a éticas procedimentais que assumem a perspectiva da terceira pessoa e de uma racionalidade prática desconectada do *ethos*, compreendido como horizonte substantivo do indivíduo. Taylor irá contrapor-se às éticas formais que partem de uma razão prática desvinculada da dimensão substantiva de vida comunitária:

> *Uso a palavra procedimental aqui em oposição a "substantiva". Esses termos podem ser aplicados a formas de teoria ética por derivação do seu uso para descrever concepções de razão. Considero substantiva uma noção em que julgamos a racionalidade dos agentes e seus pensamentos em termos substantivos... Em contraste, uma noção procedimental de razão rompe esse vínculo. A racionalidade de um agente ou de seu pensamento é julgada pela maneira como ele pensa e não em primeira instância, pelo fato de seu resultado ser ou não substantivamente correto.*[778]

Diferentemente para Kant quando nos libertamos de nossas inclinações sensíveis, podemos alcançar uma perspectiva que contempla valores universais. Em contraposição ao ideal iluminista da benevolência universal, Kant procura estabelecer um "princípio de justiça universal, a determinação de agir apenas segundo máximas universais e de tratar todos os seres humanos como fins."[779] Para Kant, o verdadeiro equívoco do naturalismo iluminista foi considerar a felicidade como fundamento da moralidade humana, desconsiderando o exercício da autonomia racional. Se o bem decorre da natureza racional do homem, as condutas humanas devem ser pautadas por máximas universais de considerar todos os seres humanos não como um objeto, mas como um fim em si mesmo. Nas palavras de Taylor, acerca da perspectiva kantiana, "a lei moral é o que vem de dentro; não pode mais ser definida por qualquer ordem externa; porém, tampouco é definida pelo impulso da natureza em mim, mas apenas pela natureza do raciocínio, pelo que poderíamos chamar de procedimentos do raciocínio prático, os quais exigem que se aja de acordo

---

[778] *Ibidem*, p. 118

[779] *Ibidem*, p. 469.

com princípios gerais."[780] Em síntese, na perspectiva kantiana, tornamo-nos agentes racionais quando nos distanciamos de nossos desejos e passamos a agir segundo nossa verdadeira natureza, enquanto seres racionais.

Taylor postula que o estabelecimento de princípios universais independentemente das inclinações sensíveis não é suficiente para explicar a complexidade da natureza humana, pois é inerente a cada indivíduo a busca incessante de uma concepção de bem. Ao negligenciar o potencial valorativo em torno das concepções de vida digna, Kant termina por criar uma fronteira entre o *self* e o bem. Entretanto, autores como Jürgen Habermas e Nancy Fraser rompem com a tradição comunitarista, quando sustentam a inviabilidade de se adotar uma concepção de justiça comprometida com objetivos coletivos substantivos. Para Fraser, uma teórica feminista, professora da Nova Escola para Pesquisa Social de Nova York, a prioridade do justo sobre o bem tem a vantagem de estabelecer alegações normativas universais, independentemente de um relativismo ético de visões de mundo particulares.[781] Nesse ponto, o papel da filosofia constitucional é indagar se determinadas epistemologias, que estabelecem a prioridade do justo sobre o bem, em contraposição a um relativismo ético de visões particulares de mundo, são coerentes com a complexidade das sociedades pluralistas. É possível delinear uma teoria da justiça que seja sensível às reivindicações identitárias de uma sociedade multicultural? Habermas, por exemplo, estabelece uma teoria da justiça, que tem, como pressuposto, o estabelecimento de procedimentos por meio dos quais as reivindicações identitárias são tematizadas no espaço público, de forma a atender às demandas de uma sociedade plural. O filósofo, ao delinear os pressupostos comunicativos da subjetividade, evita o formalismo da ética kantiana, tendo em vista sua concepção intersubjetiva de racionalidade prática.

O herdeiro da Escola de Frankfurt pondera que a autoconsciência não pode ser concebida como uma entidade monológica e autossuficiente, porquanto nossa identidade depende fundamentalmente das relações intersubjetivas por reconhecimento mútuo. Para Habermas, as estruturas comunicativas são o elemento central para atingir princípios morais. De um lado, a racionalidade comunicativa contrapõe-se à perspectiva hegeliana; de outro lado, seu modelo de racionalidade também opõe-se ao formalismo da ética kantiana, tendo em vista que o imperativo categórico é submetido a uma

---

[780] *Ibidem*, p. 466.

[781] Nancy Fraser. "Recognition without Ethics?" *In: Theory, Culture & Society*, v. 18, n. 2-3. Sage Publications: London, 2001, p. 29.

reformulação à luz da ética do discurso. De acordo com a perspectiva kantiana, nossos juízos morais pressupõem um distanciamento em relação às inclinações sensíveis; mas, em Habermas, concepção kantiana de juízo moral é submetida a um modelo comunicativo. Nesse aspecto, o Princípio U[782] pressupõe que a justificação das normas ocorre por meio de um discurso real, rompendo com a perspectiva monológica kantiana, porquanto todos os afetados pelas normas devem ter a prerrogativa de expor seus argumentos e justificar normas morais em uma perspectiva imparcial:

> *É por esta razão que Kant acreditava que a razão prática só tomava verdadeiramente consciência de si própria enquanto instância verificadora de normas, acabando por coincidir com a moralidade. A interpretação que fizemos do imperativo categórico em termos da teoria do discurso deixa, no entanto, entrever a unilateralidade de uma teoria que se concentra exclusivamente em questões de fundamentação. Logo que as fundamentações morais assentem num princípio de universalidade que impele os participantes do discurso a verificar se as normas controversas, desligadas de situações concretas e sem levar em linha de conta os motivos e as instituições existentes, podem ou não obter a anuência bem ponderada de todos os intervenientes, torna-se mais agudo o problema da possibilidade de aplicação das normas fundamentadas desse modo. As normas válidas devem a sua universalidade abstrata ao fato de só passarem na tese da universalização sob uma forma descontextualizada.[783]*

Com efeito, na perspectiva habermasiana, a prioridade do justo sobre o bem traduz-se em uma concepção procedimental na qual o sistema de direitos institucionaliza as condições procedimentais que garantem a autonomia pública e privada. Em suma, inexiste um antagonismo entre a autonomia pública e a privada, pois ambas estão conectadas:

---

782 O Princípio U é formulado por Habermas da seguinte maneira: "toda norma válida deve satisfazer a condição de que as consequências e efeitos colaterais, que (previsivelmente) resultarem para a satisfação dos interesses de cada um dos indivíduos do fato de ser ela universalmente seguida, possam ser aceitos por todos os concernidos." J. Habermas. *Consciencia Moral e Agir Comunicativo.* Rio de Janeiro: Tempo Brasileiro, 1989, p. 86.

783 Jürgen Habermas. "Acerca do Uso pragmático, ético e moral da razão prática". *In:* J. Habermas. *Comentários à Ética do Discurso.* Lisboa: Instituto Piaget, 1991, p. 113.

Os cidadãos só podem fazer um uso adequado de sua autonomia pública quando são independentes o bastante, em razão de uma autonomia privada que esteja equanimemente assegurada; mas também o fato de que só poderão chegar a uma regulamentação capaz de gerar consenso, se fizerem o uso adequado de sua autonomia política enquanto cidadãos.[784]

Tal concepção é extremamente sofisticada, Habermas procura desenvolver um ideal universalista com uma sensibilidade inclusiva em relação às diferenças culturais, uma vez que os princípios constitucionais passam a ser interpretados à luz de singularidades culturais específicas. Nesse aspecto, assume especial relevância para a filosofia constitucional o embate teórico entre procedimentalismo e substancialismo.

9. O EMBATE TEÓRICO ENTRE PROCEDIMENTALISMO E SUBSTANCIALISMO COMO REFLEXO DA TEORIA DE JUSTIÇA

Um dos tópicos mais controversos da Teoria da Constituição constitui a amplitude da atuação do Poder Judiciário, em face do princípio da separação de poderes. Assim, a possibilidade de articulação entre os elementos da Teoria da Justiça e o debate sobre os limites de atuação da jurisdição constitucional assume papel de destaque para a Filosofia constitucional. Nesse aspecto, a discussão acerca da primazia do justo sobre o bem vincula-se, não apenas, à afirmação da prioridade do estabelecimento de direitos universais em relação a objetivos coletivos, mas tembém possui reflexos no debate em relação ao papel do Judiciário, em face da contraposição entre perspectivas procedimentais e substancialistas. Com efeito, a prioridade do justo sobre o bem reflete-se na primazia da institucionalização de procedimentos para resolução do desacordo moral razoável que marca as sociedades pluralistas, em contraposição a perspectivas substancialistas de jurisdição constitucional. Em verdade, a existência de um desacordo razoável acerca de concepções de vida digna como um elemento intrínseco a sociedades pluralistas, para alguns torna necessária uma perspectiva procedimental de atuação judicial,

---

[784] J. Habermas. "Sobre a Coesão Interna entre Estado de Direito e Democracia". *In: A inclusão do outro estudos de teoria política.* São Paulo: Loyola, 2002, p. 293.

de forma que questões morais controvertidas devem ser resolvidas pelos representantes legitimamente eleitos.

Nesse cenário, é tarefa da filosofia constitucional indagar em que medida perspectivas procedimentalistas e substancialistas são adequadas às especificidades da nossa cultura constitucional. A matriz procedimentalista – representada por autores como, por exemplo, Jürgen Habermas, John Hart Ely, Jeremy Waldron e Larry Kramer – procura restringir a atuação das Cortes constitucionais à função de resguardar as condições procedimentais inerentes ao jogo democrático, sem adentrar na análise do aspecto substantivo da Constituição. Em contraposição, a perspectiva substancialista fundamenta-se em uma postura mais construtiva do Poder Judiciário na realização dos valores constitucionais ínsitos aos valores materiais da Constituição. Os fundamentos filosóficos da teoria da justiça, portanto, podem ser um referencial teórico importante para compreensão de determinadas formas de ativismo judicial, que objetivam, por exemplo, a implementação de direitos sociais. Qual o modelo de jurisdição constitucional é mais apto para promover a democracia em sociedades pluralistas? Que papel deve ser atribuído ao judiciário na concretização dos direitos sociais e em que medida tal atribuição repercute no âmbito das separação das funções estatais? Trata-se de questões complexas e que suscitam inúmeros debates acadêmicos, devendo ser articuladas com base em fundamentos teóricos da filosofia constitucional.

Nesse particular, a obra de Ronald Dworkin configura-se como um dos empreendimentos teóricos mais instigante no âmbito da filosofia constitucional. Adotando uma perspectiva eminentemente substancialista, Dworkin destaca que uma perspectiva reconstrutiva do ordenamento jurídico a partir de princípios substantivos fundamenta-se também na história, nas tradições e as práticas constitucionais. De início, é necessário elucidar a existência de um embate teórico entre constitucionalistas americanos em relação aos denominados direitos expressos e implícitos (*numerated and unumerated rights*), refletindo-se em concepções originalistas e não originalistas. Enquanto os primeiros pretendiam pretendem enfatizar a intenção original dos *Framers*, os não originalistas, por sua vez, pressupunham uma perspectiva construtiva do Judiciário na afirmação dos direitos implícitos decorrentes do texto constitucional. Contrapondo-se aos originalistas, Dworkin delineia a concepção de um Direito em cadeia, concebido como um sofisticado empreendimento desenvolvido pelos juízes, de forma que cada ato de interpretação representa um capítulo inserido em um grande romance redigido por diversos escritores ao longo das práticas constitucionais. Dworkin estabelece uma distinção entre regras e princípios, conferindo certo nível de liberdade interpretativa na realização de uma moralidade inerente à Constituição.

Com efeito, o Direito como integridade propugna interpretar a moralidade institucional inerente a uma comunidade como um grande romance em cadeia, contrapondo-se a uma perspectiva que enfatiza a discricionariedade judicial. É a leitura moral da Constituição que irá legitimar maior amplitude da atuação judicial, sem que tal perspectiva suscite em uma flexibilização do princípio da separação de poderes. O texto constitucional possui uma moralidade interna que potencializa novos horizontes interpretativos com base em princípios eleitos pelo povo. Portanto, não há uma incompatibilidade entre democracia e direitos fundamentais, tendo em vista que ambos os aspectos são relevantes para a sua concepção substancialista de democracia constitucional. Se os indivíduos que integram uma comunidade política são moralmente autônomos, torna-se necessário resguardar uma esfera de inviolabilidade moral que não pode ser restringida pelas instâncias deliberativas.

Leciona o célebre jurista que, inobstante as sociedades pluralistas serem marcadas por uma multiplicidade de concepções de vida digna, há uma concepção fundamental de justiça decorrente do fato de que todos os cidadãos devem ser tratados com igual respeito. Nesse ponto, assume uma perspectiva liberal, que busca resguardar uma esfera de autonomia moral de cada indivíduo, que não pode ser objeto de violação pelas instâncias deliberativas. Nesse aspecto, o controle de constitucionalidade constitui um mecanismo de preservação de direitos fundamentais que possam ser violados por maiorias parlamentares. Em suma, torna-se necessário resguardar-se um conjunto de direitos fundamentais com fundamento no princípio da autonomia moral.[785] A tutela judicial dos direitos fundamentais é o elemento fundamental da sua concepção de democracia constitucional, tendo em vista que os cidadãos devem ser tratados com igual consideração e respeito. A sua concepção de democracia constitucional não se fundamenta na primazia do princípio majoritário, porquanto exige que as maiorias parlamentares resguardem determinados princípios e direitos fundamentais a serem efetivados pelo controle judicial.[786] Dworkin contrapõe-se às duas corrente teóricas do pensamento que defendem o caráter contramajoritário do *judicial review*: a teoria da intenção original e a teoria procedimental, porquanto ambas, ao desvincularem-se da moralidade

---

[785] R. Dworkin. *O Império do Direito*. Trad. de Jefferson Luiz Camargo. São Paulo: Martins Fontes, 2003, p. 254

[786] R. Dworkin. *Freedom's Law. The moral reading of the American constitution.* Cambridge: Harvard University Press, 1996, p. 17.

ínsita à Constituição, terminariam por adotarem perspectivas substantivas. Nesse aspecto, Dworkin propugna tornar compatíveis o princípio da democracia e o *judicial review*, demonstrando que somente uma leitura moral da Constituição pode efetivar os princípios políticos consagrados pelo povo na Constituição. Assim, não há porque defender uma soberania do princípio majoritário, pois somente o princípio da igual consideração realizado através do controle judicial dos direitos fundamentais poderá garantir a plenitude de uma democracia constitucional. Em suma, a democracia não implica necessariamente o princípio majoritário, porque a garantia dos direitos pelo judiciário potencializa o conteúdo democrático do sistema constitucional.

A filosofia constitucional pretende indagar, de um lado, se a perspectiva substancialista de Dworkin é potencialmente antidemocrática, concedendo aos juízes uma licença para impor suas convicções morais aos cidadãos, ou se é efetivamente necessária para resguardar uma esfera de inviolabilidade moral. De outro lado, em que medida concepções substancialistas de jurisdição constitucional implicam uma flexibilização do princípio da separação de poderes? Seria mais legítimo transferir ao povo a tarefa de interpretar a Constituição? Nesse cenário, Mark Tushnet, Larry Kramer, Jeremy Waldron integram um movimento contemporâneo denominado constitucionalismo popular que vem se tornando uma teoria extremamente influente nos meios acadêmicos norte-americanos em razão de seu conteúdo progressista, enfatizando a vontade popular na delimitação do sentido da Constituição, em contraposição à supremacia judicial, justamente em um momento no qual a Suprema Corte é dominada pelos *justices*, em sua maioria nomeada pelos ex-presidentes republicanos, tendentes a um juízo de autoconservação. Alguns defensores do constitucionalismo popular defendem a tese de que o *judicial review* seria desnecessário, argumentando que o processo deliberativo poder ser responsável por delimitar o sentido da constituição. Sublinham que o *judicial review* substitui decisões majoritárias por decisões expressas por juízes não eleitos.

Jeremy Waldron, Professor da *Victoria University*, na Nova Zelândia, opõe-se à leitura moral da Constituição proposta por Dworkin que, na sua percepção, restringe-se a uma perspectiva de resultados e não de meios. Partindo do pressuposto da existência de um desacordo moral razoável entre concepções individuais de bens inerentes a uma sociedade pluralista, Waldron assume uma perspectiva eminentemente procedimental, ou seja, em face de um desacordo razoável sobre questões morais, a Corte não possuiria autoridade procedimental para impor compreensões substantivas da Constituição, ainda que estas sejam corretas.

Na sua percepção, somente o procedimento democrático de decisão coletiva é compatível com as diferentes concepções de justiça de uma sociedade pluralista, razão pela qual não seria legítimo transferir para o Judiciário a tarefa de decidir o desacordo moral que impera na sociedade. Outrossim, o procedimento democrático seria o método mais eficaz para garantir concepções de autonomia humana e dignidade moral. Somente o procedimento democrático pode realizar o princípio moral da dignidade humana, contrapondo-se à perspectiva liberal de Dworkin que atribui ao judiciário a tarefa de resguardar uma esfera de inviolabiliadade moral dos indivíduos frente a decisões majoritárias. Waldron assume uma perspectiva que enfatiza o princípio majoritário, rejeitando qualquer teoria que legitime o *judicial review*, independentemente da justiça da decisão, objetivando estabelecer mecanismos democráticos para resolução do desacordo razoável a partir de uma perspectiva de meios e não de resultados:

> *A decisão majoritária não é apenas um processo decisório eficaz, é um processo respeitoso. Respeita os indivíduos de duas maneiras. Primeiro, respeita e considera seriamente a realidade das suas diferenças de opiniões quanto à justiça e ao bem comum. A decisão majoritária não requer que a opinião de ninguém seja menosprezada ou silenciada por causa da importância imaginada do consenso. Ao impor o nosso apoio e o nosso respeito como processo decisório, ela não exige que nenhum de nós finja haver um consenso quando não há, meramente porque pensamos que deveria haver — quer porque qualquer consenso é melhor do que nenhum, quer porque a visão que impressiona alguns de nós como correta parece tão evidentemente correta por si que não conseguimos imaginar como alguém poderia sustentar o contrário.*[787]

Com efeito, é tarefa da filosofia constitucional indagar se a concepção de constitucionalismo popular é efetivamente adequada às especificidades de nossa cultura constitucional, ou se grupos majoritários poderiam eventualmente usar sua vantagem numérica para violar sistematicamente direitos de minorias estigmatizadas. Em síntese, a perspectiva de resultados deve ser considerada como superior? É possível considerar o procedimentalismo como um valor absoluto?

---

[787] J. Waldron. *Law and Disagreement*. Oxford: Oxford University Press, 1999, p. 111.

Larry Kramer, Professor da *New York University of School of Law*, também questiona o monopólio judicial da interpretação constitucional como algo inexorável, bem como a tendência de se identificar a história constitucional com a história da Suprema Corte ou de minimizar momentos de constitucionalismo popular como algo raro, excepcional. Em contraposição a Waldron, sua teoria é compatível com o *judicial review*, contrapondo-se ao argumento de que esse é necessariamente antidemocrático. Propugna uma defesa do *judicial review* como um processo no qual a vontade popular é constantemente interpretada. Nesse sentido, apresenta inúmeros exemplos históricos nos quais a Corte interpretou a Constituição de maneira profundamente antidemocrática, enquanto atores judiciais desenvolveram interpretações alternativas sobre o texto constitucional. De um lado, ele discute como Lincoln e os abolicionistas condenaram a decisão *Dred Scott*, porque o sentido da Constituição era incompatível com a escravidão. De outro lado, menciona um movimento progressivo de intérpretes da Constituição que pretendiam assegurar a proteção econômica dos trabalhadores, em contraposição à jurisprudência da *Era Lochner*. Nesse sentido, leciona Kramer que, enquanto nas gerações passadas havia um sentido intuitivo, que defendia a justiça e a naturalidade do constitucionalismo popular, hoje, tal sentido evoluiu em favor da tese da supremacia judicial. Portanto, ressalva Kramer que tal supremacia ideológica objetiva estabelecer uma postura de submissão dos cidadãos comuns às decisões da Suprema Corte.[788]

O autor examina alguns dos argumentos formulados pelos defensores da supremacia judicial e procura desconstruí-los. Para uns, a ausência de controle judicial tornaria o Direito constitucional caótico, razão por que alguns acadêmicos defenderiam que os juízes deveriam dar a última palavra em relação a pré-compromissos estabelecidos contra maiorias parlamentares, de forma que as Cortes seriam mais capazes de interpretar o sentido da constituição que corpos democraticamente eleitos. Nesse sentido, pondera: "incerteza e instabilidade existem mesmo em um regime de total supremacia judicial, enquanto nós encontraremos um grau considerável de objetividade e resolução mesmo sem esta. A escolha não é entre ordem e caos ou entre estabilidade e anarquia, mas entre diferentes tipos de estabilidade e diferentes mecanismos para alcançá-los."[789] Portanto, clareza e objetividade importam, mas não são os únicos valores de uma sistema democrático.

---

[788] L. Kramer. *The People Themselves – Popular Constitutionalism and Judicial Review*. Oxford: Oxford University Press, 2004, p. 232.

[789] *Ibidem*, p. 234.

O autor também procura refutar o argumento que legitima a supremacia judicial, porquanto discorda da concepção que considera a Corte como o fórum mais seguro para resguardar compromissos fundamentais. A ideia de que juízes raciocinam melhor sobre tais compromissos em razão da sua independência institucional não enfrenta o principal argumento objetado por Waldron: o profundo desacordo moral sobre o conteúdo desses direitos. Nesse sentido, Kramer opõe-se veementemente à ideologia subjacente à supremacia judicial: a ideia de que o povo é emocional e ignorante, em contraposição a uma elite de juízes extremamente esclarecida. Trata-se, na sua percepção, de uma perspectiva paternalista e autoritária divorciada dos verdadeiros anseios das pessoas comuns. A ideologia subjacente à tese da supremacia judicial, marcante no Direito constitucional, é a de que "política popular é por natureza perigosa e arbitrária; de que a tirania da maioria é um tratamento persuasivo, de que a ordem constitucional é portanto precária e altamente vulnerável..."[790]Em síntese, política comum é algo perigoso que deveria ser controlado por uma elite não eleita de juízes. Entretanto, em contraposição a Waldron, Kramer entende que o constitucionalismo não limita a democracia, porque a participação popular no processo de interpretação constitucional é essencialmente democrática. O seu objetivo central não é renunciar o *judicial review*, mas compatibilizá-lo com o constitucionalismo.

Um outro autor de destaque no cenário norte-americano, que desenvolve um procedimentalismo mais sensível às minorias, é John Hart Ely. A problemática fundamental, enfrentada por Ely, consiste na possibilidade de conciliação entre a atuação judicial e o processo democrático. Adotando uma perspectiva procedimentalista, o autor destaca que tal possibilidade decorre da necessidade de se atribuir ao tribunal a função de avaliar a regularidade do processo legislativo. Somente o controle do processo democrático e de seus requisitos processuais pode assegurar que uma pluralidade de interesses se manifeste em um espaço público democrático. Tal percepção está fortemente conectada com a ideia de democracia que irá se legitimar pelo controle do procedimento legislativo. Ao resguardar as condições formais do processo legislativo, as decisões judiciais estariam legitimadas democraticamente. Os originalistas compreendem as normas como entidades autorreferentes, independentemente de qualquer conteúdo substantivo. A atuação judicial, portanto, deve se restringir à letra da lei, tendo em vista as escolhas estabelecidas pelo legislador. O objetivo fundamental dos originalistas é a compatibilização com o princípio democrático, tendo em vista inexistência

---

790 *Ibidem*, p. 243.

de legitimidade dos juízes para invalidar a vontade do legislador. Somente o poder democraticamente eleito possui autorização constitucional para decidir questões políticas fundamentais. Se o princípio majoritário constitui o pilar da estrutura político-constitucional que estatui a concepção de que todos os cidadãos devem se submeter ao governo da maioria, as decisões majoritárias somente podem ser retringidas por limites estabelecidos pela própria vontade popular.

Para o originalismo, como apenas os cidadãos podem estabelecer na Constituição cláusulas de natureza contramajoritária, ao declarar a inconstitucionalidade de uma lei, o juiz apenas está resguardando a supremacia da vontade popular. Ely contrapõe-se a uma concepção estreita de originalismo, destacando que o estabelecimento de poderes ilimitados aos legisladores do passado contraria o princípio democrático, restringindo a vontade popular. Ao declarar a inconstitucionalidade de uma lei, o juiz originalista estabelece a supremacia da vontade das gerações passadas, retirando das gerações presentes a possibilidade de realizar escolhas políticas. Mesmo sem desconsiderar a relevância da intenção dos legisladores, Ely destaca que a vontade popular deve expressar os interesses das gerações presentes para estas deliberem na resolução de seus problemas. Nesse sentido, a restrição da atuação judicial à vontade dos *framers* seria uma perspectiva sem sucesso, pois algumas cláusulas constitucionais demandam do intérprete uma "independência restrita", razão por que não é possível restrigir aplicação dessas cláusulas à vontade do legislador.

Assim, por um lado, para a corrente dos não interpretativistas, a Constituição é concebida como um documento vivo cujo sentido não pode ser interpretado com base no aspecto literal de seus dispositivos. Muitas vezes os princípios constitucionais possuem um sentido indeterminado, sendo necessário resgatar aspectos externos inerentes à Constituição "não escrita". Ely enfatiza que tanto a perspectiva dos interpretativistas como a dos não interpretativistas estariam equivocadas. Para os primeiros a Constituição deixa de ser um patrimônio dos vivos para transformar-se em um patrimônio dos mortos. Por outro lado, os não interpretativistas, ao enfatizarem o conteúdo substantivo das normas constitucionais, conferem poderes excessivos ao judiciário que termina por invadir a esfera de competência destinada ao legislativo. Com efeito, o núcleo substantivo da Constituição não pode ser alcançado de forma objetiva, pois expressa opções ideológicas dos próprios juízes. Em verdade, o legislativo revela maior aptidão em decidir questões políticas que o judiciário. Se não há critérios objetivos para aferir questões morais substantivas, nada mais democrático que considerá-las de competência exclusiva do legislativo. A inexistência de procedimentos democráticos esvazia a legitimidade interpretativa dos tribunais.

Alinhando-se à matriz procedimentalista, a obra de John Hart Ely se fundamenta em uma defesa contundente da autocontenção judicial, propondo que o *judicial review* deve se restringir à garantia das condições procedimentais que viabilizam o processo democrático. Não caberia ao Judiciário adentrar no conteúdo substantivo das normas constitucionais, e, sim, garantir a lisura dos pressupostos procedimentais inerentes à democracia. Na perspectiva de Ely, a atividade do Tribunal Warren tornou-se um exemplo paradigmático exatamente por priorizar a garantia da lisura dos procedimentos democráticos de formação política da vontade, desvinculando-se de uma dimensão substancial e reconstrutiva de valores constitucionais.

Assim, se o Parlamento não atende às aspirações democráticas, então devemos reforçar os pressupostos democráticos e não estabelecer a supremacia judicial. As decisões políticas de uma sociedade devem ser tomadas pelas instituições políticas com legitimidade democrática e não por um corpo elitista cujos membros não foram eleitos pelo povo.[791] É intrínseco ao processo legislativo uma racionalidade procedimental que reflita resultados legitimamente democráticos. Visando a conciliar a primazia do processo democrático e a rejeição a uma atividade judicial substantiva, o autor interpreta a atuação da Corte Warren em uma perspectiva procedimental cujas decisões foram fundamentais na trajetória política norte-americana. Para Ely, a atuação da Corte Warren não reflete um enfoque substantivo, mas uma perspectiva procedimentalista de interpretação constitucional atinente ao devido processo legal, de forma a assegurar a racionalidade do procedimento de forma imparcial. Trata-se para o autor de uma atuação eminentemente procedimental voltada para resguardar direitos individuais e a lisura do procedimento, sem examinar questões substantivas:

> *A Corte de Warren foi a primeira a atuar seriamente com base nele. Foi também a primeira a avançar até o terreno das restrições ao sufrágio e à má distribuição e, uma vez ali, ocupá-lo com seriedade. Certamente se trataram de decisões intervencionistas, mas tal intervencionismo não esteve orientado pelo desejo de parte da Corte de reivindicar alguns valores substantivos particulares,*

---

[791] J. H. Ely. *Democracy and Distrust. A Theory of Judicial Review.* Cambridge: Harvard University Press, 1998, p. 75-77.

que houvesse determinado como importantes ou fundamentais, mas sim pelo desejo de assegurar que o processo político – que é onde propriamente se identificam, pesam e ajustam tais valores – estivesse aberto a pessoas de todos os pontos de vista em condições que se aproximam da igualdade.[792]

Em síntese, a atuação da Corte Warren desenvolveu-se com base na proteção de grupos minoritários, de forma a julgar inconstitucionais leis discriminatórias, não com base em princípios substantivos, mas com base na racionalidade do procedimento. A questão fundamental para Ely era ampliar o âmbito de incidência dos princípios políticos para alcançar determinados grupos minoritários, e, não, estabelecendo uma tratamento diferenciado sem qualquer justificativa. A atuação judicial somente se legitima quando nos casos fáceis se limite ao sentido literal do texto constitucional, resguardando direitos nele consagrados expressamente. Em relação aos casos difíceis, a atuação judicial objetiva dois tipos de direitos.

De um lado, os direitos de acesso à esfera política, incluindo liberdade de expressão e sufrágio; de outro lado, os direitos de igualdade relativos ao papel das minorias, no que se refere à esfera política. Tais direitos impedem que maiorias parlamentares estabeleçam tratamento discriminatório em relação a minorias religiosas e raciais. Nesse sentido, o controle de constitucionalidade é concebido como um reforço para a representação, de forma que decisões judiciais contramajoritárias não são antidemocráticas, pois asseguram o adequado funcionamento do processo democrático. Os tribunais devem manter abertos os canais de mudança política, impedindo que determinadas maiorias limitem a livre manifestação de ideias dissidentes. Por outro lado, os direitos de igualdade permitem uma ampla representação de minorias, garantindo o funcionamento do processo democrático e permitindo o acesso de todos os grupos a ele.

Recentemente, no julgamento do MS26915, podemos visualizar uma atuação do Supremo Tribunal Federal em uma perspectiva eminentemente procedimental, tal como a proposta de Ely, que concebe o Judiciário com instância de representação das minorias. De acordo com a jurisprudência tradicional do STF, não cabe controle judicial preventivo quando a norma agredida é uma norma do regimento, somente, quando é norma relativa ao processo legislativo; mas há uma tendência do STF a se imiscuir em questões

---

[792] *Ibidem*, p. 98.

regimentais que venham a desrespeitar direitos públicos subjetivos de qualificação constitucional. Nesse sentido, vale a pena transcrever o julgado, cujo relator foi Gilmar Ferreira Mendes:

> *O Poder Judiciário, quando intervém para assegurar as franquias constitucional e para garantir a integridade e a supremacia da Constituição, desempenha, de maneira plenamente legítima, as atribuições que lhe conferiu a própria Carta da República, ainda que essa atuação institucional se projete na esfera orgânica do Poder Legislativo. Não obstante o caráter político dos atos parlamentares, revela-se legítima a intervenção jurisdicional, sempre que os corpos legislativos ultrapassem os limites delineados pela Constituição ou exerçam as suas atribuições institucionais com ofensa a direitos públicos subjetivos impregnados de qualificação constitucional e titularizados, ou não, por membros do Congresso nacional...*[793]

Com efeito, o STF tem desenvolvido uma perspectiva procedimental que concebe o Judiciário com instância de representação das minorias, impedindo que determinadas maiorias parlamentares limitem a livre manifestação de ideias dissidentes. Vê-se que, a partir de construtos da filosofa constitucional as expectativas político-constitucionais ficam mais bem conectadas e mais facilmente podem ser alcançadas, pois que advém do projeto constitucional.

---

[793] Inq. 2411 OO/MT. Rel. Min. Gilmar Mendes, 10.10.2007.

Capítulo **17**

A TEORIA DO DIREITO EM TEMPOS DE CONSTITUCIONALISMO[795]

Alfonso García Figueroa

Sumário
1. Uma proposta
2. Constitucionalização
3. Constitucionalismo
4. Tipos de constitucionalismo
4.1. Constitucionalismo teórico
4.2. Constitucionalismo ideológico
4.3. Constitucionalismo metodológico
4.3.1. CM1: teorias particulares do Direito
4.3.2. CM2: da constitucionalização à *constitucionalizabilidade*
5. O jusnaturalismo (ou não positivismo) fraco continental: Robert Alexy
5.1. A debilitação do jusnaturalismo
5.2. A transformação do jusnaturalismo
6. Algumas observações finais e outras propostas

---

794 Traduzido por Eduardo Moreira, Professor e Doutor em Direito Constitucional.

= 511 =

1. UMA PROPOSTA

Dizia Jeremy Bentham que "o ser do Direito é, nos diferentes países, completamente diferente, enquanto o que deve ser é, em todos os países, muito semelhante"[795]. Que o "ser do Direito" possa ser tão diferente, que seu conteúdo possa ser qualquer, explica que a teoria do Direito da tradição positivista tenha tratado de construir um conceito de Direito baseado fundamentalmente em suas propriedades formais. Que o "dever ser do Direito" seja tão semelhante pressupõe um Direito ideal frente ao que qualquer sistema jurídico real pode ser avaliado moralmente.

Assim, dado que a construção do conceito de Direito aspira a refletir propriedades *verificáveis* em *todos* os sistemas jurídicos por mais diferentes que sejam seus conteúdos, somente as propriedades formais seriam relevantes para uma construção positivista do Direito. Um dos meios para conseguir que as propriedades substantivas comuns sejam também relevantes, consiste em encontrar um vínculo conceitual necessário do Direito *real* com sua dimensão ideal (pois o dever ser do Direito é em todos os países muito semelhante). Deverá encontrar-se algum vínculo do *ser* do Direito com seu *dever ser*. Como se sabe, este é o objetivo que perseguiu o jusnaturalismo ao largo da história.

Hoje em dia, essa vinculação teve lugar a partir de uma transação entre as esferas do Direito e a moral em dois sentidos que supõem sua paulatina integração na mais ampla categoria da razão prática:

Em primeiro lugar, o Direito perdeu relatividade, porque os teóricos do Direito destacaram sua vinculação à dimensão ideal por meio das modernas Constituições – o ser do Direito nos diferentes países teria deixado de ser "inteiramente distinto".

Em segundo lugar, a ética cedeu objetividade, porque se tornou procedimental e isso significou tornar-se relativa aos participantes em um diálogo modulado por uma série de condições – esta vez sim – ideais. É possível que o dever ser do Direito continue sendo em todos os países "muito semelhante", mas isso devem dizê-lo os participantes, que desde logo podem ser muito diferentes. Como recentemente afirmou R. M. Hare, "o Reino dos fins não é um reino, na realidade, senão uma democracia com igualdade ante a lei"[796].

Em suma, o Direito apresenta virtudes morais e a moral apresenta virtudes jurídicas até o ponto de que a moral transformou-se, como assi-

---

[795] J. Bentham, *Fragmento sobre el gobierno* (1776). Trad. de Julián Larios Ramos, Aguilar, Madri, 1973, p. 9.

[796] R. M. Hare, *Ordenando la ética*. Trad. de Joan Vergés Gifra, Ariel, Barcelona, 1999, p. 29.

nalou em tom crítico Cortina, em uma "forma deficiente de Direito"[797] e o Direito – caberia acrescentar – transformou-se em uma forma deficiente de moral. Aqui me interessa destacar precisamente alguns aspectos do papel que constitucionalização dos sistemas jurídicos desempenhou na fundamentação de uma vinculação do Direito a sua dimensão ideal.

Nos últimos anos cresceu notavelmente a atenção que a teoria do Direito dispensou às transformações experimentadas pelos sistemas jurídicos em seu trânsito desde o Estado de Direito sem mais especificações até o Estado constitucional. De fato, o papel que desempenha a Constituição nos atuais sistemas jurídicos chegou a condicionar intensamente o discurso filosófico jurídico, até o ponto de fundar nada menos que uma nova teoria do Direito ainda por ser definida, cujo pressuposto seria o "paradigma do constitucionalismo"[798], o "paradigma do Estado constitucional de Direito"[799]. No que segue desejaria reconstruir algum aspecto desta nova forma de contemplar o Direito, que supôs, entre outras coisas, a "desfiguração da contraposição entre jusnaturalismo e positivismo"[800].

Esta concepção colabora às vezes com uma pujante teoria da argumentação jurídica e moral (Alexy), em outras se encontra presidida pelo ideário garantista (Ferrajoli), frequentemente incorpora as objeções (Dworkin) ou as correções (Coleman, Walluchov) ao positivismo hartiano e quase sempre encontra bom respaldo entre teóricos dos direitos fundamentais (Peces-Barba) e da dogmática constitucional (Gustavo Zagrebelsky). Daí seu êxito entre "filósofos do Direito com vocação de constitucionalistas e de constitucionalistas com vocação de filósofos do Direito"[801].

Como se vê, são expressão e ao mesmo tempo fundamento dessa nova concepção do fenômeno jurídico, teorias dispersas que, no entanto, convergem sem violência em uma nova atitude em direção ao Direito, presidida frequentemente por certo neorrealismo e certo neojusnaturalismo[802]. O propósito

---

[797] A. Cortina, "La moral como forma deficiente de Derecho", en *Doxa*, n. 5 (1988), p. 69-85

[798] M. Atienza, *El sentido del Derecho*, Ariel, Barcelona, 2001, p. 309-310.

[799] L. Ferrajoli, *Derechos y garantias. La ley del más débil.* Trad. de Perfecto Andrés Ibáñez y Andrea Greppi, Trotta, Madri, 1999, p. 22.

[800] A expressão é de I. Ara Pinilla, "Estúdio preliminar" a E. Pattaro, *Elementos para una teoría del Derecho.* Trad. de Ignácio Ara Pinilla, Debate, Madri, 1986, p. 13.

[801] L. Prieto, "La doctrina del Derecho natural", em J. Betegón, M., Gascón, J. R. de Páramo, L. Prieto, *Lecciones de teoría del Derecho*, McGraw-Hill, Madri, 1997, p. 31-66.

[802] Exponho esses sucessivos giros neorrealistas e jusnaturalista da nova teoria do Direito em meu trabalho "Fazendo justiça desde o lado ativo do Direito. Teoria da argumentação e teoria do direito", em *Revistas de Ciências Sociais* (Valparaíso, Chile), em imprensa, p. 193-218.

deste trabalho consiste em reconstruir singularmente este neojusnaturalismo a partir da constatação da convergência de um jusnaturalismo fraco continental, cujo máximo expoente seguramente seja a teoria de Robert Alexy, com um positivismo fraco anglo-americano que se desenvolveu a partir das inseguranças propagadas no positivismo jurídico hartiano após o ataque infligido a este por Ronald Dworkin[803]. O ponto de encontro de ambas as direções está em processo de constitucionalização dos ordenamentos jurídicos ou na materialização da regra de reconhecimento do sistema.

Em consequência, a tese meta teórica fundamental que é submetida a estudo poderia formular-se assim no âmbito continental: se o sistema jurídico está constitucionalizado (ou, em seu caso, é susceptível de constitucionalização), então é inviável uma estrita concepção positivista do Direito.

No âmbito anglo-americano este enfoque requer alguma nuance. Nos EUA se deve recordar que o constitucionalismo se encontra na própria origem de sua história. O constitucionalismo moderno, entendido como modelo que restringe o poder com finalidade de garantia, é por excelência o norte-americano e não o francês[804]. Em relação à Grã Bretanha, não resulta fácil falar de constitucionalização de seu sistema jurídico, quando este carece de uma Constituição escrita. Em suma, é difícil falar do *impacto da constitucionalização* de um ordenamento jurídico sobre os juristas quando não tenha havido *impacto*, por ser a constitucionalização consubstancial a um sistema (EUA) ou bem quando não tenha havido propriamente *constitucionalização* pela acepção que aqui se adotará (Grã-Bretanha). Neste sentido, o impacto do constitucionalismo se faz mais sensível onde representa uma verdadeira *novidade*, isto é, na cultura jurídica estatalista e legicêntrica do continente[805]. Talvez por isso a tese central do constitucionalismo que aqui se examinará adquire a seguinte formulação entre os teóricos anglo-americanos: se a regra de reconhecimento do sistema apresenta (ou pode apresentar) conteúdos materiais, então é inviável uma concepção positivista estrita do Direito. No entanto, a amplidão e a complexidade que o debate adquire no âmbito anglo-americano aconselham que não o aborde aqui, para concentrar-me na cultura jurídica continental e particularmente na teoria de Robert Alexy que tomarei como referente principal.

---

803 Sobre o debate no "novo positivismo jurídico" anglo-americano, vide A. J. Sebok, Legal Positivism in American Jurisprudence, Cambridge University Press, Cambridge, 2998, cap. 7.

804 Assim o sublinha M. Fioravanti, *Los derechos fundamentales. Apuntes de historia de las constituciones.* Trad. de Manuel Martinez Neira, Trotta, Madri, 1998, p. 93.

805 Sobre as diferentes culturas das liberdades atrás das revoluções francesa e americana: M. Fioravanti, *op. cit.*, cap. 2

O fato de que estas teses sejam parte fundamental de um novo paradigma jurídico *in statu nascendi* e marcado pela integração de posturas heterogêneas condiciona os propósitos deste trabalho. Em primeiro lugar, a própria condição de "paradigma" pressupõe um caráter constitutivo, holista e intransponível, que não permite tanto a crítica como a adesão ou a oposição e tolera melhor sua reconstrução que sua confrontação com construções alternativas. Ademais, a pluralidade de teorias que agrupa e o provisório que deriva de sua situação *in fieri* impõe reservas na hora de tentar um exame crítico que talvez se deva contentar com indicar algumas características, advertir sobre certos riscos e denunciar as possíveis inconsistências. Em suma, este trabalho apresenta um caráter exploratório e não concludente.

2. CONSTITUCIONALIZAÇÃO

Denomina-se "constitucionalização" ao processo e ao resultado da transformação do Direito causada pela Constituição. Riccardo Guastini[806] destacou as seguintes características em um sistema jurídico constitucionalizado. Nem todos têm a mesma relevância conceitual, mas aqui cabe prescindir por enquanto desses matizes ao objetivo de esboçar uma caracterização muito geral do estado em que costuma encontrar-se um sistema constitucionalizado:

1. Uma Constituição rígida. O ordenamento jurídico está presidido por uma Constituição escrita e resistente frente à legislação ordinária.
2. Uma garantia jurisdicional da Constituição. O sistema conta com alguma forma de controle de constitucionalidade das normas.
3. A força vinculante da Constituição. Esta condição sugere antes de tudo um traço da cultura jurídica de referência, da ideologia dos juristas. Quando o ordenamento jurídico está constitucionalizado, os juristas consideram a Constituição como uma verdadeira norma jurídica e não como uma simples declaração pragmática[807]. O novo paradigma jurídico do constitucionalismo parece ser consequência dessa circunstância: os juristas aceitam a normatividade da Constituição; a dogmática desenvolve uma teoria do Direito

---

806 R. Guastini, "La costituzionalizzazione dell'ordinamento italiano", em *Ragion pratica*, n. 11 (1988), p. 185-206.

807 Esta característica marca a distância que separa o constitucionalismo contemporâneo do que se desenvolveu na Europa do século XIX. Na Espanha, o célebre ensaio de García de Enterría, "La Constitución como norma jurídica", ilustra esse aspecto (E. García de Enterría, "La Constitución como norma jurídica", em A. Pedrieri e E. García de Enterría [Coords.], *La Constitución española* de 1978, Civitas, Madri, 1980).

atenta a esse fenômeno e a teoria do Direito forma-se sob um ponto de vista interno (o do jurista) um novo conceito de Direito.

4. Sobreinterpretação ("sovra-interpretazione") da Constituição. Os argumentos *a simili*, a analogia e a inovação de princípios constitucionais ampliam e intensificam a presença da Constituição no ordenamento até o ponto de fazer possível certa omnicompreensividade do Direito. Toda controvérsia poderia encontrar resposta em um sistema constitucionalizado graças a sua sobreinterpretação.

5. A aplicação direta da Constituição. A Constituição não só serve para regular as relações entre os poderes do Estado ou entre o Estado e os cidadãos, como também todas as relações sociais.

6. A interpretação das leis conforme a Constituição (*interpretazione adeguatrice, armonizzante).* O controle de constitucionalidade não se debate unicamente entre as duas opções: constitucionalidade ou inconstitucionalidade das normas. Existe uma possibilidade intermédia, a *Verfassungskonformgesetzauslegung.* Na Itália, é o caso das sentenças interpretativas ou das manipulativas (redutoras, aditivas ou substitutivas)[808].

7. A influência da Constituição nas relações políticas. Os princípios constitucionais com seu forte cunho moral e política intervêm na argumentação política, regem as relações entre os poderes do Estado e, o que é mais relevante para nossos fins, permite assim a órgãos jurisdicionais como o Tribunal Constitucional passar a examinar a argumentação política que está subjacente às normas jurídicas. Caberia afirmar, em outras palavras, que a argumentação jurídica tende a transformar-se em argumentação moral e política, reforçando assim a unidade do raciocínio prático.

3. CONSTITUCIONALISMO

Como acabo de assinalar (supra § 2 sub 3), a constitucionalização do ordenamento jurídico não se tem limitado a transformar o Direito, senão que se predica também do estilo de pensamento de juristas e teóricos do Direito. A constitucionalização do pensamento jurídico deu lugar ao "constitucionalismo". Denominou-se genericamente "constitucionalismo" (e mais precisamente "neoconstitucionalismo" com a finalidade de acentuar o novo caráter

---

[808] R. Guastini, "La costiruzionalizzazione dell'ordinamento italiano", *op. cit.*, p. 197 ss. Para España, vide M. Gascón, "La justícia constitucional entre legislación y jurisdicción", em *Revista Española de Derecho Constitucional*, n. 41 (1994), p. 63 ss. A mais recente monografia a respeito na Espanha é de F. J. Díaz Revorio, *Las sentencias interpretativas del Tribunal Constitucional*, Lex Nova, Valladolid, 2001.

que adquiriu na atualidade) à teoria ou conjunto de teorias que proporcionaram uma cobertura justeórica conceitual e/ou normativa à constitucionalização do Direito em termos normalmente não positivistas.

No desenvolvimento deste constitucionalismo influíram poderosamente certos aspectos implícitos na constitucionalização recém assinalada. Entre eles cabe destacar um aspecto material, um aspecto estrutural e funcional e um aspecto político.

a) O aspecto material da constitucionalização do ordenamento consiste na conhecida recepção no sistema jurídico de certas exigências da moral crítica sob a forma de direitos fundamentais. Em outras palavras, o Direito adquiriu uma forte carga axiológica; rematerializou-se. O aspecto material da constitucionalização tendeu assim a reforçar entre os juristas um conceito não positivista de Direito no qual o sistema jurídico está vinculado à moral conceitualmente. Seguramente este seja um dos elementos que distinga o constitucionalismo atual (neoconstitucionalismo) de suas versões precedentes. O constitucionalismo tradicional era principalmente uma ideologia, uma teoria meramente normativa, enquanto o constitucionalismo atual converteu-se em uma teoria do Direito oposta ao positivismo jurídico como método[809].

b) O aspecto estrutural da constitucionalização do ordenamento tem a ver com a estrutura das normas constitucionais. O aspecto funcional se expressa pelo tipo de argumentação que estas formas fomentam.

    b.1) Os princípios constitucionais permitem por sua particular estrutura expandir imensamente seu âmbito de influência. Alexy fala nesse sentido de uma "onipresença da Constituição" (Allgegenwart der Verfassung)[810] que incide sobre o ordenamento e sobre a aplicação do ordenamento. Em primeiro lugar, incide sobre todo o ordenamento jurídico, que se encontra "impregnado"[811] pelos princípios constitucionais. Na expressão do Tribunal Constitucional alemão, produz-se

---

809 Vide neste sentido P. Comanducci, "Formas de (neo)constitucionalismo: um reconhecimento metateórico". Trad. de Miguel Carbonell, neste volume, § 3.

810 A expressão de R. Alexy em "Rechtssystem und praktische Vernunft", em *Rechtstheorie*, n. 18 (1987), caderno 4, p. 405-419.

811 R. Guastini ("La costituzionalizzazione dell'ordinamento italiano" *op. cit.*, p. 185) entende por constitucionalização do ordenamento jurídico "o processo de transformação de um ordenamento cujo resultado é um ordenamento totalmente "impregnado" pelas normas constitucionais", e acrescenta, "um ordenamento jurídico constitucionalizado caracteriza-se por uma Constituição extremadamente penetrante (*pervasiva*), invasora, capaz de condicionar tanto a legislação como a jurisprudência e o estilo doutrinal, a ação dos agentes políticos e também as relações sociais". Esta definição inspira-se em uma sugestão de Louis Favoreu. No mesmo sentido, vide P. Comanducci, "Formas de (neo) constitucionalismo: un reconocimiento metateórico", *cit.*, § 2.

— 517 —

um "efeito de irradiação" (*Ausstrahlungswirkung*)[812] dos princípios constitucionais sobre todo o ordenamento jurídico, cuja interpretação submete-se aos princípios constitucionais. Em segundo lugar, incide sobre a aplicação do Direito, pois os princípios constitucionais são capazes de tudo disciplinar, ampliam a aplicabilidade do sistema jurídico, de modo que nada fique fora de sua qualificação deontológica. Já vimos que Riccardo Guastini se refere a este fenômeno como "sobreinterpretação da Constituição" (*sovrainterpretazione della costituzione*): "não existem espaços vazios – isto é, livres – do Direito constitucional: toda decisão legislativa está pré-disciplinada [...] não existe, pois, lugar para a discrição legislativa"[813].

b.2) Sob seu aspecto funcional, os princípios constitucionais alentam uma forma diferente de aplicar o Direito, a ponderação[814]. Tal ponderação remete necessariamente a um raciocínio jurídico complexo cujas premissas vão além do Direito legal e cuja aplicação não responde propriamente ao esquema de subsunção da aplicação do Direito como se concebia tradicionalmente. A teoria dos princípios remete em última instância a uma teoria da argumentação jurídica, cujo núcleo é na chamada "teoria padrão da argumentação jurídica"[815] a conhecida como "tese do caso especial" (Sonderfallthese). Segundo a tese do caso especial, "o pensamento jurídico é um caso especial de pensamento prático geral"[816]. Se o aspecto material da constitucionalização do ordenamento vinculou o Direito à moral, o aspecto funcional aproximou o pensamento jurídico ao pensamento moral. Se a isso acrescenta que a teoria da argumentação jurídica priorizou a perspectiva argumentativa no estudo do Direito, isto é, seu estudo como um sistema dinâmico de argumentos e não como mero sistema estático de regras e princípios, o resultado final consiste em que o estudo do fenômeno jurídico tende a ser concebido como o estudo de

---

812 Vide R. Alexy, *Rechtssystem und praktiche Vernunft*, cit., p. 405.

813 R. Guastini, *La costituzionalizzazione dell'ordinamento italiano, cit.*, p. 189.

814 Sobre essa questão, vide L. Prieto, *Neoconstitucionalismo y ponderación judicial*, neste volume.

815 M. Atienza. Las razones del derecho. *Teorías de la argumentación jurídica*, Centro de Estudos Constitucionais, Madri, 1993, p. 132. Para uma visão geral das diversas teorias da argumentação jurídica, vide também U. Neumann. *Juristiche Argumentationslehre*, Wissenschaftliche Buchgesellschaft, Darmstadt, 1986.

816 O maior defensor desta tese é Robert Alexy. Pode ver-se uma formulação recente dela em R. Alexy, "A tese do caso especial". Trad. de Isabel Linfante, em *Isegoría*, n. 21 (1999), p. 23-35. Ocupei-me dessa questão em meu trabalho "La tesis del caso especial y el positivismo jurídico", em *Doxa*, n. 22 (1999) p. 195-220.

um tipo específico de argumentação prática geral. Em outras palavras, a teoria do Direito tende a converter-se em uma parte especial da teoria geral da argumentação prática.

c) Em termos políticos, tanto o aspecto material como o estrutural e funcional do sistema jurídico constitucionalizado apresentam consequências importantes na relação de forças dos poderes do Estado. A consequência mais importante consiste na acentuação do deslocamento do protagonismo do Legislativo ao Judicial. Alexy fala nesse sentido da "onipotência dos Tribunais" (*Omnipotenz der Gerichte*)[817] no Estado constitucional.

Esta transferência de poder para o Judicial tem sido considerada por alguns como uma grave lesão ao princípio democrático[818]. É objetivo prioritário do Estado de Direito a restrição do poder suscetível de um exercício arbitrário e o Estado constitucional pretende reforçar essa restrição com a incorporação de certos direitos, que deveriam significar uma restrição do poder do Legislador e, transitivamente, do juiz.

No entanto, isto não acontece exatamente assim. A razão consiste em que os princípios constitucionais apresentam uma "natureza bifronte"[819]: por um lado constituem um limite à medida que contém um núcleo de significado irrenunciável, mas ao mesmo tempo sua ponderação confere uma maior margem de discrição. Aparentemente, os princípios constitucionais têm exibido, pois, um comportamento seletivo que os levou a mostrar seu rosto mais severo, mais restritivo, ao Legislador, e seu rosto mais amável, mais condescendente, ao aplicador do Direito. Trata-se de uma consequência da estrutura dos princípios que oferecem uma ampla margem de manobra no discurso de aplicação que de certa forma libera o juiz na hora de enfrentar-se com o caso concreto e isto supõe, efetivamente, um risco para o Estado de Direito. Como destacou Riccardo Guastini, o controle último da legalidade e constitucionalidade das normas se atribui a instâncias jurisdicionais, basi-

---

817 R. Alexy, "Rechtssystem und praktische Vernunft", *cit.*, p. 406.

818 O interessante debate sobre esta questão em Ragion Pratica, n. 10 (1998) protagonizado por J. J. Moreso, J. C. Bayón e R. Gargarella, entre outros. Sobre a tensão entre direitos e democracia, vide em R. Alexy, "Grundechte im demokratischen Verfassungsstaat", em A. Aarnio, R. Alexy e G. Bergholtz [Eds.], *Justice, Morality and Society. A Tribute to Aleksander Peczenik on the Occasion of his 60th Birthday*, Författarna och Juristförlaget i Lund, p. 27-42, aqui p. 34-36 (agora trad. esp. neste volume: p. 34-36 (agora trad. esp. neste volume: R. Alexy "Los derechos fundamentals en el Estado constitucional democrático").

819 Luis Prieto refere-se à "natureza bifronte" dos princípios constitucionais, no sentido de que por um lado sua imprecisão amplia a discricionariedade dos juízes, mas ao mesmo tempo sua privilegiada posição no ordenamento a restringe, porque toda atividade jurisdicional deve estar conforme com os textos de ditos princípios (L. Prieto, *Sobre princípios y normas. Problemas del razonamiento jurídico*, Centro de Estúdios Constitucionales, Madri, 1992, p. 136).

camente: o Tribunal Constitucional controla ao Legislativo, os Tribunais do Contencioso-Administrativo ao Executivo e o Tribunal de Cassação ao resto dos órgãos do Judiciário. Para evitar a *incopiutezza dello Stato* di diritto[820] à que conduz que ditas instâncias não sejam por sua vez fiscalizadas, é necessário buscar algum elemento de objetividade.

A objetividade que garanta a submissão à Constituição pode ser pelo menos de caráter semântico[821] (que assegure a possibilidade de uma interpretação correta da Constituição frente a um ceticismo semântico de estilo realista – no sentido que esta tendência se apresenta entre os juristas) e também de caráter axiológico[822] (que assegure uma argumentação correta nos casos difíceis, especialmente nos casos em que estejam comprometidos princípios constitucionais concorrentes, frente a um ceticismo moral de estilo positivista). É possível encontrar dois tipos de postura a esse respeito: as posturas extremas (neojusnaturalismo dworkiano e realismo) e as posturas moderadas (o positivismo hartiano e a teoria da argumentação jurídica alexiana).

De um lado se encontrariam aqueles que a partir de um ultrarracionalismo prático sustentam em termos absolutos a objetividade, de modo que o aspecto restritivo da discricionariedade que encontramos nos princípios se impõe terminantemente a seu aspecto expansivo da discricionariedade. Assim, em Dworkin, a teoria da única resposta correta leva a tal extremo o ideal da objetividade que anula a expansão de discricionariedade da parte de princípios constitucionais, isto é, anula a natureza bifronte dos princípios e dos direitos expressos neles. A existência de uma única resposta correta exclui assim a possibilidade de discricionariedade judicial[823]. Como é sabido, Hart

---

820 Vide R. Guastini, "Note su Stato di diritto, sistema giuridico e sistema politico", em B. Montanari (comp.), *Stato di diretto e trasformazione della politica*. Giappichelli, Turín, 1992, p. 169-182.

821 Trata-se de uma questão central. Em seu iluminador trabalho "Una critica al positivismo hartiano: el problema del seguimiento de reglas" (em *Analisi e diritto*, 1998, p. 129-144) Marisa Iglesias Vila manifesta as tensões que o problema da objetividade semântica origina no positivismo hartiano. Um dos pressupostos fundamentais do positivismo hartiano é a distinção entre casos fáceis e difíceis. No entanto, esta classificação pressupõe algum critério objetivo para diferenciá-los. Se rechaçarmos tanto o ceticismo implícito na teoria de Kriepke como, no outro extremo, o realismo semântico de autores como Michael Moore, então devemos achar o critério definitivo de objetividade semântica no consenso, mas isto no fundo conduz a uma concepção da interpretação como uma prática explicada em uma posição participativa, o qual sugere Iglesias, aproximaria irremissivelmente o positivismo hartiano a posições dworkinianas.

822 Não entro, agora, na questão de se essa moral objetiva deva apresentar caráter meramente convencional ou mais genuinamente correto. Sobre a importância e as repercussões da objetividade para o Direito e a argumentação jurídica particularmente em relação ao positivismo inclusivo, vide A. Schiavello, "*Modest objectivity* de interpretazione del diritto", proposta apresentada ao Congresso Hispano-Italiano celebrado em Trápani, nos dias 21 e 22 de setembro de 2000.

823 Vide R. Dworkin, "Realmente no hay respuesta correcta en los casos dificiles?". Trad. de Maribel Narváez, em Casanovas, P. e Moreso, J. J. [Comps.], *El âmbito de lo jurídico*, Crítica, Barcelona, 1994, p. 475-512.

— 520 —

referia-se a essa postura como o "nobre sonho" e a Dworkin como o "mais nobre dos sonhadores"[824].

E do outro lado estariam situados aqueles que a partir de certo irracionalismo negam toda possibilidade de objetividade semântica, de modo que o aspecto expansivo da discricionariedade anula por completo o aspecto restritivo das normas jurídicas em geral. O realismo jurídico, como é sabido, conduz a este enfoque, ao que Hart se referiu como o "pesadelo".

Por tudo isso, Hart mostrou-se em seus dias partidário de um ponto intermediário entre o nobre sonho e o pesadelo, uma razoável vigília na qual se admite que existe um sistema jurídico delimitado frente às normas morais (tese dos limites do Direito[825]), mas ao mesmo tempo, dadas as limitações do ordenamento jurídico (tese do Direito limitado[826]), existe a necessidade de que os juízes exerçam um certo grau de discricionariedade (tese da discricionariedade). Pois bem, a exclusão da arbitrariedade judicial a partir de algum tipo de objetividade deve recorrer neste caso a alguma teoria da argumentação jurídica. Com outras palavras, a consumação do Estado de Direito confia-se, em qualquer caso, à possibilidade de uma teoria da argumentação jurídica que permita definir um espectro de soluções constitucionalmente possíveis e estabelecer prioridades entre elas. As relações entre estrutura política, estrutura jurídica e discricionariedade judicial são, como se vê, bem relevantes. A teoria da argumentação jurídica constitui assim um elemento indispensável para a legitimação do discurso jurídico e político nas sociedades pós-metafísicas[827], porém além do mais é um elemento essencial para a reconciliação do princípio democrático e a tutela dos direitos fundamentais na institucionalização dos direitos dos direitos humanos do Estado constitucional democrático. Na opinião de Alexy, essa reconciliação se dará não mediante a confrontação

---

824 Vide H. L. A. Hart, "Una mirada inglesa a la teoria del Derecho norteamericano: la pesadilla y el noble sueño". Trad. de José Juan Moreso e Pablo Eugenio Navarro, em Casanovas e J. J. Moreso, *El ámbito de lo jurídico*, Crítica, Barcelona, 1994, p. 327-350.

825 Vide J. Raz, "Legal Principles and the Limits of Law", em M. Cohen [Ed.], *Ronald Dworkin and Contemporary Jurisprudence*, Duckworth, Londres, 1984, p. 73-87.

826 Pego a expressão "tese do Direito limitado" de D. Lyons, "Justification and Judicial Responsability", em *Califórnia Law Review*, v. 72 (1984) p. 178-199.

827 Certamente o caso da Finlândia resulta significativo a esse respeito. Ali a crise de legitimidade do Estado (vide A. Arnio, *Lo racional como razonable. Un tratado sobre la justificación jurídica*. Trad. de Ernesto Garzón Valdés e Ruth Zimmerling, Centro de Estudios Constitucionales, Madri, 1991, p. 35-43) reforçou a crítica marxista à que a filosofia analítica finlandesa teve que responder já nos anos setenta com uma teoria do raciocínio jurídico (vide A. Arnio, E. Garzón Valdés, J. Uusitalo, "Introducción" aos mesmos [Comps.], *La normatividad del Derecho*, Gedisa, Barcelona, 1997, p. 9-13). Sobre a vinculação da ética discursiva, núcleo da teoria da argumentação de Alexy, à questão da legitimação do Direito, vide K. Tuori, "Discourse Ethics and the Legitimacy of Law", *em Ratio Iuris*, v. 2, n. 2 (jul. 1989), p. 125-143.

de Parlamento e Tribunal Constitucional, porém de preferência concebendo ao alto Tribunal como uma "instância de reflexão do processo político"[828], capaz de ostentar com êxito uma "representação argumentativa" por oposição à "representação política" do Legislador[829].

4. TIPOS DE CONSTITUCIONALISMO

No entanto, antes de avançar, convém assinalar brevemente as diversas formas que adota o constitucionalismo quando vem a contrastar com o positivismo jurídico ao qual questiona. Por sua relação com o positivismo jurídico, é preciso distinguir três formas fundamentais de constitucionalismo[830]:

> Constitucionalismo (contra o positivismo) teórico (CT).

> Constitucionalismo (contra o positivismo) ideológico (CI).

> Constitucionalismo (contra o positivismo) metodológico (CM).

4.1. Constitucionalismo teórico

A tese central de CT é de caráter descritivo e poderia formular-se assim: a constitucionalização dos sistemas jurídicos torna insustentável a infalibilidade técnica do Direito e especialmente sua aplicação subsuntiva. Esta tese apresenta uma consequência imediata no plano metateórico: a constitucionalização dos sistemas jurídicos torna inviável o positivismo teórico.

CT demonstrou-se como a vertente mais eficaz do constitucionalismo. Em seu aspecto estrutural a constitucionalização do ordenamento expõe a insuficiência do modelo de regras para dar conta do Direito que apresenta *standars* normativos como os princípios e em seu aspecto funcional a ponderação dos princípios constitucionais destaca igualmente a insuficiência da subsunção para dar conta da aplicação do Direito.

---

828 R. Alexy, "La institucionalización de los derechos humanos en el Estado constitucional democrático". Trad. de Maria Cecilia Añaños Meza, em *Derechos y Libertades*, n. 8 (2000), p. 21-41.

829 R. Alexy, "Grundrechte im demokratischen Verfassungsstaat", *cit.*, p. 34-36.

830 Luis Prieto (*Constitucionalismo y positivismo*, Fontamara, México, 1997) e Paolo Comanducci ("Formas de neoconstitucionalismo: un reconocimiento metateórico", *cit.*) desenvolveram suas respectivas análises contrastando o contitucionalismo com as três formas de positivismo assinaladas por Bobbio. Nesta epígrafe adoto como ponto de partida algumas considerações de meu trabalho "Constitucionalismo y positivismo", em *Revista Española de Derecho Constitucional*, n. 54 (1998), p. 367-381.

4.2. Constitucionalismo ideológico

A tese central de CI é de caráter normativo e poderia expressar-se assim: a constitucionalização dos sistemas jurídicos exclui a existência de um dever de obediência ao Direito. Em consequência, sua interpretação metateórica rezaria assim: a constitucionalização dos sistemas jurídicos torna inviável o positivismo ideológico.

Tradicionalmente, o constitucionalismo destacou em sua vertente normativa que não todo o Direito do Legislador deve ser obedecido. No entanto, CI resulta ambíguo por causa do caráter intra-sistemático do critério de avaliação adotado para ajuizar o Direito: a própria Constituição. Isto significa que no abrigo do constitucionalismo também é possível reforçar um dever de obediência ao Direito na medida em que a Constituição e o Direito *impregnado* ou *irradiado* por esta coincide com critérios últimos de avaliação moral das normas. Dito de outra forma, não se entende que se deva questionar a obediência a normas jurídicas constitutivamente corretas.

As ambiguidades são ainda mais evidentes se contrastamos CI com CM. CM sustenta que a constitucionalização contribui à vinculação conceitual do Direito à moral, isto é, destaca as virtudes morais do Direito. Mas, de novo, se isto é assim, não se entende por que deva questionar-se sua obediência como propõe em princípio CI.

Isso significa que o constitucionalismo sustenta teses incompatíveis ou mais bem teses fracas em tensão. Na realidade, esta segunda interpretação parece a mais plausível, pois o constitucionalismo deixou de ser uma teoria que questiona a obediência ao Direito para passar a apoiar uma obediência *prima facie* ao Direito, uma obediência debilitada, imperfeita, limitada, alinhada com as colocações da ética comunicativa[831].

4.3. Constitucionalismo metodológico

A tese central de CM poderia formular-se assim: a constitucionalização do sistema jurídico demonstra a existência de uma relação conceitual necessária entre Direito e moral. Em consequência, a constitucionalização do sistema jurídico invalida o positivismo jurídico metodológico. CM representa a concepção mais relevante para os fins deste trabalho.

---

831 Sobre esta questão, vide M. Gascón, *Obediencia al Derecho y objeción de conciencia*, Centro de Estudios Constitucionales, Madri, 1990, p. 161 ss. e 195 ss. E. E. Fernández, *La obediencia al Derecho*, Tecnos, Madri, 1987, p. 157 ss.

No entanto, talvez seja conveniente distinguir duas versões fundamentais de CM conforme seja a extensão de sua eficácia e às que me referirei respectivamente como CM1 e CM2. CM1 declara a vinculação conceitual necessária dos sistemas jurídicos *constitucionalizados* à moral em virtude de sua constitucionalização. CM2 declara, por outro lado, a vinculação conceitual necessária de *todo* sistema jurídico à moral em virtude da constitucionalização.

4.3.1. CM1: teorias particulares do Direito

A versão CM1 expressa-se por meio de um enunciado existencial: *alguns* sistemas jurídicos estão constitucionalizados e, portanto, encontram-se vinculados à moral. A versão CM1 deve dar boas razões para aceitar, em primeiro lugar, que é possível e desejável uma teoria do Direito particular e não uma teoria do Direito geral. Isto é, deve justificar que se circunscreva a extensão do conceito de Direito exclusivamente aos sistemas jurídicos constitucionalizados. Em segundo lugar, CM1 deve demonstrar que tais sistemas jurídicos se encontram, efetivamente, vinculados à moral. Se não se justifica a primeira premissa, CM1 torna-se excessivamente estipuladora. Se não se justifica a segunda, CM1 torna-se simplesmente falsa. Seja como for, se CM1 não justifica ambas as premissas satisfatoriamente, então perde toda a eficácia antipositivista, pois divide implicitamente os sistemas jurídicos entre os vinculados à moral (por via constitucional em seu caso), e os não vinculados à moral. Desse modo, a relação entre Direito e moral torna-se contingente, que é precisamente o que sempre sustentou o positivismo jurídico.

No entanto, apesar das dificuldades, CM1 parece uma estratégia muito arraigada no constitucionalismo. A teoria de Ronald Dworkin operou tipicamente dessa maneira: reconhece abertamente que sua teoria é particular, isto é, circunscreve-se singularmente ao Direito norte-americano e, além do mais, afirma a vinculação deste à moral, ao que contribui o ponto de vista interno adotado pela teoria dworkiniana[832]. Também assim opera a filosofia jurídica de Habermas, que subtitula *Facticidad y validez* significativamente: *Sobre el Derecho y el Estado democrático de Derecho en términos de teoria del*

---

832 O caráter interpretativo, avaliador e particular (não geral) é o traço da teoria de Dworkin mais contrastado com a hartiana e destacado pelo próprio H. L. A. Hart em seu *postscript* a *The Concept of Law* (1961), Clarendon Press, Oxford, 1994 (2. ed.), p. 238-276.

discurso[833] e observa em tal ordenamento a emigração ao Direito positivo de racionalidade procedimental[834]. Luigi Ferrajoli desenvolve uma teoria particular do Direito sobre a base dos sistemas constitucionalizados[835] e tanto Carlos Santiago Nino como Robert Alexy, que admitem a pluralidade de conceitos de Direito, selecionam entre eles precisamente o que se ajusta ao Estado constitucional de Direito[836]. Sob esse ponto de vista, o debate não é tanto se o positivismo jurídico está equivocado, quanto se representa realmente uma estratégia *melhor* para compreender o fenômeno jurídico. Em qualquer caso, é habitual entre os autores do constitucionalismo a combinação de argumentos a partir de CM1 com os de CM2, mais interessantes para o propósito deste trabalho.

4.3.2. CM2: da constitucionalização à *constitucionalizabilidade*

A versão CM2 expressa-se por meio de um enunciado universal: *todos* os sistemas jurídicos estão vinculados à moral em virtude da constitucionalização. No entanto, não é possível que a constitucionalização seja o vínculo do Direito à moral se não todo sistema jurídico se encontra constitucionalizado. CM2 serviria em suma para *ilustrar* a vinculação de Direito e moral no caso concreto dos sistemas jurídicos constitucionalizados. Se CM2 pretende conferir relevância conceitual ao processo de constitucionalização, esta deve poder predicar-se de alguma maneira de todo sistema jurídico. Mas é evidente que não todos os sistemas jurídicos estiveram nem estão constitucionalizados e, quando se é o caso, não todos eles o estão do mesmo modo nem na mesma medida. E se não todos os sistemas jurídicos estão constitucionalizados, então CM2 não pode aspi-

---

833 Trata-se de uma precisão na qual o estudo introdutório põe ênfase: "também não se está falando do Direito em geral, mas sim unicamente do Direito na figura histórica que representam os Estados democráticos de Direito" (M. Jiménez Redondo, "Introdución" a J. Habermas, *Facticidad y validez. Sobre el Derecho y el Estado democrático de Derecho en términos de teoria del discurso.* Trad. de Manuel Jiménez Redondo, Trotta, Madri, 1998, p. 9-55).

834 "A racionalidade procedimental, emigrada já parcialmente ao Direito positivo, constitui [...] a única dimensão que fica na qual pode garantir-se ao Direito positivo um momento de incondicionalidade e uma estrutura livre de ataques contingentes", nos diz J. Habermas, em "Como es posible la legitimidad por vía de legalidad?". Trad. de Manuel Jiménez Redondo, *Doxa*, n. 5 (1988), p. 37.

835 Marina Gascón destacou o caráter particular da teoria do Direito de Ferrajoli em M. Gascón, "La teoria general del garantismo. A propósito de la obra de L. Ferrajoli 'Derechos y razón'", Bogotá, em prensa, *in fine*.

836 Vide C. S. Nino, *Derecho, moral y política, una revisión de la teoría general del Derecho*, Ariel, Barcelona, 1994, p. 34 ss. e R. Alexy, *El concepto y la validez del Derecho.* Trad. de Jorge M. Senã, Gedisa, Barcelona, 1994, cap. 2.

rar a determinar consequências conceituais, pois não pode estabelecer a vinculação de todo sistema jurídico à moral através da constatação de uma constitucionalização, que é meramente contingente. Por essa razão, CM2 exige alguma precisão sobre o significado que cabe outorgar à relevância do processo de constitucionalização do Direito.

Creio que para que CM2 seja eficaz, deve-se (e creio que frequentemente) contemplar a constitucionalização do Direito não como uma propriedade comum de todo sistema jurídico (que não o é), senão como uma propriedade *disposicional*. A propriedade relevante não seria a constitucionalização, senão a disposição à constitucionalização predicável de todo sistema jurídico. A constitucionalização seria uma expressão, uma via, da disposição de todo ordenamento jurídico a ficar vinculado à moral. De fato, creio que esta estratégia que, em geral implicitamente, alguns autores seguem.

Como se sabe, uma propriedade é disposicional quando faz referência à disposição de algum objeto que se atualiza sob certas circunstâncias[837]. Por exemplo, a solubilidade em água é uma propriedade disposicional do sal. O sal apresenta a disposição de dissolver-se na água. Isso não significa que todo o sal da terra esteja dissolvido em água, mas que há algo em sua estrutura que o leva a dissolver-se em caso que o mergulhemos no líquido. Do mesmo modo, a eficácia antipositivista de CM2 não se deve buscar propriamente na constitucionalização efetiva do ordenamento, mas em uma propriedade disposicional: sua disposição à constitucionalização, isto é, sua tendência à *constitucionalizabilidade*. A constitucionalização dos sistemas jurídicos deixaria de ser uma mera *ilustração* da relação entre Direito e moral para converter-se em uma *confirmação*: sob certas circunstâncias, o sistema jurídico reage constitucionalizando-se. Passar a examinar sob que condições fáticas e jurídicas específicas o sistema jurídico reage assim seria tarefa complexa, que seguramente não é necessário abordar agora.

Naturalmente, chegado o ponto de se precisar a que aspecto da constitucionalização estou me referindo, pois carece de interesse destacar de que

---

837 Garzón Valdés concebe como dispositivas propriedades tais como a estabilidade dos sistemas políticos ou a tolerância, acudindo para isso à noção de propriedade disposicional elaborada por Carnap e Ryle (E. Garzón Valdés, "El concepto de estabilidad de los sistemas políticos" (1987), em *Derecho, ética y política*, Centro de Estudios Constitucionales, p. 573-609, e "Não ponhas tuas sujas mãos sobre Mozart. Algumas considerações sobre o conceito de tolerância" (1992), *ibidem*, p. 401-415). Anos antes, Eugenio Bulygin tinha utilizado o mesmo instrumento conceitual para estudar a eficácia das normas jurídicas (E. Bulygin, "Der Begriff der Wirksamkeit", em E. Garzón Valdés [Comp.], *Lateinamerikanesche Studien zur Rechtsphilosophie*, ARSP, caderno 41 (1965), p. 39-58) e ultimamente tem recorrido a ele Daniel Mendonça com o objetivo de caracterizar a vigência das normas jurídicas seguindo a Bulygin (D. Mendonça, *Interpretación y aplicación del derecho*, Universidad de Almeria, 1997, p. 69 ss.).

do órgão encarregado de controlar a constitucionalidade das normas possam chegar a emanar, sob certas circunstancias, sentenças interpretativas e manipuladoras, por exemplo. O elemento fundamental da constitucionalização ao que aqui se faz referência é seu aspecto material (no sentido de que o Direito apresentaria certa disposição a incorporar conteúdos materiais ideais) e seu aspecto estrutural e funcional (no sentido de que os princípios apelam necessariamente a um ideal modulado pelas concretas condições jurídicas e materiais).

A disposição do Direito de ser objeto de um processo de constitucionalização (no sentido algo mais específico, pois, de rematerialização que necessariamente invoca um ideal) se poderia predicar-se de todo sistema jurídico e, portanto, pode apresentar consequências conceituais. A constitucionalizabilidade do Direito viria a descrever uma espécie de correção latente no sistema jurídico que parece responder a algumas intuições dos juristas, uma intuição às que aparentemente pretende satisfazer, cada um a seu modo, o positivismo fraco no âmbito anglo-americano e o jusnaturalismo (ou não positivismo) fraco da teoria de Alexy no continente. Aqui me concentrarei na teoria do professor alemão.

5. O jusnaturalismo (ou não positivismo) fraco continental: Robert Alexy

No continente o novo paradigma constitucionalista está representado por autores que restauraram a tradição jusnaturalista, mas submetendo-a a certa debilitação. Este é o caso de Robert Alexy, que expressamente pretende situar-se na tradição jusnaturalista, mas em um sentido muito restrito[838], pois ao mesmo tempo sustenta uma tese fraca da vinculação do Direito à moral (*schwäche Verbindungsthese*). De fato, seria mais apropriado qualificar a Alexy como um "não positivista"[839].

O fundamento do jusnaturalismo de Robert Alexy se encontra em última instância na tese da correção, que encontra por sua vez respaldo juridicamente

---

838 Alexy inscreve-se na tradição jusnaturalista no sentido ("mas somente neste sentido" – assinala o próprio autor) de que pressupõe uma natureza comum nos seres humanos que permite falar de uma forma de vida comum dos homens onde encontra sentido sua teoria do Direito (R. Alexy, "Diskurstheorie und Menschenrechte", em *Recht, Vernunft, Diskurs. Studien zur Rechtsphilosophie*, Suhkamp, Francfort del Meno, 1995, p. 127-164).

839 Em vez de positivismo e jusnaturalismo, Alexy (*El concepto y la validez del derecho, cit.*, p. 13 ss.) prefere contrapor positivismo e não positivismo. A vantagem desta opção deriva de seu caráter analítico que permite classificar sem problemas a autores que, como Dworkin, não admitem uma inscrição positivista nem uma propriamente jusnaturalista. Ocupei-me dessa questão terminológica em meu livro *El no positivismo principialista en las teorias de Ronald Dworkin y Robert Alexy*, Centro de Estúdios Políticos y Constitucionales, Madri, 1998, p. 30 ss.

na tradição antipositivista alemã e filosoficamente no pensamento de Jürgen Habermas.

O primeiro passo de sua argumentação transporta o estudo do Direito ao nível pragmático da linguagem, por isso se há podido afirmar que o de Alexy é um "jusnaturalismo de pinceladas linguísticas" (*linguistisch gefärbtes Naturrecht*)[840]. No nível pragmático da linguagem, as normas são concebidas como atos de fala reguladores. O objetivo de todo ato de fala está na comunicação e esta depende do cumprimento de certas condições de validade. Assim, todo fato de fala regulador deve respeitar a pretensão de correção se quer ser válido. Se um ato de fala regulador não observa tal pretensão de correção, então incorre em uma inconsistência performativa. Por exemplo, uma norma constitucional que rezasse "X é um Estado soberano, federal e injusto" apresentaria um defeito análogo ao que exibe o enunciado descritivo "o gato está sobre o capacho, mas eu não acredito". Há em ambos os casos uma inconsistência entre as exigências do ato de fala (regulador no primeiro caso e constatável no segundo) e a mensagem expressa por meio do próprio ato de fala. No caso do ato de fala regulador, a normatividade exige correção à medida que se orienta a constituir uma razão para atuar por parte de um sujeito.[841]

No entanto, este pensamento choca-se com a clara realidade de que muitas normas jurídicas são injustas. Aqui é onde surge a necessidade de incorporar ao menos duas correções. A primeira supõe a *debilitação* do jusnaturalismo tradicional. A segunda a *transformação* de sua argumentação central para adaptar-se aos novos tempos.

5.1. A debilitação do jusnaturalismo

Na teoria de Alexy, a debilitação deste jusnaturalismo opera-se por meio de uma tese fraca da vinculação de Direito e moral (scwäche Verbindungsthese) baseada no chamado "argumento da injustiça" (Unrechtsargument). De acordo com o argumento da injustiça, somente quando uma norma é extremamente, *insuportavelmente*, injusta, perde sua validade jurídica.

---

[840] E. Hilgendorf, *Zur trazendentalpragmatischen Begründung von Diskursregeln*, em Rechtstheorie, n. 27 (1995), p. 183-200.

[841] Alexy tem debatido reiteradamente com Eugenio Bulygin esta tese. A discussão mais recente aparece em *Ratio Iuris*, v. 13, n. 2 (jun. 2000): E. Bulygin, "Alexy's Thesis of Necessary Connection between Law and Morality" (p. 133-137) e R. Alexy, "On the Thesis of a Necessary Connection between Law and Morality: Bulygin's Critique" (p. 138-147).

Este pensamento, de um forte caráter radbruchiano, determina no sistema legal ao menos quatro tipos de normas, entre as que não tem uma clara solução de continuidade: normas moralmente diferentes, normas justas, normas injustas e normas extremamente injustas. Só estas últimas não são jurídicas por efeito do argumento da injustiça[842]. Isso significa que o Direito pode conter normas injustas, porém não normas extremamente injustas. Esta debilitação do jusnaturalismo supõe uma correção que exclui a coextensibilidade dos sistemas normativos do Direito e da moral crítica. Aleksander Peczenik descreveu essa debilitação do jusnaturalismo tradicional como o trânsito desde o *dictum* "*lex iniusta non est lex*" ao "*lex iniutissima non est lex*"[843]. Em suma, esta manobra permite manter certa vinculação conceitual do Direito à moral, ao mesmo tempo em que evita a indesejável consequência de ter que afirmar que as normas jurídicas são necessariamente justas. Onde se situe o umbral da injustiça (*Unrechtsschwälle*) que separe o meramente injusto e o extremamente injusto não é fácil de determinar, se bem, ao juízo de Alexy, esse problema parece secundário desde o momento em que a gravidade de uma injustiça está em proporção direta a sua evidência[844]. Este recurso à evidência, a certo intuicionismo, talvez gere alguma tensão nas colocações alexianas, mas não é necessário deter-se aqui nesta questão.

5.2. A transformação do jusnaturalismo

Aparentemente, o argumento da injustiça tem cedido o lugar de protagonista ao chamado "argumento dos princípios" particularmente nas últimas décadas do século XX. Segundo o argumento dos princípios, em todo sistema jurídico existe uma série de princípios imanentes que de alguma maneira fundem a vinculação do Direito à moral. O argumento dos princípios é o núcleo do que poderia denominar-se "não positivismo principialista", cuja tese básica, consequentemente, poderia formular-se assim: se existem princípios no Direito, então existe uma relação conceitual necessária entre Direito e moral. Isto

---

[842] As consequências práticas dessa teoria têm grande transcendência na Alemanha. Vide por exemplo, R. Alexy, *Mauerschützen. Zum Verhältnis von Recht, Moral und Strafbarkeit*, Joachim Jungius, Hamburgo, 1993.

[843] A. Peczenik, "Dimensiones morales del Derecho". Trad. de Juan A. Pérez Lledó, em *Doxa*, n. 8 (1990), p. 89-109, aqui p. 104.

[844] R. Alexy, *El concepto y la validez del derecho, cit.*, p. 57.

é, metateoricamente: se existem princípios no Direito, então o positivismo jurídico resulta inviável[845].

O argumento dos princípios exibe na realidade uma eficácia antipositivista dupla: por um lado, os princípios (particularmente os constitucionais) apresentam um conteúdo moral que repercute sobre o resto do ordenamento *impregnado*. Por outro lado, a eficácia antipositivista dos princípios surge do tipo de argumentação que introduz. A ponderação de princípios reforça a importância da tarefa argumentativa que costuma supor certo nexo com um discurso ideal, assim como a consideração da argumentação jurídica como um caso especial de argumentação moral, o que, unido à adoção da perspectiva argumentativa do Direito, converte o Direito em um caso especial de argumentação prática geral.

Como é sabido, Alexy concebe os princípios como mandatos de otimização (*Optimierungsgebot*)[846], no sentido de que se trata de normas que exigem do juiz ser aplicadas na maior medida possível dentro das possibilidades jurídicas e fáticas. Isso significa que o juiz deve observar a realidade social e os princípios e regras concorrentes e incorporar a sua argumentação a norma objeto de otimização na maior medida possível. Aqui somente me interessa destacar dois elementos dessa configuração dos princípios: por um lado, a vinculação do raciocínio jurídico por princípios à prática geral e, por outro lado, a incorporação de referentes ideais, contrafáticos, à argumentação. A concepção dos princípios como mandatos de otimização pressupõe no Direito sempre um ideal ao que deve objetivar toda aplicação de princípios e que se encontra intimamente ligado ao caráter dispositivo que cabe atribuir à propriedade da constitucionalidade do ordenamento, pois a aplicação do Direito tende a atualizar essa disposição. Todo Direito apresenta uma disposição a sua constitucionalização à medida que todo sistema jurídico pressuporia um ideal que, sob certas circunstâncias fáticas e jurídicas, se atualiza na maior medida possível no momento da argumentação, que é o mais relevante para estes autores.

As reminiscências da doutrina alemã da *Rechtsidee*, presente em autores como Radbruch, Stammler ou Larenz[847], resultam novamente evidentes.

---

845 Este é o objeto fundamental de estudo de meu livro *Princípios y positivismo jurídico. El no positivismo principialista en las teorias de Ronald Dworkin y Robert Alexy, cit.*

846 Alexy voltou a ocupar-se recentemente de sua concepção dos princípios em "On the Structure of Legal Principles", em *Ratio Iuris*, v. 13, n. 3 (set. 2000), p. 294-304.

847 G. Radbruch, *Filosofia del Derecho*, não consta tradutor, *Revista de Derecho Privado*, Madri, 1959; R. Stmmler, *Tratado de Filosofia del Derecho*. Trad. de W. Roces, Editora Nacional, México, 1980 e K. Larenz, Derecho justo. *Fundamentos de ética jurídica*. Trad. de Luis Díez-Picazo, Civitas, Madri, 1985.

Alexy reconhece que a peça-chave de sua teoria (que todo sistema jurídico formula uma pretensão de correção) constitui "uma reconstrução analítica do enunciado algo obscuro de Radbruch: "Direito é a realidade que tem o sentido de servir aos valores jurídicos, à ideia do Direito"[848]. Isto supõe em realidade uma concessão à tradição hermenêutica[849] que pressupõe um conceito interpretativo do Direito[850]. Essa premissa hermenêutica subtrai importância ao fato de que *efetivamente* (e *preinterpretativamente*) o sistema jurídico esteja mais ou menos constitucionalizado, para reforçar o aspecto interpretativo, de acordo com o qual, os conceitos morais do Direito conferem uma espécie de latente correção ao sistema, um grande potencial argumentativo, à espera que a tarefa interpretativa, argumentativa e legislativa a realize.

É aqui, insisto, onde demonstra importância a concepção da constitucionalidade como uma propriedade dispositiva do Direito. O reiterado recurso ao ideal pressupõe uma espécie de germe de correção inserido no sistema jurídico que deve ser otimizado. Esse pressuposto supõe a base de seu antipositivismo. Uma vez que o Direito acolhe certos princípios em alguns casos certamente imprescindíveis para configurar um sistema jurídico[851], estes abrem caminho à argumentação em que o discurso real e o ideal se encontram[852]. Naturalmente, dar esse passo significa assumir certos riscos que desejaria somente esboçar nas seguintes observações conclusivas.

6. ALGUMAS OBSERVAÇÕES FINAIS E OUTRAS PROPOSTAS

O êxito atual do novo paradigma constitucionalista explica-se por sua oportunidade ante as novas circunstâncias jurídicas, históricas e sociopolíticas.

---

848 R. Alexy, *El concepto y la validez del derecho, op. cit.*, p. 40, nota 43.

849 O manifesto de Aarnio, Alexy y Peczenik, "The Foundation of Legal Readoning" (em *Rechtstheorie*, nº12 (1981), p. 135-158; 257-279; 423-448) é expressivo deste compromisso entre posições hermenêuticas e analíticas.

850 Vide especialmente R. Dworkin, *Law's Empire*, Fontana, Londres, 1991.

851 Na sua época, a teoria do Direito de Fuller adotou uma estratégia semelhante. Constituem a moral interna do Direito uma série de princípios necessários no Direito e de caráter procedimental, mas que ao mesmo tempo se estabelecem como uma moral de aspiração, isto é um ideal, atualizável em maior ou menor medida. Sobre este aspecto do "jusnaturalismo procedimental e tecnológico" de Fuller, vide R. Escudero, *Positivismo y moral interna del Derecho*, Centro de Estúdios Políticos y Constitucionales, Madri, 2000, esp. § 4.1.2.

852 A presença de um auditório ideal na argumentação foi destacada na sua época por Perelman e é recentemente posta em evidência por G. C. Christie, *The Notion of na ideal Audience in legal Argument*, Kluwer, Dordrecht, 2000, cap. 4.

a) Desde um ponto de vista jurídico, oferece uma cobertura mais ampla dos traços próprios dos sistemas jurídicos constitucionalizados. De fato, adota como elemento central de sua concepção do Direito o aspecto material (supra § 3 sub a) e o aspecto estrutural e funcional (supra § 3 sub b) da constitucionalização dos ordenamentos jurídicos.

b) Desde um ponto de vista histórico, na situação atual a força reativa do argumento dos princípios associado ao constitucionalismo é superior à do argumento da injustiça (supra 5.1 e 5.2), pois, como destacou Ralph Dreier, se o argumento da injustiça surge frente a situações de convulsão social, estados de guerra, genocídios etc., o argumento dos princípios é invocado em troca em situações de *normalidade* como a atualmente predominante[853]. Caberia afirmar por tanto que enquanto o argumento da injustiça apresenta uma eficácia minimalista no sistema jurídico – posto que pretende reduzir o ordenamento jurídico mediante a expulsão das normas extremamente injustas – o argumento dos princípios apresenta uma eficácia maximalista no sistema jurídico – posto que pretende expandir o ordenamento jurídico até um ideal, pretende otimizar as possibilidades morais do sistema jurídico, uma vez garantido um mínimo ético.

c) Desde um ponto de vista sociopolítico, o constitucionalismo responderia melhor às necessidades de sociedades política e culturalmente plurais. Como sublinha Zagrebelsky[854], o monismo do Estado no século XIX assentava-se sobre uma estrutura jurídica, política e social monolítica favorecida por uma concepção nítida da soberania e certa homogenei-dade cultural. Ao contrário, na atualidade, assistimos *ad extra* a uma relativização da noção de soberania e ademais *ad intra* a fenômenos como o multiculturalismo, que em ambos os casos reclamam por normas de estrutura principal preparadas para a transigência e para a argumentação em sociedades abertas e plurais.

No entanto, a mera oportunidade não é bastante para *justificar* uma *teoria*. A nova concepção do Direito não se pode basear somente na *descrição* de um tipo de sistema jurídico particular que se impõe progressivamente (CM1). Por isso a reconstrução que aqui se propõe (não deixa de ser uma das

---

853 Vide R. Dreier, "Zur gefenwärtigen Diskussion des Verhältnisses von Recht und Moral in der Bundes-republik Deutschland", em R. Alexy; R. Dreier; U. Neumann [Comps.], *Rechts – und Sozialphilosophie in Deutschland heute*, ARSP, caderno 44 (1991), p. 55-67. No mesmo sentido, R. Alexy, *El concepto y la validez del derecho, cit.*, p. 73.

854 Vide G. Zagrebelsky, *El Derecho dúctil.* Trad. de Marina Gascón e epílogo de Gregorio Peces-Barba, Trotta, Madri, 1995, p. 17 ss.

possíveis) tende a conceder o protagonismo a CM2, que não só adota como objeto de estudo os atuais sistemas jurídicos constitucionalizados, como também tenta oferecer a partir daí resultados no plano conceitual. Para que a constitucionalização atual dos sistemas deixe de ser uma mera *ilustração* da vinculação do Direito à moral, para se converter em uma *confirmação* de tal vinculação conceitual, CM2 há de demonstrar ao menos uma disposição de todo sistema jurídico a sua constitucionalização. Há de demonstrar que existe um vínculo latente em todo Direito real com o Direito ideal. Ao menos dois passos parecem contribuir a isso.

Em primeiro lugar, como se mencionou no começo (§ 1), uma primeira medida para reforçar o vínculo entre Direito real e ideal (entre moral social e moral crítica) consiste precisamente em negar a existência de uma fronteira nítida entre ambos. Este é um pressuposto fundamental da teoria do discurso sobre a qual se erige a teoria do Direito alexiana. Como afirma Habermas, a ética do discurso "renuncia à diferenciação categorial entre o reino do *inteligível*, ao qual pertencem o dever e a vontade livre, e o reino do *fenomênico*, que entre outras coisas abarca as inclinações, os motivos meramente subjetivos e também as instituições do Estado e a sociedade"[855]. Isso significa que a própria distinção entre Direito ideal e real, entre o Direito que deve ser e o Direito que é e, em termos mais gerais, entre moral crítica e moral social, tende a debilitar-se. Ambas as esferas concebem-se como sistemas de justificação relativos a uma comunidade de falantes no qual o real e o ideal tendem ocultar-se, de modo que a distinção entre Direito e moral deixa de ser qualitativa para tornar-se gradual. Isso supõe em última instância uma renúncia ou ao menos uma séria debilitação da tese dos limites do Direito. Logicamente, qualquer tese está submetida permanentemente à revisão, mas parece claro que esta renúncia apresenta alguns custos para o conhecimento do Direito que é necessário avaliar, embora certamente não seja este o lugar idôneo para fazê-lo.

Em segundo lugar, uma vez que a distinção entre Direito real e Direito ideal é considerada gradual e não qualitativa, é necessário encontrar no Direito algum elemento que propicie de algum modo ao Direito real como orientar-se em direção a seu ideal. Para a explicação deste tropismo contribui poderosamente a presença de princípios no Direito. Certos princípios formais parecem apresentar esta eficácia principalmente quando são incorporados à argumentação dos juristas. Muitos princípios (igualdade, boa-fé, liberdade,

---

[855] J. Habermas, "Afectan las objeciones de Hegel contra Kant también a la ética del discurso?", em *Aclaraciones a la ética del discurso*. Trad. de José Mardomingo, Trotta, Madri, 2000, p. 23.

justiça) evocam um ideal que pode ser mais ou menos otimizado argumentativamente, mas que em todo caso cria no raciocínio dos juristas uma *tensão* que poderá ser resolvida com uma satisfação do ideal em maior ou menor grau.

Isso supõe realmente uma nova relativização severa das colocações positivistas. O positivismo jurídico tinha separado a validade jurídica das normas de sua aplicação. Uma coisa é a pertinência de uma norma ao sistema jurídico e outra diferente é que possa fazer parte ou não da argumentação jurídica, que seja aplicável ou não, em definitivo. Metateoricamente, tinha separado, em consequência, entre teoria do Direito e teoria da argumentação[856]. No entanto, a nova perspectiva argumentativa, o estudo do Direito desde o *lado ativo*, supõe que a teoria do Direito deve cobrir de alguma forma as questões acerca da aplicabilidade das normas e não somente a questão da validade como pertinência[857]. À teoria do Direito não somente deve importar o sistema jurídico estático formado por regras e princípios, como também e principalmente o sistema argumentativo dinâmico, a partir da interpretação e a aplicação de tais regras e princípios. O preço desta estratégia é notório, porque teve que afrontá-lo com frequência o realismo jurídico. Se não diferenciamos de algum modo um sistema jurídico que preceda sua aplicação, dificulta-se extremamente a própria possibilidade de estudo do Direito.

Ambas as questões, a relativização dos limites entre Direito e moral e a relativização da distinção entre teoria do Direito e teoria da argumentação

---

[856] Em termos mais gerais, caberia falar da distinção entre teoria e prática. Vide sobre essa questão no caso de I. Lifante Dworkin, *La interpretación jurídica en la teoría del Derecho contemporánea*, Centro de Estudios Constitucionales, Madri, 1999, p. 305 ss. E, recentemente, J. Rodríguez-Toubes, "La demarcación entre teoría y práctica jurídicas", em *Anuario de Filisofía del Derecho* (2000), p. 395-416.

[857] Certamente aqui reside uma das diferenças importantes entre positivismo inclusivo e exclusivo, que deliberadamente não abordei aqui. O positivismo exclusivo, digamos mais forte e tradicional, faz distinção entre as normas que pertencem ao Direito e às que são meramente aplicáveis, mas não pertencem ao Direito (sobre a distinção entre validade e apartenência, vide E. Bulygin, "Tiempos y validez", em C. E. Alchourrón e E. Bulygin, *Análisis lógico y Derecho*, Centro de Estudios Constitucionales, Madri, 1991, p. 195-214 e, por exemplo, D. Mendonça, *Interpretación y aplicación del Derecho*, Universidad de Almería, 1997, caps. 5 e 6). Por exemplo, uma norma chinesa pode ser aplicável, mas não é válida no sistema jurídico espanhol, mesmo que apareça em uma sentença ditada por um juiz espanhol que resolve uma controvérsia de Direito internacional privado. Do mesmo modo, certos padrões morais são aplicáveis, mas isso não significa que façam parte do Direito (J. Raz, *La autoridad del Derecho. Ensayos sobre Derecho y moral*. Trad. de Rolando Tamayo y Salmorán, UNAM, México, 1982, cap. sexto, e do mesmo autor, *Legal Principles and Limits of Law, cit.*). Ao contrário, o positivismo inclusivo pretende dar mais relevância à aplicabilidade das normas na hora de estudar a validade jurídica das normas. Na acolhida deste debate no âmbito de discussão hispano-italiana, a esse respeito é interessante a evolução ao positivismo inclusivo que recentemente exibiu o professor J. J. Moreso desde uma distinção forte da validade e aplicabilidade (*La indeterminación del Derecho y la interpretación de la Constitución, cit.*, p. 151 ss.) ao reconhecimento de uma certa relação entre ambos os conceitos (*En defensa del positivismo jurídico inclusivo*, neste mesmo volume). Cético frente às possibilidades do positivismo mostra-se J. C. Bayón ("Derecho, convencionalismo y controvérsia", texto inédito) e resolutamente crítica S. Pozzolo, "Riflessioni su *inclusive* e *soft positivism*", em *Analisi e diritto*, 1998, p. 229-242.

exigem respostas da parte do positivismo jurídico. Creio que por hora o que se pede ao positivismo é que reconsidere sua atitude frente a alguns de seus próprios dogmas e principalmente que se ocupe de certas questões que estão relegadas como consequência das próprias convicções metodológicas. O que se pede ao positivista certamente é um maior compromisso com a filosofia moral e com a teoria da argumentação jurídica. Aqui somente desejo apontar duas possíveis linhas para a reflexão que o positivista talvez deva examinar detidamente.

Em primeiro lugar e em relação às questões de filosofia moral, parece ser que em um plano metaético existam dois tipos de juspositivistas: os céticos em matéria moral e os não céticos em matéria moral. Os primeiros rechaçam a relação entre Direito e moral crítica, porque rechaçam toda objetividade moral a qual o Direito possa vincular-se. Os segundos rechaçam a relação entre Direito e moral crítica, precisamente por seu zelo em preservar esta de toda contaminação proveniente do exercício do poder implícito no Direito. Seguramente ambos extremos apresentam problemas e por isso resulta razoável imaginar como um desenlace não improvável de um debate entre ambos os tipos de positivistas certo compromisso entre ceticismo e objetividade ética. Mas se esse compromisso acontecesse, então desembocaríamos certamente em um ponto médio, que é onde se situam os que defendem posturas como as aqui analisadas do constitucionalismo que tornam relativa a distinção entre moral social e moral crítica e entre Direito real e Direito ideal. Talvez não fosse totalmente despropositado pensar que uma confrontação metaética entre ambos os tipos de positivistas poderia finalmente entregá-los a seu comum antagonista de vocação neoconstitucionalista. No entanto, isso não é senão uma hipótese cuja verificação ou refutação é em todo caso independente da exigência de um maior compromisso metaético por parte dos positivistas.

Em segundo lugar e em relação às questões de teoria da argumentação, ao positivista se exige que se ocupe desta esfera do Direito e que não a despache simplesmente como uma questão meramente empírica, emotiva ou ideológica. A meu ver, aqui se apresenta ao positivista uma interessante alternativa frente à integração de teoria do Direito e teoria da argumentação proposta pelo antipositivismo implícito no novo paradigma. Essa alternativa tem sido pouco explorada e consiste em articular uma teoria do Direito positivista forte (como a de Alchourrón e Bulgyn, por exemplo), com uma teoria da argumentação forte (talvez como a de Alexy). No âmbito anglo-americano, MacCormick adiantava essa possível estratégia no novo prólogo de 1994 a seu *Legal Reasoning and Legal Theory* em que dizia de sua própria teoria da argumentação:

"Com todos seus defeitos, talvez possa afirmar-se ademais que o texto de 1978 tem um lugar próprio entre as ideias sobre o Direito e o raciocínio jurídico. Se bem que não com a mesma eminência, é algo assim como o volume de companhia do clássico de H" (L. A. Hart, *El concepto de Derecho*). "A visão do raciocínio jurídico mostra-se essencialmente hartiana, baseada na análise do conceito de Direito hartiano ou ao menos plenamente compatível com ele"[858].

O positivista haveria de acompanhar sua teoria descritiva do Direito com uma teoria normativa da argumentação jurídica, que guie ao operador jurídico no exercício de sua discricionariedade nos casos difíceis.

Em todo caso, a mudança de atitude por parte do positivista não deveria significar uma renúncia absoluta aos postulados positivistas, mas sim uma mudança de hábitos. Uma vez que o positivismo conjurou os riscos do jusnaturalismo teológico frente ao qual se alçou singularmente, sua função histórica parece ter perdido algum vigor nas sociedades pós-metafísicas e isso parece tê-lo debilitado, mas não parece possível pensar uma teoria do Direito que não seja em alguma medida positivista. O positivista concentrou-se em o ser do Direito frente ao jusnaturalismo que o tinha confundido com seu dever ser. Hoje em dia, essa confusão se encontra *sob controle*, e o que interessa é além do ser e do dever ser do Direito, estudar o que pode vir a ser o Direito argumentativamente nos atuais Estados constitucionais. O progresso do positivismo jurídico se concentraria em atender às novas necessidades, mas também em manter-se incólume em certos feitos irrenunciáveis ante os novos horizontes que se perfilam na filosofia jurídica.

---

[858] N. MacCormick, *Legal Reasoning and Legal Theory*, Claredon, Oxford, 1978, p. XIV.

Capítulo **18**

A QUESTÃO DA JUSTIÇA COMO FUNDAMENTO DA ARGUMENTAÇÃO

Márcio Pugliesi

Sumário
1. Contingência como princípio fundante das ciências sociais
2. A constituição das leis científicas
3. O princípio de racionalidade como redutor da contingência
4. Contingência, subjetivação, liberdade e felicidade
5. Equidade e responsabilidade
6. Graus de responsabilidade
7. Juízos de valor, equidade, justiça e felicidade
8. Fontes e Bibliografia

1. CONTINGÊNCIA COMO PRINCÍPIO FUNDANTE DAS CIÊNCIAS SOCIAIS

[...] como é que a gente sabe certo como não deve fazer alguma coisa, mesmo os outros não estando vendo?[859]

A Modernidade, uma vez instaurada, preocupou-se com a redução de todos os problemas a um princípio de racionalidade, à luz natural da Razão, a fim de dar segurança e favorecer o planejamento de ações futuras.

Anteriormente, ao surgir do Racionalismo, Descartes havia enunciado uma teoria de as verdades eternas dependerem da natureza de Deus e ser o mundo por Ele criado a demonstração da natureza consistente e necessária de tais verdades eternas.

Assim, seriam as verdades eternas contingentes pelo fato de Deus haver criado o mundo livremente, sem qualquer coação ou compulsão. Deus necessitaria ter perfeita liberdade para fazer e, portanto, não haveria qualquer motivo para fazer ou deixar de fazer, nem qualquer padrão de certo ou errado que pudesse, de qualquer maneira, afetar sua vontade, vez que seria autocontraditório o ilimitado possuir limites e é, ainda por isso, que não manifesta qualquer interesse pelo passado ou pelo futuro: para Deus há possibilidades ilimitadas. Descartes afirma que é necessário empregar as evidências empíricas para eliminar várias dessas possibilidades e não apenas a razão.

Isso implica a liberdade de estabelecer conjecturas sobre elas, desde que as consequências sejam referendadas pela experiência[860], no mesmo rumo apresentado por Popper em seu encadeamento de problema, tentativa de solução e retrodução. Basta ver:

[...] a matéria necessita assumir, sucessivamente, todas as formas admissíveis e caso se considere tais formas em ordem, pode-se, finalmente, chegar àquela em que é encontrada neste universo.[861]

Após demonstrar a contingência do mundo por decorrência das condições de liberdade de seu Criador, demonstraria que as leis pelas quais foi

---

[859] João Guimarães Rosa. Manuelzão e Miguelim (corpo de baile). 11ª ed. (14ª impressão), Rio de Janeiro: Nova Fronteira, 2001, p. 86.

[860] Rene Descartes. Principles of Philosophy. Part 3, XLVI. *In:* ANSCOMBE, E. & GEACH, P. T. Descartes: Philosophical Writings. London: Nelson, 1969, p. 225.

[861] Tradução livre, *op. cit.*, p. 226.

estruturado são também contingentes tanto em suas Meditações[862], quanto em seu *Discurso sobre o Método*. Ao buscar um sólido fundamento para a Filosofia, esse onipresente problema das fundações do saber, encontrando um mundo contingente que poderia sequer ser, estabeleceu o *Cogito* com via para demonstrar que se o mundo poderia ser irreal, ao menos sua existência como subjetividade seria real e a suposição contrária, i. e., de sua inexistência, embora logicamente possível, não poderia ser assumida vez que para afirmar a própria inexistência, precisaria existir.

Com isso, afirma a contingência de sua própria existência segundo o mundo contingente em que existe e sua dúvida hiperbólica conduz à aceitação de apenas aquilo que é clara e distintamente percebido e isso, graças ao que de divino, existe no Homem. A garantia da verdade de nossas percepções repousa na perfeição de Deus, que não é enganador, embora o pudesse ser, se não fora perfeito. As imperfeições das percepções humanas advêm da imperfeição humana e não do perceber ou do percebido. Todas as ideias perfeitas se originam de Deus, que assegura a perfeição das percepções humanas e não devido à existência necessária dessas coisas em si mesmas.

Mesmo as verdades matemáticas, que seriam insubsistentes por si mesmas, não expressam relações eternas, porém são criaturas contingentes como a própria mente humana. Em sua carta a Mesland afirmou que Deus poderia fazer um triângulo cuja soma dos ângulos internos fosse maior que dois retos e, muito depois, a geometria esférica mostrou que poderia ser igual a três retos, demonstrando essa afirmativa. Isto é, embora Deus escolha algumas verdades para necessárias, nem por isso se pode afirmar que as escolha necessariamente.

Quanto às leis naturais, em sua primeira carta a Mersenne, afirmou que tais leis são postas como aquelas que um rei dispõe em seu reino: não são imutáveis, mas cambiáveis tanto quanto as do rei e, conforme o afirmou no Discurso sobre o Método[863], são mantidas pela benevolência divina apenas para que os homens se não confundam.

Ao estabelecer, livremente, as leis da natureza: as faz universais e imutáveis, apenas porque é perfeitamente bom e porque a ordem que estabeleceu assim o exige. Deus não é enganador e a verdade só seria arbitrária por depender da Sua escolha livre e incondicionada, mas uma vez postas as leis

---

862 Particularmente na Primeira.

863 Rene Descartes. Discurso sobre o Método. 12. ed.. Trad. Márcio Pugliesi e Norberto de Paula Lima, São Paulo: Hemus, 1999, parte V.

naturais, pela benevolência divina, essas permanecem válidas para todos os demais atos de criação. Assim, embora contingentes, em vista da onipotências, tornam-se necessárias por força da benevolência. Sendo Deus a causa eficiente e total de toda criação, é também a causa de todas verdades eternas que estabeleceu, se nada houvesse criado: não haveria verdades eternas. Logo, estas padecem de contingência.

Em Leibniz essa questão (aquela da contingência) ressurge em sua forma lógica da tensão entre uma teoria analítica[864] da verdade (continência do predicado no sujeito) e a contingência, *in verbis*[865]:

> *Em todos os juízos em que a relação de um sujeito ao predicado é asseverada essa relação é possível segundo duas diferentes vias. Ou o predicado B pertence ao sujeito A; ou está fora do conceito A, embora esteja, de fato, em conexão com ele. No primeiro caso chamo o juízo de analítico, no outro sintético.*

Apresenta-se desse modo a questão da contingência: a necessidade repousa na estrutura lógica, no mundo dos fatos, estabelece-se a necessidade do recurso ao sensório e, logo, da busca da conexão sintética entre os fatos. Verdades contingentes não são necessárias, poderiam não ser. O objetivo principal da teoria dos juízos de Leibniz é compreender mesmo as *veritates facti* como identidades, como verdades eternas atribuindo, também a elas um ideal de absoluta certeza e verdade. Nessa teoria assimila-se, tanto quanto possível, as *veritates facti* a verdades da razão e busca-se, é claro, um fundamento lógico para a existência, ínsita no campo da ontologia.

A questão se aprofunda em Kant, que motivado pelas observações de Hume sobre a contingência do conhecimento humano, acaba por escrever a sua Crítica da Razão Pura com o foco principal de estabelecer os juízos

---

864 A lógica leibniziana vê a proposição como categórica, embora não recubra apenas proposições analíticas (em sentido kantiano), embora a definição de Kant para juízo analítico corresponda ao que Leibniz define como verdade.

865 Tradução livre de *Necessary and Contingent Truths. In:* LEIBNIZ, Gottfried Wilhelm Freiherr von. Philosophical Writings of Leibniz. ed. G. H. R. Parkinson. Trad. Mary Morris & G. H. R. Parkinson, London: Dent, 1973, p. 96: "In all judgments in which the relation of a subject to the predicate is thought this relation is possible in two different ways. Either the predicate B belongs to the subject A, as something (covertly) contained in this concept A; or lies outside the concept A, although it does indeed stand in connection with it. *In:* the one case I entitle the judgment analytic, in the other synthetic.".

sintéticos *a priori* como fundamento do conhecimento confiável e afastado da contingência, conforme se pode ver na Introdução dessa Crítica sob o título: O problema geral da Razão Pura[866]:

> *Muito se ganha, antecipadamente, caso se puder realizar certo número de investigações sob a fórmula de um único problema. Pois não só iluminamos nossa própria tarefa definindo-o acuradamente, mas tornamo-lo mais fácil para os outros, que testarão nossos resultados, para julgar se tivemos sucesso ou não na questão: Como são possíveis os juízos sintéticos* a priori*?*

Ora, que problemas teriam sido enfeixados sob essa questão senão os decorrentes da contingência? Qual a novidade dessa abordagem? Uma estrutura que secciona os juízos de uma parte e o conhecimento de sua verdade de outra. O conhecimento dos juízos em *a priori* e *a posteriori* e os juízos em analíticos e sintéticos. Nega-se, assim, o vínculo interno entre posterioridade e sinteticidade e introduz-se a contingência que permite possa ser um juízo sintético verdadeiro ou falso.

Em verdade, Kant estabelece três divisões segundo a forma; os modos e as modalidades. A forma: analítico ou sintético; os modos: *a priori* ou *a posteriori* e as modalidades: necessário ou contingente. Sendo certo que a analiticidade implica a necessidade, as demais condições não, deixando largo espaço para o contingente.

2. A CONSTITUIÇÃO DAS LEIS CIENTÍFICAS

Nas ciências da natureza torna-se necessário buscar regularidades a partir da observação de fatos. Não será necessário repetir que os fatos são descrições, mediante linguagem de ocorrências. Essas últimas, percebidas com os recursos do aparato sensório humano, com suas extensões por via de instrumentos (incluso de coleta), decorrem do percebido, mais teorias, incluso as chamadas de senso comum, ou, mais precisamente, as estabelecidas a partir de representações sociais comuns.

---

[866] I. Kant, Immanuel Kant's Critique of Pure Reason. Trad. Smith, N. K., Bedford, Boston/New York: St. Martin's, 1965, p. 4: "Much is already gained if we can bring a number of investigations under the formula of a single problem. For we not only lighten our own task, by defining it accurately, but make it easier for others, who would test our results, to judge whether or not we have succeeded in what we have set out to do. Now the proper problem of pure reason is contained in the question: How are a priori synthetic judgments possible?".

Tais primeiras leis, as chamadas leis empíricas e muito presentes, em particular na engenharia, mediante a introdução de constantes (também resultantes de experimentação reiterada) tornam-se identidades, em lugar de proporcionalidades, isto é, passam a ser entendidas como leis da natureza. Não se deve confundir leis empíricas com juízos empíricos em sentido kantiano, visto que as primeiras intentam capturar uma ordem, por reiteração, percebida na natureza, ao passo que os juízos empíricos têm *status* de simples generalização, não tendo cogência para estabelecer uma ordem natural. Leis empíricas são entendidas como necessárias e generalizações empíricas são meramente possíveis.

Entretanto, as leis empíricas que lidam com proporcionalidades são ajustadas, pelas reiteradas aplicações e correções, por constantes que as transformam em identidades. Uma constante física é dita fundamental, em sentido estrito, se independente do sistema de unidades de medida, sendo um número adimensional, embora algumas, dependentes dos sistemas de medida, também recebam essa designação como, por exemplo a gravitacional.

Busca-se, sempre, tornar as teorias mais simples e mais elegantes, reduzindo o emprego de constantes físicas nas fórmulas matemáticas. Para tanto, definem-se as unidades de medida de tal modo que as constantes físicas mais comuns, como a velocidade da luz, sejam normalizadas à unidade, num sistema dito de unidades naturais e que visa reduzir a complexidade das equações. Várias constantes físicas são, entretanto, números adimensionais obtidos experimentalmente. Por essa razão, a pesquisa da possível variação das constantes fundamentais da teoria física no tempo constitui área de relevo na pesquisa contemporânea.

Além dessas constantes, há outras votadas à adequação de um sistema de medidas[867] a outro, em particular aquelas de adaptação do sistema inglês ao métrico.

---

[867] Lembrando serem esses sistemas: convencionais. São medidas adaptadas à escala humana de captação e intervenção sobre a natureza. Os próprios padrões de medida evoluem conforme a evolução das ciências e novos são criados pela multiplicação e divisão dos padrões unitários. Por exemplo, para falar do padrão mais utilizado: em 1960, a XI Conferência Geral de Pesos e Medidas mudou a antiga definição de metro: metro é o comprimento igual a 1 650 763, 73 comprimentos de onda no vácuo da radiação correspondente a transição entre os níveis $2p_{10}$ e $2d_5$ do átomo de criptônio 86. A velocidade da luz no vácuo c é uma constante física medida há muito tempo de forma direta, mediante variados experimentos. Medindo a frequência f e o comprimento de onda $\ddot{e}$ de radiação de alta frequência e utilizando a relação $c=\ddot{e}f$ é determinada a velocidade da luz c de forma indireta. O valor obtido em 1972, medindo a frequência e o comprimento de onda de uma radiação infravermelha, foi c = 299 792 458 m/s com um erro de ±1, 2 m/s. A XVII Conferência Geral de Pesos e Medidas de 20 de Outubro de 1983, aboliu a anterior definição de metro e adotou a seguinte: O metro é o comprimento da trajetória percorrida no vácuo pela luz durante um tempo de 1/299 792 458 do segundo, a fim de eliminar a referência a um particular tipo de onda.

Dito isso, pode-se compreender de forma mais completa o sentido das leis empíricas: nascem de um discurso academicamente unificado e unificador a fim de representar regularidades postas, pelos homens, a partir da natureza. Lembrando que esta, também, é conformada por discursos convencionais e tradicionais.

Mesmo na esfera do "necessário" subjaz a convenção e tudo se conforma a partir do contingente.

3. O PRINCÍPIO DE RACIONALIDADE COMO REDUTOR DA CONTINGÊNCIA

Há um pressuposto de que as ciências se unificariam graças a um princípio de racionalidade compartilhado por todas. O encaminhamento, presente no início deste trabalho, e apresentado em sua versão popperiana de que os diferentes ramos do saber humano operam por resolução de problemas deflui dessa crença muito compartilhada.

Essa posição foi defendida por Popper[868] em um artigo bastante discutido e publicado pela primeira vez em 1967, que sustenta ser o princípio de racionalidade o meio pelo qual as ciências sociais seriam capazes de reproduzir o modelo epistemológico geral de explicação científica, segundo sua concepção dedutivo-nomológica que impõe duas condições para a cientificidade de um argumento: 1. a correção lógica e 2. a qualidade epistêmica das premissas. Aceita, muito embora a enorme quantidade de críticas que se pode submeter essa abordagem, aceita-se, implicitamente, a racionalidade como pressuposto desta e no mencionado artigo de Popper[869], a primeira condição seria atendida pela ação conforme à situação analisada e a segunda pela falibilidade, isto é, testabilidade negativa das proposições decorrentes da situação analisada.

A regularidade decorrente da observação pode ser explicada em termos nomológico-dedutivos segundo o princípio de racionalidade que, destarte, acaba por funcionar como um superprincípio nessa forma de explicar, ou ainda melhor, um princípio unificador do método das ciências sociais. O texto de Hegenberg[870] esclarece:

---

[868] K. Popper. R. The rationality principle. *In:* D.Miller [Ed.]. *Popper selections.* New Jersey: Princeton University Press, 1985.

[869] *Op. cit.* p. 144-146.

[870] L. Hegenberg. *Definições – termos teóricos e significado.* São Paulo: Cultrix/Edusp, 1974, p. 15.

O homem nasce em uma "circunstância" – o primariamente dado – e a transforma em um "mundo", um local em que pode viver. Seu ajuste com o contorno é de ordem intelectual e se efetua de várias maneiras, com auxílio da filosofia, da religião, da ciência e da arte. A ciência, em especial, muito contribui para que esse ajuste possa realizar-se. Investigando, ou seja, observando, percebendo, medindo, o homem chega a certas generalizações que lhe são indispensáveis para explicar, predizer e retrodizer os fenômenos que perdem, assim, o caráter "caótico" de que se revestem, a um primeiro exame, para se verem "integrados" em sistemas criados precisamente com o objetivo de permitir aquele ajuste intelectual com o meio.

Para efeito de reduzir a complexidade das circunstâncias (ou, mais precisamente, das situações) excluem-se os aspectos de pouca interferência na formação do modelo de realidade a adotar. As normas jurídicas são um exemplo claro de que a redução da complexidade social por via negativa (condutas interditas) repousa sobre um princípio de racionalidade típico da era burguesa. Com isso se poderia afirmar que, metodologicamente, seria possível pensar numa unidade das ciências (sociais, pelo menos), embora jamais de objeto. Os problemas enfrentados são diversos, mas a abordagem radicaria num princípio de racionalidade resultante de algo como as três regras de Popper: o problema; tentativas de soluções; a eliminação das pseudossoluções.

Disso ressalta um fato incontroverso: as leis 'da natureza' são leis humanas sobre a natureza e compõem, em geral, a identificação de regularidades de interesse para a Humanidade. Assim, se o princípio de racionalidade é pressuposto para as lógicas indutiva e dedutiva, em todos os casos será de algum modo refutado, deixando, desde logo, de ter o *status* de uma lei. Tendo em vista as ambiguidades características das refutações[871] poder-se-ia afirmar que não importa o problema da veracidade para se aceitar esse princípio, mas, acredita-se que é inafastável por permitir uma certa sensatez para as discussões teóricas. Afastado ou negado, como alguns ditos pós-modernistas o tentaram, a pesquisa será afetada e não se poderá manter a crença em conjecturas enquanto se mantiverem aplicáveis, vez que a irracionalidade se faria onipresente.

De toda sorte, o princípio de racionalidade pode ser encarado como um preceito não testável, apenas compõe a estrutura rígida das crenças mais fundamentais, mas não possui qualquer força explicativa. Essa objeção

---

[871] Em Filosofia conhecido como "problema de Duhem".

repousa sobre o fato de que a maior parte das explicações de estilo dedutivo presente nas ciências sociais têm premissas mais específicas, que o princípio de racionalidade e, ademais, esse último facilitaria a generalização de escolhas variantes dada a situação.

Caso se veja o princípio de racionalidade como metafísico – este seria muito pouco confiável para a edificação de explicações de cunho científico, por outra parte, se visto como nomológico seria anêmico para suportar derivações mais específicas nos diferentes modelos da economia, da sociologia e, por exemplo, da história. Seria, assim, um princípio unificador muito fraco, pouco capaz de entretecer métodos confiáveis. Para que serviria, então? Principalmente para uma primeira redução da complexidade servindo, mais que tudo, para traçar um recorte epistêmico que possa ser explicado no âmbito da teoria escolhida.

A origem histórica do emprego desse referencial parece situar-se em Pareto, que o entrevia no que chamou de "ação lógica", a mesma "ação racional instrumental" ou "ação racional com vistas a fins" de Weber, no seu modo objetivo de compreender a racionalidade instrumental. Em Pareto não se cogitava da racionalidade subjetiva de informações parciais desigualmente compartilhada pelos agentes econômicos, levando-o a considerar a presença de "ações não lógicas" e, mesmo, "ações ilógicas" de tais agentes, levando à questão dos resíduos para justificar os comportamentos e escolhas "irracionais" em função de diferentes utilidades. Mas, principalmente, para permitir a separação epistêmica entre os objetos da sociologia e aqueles da economia (que tão só cuidaria das ações racionais instrumentais).

A busca de otimização, sempre presente no raciocínio de tipo econômico, isto é o uso de relações minimax para efeito de selecionar ações são, ainda, métodos de redução de complexidade ou, mais precisamente, de diminuir a contingência. Ao afastar as escolhas (ações) tendentes a aumentar o prejuízo numa dada situação, o que se faz é reduzir a liberdade do ator e aumentar a previsibilidade possível para o teórico.

As escolhas, dadas a finalidades do jogo (que podem ser irracionais) se reduzem das contingências compossíveis para as conducentes ao êxito. A compossibilidade já representa uma redução do universo de possibilidades dada a situação que, por sua vez, já atua como elemento redutor dadas as contingências. Uma abordagem acionalista a la Touraine[872] reduzirá ainda mais as variáveis a considerar na análise sociológica ao definir, de modo muito mais restritivo que o princípio da racionalidade, o objeto das ciências sociais

---

872 Em particular, A. Touraine. *Sociologie de l'action*. Paris: du Seuil, 1965.

como sendo aquele do estuda das relações sociais, ou seja, o sentido de uma conduta determina-se pela natureza das relações sociais em se situa o ator.

Nesse momento se percebe, de modo definido, que a liberdade só é possível dada a contingência.

4. CONTINGÊNCIA, SUBJETIVAÇÃO, LIBERDADE E FELICIDADE

Dado que o fado, se existente, deveria reduzir a ação de todos à negação do livre-arbítrio e impossibilitaria o Direito, vez que os atos praticados seriam conformes a disposições superiores ou, pelo menos inevitáveis – deve-se supor que a contingência reina no âmbito do social e da natureza. O inevitável natural corresponde, tão só, à expectativa forte de que regularidade observada se cumpra.

A partir da orientação de Touraine e de Marx, mas em sentido algo diverso, supor-se-á que os atos humanos se dão em sociedade que, a partir de seus modos de produção, estrutura relações sociais redutoras de contingência a partir da interveniência de organizações, instituições, uma constituição e relações de classe.

Uma organização é um conjunto de meios necessários para a ação. Uma instituição são campos de decisões circunscritos mais a atividade das forças de pressão. A constituição é a lei fundante e especificadora da dominação de dada classe fixando limites ao jogo das instituições políticas e, enfim, as relações de classe, gestadas entre os projetos da cultura e as possibilidades da civilidade, definem uma redução das compossibilidades de ação dos diferentes atores em situação. E, acresça-se, essas compossibilidades são diversas pela diferença das condições de partida de cada um desses atores.

Implicam-se nesse raciocínio, pelo menos, dois problemas principais: a equidade e a orientação da ação dada a situação[873]. Reservando o primeiro deles para novo item, quanto ao segundo cabe observar que os teóricos sempre submetem a orientação para a ação à otimização, Otimizar, *lato sensu*, equivale a buscar a melhor ação estratégica tendo em vista os fins. Uma ação só será estratégica se abrigar racionalidade, o que se não exige dos fins.

---

[873] Lembrando a característica de localidade da situação, necessita-se ponderar que, se essa última for entendida, tão só, como espaço geográfico, ainda assim, deve-se lembrar que esse é o resultado concreto da apropriação, mediante um processo histórico de transformação da natureza em espaço social, constituindo-se no topo de reprodução das relações sociais de produção. Com isso, mesmo na sua acepção mais lata, a situação comporta pressupostos inafastáveis em sua percepção.

Buscando um suporte técnico favorecedor dessa ações, foram escolhidos diferentes referências: estatísticos como a probabilidade subjetiva[874] de Savage/Ramsey, a atitude de risco, bem assim, a utilidade esperada de Von Neumann e Morgenstern baseadas na função de utilidade da pesquisa operacional, ou a concepção de Simon da racionalidade limitada, todas, entretanto, exagerando as posturas cotidianas dos sujeitos em suas escolhas.

Argumentar-se-á que, visando à instituição de um mundo mais equânime, vez que a justiça corresponde a um ponto de equilíbrio decisional, as decisões tomadas em contextos sociais deveriam levar a ações conducentes a maior equidade, por motivos da adoção do princípio da racionalidade: escolhas que sobrelevem excessivamente a vantagem individual levam, a longo prazo, a crises sistêmicas, como a atualmente observada no capitalismo financeiro, ou avançado.

5. EQUIDADE E RESPONSABILIDADE

A pesquisa na área de economia normativa dos últimos trinta anos, a partir da obra seminal de John Rawls[875], conduziu à afirmação da existência de uma justiça distributiva e, implicitamente, à equidade para referenciar a distribuição e, ao problema da responsabilidade[876] para efeito do controle dessa distribuição, remetendo ao epicentro da organização da sociedade e do Direito burguês: como uma sociedade justa pode equalizar as condições de seus cidadãos? Como estabelecer as melhores condições para proporcionar bem-estar?

---

874 Basicamente, a teoria de Savage parte de um conjunto de estados primitivos que denotam os elementos que orientam o tomador de decisões dados por: S é o conjunto de estados da natureza (estados do mundo); A é uma álgebra de sub-conjuntos de S; denotando uma família de eventos; X é o conjunto de possíveis consequências futuras para o tomador de decisões. Um ato, nessa acepção, é uma aplicação $f: S \rightarrow X$ que especifica para cada contingência s ε S, uma consequência f (s) em X. Ou seja, o tomador de decisões deve realizar uma escolha ignorando que evento natural ocorrerá, sabe apenas a consequência especificada por cada ato em cada contingência.

875 J. Rawls. *A Theory of Justice*, Cambridge: Belknap, 1971.

876 A noção de responsabilidade, bem como aquela de equidade, foram extensa e intensamente discutidas na obra de seus sucessores como, por exemplo, em: T. M. Scanlon. Rawls'Theory of Justice. *In:* Norman Daniels. [Ed.] Reading Rawls. Stanford: Stanford, 1989, p. 169-205; Richard J. Arneson. Equality and equal opportunity for welfare. *In:* Philosophical Studies 56, 1989, p. 77-93; _____. Liberalism, distributive subjectivism, and equal opportunity for welfare. *In:* Philosophy and Public Affairs 19, 1990, p. 159-194; _____. Luck egalitarianism and prioritarianism. *In:* Ethics, 110: 339-49, 2000; Cathérine Audard. La cohérence de la théorie de la justice. *In:* Cathérine Audard. [Coord.]. John Rawls: politique et métaphysique. Paris: PUF, 2004, p. 15-38; Amartia K. Sen. Equality of What? *In:* S. Mcmurrin. [Ed.], Tanner lectures on human values. v. 1, University of Utah Press, 1980, p. 195-220; _____. Welfare, freedom and social choice: a Reply. *In:* Recherches Economiques de Louvain. 56, 451-485, 1990.

A resposta de Rawls presente em seu *A Theory of Justice*, citado há pouco, implicava um problema de distribuição, seus seguidores Amartya Sen[877] e John Roemer[878] aprofundaram suas ideias a partir da intensa crítica deflagrada por seu posicionamento e deram como fundamento para suas próprias teorias, nascidas desse solo comum, o primeiro tendo como mecanismo de calibração da distribuição equitativa a capacidade dos sujeitos (*capability approach*) e o segundo, aparentemente apoiado nos referenciais do primeiro, de acordo com um princípio de igualdade de oportunidades (*Equality of Opportunity Principle*), sendo certo que a concepção de responsabilidade de ambos têm profunda semelhança.

Há, de fato, dois critérios principais que permitem categorizar as teorias das justiça: o método da compensação e o corte de justiça[879]. A leitura de Sen conduziria a uma retomada de Rawls e não produziria uma teoria da igualdade de oportunidades, mas segundo seu artigo de 1985 a uma teoria da igualdade de recursos, ou a partir daquele de 1996, a uma teoria da igualdade de recursos.

Do ponto de vista de Rawls, bem-estar e utilitarismo implicam a questão da responsabilidade. Considera a posição dos sujeitos na sociedade como alheia a suas responsabilidades, vez que se essas dependerem do esforço de cada um, os mais talentosos são, em geral, os mais capazes de esforço extraordinário. As habilidades naturais são distribuídas aleatoriamente aos seres humanos. Em suas palavras[880]:

---

[877] A. K. Sen. *Commodities and Capabilities*. Amsterdam: North-Holland, 1985; _____. *On Ethics and Economics*. Oxford: Basil Blackwell, 1987; _____. *Inequality Reexamined*. Clarendon Press, 1992; _____. *A ideia de Justiça*. Trad. Denise Bottmann e Ricardo Doninelli Mendes, São Paulo: Companhia das Letras, 2011; A. K. Sen; B. Willians. [Eds.] *Utilitarism and Beyond*. Cambridge, Massachusetts: Cambridge, 1982.

[878] J. E. Roemer. *Theories of Distributive Justice*. Harvard, 1996; _____. Equality of Opportunity. Harvard, 1998; _____. *Equality of Talent*. In: *Economics and Philosophy 1*, 1985, p. 151-181; _____*Egalitarianism, responsibility and information*. In: *Economics and Philosophy 3*. 1987, p. 215-244; _____. *A Pragmatic Theory of Responsibility for the Egalitarian Planner*. In: *Philosophy and Public Affairs 22*, 1993, p. 146-166; _____. *Equality of opportunity: A progress report*. In: *Social Choice and Welfare 19*, 2002, p. 455-471.

[879] Essencialmente, o corte de justiça (*justice cut*) corresponde a discriminar as componentes situacionais pelas quais o sujeito é responsável e pelas quais não é. Já o método de compensação exige a escolha entre igualdade de recursos, igualdade das condições de partida, igualdade de oportunidades etc. Esse é o ponto de partida para a construção do conceito de responsabilidade.

[880] J. Rawls. *A Theory of Justice*. Cambridge: Belknap, 1971, p. 274. Em tradução livre: "nenhum dos preceitos da justiça almeja virtude gratificante. O prêmio ganho pelos escassos talentos naturais, por exemplo, servem para cobrir custos de treinamento e encorajar os esforços de aprendizagem, bem como para dirigir a habilidade aonde melhor se promove o interesse comum. As ações distributivas resultantes não se correlacionam com valor moral, vez que a distribuição inicial de recursos naturais e as contingências para seu crescimento e sustento no início da vida são arbitrárias do ponto de vista moral."

[...] none of the precepts of justice aims at rewarding virtue. The premiums earned by scarce natural talents, for example, are to cover the costs of training and to encourage the efforts of learning, as well as to direct ability to where it best furthers the common interest. The distributive shares that result do not correlate with moral worth, since the initial endowment of natural assets and the contingencies of their growth and nurture in early life are arbitrary from a moral point of view.

Por outro lado, assim que os bens primários são distribuídos passam, os sujeitos, a ter total responsabilidade por suas escolhas e pela busca de seus fins e, principalmente, pela adequação de seus fins a seus meios. Naturalmente essa posição recebeu críticas e a mais frequente referiu-se ao fato de que Rawls desconsiderou talentos e falhas individuais para efeito da distribuição dos bens primários. Sen desenvolveu sua abordagem da capacidade[881] para remediar essa questão e abarcar a diversidade humana no modelo. Outras críticas apontam para o fato de que o esforço individual é anulado como fator de recompensa sistêmica conduzindo a um paradoxo, visto que o princípio da diferença assume que os cidadãos jamais são responsáveis por seus atos para efeito da distribuição dos bens primários, por outro lado, são plenamente responsáveis por suas escolhas (preferências), bem assim, pela adequação de seus fins dados seus meios[882].

A correlação entre determinismo e responsabilidade afeta profundamente a visada teórica rawlsiana (*justice as fairness*) e indica a relevância de cuidadosa revisão[883] desses conceitos para efeito de se construir uma teoria da justiça. Em sua revisão teórica, Rawls[884] assume as seguintes contingências:

---

881 A. K. Sen. *Commodities and Capabilities*. Amsterdam: North-Holland, 1985, em particular, Parte I.

882 A respeito, veja-se: G. A. Cohen. *On the currency of egalitarian justice, Ethics* 99, n. 4, Chicago: Chicago, 1989, p. 906-944, p. 915; _____. *Equality of what? On welfare, goods and capabilities*. In: *Recherches Économiques de Louvain 56*, 1990, p. 357-382, p. 360 e B. Guillarme, *Rawls et l'égalité démocratique*. Paris: P. U. F., 1999, p. 132.

883 Entre as muitas críticas indicam-se: Cesar Augusto Ramos. A crítica comunitarista de Walzer à teoria da justiça de John Rawls. *In:* Sônia Felipe. [Org.]. Justiça como Equidade. Florianópolis: Insular, 1998, p. 231-243 e Paul Ricoeur. On John Rawls' A Theory of Justice: is a pure procedural theory of justice possible? in International Social Science Journal 42 (1990): p. 553-564, como relevantes para o ponto de vista aqui esposado.

884 J. Rawls. *Justice as fairness*. Cambridge (Massachusetts)/London: Belknap, 2001, p. 55. Em tradução livre: A Justiça como equidade se concentra sobre as desigualdades na vida dos cidadãos, suas perspectivas sobre uma vida plena (conforme as possibilidades de um índex apropriado de bens primários), vez que essas perspectivas são afetadas por três tipos de contingências: (a) sua classe social de origem: a classe em que nasce e se desenvolve antes da idade da razão; (b) seus dotes de nascença (em oposição a seus

*Justice as fairness focuses on inequalities in citizens life-
-prospects – their prospects over a complete life (as specified by
an appropriate index of primary goods) – as these prospects are
affected by three kinds of contingencies:*

*(a) their social class of origin: the class into which they are born
and develop before the age of reason;*

*(b) their native endowments (as opposed to their realized
endowments); and their opportunities to develop these endowments
as affected by their social class of origin;*

*(c) their good or ill fortune, or good or bad luck, over the course
of life (how they are affected by illness and accident; and, say,
by periods of involuntary unemployment and regional economic
decline).*

Como se pode notar, as circunstâncias de uma sociedade organizada são incorporadas à teoria e possibilitam a estruturação de outras questões de economia normativa. Primeiramente, desfaz-se a ideia de um igualitarismo radical e se visa um que beneficie o mais infortunado; segundo, mantém-se a possibilidade de sua opção por uma boa vida e sua autonomia e, terceiro, opta-se por um igualitarismo seletivo. Naturalmente, todas essas posturas têm como referência a sociedade americana, muito embora o autor[885] argumente que:

---

dotes realizados) e suas oportunidades para desenvolver esses dons segundo a afetação de sua classe de origem; (c) sua boa ou má fortuna, ou boa ou má sorte, ao longo da vida (como são afetados por doença ou acidentes e, digamos, por períodos de desemprego involuntário e declínio econômico regional).

[885] J. Rawls. *Justice as Fairness: Political not Metaphysical.* In: *Philosophy and Public Affairs*, v. 14, n. 3. (Summer, 1985), p. 223-251. Em tradução livre: "Em *Justice as Fairness*, como se verá na próxima seção, sua ideia mais fundamental é a de que a sociedade seja um sistema de cooperação social justa entre pessoas livres e iguais. Esta seção preocupa-se com a busca de uma base pública de acordo político. Uma concepção de justiça só será capaz de atingir tal objetivo se apresentar uma forma razoável de estruturar em uma visão coerente as bases mais profundas de acordo incorporadas na cultura política pública de um regime constitucional e aceitável para as mais bem enraizadas convicções. Suponha, agora, que a justiça como equidade tenha alcançado seu objetivo e uma publicamente aceitável concepção política de justiça foi encontrada. Então, essa concepção provê um ponto de vista publicamente reconhecido a partir do qual, antes de qualquer outro, todos os cidadãos podem examinar se suas instituições políticas e sociais são justas. Isso lhes é facultado pela assunção de tais razões válidas e suficientes defluentes da própria concepção. As principais instituições da sociedade e o modo pelo qual se concatenam em um esquema de cooperação social podem ser examinados segundo essa mesma base pelos cidadãos, de qualquer posição social ou de interesses mais particulares. Deve-se observar que, sob esta aspecção, a justificação não é tida por argumento válido construído a partir de uma lista de premissas, mesmo que essas premissas sejam verdadeiras. Antes, a justificação se destina a quem dissente de nós e por isso precisa lastrear-se em algum consenso, isto é, em premissas reconhecidas, publicamente, por nós e pelos outros como verdadeiras, a fim de estabelecer um acordo cogente sobre as questões fundamentais da justiça política. Nem é preciso dizer que esse acordo deve ser estabelecido, sem coação, e formado por cidadãos segundo procedimentos consistentes com suas visões de pessoas livres e iguais. Dessarte, o objetivo de justiça como equidade segundo uma concepção política é prática e não metafísica ou

In justice as fairness, as we shall see in the next section, this more fundamental idea is that of society as a system of fair social cooperation between free and equal persons. The concern of this section is how we might find a public basis of political agreement. The point is that a conception of justice will only be able to achieve this aim if it provides a reasonable way of shaping into one coherent view the deeper bases of agreement embedded in the public political culture of a constitutional regime and acceptable to its most firmly held considered convictions.

Now suppose justice as fairness were to achieve its aim and a publicly acceptable political conception of justice is found. Then this conception provides a publicly recognized point of view from which all citizens can examine before one another whether or not their political and social institutions are just. It enables them to do this by citing what are recognized among them as valid and sufficient reasons singled out by that conception itself. Society's main institutions and how they fit together into one scheme of social cooperation can be examined on the same basis by each citizen, whatever that citizen's social position or more particular interests. It should be observed that, on this view, justification is not regarded simply as valid argument from listed premises, even should these premises be true. Rather, justification is addressed to others who disagree with us, and therefore it must always proceed from some consensus, that is, from premises that we and others publicly recognize as true; or better, publicly recognize as acceptable to us for the purpose of establishing a worthing agreement on the fundamental questions of political justice. It goes without saying that this agreement must be formed and uncoerced, and reached by citizens in ways consistent with their being viewed as free and equal persons.

Thus, the aim of justice as fairness as a political conception is practical, and not metaphysical or epistemological. That is, it presents itself not as a conception of justice that is true, but one that can serve as a basis of informed and willing political agreement between citizens viewed as free and equal persons. This agreement

---

epistemológica. Isto é, apresenta-se não como uma concepção de justiça que é verdadeira, mas base de um acordo consciente e intencionado acordo político entre os cidadãos vistos como pessoas livres e iguais. Tal acordo quando seguramente fundado em atitudes políticas e sociais públicas garante os bens de todas pessoas e associações em um regime democrático justo." (p. 229-230)

> *when securely founded in public political and social attitudes sustains the goods of all persons and associations within a just democratic regime.*

[...] numa clara busca de generalizar seu paradigma.

A obra de Rawls lastreia as de Sen que utiliza o conceito de liberdade como fundamento daquele de justiça e, também a de Roemer, que influenciado pela obra de Dworkin, buscará esse fulcro na responsabilidade. Essa última posição tem recebido as mais variadas críticas, entre as quais a de que a introdução da responsabilidade individual reduziria o grau de igualdade. Fleurbaey[886] resume:

> *[...] economists have long since understood that, unless one is willing to accept big efficiency losses, equality cannot be achieved because the agents have some influence over their own outcomes.*
>
> *But political philosophers argue that equality is not desirable in the first place, for exactly the same reason. Equality would remove most of the expression of agency by free agents; and/or it would unduly relieve them from the burden of the consequences of their choices. In: brief, full equality would deny responsibility.*

O igualitarismo seletivo de Rawls conduz, também, à extirpação da responsabilidade. Mas esta costuma ser definida a partir de três fatores capazes de influenciar os resultados dos indivíduos: os recursos de um indivíduo que as instituições sociais e o governo podem controlar diretamente; a responsabilidade ou livre-arbítrio e, enfim, os talentos e deficiências desse mesmo indivíduo.

Conjugando essas três variáveis, as teorias liberais da justiça tentam desenvolver uma concepção satisfatória de igualdade conducente à justiça como equidade. As teorias de Rawls e Dworkin preocupam-se com as preferências individuais a fim de definir responsabilidade e aquelas de Sen e Roemer

---

886 M. Fleurbaey. Equality and responsibility. *In: European Economic Review*, 39, 1995, p. 683-689: "os economistas compreenderam, há muito, que, a menos que se aceite perder muito da eficiência, a igualdade não pode ser estabelecida porque os agentes têm alguma influência sobre seus próprios resultados. Mas, os filósofos políticos afirmam que a igualdade não é desejável, em primeiro lugar, exatamente pela mesma razão, A igualdade removeria muito da expressão de agência de agentes livres, e/ou reduziria, indevidamente, a carga das consequências de suas escolhas. Em resumo, igualdade plena negaria a responsabilidade.", p. 683.

combinam determinismo e responsabilidade com o fito de enfatizar que os indivíduos nem sempre podem ser responsabilizados por suas preferências ou objetivos.

Se isso vale para o "corte", para o método da compensação a diferença se mantém: a igualdade de recursos é sustentada por Rawls e Dworkin e os dois outros teóricos pensam na igualdade de oportunidades. É fácil ver que aqui se trata de questão central para qualquer teoria da justiça, vez que a responsabilidade pessoal necessita ser considerada à luz de seu condicionamento social.

Numa análise interessante, mas ao mesmo tempo limitada, Roemer intentou separar o condicionamento social da responsabilidade pessoal, argumentando que os erros são inevitáveis e podem levar a equívocos numa atribuição de "tipos" e má detecção de responsabilidades pessoais. Além disso, desconsidera se a situação em que se dão os atos do indivíduo (e incluso sua formação) é cooperativa, competitiva – assumindo-a neutra, além de não se referir aos tipos de incentivo mais apropriados para a formação de sua identidade.

Ademais, em todas as teorias sob análise, não se leva em conta que a responsabilidade se dá em relação e, por isso mesmo, pode-se ser responsável quanto a si mesmo e irresponsável quanto ao Outro, ou, inversamente. A rigor, como se vê, essa visão contábil da responsabilidade é pouco precisa e pode levar a grandes equívocos na distribuição de justiça. Prefere-se pensar que a responsabilidade, dada a natureza contingente dos cenários em que circulam os sujeitos, seja decorrência da aplicação do poder disponível para o ator em sua circunstância ao tomar suas decisões, bem como a reação social diante de suas atitudes proporcionando-lhe resultados como cuidados de saúde, padrão de vida, educação, enfim: prêmios civilizatórios.

O conceito aqui adotado apresenta, como qualquer outro, seus problemas. Não estabelece, esse conceito, uma clara definição dos âmbitos público e privado para efeito dos resultados obtidos, vez que alguns deles dependem da ação de instituições sociais em resposta às ações do sujeito. Assevera-se, no entanto, que as instituições fazem o que podem, não o que delas se espera. Isso significa: os atos do sujeito serão tendentes a obter o resultado esperado e a instituição responderá conforme lhe for possível, gerando sua própria parcela de responsabilidade pelos eventos. Pondera-se, ainda, que além do valor instrumental das escolhas há, ainda, seu significado intrínseco.

Além disso, uma solidariedade social bem desenvolvida poderá ajudar na eficiência e dignidade pessoais.

6. GRAUS DE RESPONSABILIDADE

Um dos principais próceres do neoliberalismo, Ludwig von Mises[887], referindo-se à desigualdade assim se expressa:

> *A desigualdade de renda e de riqueza é uma característica inerente à economia de mercado. Sua eliminação a destruiria completamente.*
>
> *O que as pessoas que propõem a igualdade têm em mira é sempre um aumento de seu próprio poder de consumir. Ao apoiar o princípio da igualdade como um postulado político, ninguém pensa em repartir sua renda com os que têm menos. Quando os assalariados americanos falam em igualdade estão querendo dizer que os dividendos dos acionistas deveriam ser distribuídos entre eles. Não estão propondo uma redução de sua própria renda em benefício dos 95% da população da Terra cuja renda é menor que a sua.*

Essa visão que faz da desigualdade de distribuição dos prêmios civilizacionais o próprio motor da sociedade que, por sua vez, se lastrearia no egoísmo – faz do homem uma caricatura de si mesmo. Sem dúvida, o poupador, aquele que decide adiar seu consumo a fim de alcançar novos patamares de capacidade aquisitiva – acaba por colaborar com a formação do capital, em larga parte dispendido pelo Governo em gastos e despesas correntes. Mas, por outra parte, essa decisão oferece a oportunidade de planejar mais livremente seu futuro. As decisões tomadas levam em conta as condições existentes e os objetivos perseguidos e engendram consequências sistêmicas compatíveis.

Põe-se, de imediato, outra questão – como determinar, para sujeitos em diferentes situações, seu grau de responsabilidade para suas consequências? Em geral, argumenta-se por recurso ao esforço individual (o bom combate) e a escolha de seu tipo. Assim, pode-se, diante de uma dada dificuldade, dispor de uma determinada forma de esforço: adaptar-se; orar; buscar auxílio; fazer frente (com trabalho) aos novos reclamos etc., em resumo, escolher o tipo de esforço para lidar com as dificuldades surgidas: escolher uma estratégia, isto é, um conjunto de ações racionais com vistas afins.

---

[887] L. von Mises. *Ação Humana: um tratado de economia*. 2. ed.. Trad. de Donald Stewart Jr., Rio de Janeiro: Instituto Liberal, 1995, p. 845.

Roemer[888] constrói uma resposta sugestiva: a quantidade de esforço livremente fornecida por um indivíduo seria um quantil dos níveis de distribuição de esforço e esse quantil corresponde à proporção de indivíduos de mesmo tipo para os quais a quantidade de esforço é igual ou inferior à sua. Tal proporção refletiria o nível de esforço do indivíduo e permitiria a comparação com aquele dos demais.

Em outra obra[889] aperfeiçoa essa posição:

> *[...] the quantile of the effort distribution of one's type provides a meaningful intertype comparison of the degree of effort expended in the sense that the level of effort does not.*

Uma política que pretenda equalizar as oportunidades deveria, então, considerar o grau e não a quantidade de esforço despendido, para efeito de recompensar o sujeito. É fácil ver que essa postura é insatisfatória, vez que as diferenças das distribuições dos níveis de esforço são atribuídas às circunstâncias e não às escolhas dos indivíduos – afastando a responsabilidade. Roemer[890] busca estabelecer uma política pela qual as recompensas civilizatórias serão distribuídas igualmente para os que desempenharem o mesmo grau de esforço. O nível de desempenho individual depende de seu tipo e seu livre-arbítrio que é determinado por seu grau de esforço. A responsabilidade de um indivíduo, então, corresponde ao seu esforço despendido, em particular, por superar sua fraqueza de vontade a fim de obter os fins pretendidos.

Quando há igual oportunidade de bem-estar, qualquer desigualdade existente seria devida a fatores controláveis pelos indivíduos e, assim, tal desigualdade não seria um problema para efeito de uma igualdade distributiva. As doutrinas igualitárias liberal e radical distinguir-se-iam, em larga medida, pelos diferentes graus de responsabilidade atribuídos aos indivíduos na busca de seu bem-estar. A liberal consideraria o nível de esforço para efeito de responsabilização e a radical não veria responsabilidade do indivíduo pelas desigualdades. A mais liberal pensa em igualdade de oportunidades: dada a

---

888 J. E. Roemer. A Pragmatic Theory of Responsibility for the Egalitarian Planner. *In: Philosophy and Public Affairs*, 22, 1993, p. 146-166.

889 J. E. Roemer. *Equality of Opportunity*. Harvard, 1998.

890 Não se deve pensar que Roemer assuma a identidade entre os seres humanos, longe disso, a diversidade é relevante em seu modelo e é apresentada pela noção de tipos. A paralela teoria de Sen, por outro lado, acolhe a diversidade humana mercê de um conjunto de funções de utilização (Fi) do indíviduo i frente a suas circunstâncias. As funções de utilização compõem o conjunto de qualidades de i: saúde, inserção social etc.

igualdade dos pontos de partida (a *'starting gate equality'* de Dworkin), o resultado final está justificado, desde que certas regras sejam observadas. A mais radical exige igualdade de bem-estar e entre ambas radicam as propostas igualitárias dos mais diversos matizes.

7. JUÍZOS DE VALOR, EQUIDADE, JUSTIÇA E FELICIDADE

As diferentes teorias sobre a justiça distinguem-se segundo os juízos de valor e a apreciação do funcionamento dos sistemas sociais e do próprio ator nesses sistemas (numa abordagem socioeconômica, biológica etc.) e isso significa que as tentativas de tratar o problema da Justiça como independente daquela da Ética introduziram novas e mais difíceis questões, vez que a distribuição também requer critérios que estabeleçam, no mínimo, a igualdade entre os administrados. Mesmo porque, as teorias éticas, em sua maioria, tendem a exigir igualdade, no contexto da modernidade, para garantir plausibilidade e aceitação social.

Mas, o que seria essa equidade? Ao responder, preparando sua crítica a Rawls, Amartya Sen[891] assim se manifesta:

> *O que é então a equidade? Essa ideia fundamental pode ser conformada de várias maneiras, mas em seu centro deve estar uma exigência de evitar vieses em nossas avaliações levando em conta os interesses e as preocupações dos outros também e, em particular, a necessidade de evitarmos ser influenciados por nossos respectivos interesses pelo próprio benefício, ou por nossas prioridades pessoais ou preconceitos.*

Dessa forma, após entronizar a necessária santidade, em sentido levinasiano, para que se possa obter equidade, lança simultaneamente vários outros vieses e problemas oriundos dessa particular teorização da justiça. Há um ponto de partida determinante para se observar o que seria o equitativo. Esse consenso originário, presente em Rawls, será uma das dificuldades intransponíveis para essa abordagem, conforme vimos acima. A simples alegação de que[892]

---

[891] A. Sen. *A ideia de Justiça*, São Paulo: Martins Fontes, 2011, p. 84.

[892] J. Rawls. *A theory of justice*. Massachusetts: Harvard, 1971, p. 17.

[...] tal posição original é o status quo *inicial apropriado que garante que os acordos fundamentais nela alcançados sejam justos. Esse fato gera o nome "justiça como equidade" (*justice as fairness*). É claro, então, que quero dizer que uma concepção de justiça é mais razoável do que outra, ou justificável em relação a outra, se pessoas racionais, na situação inicial, escolhessem seus princípios em vez dos princípios da outra concepção para o papel de justiça. As concepções de justiça devem ser classificadas por sua aceitabilidade por pessoas situadas desse modo.*

Não é suficiente para assegurar a racionalidade desses processos, mesmo porque essa posição pressupõe uma transcendentalização dos sujeitos em relação, o que se demonstrou, acima, não pode acontecer senão num quadro de um idealismo exacerbado. As diferenças de situação originária, não atribuíveis a escolhas dos sujeitos, aquisição originária de linguagem, diversas concepções de mundo – impedem que esse consenso originário seja possível. Não bastasse isso, cabe lembrar Forsé[893]:

Face a toda situação complexa desse tipo, o individualismo apaga sempre a diversidade e as particularidades. Os indivíduos reais, com tudo o que eles comportam de monádico, já não existem. Só subsistem indivíduos médios e, portanto, nominais a que se confere o atributo de racionalidade. A racionalidade não é pois o que qualifica o indivíduo real. Ela se aplica a uma construção do sociólogo.

E, de fato, mesmo em Pareto e Weber, essa racionalidade manifesta-se como um construto teórico: no primeiro aparece como resultado de um cálculo e no segundo tem em vista fins, com frequência, derrisórios ou irracionais. A escolha de fins decorre da contingência que permite a liberdade e, por sua vez, essa faculta a decisão entre compossíveis, conduzindo a liberdade, vez que essa, como vista ao longo da história da Filosofia, deve satisfazer o desejo e isso só se torna possível com o abrigo da própria insânia, posto que[894]:

---

893 M. Forsé. *A ordem improvável.* Trad. de Adriano Fonseca, Porto: Rés, s. d., p. 19.

894 A. Comte-Sponville. *Uma educação filosófica.* Trad. de Eduardo Brandão, São Paulo: Martins Fontes, 2001, p. 429.

*A phronesis por isso é "mais preciosa até que a filosofia", que
ela permite e não a substitui. No entanto a felicidade continua a
ser o objetivo, que a phronesis não consegue atingir e que justifica
filosofar. Quem se contentaria com o prazer sem felicidade? "É
necessário, portanto", anuncia Epicuro, 'meditar sobre o que
proporciona o prazer, já que, estando ele presente, temos tudo e,
estando ele ausente, fazemos tudo para tê-lo. (Carta a Meneceu,
122). Algo como uma ascensão aparece aqui, onde o hedonismo e o
eudemonismo se encontram: o prazer é o bem primeiro, a felicidade
é o bem soberano.'*

Esse é o conteúdo escamoteado nas abordagens da justiça como equidade: o que se objetiva com a vida em sociedade é o aumento da felicidade individual e coletiva. Deve o bem geral preponderar sobre o particular e esse é o mais basilar princípio constitucional de qualquer sociedade burguesa: a preponderância inegociável do interesse público. Mesmo na Constituição brasileira, em que esse princípio é pressuposto e não posto, todos os requisitos dos atos administrativos repousam sobre seu suposto.

Seja esperando a felicidade quando não podemos querê-la e, em consequência produzi-la, seja em pleno processo de escolha, no âmbito da contingência, para materializá-la – sempre está o ser humano insatisfeito, almejando outra distribuição e outra equidade. Como já se disse em outro trabalho[895]:

*[...] acredita-se que dada a decisão de um conflito (o que não
implica a justiça) só haverá justiça quando as partes em litígio,
diante da decisão apresentada, não puderem exigir, cada uma
delas, mais que o obtido, segundo os limites da situação decidida.
Esse mesmo sentimento, ou consenso, igualmente compartilhado
pelos litigantes, significa, a rigor, que se obteve o limite do, razoavelmente, exigível. Esse 'razoavelmente' implica, nesta conjectura,
que a decisão foi obtida nos limites de Pareto, isto é, segundo uma
distribuição de probabilidades que contempla os pontos de possível
acordo entre as partes em face dos limites da situação conflitiva
enfrentada.*

Se essa é a justiça possível para os tribunais, para a vida resta, nos lindes da liberdade, por sua vez só possível pela contingência, estabelecer as

---

895 M. Pugliesi. *Teoria do Direito*. 2. ed., São Paulo: Saraiva, 2009, p. 195.

escolhas que conduzam aos objetivos pessoais com o mínimo de dano para aqueles sociais. Compartilha-se a posição, já antiga, de Hayek[896], quanto à equidade: em primeiro lugar, nenhum homem possui, de modo conclusivo, a capacidade de determinar as potencialidades de outro ser humano e que, jamais, se pode delegar essa competência seja a quem for; ademais a aquisição de novas habilidades pelos membros da sociedade sempre será vista como um ganho para a mesma. Assim, os incentivos materiais e a pressão para ocupar postos de destaque na sociedade conduzem a ações que são recompensadas pela civilização a que pertence o ator, vez que corresponderiam aos interesses gerais.

Deve-se sublinhar, ainda, que a necessidade de se assegurar para os conceitos éticos, como o de justiça, credibilidade no segmento que se pretende convencer ou influenciar, é intrínseca a essa categoria de enunciados e adotar nessa acepção um ponto de vista a ser considerado "justo" significa adotar aquele que possa ser justificável para a maior parte dos destinatários. A credibilidade não implica unanimidade, tendo em vista a anisotropia do tecido social, porém deve assegurar uma aceitação tácita, pelo menos, das posições/ decisões assumidas em dada situação.

Por outra parte, sempre é conveniente lembrar que a inovação, também, dependente da contingência, decorre da diversidade e, em consequência da desigualdade e, como a inovação é incentivada quando produz benefícios ao sistema – terminará por, no mínimo, remover alguns fatores limitantes à formação de capital cultural, de ensino, pesquisa, desenvolvimento e de financiamento.

Para encerrar essa tentativa de demonstração de que o critério de equidade só remotamente perfaz o significado de justiça deve-se indicar, na linha seguida pelo próprio Rawls, que os diferentes resultados individualmente alcançados tem como fatores, entre outros, os dons de cada sujeito, isto é, seus talentos e defeitos de nascimento; a influência de instituições sociais, recursos materiais, informações alcançáveis e disponíveis, inserção social e preferências; diferenças devidas à responsabilidade: cuidado, esforço pessoal, determinação etc.

Desse modo, tendo em vista a contingência de todos esses fatores, apenas a liberdade de escolha entre as compossíveis situações futuras, o que conduz à felicidade no sentido assumido acima, pode conduzir à justiça. A análise da ação humana, empreendida no item a ela referente neste mesmo trabalho, indica a estrutura da ação virtuosa e conducente ao menos prejudicial cenário para uma sociedade norteada pelo êxito e pelas recompensas civilizatórias.

---

896 F. A. Hayek. *The constitution of liberty*, Chicago, The University of Chicago Press, 1960, p. 42 e 60.

8. FONTES E BIBLIOGRAFIA

ARNESON, Richard J. Equality and equal opportunity for welfare. *In: Philosophical Studies 56*, 1989, p. 77-93.

_____. Liberalism, distributive subjectivism, and equal opportunity for welfare. *In: Philosophy and Public Affairs 19*, 1990, p. 159-194.

_____. Luck egalitarianism and prioritarianism. *In: Ethics*, 110: 339-49, 2000.

AUDARD, Cathérine. La cohérence de la théorie de la justice. *In:* AUDARD, Cathérine [Coord.]. *John Rawls: politique et métaphysique*. Paris: PUF, 2004, p. 15-38.

COHEN, Gerald Allan. On the currency of egalitarian justice, *Ethics 99*, n. 4, Chicago: Chicago, 1989, p. 906-944, p. 915.

_____. Equality of what? On welfare, goods and capabilities. *In: Recherches Économiques de Louvain 56*, 1990, p. 357-382.

COMTE-SPONVILLE, André. *Uma educação filosófica*. Trad. de Eduardo Brandão, São Paulo: Martins Fontes, 2001.

DESCARTES, Rene. *Discurso sobre o Método*. 12ª ed.. Trad. Márcio Pugliesi e Norberto de Paula Lima, São Paulo: Hemus, 1999

_____. Principles of Philosophy. Part 3, XLVI. *In:* ANSCOMBE, E.; GEACH, P. T. *Descartes: Philosophical Writings*. London: Nelson, 1969.

FLEURBAEY, Marc. Equality and responsibility. *In: European Economic Review 39*, 1995, p. 683-689.

FORSÉ, Michel. *A ordem improvável*. Trad. de Adriano Fonseca, Porto: Rés, s. d.

GUILLARME, Bertrand. *Rawls et l'égalité démocratique*. Paris: P. U. F., 1999.

GUIMARÃES ROSA, João. *Manuelzão e Miguelim (corpo de baile)*. 11ª ed. (14ª impressão). Rio de Janeiro: Nova Fronteira.

HAYEK, Friedrich A. *The constitution of liberty*. Chicago: The University of Chicago Press, 1960, p. 42 e 60.

HEGENBERG, Leonidas. *Definições – termos teóricos e significado*. São Paulo: Cultrix/Edusp.

KANT, Immanuel. *Immanuel Kant's Critique of Pure Reason*. Trad. de Smith, N. K., Bedford, Boston/New York: St. Martin's, 1965

LEIBNIZ, Gottfried Wilhelm Freiherr von. *Philosophical Writings of Leibniz*. ed. G. H. R. Parkinson. Trad. Mary Morris & G. H. R. Parkinson, London: Dent, 1973

MILLER, David [Ed.]. *Popper Selections*. New Jersey: Princeton University Press, 1985.

MISES, Ludwig von. *Ação Humana: um tratado de economia.* 2. ed. Trad. de Donald Stewart Jr. Rio de Janeiro: Instituto Liberal, 1995.

PUGLIESI, Márcio. *Teoria do Direito.* 2. ed., São Paulo: Saraiva, 2009.

RAMOS, Cesar Augusto. A crítica comunitarista de Walzer à teoria da justiça de John Rawls. *In:* FELIPE, Sônia. [Org.]. *Justiça como Equidade.* Florianópolis: Insular, 1998, p. 231-243.

RAWLS, John. *A Theory of Justice.* Cambridge: Belknap, 1971.

_____. *Justice as fairness.* Cambridge (Massachusetts)/London: Belknap, 2001.

RICOEUR, Paul. On John Rawls' A Theory of Justice: is a pure procedural theory of justice possible? *In: International Social Science Journal 42,* 1990, p. 553-564.

ROEMER, J. E. *Theories of Distributive Justice.* Harvard, 1996.

_____. *Equality of Opportunity.* Harvard, 1998.

_____. Equality of Talent. *In: Economics and Philosophy 1,* 1985, p. 151-181.

_____. Egalitarianism, responsibility and information. *In: Economics and Philosophy 3,* 1987, p. 215-244.

_____. A Pragmatic Theory of Responsibility for the Egalitarian Planner. *In: Philosophy and Public Affairs 22,* 1993, p. 146-166.

_____. Equality of opportunity: A progress report. *In: Social Choice and Welfare 19,* 2002, p. 455-471.

SCANLON, T. M. Rawls' Theory of Justice. *In:* DANIELS, Norman [Ed.] *Reading Rawls.* Stanford: Stanford, 1989, p. 169-205.

SEN, Amartia K. Equality of What? *In:* MCMURRIN, S. [Ed.]. *Tanner lectures on human values,* v. 1, University of Utah Press, 1980, p. 195-220.

_____. Welfare, freedom and social choice: a Reply. *In: Recherches Economiques de Louvain 56,* 1990, 451-485.

_____. *Commodities and Capabilities.* Amsterdam: North-Holland, 1985.

_____. *On Ethics and Economics.* Oxford: Basil Blackwell, 1987.

_____. *Inequality Reexamined.* Clarendon Press, 1992.

_____. *A ideia de Justiça.* Trad. de Denise Bottmann e Ricardo Doninelli Mendes, São Paulo: Companhia das Letras, 2011.

SEN, Amartya K.; WILLIANS, B. [Eds.]. *Utilitarism and Beyond.* Cambridge, Massachusetts: Cambridge, 1982.

TOURAINE, Alain. *Sociologie de l'action.* Paris: du Seuil, 1965.

Quinta Parte

DEMOCRACIA E A LEGITIMIDADE DA JUSTIÇA CONSTITUCIONAL

Capítulo 19

JUSNATURALISMO, POSITIVISMO E CONTROLE DA LEI. OS PRESSUPOSTOS HISTÓRICOS, IDEOLÓGICOS E DOUTRINAIS DA JURISDIÇÃO NACIONAL

Luis Prieto Sanchís

Sumário
1. Implica o constitucionalismo alguma determinada concepção sobre o Direito? Precisões conceituais
2. A ideologia do controle das leis
2.1. O Direito natural racionalista e a teoria do contrato social
2.2. Do contrato social ao constitucionalismo
2.2.1. Na independência dos Estados Unidos
2.2.2. Na Revolução Francesa
3. A ideologia do legalismo. Do contrato social à supremacia da lei
4. O Tribunal Constitucional do positivismo: o modelo kelseniano
5. Esquema de conclusões

1. IMPLICA O CONSTITUCIONALISMO ALGUMA DETERMINADA CONCEPÇÃO SOBRE O DIREITO? PRECISÕES CONCEITUAIS

Em um opúsculo de citação quase obrigatória entre aqueles que se ocupam da justiça constitucional, O. Bachof explicava nestes termos a vigorosa fórmula de controle das leis instaurada pela Constituição da então República Federal alemã: a eficácia prática do sistema – dizia – não é somente o fruto de um bom desenho técnico querido pela vontade do constituinte, senão que repousa em uma ordem de valores "que não foi criada pela Constituição, mas esta se limita a reconhecê-la e garanti-la"; também a Constituição de Weimar incorporava direitos fundamentais, porém o fazia de acordo com a limitação do positivismo jurídico, não como agora, que os direitos derivam dessa "ordem de valores que em suas características finais é pré-estatal e, portanto, independentes do arbítrio do Estado"[897]. A negação do positivismo ou, se se prefere, uma renovada afirmação de fé jusnaturalista, estaria na base de nosso modelo de Constituição e de justiça constitucional, já não como semente ideológica ou programa de política jurídica, senão como realidade operativa e atuante no seio do próprio Direito positivo, e de indispensável consideração para a plena compreensão do mesmo.

Talvez coubesse pensar que a posição de Bachof se inscreve naquele poderoso renascimento do Direito natural, experimentado pela ciência jurídica alemã após a Segunda Guerra Mundial[898], quando pareceu que o totalitarismo, o extermínio das minorias e, em suma, a asfixia do Estado de Direito tinham um responsável ideológico no âmbito da cultura jurídica, o positivismo; um positivismo inacessível aos valores, obediente mudo da nua vontade do poder, e capaz de comprometer-se na explicação e na aplicação de qualquer Direito positivo. G. Radbruch, certamente o primeiro porta-voz desse renascimento, então podia escrever que "em todos os lugares, pois, ergueu-se a luta contra o positivismo, partindo da ideia de que há leis que não são Direito e de que há Direito acima das leis"[899].

No entanto, creio que seria equivocado atribuir esse cunho antipositivista do constitucionalismo contemporâneo exclusivamente a essa espécie de

---

[897] O. Bachof, *Jueces y Constituición* (1959). Trad. de R. Bercovitz, Taurus, Madri, 1963, p. 28.

[898] Sobre isso deve-se ver a Introdução de E. Garzón Valdés no volume *Derecho y filosofia*. Trad. de C. de Santiago, Alfa, Barcelona, 1985, e a ampla bibliografia ali citada.

[899] G. Radbruch, "Leyes que no son Derecho y Derecho por encima de las leyes" (1946), em G. Radbruch, E. Schmidt e Welzel, *Derecho injusto, Derecho nulo*, ed. de J. M. Rodríguez Paniagua, Aguilar, Madri, 1971, p. 12.

"remorso de consciência" dos juristas alemães do pós-guerra. A opinião se manteve e parece corresponder a motivos mais profundos e complexos. Valem alguns exemplos: "o constitucionalismo, na medida em que afirma a exigência de conferir superioridade e tornar imutáveis as normas superiores, não faz outra coisa do que retomar um tema próprio da tradição jusnaturalista"[900]; "é claro que o positivismo, nos três sentidos que possui este vocábulo, resulta totalmente incompatível com o constitucionalismo"[901]; "a sobrevivência 'ideológica' do positivismo jurídico é um exemplo da força da inércia das grandes concepções jurídicas, que frequentemente continuam operando como resíduos, inclusive quando já perderam sua razão de ser por causa da mudança das circunstâncias que originalmente as haviam justificado"[902]; com o constitucionalismo "o que deixa de ser possível é a compreensão positivista do Direito"[903]; o constitucionalismo representa "um novo paradigma, fruto de uma profunda transformação interna do paradigma paleopositivista"[904]. E, como era de se esperar, se o constitucionalismo deseja ver-se como algo incompatível com o positivismo, ou com alguma forma de positivismo, os críticos do constitucionalismo, ou de algum aspecto do próprio, não duvidam em reprovar-lhe implicações, que de certo modo poderiam qualificar-se como jusnaturalistas. Este é o caso de Habermas, que, precisamente em sua crítica ao Tribunal Constitucional, censura os pressupostos valorativos ou supra positivos sobre os quais descansa uma jurisprudência constitucional em clara batalha contra a supremacia legislativa[905].

Tanta unanimidade parece algo enganosa. Em que sentido o constitucionalismo e, portanto, o controle sobre a lei são fiduciários do Direito natural? Quais são os postulados do positivismo que resultam incompatíveis com o constitucionalismo? A meu ver, não há dúvida de que o controle da lei e, mais amplamente, o constitucionalismo apresentam implicações desde a perspectiva da filosofia ou das concepções a respeito do Direito, mas não

---

900 N. Mateucci, Positivismo giuridico e costituzionalismo, em *Rivista trimestrale di Diritto e procedura civile*, XVII, 3, 1963, p. 1046.

901 M. Tropper, Il concetto di costituzionalismo e la moderna teoria del Diritto. Trad. de P. Comanducci, em *Materiali per una storia della cultura giuridica*, XVIII, 1, 1988, p. 63.

902 G. Zagrebelsky, *El Derecho dúctil* (1992). Trad. de M. Gascón, Epílogo de G. Peces-Barba, Trotta, Madri, 1995, p. 41.

903 A opinião é de F. Rubio a respeito do livro de Zagrebelsky citado em nota anterior, mas parece uma opinião compartilhada, *Revista Española de Derecho Constitucional*, nº40, 1994, p. 431.

904 L. Ferrajoli, *Los fundamentos de los derechos fundamentales*, debate com L. Baccelli, M. Bovero, R. Guastini e outros, ed. de A. de Cabo e G. Pisarello, Trotta, Madri, 2001, p. 52.

905 Vide J. Habermas, *Facticidad y validez*, Introdução e tradução da 4. ed. alemã de M. Jimenez Redondo, Trotta, Madri, 1998, p. 311 e s.

existe uma conexão sempre necessária ou uma relação unívoca entre ambas as coisas. E isso, em primeiro lugar, porque as etiquetas do jusnaturalismo e positivismo – maltratadas por seu uso polêmico – contêm muitos significados diferentes que não devem ser confundidos. Seguindo com alguma liberdade um esquema bem conhecido[906], deve-se falar de jusnaturalismo e positivismo em três sentidos diferentes: como ideologia ou ponto de vista moral acerca da melhor forma de organização política, como teoria explicativa do Direito e, finalmente, como posição conceitual sobre o Direito e sobre o modo de aproximar-se de seu conhecimento. E, por outro lado, em segundo lugar, é mais do que provável que as influências não sejam só unidirecionais, isto é, que não procede perguntar-se somente em que medida jusnaturalismo ou positivismo se encontram na origem de uma instituição que possa ser o controle de constitucionalidade; cabe também perguntar em que medida dita instituição influi ou se projeta sobre nossas concepções em relação ao Direito ou, o que dá no mesmo, sobre o modo de entender jusnaturalismo e positivismo.

Usando a expressão ideologia em sentido amplo e sem carga pejorativa nenhuma, podemos convir que o jusnaturalismo é aquela ideologia que sustenta – como possa sustentá-lo é uma questão à parte – a existência de uns princípios superiores de justiça mais ou menos objetivos e cognoscíveis aos quais *deve* ajustar-se o Direito positivo, de modo que o legislador ou o poder político não estão livres para impor quaisquer normas jurídicas; resumindo, que a vontade dos homens não é a fonte final de normatividade, pois – para dizê-lo com uma citação clássica – "se o Direito tivesse seu fundamento na vontade dos povos, nos decretos dos chefes ou nas sentenças dos juízes, então teríamos Direito a desempenhar o ofício de bandido, de cometer adultério... se tais ações obtivessem a aprovação dos votos ou das resoluções da massa popular"[907]. Assim então, mesmo que seja de forma pouco matizada, é possível afirmar que o jusnaturalismo no sentido ideológico defende a limitação do poder a partir de alguns princípios não positivos de justiça, cuja observância é a condição da obediência ao Direito. O esquema, é óbvio, permite substituir a ideia de princípios não positivos pela ideia de Constituição como norma suprema.

O positivismo ideológico, pelo menos em sua versão mais radical, afirma mais ou menos o contrário, isto é: não somente que o Direito positivo é o único Direito, mas também que nele se esgota qualquer possível

---

906 Vide N. Bobbio, *Giusnaturalismo e positivismo giurídico* (1965), ed. Di Comunità, Milano, 1977, p. 127 e ss.; do mesmo autor, *Il positivismo giuridico*, Giappichelli, Torino, 1979, p. 151 e ss.

907 Cícero, *Sobre las leyes* (52 a. C.). Trad. de F. P. Samaranch, Aguilar, Buenos Aires, p. 65. Não é a primeira vez que, procurando remotos precedentes da *judicial review*, cita-se a Cícero, vide M. Cappelletti, *Il controllo giudiziario delle leggi nel Diritto Comparato*, Giuffrè, Milano, p. 35.

normatividade porque a vontade do poder nos indica ao mesmo tempo quais obrigações jurídicas temos, e quais deveres morais devemos cumprir. Talvez ninguém o tenha expressado melhor do que Hobbes: "Antes que existissem os poderes políticos, não existia o justo e o injusto, de modo que a natureza do que é justo e injusto depende daquilo que está ordenado. Toda ação é por natureza indiferente, e o fato de que seja justa ou injusta depende do Direito do governante. Os reis legítimos tornam justas as coisas que mandam, pelo fato de mandá-las, e injustas as coisas que proíbem, pelo fato de proibi-las"[908]. Embora, como é sabido, Hobbes se serve dos tópicos do Direito natural, em poucos lugares como neste fragmento se encontra uma expressão tão firme do chamado formalismo ou positivismo ético: não há outra justiça senão a legal. Esta forma de argumentar conduz – também parece bastante claro – a um legalismo ideológico: a lei, como expressão da vontade soberana, deve ser a suprema e indiscutível fonte do Direito e sobre ela não cabe nenhum controle.

Se o legalismo ideológico é uma tese positivista, ou na medida em que o seja, o constitucionalismo contém uma negação deste[909]; especialmente um constitucionalismo como o atual dotado de uma grande densidade normativa a base de princípios, direitos e diretrizes substanciais dirigidas ao legislador[910], não pode conviver com uma concepção do Direito em que a vontade do legislador não tem limites. Como observa Ferrajoli, o constitucionalismo "corresponde a uma segunda revolução na natureza do Direito, que se traduz em uma alteração interna do paradigma positivista clássico". Se a primeira revolução expressou-se na onipotência do legislador, esta segunda baseia-se no "princípio de estrita legalidade (ou de legalidade substancial). Ou seja, com a submissão também da lei a vínculos não somente formais como também substanciais impostos pelos princípios e direitos". Uma de suas consequências é que "a jurisdição já não é a simples sujeição do juiz à lei, como também a

---

908 T. Hobbes, *Del Ciudadano* (1642). Trad. de A. Catrysse, Introdução de N. Bobbio, Instituto de Estudos Políticos, Caracas, 1966, cap. XII, p. 192.

909 O que não significa negar, obviamente, a influência do positivismo na formação do Direito constitucional moderno, e sobre isso vide M. García Pelayo, Derecho Constitucional comparado (1950), 5. ed., *Revista de Occidente*, Madri, 1959. Ainda que, isso sim, como observa o autor citado, se trata de uma Constituição concebida como a simples ordem jurídica do Estado, um conceito racional despojado "de toda referencia axiológica de índole política ou moral, e ressaltando a pura normatividade formal". Daí que "para o positivismo, o jurídico se identifica com o legal; não existe outro Direito que o expressado na lei, à qual, por outro lado, não se exige que tenha um conteúdo determinado sendo que este pode ser de qualquer índole. O liberalismo substancial havia se convertido em liberalismo formal; o Estado de Direito, em Estado legal", p. 56 e s.

910 Dos traços do constitucionalismo contemporâneo dediquei-me em "Neoconstitucionalismo y ponderación judicial", *Anuário de la Facultad de Derecho de la Universidad Autónoma de Madri*, n. 5, 2001, p. 201 e ss.

análise crítica de seu significado como meio de controlar sua legitimidade constitucional"[911]. Pelo que eu acho aqueles que hoje se declaram positivistas, não o fazem neste sentido ideológico. O que também não significa que o legalismo ou seu princípio equivalente, a supremacia do Parlamento, careça de defensores[912].

Pois bem, jusnaturalismo e positivismo podem aparecer e ser entendidos, não como uma ideologia ou projeto político, mas como teorias explicativas do Direito, isto é, como tentativas mais ou menos afortunadas de descrever os traços fundamentais de certo sistema jurídico. No entanto, falar de *uma* teoria do Direito por parte do jusnaturalismo em oposição a uma teoria positivista apresenta algumas dificuldades. Em primeiro lugar, porque uma das características do Direito natural é de ser uma doutrina construtora de seu próprio objeto, isto é, que não pretende dar conta de uma concreta ordem jurídica, mas sim de um Direito ideal. Além do mais, diferentemente do positivismo, o Direito natural é multissecular e não se nota homogeneidade a respeito de quais são as normas que conformam esse Direito, nem de que origem elas têm, nem de que tipo de relações se estabelece entre elas[913]. Em segundo lugar, e precisamente por isso, uma teoria jusnaturalista não tem por que ser completamente contraditória em relação a uma positivista; além do que, a teoria do Direito da codificação representa em grande parte uma herança das elaborações racionalistas do jusnaturalismo dos séculos XVII e XVIII[914], porém estas elaborações, dotadas de um alto grau de abstração e formalismo, pouco têm em comum com o Direito natural do mundo clássico, da época medieval ou do "renascimento" ocorrido no século XX.

Isso não acontece, ou pelo menos na mesma medida, com o positivismo. Este aparece estreitamente vinculado a um modelo determinado de Direito e, portanto, em um contexto histórico e cultural bem conhecido, que em linhas gerais coincide com a fórmula europeia do Estado liberal de Direito.

---

911 L. Ferrajoli, *Los fundamentos de los derechos fundamentales*, p. 53 e 55.

912 Assim, existe uma ampla literatura crítica perante o controle de constitucionalidade da lei em nome do princípio democrático, principalmente partindo das objeções de J. Waldron, "A Right-Based Critique of Conatitucional Rights", *Oxford Journal of Legal Studies*, 13/1/1993, p. 18 e ss.; do mesmo autor *The Dignity of Legislation*, Cambridge University Press, 1999. Vide entre nós R. Gargarella, *La justicia frente al gobierno. Sobre el carácter contramayoritario del poder judicial*. Ariel, Barcelona, 1996; V. Ferreres, *Justicia constitucional y democracia*, Centro de Estudios Constitucionales, Madri, 1997; P. de Lora, *La interpretación originalista de la Constitución*. Centro de Estudios Políticos y Constitucionales, Madri, 1999.

913 O que significa que, do ponto de vista histórico, não existe uma tradição do Direito natural, mas várias, vide A. P. D'Entreves, *Derecho natural* (1968). Trad. de M. Hurtado, Aguilar, Madri, 1972, p. 10.

914 Seria um precedente, por exemplo, a obra de J. Domat e sobre isso vide G. Tarello, *Storia della cultura giuridica moderna. V. I Assolutismo e codificazione*, Il Mulino, Bologna, 1976, p. 157 e ss.

Em consequência, sua teoria do Direito apresenta-se relativamente uniforme e pode resumir-se nos aspectos seguintes[915]: a tese da relação entre Direito e força[916], uma concepção estatalista e legalista das fontes do Direito, uma ideia imperativista da norma jurídica como mandato de estrutura tripartida em que a uma suposição fática se entrelaça uma consequência jurídica mediante um nexo deontológico, a afirmação do caráter unitário, pleno e coerente do sistema jurídico e, por último, uma concepção mecanicista ou meramente subsuntiva da interpretação[917].

Compreender-se-á que, percebidos como teorias do Direito, nem o jusnaturalismo nem o positivismo exerceram – nem podiam pretender exercer – nenhuma influência na questão de política jurídica como está desenhada a instituição do controle de constitucionalidade da lei; especialmente, o chamado "fetichismo da lei" típico do positivismo, afora de que pudesse ser também uma *ideologia*, enquanto tese *teórica* pretendia apresentar-se como uma descrição da ordem jurídica vigente. Aqui é preferível adotar a perspectiva contrária antes comentada, isto é, perguntar-se em que medida o constitucionalismo ou o juízo de constitucionalidade obrigam a uma importante revisão da teoria do Direito; e, sendo que nossa teoria do Direito é basicamente uma construção positivista, a questão consiste em determinar até que ponto este último se tornou obsoleto. Minha opinião é que o constitucionalismo torna insustentável a teoria do Direito positivista principalmente em três aspectos: a teoria das fontes, que obviamente já não pode girar em torno da hegemonia absoluta da lei; a teoria da norma, que deve dar conta da existência de novas "peças do Direito"[918], particularmente dos princípios; e a teoria da interpretação, que com sinceridade já não pode continuar defendendo nem a tese mecanicista nem tampouco a tese da discricionariedade, pelo menos tal e como ambas foram apresentadas pelo positivismo[919]. Hoje quando se fala da incompatibilidade

---

915 Vide amplamente N. Bobbio, *Il positivismo giurídico*, cit. p. 151 e ss.

916 Seja no sentido de que a força ou o poder são o fundamento do Direito, seja no sentido de que a força é indispensável para a realização do Direito, seja, enfim, concebendo Direito e força como facetas de uma mesma realidade.

917 De fato, desde o positivismo sobre este particular, têm-se defendido teses bastante diferentes. Simplificando, o primeiro positivismo defendeu uma concepção mecanicista da interpretação, enquanto suas manifestações mais maduras, desde Kelsen e o realismo, advogam pela tese da discricionariedade. Tratei do tema em *Ideologia e interpretación jurídica*, Tecnos, Madri, 1987, p. 19 e ss.

918 Uso a expressão de M. Atienza e J. Ruiz Manero, *Las piezas del Derecho. Teoría de los enunciados jurídicos*, Ariel, Barcelona, 1996, em grande parte dedicada precisamente a explicar a natureza e função dos princípios.

919 Ocupei-me mais amplamente destes aspectos em *Constitucionalismo y positivismo*, Fontamara, México, 2. ed., 1999, p. 29 e ss.

entre constitucionalismo e positivismo me parece que se está pensando – embora nem sempre seja explícito – na tese que acabo de enunciar.

Finalmente, a última das acepções refere-se ao próprio conceito do Direito, isto é, à determinação do tipo de realidade que é o Direito e, muito próximo a isso, à atitude metodológica que é indicado adotar para sua compreensão. Neste caso o positivismo parte da chamada tese das fontes sociais do Direito, que é concebido justamente como um produto histórico da vontade dos homens; o que se opõe à concepção jusnaturalista, que sempre confiou na existência de uma fonte de normatividade superior ou metafísica, em todo caso diferente daquela expressa pelas forças sociais. Em segundo lugar, e como consequência, o positivismo defende a separação conceitual entre o Direito e a moral crítica: visto que a ordem jurídica é um produto cambiante pela vontade dos homens, capaz de tutelar os mais díspares princípios morais e políticos, sua existência independe de seu valor moral[920]. Algo que o jusnaturalismo também não aceita e para o qual o Direito não pode renunciar a sua conexão com a moral, de maneira que a validez das normas não é totalmente independente de sua justiça; com maior ou menor ênfase, efetivamente, é próprio de a tradição jusnaturalista considerar que o Direito injusto, injusto em grau máximo ou que não incorpora sequer uma mínima pretensão de correção, não é Direito[921]. De onde se deduz uma terceira tese relativa à obrigação de obediência: se o Direito que *é* não depende do Direito que *deve ser*, pensam os positivistas que conceitual ou necessariamente não existe uma obrigação moral de obediência ao mesmo; um jusnaturalista consequente sustentaria o contrário, pois se em alguma medida a existência do Direito está em função de sua justiça, é lógico postular que sua obediência deve acontecer também por razões morais.

Tudo isso compreende, por último, uma posição metodológica: se o Direito é um fenômeno social empiricamente constatável que, em princípio e por definição, não nos diz nada acerca de seu valor moral, o positivista pensa que seu conhecimento pode ser neutro, externo ou não comprometido; determinar que deveres jurídicos que temos independe completamente de

---

920 Vide, por exemplo, H. L. A. Hart, "El positivismo jurídico y la separación entre Derecho y moral" (1958), em *Derecho y moral. Contribuciones a su análisis*. Trad. de G. Carrió, Buenos Aires, 1962; do mesmo autor "El nuevo desafío al positivismo jurídico". Trad. de L. Hierro e outros, *Sistema*, 36, 1980, p. 3 e ss.

921 Por isso, no já comentado renascimento do Direito natural, Radbruch insistirá em que uma lei, não simplesmente injusta, mas insuportavelmente injusta carece de natureza jurídica, *Introdución a la filosofía del Derecho* (1948). Trad. de W. Roces, Fondo de Cultura Econômica, Madri, 1974, p. 50 e s.; uma ideia que foi acolhida por R. Alexy quando considera que pelo menos uma modesta "pretensão de correção" é um traço definidor do Direito, *El concepto y la validez del Derecho* (1992). Trad. de J. M. Seña, Gedisa, Barcelona, 1994, p. 38 e ss. Vide sobre o tema A. García Figueroa, *Principios y positivismo jurídico*, Centro de Estúdios Políticos y Constitucionales, Madri, 1998, p. 365 e ss.

determinar quais são os deveres morais. Resumindo, conhecer o Direito é como conhecer qualquer outro fenômeno social, algo que não exige do sujeito nenhum compromisso moral com aquilo que descreve[922]. O que não pode compartilhar um jusnaturalista, quem, pelo próprio caráter do objeto que construiu; jurídico e moral ao mesmo tempo, precisa adotar o ponto de vista interno ou próprio do participante, assumindo, pelo menos, as chaves axiológicas fundamentais do sistema: descrever o Direito positivo requer então uma atitude de compromisso com essa moralidade que condiciona e na qual descansa a ordem jurídica e sua inteira pretensão de obediência. Não procede deter-se nesta questão, porém a conhecida figura do juiz Hércules que nos propõe Dworkin é um bom exemplo desta atitude metodológica, que repousa em uma concepção unitária de Direito e moral[923].

Fica claro que esta última acepção de positivismo está em contradição com a primeira ou, o que é a mesma coisa, não se pode manter simultaneamente o positivismo ideológico e o conceitual ou metodológico: se aquele recomendava a obediência, este exclui a adoção de qualquer posição moral em relação ao Direito, visto que sua compreensão não exige que nos comprometamos com os valores morais que estão por trás de toda ordem jurídica; resumindo, a tese central do positivismo aqui é a neutralidade[924], neutralidade que é possível porque a existência das normas não depende de que seu conteúdo satisfaça a algum princípio de justiça, mas simplesmente de que tenham sido estabelecidas por certa decisão humana. Portanto, o positivismo assim compreendido não se opõe somente ao positivismo ideológico, como também ao jusnaturalismo: a existência do Direito não nos diz nada, nem a favor nem contra, de que deva ser obedecido por seus destinatários, ou de que suas chaves morais devam ser assumidas pelos teóricos e aplicadores do Direito. E não parece que esta forma de entender as coisas tenha contribuído para lavrar a instituição do controle de constitucionalidade, nem tampouco, com certeza, a dificultá-la. Mas sim acontece de novo o contrário: o constitucionalismo contemporâneo tem contribuído para a crítica e para as tentativas de superação do positivismo

---

922 Que esta seja uma epistemologia acertada é questão diferente na qual não convém deter-se agora. O que se pretende sublinhar é que, se se aceita esta aproximação naturalista e objetivista para o conjunto das ciências sociais, o positivismo jurídico não tem dificuldade para fazê-la sua.

923 O juiz Hércules, que precisamente é um juiz da constitucionalidade, desenvolve uma argumentação ao mesmo tempo jurídica e moral na procura da unidade de solução correta que se supõe que sempre possa proporcionar a teoria ética na qual se baseia a Constituição. De R. Dworkin pode ver-se *Los derechos en serio* (1977). Trad. de M Guastavino, prólogo de A. Calsamiglia, Ariel, Barcelona, 1984, e *El imperio de la Justicia* (1986). Trad. de C. Ferrari, Gedisa, Barcelona, 1988.

924 Vide N. Hoerster, *En defensa del positivismo jurídico*. Trad. de J. Malem, Gedisa, Barcelona, 1992, p. 9 e ss.

metodológico, tudo isso na diretriz de recuperação de certo jusnaturalismo[925]. Em poucas palavras, o lema poderia ser: nenhuma Constituição sem teoria ética que a sustente; nenhuma interpretação constitucional sem argumentação moral.

Diante desta variedade de significados, expostos somente de modo superficial e pouco matizados, se compreenderá que afirmar em geral uma presumida essência jusnaturalista ou positivista do constitucionalismo ou do controle de constitucionalidade é quase como não dizer nada. Deveria impor-se, pois, um maior grau de precisão capaz de demonstrar-nos as implicações filosóficas do constitucionalismo, isto é, capaz de demonstrar-nos em que medida as premissas ou as consequências do mesmo hão de condicionar nossa opinião em relação aos problemas que acabamos de enunciar. Não é tarefa, no entanto, que possamos abordar neste trabalho. Aqui se tratará de mostrar sob uma perspectiva histórica em que medida a velha doutrina do Direito natural e o positivismo, principalmente em sua versão de positivismo legalista, têm sido um estímulo ou têm representado um obstáculo para a formação dos sistemas de controle das leis. Porém, antes, é conveniente fazer um último esclarecimento acerca do que pode ser entendido por controle da lei.

Em sentido amplíssimo, o controle da lei compreende qualquer tipo de procedimento que limite o arbítrio do Direito positivo e, mais concretamente, do legislador à luz de uma normatividade superior, seja moral ou jurídica. Neste aspecto, como observou P. Cruz, a primazia dessa normatividade superior pode basear-se na opinião pública, no exercício das liberdades e direitos políticos ou no Direito de resistência à opressão, isto é, em fórmulas pouco ou nada institucionalizadas. Em sentido mais estrito, é possível falar de controle da lei para referir-se à intervenção de instâncias políticas alheias ao legislador no processo da formação da norma, como pode ser a exigência de referendo ou a possibilidade de veto por parte do Chefe de Estado, a consulta popular etc. Aqui encontramos uma maior institucionalização, se bem que o caráter político dessa intervenção sugere concebê-la, mais do que como um exercício de controle em defesa de uma normatividade superior, como uma tarefa colegisladora ou de confluência de vontades na formação da lei. Finalmente, em sentido ainda mais estrito, o controle da lei é aquele que se orienta para a formulação de um juízo de compatibilidade entre uma norma inferior e outra norma superior, excluindo, pelo menos em princípio, o controle político ou de oportunidade; e que, em virtude disso, é encomendado a sujeitos alheios ao

---

925 Também tratei este aspecto no livro já citado *Constitucionalismo y positivismo*, p. 49 e ss. Sobre as transformações realizadas no modelo de ciência jurídica como consequência, entre outras coisas, da cultura do constitucionalismo vide S. Sastre Ariza, *Ciencia jurídica positivista y neoconstitucionalismo*, McGraw-Hill, Madri, 1999.

processo de elaboração das leis, cuja atuação se realiza sempre sobre um texto acabado[926]. Resumindo, o controle da lei é o controle jurisdicional da lei, seja ele realizado pelos juízes ordinários, como no modelo norte-americano, seja por um órgão especial como no sistema europeu.

Pois bem, mesmo pela perspectiva da análise jurídica, este sentido mais estrito oferece indubitáveis vantagens de clareza conceitual e será o utilizado neste trabalho sempre que seja possível, me parece que em uma aproximação histórica demonstra-se excessivamente restrito. As instituições não nascem para a história de uma forma acabada e perfeita, mas são os frutos de contribuições plurais e às vezes imprecisas nas quais somente de uma maneira esmaecida é possível vislumbrar o resultado final; por exemplo, é duvidoso se o projeto de Sieyes, que logo examinaremos, representava uma fórmula de controle jurisdicional ou se ainda conservava importantes traços de um controle político. A ideia de que os juízes, ou alguns juízes, devam controlar a constitucionalidade das leis é somente a última etapa de todo um processo cultural a favor da limitação do poder político a partir da Constituição, isto é, de uma norma positiva que se postula como superior à lei. As origens desse processo cultural é o que aqui se tentará rastrear.

2. A IDEOLOGIA DO CONTROLE DAS LEIS

2.1. O Direito natural racionalista e a teoria do contrato social

Que a doutrina do Direito natural ostenta alguma responsabilidade ideológica no surgimento histórico do constitucionalismo me parece que é uma afirmação que poucos discutiriam[927]. Um dos tópicos mais divulgados do jusnaturalismo equivale basicamente ao próprio núcleo do constitucionalismo, pois a ideia de que acima do Direito dos homens está o Direito dos deuses, a verdade revelada ou as leis inexoráveis da natureza pode transformar-se facilmente nessa outra ideia segundo a qual o legislador e, em geral, todos os órgãos estatais estão submetidos a um Direito superior, se bem que de natureza positiva, encarnado na Constituição. Como o jusnaturalismo, também o constitucionalismo parte da ficção de que existem duas fontes de normatividade: se antes foi Deus ou

---

926 Vide P. Cruz Villalón, *La formación del sistema europeo de control de constitucionalidad* (1918-1939), Centro de Estudios Constitucionales, Madri, 1987, p. 26 e ss.

927 O que não implica a necessidade de acudir a fundamentações jusnaturalistas da Constituição e, neste sentido, vide F. Rubio, La Constitución como fuente del Derecho, em *La forma del poder*, Centro de Estudios Constitucionales, Madri, 1993, p. 87.

a natureza, agora será o poder constituinte do povo. De modo que em toda história do Direito natural sempre é possível encontrar traços ou precedentes da vocação constitucionalista, desde o famoso grito de Antígona[928] à doutrina clássica do tiranicídio[929], passando pela filosofia dos limites do poder que nasce como reação ao processo de fortalecimento do Estado moderno[930], ou a própria filosofia da tolerância religiosa que está situada na própria origem dos direitos fundamentais[931].

No entanto, creio que seria totalmente equivocado traçar uma correspondência absoluta entre Direito natural e constitucionalismo, e isso por vários motivos. Primeiro porque este último reconhece mais do que uma paternidade; por exemplo, como logo veremos, a história constitucional americana se alimenta tanto da herança do jusnaturalismo racionalista quanto da tradição inglesa e de certa influência religiosa. Em segundo lugar, porque se admitimos em geral que o constitucionalismo representa um elemento crítico frente aos poderes constituídos, deve-se dizer imediatamente que o Direito natural em sua evolução multissecular tem desempenhado em várias ocasiões uma função conservadora ou de justificação do poder estabelecido, propiciando mais uma obediência incondicionada do que um exame crítico das leis[932]. É verdade, como observa Bobbio, que hoje tendemos a recuperar somente uma das versões do jusnaturalismo, aquela que "da exigência de um Estado limitado pela lei natural fez nascer o constitucionalismo moderno"[933], mas não se pode esquecer que outras versões, principalmente antigas e medievais, se mostraram muito mais complacentes com a ordem jurídica positiva, justificando o poder e transformando em pecado a desobediência.

---

[928] "Não pensava que teus proclamas tivessem tanto poder como para que um mortal pudesse transgredir as leis não escritas e inquebrantáveis dos deuses", Sófocles, *Antígona*, em *Tragédias*. Trad. de A. Alamillo, Gredos, Madri, 1981, p. 265.

[929] Escreve Juan de Mariana que o poder real "há de ser limitado desde um princípio por leis e estatutos a fim de que não exceda em prejuízo de seus súditos e finalmente degenere em tirania". Por isso, deve-se obediência ao rei "enquanto não despreze essas mesmas leis que se lhe impuseram como condição quando se lhe confiou o poder supremo", *Del Rey y de la institución real* (1599), Publicaciones españolas, Madri, 1961, v. I, p. 124 e 110, respectivamente.

[930] Vide sobre isso G. Peces-Barba e M. Segura, "La filosofia de los limites del poder en los siglos XVI y XVII", em *Historia de los derechos fundamentales*, dirigida por G. Peces-Barba e E. Fernández, Dykinson, Madri, 1998, volume I, p. 375 e ss.

[931] Tratei do tema em G. Peces-Barba e L. Prieto, La filosofia de la tolerância, na *Historia de los derechos fundamentales*, volume I, p. 265 e ss.

[932] E é que, como assinala A. P. D'Entreves, "não existe realmente uma tradição do Direito natural, mas várias... a continuidade entre elas é principalmente terminológica", *Derecho Natural*, p. 10.

[933] N. Bobbio, *Giusnaturalismo e positivismo giurídico*, p. 192.

Por outro lado, embora muito unido ao anterior, o constitucionalismo e, ainda mais, o controle de constitucionalidade são fenômenos históricos, realidades do mundo moderno, que só podem ser compreendidos em suas coordenadas temporais. Do mesmo modo que para explicar as origens da justiça constitucional não é muito instrutivo buscar precedentes na Antiguidade greco-romana[934], como tampouco para tratar de suas origens ideológicas é preciso rememorar a história completa do Direito natural, nem sequer daquele que se mostrou crítico em relação ao poder. Independentemente de que se possa falar de um constitucionalismo antigo e medieval, o constitucionalismo moderno é aquele processo histórico cultural em virtude do qual a relação entre os detentores do poder e aqueles que estão sujeitos a este se configura como uma relação jurídica, definida, regulada e submetida a regras jurídicas conhecidas[935]; e este processo emerge em certo contexto temporal.

A meu ver, há dois fatores que desenham essas novas coordenadas históricas: o primeiro, mesmo que pareça paradoxal, é a culminação do processo de fortalecimento do Estado como entidade política, algo que se expressa, por exemplo, na noção de soberania que encontramos em Hobbes; o poder soberano é uno e indivisível e a ele pertence a plena faculdade legislativa: "O legislador em todas as repúblicas é somente soberano... Mas a república não é nenhuma pessoa, nem tem capacidade para fazer nada a não ser mediante o representante (isto é, o soberano) e por isso mesmo o soberano é o único legislador"[936]. Com isso, colocava-se um ponto final à concepção medieval onde o poder político era, sem dúvida, limitado, porém limitado por sua própria constituição mista e estamental[937]. Em primeiro lugar, a ideia de poder constituinte ou de soberania popular sobre a qual repousa a Constituição pode ser vista como uma translação da velha soberania ilimitada, *legibus solutus*, de modo que o constitucionalismo representaria uma mudança ou uma novidade no sujeito titular de poder supremo, o povo no lugar do príncipe, porém não tanto de seus atributos[938]. Mas, principalmente, em segundo lugar, só a partir dessa ideia de Estado como poder que não admite competência em sua esfera, será possível perguntar-se – coisa que, logicamente, não fará Hobbes – sobre

---

934 Assim pensa R. L. Blanco Valdés, *El valor de la Constitución*, Alianza, Madri, 1994, p. 116.

935 Vide G. Tarello, *Storia della cultura giuridica moderna*, v. I, p. 22 e ss.

936 T. Hobbes, *Leviatán* (1651), ed. de C. Moya e A. Escohotado, Ed. Nacional, Madri, 1977, cap. XXVI, p. 348.

937 Vide por exemplo, M. Fioravanti, *Constitución. De la antiguedad a nuestros días* (1999). Trad. de M. Martinez Neira, Trotta, Madri, 2001, p. 55 e ss.

938 Vide S. Holmes, "Vincoli costituzionali e paradosso della democrazia" (1988), em *Il futuro della Costituzione*, a cura de G. Zagrebelsky e outros, Enaudi, Torino, 1996, p. 182.

sua limitação externa a partir de uma norma suprema cujos protagonistas já não são classes e estamentos, mas sim indivíduos formalmente iguais; é o fim da confusão entre sociedade civil e organização política, da visão corporativa ou organicista do Estado. Para fazer uso das categorias weberianas, é a substituição de um modelo de dominação tradicional por outro de tipo legal[939]. Agora encontramos por um lado o poder que se expressa pela lei e, por outro, aos indivíduos que são os destinatários da própria. Resumindo, para que fosse viável conceber a limitação do Estado a partir do indivíduo, e não a sua dissolução em uma trama estamental, era necessária a prévia existência e justificação do Estado, e nessa tarefa a filosofia política do absolutismo exerceu um papel fundamental.

Porque logicamente que entre os indivíduos e o poder político teria de existir alguma relação, e aqui é onde aparece um segundo fator que será capital: a versão da teoria do contrato social que se divulga nos séculos XVII e XVIII e cuja consequência direta é a concepção artificial, individualista e instrumental das instituições: o poder político deixa de ser uma realidade natural, o fruto dos desígnios divinos ou o resultado de pactos e compromissos que se perdem na noite dos tempos e que designam a cada grupo seu lugar e função no seio da comunidade orgânica[940], para converter-se em um artifício, em uma obra de indivíduos isolados que, guiados por seu próprio interesse, decidem constituir o Estado com o propósito de obter determinados fins ou objetivos[941]. Esta grande transformação se explica a partir do processo de secularização do Direito natural que sucede à ruptura da unidade religiosa na Europa; a secularização conduz ao racionalismo e este acabará no contrato social.

O processo é conhecido: "Assim como os matemáticos consideram as figuras como abstração dos corpos, assim eu, ao tratar do Direito, prescindi de todo fato particular"; então, igualmente ao que ocorre com os números e as figuras, o Direito natural existiria "mesmo que aquiescêssemos, o que não se pode fazer sem grande delito, que não há Deus, ou que não se ocupa

---

939 No mesmo sentido P. Comanducci, "La costituzionalizzazione americana: um capitolo nella storia della cultura giuridica europea", em *Materiali per uma storia della cultura giuridica*, XVII, 2, 1987, p. 446. De M. Weber vide *Economía y Sociedad* (1992). Trad. de J. Medina Echevarría e outros, Fondo de Cultura Económica, México, 1969, p. 706 e ss.

940 Algo que ainda encontramos, por exemplo, em Tomás de Aquino: "a perfeita comunidade social acontecerá quando cada um respeite a ordem devida na atuação que corresponde a seu estado", *Opúsculo sobre el gobierno de los príncipes* (1265), ed. de C. I. González, Porrúa, México, 1975, p. 384.

941 A ideia de um apetite natural para a sociabilidade, herança do velho Direito natural ainda presente em Grocio, desaparece ou se esfuma paulatinamente. Assim em S. Punfendorf, *Le Droit de la nature et des gens* (1672). Trad. de Barbeyrac (1706), Université de Caen, 1987, VII, cap. 1, par. 3 e 4.

das coisas humanas"[942]. Esta célebre afirmação talvez não fosse original de Grocio[943], mas dela parte o Direito natural moderno ou, como diz D'Entreves, o que Grocio havia estabelecido como hipótese se converterá depois em uma tese[944]. O Direito natural se evade assim da religião ou, mais exatamente, da revelação[945]; mas também se evade da história, e isto tanto no sentido de que o conhecimento de seus preceitos não requer nenhuma confirmação histórica, como também de que sua validez não há de se apoiar em nenhum consenso ou vontade humana; ingressamos ao Direito natural graças à razão e a própria razão é o fundamento de sua validez. "portanto, não pode haver mais lei natural do que a razão"[946]. Leibniz o explica perfeitamente: "... algo é justo, mesmo que não haja quem exerça a justiça, nem sobre quem recaia, de modo semelhante a como os cálculos numéricos são verdadeiros, mesmo que não haja nem quem enumere nem o que enumerar. Por isso, não é surpreendente que os princípios destas ciências sejam verdades eternas"[947].

Mas se essa nova ciência há de prescindir do contingente e, portanto, dos direitos históricos, irremediavelmente oferecerá um tipo de conhecimento que já não será receptivo ou descritivo de alguma realidade externa, mas sim puramente construtivo. Como escreveu Fassó, os jusnaturalistas do século XVII se esforçarão "para construir um sistema de normas dedutíveis com rigorosa exatidão e constitutivas de uma ordem racional análoga ao da natureza física"[948]. Sua missão era delinear um sistema ideal de organização política, que não precisava existir nem ter existido, mas que, no século seguinte, quando a razão se transforma em energia para a ação, será o motor do Direito e do

---

[942] H. Grocio, *Del derecho de la guerra y de la paz* (1625). Trad. de J. Torrubiano, Reus, Madri, 1925, v. I, Prolegómenos, 25 e 11, respectivamente.

[943] Em Gabriel Vazquez, espanhol, também encontramos que "antes de toda vontade ou mandato divino, inclusive com independência de seu julgamento, certos comportamentos são em si mesmos bons ou maus", citado por G. Fassò, *La legge della ragione* (1964), Il Mulino, Bologna, 1966, p. 145.

[944] A. P. D'Entreves, *Derecho natural*, p. 66.

[945] A ideia de Deus pode continuar presente, mas de certo modo torna-se supérflua em relação à razão. Assim a definição de J. J. Burlamaqui: a lei natural é "uma lei que Deus impõe a todos os homens, e que eles podem descobrir e conhecer *somente pelas luzes da razão*", *Principes du Droit naturel* (1747), Université de Caen, 1989, p. 121, (o sublinhado é nosso). Precisamente porque a razão é a única fonte de conhecimento, "o Direito natural obrigará a todos os homens, tanto se são verdadeiramente piedosos, quanto se são supersticiosos ou ateus", escreve Ch. Thomasius, *Fundamentos de Derecho natural y de gentes* (1705), estudo preliminar de J. J. Gil Cremades. Trad. e notas de S. Rus e M. A. Sánchez, Tecnos, Madri, 1994, I, VI, 8, p. 245.

[946] T. Hobbes, *Elementos de Derecho natural y político* (1640). Trad. de D. Negro, Centro de Estudios Constitucionales, Madri, 1979, cap. XV, 1, p. 210.

[947] G. Leibniz, *Los elementos del Derecho natural* (1669-72), ed. de T. Guillén Vera, Tecnos, Madri, 1991, p. 70 e s.

[948] G. Fassò, *Historia de la filosofía del Derecho* (1966). Trad. de J. F. Lorca, Pirámide, Madri, 1980, v. II, p. 83.

Estado iluminista e liberal. Novamente Leibniz mostra com clareza essa separação entre o Direito natural e o positivo, entre a razão e a história ou, como ele prefere dizer, entre o Direito e a lei: "o engano daqueles que fizeram a justiça depender do poder aconteceu, em parte, porque confundiram o Direito com a lei. O Direito não pode ser injusto; seria uma contradição. Porém, a lei bem pode sê-lo"[949]. Existe, então, uma justiça objetiva e racional diferente ao expressado pelo Direito positivo.

Costuma dizer-se que o grande serviço prestado pelo Direito natural racionalista foi o de recompor a unidade ética de Ocidente, uma vez desaparecida a ordem medieval e os ideais da comunidade cristã[950]. E é verdade, esse Direito natural pretendia apelar ao que de comum restava entre os homens, já irremediavelmente divididos acerca das verdades reveladas. Porém, isto não deve fazer crer que esse encontro metodológico em torno à natureza e à razão pudesse traduzir-se em um consenso moral e político; pelo contrário, escondia as disputas mais ásperas acerca do conteúdo da natureza descoberto pela razão ou, o que dá no mesmo, acerca dos concretos preceitos do Direito natural; e, com isso, carregava também diferentes pontos de vista sobre a organização da convivência. Como denunciara ironicamente Rousseau, "todas as definições destes sábios, além do mais em perpétua contradição, estão de acordo somente nisto: que é impossível entender a lei da natureza... sem ser um extraordinário pensador e um profundo metafísico"[951]. O que têm em comum, então, as distintas versões do jusnaturalismo racionalista dos séculos XVII e XVIII?

Basicamente, um modelo individualista e consensual de comunidade política. Visto de forma negativa, o que se exclui é um fundamento transcendente, religioso ou histórico: o Estado e o Direito não existem por obra de Deus, nem são tampouco o fruto da tradição, mas são concebidos como um produto de seres racionais; a ideia de sociedade como unidade orgânica e superior a cada um de seus membros está aqui completamente ausente[952]. Desde logo, o contratualismo moderno não pretendia dar conta de como

---

949 G. Leibniz, "Meditación sobre la noción común de Justicia" (1703), em *Escritos de filosofía jurídica y política*, ed. de J. de Salas, Ed. Nacional, Madri, 1984, p. 86.

950 Vide E. Cassirer, El mito del Estado (1946). Trad. de E. Nicol, Fondo de Cultura Económica, Madri, 1974, p. 200 e ss.

951 J. J. Rousseau, "Discurso sobre el origen y los fundamentos de la desigualdad entre los hombres" (1755), em *Escritos de combate*. Trad. de G. Masó, Alfaguara, Madri, 1979, p. 143.

952 Vide G. Solari, *Storicismo e Diritto privato* (1940), Giappicchelli, Torino, 1971, p. 4 e ss.

surgiu efetiva ou historicamente o Estado, mas sim determinar algo no fundo muito mais importante, que é como deve comportar-se[953]. O contrato desempenhava assim uma função teórica, mas de indubitável transcendência prática, pois se racionalmente se concebe que os homens isolados precedem a toda forma de associação de maneira que qualquer delas há de ser obra de seu livre acordo, parece certo que as instituições desempenharão um papel instrumental a serviço do indivíduo. Pois então, "formalmente o contrato é uma manifestação da vontade individual com o objetivo de estabelecer uma relação de obrigação recíproca que de outro modo não existiria por Direito natural. Substancialmente, o conteúdo do contrato é o Direito natural do indivíduo, que se dá em troca de uma contraprestação de igual ou maior valor: os benefícios da sociedade e a segurança da organização política"[954].

J. Locke, cuja influência na América é muito conhecida, ainda discute as objeções acerca do fundamento histórico do contrato social, ainda que sustente imperturbável que sendo "os homens livres, iguais e independentes por natureza, ninguém pode ser arrancado dessa situação e submetido ao poder político de outros sem que medeie seu próprio consentimento"[955]. Mas isto não é o mais importante. O mais importante é que desse ponto de partida *ideal* ou hipotético deduz-se como deve ser *realmente* o Estado: "o Estado é uma sociedade de homens instituída com o único objetivo do estabelecimento, conservação e desenvolvimento de seus interesses civis. Chamo interesses civis: a vida, a liberdade, a saúde do corpo, a posse de bens exteriores, tais como o dinheiro, as terras, as casas..."[956].

Pode parecer surpreendente que o Direito natural desembocasse na teoria do contrato, pois, afinal de contas, se acreditamos que na natureza se encontram as regras do bom e do justo, postularemos tais regras para o estado de sociedade como regras *a priori*, isto é, não submetidas ao debate. Assim pensava o teólogo medieval, para quem o poder e a ordem jurídica são em si mesmos naturais e seus traços fundamentais não dependem de nenhuma vontade humana. Mas não acontece desse modo para o filósofo racionalista, cujo conceito de natureza não é capaz de abrigar as instituições: o Direito e o

---

953 Vide em geral sobre a evolução da teoria do contrato social J. Gough, *The Social contract. A critical study of its developments,* Oxford University Press, Londres, 1976.

954 A. P. D'Entreves, *Derecho natural,* p. 72.

955 J. Locke, *Ensayo sobre el gobierno civil* (Segundo Ensaio de 1690). Trad. de A. Lázaro Ros, Aguilar, Madri, 1969, p. 73.

956 J. Locke, Carta sobre la tolerancia (1689), em *Escritos sobre la tolerancia,* ed. L. Prieto e J. Betegón, Centro de Estudios Políticos y Constitucionales, Madri, 1999, p. 112.

Estado carecem de apoio histórico ou teológico e, por isso, não podiam basear sua legitimidade na tradição ou em uma autoridade de ordem superior; o contrato, isto é, o consentimento individual, era o único caminho para justificar a sociedade política. Que impulso natural levava os homens a submeter-se a uma autoridade? A respeito de qual fosse essa causa remota, podiam formular-se, e de fato se formularam diversas hipóteses. No que existia um acordo perfeito era em situar "o fundamento jurídico do Estado, completa e exclusivamente no *consensus* que representava a substância do contrato, concebido como uma declaração de vontade juridicamente livre e, portanto, vinculante, não obstante a necessidade intrínseca ou extrínseca de certo modo pressuposta"[957]. Resumindo, o jusnaturalismo racionalista resume-se em uma fundamentação racional do Estado a partir do acordo entre vontades de indivíduos que atuam como sujeitos juridicamente livres e iguais.

Uma consequência interessante do artifício do contrato é que o Direito natural ficará de certo modo subjetivizado. Diante da lei da natureza medieval, ordem objetiva do universo onde cada indivíduo tem designada sua posição de direitos e deveres, surgirão os direitos naturais, posições subjetivas e abstratas de liberdade e propriedade que arvoram ao indivíduo e a seus direitos em fonte definitiva de legitimidade: se antes a ordem objetiva desejada por Deus precedia e era fundamento para quaisquer pretensões individuais, agora estas aparecem como a origem das instituições e, também, justamente, como as encarregadas em ajustar a própria ordem objetiva; simplificando, não do Direito aos direitos, mas ao contrário, dos direitos ao Direito[958]. Burlamaqui, um autor influente na América[959], expressa muito bem esse processo de subjetivização: no estado de natureza não há soberanos nem súditos e, portanto, não se carece de regras sobre o uso do poder; o único que existe são homens, todos iguais, todos igualmente livres e independentes uns dos outros... com os mesmos direitos; é indubitável que no estado primitivo e de natureza ninguém tem um Direito originário de mandar nos outros, de erigir-se em soberano. E, dado que a autoridade tem sua origem em um convênio, cabe dizer que "a soberania reside originalmente no povo"[960]. Os direitos naturais são, pois, a causa e a justificação de todo poder político; a causa porque é sua igual

---

[957] O. von Gierke, *Giovanni Althusius e lo sviluppo delle teorie politiche giusnaturalistiche* (1913). Trad. de A. Giolitti da 3. ed. alemã, Einaudi, Torino, 1974, 98.

[958] Sobre as causas que explicam este processo de subjetivização vide E. Fernández, *Teoría de la justicia y derechos humanos*, Debate, Madri, 1984, p. 146.

[959] Vide M. White, *The Philosophy of the American Revolution*, Oxford University Press, New York, 1978, p. 37.

[960] J. J. Burlamaqui, *Principes du Droit Politique* (1751), Université de Caen, 1984, p. 51 e s.

liberdade a que permite aos indivíduos concluir o pacto social; a justificação porque o fundamento da legitimidade desse poder consiste na melhor proteção dos direitos. A conversão da teoria do Direito natural na teoria dos direitos naturais não poderia ser mais oportuna politicamente, pois veio transferir o fundo de legitimidade do Direito natural às *Declarações* de direitos com os quais se inicia o moderno Estado liberal: "Sustentamos que estas verdades são evidentes por si mesmas: que todos os homens são criados iguais, que foram investidos por seu Criador de certos direitos inalienáveis... que para assegurar tais direitos, os Governos foram instituídos entre os homens, cujos poderes justos derivam do consentimento dos governados..." (Declaração de Independência dos Estados Unidos, 4 de julho de 1776).

2.2. Do contrato ao constitucionalismo

2.2.1. Na independência dos Estados Unidos

Esta forma de conceber o Direito natural e o contrato social é a que serve de ponte a duas tradições políticas que caminhavam separadas e cuja conciliação está na base do constitucionalismo norte-americano, a tradição do governo limitado e a tradição da soberania popular[961]; se o contrato social estimula a realização de um ato de fundação por parte da soberania popular, o Direito natural impõe a limitação do governo. Ambos justificam a superioridade do poder constituinte sobre os poderes constituídos, mas, pelo menos nesta interpretação, justificam ao mesmo tempo a limitação do governo desde o momento em que aquele poder supremo se esgota na própria Constituição, que é a representação do Direito natural e que, de fato, vem a acolher os direitos naturais. Deste modo, a própria ideia de superioridade constitucional, isto é, a ideia de que existe um poder fora e acima dos órgãos estatais, capaz de ditar normas que limitam e vinculam a estes órgãos, é uma clara translação à ordem política da velha pretensão jusnaturalista de impor-se ao Direito positivo. Assim mesmo, o ato constituinte, em virtude do qual indivíduos livres e iguais dão vida a uma nova organização, representa uma evocação do modelo contratualista no qual, como vimos, desaguou o jusnaturalismo racionalista. E é lógico que os colonos americanos acreditassem estar concluindo um contrato social, pois do mesmo modo que na teoria do contrato não se apela à história, mas à razão, assim "o característico *das origens* na nascente experiência norte-americana vai ser a ausência de *passado* ou, melhor, a ausência do sempre pesado lastre do

---

[961] Sobre essa conciliação vide M. Fioravanti, *Constitución. De la antiguedad a nuestros días*, p. 103 e ss.

passado"[962]; daí que "Nós, povo dos Estados Unidos, com a finalidade de criar uma união mais perfeita, de estabelecer a justiça... *instituímos e promulgamos*"[963].

Certamente, nem tudo entre os colonos era modernidade ou, mais exatamente, o Direito natural racionalista não era sua única fonte de inspiração[964]. Como já notara Jellinek há mais de um século, o conteúdo normativo dos direitos do constitucionalismo americano – por exemplo do *Bills of Rights* de Virgínia – procedia também da tradição inglesa e sua formulação sob a ideia de contrato apresentava um forte cunho religioso[965], mas isso não foi obstáculo para acabar abraçando um modelo abstrato e racionalista de direitos do homem; estes não são, apesar de que seu conteúdo coincida, os direitos dos ingleses herdados dos antepassados nem, muito menos, alguns direitos fiduciários de alguma verdade religiosa de origem puritana, mas sim são os Direito do homem no sentido moderno da expressão. Exista continuidade ou ruptura entre a cultura das colônias americanas e o processo revolucionário de independência[966], certo é que, como se verá logo, a fisionomia dos Direito que encontramos nas Constituições dos diferentes Estados pode ser adscrito à tradição jusnaturalista, principalmente na versão de Locke[967].

---

[962] R. L. Blanco Valdés, "El Estado social y el Derecho de los norteamericanos", *Fundamentos*, 2, 2000, p. 100, sublinhado no original. G. Jellinek o expressa de modo muito plástico: "No princípio eram muito poucos os emigrantes, e muito grande o território em que estavam espalhados; habitualmente, viviam com sua família em uma situação que lhes devia sugerir a ideia de um estado de natureza pré-estatista, e quando se reúnem para deliberar acerca de questões comuns, eles acreditam que saem daquele estado de natureza através de um ato livre de sua vontade para entrar em um regime de Estado", *Teoria General del Estado* (1900). Trad. de F. de los Rios, Albatros, Buenos Aires, 1978, p. 390.

[963] Muito mais do que foram as fontes de inspiração histórica escreve Ferrajoli que "o paradigma da democracia constitucional é filho da filosofia contratualista" e isso em duplo sentido. "No sentido de que as Constituições são contratos sociais de forma escrita e positiva... E no sentido de que a ideia de contrato social é uma metáfora da democracia", tanto da democracia política, quanto da democracia substancial, dado que não é um acordo vazio, "mas que tem como cláusulas e ao mesmo tempo como causa precisamente a tutela dos direitos", *Los fundamentos de los derechos fundamentales*, citado, p. 38.

[964] Sobre as influências ideológicas do constitucionalismo americano pode se ver B. F. Wright, *American Interpretations of Natural Law*, Harvard University Press, Cambridge, Massachusetts, 1931; B. Bailyn, *Los orígenes ideológicos de la revolución norteamericana* (1967). Trad. de A. Venasco, Paidos, Buenos Aires, 1972; A. Aparisi, *La revolución norteamericana. Aproximación a sus orígenes ideológicos*, Centro de Estudios Constitucionales, Madri, 1995; N. Matteucci, *La revoluzione americana: una revoluzione costituzionale*, Il Mulino, Bologna, 1987.

[965] A obra de G. Jellinek, "La declaración de los derechos del hombre y del ciudadano" é de 1895 e foi preparada para sua *Teoría General del Estado*. Contamos com uma Trad. de A. Posada e, juntamente com os trabalhos de seu polemista, E. Boutmy, e outros de E. Doumergue e A. Posada aparece no volume *Orígenes de la Declaración de Derechos del hombre y del ciudadano*, preparado por J. G. Amuchastegui, Ed. Nacional, Madri, 1984, p. 90 e 97 e ss.

[966] Questão historiográfica debatida, e sobre isso vide em favor da tese rupturista G. Tarello, *Storia della cultura giuridica moderna*, v. I, p. 559 e ss.

[967] Sobre isso vide J. Reid, *Constitutional History of the American Revolution. The Authority of Rights*, The University of Wisconsin Press, Madison-London, 1986.

A evolução do pensamento norte-americano parece expressar efetivamente o trânsito desde uma concepção historicista, onde ainda se apelava aos "direitos dos ingleses", a uma concepção jusnaturalista e racional que estimula a conclusão de um novo contrato social. J. Otis, por exemplo, ainda baseava suas reclamações em que o Parlamento britânico tinha ignorado seus próprios limites, recordando que os juízes da Inglaterra "sustentaram de modo expresso que os atos do Parlamento contrários à equidade natural devem considerar-se nulos"[968]. Também Jefferson faz suas queixas ao rei invocando o respeito às leis da metrópole, mas vai mais longe; quer falar em nome de "um povo livre que reclama seus direitos como derivados das leis da natureza e não como presentes de seu primeiro magistrado", observando que quando a injustiça se estabelece no legislativo "o poder reverte ao povo, que pode usá-lo sem nenhuma limitação"[969]. Resumindo, mesmo partindo muitas vezes de argumentos historicistas, progressivamente vai-se assentando a ideia de que a Constituição é um ato fundacional que tem como objetivo fazer da proteção dos direitos naturais o limite fundamental ao governo[970].

De outro lado, esta é uma questão em que a historiografia talvez se tenha mostrado mais polêmica do que a própria história. A herança jusnaturalista na formulação dos direitos e na concepção do contrato é indubitável, mas isto não significa que os protagonistas deveriam considerá-la incompatível com suas outras fontes de inspiração. Por exemplo, no primeiro Congresso Continental proclamou-se que os habitantes das colônias da América "têm os seguintes direitos derivados das leis imutáveis da natureza, dos princípios da Constituição inglesa e de suas diferentes Cartas ou pactos", citando a seguir o Direito à vida, à liberdade e à propriedade, os direitos, liberdades e imunidades dos naturais da Inglaterra e o Direito ao *Common law*[971]. Então, se não eram a mesma coisa, parece que entre as leis imutáveis da natureza, os direitos ingleses e as faculdades concedidas nas Cartas não se percebia

---

968 J. Otis, "The Rights of the British Colonies Asserted and Proved" (1764), em B. Bailyn, *Pamphlets of the American Revolution*, Harvard University Press, Massachusetts, 1965, v. I, p. 476.

969 Th. Jefferson, "Visión sucinta de los derechos de la América británica" (1774), em Autobiografía y otros escritos, ed. de A. Koch e W. Peden. Trad. de A. Escohotado e M. Sáenz de Heredia, Tecnos, Madri, 1987, p. 319 e 316.

970 Vide R. Ketcham, *From Colony to Country. In: The Revolution American Thougt, 1750-1820*, Macmillan, New York, 1974, p. 60.

971 O Congresso Continental, certamente o maior dos instrumentos revolucionários norte-americanos, deu lugar a numerosos e importantes documentos constitucionais. Vide H. S. Commager, *Documents of American History*, Appleton-Centtury-Crofts, New York, 1968.

nenhuma contradição[972]; como observa Rials, parece que os direitos naturais tendem a concretizar-se nas liberdades inglesas em uma relação semelhante à conhecida na Europa entre o Direito natural e o Direito romano (*ratio scipta*)[973]. E, finalmente, falando já do poder de controle dos juízes e não das grandes declarações de direitos naturais e inalienáveis, era o Direito inglês e não o Direito natural quem podia proporcionar alguma experiência institucional de utilidade[974].

Convém insistir, no entanto, que a fisionomia que os direitos apresentam é a própria do jusnaturalismo racionalista. Com alguma exceção, como a Constituição de Connecticut, onde ainda se fala de "liberdades e privilégios", ou a de Maryland, que reconhece os direitos em favor dos habitantes do Estado, a linguagem e os conceitos utilizados derivam claramente do Direito natural: os direitos são: efeito, inerentes, inalienáveis, naturais e universais. É suficiente algum exemplo: "todos os homens são por natureza igualmente livres e independentes, e têm certos direitos que lhes são inerentes e dos quais não podem privar-se nem alienar a sua posteridade por nenhum pacto" (Declaração de Virgínia, art. 1); "todos os homens nascem livres e iguais, e têm certos direitos naturais, essenciais e inalienáveis" (Massachusetts, art. 1). Inclusive alguma Constituição, como a de New Hampshire, especifica que, se bem que alguns direitos são sacrificados em honra ao pacto, outros são por natureza inalienáveis (arts. 3 e 4). E para sua proteção se dirige o poder do Estado concebido nesse sentido instrumental que é típico da teoria do contrato: "que todo o poder reside no povo e, por conseguinte, dele deriva; que os magistrados são seus mandatários e servidores e sempre sujeitos a ele" (art. 2 da Declaração de Virgínia)[975]. É verdade que não faltam limitações ou

---

972 Por isso não surpreende que, para quem fosse Presidente dos Estados Unidos, John Adams, a Constituição da Inglaterra parecia perfeita, do mesmo modo que o eram as Constituições dos Estados americanos na medida em que se parecessem ao modelo britânico, vide N. Matteucci, *Organización del poder y libertad. Historia del constitucionalismo moderno* (1988). Trad. de F. J. Ansuátegui e M. Martínez Neira, Trotta, Madri, 1998, p. 206.

973 S. Rials, Apresentação ao volume *La Déclaration des droits de l'homme et du citoyen*, Hachette, Paris, 1988, p. 363.

974 Refiro-me à doutrina do juiz Coke a propósito da supremacia judicial, frustrada na Inglaterra a partir de 1688, mas influente nas colônias americanas e sobre isso vide E. S. Corwin, *The doctrine of judicial review. Its legal and historical basis and other essays* (1914), Gloucester, Massachusetts, 1963, p. 27 e ss; insiste também nessa influência M. Cappelletti, *Il controllo giudiziario di costituzionalità delle leggi nel Diritto Comparato*, p. 41 e ss. Sobre a Inglaterra vide J. Dorado Porras, *La lucha por la Constitución. La Teoría del Fundamental Law na Inglaterra do século XVII*, prólogo de G. Peces-Barba, Centro de Estudios Políticos y Constitucionales, Madri, 2001.

975 Os documentos constitucionais estão reunidos em F. N. Thorpe, *The Federal and State Constitutions, Colonial Charter, and other organics laws...*, Government Printing Office, Washington, 7 vols., 1909. Um resumo e comentário pode se ver em R. de Asís, F. J. Ansuátegui e J. Dorado, "Los textos de las

exclusões para os direitos políticos, mas o sufrágio censitário é condicionado a requisitos formalmente iguais para todos, como a propriedade; a igualdade ou a universalidade se estabelece nos direitos naturais e estes são substancialmente: a vida, a liberdade e a propriedade. Como observa Ostrander, o Direito natural se faz sentir em dupla direção: na configuração dos direitos como naturais, inalienáveis e superiores frente a qualquer decisão política, e no fundamento consensual do Estado, cujo poder corresponde ao povo e cuja função é proteger tais direitos[976].

Resumindo, a influência do jusnaturalismo racionalista no primeiro constitucionalismo não se manifesta tanto no conteúdo ou no modo concreto de organizar a relação entre o indivíduo e o governo – que pelo menos nos Estados Unidos podiam apelar a certa tradição – quanto no sentido inteiramente novo que adotam os direitos e o próprio poder político. O triunfo da razão sobre a história poderia ser o lema desse constitucionalismo: diante do naturalismo determinista da história, a Constituição é um artifício da razão; diante da espontaneidade imprevisível do porvir, a Constituição é uma obra premeditada que se deseja perfeita e definitiva; diante da natureza consuetudinária e insegura de uma ordem baseada na tradição, a Constituição é um texto escrito e correto; diante de privilégios especiais decantados no transcurso do tempo, os direitos naturais são conquistados de uma só vez e para sempre; enfim, diante da legitimidade que fornece o passado simplesmente porque é velho, a Constituição repousa na legitimidade daquilo que se proclama como racional e foi descoberto pelas Luzes[977]. Encontramo-nos, pois, ante uma ideia de Constituição que parte "da crença na possibilidade de uma planificação da vida política, de uma racionalização do acontecer político", o que por sua vez representa uma projeção das formas intelectuais da Ilustração, a saber: "a crença na identidade substancial dos diversos casos concretos e diversas situações e, por conseguinte, em sua possibilidade de redução a um mesmo módulo e na capacidade da razão humana em descobrir

---

colonias de norte-america y las Enmiendas a la Constitución", na já citada *Historia de los derechos fundamentales* (G. Peces-Barba e outros, dir.), capítulo II, v. III, p. 35 e ss.

976 G. Ostrander, *The Rights of Man in América*, University of Missouri Press, Columbia, 1969, p. 88 e s.

977 Vide G. Zagrebelsky, "Storia e constituzione", em *Il futuro della costituzione*, p. 40 e ss, que recorda um fragmento crítico de Hegel que me parece que resuma muito bem o alcance da Constituição racional, ainda que talvez seja mais adequado para a França do que para os Estados Unidos: "... estas abstrações produziram, por um lado, o primeiro e mais exorbitante espetáculo desde que temos conhecimento do gênero humano: começar completamente do princípio e pelo pensamento a constituição de um grande Estado real subvertendo tudo o existente e dado e querer dar-lhe como base simplesmente o racional imaginado", G. W. F. Hegel, *Filosofia del Derecho* (1820). Trad. de E. Vasquez, Universidad Central de Venezuela, Caracas, 1976, terceira parte, seção 3ª, par. 258, p. 258.

dito módulo"[978]. Portanto, um modelo de Constituição, que é a translação ao Direito positivo das categorias próprias do Direito natural.

A herança jusnaturalista e, em particular, o contratualismo de Locke estão muito presentes na América do Norte do final do século XVIII, mas essas construções filosóficas não são tanto nem o motor ou o impulso da revolução e da independência quanto sua explicação[979]; se foi Locke e não Rousseau quem triunfou, se o jacobinismo se mostra apenas na literatura da época e se a noção de poder constituinte logo cresce em documentos normativos que se postulam como supremos, isso obedece principalmente às circunstâncias particulares do processo de emancipação dos colonos. Não é possível descrever todas essas circunstâncias[980], porém é conveniente recordar pelo menos duas.

O primeiro que se deve levar em conta é que na América o estabelecimento do regime constitucional se associa ao processo de independência da metrópole e que este último vem motivado justamente em um protesto contra as leis do Parlamento britânico que pretende fundamentar-se nos próprios princípios do Direito inglês, de modo que a posição política dos revolucionários tem algo de restauração e algo de ato fundacional; de restauração de uns direitos que se julgam conculcados, e de ato fundacional de uma nova entidade política mediante o exercício de uns direitos naturais imprescriptíveis. A força dos direitos naturais acabará impregnando também os direitos herdados dos ingleses, que assim ganharão força legitimadora, mas substancialmente são os mesmos direitos da *Gloriosa Revolução* teorizados por Locke. Em outras palavras, o que muda não é tanto o conteúdo dos direitos, e junto com isso a filosofia política na qual descansa, quanto sua função, que agora é constituir uma organização política nova e independente. A segunda circunstância, esta muito peculiar diante do sucedido na França, é que a empresa institucional não tinha que lutar contra nenhum Antigo Regime: nem as desigualdades estamentais nem os privilégios jurídicos eram próprios das colônias americanas, o que significa que os direitos não vinham alterar a ordem social, mas de certo modo a confirmá-la. Sustentar na América do Norte a liberdade e a igualdade não tinha absolutamente o mesmo sentido polêmico que na França; de certo

---

978 M. García Pelayo, *Derecho Constitucional comparado*, p. 34.

979 Vide P. Comanducci, "La costituzionalizzazione americana: um capitolo nella storia della cultura giuridica europea", p. 464.

980 Uma explicação, a meu ver, muito convincente pode ver-se em M. Fioravanti, *Los derechos fundamentales. Apuntes de historia constitucional* (1995), apresentação de C. Alvarez. Trad. de M. Martinez Neira, Trotta, Madri, 1996, p. 75 e ss.

modo, era sustentar algo que já havia na sociedade e cuja força se fazia ouvir somente contra o Parlamento da metrópole[981].

Isto pode explicar que a revolução norte-americana não procurasse um legislador virtuoso e onipotente a fim de empreender a transformação social, mas ao contrário, um legislador limitado que não reincidisse no desconhecimento dos direitos. Tinha sido a onipotência do Parlamento inglês a origem de todos os agravos ao violar os direitos históricos. A restauração destes últimos, agora em forma de direitos naturais, encontra então no legislador seu principal foco de desconfiança, não o instrumento para sua realização. Os direitos estão agora – e só podem estar – na Constituição, isto é, no pacto que determina o poder constituinte do povo e que se postula como uma decisão superior frente aos poderes delegados. Como resume Fioravanti, "*a realidade primária e originária* da experiência constitucional – o poder constituinte – é dada para os revolucionários franceses por *uma unidade política capaz de querer, denominada povo ou nação*; para os revolucionários americanos, por *um conjunto inviolável de regras, denominado constituição*"[982]. Nada, pois, de um governo revolucionário portador da soberania popular, mas um governo limitado pela Constituição. O esquema do Direito natural e do contrato social representava assim a melhor explicação e justificação do novo constitucionalismo.

O objetivo da Constituição era duplo: garantir os direitos naturais e instituir o governo. No entanto, igual ao que acontecia na doutrina do Direito natural, a posição e a importância desses objetivos era muito diferente: naturais e inegociáveis são somente os direitos, enquanto as instituições aparecem como um artifício, como uma livre criação dos contratantes, cuja justificação se resume além do mais na melhor preservação dos direitos; a legitimidade do poder, portanto, já não se baseia em uma pretendida origem divina ou na tradição, mas sim em sua utilidade a serviço dos direitos. Esta era uma das "verdades", talvez a principal, que os autores da Declaração de Independência dos Estados Unidos (1776) sustentavam "por evidentes"[983]: que os homens "são dotados pelo seu criador de certos direitos inalienáveis, entre

---

981 Com razão se tem dito que o constitucionalismo americano "se orienta a institucionalizar uma ordem que já existe, enquanto o francês pretende instaurar uma ordem que ainda não existe", P. P. Portinaro, "Il grande legislatore ed il custode della costituzione" em *Il futuro della costituzione*, p. 21.

982 M. Fioravanti, *Los derechos fundamentales*, p. 90, sublinhado no original.

983 Tão evidentes que alguns pensavam que era melhor não incluí-las em nenhuma Constituição ou Declaração, pois inevitavelmente, ao fazê-lo, estaria se abrindo uma possibilidade de configuração ou limitação em favor do legislativo. Como advertira Hamilton, os artigos dessa Declaração "conteriam várias exceções a poderes não concedidos e por isso mesmo proporcionariam um pretexto plausível para reclamar por mais possibilidades das que outorgam", em A. Hamilton, J. Madison e J. Jay, *El Federalista* (1780). Trad. de G. R. Velasco, Fondo de Cultura Económica, México, 1994, cap. 84, p. 368.

os quais estão a vida, a liberdade e a busca da felicidade", e que justamente para "garantir estes direitos entre os homens se instituem os governos, cujos poderes legítimos derivam do consentimento dos governados". É conveniente grifar: os governos não são realidades naturais desejadas por Deus, são artifícios criados pelos homens com uma finalidade concreta, que é a de preservar seus direitos. Daí que quando deixam de fazê-lo, o povo tem Direito a reformar ou abolir esses governos e instaurar outros novos; por isso, como diz a Declaração francesa de 1793, "a resistência à opressão é a consequência dos demais direitos do homem" (art. 33). Resumindo, tudo isso deveria conduzir a um modelo de governo e de legislação limitado pela Constituição, basicamente pelos direitos[984].

Como observa Tarello[985], o diferente *status* dos direitos e das instituições se aprecia inclusive no plano linguístico: os primeiros aparecem no tempo presente, como constatações de fato das quais simplesmente levanta-se ata ("Sustentamos por evidentes"), enquanto para a regulação do governo utiliza-se um futuro imperativo (*shall*); isto é, uma forma prescritiva que denota que por trás do enunciado não há um fato natural, mas sim uma vontade política. O que sugere duas técnicas argumentativas diferentes: no campo dos direitos prevalece uma argumentação naturalista, que apela para a "natureza da coisa" e não para a suposta intenção do legislador ou para a oportunidade política; no campo das instituições, ao contrário, têm validade estas últimas considerações referentes à vontade de quem ditou a norma ou às exigências do momento. Em outras palavras, os direitos são assuntos de justiça impossível de negociar; o resto é um assunto de política ou de maiorias parlamentares. No fundo, continua sendo esta a diferença entre *princípios* e *diretrizes* em um autor como Dworkin[986].

Parece que o jusnaturalismo racionalista que deságua na teoria do contrato social conduziria irremediavelmente à afirmação da supremacia constitucional e, daí, também de modo necessário ao estabelecimento de alguma forma de controle das leis. E, efetivamente, esta é a impressão que se obtém da leitura de um famoso texto de Hamilton, que constitui o capítulo 78 de *El Federalista*, onde com uma argumentação clara e simples são expostas as chaves do que será a *judicial review*. Em primeiro lugar, a Constituição é lei suprema e isso significa que os atos de qualquer autoridade que a vulnerem

---

984 Daí o temor que expressa Madison ao despotismo democrático em *El Federalista*, cap. 10, p. 39.

985 G. Tarello, *Storia della cultura giuridica moderna*, p. 610 e ss.

986 Vide R. Dworkin, *Los derechos en serio*, p. 72.

ou desconheçam serão considerados nulos. A razão é bem simples: "todo ato de uma autoridade delegada, contrário aos termos do mandato de acordo ao qual se exerce, é nulo. Portanto, nenhum ato legislativo contrário à Constituição pode ser válido. Negar isto equivaleria a afirmar que o mandatário é superior ao mandante"[987]. Somente o mandante pode revogar o mandato, isto é, alterar a Constituição; porém o mandante não é o corpo legislativo, mas o povo. Ninguém negaria, diz Hamilton, "o princípio fundamental do governo republicano, que reconhece o Direito do povo em alterar ou abolir a Constituição em vigor... no entanto não seria legítimo deduzir deste princípio que os representantes do povo estariam autorizados por essa circunstância a violar as prevenções da Constituição vigente... Enquanto o povo não tenha anulado ou mudado a forma estabelecida, por meio de um ato solene e legalmente autorizado, continuará cumprindo-o tanto individual quanto coletivamente"[988]. Mais do que a rigidez, é a solenidade ou caráter expresso da reforma, o que faz da Constituição uma verdadeira norma superior[989], o que impõe a nulidade de toda disposição legislativa que não represente uma modificação formal e solene da mesma.

Portanto, a função de controle somente pode corresponder aos juízes, cujo perfil aparece delineado no *El Federalista* em termos que evocam a figura descrita por Montesquieu, a quem se cita expressamente. O poder judiciário, formado por magistrados independentes e permanentes, é o mais fraco dos três poderes, até o ponto de que "pode dizer-se de verdade que não se possui força nem vontade, mas unicamente discernimento". A ele corresponde a tarefa de "declarar nulos todos os atos contrários ao sentido evidente da Constituição"[990]. Há nestes fragmentos duas precisões importantes que, sob a perspectiva atual, merecem grifar-se: a primeira é que a atividade judiciária é discernimento e não vontade, o que supõe aceitar no mínimo que a Constituição é inteligível e que qualquer sujeito medianamente culto pode discernir qual é sua verdadeira interpretação; a segunda é que a declaração de nulidade somente procede quando a lei resulte contrária ao "sentido

---

[987] *El Federalista*, cap. 78, p. 332.

[988] *Ibidem*, p. 334.

[989] Mesmo quando algumas vezes tende-se a identificar rigidez e supremacia constitucional, principalmente no marco do atual debate sobre a legitimidade da justiça constitucional, convém distinguir ambos os conceitos pelas mesmas razões que é preciso diferenciar entre reforma e violação da Constituição. Vide I. de Otto, *Derecho constitucional. Sistema de fuentes*, Ariel, Barcelona, 1987, p. 62; R. Guastini, "La Constitución como límite a la legislación", em *Teoría de la Constitución. Ensayos escogidos*, M. Carbonell [Comp.], Ed. Porrúa, UNAM, México, 2000, p. 239 e s.

[990] *El Federalista*, p. 331.

evidente" da Constituição, o que parece sugerir, usando uma terminologia de nossos dias, que ela está formada por regras e não por princípios ou, se se prefere, que o juízo de constitucionalidade se baseia na subsunção e não na ponderação[991].

Porém, advertindo cedo uma objeção que depois seria reiterada a toda justiça constitucional, Hamilton se pergunta se este modelo não conduziria à supremacia do poder judiciário sobre o legislativo. Sua resposta é uma oportunidade para fixar com maior precisão os fundamentos do controle judiciário. Primeiro, por exclusão, seria inadmissível que a Constituição tivesse autorizado o legislativo a impor sua vontade sobre a do povo. "É muito mais racional entender que os tribunais foram concebidos como um corpo intermediário entre o povo e o legislativo, com a finalidade, entre várias outras, de manter esta dentro dos limites designados pela sua autoridade"[992]. Resumindo, a interpretação das leis é uma competência própria dos tribunais e, afinal, a Constituição não deixa de ser uma lei, mesmo que fundamental; e do mesmo modo que nos parece ajuizado e razoável que, no caso de conflito entre duas leis, o juiz aplique a posterior, então é igualmente plausível que quando o conflito se estabelece entre normas de valor diferente, se prefira a de maior hierarquia. Certamente, ainda subsiste o risco de que os juízes "estivessem dispostos a exercitar a vontade em vez do juízo... Mas se algo prova esta observação, seria a de que não deveria haver juízes independentes desse corpo (legislativo)"[993]; e logicamente, se os juízes dependessem daquele sujeito que há de ser controlado, seriam juiz e parte. Parece-me que não é exagerada a opinião de García de Enterría: "esta concepção da Constituição é ela mesma a grande criação do constitucionalismo norte-americano, o gigantesco aporte deste constitucionalismo à história universal do Direito"[994]. E, no entanto, como se sabe, a *judicial review* não aparece expressamente regulada na Constituição, sendo mais o resultado de uma paulatina construção histórica[995].

---

991 Um julgamento semelhante em relação à etapa inicial da *judicial review* em Ch. Wolfe, *Las transformaciones de la interpretación constitucional* (1986). Trad. de M. G. Rubio de Casas y S. Valcárcel, Civitas, Madri, 1991, p. 16 e primeira parte.

992 El Federalista, cap. 78, p. 332.

993 *Ibidem*, p. 333.

994 E. García de Enterría, "La posición jurídica del Tribunal Constitucional en el sistema español: posibilidades y perspectivas", *Revista Española de Derecho Constitucional*, I, 1981, p. 37.

995 Temos uma excelente descrição do processo em R. L. Blanco Valdés, *El valor de la Constitución*, p. 114 e ss., e a bibliografia que ali se encontra.

2.2.2. Na Revolução Francesa

A concepção americana do constitucionalismo na qual o poder constituinte do povo se traduz em uma norma suprema convocada a limitar a ação do legislador e em uma séria preocupação em garantir sua defesa por meio do controle judiciário teve também certo reflexo na grande revolução europeia do fim do século XVIII. É natural que sucedesse assim: além de beber nas fontes ideológicas parcialmente comuns, os textos americanos eram bem conhecidos na França, numerosos constituintes como Lafayette – cujo Projeto foi elaborado sob os conselhos de Jefferson – tinham bem presente o exemplo do outro lado do Atlântico, e inclusive é possível encontrar coincidências quase textuais entre a Declaração de 1789 e alguns documentos como o *Bill of Rights* de Virgínia[996]. Certo é que a leitura de alguns artigos da Declaração Francesa nos evoca essa ideia de uns direitos naturais que, graças à Constituição, se impõem a todos os poderes públicos: "Os homens nascem e permanecem livres e iguais em direitos" (art. 1), "a meta de toda associação política é a conservação dos direitos naturais e imprescritíveis do homem" (art. 2), de modo que "toda sociedade na qual a garantia dos direitos não está assegurada nem a separação dos poderes estabelecida não tem Constituição" (art. 16).

A presença jusnaturalista no ambiente da revolução francesa é inegável, e inclusive poderia ser mais forte do que na América, já que não precisava conjugar-se com nenhuma fidelidade historicista aos "velhos direitos". Ao contrário, o espírito de criação *ex novo*, de ruptura com o Antigo Regime e com o modelo de legitimidade absolutista, haveria de encontrar nos tópicos do Direito natural sua justificação ideológica mais oportuna e adequada. Particularmente o Preâmbulo e os já citados primeiros artigos da *Declaração* representam um compêndio da concepção jusnaturalista que tivemos a oportunidade de examinar em uma epígrafe anterior. Trata-se, em primeiro lugar, de um Direito natural racional, assentado em "princípios simples e incontestáveis", que não se impõem de forma voluntarista, mas que somente se "expõem" como as verdades evidentes das ciências; racional, portanto, não somente no sentido de laico, secular ou não revelado, como também no sentido anti-histórico de que não requer nenhuma confirmação ou acordo do passado. Somente se explica assim, como observa Bobbio[997], que os direitos se postulem como "imprescritíveis", isto é, cuja titularidade seja independente de que se tenham

---

996 Vide a extensa Apresentação de S. Rials ao volume *La Déclaration des droits de l'homme et du citoyen*, p. 357 e ss.

997 N. Bobbio, *El tiempo de los derechos*. Trad. de R. de Asís, Sistema, Madri, 1991, p. 159 e s.

gozado em algum momento precedente; ou que se proclame algo por toda parte desmentido pela experiência, como "os homens nascem e permanecem livres e iguais em direitos". Não ocorre efetivamente desse modo, porém é preciso supô-lo para dotar os direitos da força irresistível do que não está submetido à vontade dos homens. Em segundo lugar, trata-se também de um Direito natural subjetivo ou, mais propriamente, de uns direitos naturais subjetivos que não deixam espaço a nenhuma lei natural objetiva reguladora das instituições ou da organização social. E que isto é assim o prova não somente porque em nenhum lugar da *Declaração* se fale do "Direito natural", mas falando dos "direitos naturais, inalienáveis e sagrados do homem"; o prova, principalmente, porque na relação de tais direitos – exaustivamente, a liberdade, a propriedade, a segurança e a resistência à opressão – não encontramos nenhuma das velhas leis divinas ou naturais que, mais além dos indivíduos, tinham pretendido legitimar certo modelo de dominação no passado. Com o qual fica explicado o terceiro traço do jusnaturalismo moderno, que é sua vocação contratualista ou, mais simplesmente, de instrumentalização do Estado: o poder político é um artifício cuja meta e justificação fundamental é a preservação dos direitos.

Por outro lado, deve-se recordar que foi precisamente na cultura francesa onde se formulou uma ideia que seria determinante para a construção de qualquer fórmula de controle judiciário da lei. Refiro-me à doutrina da separação dos poderes divulgada por Montesquieu e que, como acabamos de ver, representava juntamente com a garantia dos direitos a peça-chave do conceito de Constituição usado na França de 1789, pelo menos em relação ao princípio. Montesquieu certamente não era um jusnaturalista abstrato e racionalista; muito pelo contrário[998], mas não há dúvida de que sua concepção da lei e da jurisdição, da independência dos juízes e de sua função como depositários das "leis fundamentais" teria podido estimular o estabelecimento de fórmulas de controle na França, e de fato já percebeu que sua influência no *El Federalista* fica evidente. Em Montesquieu é possível apreciar certa desconfiança em relação ao legislativo, concomitante a um fortalecimento do papel e da atividade dos juízes[999].

A ideologia da separação dos poderes está a serviço da liberdade dos indivíduos, pois quando o poder está concentrado em uma só mão abrem-se as portas para a tirania e a opressão[1000]; particularmente, não "há liberdade se

---

998 Vide F. Gonzáles Vicen, "El positivismo en la filosofía del Derecho contemporánea", en *Estudios de Filosofía del Derecho,* Universidad de La Laguna, 1979, p. 54.

999 G. Rebuffa, *Costituzioni e costituzionalismi,* Giappichelli, Torino, 1990, p. 62 e s.

1000 "Tudo estaria perdido se o mesmo homem... exercesse os três poderes", *Del Espíritu de las leyes* (1748). Trad. de M. Blazquez e P. de Veja, Prólogo de E. Tierno, Tecnos, Madri, 1972, Libro XI, cap. VI, p. 151.

o poder judiciário não está separado do legislativo nem do executivo. Se está unido ao poder legislativo, o poder sobre a vida e a liberdade dos cidadãos seria arbitrário, pois o juiz seria ao mesmo tempo legislador. Se está unido ao poder executivo, o juiz poderia ter a força de um opressor"[1001]. Então, dos três poderes, o mais perigoso parece ser o legislativo, capaz de "assolar ao Estado com suas vontades gerais"[1002]. O legislador tem uma forte tendência à improvisação e à inovação desnecessária, quando não incorre em pecado de ignorância[1003]; por isso as leis às vezes são desproporcionais, cruéis, contrárias na prática ao fim que dizem perseguir, prolixas, reiterativas, obscuras, vagas, etc.[1004]. Diante deste voluntarismo, que certamente deve ser submetido por uma ilustrada ciência legislativa[1005], o poder judiciário aparece delineado em termos cognoscitivos ou de racionalidade: o juiz é "o instrumento que pronuncia as palavras da lei", até o ponto de que cabe dizer que seu poder é "nulo"[1006]; isto é, o juiz é aquele sujeito que carece de força e de vontade e que somente possui discernimento, como lemos em Hamilton.

Na monarquia moderada como prefere Montesquieu, os juízes encarnam também o principal "poder intermediário" que garante a sobrevivência das leis fundamentais e que constitui o melhor depósito da Constituição, pois "se no Estado não houvesse nada além da vontade momentânea e caprichosa de um só, nada poderia ter firmeza e, por conseguinte, não haveria nenhuma lei fundamental"[1007]. Como observa García de Enterría, esta concepção parece ir mais além da mera separação de poderes, pois por meio do *depósito das leis* "designa aos juízes, entendidos como 'corpos políticos', a defesa da Constituição" frente ao legislador[1008]. Compreendida assim, a independência judiciária ergue-se contra o risco de despotismo e constitui, portanto, a primeira garantia

---

[1001] *Ibidem.*

[1002] *Ibidem*, p. 152. Convém advertir que se bem Montesquieu fala da "vontade geral" do Estado para referir-se ao poder legislativo, este não é atribuído ao povo como soma de indivíduos, mas sim de forma conjunta ao povo e à nobreza; isto é, o poder legislativo se reparte de modo estamental.

[1003] "A maioria dos legisladores foram homens de poucas luzes... e quase nunca seguiram nada além de seus caprichos ou suas preocupações... Não poucas vezes aboliram sem necessidade as (leis) estabelecidas", *Cartas Persas* (1717-21). Trad. de J. Marchena (1818), Ed. Orbis, Barcelona, 1985, CXXIX, p. 172.

[1004] O livro XXXIX do *Espíritu de las leyes* estabelece todo um elenco dos vícios da legislação, ao mesmo tempo em que é um guia para o desenvolvimento de uma boa técnica legislativa.

[1005] Vide V. Zapatero, "El club de los nomófilos", *Cuadernos de Derecho Público*, 3, 1998, p. 66 e ss.

[1006] Montesquieu, *Del Espiritu de las leyes*, citado, Libro XI, cap. VI, p. 152 e 156.

[1007] *Ibidem*, Libro II, cap. IV, p. 61.

[1008] E. García de Enterría, *Revolución francesa y Administración contemporánea*, Taurus, Madri, 1972, p. 46.

da liberdade dos indivíduos[1009]; se tivesse triunfado na revolução francesa, é provável que a justiça constitucional tivesse podido prosperar paralelamente a sua consolidação na América do Norte.

É verdade que, como veremos depois, os acontecimentos não se inclinaram em favor de nenhum "governo dos juízes", mas sim a favor do "legicentrismo", da onipotência do legislador e, portanto, contra toda forma de controle da lei. Mas isso não significa que a opção norte-americana e as preocupações às quais ela respondia estivessem completamente ausentes do cenário europeu[1010]. Este é o caso de Condorcet, talvez o melhor representante da filosofia ilustrada que participa diretamente na revolução, bom conhecedor dos acontecimentos da América[1011] e redator do Projeto de Constituição girondina de 1793. A afirmação da supremacia dos direitos do homem e a necessidade de limitar o legislador é muito clara em Condorcet: "a finalidade de toda Constituição é manter os cidadãos no mais pleno exercício de seus direitos naturais. Ninguém pode violar esses direitos"[1012] e para isso é preciso reuni-los em uma declaração, "expô-los com clareza e de maneira detalhada, publicar esta declaração com solenidade, estabelecendo que o poder legislativo não poderá, de nenhuma forma, ordenar nada que viole esses artigos"[1013].

Condorcet é perfeitamente consciente de que a lei pode ser injusta, isto é, contrária aos direitos do homem, porém também é incapaz de imaginar algo parecido à *judicial review*. Sua fé nas qualidades morais do legislador é quebradiça, mas diante disso lhe ocorre somente apelar diretamente ao povo. Efetivamente, antes da revolução, na *Vie de M. Turgot*, Condorcet faz distinção entre: a liberdade natural, que no sentido lockeano é o Direito de fazer tudo aquilo que não prejudica os outros; a liberdade civil, que

---

1009 Vide Goyard-Fabre, *La Philosophie du Droit de Montesquieu*, Klincksieck, Paris, 1973, p. 240.

1010 Sobre as diferentes iniciativas de controle de constitucionalidade que aconteceram durante o período revolucionário, pode ver-se o cap. V do livro de M. Battaglini, *Contributi alla storia del controllo di costituzionalitá delle leggi*, Giuffrè, Milão, 1957.

1011 Foi membro da Sociedade americana de filosofia por proposta de Franklin, bom conhecedor da obra de Paine e Jefferson e autor do ensaio intitulado *L'influence de la Revolution d'Amerique sur l'Europe* (1776). As *Oeuvres* de Condorcet foram editadas em doze volumes por M. F. Arago e A. Condorcet-O'Connor, Firmin Didot, Paris, 1847-49, fac-símile de F. Fromman Verlag, Stuttgart-Bad Connstatt, 1968. Vide E. e R. Badinter, *Condorcet. Un intellectuel en politique*, Fayard, Paris 1988; também J. De Lucas, Condorcet: a luta pela igualdade nos direitos, no v. II da *Historia de los derechos fundamentales*, p. 297 e ss.

1012 Texto inédito de Condorcet citado por G. Gusdorf, *La conscience révolutionnaire. Les idéologues*, Payot, Paris, 1978, p. 194.

1013 Condorcet, *Idées sur le despotisme à l'usage de ceux qui prononcent ce terme sans l'entendre*, v. IX p. 165 das *Oeuvres*, citado por G. Magrin, *Condorcet: un costituzionalismo democratico*, Franco Angeli, Milão, 2001, p. 99.

consiste em não obedecer nada além do que às leis; e a liberdade política, que supõe não obedecer outras leis do que aquelas às quais se tenha dado consentimento, diretamente ou por meio de representantes. O que significa que um governo legítimo, respeitoso com a liberdade política, pode, no entanto, ser injusto e violar os direitos do homem; ou, o que é a mesma coisa, que a vontade geral ou a liberdade política rousseauniana podem ser contrárias à liberdade natural: "a tirania é a violação de um Direito natural realizado por um poder legítimo ou ilegítimo"[1014]. Como resolver o conflito? A solução americana já é conhecida, mas parece que as condições da França na última década do século não permitem sequer apresentá-la; a solução, que além do mais poderia inspirar-se também em algum dos documentos dos Estados Unidos, consiste em apelar ao povo mediante um Direito de censura das leis ordinárias, assim como mediante diferentes fórmulas de reforma constitucional e *referendum*.

Os 402 artigos da Constituição girondina, "um dos resultados mais significativos da ilustração jurídica e uma das maiores expressões do reformismo legislativo democrático de todos os tempos"[1015], representam uma das tentativas mais singulares por conciliar soberania popular e representação política e incorporam uma das fórmulas mais articuladas e apuradas de controle popular e não judiciário da lei. Diante da democracia direta, cujos resultados são justos e incontroláveis por definição, Condorcet delineia um sistema representativo ou de separação entre o corpo político e o corpo eleitoral; mas, diante das interpretações posteriores da democracia representativa, que recorriam à ficção de considerar os mandatários como a viva voz do povo e, portanto, também incontroláveis, a preocupação fundamental do projeto de Condorcet é evitar a expropriação da soberania por parte dos representantes, isto é, evitar a violação da Constituição na qual se manifesta aquela soberania por parte do poder legislativo. Inspirando-se certamente nos Estados Unidos, apesar de que desta vez, em uma experiência destinada a não ter êxito[1016], as "assembleias primárias" ou de distrito foram a peça-chave não só para assegurar a participação do povo nas mais heterogêneas decisões, desde a nomeação dos

---

1014 Condorcet, *Idées sur le despotisme*, p. 164. Vide L. Jaume, Prefácio para *Les Déclarations des droits de l'homme*, Flamarion, Paris, 1989, p. 59 e s.

1015 O julgamento é de R. Martucci, "La Constitución inencontrable. Conflicto político y estabilización constitucional en Francia durante la transición de la monarquía a la república" (1789-1799), em *Fundamentos*, 2, 2000, p. 238.

1016 Refiro-me ao Conselho de Censores ideado pela Constituição da Pensylvania de 1776. Sobre isso vide G. Magrin, *Condorcet, un costituzionalismo democrático*, p. 150.

ministros até a eleição dos deputados, como também para exercer a censura das leis e pôr em marcha a reforma constitucional[1017].

Efetivamente, de acordo com o art. 27 do Título VIII, o Direito de censura deveria exercer-se "sobre toda lei e em geral sobre todo fato de legislação contrário à Constituição". O procedimento podia ser instado por um só cidadão e, após um complexo mecanismo de votações e ratificações, desembocava em um requerimento ao corpo legislativo a fim de que modificasse a lei questionada. Se este rechaçava a petição e as assembleias primárias insistiam em suas objeções, dissolvia-se o parlamento, procedendo-se a novas eleições; se, pelo contrário, este a assumia e acordava em reformar a lei, ainda era necessário que o assunto fosse submetido a *referendum* se fosse solicitado pela maioria das assembleias primárias. Uma solução semelhante arbitrava-se para a reforma "incidental" da Constituição, dado que esta, como já se indicou, previa sua revisão obrigatória a cada vinte anos. Resumindo, um tortuoso sistema de controle popular negativo e *a posteriori*[1018], que não foi, logicamente, o único proposto nos anos da revolução; o que põe em relevo que a preocupação com a defesa da Constituição e com as possíveis extra-limitações do legislador não foram de modo algum alheias à ideologia de girondinos e jacobinos[1019]. E, no entanto, agora com a independência do fracasso histórico destas fórmulas, chama a atenção o esquecimento do poder judiciário como instância chamada a exercer o controle; a própria Constituição girondina, que tão minuciosamente tentava assegurar a fidelidade do legislador à Constituição,

---

1017 No primeiro constitucionalismo francês se tem a impressão de que a ausência de uma justiça constitucional se queira compensar com a frequente apelação ao poder constituinte do povo, nele depositando a tarefa que não se deseja encomendar aos juízes. Assim, na Declaração que acompanha o Projeto girondino, pode-se ler que "um povo conserva sempre o Direito de revisar, reformar ou mudar sua Constituição. Uma geração não tem o Direito de vincular com suas leis às gerações futuras, e toda herança nos cargos é absurda e tirânica" (art. 33), e de fato se estabelecia uma revisão perceptiva a cada vinte anos; em princípios análogos se inspirava a Constituição jacobina de 1793.

Esta predileção pela reforma popular do texto sobre sua conservação judicial, ambas as fórmulas que conduziam a uma limitação do legislador ordinário, poderia ser interpretada como um afastamento das fontes racionalistas que pretendiam dar vida a uma obra perfeita e definitiva das Luzes. No entanto, novamente a versatilidade do Direito natural permite compreender ambas as opções: a perpetuação parece responder a uma concepção objetivista da lei natural; enquanto o recurso frequente ao povo, depositário do poder constituinte, encarnaria uma visão subjetivista dos direitos naturais. Como observa Zagrebelsky, eis aqui a característica reversibilidade do jusnaturalismo: "da objetividade da verdade ao subjetivismo da vontade", *Storia e costituzione*, p. 45.

1018 No sentido de que a intervenção popular não tinha como objetivo participar no processo de elaboração da lei mediante sua ratificação, mas que era sucessiva à aprovação desta e se dirigia a eliminar aquelas que fossem julgadas inconstitucionais.

1019 Vide um estudo das propostas sucessivas em R. L. Blanco Valdés, *El valor de la Constitución*, p. 268 e ss.

proibia taxativamente aos juízes, não só de suspender a execução de uma lei, como inclusive de interpretá-la (Título X, Seção 1, art. 6)[1020].

Somente cabe registrar uma exceção mesmo que parcial: o projeto de um *júri* ou de um *jurie constitutionnaire* apresentado por E. Sieyes em seus discursos parlamentares de 2 e 18 termidor do ano III da República. Talvez juntamente com Condorcet, Sieyes foi o personagem que nos anos convulsos da revolução intentou perfilar de uma forma mais consequente um modelo constitucional para o novo regime[1021]; na sua obra mais famosa, *O que é o terceiro estado?*, oferece-nos uma concepção fortemente democrática que apela à nação como única fonte da soberania, mas ao mesmo tempo uma defesa do sistema representativo regulado e, portanto, submetido à Constituição: "a nação existe antes e é a origem de tudo. Sua vontade é sempre legal, é a própria lei. Antes dela e acima dela não há nada mais que o Direito natural"[1022]; porém como a nação não pode atuar por ela mesma, pelo menos nos estados de certa importância, é preciso contar com um corpo de representantes que exerçam o poder legislativo. Porém, os representantes não são a nação, que atua sem sujeição a normas positivas, mas são um órgão que necessita de uma Constituição: "os representantes, a quem se confia o poder legislativo ou o exercício da vontade comum, não existem senão na forma com a qual a nação quis configurá-los. Não são nada sem suas fórmulas constitutivas; somente atuam, governam e mandam através delas"[1023]. Consequentemente, a Constituição "é uma Lei fundamental anterior a toda lei aprovada pela maioria"[1024].

Temos dito que acima do povo soberano somente está o Direito natural, e isto se transformará em algo mais do que uma simples apelação retórica; como vimos que acontece no jusnaturalismo racionalista, o Direito natural em realidade se esgota nos direitos naturais. Após o período do Terror, Sieyes se afasta das tão divulgadas colocações do *Contrato Social* e escreve que "falar

---

1020 Antes, já a famosa lei de 16-24 de agosto de 1790 tinha proibido que os tribunais interviessem "direta ou indiretamente… no exercício do poder legislativo, nem impedir ou suspender a execução das leis", o que se completaria com a incorporação à Constituição de 1791 do *référé legislatif*, que conferia à própria Assembleia a faculdade final de interpretação das leis, vide M. Troper, *La séparation des pouvoirs et l'histoire constitutionnelle française*, Librairie Générale de Droit et de Jurisprudence, Paris, 1980, p. 58 e ss.

1021 Além da clássica obra de P. Bastid, *Sieyes et sa pensée* (1939), Slalkine Reprints, Genebra, 1978, vide a mais recente de P. Pasquino, *Sieyes et l'invention de la costitution en France*, Odile Jacob, Paris, 1998.

1022 E. Sieyes, *Qu'est-ce que le Tiers État?* (1789), em J. Godechot, *La pensée revolutionnaire en France et en Europe*, A. Colin, Paris, 1969, p. 83, de onde cito. Há uma edição espanhola por R. Máiz, em *El tercer estado y otros escritos*, Espasa-Calpe, Madri 1990, p. 248.

1023 *Ibidem*, p. 82.

1024 E. Sieyes, "Límites de la soberanía" (1794), em *Escritos y Discursos de la Revolución*, edição de R. Máiz, Centro de Estudios Constitucionales, Madri, 1990, p. 248.

da soberania do povo como carente de limites é um grande erro"; todo poder tem seus limites para a preservação daquele objetivo que guia os homens quando decidem entrar em sociedade e o que não é outra coisa do que a maior defesa de seus direitos naturais[1025]. De maneira que a Constituição não é simplesmente um pacto, "não é uma transação entre vontades arbitrárias. Pelo contrário, tudo parte dos direitos do homem e se desenvolve, a partir deles, por meio de um encadeamento de verdades necessárias"[1026]; se em 1789 a vontade da nação era a própria lei e nada havia "antes dela", agora acontece que "os direitos do homem são, pois, anteriores a tudo e nada perde ao entrar aquele em sociedade"[1027]. O esquema está perfeitamente fechado: primeiro, os direitos do homem; depois, a Constituição que os garante; e, finalmente, a representação política que há ser fiel aos direitos e à Constituição[1028].

Mas, mesmo que pareça quase óbvio a partir do momento em que se diferencia entre representantes e representados, entre poder constituinte e constituído, ninguém propôs a defesa dessa Constituição que é a encarnação do mandato da nação; pelo contrário, proibiu-se expressamente aos juízes qualquer forma de controle sobre o legislador. Isto é o que lamenta Sieyes quando expressa a necessidade de um Tribunal Constitucional a partir de uma nítida concepção da própria Constituição como norma jurídica obrigatória: "Uma Constituição ou é um corpo de leis obrigatórias ou não é nada. Agora, se é um código de leis obrigatórias, é preciso perguntar-se onde residirá o guardião, a magistratura desse código... Todas as leis, seja qual for sua natureza, pressupõem a possibilidade de sua infração e, consequentemente, a necessidade imperiosa de fazê-las obedecer"[1029]. A separação de poderes, a apelação ao povo mediante a fórmula do *referendum* ou outras formas de controle político e o próprio Direito de resistência à opressão, que foram os mecanismos mais comumente invocados durante a revolução francesa para limitar o poder, conjugam-se em Sieyes com um procedimento institucionalizado muito mais parecido ao que possa ser a justiça constitucional.

[1025] *Ibidem*, p. 249.

[1026] E. Sieyes, "Fundamentos del Estado" (1794), em *Escritos y Discursos de la Revolución*, p. 233.

[1027] *Ibidem*, p. 236.

[1028] Com razão observa R. Máiz o peculiar modo francês de constitucionalizar os direitos. "De um lado, a Declaração contém os direitos entendidos como princípios de Direito natural que o legislador constituinte e ordinário não pode violar. De outro, a Constituição, no sentido estrito, positiva as garantias daqueles enquanto direitos positivos", *Ibidem*, p. 237, nota 2.

[1029] E. Sieyes, "Opinión sobre las atribuciones y organización del Tribunal Constitucional", em *Escri'os y Discursos de la Revolución*, p. 276.

Certamente, o modelo de Sieyes combinava elementos jurisdicionais com outros mais políticos e previsivelmente, se tivesse prosperado, teria se tornado pouco operativo. O principal motivo é que estava formado nada menos do que por 108 membros de procedência parlamentaria que deveria renovar-se anualmente em um terço mediante um sistema de cooptação: os 72 "juízes" que permaneciam nos cargos elegiam aos novos 36 entre os legisladores que cessavam nessa mesma época do ano. No entanto, a proposta também continha traços de indubitável natureza jurisdicional. Em primeiro lugar, o propósito de delimitar com rigor o âmbito de competência, distinguindo entre os atentados contra a Constituição imputáveis a um sujeito responsável – por exemplo, um delito de traição – que ficavam relegados à jurisdição ordinária, e os que Sieyes chama atos *irresponsáveis*, particularmente as leis produzidas pelo corpo legislativo. Legitimados para reclamar estariam o Conselho dos Anciãos e o Conselho dos Quinhentos, mas também e isto merece sublinhar-se, as minorias parlamentares, assumindo com isso uma concepção da Câmara e da representação política menos rousseauniana, como o cenário da luta entre maiorias e minorias e não como a expressão de uma mística vontade comum. Sieyes duvida a respeito de se é conveniente abrir o Tribunal às reclamações individuais em defesa dos direitos, mas finalmente não tem mais remédio que ceder: "rendamos esta homenagem à liberdade individual, que é a razão final de toda ordem política"[1030], embora, ameaçando com uma multa policial se a demanda carecesse de fundamento. E, enfim, estas outras previsões tinham um claro sabor jurisdicional: que as decisões do Tribunal terão o nome das sentenças (art. VII), que estas serão ditadas sempre a pedido dos sujeitos legitimados e não por iniciativa própria (art. XVII), o que faz do Tribunal um órgão passivo ou judicial e não ativo e político, e que os atos declarados inconstitucionais serão nulos de Direito pleno (art. VIII).

Além do mais, o Tribunal contava com duas atribuições suplementares, uma de reforma constitucional e outra de difícil qualificação, porém no meio do caminho, entre a questão de inconstitucionalidade e a legislação retroativa. Efetivamente, a cada dez anos o Tribunal devia apresentar um *Caderno de proposições* para a reforma da Constituição, iniciando assim um procedimento que continuava nas assembleias primárias e culminava no Conselho dos Anciãos. A segunda competência tem maior interesse: a décima parte dos componentes deste órgão especial deveria de constituir-se em *Tribunal de equidade natural* (art. XIV), que Sieyes designa em outro momento como *Tribunal dos direitos*

[1030] *Ibidem*, p. 282.

do homem[1031], e cuja função parecia consistir na proteção das liberdades em todos aqueles casos em que a lei positiva não tivesse arbitrado meios de tutela; concretamente, tratar-se-ia de emitir uma sentença de equidade natural quando os tribunais ordinários não tivessem podido julgar por "falta de lei positiva aplicável ao caso, ou não ter podido fazê-lo contra a sua consciência". À margem de outras considerações técnicas, esta competência revelava uma autêntica concepção normativa e constitucional dos direitos, que podiam fazer-se valer sem necessidade de nenhuma mediação legal.

Como é sabido, nem a proposta de Sieyes nem nenhuma outra tendente à criação de algo parecido a uma justiça constitucional conseguiram prosperar na França revolucionária[1032] e ainda menos ao longo do século XIX e boa parte do século XX. O triunfo da onipotência da lei e a sempre reiterada proibição a qualquer forma de controle jurisdicional se explica por distintas causas e, o que aqui mais interessa, podia justificar-se em uma versão diferente e não menos poderosa do contrato social. Veremos imediatamente, mas não deixa de chamar a atenção que, quando cem anos depois destes acontecimentos o professor Boutmy se disponha a defender a originalidade francesa da *Declaração* de 1789, expresse com grande perspicácia e também com curiosa complacência a diferença fundamental entre o constitucionalismo dos dois lados do Atlântico: "Todas as Declarações dos Estados Unidos foram concebidas de maneira que pudessem se invocadas perante os tribunais. Os americanos tinham a ideia fixa de que lhes serviriam de base para mais de um processo perante a Suprema Corte de seu Estado... Para os franceses, a Declaração é somente uma peça de oratória, os artigos se apresentam vazios, desarmados, ou se acaso armados de sua própria solenidade, do império da verdade sobre os homens. Nenhum tribunal os invocará nem poderá fundamentar neles as considerações de um juízo. Os franceses escrevem para ensinar ao mundo... A Declaração dos Direitos francesa está escrita no estilo sóbrio e audaz de um filósofo... As Declarações de Direitos americanas estão redigidas nessa língua um pouco meticulosa e copiosa do jurista... Não há em todo o mundo dois documentos mais diferentes"[1033].

Sem dúvida, este último juízo de Boutmy é exagerado, e aqui tentamos mostrar que existe também um constitucionalismo francês comparável ao americano: a afirmação dos direitos individuais como fundamento da ordem

---

[1031] *Ibidem*, p. 288.

[1032] A respeito do interessante debate que ocasionou o discurso de Sieyes, vide R. Blanco Valdés, *El valor de la Constitución*, p. 301 e ss.

[1033] E. Boutmy, "La Declaración de Derechos del hombre y del ciudadano y M. Jellinek" (1902), em G. Jellinek, E. Boutmy e outros, *Orígenes de la Declaración de Derechos del hombre y del ciudadano*, p. 131 e s.

política, o contrato social e, portanto, o consentimento como justificação do poder estatal, a ideia de poder constituinte e o reconhecimento do Direito de resistência à opressão, a preocupação com a defesa da Constituição frente às possíveis extralimitações do legislador, todos são elementos que encontramos tanto na América quanto na Europa, ainda que seja com um acento diferente e com uma funcionalidade histórica também diferente. No que Boutmy tinha razão, e não é pouco, é no papel dos juízes; algo que determinará a decantação de dois modelos cada vez mais distantes, pelo menos até meados do século XX. E isto já o tinha advertido Tocqueville: "nas nações da Europa, os tribunais só julgam aos particulares, mas não se pode dizer que o supremo tribunal dos Estados Unidos faça comparecer a soberanos no banco dos réus... Sem eles a Constituição seria letra morta"[1034]. "O poder concedido aos tribunais americanos de pronunciar-se sobre a inconstitucionalidade das leis, dentro de seus limites, ainda forma uma das barreiras mais poderosas que jamais se tenha construído contra a tirania das assembleias políticas"[1035]. Esta diferença radical entre Europa e América revela uma diferente disposição das prerrogativas do poder e do alcance dos direitos: na Europa, "o governo tem mostrado sempre uma grande repugnância em deixar a justiça ordinária resolver questões que interessavam a ele próprio. Essa repugnância é naturalmente maior na medida em que o governo é mais absoluto. À medida que a liberdade aumenta, pelo contrário, o âmbito das atribuições dos tribunais vai se alargando"[1036].

3. A IDEOLOGIA DO LEGALISMO. DO CONTRATO SOCIAL À SUPREMACIA DA LEI

Os documentos constitucionais franceses do período revolucionário ofereciam numerosos traços do pensamento jusnaturalista, do contratualismo lockeano, de Montesquieu, em uma palavra de tudo aquilo que influiu na independência norte-americana e que se traduziu na ideia de supremacia constitucional e em seu corolário, o controle judiciário de constitucionalidade; e nisto deveria dar-se razão a Jellinek. Porém, não há uma filosofia de 1789 homogênea, simples e unívoca, mas sim um "espaço intelectual de 89", heterogêneo, complexo, frequentemente equívoco e mutável[1037]. Assim, junto a todas as influências que

---

[1034] A. de Tocqueville, *La democracia en América* (1835-40), ed. de E. Nolla, Aguilar, Madri, 1989, v. I, p. 145.

[1035] *Ibidem*, p. 102.

[1036] *Ibidem*, p. 145.

[1037] S. Rials, Apresentação ao volume *La Déclaration des droits de l'homme et du citoyen*, p. 154.

se assinalaram, na Declaração chama a atenção a persistente invocação à lei: "a lei é a expressão da vontade geral" (art. 6), fixa os limites de nossos direitos (art. 4), é a fonte das obrigações (art. 5), estabelece as condutas delituosas e as penas correspondentes (art. 8), define a ordem pública dentro da qual se exercem as liberdades (art. 10), resumindo, é a lei e não a Constituição ou, melhor dizendo, é a lei por delegação da Constituição que estabelece no fundamental a posição do indivíduo perante o Estado; algo impensável na América do Norte, e nisto creio que tinha razão Boutmy. Mas também esta segunda forma de ver as coisas podia apelar à autoridade do contrato social e por último na autoridade do Direito natural, o que uma vez mais nos mostra a capacidade de adaptação de ambas as doutrinas.

O legalismo, pelo menos na formulação inicial que conheceu a revolução francesa, não deve identificar-se com a pura e simples renúncia a toda pergunta acerca da justiça da lei, como depois talvez o fizesse certo positivismo do século XIX. Pelo contrário, o que move Rousseau é a busca da justiça ou, se se prefere, do Direito natural[1038], mesmo que rechace o método tradicionalmente utilizado para determinar essas leis da natureza: "definindo essa lei cada qual a seu modo, todos a fundamentam em uns princípios tão metafísicos que, mesmo entre nós, se encontram bem poucos em situação de compreender tais princípios... Se começa por procurar aquelas normas que, em prol do bem comum, conviria que os homens aceitassem... e logo se dá o nome de lei natural à compilação dessas normas, sem outra prova além do bem que se pensa que resultaria de sua prática universal"[1039]. Se não é possível conhecer com segurança essas leis naturais, dificilmente poderá fundamentar-se nelas a legitimidade das leis positivas. Mas então, sendo tão incertos os mandatos do Direito natural, em que basear a justiça das leis positivas? como "abençoar sem trégua o venturoso instante" como o homem abandonou o estado de natureza e como, "de um animal estúpido e limitado, se transformou em um ser inteligente e em homem"?[1040]

A resposta encontra-se nas cláusulas do contrato social[1041], despojado agora de todo o conteúdo substantivo condicionante da vontade dos associa-

---

1038 Ainda que Rousseau seja um convencionalista e não um jusnaturalista, continuam presentes nele razões e argumentos da escola de Direito natural, vide R. Derathe, *J. J. Rousseau et la science politique de son temps*, J. Vrin, Paris, 1970.

1039 J.J. Rousseau, "Discurso sobre el origen y los fundamentos de la desigualdad entre los hombres", p. 143 e s.

1040 J. J. Rousseau, El Contrato social (1762), em *Escritos de combate*, Libro I, cap. VI, p. 415.

1041 A leitura do contrato social de Rousseau deu lugar a múltiplas e contraditórias interpretações, que aqui não procede examinar. A que agora apresentamos, independentemente de que seja a mais acertada ou fiel ao pensamento do autor, é aquela que serviu de fundamento ao mito da lei, isto é, à concepção desta última como instrumento seguro da justiça.

dos, isto é, despojado dos direitos naturais. Na realidade, a única cláusula é esta: "a alienação total de cada associado com todos os seus direitos a toda comunidade", pois, desse modo, sendo a condição igual para todos, ninguém tem interesse em torná-la onerosa para os outros[1042]. O contrato social assim concebido, mais do que o ato fundacional da sociedade política, é um modelo para sua atuação permanente, o princípio que deve inspirar toda lei, onde o único limite é que as decisões sejam iguais para todos; como assinalou Cassirer, "cancela-se enquanto tal a mera vontade individual, que já não exige por si mesma, mas que persiste e quer somente dentro da vontade total, na *volonté générale*"[1043]. A lei é a expressão da vontade geral e, portanto, da soberania[1044]; mas é também garantia de justiça, pois se forem cumpridas as condições requeridas, o resultado há de ser necessariamente justo. Não cabe perguntar-se "se a lei pode ser injusta, posto que ninguém é injusto consigo mesmo", nem qual é o âmbito de autonomia perante o Estado, porque a liberdade consiste precisamente na submissão à lei prescrita por nós mesmos[1045]. O problema da liberdade civil não está centrado, pois, na quantidade de poder que o Estado acumula, mas sim em sua qualidade ou fundamento.

Para os jusnaturalistas os direitos eram um dado prévio que o Direito positivo somente sancionava com a força do Estado. No entanto, para Rousseau há uma espécie de esvaziamento do Direito natural, que é substituído pela vontade geral ou, como diríamos hoje, por um procedimento imparcial de adoção de decisões; não existem propriamente direitos do homem derivados de uma presumida lei natural, mas sim direitos do cidadão decididos pela lei: no estado civil "todos os direitos estão determinados pela lei"[1046]. Uma lei que certamente parece que somente há de cumprir uma condição, por acaso a única exigência que fica do Direito natural, e é que diante dela todos os cidadãos se situam em uma posição de igualdade, tanto em seu papel de legisladores quanto de destinatários da norma: "quando todo o povo estatui sobre todo o povo... a matéria sobre a qual estatui é geral, o mesmo que a vontade que estatui"[1047]. Então, a lei há de ser necessariamente justa porque, confundindo-se autor e destinatário, ninguém dará sua aprovação a uma lei arbitrária ou injusta

---

[1042] J. J Rousseau, El Contrato social, *Libro I*, cap. VI, p. 411.

[1043] E. Cassirer, *Filosofia de la Ilustración* (1932). Trad. de E. Imaz, Fondo de Cultura Económica, México, 1950, p. 289.

[1044] A vontade geral "é um ato de soberania e faz a lei", J. J. Rousseau, "El Contrato social", Libro II, cap. II, p. 422.

[1045] *Ibidem, Libro II,* cap. VI, p. 432.

[1046] *Ibidem*, p. 431.

[1047] *Ibidem.*

que depois será obrigado a padecer. "O que demonstra, diz Rousseau, que a igualdade de direitos e a noção de justiça que origina provêm da importância que cada um se atribui e, portanto, da natureza do homem"[1048].

A condição da justiça da lei já não é material ou substantiva, como no jusnaturalismo precedente, é formal e procedimental. Mas formalidade não equivale a arbitrariedade. Ainda que historicamente o resultado pudesse ser esse, em Rousseau nem a lei é qualquer norma, nem o legislador é qualquer sujeito; "seriam necessários deuses para dar leis aos homens", chega a proclamar[1049]. Sem ir tão longe, é preciso que a lei se apoie na vontade geral, o que, como já sabemos, só acontece quando "todo o povo estatui sobre todo o povo"; porém é necessário também que a própria lei seja geral, isto é, que considere "aos súditos em conjunto, e às ações como abstratas, jamais a um homem enquanto indivíduo nem uma ação como particular"[1050], pois essa é a verdadeira condição da justiça e igualdade da lei. Na realidade, diz Rousseau, quem manda nos homens não deveria mandar nas leis e quem manda nas leis não deve fazê-lo aos homens, pois a "santidade" da lei requer afastar-se das paixões e dos objetivos particulares[1051].

Estamos muito perto do ideal kantiano do *reino dos fins* onde a racionalidade da lei repousa em sua generalidade, isto é, em prescindir de todo fim particular que alimente o egoísmo[1052]. Em uma terminologia mais moderna, parece que o legislador rousseauniano deveria atuar revestido por um véu de ignorância que garantisse sua imparcialidade; na hora de compor os princípios de justiça, escreve Rawls, "temos que anular os efeitos das contingências específicas que põem os homens em situações desiguais e na tentação de explorar as circunstâncias naturais e sociais em seu próprio benefício"[1053], isto é – talvez Rousseau tivesse podido acrescentar – devemos prescindir dos "fatos particulares" que geram o egoísmo. Mais ainda, sem o conhecimento

---

1048 *Ibidem*, Libro II, cap. IV, p. 426.

1049 *Ibidem*, Libro II, cap. VII, p. 433.

1050 *Ibidem*, Libro II, cap. VI, p. 431.

1051 *Ibidem*, Libro II, cap. VII, p. 434.

1052 "Por reino entendo o enlace sistemático dos diferentes seres racionais por leis comuns. Mas como as leis determinam os fins, de acordo com sua validez universal, ocorrerá que, se prescindirmos das diferenças pessoais dos seres racionais e mesmo assim de todo conteúdo de seus fins privados, poderá pensar-se um todo de todos os fins... em sistemático enlace; isto é um reino dos fins", I. Kant, *Fundamentación de la metafísica de las costumbres*(1785). Trad. de M. García Morente, Espasa-Calpe, 8. ed, Madri, 1983, p. 90

1053 J. Rawls, *Teoría de la Justicia* (1971). Trad. de M. D. Gonzáles, Fondo de Cultura Económica, Madri, 1979, par. 24, p. 163.

dessas particularidades que nos garante o véu da ignorância, "a exigência de unanimidade não está fora de lugar e o fato de que possa ser satisfeita tem uma grande importância"[1054]. Portanto – e creio que isso mereça sublinhar-se porque às vezes se esquece no interesse de uma concepção formal da lei – a vontade geral não carrega somente uma exigência dirigida ao produtor da norma, que há de ser todo o povo, como também um requerimento à própria estrutura da lei, que há de ser precisamente abstrata e geral.

Se a vontade geral e a lei hão de ser necessariamente retas, logicamente carece de sentido pensar em qualquer limitação constitucional e, por isso mesmo, em alguma fórmula de controle judicial da lei: "é contrário à natureza do corpo político que o soberano se imponha uma lei que não possa infringir... onde vemos que não há nem pode haver nenhuma espécie de lei fundamental obrigatória para o conjunto do povo, nem sequer o contrato social"[1055]. É verdade que no Livro IV do *Contrato social* Rousseau parece tomar consciência da tensão entre a vontade do povo e a ação ordinária do governo, concebendo um "tribunado" ou "defensor das leis", que "não deve ter nenhuma porção do poder legislativo nem do executivo... não podendo fazer nada, pode tudo impedir"[1056]. No entanto, e à margem de que o próprio autor fizesse advertência diante do perigo de usurpação de um corpo tão temível, que por isso mesmo não deveria ter caráter permanente, já sabemos que as escassas iniciativas deste tipo, que houve durante a revolução, terminaram em fracasso.

Na realidade, a colocação rousseauniana, que tanto contribuiria para forjar o mito da santidade da lei, podia exibir uma origem ideológica pelo menos tão estável e elaborada como a do contratualismo que na América deu vida ao constitucionalismo. O postulado absolutista de que um poder ilimitado é consubstancial às sociedades políticas e de que não há de representar em si mesmo nenhuma ameaça para os indivíduos, se transmite ao despotismo ilustrado e dali se enlaça com a democracia de Rousseau. No racionalismo do século XVIII alguns acreditaram, efetivamente, que a justiça do Direito dependia, não tanto do respeito a uns imutáveis princípios substantivos, não tanto da limitação do poder soberano desde uma instancia externa, quanto das qualidades intrínsecas do próprio legislador; ou talvez mais exatamente, acreditaram que o respeito aos princípios de justiça, que deveria fazer do Direito positivo o paraíso mundano do Direito natural, viria garantido por

---

1054 *Ibidem*, p. 168 e s.

1055 J. J. Rousseau, "El Contrato social, citado. *Libro I*, cap. VII, p. 413.

1056 *Ibidem*, Libro IV, cap. V, p. 510.

um legislador justo e onisciente. Resumindo, não era seu caráter absoluto e ilimitado o que tornava o poder perigoso, senão seu exercício por um sujeito malicioso e incompetente. Parece-me que alguns teóricos do despotismo ilustrado pensaram mais ou menos assim: a ignorância, e não o absolutismo é a principal causa das desgraças dos homens e, por isso, quando suas nuvens se dissiparem, "a legislação positiva deverá ser tão somente declarativa das leis naturais... *não desejará nem poderá desejar* leis positivas prejudiciais para a sociedade ou para o soberano". Portanto, "a razão esclarecida pelo evidente conhecimento das leis naturais, constitui a regra do melhor governo possível"[1057]. Em suma, um legislador absoluto, porém virtuoso.

Naturalmente, a confiança nas qualidades racionais do legislador incrementa-se quando o monarca é substituído pelo povo. Deste modo, o novo sujeito titular da soberania vem a herdar, mais que a transformar, as qualidades do poder absoluto e perpétuo que desde Bodin se predicavam da velha soberania. Pelo menos na Europa, parece que não poderia ser de outro modo; o que preocupa aos revolucionários franceses é quem legisla e com qual programa político o faz antes de determinar os limites a seu poder. O novo modelo de legitimidade requer que legisle o povo, mas seu poder não há de ser inferior ou diferente ao que ostentaram os príncipes, e se estes não se encontravam vinculados por suas próprias leis (*legibus solutus*), também não haveria de estar o povo. Pode parecer surpreendente, mas os dois grandes teóricos do absolutismo e da democracia, Hobbes e Rousseau, estão de acordo em dois aspectos essenciais: que devemos obedecer às leis como se fossem a expressão de nossa própria vontade, e que o poder absoluto não tem limites. É preciso "observar todas as leis civis em virtude da lei natural que proíbe violar os pactos", dizia Hobbes[1058], adiantando-se à ideia rousseauniana de que "o pacto social dá ao corpo político um poder absoluto sobre todos os seus"[1059]. Ninguém pode obrigar-se a si mesmo e "daí que o Estado não está obrigado pelas leis civis, por serem as leis civis do Estado"[1060] ou, o que dá no mesmo, nenhuma Constituição ou lei fundamental pode limitar à vontade geral. O poder do povo diferencia-se do velho soberano somente no sujeito titular – o que na verdade não é pouco –, mas não em seus atributos. Se tudo

---

[1057] F. Quesnay, "Derecho natural", em *Escritos fisiocráticos*, edição de J. E. Candela, Centro de Estudios Constitucionales, Madri, 1985, p. 15. O sublinhado é meu.

[1058] T. Hobbes, *Del Ciudadano*, cap. XIV, 10, p. 223.

[1059] J. J. Rousseau, El contrato social, *Libro II*, cap. IV, p. 425.

[1060] T. Hobbes, *Del Ciudadano*, cap. IV, 14, p. 134.

isso contém alguma forma de positivismo ideológico, o déficit constitucional que daí deriva pode cobrar-se na conta de dito positivismo.

No entanto, em Rousseau e creio que também no contexto histórico da revolução, essa supremacia absoluta da lei não repousa ainda no claro voluntarismo que pôde exibir algum positivismo posterior, mas que ainda pretende apelar às Luzes da razão de um legislador onisciente que, por definição, só pode querer o triunfo da liberdade. Não parece, efetivamente, que na mentalidade da época se concebesse a lei como uma possível ameaça à liberdade; pelo contrário, a confiança nela é tal que se lhe encomenda o estabelecimento dos eventuais limites aos direitos. O artigo 4 da *Declaração* é muito significativo neste aspecto: de um lado, proclama que os únicos limites aos direitos são os próprios direitos que também hão de ser usufruídos pelos outros, mas, por outro lado, se atribui precisamente à lei a faculdade de determiná-los[1061]. Com o tempo, esse paradoxo conduziria na França a uma soberania da lei sobre os direitos, a uma desconstitucionalização da liberdade, só difícil e tardiamente remediada pela jurisprudência; porém na época da revolução essa contradição não se via ou, se pretendia resolver por meio de um indubitável otimismo histórico: o "legicentrismo" pressupõe uma "absoluta confiança na razão do legislador para concretizar os imperativos da lei natural"[1062], que não são outros do que a garantia da liberdade e o logro da felicidade; como diz precisamente Diderot, "a natureza fez todas as boas leis, o legislador as torna públicas"[1063]. Mesmo que pareça surpreendente, a lei se transforma em "um fascinante produto cujo conteúdo se resolve, precisamente, em liberdade"; a grande descoberta da Revolução não foi somente conceber a lei como expressão da vontade geral, mas "sua quase mágica articulação com a liberdade"[1064]. Só assim, só confiando em que a lei é *algo mais* do que uma clara vontade de poder, pode-se explicar que Saint-Just propusesse para a Constituição o seguinte artigo, que mais do que um preceito parece uma afirmação de fé: "o poder do homem é injusto e tirânico; o poder legítimo está dentro da lei"[1065].

1061 Sobre a explicação política deste preceito vide E. García de Enterría, *La lengua de los derechos. La formación del Derecho público europeo tras la revolución francesa*, Alianza, Madri, 1994, p. 120 e s.

1062 S. Rials, Apresentação *a La Déclaration des droits de l'homme*, p. 370.

1063 D. Diderot, "Observaciones sobre la Instrucción de la Emperatriz de Rusia a los Diputados respecto a la elaboración de las leyes" (1768), em *Escritos Políticos*, edição de A. Hermosa Andújar, Centro de Estudios Constitucionales, Madri, 1989, p. 210.

1064 E. García de Enterría, *La lengua de los derechos*, p. 115.

1065 Saint-Just, "Discurso sobre la Constitución que se tiene que dar a Francia" (1793), em *Discursos. Dialéctica de la revolución*. Trad. de J. Fuster, Táber, Barcelona, 1970, p. 93.

Não pode ser resolvido de outro modo o paradoxo que contém a *Déclaration* entre individualismo e estatalismo, entre direitos e lei; um paradoxo que, definitivamente, reflete a "extrema tensão entre motivos ou ingredientes individualistas e comunitários" que já estavam presentes em Rousseau[1066]. Os diretos, verdade seja dita, concebem-se como a razão de ser da sociedade política, mas depois, carentes da mais mínima garantia jurisdicional, ficam completamente aos cuidados da vontade legislativa. No entanto, como observa Fioravanti, a resposta a este paradoxo é extremamente simples: "o legislador *não pode lesionar* os direitos individuais porque é *necessariamente* justo" e isto explica "que a Declaração de direitos esgote o sistema de garantias no envio obrigado à lei"[1067]. Mesmo que hoje possa parecer quase incompreensível esta espécie de legalismo ético, a ideologia da época soube conjugar, sem problemas, as exigências da justiça com a positividade da lei: não renunciar aos direitos, que continuam sendo o fundamento da associação política, mas ao mesmo tempo conferir à lei uma competência absoluta para sua configuração. Não se trata de duas filosofias contraditórias que se encontraram no final do século XVIII, e sim de duas afirmações complementares que se postulam como coerentes. Por exemplo, na voz *Soberanos* redigida por Diderot para a *Enciclopédia* nos é oferecida a típica concepção limitada e instrumental do Estado, própria do constitucionalismo liberal: "os homens se uniram em sociedade somente para ser mais felizes" e elegeram soberanos para velar por seu bem-estar e sua liberdade, de modo que os governantes estão submetidos e não podem derrogar nem as leis naturais nem as fundamentais[1068]. E, no entanto, na voz *Direito natural* o próprio Diderot nos apresenta uma vontade geral ilimitada e oráculo seguro da justiça, isto é, uma soberania absoluta: "a vontade geral é sempre boa; nunca enganou, nunca enganará… É à vontade geral que deve dirigir-se o indivíduo para saber até onde deve ser homem, cidadão, súdito, pai, filho, e quando lhe convém viver ou morrer"[1069].

Como entender essa extraordinária fé na justiça legal que está na base do mito da lei? Só partindo de que a lei expressa a genuína voz do povo e de que este não pode cometer injustiças consigo mesmo é que encontra explicação tal

---

1066 J. Muguerza, "Mas allá del contrato social (Aventuras y desventuras de la ética comunicativa)", em *Desde la perplejidad*, Fondo de Cultura Económica, Madri, 1990, p. 263.

1067 M. Fioravanti, *Los derechos fundamentales. Apuntes de historia de las Constituciones*, p. 73. Sublinhado no original.

1068 Pois, "quando um soberano absoluto se arroga o Direito de mudar à vontade as leis fundamentais de seu país, quando ambiciona um poder arbitrário sobre as pessoas e as posses de seu povo, se transforma em déspota". D. Diderot, voz "Soberanos" (1765), em *Escritos políticos*, citado, p. 26 e ss.

1069 D. Diderot, Derecho natural (1755), em *Escritos políticos*, p. 17 e s.

grau de legalismo. Aqui pulsa um conceito diferente de Constituição: se nos Estados Unidos a soberania do povo deixa claro em um documento que deve ser conservado e respeitado pelo legislador, na França parece dar vida a um programa político, o programa do povo soberano, que há de ser acionado pelo legislador. O poder constituinte não tem limites, mas claramente também não pode terminar de constituir-se porque isso equivaleria a limitar a soberania do povo, cuja vontade geral já sabemos que não pode ficar submetida a nenhuma lei fundamental. Rousseau tinha escrito que a função legislativa, "que constitui a república, não influi nada em sua constituição"[1070], e a revolução quis torná-lo realidade: o poder legislativo "possui *uma natureza própria*, diferente dos poderes meramente constituídos e... não pode ter limites constitucionais a não ser políticos, todos ligados à força permanente do povo soberano e a seu poder geral de revogação dos próprios representantes"[1071]. Parece que não podia ficar nenhum espaço para uma justiça constitucional; a solução institucionalizada que supôs na América do Norte a apelação aos juízes parece ser substituída aqui pela apelação direta ao povo.

É verdade que na Assembleia constituinte foram recitados capítulos completos do *Contrato social*[1072], mas, como observa Soboul, este "não tinha nenhum ponto de contato com a situação do ano II", no qual o jacobinismo começa um insofreável processo de desvio e superação das propostas de Rousseau[1073]; particularmente, se eliminará o aspecto central que sustentava toda a vigorosa concepção da lei: a impossibilidade de delegação ou representação da vontade geral[1074]. Quando Sieyes proclama que "a Assembleia Nacional (é a) única encarregada de interpretar a vontade geral", pelo qual "ninguém mais do que a legislatura deve ser convocado para a formação da lei"[1075] começam a assentar-se as bases do que poderia chamar-se o mito da lei, isto é, a justificação da lei empírica a partir dos poderosos argumentos da lei racional. Rousseau havia escrito que "a soberania não pode ser representada, pela mesma razão que não pode ser alienada", de modo que "é evidente que

---

1070 J. J. Rousseau, El Contrato social, *Libro II*, Cap. VI, p. 434.

1071 M. Fioravanti, *Constitución. De la Antiguedad a nuestros días*, p. 114. Sublinhado no original.

1072 Vide G. Del Vecchio, Sobre la teoría del contrato social, em *Persona, Estado y Derecho*, Prólogo de M. Fraga, Instituto de Estudios Políticos, Madri, 1957, p. 195.

1073 J. J. Soboul, "J. J. Rousseau y el jacobinismo" (1964), em *Las clases sociales en la revolución francesa*. Trad. de E. Fernández Vargas, Fundamentos, Madri, 1971, p. 150.

1074 Vide R. Blanco Valdés, *El valor de la Constitución*, p. 216 e ss.

1075 E. Sieyes, "Opinión sobre la cuestión del veto real" na sessão de 7 de setembro de 1789, em *Escritos y discursos de la revolución*, p. 114 e 116.

no poder legislativo o povo não pode ser representado"[1076]. Sieyes, claro, concede que a única definição legítima da lei "é a de considerá-la expressão da vontade dos governados", porém estes só podem aspirar "a uma legislatura por representação", pois a Nação não pode falar de outra forma que não seja por meio de seus representantes[1077]. Se o artigo 6 da *Declaração* de 1789 começava com uma homenagem a Rousseau ("A lei é a expressão da vontade geral"), seu segundo parágrafo o traia ao admitir que "todos os cidadãos têm o Direito de participar pessoalmente ou por meio de seus representantes em sua formação".

Legitimar a lei e o Estado empíricos a partir da lei e do Estado racionais foi a culminação de todo esse processo de construção do mito legalista, e certamente é em Kant onde demonstra perfis mais vigorosos. Do mesmo modo que em Rousseau, "o poder legislativo só pode corresponder ao povo", que "não há de *poder* atuar injustamente com ninguém mediante sua lei. Pois se alguém decreta algo a respeito de *outro*, sempre é possível que com isso cometa injustiça contra ele, porém nunca naquilo que decida sobre si mesmo (efetivamente, *volenti non fit iniura*)"[1078]. Independentemente de que estas palavras possam valer para o "contrafático" *reino dos fins*, certo é que serviram para envolver com uma auréola de santidade a tudo que nascesse da vontade do legislador, que naturalmente já não tinha que ser "o povo que estatui sobre todo o povo": o consentimento do "povo unido" fica como uma exigência da razão que não tem por que cumprir a lei empírica, mesmo quando, isso sim, esta deverá ser considerada e obedecida "como se" procedesse da soberania popular[1079]; como escreve Cerroni, "em nome da razão se suprime a soberania empírica do povo e em nome da positividade se exalta de modo razoável à pessoa física do monarca"[1080]. A consequência é a que se esperava: a lei é sagrada, inviolável e deve ser obedecida sem condições, inclusive quando seja insuportavelmente injusta[1081], com o que finalmente termina-se postulando a indiscutível supremacia da lei empírica mediante os melhores argumentos

---

[1076] J. J. Rousseau, El contrato social, *Libro II*, cap. XV, p. 484 e s.

[1077] E. Sieyes, Opinión sobre la cuestión del veto real, p. 112 e ss.

[1078] I. Kant, *La Metafísica de las costumbres* (1797), edição de A. Cortina e J. Conill, Tecnos, Madri, 1989, par. 46, p. 143. Sublinhado no original.

[1079] Recordemos a caracterização kantiana do contrato social que obriga a cada súdito "como se" tivesse dado seu acordo, ainda que de fato possa prescindir do mesmo: o povo "não tem mais remédio do que obedecer", I. Kant, "En torno al tópico: tal vez eso sea correcto en teoría, pero no sirve en la práctica" (1793), em *Teoría y Práctica*, edição de M. F. Pérez López e R. Rodríguez Aramayo, Tecnos, Madri, 1986, p. 37 e s.

[1080] U. Cerroni, *Kant e la fondazione della categoria giuridica*, Giuffrè, Milano, 1972, p. 193.

[1081] Vide I. Kant, *La Metafísica de las costumbres*, par. 49, p. 150 e s.

do Direito racional. Eis aqui como o contratualismo que está na base do constitucionalismo perde toda sua força revolucionária e, com isso, qualquer possibilidade de censura à lei. Se para o velho jusnaturalismo o contrato social era um fato histórico que havia acontecido e se para Rousseau era um fato histórico que *devia acontecer*, em Kant deixa de ser um fato histórico de maneira geral para converter-se em uma ideia da razão cuja eficácia prática reside precisamente em sua virtualidade legitimadora da lei positiva[1082].

Assim, "o Parlamento adquire o nível de soberano: ele é o verdadeiro soberano"[1083]. No entanto, não se trata somente dessa transferência de soberania, do povo a seus representantes. Há pelo menos outros dois fatores que presumem um abandono manifesto dos requisitos de legitimidade que Rousseau tinha postulado para a lei, mesmo quando esta pretenda continuar encarnando a genuína vontade geral. Refiro-me ao sufrágio censitário ou restrito e à formalização do conceito de lei. O sufrágio censitário, isto é, a limitação dos direitos políticos por condições de fortuna, cultura e sexo é uma ideia que transluz no já citado *Discurso* de Sieyes[1084], mas que se consolidará decisivamente no Estado liberal do século XIX. Já sabemos que para Kant a soberania popular era uma mera "ideia da razão", não uma autêntica condição histórica do Estado, e por isso, enquanto ideia da razão, não havia dificuldade em circunscrever na prática o círculo dos cidadãos ativos, protagonistas efetivos da soberania do povo: somente aqueles que gozam de *independência* civil, isto é, aqueles que não terão de "agradecer a própria existência e conservação ao arbítrio de outro"[1085] são chamados a participar nos assuntos públicos. A explicação nos é oferecida muito claramente por Constant: "somente a propriedade assegura o ócio necessário, somente ela capacita o homem para o exercício dos direitos políticos"[1086].

O segundo aspecto, a formalização do conceito de lei, pressupõe um novo abandono da ideia de vontade geral, desta vez de sua segunda exigência relativa à estrutura da lei. Rousseau tinha insistido em que a vontade legislativa era

---

1082 Vide N. Bobbio, *Diritto e Stato nel pensiero di Kant*, Giappichelli, Torino, 1969, p. 213 e ss. Como observa A. E. Pérez Luño, o caráter estritamente racional da construção kantiana, que na aparência a torna imune a toda crítica, não deve impedir de analisar suas repercussões práticas, entre elas a comentada legitimação do Direito positivo com os mais poderosos argumentos do Direito racional, vide "O papel de Kant na formação histórica dos direitos humanos", no v. II tomo II da *Historia de los derechos fundamentales*, citado, p. 464 e s.

1083 R. Carré de Malberg, *La loi, expressión de la volonté générale* (1931), Economica, Paris, 1984, p. 21.

1084 Vide L. Jaume, *El jacobinismo y el Estado moderno*. Trad. de E. Cano e I. Sánchez-Paños, Espasa, Madri, 1990, p. 64 e s.

1085 I. Kant, *La Metafísica de las costumbres*, par. 46, p. 143.

1086 B. Constant, *Princípios de Política* (1815). Trad. de J. Hernández, Aguilar, Madri, 1970, p. 58.

613

geral não somente no sentido de que devia sê-lo o sujeito produtor da norma, como também no sentido de que a regulação tinha que ser abstrata e geral; mais ainda, quando o povo adota decisões individuais não pode pretender que elas tenham a condição e legitimidade das leis[1087]. Portanto, para que a lei ostente essa consideração quase sagrada de norma intangível e cuja obediência nos fará livres, é necessário que apresente certa fisionomia geral, de "regra de Direito" com vocação de permanência e dirigida universalmente a um grupo indefinido de destinatários. Pois bem, apesar de que alguma herança desta caracterização permanecerá na ciência jurídica do século XIX e, por exemplo, está presente na famosa distinção entre "lei formal" e "lei material"[1088], o certo é que na prática será abandonada em favor de uma concepção formal; como diz Carré de Malberg nos anos trinta, a exigência de generalidade carece de toda base no Direito Constitucional[1089]. A lei, efetivamente, se formaliza, pois vem a definir-se exclusivamente em função do sujeito que a produz, independentemente de suas qualidades estruturais; lei é a decisão do Parlamento, qualquer decisão do Parlamento à qual este queira dotar da forma de lei.

Assim, a vontade geral havia cedido lugar à democracia representativa, o sufrágio universal e censitário e a imparcialidade da norma abstrata e geral ao voluntarismo da decisão formal do Parlamento. E, apesar de tudo, ao longo do século XIX a lei continuará gozando da máxima legitimidade como expressão de uma soberania que, igual que em Bodino, apresenta-se como um poder absoluto e perpétuo; e isto no melhor dos casos[1090]. Certamente, a filosofia política do liberalismo era fiel partidária de um poder limitado que garantisse a autonomia privada e a igualdade jurídica, e não de um legislador onipotente convocado a impor a virtude na sociedade; a crítica de Kant ao Estado despótico ou paternalista[1091], a posição de Constant a propósito das restrições da

---

1087 Vide J. J. Rousseau, El Contrato social, Libro II, cap. VI, p. 432 e Libro III, cap. I p. 451.

1088 Distinção que adquire toda sua importância na Alemanha com consequências surpreendentes em favor, não da lei, mas sim das prerrogativas do Executivo, vide D. Jesch, Ley y Administración. Estúdio de la evolución del principio de legalidad. Trad. de M. Heredero, Instituto de Estudios Administrativos, Madri, 1978, p. 13 e ss.

1089 R. Carré de Malberg, La loi, expression de la volonté générale, citado, p. 14, Vide também R. Blanco, El valor de la Constitución, p. 221.

1090 Digo no melhor dos casos, por exemplo, na Terceira República francesa, porque, como foi indicado, a supremacia e exclusividade da lei serão questionadas na Europa do século XIX, não pela Constituição, mas pelas competências normativas de um poder executivo de autonomia crescente.

1091 Vide I. Kant, La Metafísica de las costumbres, citado, par. 49, p. 147; também "En torno al tópico...", p. 15 e ss.

soberania e sua censura a Rousseau[1092], ou as páginas de Humboldt sobre os limites da ação do Estado[1093] são um bom exemplo disso. Para o liberalismo, pois, a lei e o poder haveriam de estar limitados em favor da proteção de certos direitos. No entanto, é verdadeiramente surpreendente que, ao que parece ninguém havia pensado em efetuar essa limitação mediante o estabelecimento de uma norma constitucional vinculadora e garantida por um sistema de controle da lei, como por outra parte propunha o exemplo norte-americano; a limitação haveria de vir pela mão de um modelo de organização política equilibrado entre os diferentes poderes e que finalmente apela à consciência do bom legislador[1094]. Nada, portanto, de uma Constituição normativa.

Na realidade, o que parece falhar é justamente a ideia de Constituição e, com ela, toda a filosofia política que a alimenta, isto é, a concepção contratualista da sociedade política em virtude da qual indivíduos livres e iguais dão vida a um Estado *artificial* que serve de instrumento para a tutela de alguns direitos naturais inegociáveis. Agora o natural parece ser o Estado[1095]. Talvez por isso.

O que primeiro desaparece do horizonte é a soberania popular ou, seu equivalente, o poder constituinte, que por definição só pode ser o poder constituinte do povo. Como diz Guizot na discussão da Carta francesa de 1830, "se se pretende que existem ou devem existir dois poderes no seio da sociedade, um deles ordinário e outro extraordinário, um constitucional e outro constituinte, diz-se uma insensatez cheia de perigos e fatal... Estai tranquilos... os três poderes constitucionais são os únicos órgãos legítimos da soberania nacional. Fora de nós não há senão usurpação e revolução"[1096]. Talvez ainda se possam escutar invocações à vontade geral, mas esta ficará simplesmente como uma instância legitimadora do que decidam os órgãos estatais constituídos; com a ruína da soberania popular como princípio

---

1092 Ainda que mantenha a ideia de vontade geral como única fonte de poder legítimo, escreve Constant que "ao não ser ilimitada a soberania do povo e ao não bastar sua vontade para legitimar tudo o que quer, a autoridade da lei, que não é nada mais do que a expressão verdadeira ou suposta dessa vontade, tampouco é ilimitada", *Princípios de política*, citado, p. 7 e 14.

1093 W. von Humboldt, *Los límites de la acción del Estado* (1792), edição de J. Abellán, Tecnos, Madri, 1988.

1094 Vide M. Fioravanti, *Constitución. De la antiguedad a nuestros días*, citado, p. 128 e s.

1095 Vid., por exemplo, J. J. Bachofen, *El Derecho natural y el Derecho histórico* (1841), edição de F. González Vicen, Centro de Estudios Constitucionales, Madri, 1978, especialmente p. 52 e ss. Do próprio González Vicen vide "La escuela histórica del Derecho", em *De Kant a Marx. Estudios de História de las ideas*, F. Torres, Valencia, 1984, p. 99 e ss.

1096 O fragmento de F. Guizot encontra-se em P. de Veja, *La reforma constitucional y la problemática del poder constituyente*, Tecnos, Madri, 1985, p. 43 e s.

operativo da ação política, arruína-se a força normativa da Constituição e a possibilidade de uma justiça constitucional ficava definitivamente fechada.[1097].

Porém, como parece, a soberania é uma ideia perene, eliminados o monarca absoluto e o povo como sujeitos titulares desta, ficava somente um candidato a conquistá-la, que era o Estado: a soberania é agora uma propriedade do Estado, "o Estado – diz Hegel – é a vontade soberana que se determina e se aperfeiçoa a si mesma"[1098], e nenhuma vontade individual ou coletiva pode conceber-se à margem dessa organização estatal, pois "sendo o Estado espírito objetivo, o próprio indivíduo só tem objetividade, verdade e ética enquanto ele é um membro do Estado"[1099]. É a apoteose do estatalismo: a soberania popular dissolve-se em soberania estatal, o poder constituinte é diretamente assumido pelos poderes constituídos, o próprio povo é concebido como um órgão do Estado que quando vota exerce uma função pública e, enfim, os direitos abandonam sua condição de "reservas do Direito natural" do indivíduo frente ao poder para converter-se simplesmente nos direitos definidos pela lei graças a um processo de autolimitação do poder do Estado. A obra de Jellinek pode ser um bom exemplo desta forma de ver as coisas: a soberania é "a propriedade do poder de um Estado, em virtude da qual corresponde exclusivamente a este a capacidade de determinar-se juridicamente e de obrigar-se a si mesmo"[1100]; os direitos individuais se esgotam no Direito do Estado, pois consistem "exclusivamente na capacidade do pôr em movimento normas jurídicas", são "pretensões jurídicas, que resultam diretamente de condições jurídicas" e só mediante a "auto-obrigação do Estado" é possível um Direito público subjetivo[1101]; é insustentável querer ver no Parlamento um órgão da sociedade e não um órgão do Estado, o próprio povo não é algo distinto do Estado, mas um órgão deste[1102]. Resumindo, a doutrina da soberania do Estado e da lei como expressão direta da mesma, que será levada até suas últimas consequências no modelo de Estado de Direito europeu, estava abertamente em luta com a filosofia política do constitucionalismo e dos direitos. Isto é, contradizia "não somente o paradigma jusnaturalista dos

---

[1097] Em relação a esse impossível controle de constitucionalidade na França vide R. Blanco, *El valor de la Constitución*, p. 238 e ss.

[1098] G. W. F. Hegel, *Filosofia del Derecho*, par. 279, p. 292.

[1099] *Ibidem*, par. 258, p. 257.

[1100] G. Jellinek, *Teoria general del Estado*, 1978, p. 361.

[1101] G. Jellinek, *Sistema dei diritti pubblici subbiettivi* (1892), trad, de G. Vitagliano, Società Ed. Libraria, Milano, 1912, p. 56, 96 e 215.

[1102] G. Jellinek, *Teoria general del Estado*, p. 439 e ss.

direitos fundamentais como *prius* lógico e axiológico, fundador e não fundado, em relação com o artifício estatal, como também o paradigma constitucional, que ao positivar tais direitos os configurou como vínculos e limites aos poderes públicos em seu conjunto"[1103].

Que o panorama descrito parecia pouco favorável para ensaiar fórmulas de controle judicial sobre a lei parece evidente e, de fato, nenhuma conseguiu prosperar no marco do Estado de Direito do século XIX. Certamente, na medida em que o positivismo foi a cultura jurídica dominante durante esse período, cabe criticar-lhe também este abandono do constitucionalismo e de suas exigências mais imediatas; o estatalismo, o legalismo e o formalismo seriam, pois, as características tanto do *modelo político* como das elaborações teóricas e legitimadoras ou justificadoras construídas a partir deste. No entanto, creio que é importante recordar algo já indicado na primeira epígrafe: mesmo quando na linguagem jurídica nem sempre é fácil distinguir entre descrição e prescrição – nem para o sujeito que pretende fazer uma coisa ou outra, nem para seu auditório – o positivismo *teórico* representa uma explicação adequada da realidade jurídica europeia, recém comentada, que era precisamente legalista e estatalista: e por isso, ao ter deixado de sê-lo em nossos dias, aquele positivismo é insustentável[1104]. Somente o positivismo compreendido como ideologia ou programa de política jurídica, do qual vimos aqui alguns exemplos, compartilha com o Estado de Direito do século XIX a responsabilidade de ter atrasado durante mais de cem anos o estabelecimento de uma justiça constitucional.

4. O TRIBUNAL CONSTITUCIONAL DO POSITIVISMO: O MODELO KELSENIANO

O sistema norte-americano de controle judicial da lei se apoiava, como vimos, em duas grandes premissas: a supremacia constitucional, que traduzia um velho desejo do jusnaturalismo contratualista e que supunha uma concepção limitada do legislador como órgão estatal submetido aos direitos naturais e ao poder constituinte do povo; e em segundo lugar, mas não menos importante, certa filosofia da separação de poderes que atribui ao juiz uma posição neutral,

---

1103 L. Ferrajoli, *Los fundamentos de los derechos fundamentales*, p. 27.

1104 Com razão diz P. Comanducci que "dado que mudaram (parcialmente) os modelos de Estado e de Direito em relação aos típicos do século XIX e da primeira metade do século XX, a teoria do Direito neoconstitucionalista nada mais é do que o positivismo jurídico de nossos dias", Formas de (neo) constitucionalismo: um reconhecimento metateórico, inédito, p. 12.

passiva e garantista que, pelo menos nas colocações de *El Federalista*, permite depositar nele a tutela dos direitos individuais frente ao poder tendenciosamente abusivo da maioria. Tem pouco a ver, pois, com a ideologia jurídica do legalismo e da soberania estatal que acabamos de descrever. E, no entanto, o principal esboço da justiça constitucional europeia não supôs propriamente uma abdicação absoluta de sua própria tradição ou, se se prefere, uma acolhida pura e simples da herança americana; mais concretamente, aquilo que poderíamos qualificar como grande invenção do Tribunal Constitucional europeu é obra de um positivista convicto e, principalmente, de um ferrenho defensor do legislador democrático frente ao ativismo judiciário e frente à autonomia do Governo, H. Kelsen[1105]. Seu modelo de justiça constitucional talvez expresse o ponto culminante do Estado de Direito europeu, o mais longe que este podia chegar desde sua concepção da soberania estatal e da Constituição como ordem jurídica do Estado, não sobre o Estado.

O contexto da Europa dos anos trinta, completamente diferente ao que inspirou a primeira experiência de controle da lei, explica a opção kelseniana e certamente a opção posterior das Constituições pós-guerra. Dito contexto era caracterizado por essa cultura legalista e estatalista que já conhecemos, mas, principalmente, por duas circunstâncias fundamentais: o fracasso da justiça constitucional da República de Weimar entendida como forma de resolução de conflitos entre órgãos estatais, não de controle abstrato de inconstitucionalidade das leis, um fracasso que na realidade foi o da própria República e que logicamente obedeceu mais a motivos políticos do que de técnica jurídica, como o prova sua última grande decisão a propósito do famoso pleito entre a Prússia e o Reich, para alguns o primeiro triunfo do nacionalsocialismo[1106]; e, segundo, o crescente ativismo dos juízes ordinários no controle da lei, estimulado além do mais por uma filosofia jurídica abertamente antiformalista como foi a representada pela Escola de Direito livre.

No que se refere ao primeiro aspecto, como é bem sabido, em Weimar não pode prosperar um autêntico controle de constitucionalidade da lei no sentido de confrontação abstrata em sede judicial entre o enunciado de uma norma inferior (a lei) e o de uma norma superior (a Constituição). No entanto, não faltaram algumas tentativas na linha "antieuropeia" da *judicial review* e, principalmente, não faltaram fórmulas com expressivo respaldo constitucional

---

[1105] Continuo aqui no substancial algumas ideias de meu trabalho Tribunal Constitucional y positivismo jurídico, *Doxa*, 23, 2000, p. 167 e ss.

[1106] Vide G. Volpe, *L'ingiustizia delle leggi. Studi sui modelli di Giustizia Costituzionale*, Giuffrè, Milano, 1977, p. 165 e ss.

dirigidas à resolução de conflitos entre órgãos estatais, mais concretamente entre o Reich e os *länder*: a encomendada ao Tribunal do Reich (*Reichgericht*), que supunha um controle concentrado e abstrato, porém não propriamente em defesa da Constituição, mas da superioridade do Direito do Reich sobre o dos Estados; e a atribuída ao Tribunal do Estado do Reich (*Staatsgerichstof*), que se configurava como um modo de resolução de conflitos concretos ou em um caminho incidental entre os protagonistas políticos de um Estado Federal[1107]. Tratava-se, pois, de procedimentos que ou bem não repousavam em uma concepção nítida de supremacia constitucional, ou bem apresentavam um forte caráter incidental, quase como forma de arbitragem em um conflito político entre os sujeitos da vida estatal. Porém, principalmente, além das peculiaridades do sistema, mas também em parte devido a elas, o modelo sucumbiu perante as circunstâncias do momento. A história é conhecida: após o "golpe de Estado" contra a Prússia em 1932, que pressupunha a anulação da autonomia prussiana mediante a nomeação de um Comissário do Reich, o Tribunal, de acordo com seu caráter de juiz do caso concreto, se nega a determinar em via abstrata quais são as medidas lícitas que se podem tomar amparadas pelo artigo 48 da Constituição. Diante do estado de exceção ditado por Papen, o Tribunal adota uma solução de compromisso: os ministros prussianos continuavam representando o Land, mas os comissários assumiam suas funções. Pouco depois Hindenburg deixará sem nenhuma competência aos antigos ministros, Hitler dissolve o Parlamento da Prússia e o Tribunal não voltará a funcionar.

Em relação ao segundo aspecto, somente deve-se recordar que será em Weimar, quando chegue a seu apogeu, a reação antiformalista e judicialista do Direito livre: o juiz é convertido no mediador entre o Direito e uma suposta consciência popular, podendo inclusive ditar sentenças *contra legem*. Muito além do que pode começar sendo uma crítica ao ingênuo método da escola da exegese, o pensamento jurídico dos anos trinta não só sustentará a discricionariedade judicial como uma tese *descritiva*, como também verá nela o veículo ideal para incorporar ao Direito o sadio sentimento jurídico do povo, em vez do necessário contraponto da "justiça" frente à "política" partidária representada na lei, isto é, uma tese *prescritiva*[1108]. À margem de algumas concretas modelações, bem que excepcionais, como a sentença do Tribunal

---

[1107] Vide P. Cruz Villalón, *La formación del sistema europeo de control de constitucionalidad*, p. 97 e ss.

[1108] Tratei do tema em *Ideologia e interpretación jurridica*, p. 35 e ss.

do Reich de 5 de novembro de 1925,[1109] o importante era a justificação do ativismo judicial que esse pensamento proporcionava[1110]. O Congresso de constitucionalistas celebrado em Münster em 1926 encontra a justificação ideal para o desenvolvimento desse controle difuso: o princípio de igualdade consagrado no artigo 109 da Constituição, antes e agora talvez o parâmetro de ajuizamento menos concludente ou mais aberto às considerações subjetivas do intérprete, de maneira que será curiosamente a doutrina jurídica conservadora a que começa a exigir a igualdade da lei e não apenas ante a lei. Como observa Volpe[1111], haviam-se fincado as bases para que, no marco de uma Constituição democrática, pudesse desenvolver-se uma instância de controle "aristocrática", que além de tudo também não se sentia necessariamente vinculada à Constituição, no fim das contas ela também obra artificial do legislador. A literatura alemã da época põe em destaque que o controle jurisdicional que se propunha haveria de ser realizado como um exame da "justiça" ou justificação da lei a partir de critérios extraconstitucionais, como a "natureza da coisa", a "consciência jurídica da comunidade" ou outras noções não menos evanescentes ou metafísicas, impossíveis de cristalização normativa, ainda que finalmente dependentes de uma vontade judicial e no fim de tudo política[1112].

Convém, pois, ter muito em conta o diferente contexto político e cultural em que surgem a justiça constitucional norte-americana e a europeia ou, mais exatamente, kelseniana. Naquela Alemanha não existia nenhum absolutismo legislativo contra o qual lutar, nem o encarnado em um afastado Parlamento da metrópole inglesa, nem sequer o representado por um Parlamento jacobino que se acreditasse portador de uma sábia e onipotente vontade geral. Certamente o contrário é um parlamentarismo fraco e fustigado pelo poder executivo e por uma crescente consciência judicial antiformalista o que vê surgir em Weimar fórmulas ou propostas de controle da lei; precisamente de uma lei que

---

1109 Sentença da qual, certamente, se ocupa extensamente C. Schmitt em *La defensa de la Constitución* com o propósito de matizar sua analogia com o modelo americano. Trad. de M. Sánchez Sarto (1931), prólogo de P. de Veja, Tecnos, Madri, 1983, p. 47 ess. Vide também P. Cruz Villalón, *La formación del sistema europeo de control de constitucionalidad*, p. 85 e ss.

1110 Sobre a atitude da judicatura durante a República de Weimar pode ver-se D. Simon, *La independencia del juez* (1975). Trad. de C. Ximénez-Carrillo e prólogo de M. A. Aparicio, Ariel, Barcelona, p. 53 e ss.

1111 G. Volpe, *L'ingiustizia delle leggi*, p. 106 e ss.

1112 Portanto, nada a ver com o frio formalismo da interpretação apegada ao texto geralmente atribuída aos positivistas. Vide sobre isso a Introdução de E. Garzón Valdés ao volume *Derecho y filosofia*, de quem convém recordar esta ideia: "a vigência de um jusnaturalismo carregado de boa dose de irracionalismo em conjunção com um decisionismo, que via no Führer o 'único legislador' e de quem dependia em última instância a validez das normas, se apresenta cada vez mais claramente como o candidato adequado para explicar o acontecido no campo do Direito entre 1933 e 1945 na Alemanha", p. 7.

quase cabe dizer que por primeira vez era democrática na Alemanha. E, em segundo lugar, tampouco a imagem dos juízes e da interpretação do Direito era semelhante, mas sim diametralmente oposta: se no final do século XVIII nos Estados Unidos predomina uma visão do juiz ao estilo Montesquieu, como um sujeito imparcial capaz de julgar com neutralidade e quase cientificamente a constitucionalidade de uma lei, agora se impõe um pensamento jurídico e político que não só constata o inevitável grau de discricionariedade ou subjetivismo de todo ato de aplicação do Direito, senão que, fazendo da necessidade virtude, quer ver nos juízes alguns protagonistas ativos do empreendimento coletivo de fazer triunfar o autêntico "espírito do povo" sobre as parciais ou partidárias interpretações "políticas" do legislador, ainda que depois fosse um esclarecido Führer quem tivesse a última palavra. Em tais condições, creio que propor para a Europa um modelo de controle de constitucionalidade como o americano – que era por outro lado o que vinha a propor-se em Münster – previsivelmente teria tido algumas consequências práticas muito diferentes e talvez pouco favorecedoras para o regime parlamentar e para o conjunto do Estado de Direito; em poucas palavras, até um pouco simplificadoras, nem as ameaças à liberdade pareciam vir do Parlamento, nem sua garantia parecia que se pudesse confiar à cultura judicial da época.

Certamente é esta cultura que em grande parte explica que o esboço constitucional de Kelsen nunca perca de vista nem a primazia da lei, nem as prerrogativas do legislador, nem, em suma, as virtudes do pluralismo democrático; e de fato o opúsculo de 1931 em resposta a Schmitt[1113] é um permanente argumento a favor do Parlamento perante o Chefe de Estado, cuja função de defensor da Constituição proposta por Schmitt é a "coisa mais velha" que se pudesse exumar do teatro constitucional, mas também um reconhecimento expresso da dimensão política da atividade jurisdicional: "se se olha a 'política' como uma 'decisão' em respeito à resolução dos conflitos de interesses... então está presente em toda sentença judicial, em maior ou menor grau, um elemento de decisão, um elemento de exercício do poder... Entre o caráter político da legislação e o da jurisdição há somente uma diferença quantitativa, não qualitativa"[1114]. Este é um aspecto central que separa claramente a posição kelseniana das teses mais ou menos mecanicistas do velho positivismo, e que além do mais está bem presente na hora de esboçar um modelo de justiça constitucional respeitoso com o legislador: os juízes criam Direito ou, como se

---

1113 H. Kelsen, *Quién debe ser el defensor de la Constitución?* (1931), Estudio preliminar de G. Gasió. Trad. e notas de R. J. Brie e supervisão de E. Bulygin, Tecnos, Madri, 1975.

1114 *Ibidem*, p. 9 e 18 e s.

lê já na primeira edição da *Teoria pura*, "*a jurisdictio* ou ato de dizer Direito não tem o caráter simplesmente declarativo que sugerem esses termos... A jurisdição tem, pelo contrário, um caráter claramente constitutivo. É um verdadeiro ato criador de Direito"[1115]. Daí que, subtraindo a competência de controle da jurisdição ordinária, Kelsen configure um Tribunal que expressamente forma parte do poder legislativo e que, principalmente, há de atuar de maneira tal que reduza ao mínimo a irremediável dimensão subjetiva ou criativa que tem todo órgão, seja legislativo ou judicial. No Tribunal, escreve Kelsen, "está ausente quase por completo... a livre criação que caracteriza a legislação. Enquanto o legislador não está vinculado à Constituição a não ser em relação ao procedimento e somente de forma excepcional em relação ao conteúdo das leis..., a atividade do legislador negativo, da jurisdição constitucional está, pelo contrário, absolutamente determinada pela Constituição... trata-se principalmente de aplicação e só de em uma fraca medida de criação do Direito"[1116].

Um aspecto que me parece capital para compreender esta proposta kelseniana de justiça constitucional é a rigorosa exclusão de sua esfera de competência de tudo o que tem a ver com fatos ou interesses concretos, tanto daqueles que levou em conta o legislador, quanto daqueles outros que contempla o juiz ordinário em sua tarefa de aplicação do Direito. Nas palavras de Gascón, "o traço definidor do sistema kelseniano residia na rigorosa exclusão do conhecimento de fatos por parte do juiz de constitucionalidade; sua tarefa ficava assim rigorosamente circunscrita a um juízo de compatibilidade lógica entre dois enunciados normativos perfeitamente cristalizados, mas carentes de qualquer referência fática, a Constituição e a lei"[1117]. E não é que Kelsen não fosse consciente de que a defesa dos direitos fundamentais tivesse requerido juízos concretos e não abstratos[1118]; é que considerava que um Tribunal respeitoso com o legislador não podia desenvolver um tipo de atividade que irremediavelmente haveria de interferir no âmbito de discricionariedade legis-

---

1115 H. Kelsen, *Teoria pura del Derecho* (1934). Trad. de M. Nilve da ed. Francesa de 1953, Eudeba, Buenos Aires, 1975, p. 151 e s.

1116 H. Kelsen, "La garantia jurisdiccional de la Constitución (la justicia constitucional)" (1928), em *Escritos sobre la democracia y el socialismo*, ed. de J. Ruiz Manero, Debate, Madri, 1988, p. 131.

1117 M. Gascón, "La justicia Constitucional: entre legislación y jurisdicción", em *Revista Española de Derecho Constitucional*, n. 41, 1994, p. 64.

1118 Na segunda edição da *Teoria pura del Derecho* (1960). Trad. de R. J. Vernengo, UNAM, México, 1986, Kelsen reconhece que "somente quando o indivíduo tem o poder jurídico de suscitar a eliminação particular ou geral da lei que por seu conteúdo lesa a igualdade ou a liberdade constitucionalmente reconhecidas, o Direito ou liberdade fundamental constitui um Direito subjetivo do indivíduo", porém acrescenta que "obrigar juridicamente a um órgão legislativo coletivo a não ditar leis inconstitucionais, já é quase impossível por motivos técnicos, e de fato não se impõe tal obrigação", p. 155 e s.

lativa. Como se sabe, o autor austríaco destaca em toda norma uma dimensão aplicadora ou reprodutora da norma superior e um momento de livre criação, porém tudo parece indicar que este segundo momento, que responde a uma sempre parcial indeterminação da norma superior, se faz presente justamente por meio dos fatos ou interesses que avalia o órgão inferior (o legislador ante a Constituição e o juiz ordinário ante a lei). Por isso, fica excluída do Tribunal a consideração desse segundo momento, por assim dizer "livre" para o legislador, de modo que sua função deve limitar-se ao controle da dimensão reprodutora, isto é, daquilo que efetivamente está determinado pela norma superior, neste caso pela Constituição.

Kelsen, já dissemos, estava longe de compartilhar a imagem mecanicista ou apolítica da jurisdição que esboçara Montesquieu e que parece assumida nas primeiras fases do controle de constitucionalidade nos Estados Unidos, e nisto se aproximava aos inúmeros cultivadores do Direito livre. Mas, claramente, esse caráter político da atividade judicial não constituía para ele nenhuma virtude que se devesse alentar, mas sim um defeito que convinha combater em honra, entre outras coisas, da supremacia do Parlamento, e nisto se aproximava da ideologia do *El Federalista*; isto é, no plano descritivo Kelsen se mostrava mais bem realista ou partidário de uma teoria antiformalista da interpretação, mas no plano prescritivo tendia abertamente por um juiz técnico, neutral e, até onde fosse possível, "científico". Por isso tem tanta importância o aspecto que acabamos de comentar, pois aí começa ter destaque o empenho kelseniano para evitar a contaminação política, subjetiva ou moral do juízo de constitucionalidade. Assim deve ser entendido o caráter concentrado e abstrato do modelo: o juiz constitucional deve ser um terceiro imparcial chamado a verificar um juízo de compatibilidade lógica entre dois produtos normativos acabados, a Constituição e a lei, sem que no seu juízo devam pesar nem os interesses ou valorações que pode haver tomado em consideração o legislador, nem aqueles outros que há de ter presente um juiz ordinário na hora de resolver um caso concreto. Seu juízo é de compatibilidade e não de adequação ou justiça da lei com intenção de disciplinar alguma parcela da vida social, e por isso esta última há de desaparecer da esfera de conhecimento do Tribunal. Isso exclui naturalmente a técnica desaplicadora própria da *judicial review*, e não somente pelo risco de sentenças contraditórias ou pela sempre possível falta de respeito ao precedente[1119], mas em realidade também porque

---

1119 Vide H. Kelsen, "Il controllo di costituzionalità delle leggi. Studio comparato delle costituzioni austriaca e americana" (1942), em *La giustizia costituzionale*, a cura de C. Geraci, Giuffrè, Milano, 1981, p. 293 e ss.

tais riscos correspondem a um problema mais profundo, que é o caráter criador de toda decisão jurídica que se inscreva no processo dinâmico de especificação do Direito. Por isso, antes da sentença do Tribunal Constitucional, todas as leis são válidas: a inconstitucionalidade não existe até que não é estabelecida ou constituída pelo Tribunal mediante um ato de vontade e de acordo com sua própria lógica[1120].

Então, se as normas são o fruto de um ato de vontade, cabe falar de uma relação de compatibilidade lógica entre elas?; e, do mesmo modo, se as sentenças são constitutivas porque também se apoiam em um ato de vontade, como conseguir, no marco da *teoria pura*, o ajuste entre um Tribunal que se deseja aplicativo com uma concepção da jurisdição que aparece ao mesmo tempo como criativa? Estas perguntas colocam o espinhoso problema das relações entre Direito e lógica, questão na qual talvez Kelsen não tenha mantido uma posição totalmente uniforme[1121] e que tampouco procede examinar aqui. Não obstante, creio que a explicação mais plausível seria a seguinte: o juízo abstrato de compatibilidade entre normas pode ser concebido como uma operação lógica à medida que cabe falar de inferência dedutiva, não entre as normas em si, que irremediavelmente são o resultado de um ato de vontade, mas sim entre os conteúdos normativos[1122]. Portanto, um órgão que não é chamado a participar no processo de especificação ou concreção do Direito, tarefa na qual não se pode eliminar o momento criativo ou discricionário, mas somente comprovar se a norma inferior é compatível com a superior, isto é, se representa um de seus sentidos possíveis, se está em condições de adotar uma decisão ou ato de vontade fundamentado na lógica: "posto que a norma geral é expressa por uma proposição, ela pode conter conceitos nos quais podem ser subsumidos os conceitos contidos em outra norma... Se tal subsunção é uma operação lógica que tem lugar para fundamentar a validez de uma norma

---

1120 Do ponto de vista do Direito positivo, diz Kelsen, falar de nulidade constitui certo abuso de linguagem, pois dado que toda nulidade há de ser estabelecida por um órgão jurídico após certo procedimento, não há nada senão anulabilidade, ainda que se queira conceder a esta efeitos retroativos. Concretamente, "a nulidade não pode de nenhuma forma ser considerada como adquirida antes da conclusão do procedimento, pois este pode desembocar em uma decisão que a negue, e porque a decisão deve, necessariamente, ter um caráter constitutivo, ainda que, em seu texto, se declare que o ato era nulo", "La garantia jurisdiccional de la Constitución (la justicia constitucional)", p. 124.

1121 Se bem que acentuando talvez em excesso as mudanças na posição do autor, pode acompanhar-se essa evolução no ensaio de M. Losano, "La dottrina pura del diritto dal logicismo all'irrazionalismo", que aparece como Introdução à edição italiana da *Teoria generale delle norme* (1979). Trad. de M. Torre, Enaudi, Torino, 1985.

1122 Vide J. Ruiz Manero, *Jurisdicción y normas*, Centro de Estudios Constitucionales, Madri, 1990, p. 83 e ss; também E. Bulygin, "Normas y lógica. Kelsen y Weinberger sobre la ontologia de las normas", em C. Alchourron e E. Bulygin, *Análisis lógico y Derecho*, prólogo de G. H. von Wright, Centro de Estudios Constitucionales, Madri, 1991, p. 249 e ss.

mediante a validez de outra norma, a lógica é aplicável à relação entre normas. Esta relação não é uma dedução, mas sim uma relação lógica"[1123]. E isto é o que substancialmente haveria de fazer o Tribunal Constitucional mediante um juízo abstrato e negativo: eliminar uma norma incompatível, não criar uma norma nova; a lei não há de ser dedução lógica da Constituição, mas há de encarnar um de seus possíveis sentidos, isto é, há de encontrar-se em uma relação de compatibilidade lógica. Por isso, porque se buscará somente essa compatibilidade lógica, qualquer outra opinião ou motivação do Tribunal resulta supérflua, e de fato Kelsen não se ocupa do problema.

A insistência de que o juízo de constitucionalidade não se produza no processo de especificação do Direito, isto é, não se produza no marco de um juízo ordinário convocado a resolver um caso mediante a aplicação de normas gerais, permitiria dizer com terminologia atual que o Tribunal Constitucional kelseniano se ocupa somente dos discursos de fundamentação, não dos discursos de aplicação, isto é, se ocupa dos conflitos *internos* nos quais se coloca em jogo a *validez* das normas, não dos conflitos *externos* nos quais se decide a maior ou menor adequação da norma para resolver um caso[1124]; ou, o que pode ser quase a mesma coisa, o Tribunal Constitucional se ocupa das regras, não dos princípios[1125]. Efetivamente, salvo as normas que especificam com total precisão suas condições de aplicação (regras), todas as outras aparecem em si mesmas indeterminadas, são aplicáveis *prima facie* e depende de outras normas sua definitiva adequação ao caso concreto (princípios). Porém, essas normas que são aplicáveis *prima facie* e que, portanto, aparentemente entram

---

1123 H. Kelsen, *Teorie generale delle norme*, p. 443.

1124 Vide K. Gunther, "Un concepto normativo de coherencia para una teoría de la argumentación jurídica". Trad. de J. C. Velasco, *Doxa*, n. 17-18, 1995, p. 274 e ss.

1125 Não podemos deter-nos aqui em uma análise detalhada sobre a distinção entre regras e princípios, além do mais muito debatida e não totalmente precisa. Tratei do tema em outros trabalhos, entre eles *Princípios y normas. Problemas del razonamiento jurídico*, Centro de Estúdios Constitucionales, Madri, 1992, e *Ley, Principios, Derechos*, Dykinson, Madri, 1998, p. 47 e ss. Não obstante, em relação ao problema tratado indica-se o seguinte: uma Constituição de regras seria aquela na qual as eventuais contradições ou antinomias nascidas de uma regulação legal poderiam ser descobertas e resolvidas abstratamente, sem referência a um caso concreto ou, dizendo de outra forma, aquelas que poderiam ser descobertas e resolvidas sempre do mesmo modo, sem necessidade de contemplar nenhum suposto de aplicação; este é o tipo de questões das quais deveria ocupar-se o Tribunal kelseniano, Tribunal que logicamente seria convocado a declarar a inconstitucionalidade da lei no momento em que se constatasse sua incompatibilidade com a norma constitucional. Ao contrário, nos encontraríamos diante de uma Constituição de princípios, ou diante de um preceito principal, quando a eventual contradição acontece somente na presença de alguns supostos de aplicação, porém não de todos os que abstratamente poderiam imaginar-se, mais exatamente, quando sua resolução dependesse das circunstancias concretas do caso, e isso precisamente pela presença de outro princípio constitucional que apresenta razões em sentido contrário. Não é este o campo final de atuação do Tribunal; é a própria esfera do juiz ordinário, que precisamente não pode desaplicar a lei.

em conflito com outras normas, não delatam nenhuma incoerência no sistema. Por conseguinte, não é delas que haveria de encarregar-se o Tribunal, mas sim das verdadeiras incoerências que se situam no plano abstrato do discurso de validez ou fundamentação; o juízo de constitucionalidade não é um juízo de adequação da norma à realidade social, mas sim um juízo de validez ou de compatibilidade da norma à Constituição. Resumindo, o Tribunal Constitucional kelseniano move-se exclusivamente nesta última esfera, não na de aplicação; move-se no campo do determinado, não no do indeterminado. A indeterminação da Constituição é o campo da competência legislativa, não da judicial.

Este empenho em que o Tribunal Constitucional limite sua atividade ao que de determinado tem a lei em relação à Constituição, sem interferir no âmbito de discricionariedade do legislador, assim como em excluir de sua competência todo discurso aplicativo no qual não se exponha estritamente a validez das normas, mas somente sua aplicabilidade ou preferência circunstancial no caso concreto, é o que certamente explica a rejeição kelseniana à presença de princípios ou cláusulas materiais no seio da perspectiva constitucional. Como escreve Rubio, há em Kelsen "uma repugnância em admitir a vinculação do legislador aos preceitos não puramente organizativos da Constituição, em aceitar a predeterminação do conteúdo material da lei"[1126]. Mas não somente isso: há também uma repugnância a que, acima da lei, tais preceitos não puramente organizativos possam ser levados em consideração nos discursos de aplicação do Direito mediante algo como o que hoje chamamos juízo de ponderação. Neste sentido, pode-se dizer que a jurisdição constitucional kelseniana se baseava principalmente em uma concreta ideia de Constituição, que é certamente o aspecto que hoje mais se transformou; uma ideia de Constituição como norma de preferência formal, de competência e procedimento e *só até certo ponto* (Kelsen repete isto sempre) de conteúdo. Claramente, adverte para esse risco que hoje é para muitos uma esplêndida realidade de recuperação pelo Direito positivo dos valores morais avalizados pelo velho ou novo Direito natural: o que hoje chamamos princípios "podem desempenhar um papel extremamente perigoso precisamente no campo da justiça constitucional. Poderiam interpretar-se as disposições da Constituição que convidam o legislador a submeter-se à justiça, à equidade, à igualdade, à liberdade, à moralidade etc. como diretrizes relativas ao conteúdo das leis. Esta interpretação seria evidentemente equivocada... E não é impossível que

---

[1126] F. Rubio, "Sobre la relación entre el Tribunal Constitucional y el Poder Judicial en el ejercicio de la jurisdicción constitucional" (1982), em *La forma del poder*, p. 40.

um tribunal constitucional convocado a decidir sobre a constitucionalidade de uma lei a anule pelo motivo de ser injusta, sendo a justiça um princípio constitucional que o Tribunal deve consequentemente aplicar. Mas, nesse caso, o poder do tribunal seria tão grande que haveria de ser considerado simplesmente insuportável. A concepção da justiça da maioria dos juízes desse tribunal poderia ser completamente oposta à da maioria da população e o seria, evidentemente, à da maioria do Parlamento". Daí que a Constituição deve "especialmente se cria um tribunal constitucional, abster-se de todo tipo de fraseologia, e se quer estabelecer princípios relativos ao conteúdo das leis, formulá-los do modo mais preciso possível"[1127].

Em resumo, creio que o modelo kelseniano de justiça constitucional pretendeu expressar o maior nível de compatibilidade que é possível alcançar entre duas ideias ou critérios que sejam tendenciosamente contraditórios, o de constitucionalidade e o de supremacia da lei ou, dito de outro modo, o único sistema respeitoso com a tradição legalista do Direito europeu uma vez que a Constituição já não se concebe em termos meramente retóricos, apesar de ainda não ser fonte imediata de direitos e obrigações para todos. A configuração do Tribunal como um legislador negativo, a exclusão dos juízos aplicativos sobre casos concretos em que uma lei poderia ver-se postergada por algum preceito constitucional, a eliminação das cláusulas indeterminadas e praticamente de todo parâmetro de constitucionalidade que não seja organizativo ou procedimental, a ideia de juízo abstrato ou de compatibilidade lógica no qual somente se valorizem os escassos aspectos da lei nos quais esta aparece determinada pela Constituição, todas são cautelas a serviço das prerrogativas do legislador em consonância com o modelo europeu de Estado de Direito. Se assim pode ser dito, o sistema norte-americano está traçado a favor da supremacia judicial e dos direitos naturais perante o legislador; o sistema kelseniano, ao contrário, pressupõe um ato de desconfiança perante os juízes ordinários e de restabelecimento da supremacia do Parlamento ante a livre atividade dos juízes. Nem Kelsen nem a Constituição austríaca de 1920 chegaram a conceber uma norma geradora de direitos e obrigações capazes de impor-se ao legislador mediante uma garantia judicial[1128]; a lei é o horizonte normativo máximo tanto para os juízes quanto para os cidadãos, pois a Constituição age em outro plano, no plano "interno" dos órgãos estatais, e sua garantia corresponde a um legislador especial, alheio às considerações políticas ou

---

[1127] H. Kelsen, "La garantia jurisdiccional de la Constitución", p. 142 e s.

[1128] Vide F. Rubio, "La jurisdicción constitucional como forma de creación de Derecho" em *La forma del poder*, p. 507.

discricionárias próprias do Parlamento e alheio também à proteção de direitos ou interesses concretos. Algo coerente, em suma, com a ideia europeia de que a Constituição é a constituição ou ordem jurídica *do* Estado e não a decisão constituinte da soberania popular *sobre* o Estado.

O que chamei Tribunal Constitucional do positivismo representa, pois, um modelo muito afastado da outra grande construção de uma justiça constitucional, a norte-americana, e isso não somente no plano técnico ou institucional, que seria irrelevante, mas sim no plano político, ideológico e cultural. Como se sabe, o Tribunal kelseniano servirá de referência à justiça constitucional europeia posterior à segunda grande guerra, porém somente na aparência. Salvo o aspecto estrutural de jurisdição concentrada e alguns outros de caráter processual, os Tribunais Constitucionais atuais correspondem mais ao esquema norte-americano da *judicial review*[1129]. São várias as transformações relevantes sofridas pelo primitivo modelo austríaco, mas talvez o elemento mais decisivo, que expressa o abandono da ótica kelseniana, o primeiro e o que mais poderosamente chama a atenção, se baseia no próprio conteúdo do documento constitucional, que deixou de ser só uma norma organizativa ou procedimental para converter-se em uma norma principal e rematerializada. E em segundo lugar, junto ao anterior, a abertura da justiça constitucional aos discursos aplicativos, à resolução de casos concretos, o que pressupõe tanto que o Tribunal Constitucional deixa de ser exclusivamente um juiz "abstrato", quanto que os Tribunais ordinários deixam de encarnar uma justiça de mera legalidade para também converter-se em uma justiça de constitucionalidade. Precisamente, essa abertura explica e, a meu ver, torna inevitável a técnica da ponderação, que sem dúvida Kelsen teria rejeitado como hoje Habermas rejeita[1130]. Mas, no fundo, certamente a transformação mais profunda, aquela que serve de base para as anteriores, afeta a própria ideia de Constituição, entendida hoje como fonte direta de direitos e obrigações que nascem, não de um Estado que se autolimita, mas de uma soberania popular ou poder constituinte que, como no velho contratualismo, esboça o artifício de uma organização política limitada. A partir daí, a justiça constitucional de nossos dias entra em uma clara batalha com a tradição legalista e com o absoluto e incondicional respeito à discricionariedade do Parlamento que inspirou a primeira construção europeia de um Tribunal Constitucional.

1129 A respeito disso chama a atenção E. García de Enterría, "La posición jurídica del Tribunal Constitucional en el sistema español: posibilidades y perspectivas", p. 46; também F. Rubio, "La jurisdicción constitucional como forma de creación del Derecho", p. 510 e ss.

1130 Vide J. Habermas, *Facticidad y validez*, p. 332.

5. ESQUEMA DE CONCLUSÕES

Como assinalei no começo, parece impossível traçar uma nítida correspondência entre a filosofia do controle jurisdicional da lei e alguma particular concepção sobre o Direito, e isso por dois motivos fundamentais. Primeiro, porque as duas grandes construções de justiça constitucional que tivemos oportunidade de examinar correspondem a ideologias e culturas jurídicas muito diferentes e, em algum de seus componentes, quase se pode dizer que são opostas: a tradição dos direitos naturais, a força constituinte da soberania popular que cristaliza em um texto normativo e a confiança no poder neutro dos juízes, no modelo americano; a supremacia da lei como expressão de uma vontade geral inesgotável, a mutação da soberania popular em soberania estatal e a desconfiança no estamento judicial, no modelo europeu. E segundo, porque as duas grandes concepções sobre o Direito também estão distantes de apresentar cada uma delas um perfil homogêneo; a utilização das etiquetas de jusnaturalismo e positivismo para qualificar, ao longo da história, ideias ou posições muito diferentes a propósito do Direito, assim como seu frequente uso polêmico e emotivo, deterioraram seu significado de modo praticamente irreversível, até o ponto de que ninguém hoje está disposto a comungar com nenhuma a não ser após extensas precisões e matizações.

Algumas dessas precisões intentamos formular na primeira epígrafe. Mas agora, depois do exame das influências filosóficas e dos contextos históricos de cada um dos modelos, cabe perguntar novamente em que medida a justiça constitucional corresponde a uma tradição jusnaturalista ou, sob outra perspectiva, até que ponto o positivismo resulta incompatível com dita instituição. A meu ver, não é necessária uma resposta categórica ou conclusiva, ainda que se possa tentar a seguinte explicação: a filosofia do controle da lei parece combinar uma *ideologia* jusnaturalista em sentido muito lato com uma *teoria* da interpretação positivista, pelo menos moderadamente positivista. Talvez a questão mais polêmica se encontre na esfera metodológica ou *conceitual*, onde a justiça constitucional pode colocar-se a serviço de certa concepção jusnaturalista, na direção já anunciada por Radbruch. Vejamos cada um desses aspectos separadamente.

No plano ideológico já sabemos que a velha doutrina do Direito natural serviu a muito distintos senhores, de maneira que, se às vezes tem servido como estímulo à crítica do Direito positivo, a sua desobediência e inclusive à revolução, em outros momentos foi invocada justamente para o contrário, como justificativa moral do existente, qualquer que fosse o estado de coisas existentes. Mas se é bem verdade que nem todo Direito natural está sem dúvida na base do constitucionalismo, parece certo que este último representa uma translação para a esfera do Direito positivo dos postulados de certo Direito natural, concretamente do jusnaturalismo racionalista, secularizado e contratualista dos séculos XVII e XVIII. Ainda hoje, se fosse necessário buscar uma ideologia candidata a fundar a justiça constitucional, é óbvio que esta não poderia ser aquela que recomenda a obediência cega ao poder constituído e que geralmente se identifica com o positivismo; teríamos que recorrer a uma ideologia crítica em relação ao poder que, pelo menos, defenda como *dever ser* moral a obrigação por parte das autoridades de respeitar certas exigências também morais. E na medida em que, em um sentido muito amplo, dita ideologia parece corresponder a uma das tradições do Direito natural, cabe dizer que a justiça constitucional, como toda forma de limitação ou de controle do poder, encontra melhor acomodação nessa ideologia jusnaturalista.

Há, portanto no constitucionalismo e na justiça constitucional o que poderíamos chamar de um resíduo funcional de jusnaturalismo, no sentido de que as Constituições vêm a desempenhar a função em outros tempos desempenhada por certo Direito natural, certamente com um alcance muito diferente. Isso talvez se compreenda melhor lendo os críticos: os argumentos de Rousseau, que são substancialmente os mesmos que na atualidade são sustentados por aqueles que censuram a existência de uma norma superior garantida judicialmente, são argumentos de claro teor positivista, obviamente de positivismo ideológico. Assim, a caracterização da vontade geral como fonte inesgotável da lei, mais exatamente da lei justa, que atua sem trave constitucional nenhuma, hoje se traduz nessa provocação que costuma tomar forma de pergunta: em virtude de que o decidido pelas gerações do passado pode vincular as gerações do presente e do futuro? A pergunta em si representa um convite a prescindir de todo Direito superior à lei, e mais, de todo Direito que desempenhe a função típica do tipo de jusnaturalismo que aqui examinamos.

Desta perspectiva, o jusnaturalismo que se transforma em constitucionalismo carrega uma exigência de limitação do poder constituído desde uma instância externa a esse poder, que se situa precisamente na soberania popular cristalizada em um texto normativo. Evidentemente que esta construção é uma metáfora ou uma ficção, como também o é – diga-se de passagem – a imagem legitimadora de uma vontade geral representada e estabelecida no Parlamento, mas é uma ficção fecunda para chegar a essa limitação, e disso se trata de um ponto de vista pragmático. É duvidoso que o Estado de Direito europeu que culmina em Kelsen pudesse compartir estas premissas e, por isso, é também duvidoso que seu modelo de justiça constitucional possa ser inscrito a este jusnaturalismo do qual vimos falando, por mais amplos que sejam os termos em que seja concebido; pois enquanto prefira falar-se da soberania estatal e da Constituição como norma "interna" ao próprio aparato do Estado, na verdade é difícil que a noção de poder constituinte expresse toda sua virtualidade, e as inúmeras cautelas que cercam a atuação do Tribunal Constitucional austríaco é a melhor prova disso. Mas justamente o abandono substancial deste último modelo permite conectar novamente o constitucionalismo a esta herança funcional da ideologia jusnaturalista.

Porém, a justiça constitucional contém dois postulados: um é que o poder deve ser limitado, outro que essa limitação deva ser uma tarefa judicial, e este segundo aspecto requer uma determinada concepção da interpretação e aplicação do Direito e, talvez também, certa atitude perante a judicatura ou, no mínimo, parece excluir algumas. Por exemplo, por mais norte-americano que seja, exclui o realismo ou o ceticismo extremo que simplesmente considera que "o Direito é o que os juízes dizem que é", pois em tal caso praticamente não serve de nada dispor de uma Constituição, nem faz muito sentido substituir a vontade do poder legislativo pela vontade de outro poder, o judicial, que além do mais não é democrático; a não ser que encontremos nos juízes alguma virtude taumatúrgica capaz de sanar milagrosamente os defeitos da legislação, ou que lhes atribuamos alguma função política autônoma, como mais ou menos fez o Direito livre. Isto significa que a discricionariedade judicial como tese descritiva milita em contra de qualquer forma de controle de constitucionalidade da lei, enquanto, ao contrário, como tese prescritiva ou normativa alenta, e de fato tem alentado, a maior extensão e profundidade de dito controle, mesmo que seja ao preço de transformar o juiz em um protagonista político dotado de legitimidade própria. Por isso, a não ser que se esteja disposto a assumir esta difícil empresa, já disse antes que a justiça constitucional se concilia melhor com uma teoria da interpretação positivista, pelo menos de um positivismo moderado: é preciso manter, se bem que não uma posição toscamente mecanicista, certa crença em que o texto constitucional é algo objetivo e cognoscível, capaz de gerar em sua interpretação acordos razoáveis, não necessariamente unânimes, acerca de seu significado.

Não é surpreendente, por isso, que a primeira justificação da justiça constitucional na América do Norte apareça estreitamente vinculada a uma teoria da interpretação que depois se associou com o primeiro positivismo, segundo a qual o juiz é quase "boca muda" da lei, neste caso, da Constituição; teoria que naturalmente exime maiores esforços argumentativos, já que a interpretação do Direito é um ato de conhecimento e não de vontade, objetivo e guiado por padrões lógicos, a existência de uma justiça constitucional parece o corolário da própria existência de uma Constituição normativa. Precisamente, as inúmeras cautelas adotadas por Kelsen para assegurar a não contaminação política do Tribunal explicam-se melhor do ponto de vista de sua teoria da interpretação, que, como teoria descritiva, pode ser qualificada de realista, muito afastada, claro, do modelo de juiz a "la" Montesquieu, e que, por outro lado, em um plano normativo continuava fiel ao ideal europeu do Estado de Direito. Não há dúvida nesse sentido que enquanto se acentue a ideia da discricionariedade como uma imagem adequada do comportamento dos tribunais, todo modelo de justiça constitucional padecerá de um déficit de legitimidade; déficit que Kelsen tentou salvar forçando um modelo institucional a serviço da lógica jurídica, mas que, na medida em que não sejamos capazes de superar, nos obriga a uma justificação suplementar que trate de compensar de algum modo as carências democráticas da judicatura; razão pela qual os críticos atuais do controle da lei sempre começam salientando ao mesmo tempo a natureza criativa da jurisprudência e seu caráter elitista ou não democrático. E isto possivelmente também explique, em parte, o extraordinário desenvolvimento da teoria da argumentação jurídica e da interpretação constitucional – que em muitas de suas apresentações parecem ser a mesma coisa – até o ponto de que sob certos enfoques o Direito parece esgotar-se na argumentação e a teoria da Constituição em uma teoria da interpretação constitucional. É lógico que seja assim, pois aí é que fica em jogo a legitimidade do controle judicial de constitucionalidade, inclusive para alguns, também algo mais importante como é a justificação moral do sistema jurídico em seu conjunto. Isto nos permite fazer a ligação com a última questão.

Já conhecemos as duas teses fundamentais do positivismo conceitual: que o Direito é um produto social e que não existe uma conexão necessária entre o Direito e a moral, de onde se deduz uma terceira tese metodológica relativa à atitude que procede adotar perante o conhecimento do Direito, que há de ser uma atitude neutral, externa ou não comprometida com seus signos axiológicos. Ficam duvidosos de algum modo estes postulados por causa da existência de Constituições e Tribunais Constitucionais? De primeira, facilmente a resposta poderia ser negativa: o constitucionalismo é uma realidade histórica da qual só uma pequena parte da humanidade desfruta, pelo qual, mesmo se admitíssemos que o Estado constitucional representa a mais justa das formas de organização política, isso não afetaria o positivismo cujas teses movimentam-se em outro plano, no plano conceitual ou se quisermos no universal. Pois, como é óbvio, o positivismo não nega que alguns sistemas jurídicos possam ser justos e tornar-se por isso credores da obediência e da participação comprometida dos cidadãos e dos operadores jurídicos; o que sustenta primeiro é que este é um problema moral e não jurídico, e, segundo, que não afeta ao conceito de Direito desde o momento em que também possam existir ordens iníquas, que não por isso deixam de ser sistemas jurídicos. Evidentemente, não faltam constitucionalistas, como Alexy, que se recusam a compartir essas ideias, em seu lugar falando de uma "pretensão de correção", "mínima", isso sim, como elemento incontornável do próprio conceito de Direito. Mas cabe pensar que estes esforços, expressamente fiduciários do Radbruch posterior à segunda grande guerra, são independentes da existência de Constituições e Tribunais, precisamente por causa de seu caráter de "mínima pretensão" querem poder predicar-se de todo sistema de organização minimamente evoluído.

Parece, então, que como teoria universal do Direito o positivismo é imune ao constitucionalismo. Porém, prescindindo destas considerações, se se admite que a teoria do Direito possa ser uma teoria particular do Direito, então as perguntas antes formuladas adquirem um novo sentido. Este é, por exemplo, o sentido que apresentam em Dworkin, aqueles que expressamente escrevem desde e para o Estado liberal democrático e, mais concretamente, perante a Constituição norte-americana; e também pode ser o caso de Alexy e de sua proposta de ver na argumentação jurídica um caso especial do discurso moral. De forma muito esquemática, sua perspectiva é esta: as Constituições, além de regras, incorporam princípios e direitos fundamentais que têm um caráter moral inquestionável, em razão do que os problemas jurídicos são no fundo problemas morais, cuja resposta no fim remete a uma teoria ética, e daí que se postule uma espécie de dissolução do Direito constitucional nessa teoria ética. Por sua vez e ligado ao anterior, a argumentação constitucional, que é jurídica e moral ao mesmo tempo, permite encontrar uma única resposta para cada problema prático ou, pelo menos, uma resposta melhor do que qualquer outra. De onde se deduz que o modelo constitucional jurisdicionalmente garantido encarna um Estado justo que exige da parte do jurista uma atitude comprometida com os valores morais que estão na sua própria base, e por isso surge a figura exemplar do juiz Hércules. Não por acaso Hercules é um juiz constitucional, podendo ter sido um legislador onisciente, e é que precisamente é a justiça constitucional firmemente assentada em uma depurada argumentação normativa aquela que vem representar o elo que fecha o sistema em seu conjunto, aquele que nos convida a abandonar definitivamente as premissas positivistas que conhecemos: é na aplicação do Direito e especialmente na interpretação constitucional, guiadas por uma teoria plausível da argumentação, onde parece que culmina a reconciliação da razão prática, da ordem jurídica e da moralidade. Naturalmente, não me parece imprescindível compartilhar estas opiniões, embora não seja o momento de discuti-las; trata-se somente de ilustrar como a partir de uma determinada compreensão da justiça constitucional é possível desembocar em teses conceituais em relação ao Direito. Claro que, novamente, a correspondência, além de não ser unívoca, tampouco é recíproca, de modo que é possível manter essas teses conceituais sem demonstrar o mesmo entusiasmo pela justiça constitucional; parece-me que este é o caso de Habermas, que comunga em muitos aspectos com a concepção de Direito de Alexy e, no entanto, manifesta fortes cautelas frente à justiça constitucional.

Capítulo 20

OS LIMITES DA JUSTIÇA CONSTITUCIONAL: A INVASÃO DO ÂMBITO POLÍTICO

Marina Gascón Abellán

Sumário
1. Caracterização do constitucionalismo: a Justiça Constitucional
2. Os limites da Justiça Constitucional
3. A invasão do âmbito político
3.1. Interpretação conforme e sentenças interpretativas
3.2. Sentenças manipulativas
3.3. Outras formas de influência política da Justiça Constitucional
4. Observações finais
4.1. Argumentos contra o controle de constitucionalidade
4.2. Conclusão

1. CARACTERIZAÇÃO DO CONSTITUCIONALISMO: A JUSTIÇA CONSTITUCIONAL

Embora o que se tenha de entender por *Estado constitucional* parece uma questão em aberto ou, em todo o caso, submetida a debate, poderia dizer-se, de uma forma genérica e puramente aproximativa, que constitucionais são aqueles sistemas onde, junto à lei, existe uma constituição democrática que estabelece autênticos limites jurídicos ao poder para a garantia das liberdades e direitos dos indivíduos e que tem, por isso, caráter *normativo*: a constituição (e a carta de direitos que incorpora) já não é um pedaço de papel ou um mero documento político, um conjunto de diretrizes programáticas dirigidas ao legislador, e sim uma autêntica norma jurídica com eficácia direta no conjunto do ordenamento; e além do mais, porquanto procedente de um poder com legitimidade "qualificada" (o poder constituinte) é a norma "mais alta", pelo qual também a lei fica submetida à Constituição, que assim se converte em seu parâmetro de validez. Em outras palavras, como consequência da "fundamentalidade" de seus conteúdos e da especial legitimidade de seu artífice, o Estado constitucional postula a *supremacia política* da constituição e, derivadamente, sua *supremacia jurídica ou supralegalidade*. Precisamente ressaltando esta nota de supralegalidade costuma se dizer que o Estado constitucional é um estágio mais da ideia de Estado de Direito; ou melhor, sua culminação: se o *Estado legislativo de Direito* tinha suposto a submissão da Administração e do juiz ao Direito, e em particular à lei, o *Estado constitucional de Direito* supõe que também o legislador seja submetido ao Direito, neste caso à Constituição. Poderia dizer-se, pois, que o Estado constitucional de Direito incorpora, *junto ao princípio de legalidade, o princípio de constitucionalidade*. Além disso, a supremacia jurídica da constituição, que é a característica mais significativa do Estado constitucional de Direito, não é algo que deva pressupor-se por seu simples reconhecimento no texto constitucional, mas que só existe naqueles sistemas onde seja efetivamente realizada, o que costuma acontecer quando se reconhece a *rigidez* da constituição, ou seja quando se estabelece um sistema de revisão constitucional especialmente reforçado ou, em todo caso, mais complexo que a tramitação legislativa ordinária[1131], e (principalmente) quando se estabelece um sistema de *controle de constitucionalidade* da lei e outros atos

---

[1131] Vide o volume *La rigidez de las constituciones escritas*, (A. Pace e J. Varela), Madri, CEC, 1995; ou V. Ferreres, "En defensa de la rigidez constitucional", *Doxa*, 23, 2000. De opinião diferente é Luis Prieto, para quem a rigidez não é condição necessária da supremacia jurídica da constituição, pois esta também seria garantida mediante um sistema flexível, mas explícito, de reforma constitucional, "Constitución y Parlamento", em *Parlamento y Constitución*, n. 5 (2001), p. 12 ss.

do poder[1132]. Pode-se dizer por isso que, na caracterização tradicional do constitucionalismo, supremacia da constituição e justiça constitucional são conceitos inextricavelmente unidos.

É possível distinguir a princípio dois grandes sistemas de justiça constitucional: o sistema de *controle difuso e concreto*, orientado principalmente para a garantia dos direitos, e o sistema de *controle concentrado e abstrato*, orientado principalmente para controlar o texto da lei. O primeiro conhece sua realização paradigmática no Direito norte-americano e responde justamente à primeira realização histórica da justiça constitucional[1133]. O rápido e firme reconhecimento da supremacia constitucional (e por conseguinte da justiça constitucional) se vincula aqui à ideia de contrato social lockeano que postula uma constituição com dois objetivos: a criação das instituições e a garantia dos direitos. Mais ainda, "para garantir esses direitos se constituem entre os homens os governos"[1134]. Calha bem a ideia de um poder constituinte encarnado no povo, fora e acima dos órgãos estatais, que decide e estabelece por si mesmo e para si mesmo uma ordem política determinada. A constituição é, pois, o ato pelo qual o povo soberano delega livremente aos governantes, reservando para si amplas zonas de liberdade (os direitos). Precisamente porque institui (e delega a) os órgãos do Estado e regula sua forma de proceder, a constituição aparece como *logicamente* superior aos próprios e *juridicamente* superior às outras normas, e sua garantia (principalmente a dos direitos) se confia ao mais neutro dos poderes: o poder judicial[1135]. É o que se conhece como *judicial review*, que se configura como um controle difuso e concreto para a proteção dos direitos constitucionais. *Difuso* porque os direitos podem

---

1132 M. García Pelayo, entre outros, assinala que assim como "o Estado legal de Direito só se constitui quando existe uma jurisdição contencioso-administrativa, o Estado constitucional de Direito só adquire existência quando se estabelece uma jurisdição constitucional", "Estado legal y Estado constitucional de Derecho", *Obras Completas*, Madri, CEC, 1991, p. 3037. De diferente opinião é J. C. Bayón, para quem a supremacia da constituição não depende necessariamente da existência de uma garantia constitucional, "Democracia y derechos: problemas de fundamentación del constitucionalismo", em *Constitución y Derechos Fundamentales* (J. Betegón, F. Laporta y L. Prieto coords.), Madri, CECP, 2004, p. 67 ss.

1133 Sobre a origem e justificação da *judicial review* vide por exemplo R. Blanco Valdés, *El valor de la constitución. Separación de poderes, supremacia de la ley y control de constitucionalidad en los orígenes del estado liberal*, Madri, Alianza, 1998.

1134 Esta é uma das "verdades" que os autores da *Declaración de Independência de los Estados Unidos* (1776) sustentavam "por evidentes".

1135 A ideia está bem descrita por A. Hamilton em *El Federalista*: "Não há proposição que se apoie sobre princípios mais claros do que a que afirma que todo ato de uma autoridade delegada, contrário aos termos do mandato conforme ao qual se exerce, é nulo. Portanto, nenhum ato legislativo contrário à constituição pode ser válido. Negar isto equivaleria a afirmar que o mandatário é superior ao mandante, que o servidor é mais que seu amo, que os representantes do povo são superiores ao próprio povo" (A. Hamilton, 1780, cap. LXXVIII).

ser invocados ante qualquer juiz, e por último ante o Supremo Tribunal, cuja doutrina (vinculante) é a que delimita realmente o conteúdo dos direitos que a Constituição enuncia. E *concreto* porque se vincula à resolução jurídica de um caso particular: a parte agravada deve acreditar que a lei que crê inconstitucional resulta lesiva para seus interesses imediatos e legítimos.

O *controle concentrado e abstrato*, por seu lado, conhece sua manifestação paradigmática no modelo de justiça constitucional kelseniano que fora inicialmente plasmado na Constituição austríaca de 1920 e que após a Segunda Grande Guerra seria adotado na Europa. Frente ao modelo norte-americano, onde a garantia da Constituição (ou dos direitos) é atribuída a todos os juízes, este sistema de controle se configura como uma jurisdição *concentrada* em um único *ad hoc* (o tribunal ou corte constitucional) *separado* da jurisdição ordinária e solicitado a pronunciar-se sobre questões estritamente jurídico--constitucionais, com total *abstração* dos moventes e dos interesses políticos que subjazem às leis ajuizadas e dos conflitos e interesses que subjazem aos casos concretos de aplicação destas. Isto é, o controle de constitucionalidade se esgota no que exerce um Tribunal constitucional que aparece como "o órgão que confronta norma (abstrata) da lei com norma (abstrata) da constituição para verificar a contradição lógica eventualmente produzida no seio do ordenamento"[1136]. A opção de Kelsen por este sistema é compreensível ao se considerar o contexto jurídico-político no qual se gesta. Na tensão política entre juízes e legisladores da Europa dos anos vinte, que atingiria sua culminação dramática na experiência constitucional da república de Weimar, e na tensão histórica entre um positivismo desacreditado e um Direito livre desbocado, o Tribunal constitucional representava duas coisas: uma tentativa de conciliar a garantia da constituição e a liberdade política do Parlamento frente aos juízes e ao mesmo tempo uma tentativa de recuperar o ideal da aplicação racional e controlável do Direito. Em suma, em uma situação histórica onde a consolidação do Estado de Direito encontrava múltiplas dificuldades, onde a supremacia da lei parecia ameaçada por uma judicatura sumamente ativista e não exatamente imbuída da filosofia liberal que alentou o constitucionalismo norte-americano, a pretensão de Kelsen é institucionalizar um controle de constitucionalidade que não comprometa a liberdade política do Parlamento e que se mostre o mais perto possível da razão e da lógica.

Interessa destacar, no entanto, porque é importante para o que se dirá depois, que o êxito destes objetivos requeria algo mais, desta vez com referência

---

[1136] Vide G. Volpe, *L'ingiustizia delle leggi. Studi sui modelli di giustizia costituzionale*, Milano, Giuffrè, 1977. Vide também L. Prieto, *Ideología e interpretación jurídica*, Madri, Tecnos, 1987, p. 77-78.

à própria ideia de constituição. Kelsen, na realidade, já visualizava os perigos que, para uma justiça constitucional, que quisesse ser racional e respeitosa com o legislador, representavam os preceitos constitucionais mais ou menos vagos ou ambíguos; e daí sua enérgica rejeição a este tipo de normas[1137]. Por isso, para este autor, a constituição é antes de tudo uma norma organizativa e procedimental cujo objetivo consiste em regular a produção de normas gerais[1138] e que pode assim mesmo – é verdade – condicionar até certo ponto o conteúdo dessas normas, mas sem que esse condicionamento substantivo possa conceber-se em termos de um sistema de valores e princípios com vocação de plena eficácia, assim como acontece nas constituições contemporâneas. Simplesmente, o reconhecimento de um caráter puramente formal à Constituição garantia a possibilidade de um juízo racional, mas representava principalmente um segundo e definitivo ato de reconhecimento ao legislador.

Os dois sistemas de controle mencionados (o de jurisdição difusa e o de jurisdição concentrada) podem considerar-se modelos extremos, e atualmente se pode apreciar uma tendência à unificação. Por um lado, porque no sistema da *judicial review*, orientado prevalentemente para a garanta judicial dos direitos no caso concreto, o Supremo Tribunal acaba sendo o juiz das grandes questões constitucionais, ao modo dos Tribunais Constitucionais europeus[1139]. Por outro, porque nos *sistemas de jurisdição concentrada e separada*, orientados para o controle do texto legal pelo Juiz constitucional, também os juízes realizam um controle *per incidens* da lei para a garantia dos direitos. O que, ademais, parece lógico, pois se a Constituição é uma norma da qual nascem direitos e obrigações nas mais distintas esferas de relação jurídica, seu conhecimento não se pode subtrair à jurisdição ordinária, por mais que a existência de um Tribunal Constitucional imponha complexas fórmulas de harmonização a fim de evitar as tensões[1140].

1137 F. Rubio fala de "a repugnância (de Kelsen) ao admitir a vinculação do legislador aos preceitos não puramente organizativos da Constituição, ao aceitar a predeterminação constitucional do conteúdo material da lei"; "Sobre a relação entre o Tribunal Constitucional e o Poder judiciário no exercício da jurisdição constitucional", *Revista Espanhola de Direito Constitucional*, n. 4 (1982), p. 40.

1138 Vide H. Kelsen, *Teoria pura del Derecho* (1960). Trad. de R. Vernengo, Mexico, UNAM, 1986, p. 232 ss.

1139 Daqui em diante, para referirmos ao juiz das grandes questões constitucionais (configure-se como um Tribunal Constitucional separado da organização da jurisdição ordinária, ou como um Supremo Tribunal inserto no esquema da jurisdição ordinária) utilizaremos a expressão *Juiz Constitucional*.

1140 Precisamente por essa inevitável extensão da justiça constitucional à jurisdição ordinária, há quem sustenta que o Tribunal constitucional "representa um resíduo de outra época e de outra concepção das coisas, em particular daquela época e daquela concepção (kelseniana) que ocultava o conhecimento da constituição aos juízes ordinários", L. Prieto, "Neoconstitucionalismo y Ponderación", em *Derecho y Proceso* (J. D. Moreno ed.), *Anuário de la Facultad de derecho de la Universidad Autónoma de Madri*, 5 (2001), p. 205.

Esta tendência à unificação dos sistemas de controle permite abordar de maneira unitária uma questão que, tanto conceitualmente quanto na prática, aparece como crucial: a dos limites da justiça constitucional; especialmente os que a separam da ação democrática ou política.

2. OS LIMITES DA JUSTIÇA CONSTITUCIONAL

Independentemente das particularidades que afetam à concreta configuração de suas competências em cada sistema, a Justiça Constitucional (se articule por meio de um Tribunal Constitucional ou de um sistema de jurisdição difusa que culmine no Supremo Tribunal) está submetida a alguns limites. Estes limites são os que derivam da distinção entre juízo de constitucionalidade e decisão política democrática que pode ser reformulada como: *a lei enquanto expressão de direitos políticos democráticos tem, frente à constituição, uma autônoma razão de ser e um âmbito próprio, no qual o juízo de constitucionalidade não pode incidir*. A distinção, além do mais, não expressa um simples tecnicismo, mas está estreitamente vinculada ao modo como se concebem as relações entre Constituição e lei, relações que em linha de princípio poderiam configurar-se conforme dois modelos: o modelo *constitucionalista* ou *judicialista* e o modelo *democrático* ou *legalista*.

Segundo o primeiro modelo (constitucionalista ou judicialista), a constituição encerra um projeto político bastante bem articulado ou fechado e ao legislador corresponde sua simples execução. Em outras palavras, a constituição pretende determinar em grande medida *o que* se deve mandar; isto é, qual há de ser a orientação da ação política em numerosas matérias. Se este modelo pode denominar-se *constitucionalista* é porque se apoia na ideia de que a Constituição predetermina a solução para todos os conflitos, de modo que a lei só pode ser concebida como uma concreção das abstratas previsões constitucionais. E se pode denominar-se também de *judicialista,* é porque nele são os juízes que acabam desempenhando um papel fundamental na determinação das normas que devem configurar o sistema em cada momento principalmente o Juiz constitucional, na hora de controlar a constitucionalidade da lei; mas também os juízes ordinários, que podem aplicar a Constituição em detrimento da lei se for necessário.

De acordo com o segundo modelo (democrático ou legalista), a Constituição se limita a fixar as regras do jogo da competência política, mas sem pretender participar diretamente neste. Em outras palavras, a Constituição só determina quem manda e, em parte, *até onde* pode mandar. *O Que* se deva mandar é algo que, dentro dos limites de elasticidade que tal contexto permite, se deixa ao legislador. Se este modelo pode denominar-se *democrático* é porque se baseia na ideia de que a Constituição não predetermina a solução de todos os conflitos, mas que sinaliza somente as regras do jogo e o leque aberto de valores onde o legislador – na expressão do princípio democrático – pode mover-se: dentro deste quadro cabem opções políticas de sinais diferentes. E se este modelo pode denominar-se também *legalista* é porque nele é o poder político a cada momento que se encarrega de tornar realidade o que na Constituição aparece só como possível; ou seja, é o legislador democrático quem determina quais normas presidem um sistema político histórico-concreto, de maneira que o juiz ordinário está sujeito ao princípio de legalidade e o Juiz constitucional só deve declarar inconstitucional a lei quando esta rebaixe o marco de possibilidades políticas que a Constituição permite[1141].

Embora os dois modelos descritos sejam conceitualmente plausíveis, o compromisso com a dignidade democrática da lei implica (e impõe) optar pelo segundo, pois se se opta pelo primeiro embora se possa ter um sistema mais jurídico, porém também menos democrático. Insistimos, pois, no que anteriormente se afirmou: a lei, enquanto expressão de direitos políticos democráticos continua tendo nos sistemas constitucionais uma autônoma razão de ser. E disso deriva uma consequência clara para a configuração das competências da jurisdição constitucional: a rigorosa separação entre as questões políticas e as questões de constitucionalidade. A função do juiz constitucional não é substituir ao Parlamento, que goza de uma inegável liberdade política; *não é, portanto, a de fixar a melhor lei da desde a perspectiva constitucional,* mas somente de eliminar aquelas que resultem intoleráveis, e daí sua usual caracterização como "legislador negativo". Por isso, na sua tarefa de controlar a constitucionalidade da lei, o juiz não deve avaliar as motivações políticas que impulsionaram o legislador e menos ainda sugerir ou impor-lhe diretamente uma opção política determinada. Em poucas palavras, *o Tribunal constitucional não deve influir na direção política do país.*

Resumindo, pois, o princípio democrático, que é a essência do poder constituinte que institui os poderes e instaura uma "clausula pétrea"" como limite à ação destes, exige que a justiça constitucional constate sobre a separação entre o *juízo de constitucionalidade* das leis ou de outros atos de

---

[1141] Vide G. Zagrebelsky, *El derecho dúctil.* Trad. de M. Gascón, Madri, Trotta, 5. ed., 2006, p. 150-152; M. Fioravanti, *Los derechos fundamentales. Apuntes de historia de las constituciones.* Trad. de M. Martinez Neira, Madri, Trotta, 1996, p. 55 ss. L. Prieto, "Neoconstitucionalismo y Ponderación", p. 204; R. Alexy, "Epílogo a la teoría de los derechos fundamentales", *Revista Española de Derecho Constitucional,* 66 (2002).

poder, que compete ao juiz constitucional, e a *decisão política* expressa na lei, que é competência do legislador democrático. E esta separação obriga o Juiz constitucional a realizar um esforço autoinibitório a fim de não se transformar em um legislador positivo.

No entanto, nem sempre resulta fácil manter-se fiel a estes propósitos; mais exatamente, na prática resulta complicado que o legislador negativo não acabe transformando-se em um legislador positivo. Precisamente por isso é interessante perguntar-se se, além das aparências, a justiça constitucional se ajusta, no seu modo de funcionar, a essa caracterização. Para esclarecer, e ainda que o percurso de cada sistema concreto de Justiça Constitucional mereceria um julgamento particular, me restringirei aqui, por razões óbvias, ao caso espanhol.

Na Espanha, a transformação do juiz constitucional em sujeito político, creio que era evidente no âmbito do chamado recurso prévio de inconstitucionalidade contra leis orgânicas, hoje desaparecido[1142], que, em poucas palavras, supunha um convite ao Tribunal Constitucional para que instruísse ao legislador acerca de quais modificações deveria adotar em seus projetos de lei a fim de que estes resultassem constitucionalmente legítimos. Talvez o exemplo mais paradigmático desta forma de proceder foi a sentença 53/1985, de 11 de abril, além do mais relativo a um assunto tão controvertido como foi a despenalização de algumas situações de aborto, em que o Tribunal se permitiu sugerir medidas ou garantias suplementares cuja omissão tornava inviável o projeto, convertendo-se assim em co-legislador. A sentença reconhecia a constitucionalidade das situações de despenalização, mas fundamentava a inconstitucionalidade do preceito no qual o legislador não havia previsto "as garantias necessárias para que a eficácia de dito sistema não diminua além do que exige a finalidade do novo preceito" despenalizador[1143]. Assim, a falta de previsão de um ditame médico, no caso do aborto terapêutico, a ausência de mecanismos de comprovação da hipótese fática, no tipo terapêutico e eugênico, assim como de medidas que garantissem a prática do aborto nas devidas condições médicas, foram os elementos que serviram ao Tribunal Constitucional para justificar a inconstitucionalidade do Projeto. Em suma, o Tribunal concluiu uma argumentação finalista mais interessada em evitar

---

1142 O controle prévio de constitucionalidade frente a Leis Orgânicas y Estatutos de Autonomia foi abolido na Espanha em 1985, mediante L. O. 4/1985, de 7 de junho. Vide J. Pérez Royo, "Crónica de un error: el recurso previo de inconstitucionalidad contra leyes orgánicas", em *Revista Española de Derecho Constitucional*, n. 17 (1986), p. 137 e ss.

1143 STC 53/1985, de 11 de abril, FJ 12.

o possível uso fraudulento do preceito impugnado do que ater-se aos estritos limites do juízo de constitucionalidade[1144]. Por isso, os cinco votos particulares que se formularam nessa sentença foram conscientes do que aquilo significava para a posição do próprio Tribunal, "cuja atuação não pode se aproximar a de uma terceira Câmara sem provocar um desequilíbrio perigoso em nosso sistema jurídico-político, invadindo faculdades que correspondem ao poder legislativo"[1145].

Não obstante a desaparição daquele recurso prévio, não restou perfeita a separação entre Justiça Constitucional e política. De um lado, porque o princípio de interpretação conforme da lei à constituição, que se impõe em todas as instâncias, dá pé a uma atuação quase legislativa ou legislativa somente em nome da Justiça Constitucional. Assim acontece quando o juiz constitucional dita um pronunciamento "interpretativo", mas também (e principalmente) quando dita um pronunciamento "constitutivo" que arrebata do legislador suas funções políticas; e o mesmo acontece quando o juiz ordinário, em seu papel de guardião (também) da Constituição e sob pretexto desse mesmo princípio interpretativo, "distorce" intoleravelmente o sentido da lei. Por outro lado, a intromissão da Justiça Constitucional no âmbito da política é propiciada muitas vezes pela indeterminação do próprio texto constitucional, no qual são frequentes cláusulas abertas e princípios materiais de justiça cuja interpretação é notavelmente discricionária.

3. A INVASÃO DO ÂMBITO POLÍTICO

3.1. Interpretação conforme e sentenças interpretativas

Como sabido, fazer distintas interpretações de uma disposição jurídica, sem que todas elas resultem constitucionais, trata-se de *interpretação conforme* a Constituição (a *Verfassungskonforme Auslegung* da doutrina alemã[1146]) quando se interpreta uma disposição ou texto legal de maneira que se mostre compatível

---

1144 Além do mais, nem sequer esta argumentação finalista justificaria – por ter sido necessária para evitar perigosas lacunas legais – a atuação quase-legislativa do TC, pois "uma coisa é o Código Penal" – objeto de juízo – "e outra a hipotética regulamentação administrativa dos abortos justificados ou inculpáveis" (voto particular do magistrado L. Díez de Picazo).

1145 Voto particular dos magistrados A. Latorre e M. Díez de Velasco.

1146 Sobre o princípio de interpretação conforme, vide, para a doutrina alemã, R. Zippelius, "Verfassungskonforme Auslegung von Gezezten", no volume coletivo *Bundesverfassungsgericht und Grundgesetz*, Tubinga, Mohr, 1976, v. II, p. 108ss; para a doutrina espanhola vide J. Jiménez Campo, "Interpretación conforme a la Constitución", em *Enciclopédia Jurídica Básica*, Madri, Civitas,1995.

(ou conforme) com a Constituição. A interpretação conforme se enquadra assim no âmbito das interpretações plausíveis de um texto legal, discriminando entre aquelas que resultam compatíveis com a constituição e aquelas que não o são. Mas – note-se –, no âmbito das *interpretações plausíveis* da lei; isto é, as que não sejam incompatíveis com sua semântica, em conjunção obviamente com a sintaxe e a pragmática. Quando sob pretexto da interpretação conforme, o juiz (constitucional ou ordinário) "distorça" intoleravelmente o sentido da lei estará exercendo, clara e simplesmente, funções políticas.

Pois bem, as sentenças interpretativas são o resultado de agir segundo o *princípio de conservação das leis (rectius*: dos textos ou disposições legais), acolhido plenamente por nosso Tribunal Constitucional[1147] e diretamente relacionado com o princípio da interpretação das leis conforme a Constituição. Em virtude do dito princípio, cuja obrigatoriedade se vincula à primazia constitucional, um preceito legal só deve ser declarado inconstitucional quando não admita uma interpretação conforme a constituição, de maneira que há de conservar-se na medida em que seja susceptível de uma interpretação constitucionalmente adequada. De acordo com isto podem definir-se as sentenças interpretativas como aquelas que não anulam o texto da lei na medida em que admita alguma interpretação conforme a Constituição. Conjugam-se assim a primazia da Constituição e a conservação das leis.

Nas palavras do Tribunal Constitucional espanhol são sentenças interpretativas "aquelas que rejeitam uma demanda de inconstitucionalidade ou, a mesma coisa, declaram a constitucionalidade do preceito impugnado na medida em que se interprete no sentido que o Tribunal Constitucional considera como adequado à Constituição ou não se interprete no sentido (ou sentidos) que considera inadequados"[1148]. O que com isso se assinala é que existem outras possibilidades de interpretar a lei, diferentes da rejeitada, e que de acordo com essas outras interpretações *plausíveis* – que a sentença proporciona – a lei resulta compatível com a Constituição. Ditas sentenças são, pois, o resultado de uma interpretação (às vezes notavelmente forçada) que evita a declaração de inconstitucionalidade do preceito legal impugnado.

As sentenças interpretativas são formalmente desestimatórias da demanda de inconstitucionalidade, porém *substancialmente estimatórias* da mesma. Isto é assim porque nelas se determina quais interpretações são legítimas desde a

---

1147 Vide STC 77/1985, de 27 de junho, FJ 4.

1148 STC 5/1981, de 13 de fevereiro, FJ 6. Sobre a forma das sentenças interpretativas no TC, vide F. J. Ezquiaga, *La Argumentación en la Justicia Constitucional Española*, Oñate, IVAP, 1987, p. 111 e ss.

perspectiva constitucional[1149] ou quais devem rejeitar-se[1150], e deste modo se delimitam (no primeiro caso) ou diretamente se assinalam (no segundo) as interpretações da lei constitucionalmente inaceitáveis; isto é, se circunscrevem as possibilidades interpretativas do preceito legal impugnado ou questionado. Pois bem, mesmo quando as sentenças interpretativas possam ser consideradas consubstanciais ao *exercício* de qualquer função jurisdicional[1151], mediante esta técnica o Tribunal constitucional desempenha uma função mais própria de um Supremo Tribunal e não isenta de polêmica, em muitos casos, pelo risco que tem de impor, sob pretexto da interpretação conforme a constituição, a *melhor interpretação* da lei em detrimento de outras igualmente constitucionais. Agindo deste modo o Tribunal Constitucional invade claramente as competências da jurisdição ordinária, pois deixa sem efeito a necessária liberdade interpretativa que se atribui aos órgãos da jurisdição ordinária como parte essencial da independência judicial. Mas, além do mais, e principalmente, levando em conta a força vinculante de suas sentenças e a natureza "legisladora" destas, ao impor a melhor interpretação da lei pode se dizer que o Tribunal constitucional realiza uma tarefa quase legislativa[1152].

Em conclusão, os limites que separam a *interpretação conforme* da *melhor interpretação* tornam-se às vezes frágeis e imprecisos. Por isso, o princípio de interpretação conforme, que está na base dos pronunciamentos interpretativos, constitui uma técnica de delicado manejo cujo uso deve ser guiado (ainda que na prática não seja sempre assim) por um permanente exercício de *self-restraint*.

Além do mais, é evidente que o recurso às sentenças interpretativas carrega outro risco. Com a desculpa da interpretação conforme, o Tribunal Constitucional pode acabar impondo uma interpretação da lei que

---

1149 Por exemplo, aquelas que declaram que um preceito "não é inconstitucional, sempre que se entenda que..."(STC 14/1981, de 29 de abril); ou que não é contrário à Constituição "enquanto não seja interpretado em contradição com..."(STC 237/1992, de 15 de dezembro) ou "na interpretação acorde com..." (STC 204/1992, de 26 de novembro).

1150 Por exemplo, aquelas que declaram que uma disposição "é inconstitucional... interpretada com..." (STC 22/1981, de 2 de julho); ou que não pode ser interpretada no sentido de que..." (STC 34/1981, de 10 de novembro).

1151 Neste sentido F. Rubio, "Sobre a relação do Tribunal Constitucional...", p. 35 e ss.

1152 Além do mais, que o Tribunal constitucional era inocente destas consequências o prova uma de suas primeiras decisões em que, após afirmar que as sentenças interpretativas representam "um meio lícito ainda que de uso muito delicado e difícil", acrescenta – justamente para recusar sua utilização – que "o Tribunal Constitucional é o intérprete supremo da constituição, *não legislador*, e somente cabe solicitar-lhe o pronunciamento sobre adequação ou inadequação dos preceitos da constituição", STC 5/1981, de 13 de fevereiro, FJ 6. A cursiva é minha.

claramente não se deduz de seu texto segundo os cânones interpretativos tradicionais. Ultrapassam-se assim os limites da interpretação conforme (que são marcados pelas interpretações *plausíveis* da lei) para realizar uma simples alteração judicial do ordenamento invadindo o âmbito que a Constituição reserva ao legislador. Acontece assim nas chamadas sentenças manipulativas.

3.2. Sentenças manipulativas

Quando nenhuma das interpretações plausíveis do preceito legal impugnado permite manter sua constitucionalidade (como ocorre nas sentenças interpretativas) e não obstante não se considera adequado ou conveniente anular esse preceito, o Juiz Constitucional pode "salvar" sua constitucionalidade de dois modos: a) *manipulando o texto* da lei para provocar uma interpretação constitucional deste (por exemplo, anulando um inciso ou uma ou várias palavras do texto a fim de mudar o sentido); ou b) *manipulando diretamente sua interpretação*, mais exatamente, forçando as possibilidades interpretativas do texto (se quiser, fazendo uma interpretação *contra legem*) a fim de que resulte compatível com a constituição. Ainda que em ambos os casos se produzam manipulações da lei (seja de seu texto, seja de sua interpretação).

Costuma usar-se a expressão *sentenças manipulativas* – cunhada pela doutrina italiana[1153] – para a segunda hipótese; isto é, para os casos em que o Tribunal Constitucional manipula diretamente a interpretação da lei.

Assim caracterizadas, as sentenças manipulativas são na realidade um caso particular de pronunciamentos interpretativos, pois por meio delas se *exclui* certa interpretação da lei e se *impõe* outra. A interpretação aqui pode cair bem sobre o *programa normativo* do preceito (sentenças substitutivas), ou sobre seu *âmbito de aplicação*, que após a interpretação torna-se reduzido (em cujo caso se fala de sentenças redutoras) ou ampliado (em cujo caso se fala de sentenças aditivas). Mais precisamente, as sentenças *substitutivas* consistem em substituir uma interpretação plausível, porém inconstitucional, do preceito legal impugnado por outra que só forçadamente se pode dizer que deriva do mesmo, mas que resulta acorde com a Constituição. As sentenças *redutoras* consistem em fazer uma interpretação restritiva do âmbito de aplicação do preceito legal impugnado a fim de conformá-lo à Constituição: após a

---

1153 Vide A. Pizzorusso, "Las sentencias manipulativas del tribunal constitucional italiano", em *El Tribunal Constitucional*, Madri, Instituto de Estúdios Fiscales, 1981, v. I; y G. Zagrebelsky, *La Giustizia Costituzionale*, Bolonha, Il Mulino, 2. ed. 1988, p. 296 ss.

interpretação, a regra deixa de ser aplicável em uma ou várias das hipóteses compreendidas em abstrato pelo enunciado legal[1154]. As sentenças *aditivas* consistem em fazer uma interpretação extensiva do âmbito de aplicação do preceito legal impugnado a fim de conformá-lo à Constituição: após a interpretação, a regra é aplicável a um maior número de hipóteses do que as compreendidas em abstrato pelo enunciado legal[1155]. Nos três casos poderia se dizer que, na medida em que por um afã de conservação da lei se ultrapassa o âmbito de interpretações plausíveis desta, o Tribunal Constitucional rebaixa os limites da interpretação conforme arrogando para si competências do poder legislativo. Mas esta atuação paralegalista é particularmente notória nas sentenças aditivas.

As sentenças aditivas supõem o reconhecimento da *inconstitucionalidade por omissão*: censuram o preceito legal impugnado ou questionado não pelo que diz, mas pelo que não diz; ou seja, "na medida em não prevê" algo. Se assim se pode dizer, uma sentença aditiva estima inconstitucional a omissão de regulação expressa de uma determinada hipótese fática; por exemplo, a falta de atribuição de um Direito, vantagem ou benefício a uma classe de sujeitos. Para reparar a inconstitucionalidade dessa omissão legislativa, a sentença "acrescenta", por via interpretativa, essa regulação que falta. Por isso poderia definir-se uma sentença aditiva como aquela que estende a aplicação de um preceito legislativo a uma hipótese fática não prevista no mesmo, mas sem o qual seria inconstitucional[1156]. O que costuma perseguir-se com esta atitude é garantir *o princípio de igualdade*, presumivelmente vulnerado por uma inter-

---

1154 Um exemplo de sentença *redutora* do Tribunal constitucional espanhol é a 5/1981, ditada a respeito da impugnação dos arts. 34.3 e 34.2 da LOECE, que estabelecem um determinado regime para os centros educativos. O Tribunal estimou que estes preceitos são inconstitucionais enquanto se refiram a "centros sustentados pela Administração com fundos públicos"; não o são enquanto se refiram a "centros privados não sustentados com fundos públicos". De maneira que, após a interpretação, a norma legislativa só se considera aplicável aos centros privados não financiados com fundos públicos.

1155 São exemplos de sentenças aditivas do Tribunal constitucional espanhol a 116/1987, que estende o regime jurídico estabelecido para os militares republicanos que ingressaram no exército antes de 18 de julho de 1936 aos que o fizeram com posteridade; e a 222/1992, que torna extensível a quem tivesse convivido com outro de modo marital o benefício da subrogação *causa mortis* no contrato de aluguel de uma casa que a lei concedia ao cônjuge supérstite; isto é, estende aos casais de fato (*more uxório*) os direitos que a lei concede aos casamentos.

1156 Sobre sentenças aditivas no Direito espanhol, vide F. J. Díaz Revorio, *Las sentencias interpretativas del Tribunal constitucional. Análisis especial de las sentencias aditivas*, Valladolid, Lex Nova, 2001; J. J. Fernández, *La inconstitucionalidad por omisión*, Madri, Civitas, 1998; I. Villaverde, *La inconstitucionalidad por omisión*, Madri, McGraw-Hill, 1997.

647

pretação não expansiva, mas estrita, do preceito[1157]. Mas está claro que nestes casos o juiz constitucional também poderia salvar a igualdade simplesmente anulando o texto legal. Se em vez disso opta por fazê-lo extensível ao grupo discriminado (sentença aditiva) é porque considera que a simples anulação do preceito *in toto* pode causar prejuízos imediatos para todos aqueles a quem o preceito outorga direitos[1158].

Ainda quando esta classe de sentenças seja ditada para salvar a igualdade, é evidente que, ao estender o campo de aplicação da lei, o Tribunal Constitucional atua como um autêntico *legislador positivo*, pois *cria* uma nova norma que é lei para os aplicadores do Direito, mas que não foi desejada ou estabelecida pelo legislador. Mais ainda, precisamente o fato de que o juiz constitucional "não considere adequado ou conveniente" anular o preceito legal impugnado (e em vez disso dite uma sentença aditiva) mostra claramente que está fazendo valorações políticas. No entanto, esta atuação pode chegar a ser recusável. Primeiro, e principalmente, porque atuando assim o Tribunal Constitucional arrebata ao legislador competências que lhe são próprias. Segundo, e não menos importante, porque não pode originar uma situação de insegurança jurídica de consequências provavelmente não previstas nem desejadas por essa interpretação constitucional. Com efeito, posto que os direitos que a sentença reconhece ao grupo de sujeitos discriminados não existiam até agora, falta também a regulação de seu exercício e as previsões econômicas que muitas vezes são necessárias para sua satisfação. Esta regulação é necessária para evitar que o exercício dos direitos transborde além do previsto e desejado por essa doutrina constitucional, mas o Tribunal Constitucional não pode fazê-lo. Se assim se pode dizer, o Tribunal Constitucional é um órgão "torpe" para legislar positivamente, pois não pode – ou não com a precisão e previsão que o faria o legislador – estabelecer o regime jurídico que permitiria limitar e assegurar o exercício dos direitos reconhecidos na sentença.

1157 Efetivamente, pode haver certa inclinação para as sentenças aditivas quando está em jogo o princípio de igualdade. Nestes casos, o TC pode optar entre declarar diretamente a inconstitucionalidade da lei ou torná-la extensível ao grupo discriminado. A opção pela segunda hipótese – sentença aditiva – pode ser explicada pelo fato de que o TC considere que se o legislador deu certo tratamento a um grupo de cidadãos é porque o considerou adequado em virtude de um determinado valor da Constituição; em consequência, estende esse tratamento a todos aqueles que se encontram na mesma situação. Vide L. Elia, "Constitucionalismo cooperativo, *Racionalidad* y Sentencias Aditivas", em *División de poderes e interpretación*, Madri, Tecnos, 1987, p. 77 ss.

1158 Vide F. rubio, "La jurisdicción constitucional como forma de creación de Derecho", em *Revista Española de Derecho Constitucional*, 22 (1988), p. 36. No mesmo sentido F. Modugno, "I criteri della distinzione diacronica tra norme e disposizione in sede di giustizia costituzionale", *Quaderni Costituzionali*, núm. 1 (1989), p. 39.

As sentenças manipulativas em geral e as aditivas em particular somente parecem admissíveis quando criam ou produzem normas constitucionalmente *exigidas*[1159]; ou seja, quando a nova norma que deriva da sentença obedeça à necessidade de proteger algum bem ou valor constitucional e, além do mais, não exista outra forma de fazê-lo do que a estabelecida precisamente na sentença: nestes casos resulta indiferente que essa integração legislativa seja levada a cabo pelo Juiz Constitucional ou pelo legislador. E ao contrário, quando falta algum desses requisitos, e em particular quando existem várias possibilidades legislativas para eliminar a inconstitucionalidade, a interpretação na qual consiste a sentença manipulativa é uma forma de arrebatar ao legislador sua liberdade de configuração normativa. Além do mais, os problemas que as sentenças manipulativas estabelecem quando as normas que introduzem não são exigidas poderiam solver-se ditando uma sentença de *mera inconstitucionalidade* (ou de *inconstitucionalidade sem nulidade*), mediante a qual se declara a inconstitucionalidade da lei, porém não se anula esta, mas se dá um prazo ao legislador para reparar a situação de inconstitucionalidade por via legislativa, e na qual o próprio Tribunal Constitucional poderia incluir uma série de diretrizes provisionais, válidas enquanto não se dite a nova lei. Agindo deste modo se respeita, por assim dizer, o princípio "a cada um o seu": o juiz constitucional declara a inconstitucionalidade da lei (que é sua função); e a produção da nova norma se desvia ao legislador (que é o órgão que ostenta a legitimidade democrática).

Em suma, os pronunciamentos manipulativos revestem um interesse particular, pois dão a medida de quanto muda um ordenamento jurídico observando o controle de constitucionalidade. Mas se trata de uma técnica muito questionável, pois não é precisamente a expressão de um *self-restraint* do Tribunal Constitucional; bem o contrário, por meio destes pronunciamentos este ultrapassa os limites da interpretação conforme, suplantando clara e simplesmente ao legislador. Nesta medida, as sentenças manipulativas violentam o princípio democrático e o da separação de poderes nos quais se assenta todo o edifício constitucional. Só podem ser aplaudidas por aqueles que veem nelas uma forma rápida de acomodar aos valores constitucionais, ordenamentos inspirados em princípios bem distintos[1160].

1159 Trata-se do que a doutrina italiana denomina sentenças *a rime obbligate*. Vide V. Crisafulli, "Relazione Generale", em *La Corte Costituzionale tra noema giuridica e realtà sociale*. Bolonha, 1978, p. 84. Também, G. Zagrebelsky, *La Giustizia Costituzionale*, p. 304.

1160 Vide F. Rubio, "La jurisdicción constitucional como forma de creación de Derecho".

3.3. Outras formas de influência política da Justiça Constitucional

Além dos questionáveis pronunciamentos manipulativos e interpretativos, a intromissão da Justiça Constitucional em questões políticas é muitas vezes consequência da (ou pode ser propiciada por) indeterminação do próprio texto constitucional, no qual são frequentes as cláusulas abertas ou de forte conteúdo valorativo.

Com efeito, quando os preceitos constitucionais implicados em uma questão de constitucionalidade estão perfeitamente formalizados, sua interpretação não oferece muitos problemas. No entanto, as constituições atuais contêm muitos preceitos que padecem de uma escassa formalização; mais ainda, muitos deles são somente a positivação de princípios e de juízos de valor, de maneira que seu significado é completamente indeterminado. Esta indeterminação faz com que o juízo de constitucionalidade da lei seja notavelmente discricionário. Em alguns casos tão discricionário, que pareceria que o Juiz Constitucional é irremediavelmente impelido a converter-se em um sujeito político[1161].

A indeterminação constitucional está por trás de algumas atuações políticas do Tribunal Constitucional que, ou bem contém recomendações ao legislador, ou bem fixa de maneira discutível o significado de um conceito essencialmente controvertido. Em alguns casos, efetivamente, ante a dúvida sobre o significado da Constituição em um determinado ponto, e ante a dúvida, portanto sobre se a lei questionada respeita o âmbito de possibilidades políticas permitidas pela Constituição, o Tribunal declara a constitucionalidade da lei, mas acompanha sua declaração com uma *recomendação ao legislador* a fim de que no futuro reforme a lei ajustando-a à *melhor interpretação* da Constituição que estabelece a sentença. É evidente a carga de autoridade que acompanha esta recomendação, pelo qual é muito provável que o legislador termine atendendo essa sugestão e reformando a lei[1162]. Por outro lado, quando a indeterminação tem a ver com princípios ou valores constitucionais cuja interpretação é socialmente controvertida (como o Direito à vida nos casos de eutanásia,

---

1161 Precisamente a visão destes perigos explica a enérgica rejeição de Kelsen às normas constitucionais mais ou menos vagas ou ambíguas; vide H. Kelsen, *La garantia jurisdiccional de la constitución (la justicia constitucional)*. Trad. de Juan Ruiz Manero, em *Escritos sobre la democracia y el socialismo*, Madri, Debate, 1998.

1162 Um exemplo deste tipo de pronunciamento no Direito espanhol é constituído pela STC 108/1986. Impugnava-se a lei que previa a eleição parlamentar dos vocais do Conselho Geral do Poder Judiciário e o Tribunal Constitucional entendeu que esse sistema de eleição não era contrário à Constituição, pelo qual não procedia declarar sua inconstitucionalidade; mas ao mesmo tempo indicava que um sistema alternativo (no qual na eleição dos vogais participassem o Parlamento e o Poder Judiciário) seria "mais conforme" à Constituição.

aborto, rejeição a tratamentos médicos em situações de urgência vital etc.) é possível não só que o juiz constitucional faça uma recomendação ao legislador, como também que *fixe diretamente* (de maneira "intolerável" da perspectiva do princípio democrático) o significado desses princípios ou valores.

Em todo caso, o problema da indeterminação constitucional poderia talvez evitar-se sem necessidade de que o juiz constitucional desempenhe funções políticas. Concretamente, como em uma *questão constitucional essencialmente controvertida* é bem possível que as duas partes enfrentadas (a maioria criadora da lei e a minoria que impugna a lei) esgrimam argumentos razoáveis, o juiz poderia adotar uma *solução intermédia*, consistindo em declarar válida a lei, mas deixando aberta a reversibilidade de sua decisão: se acaso surgissem novos dados (por exemplo, acerca das valorações sociais dominantes a propósito de valores constitucionais controvertidos) que ajudem a esclarecer a questão, ou se acaso mudassem as próprias valorações sociais. Trata-se, pois, de que, por razões democráticas e levando em conta a dúvida, é preferível diferir a questão a critério da maioria: ou seja, declarar válida a lei (pelo menos por agora), mas reconhecendo que os argumentos que invocou a minoria têm peso e são suficientes para duvidar. Então, se trata de atribuir ao juiz constitucional a função de "árbitro" das questões constitucionais essencialmente controvertidas, estabelecendo simplesmente os pontos a partir dos quais as partes políticas e sociais enfrentadas devem discutir para alcançar um acordo que bem poderia desembocar na substituição da velha lei por outra nova[1163]. Só este tipo de atuação se mostraria verdadeiramente respeitosa com o princípio democrático.

4. OBSERVAÇÕES FINAIS

4.1. Argumentos contra o controle de constitucionalidade

Nos últimos anos voltou à atualidade, tanto na América quanto na Europa, o velho debate sobre a legitimidade da justiça constitucional. Alguns dos argumentos que são usados contra, se referem ao grande poder discricionário (e, portanto "político") que exerce o juiz constitucional, principalmente quando as questões de constitucionalidade afetam a conceitos essencialmente controvertidos, e as comentadas atuações políticas da justiça constitucional não têm feito outra coisa senão reforçá-los. Mas outros argumentos vão diretamente

---

1163 Vide este enfoque no excelente trabalho de V. Ferreres, *Justicia constitucional y democracia*, Madri, CEC, 1997.

contra a própria ideia de supremacia constitucional e se substanciam na tese de que as *gerações passadas não podem vincular às gerações futuras*. Esta é a objeção fundamental que enfrenta a justiça constitucional, que nos Estados Unidos se verbaliza com a expressão, cunhada por Alexander Bickel, da *dificuldade contramajoritária*[1164].

Os dois tipos de argumentos estão conectados, pois esta segunda objeção é tão mais importante quanto maior seja o grau de discricionariedade que permita o tipo de Constituição de que se trate; isto é, quanto mais dúvidas interpretativas suscite o texto constitucional. Por isso, constituições carregadas de normas controvertíveis em essência propiciam mais a discricionariedade e, portanto, tornam mais grave a objeção antidemocrática. Se o Tribunal Constitucional invalida uma lei que regula a eutanásia por vulnerar o Direito à vida que a Constituição protege, faria sentido perguntar quem é o Tribunal Constitucional para impor sua interpretação do Direito à vida por cima da que fez o legislador democrático. Ao contrário, não teria lugar questionar a atuação do Tribunal Constitucional se este invalidasse uma lei que estabelecesse a pena de morte para determinadas hipóteses; simplesmente porque a interpretação do preceito constitucional que prescreve a pena de morte não suscita nenhuma dúvida, e diante disso não cabe o argumento democrático: o Tribunal Constitucional simplesmente executa a constituição em uma suposição claríssima.

Justamente como resposta à dificuldade contramajoritária foi proposta a *tese da constituição procedimental*[1165], ou mais exatamente, da *leitura procedimental* da constituição. A ideia que a sustenta pode resumir-se a seguir. Em um mundo pluralista (em valores) e com certo relativismo ético não se pode entender que a Constituição imponha valores objetivos indiscutíveis, porque o único valor fundamental é a *igualdade* de todos os homens, que no plano das decisões coletivas se traduz em *democracia*, isto é, na participação de todos em pé de igualdade nas decisões coletivas. Então, a Constituição não impõe resultados políticos legítimos, mas somente instaura um processo legítimo (a democracia) para a adoção de decisões políticas. Postula-se, pois, uma leitura democrática (no sentido estrito, procedimental) de todas as disposições constitucionais: algumas (a maioria) se ocupam diretamente de estabelecer quais são os órgãos e os procedimentos de decisão; outras (as relativas a direitos)

1164 A. Bickel, *The Least Dangerous Branch: The Supreme Court at the Bar of Politics*, Yale Univ. Press, New Haven, 1962.

1165 J. H. Ely é o principal expoente desta tese. Vide *Democracy and Distrust. A theory of Judicial Review*, Harvard Univ. Press, Cambridge, 1980.

têm como objetivo estabelecer as condições que garantam a igual participação de todos no processo democrático. Daí se deriva uma *concepção restritiva da Justiça Constitucional*, segundo a qual esta deve limitar-se a manter abertos os canais da participação; ou seja, sem condicionar a decisão final. Em outras palavras, a justiça constitucional deve limitar-se a velar para que no processo político se respeitem todas as suas condições de legitimidade, o que afinal de contas conduziria a controlar exclusivamente o respeito à igualdade e aos direitos políticos, por ser os que constituem a essência da participação e debate democrático.

Esta tese, no entanto, resulta objetável, pois é discutível que o respeito dos direitos políticos esgote as garantias de participação democrática em pé de igualdade. Por exemplo, parece claro que a liberdade de expressão formaria parte do âmbito de controle constitucional, porque se coloca a serviço da democracia; mas e os direitos sociais? Se se responder negativamente se estaria esquecendo que os direitos sociais também podem interpretar-se como garantias desse "mínimo vital", sem o qual a liberdade (ou a participação livre e sem restrições) não pode realizar-se efetivamente. Mas se se atende a esta última consideração e se responde afirmativamente, já temos um juiz constitucional interferindo na política econômica e social do país[1166].

4.1. Conclusão

4.1.1.
Do que foi dito até aqui pode afirmar-se que muitos dos problemas que enfrenta a justiça constitucional, principalmente por seus atritos com o legislador democrático, se referem à existência de *constituições materiais*, carregadas de princípios de justiça abertos, inconsistentes e com tendências contrastantes cujos eventuais conflitos hão de ser resolvidos mediante um exercício de poder notavelmente discricionário.

4.1.2.
O próprio Kelsen defendia um conceito de constituição como regulação *formal* dos modos de produção normativa, e em todo caso recomendava uma redação *detalhada* dos preceitos relativos aos direitos fundamentais, porque já advertia os problemas que geraria uma Constituição que contivesse princípios materiais

---

1166 C. S. Nino chamou a atenção sobre isso, "La filosofia del control judicial de constitucionalidad", *Revista del Centro de Estúdios Constitucionales*, 4(1989).

de justiça: "não é impossível – escrevia o autor em *La garantia constitucional de la Constitución* – que um Tribunal Constitucional tendo que decidir sobre a inconstitucionalidade de uma lei a anule por ser injusta, ao ser a justiça um princípio constitucional que o Tribunal deve aplicar. Mas então, o poder do Tribunal seria tal que teria que considerá-lo simplesmente insuportável. A concepção de justiça da maioria dos juízes desse Tribunal poderia ser completamente oposta à da maioria da população e o seria, evidentemente, à da maioria do Parlamento que tivesse votado a lei"[1167]. É verdade que este é um problema que não afeta só à jurisdição constitucional, como também à jurisdição ordinária, pois, desde o momento em que se aceita a força plena normativa de todos os preceitos constitucionais, sua aplicação é tarefa encomendada a todos os operadores jurídicos. Mas também não há dúvida que é o juiz constitucional quem de maneira mais imediata vem chamado a levar em consideração tais valores e princípios, dado que seu parâmetro de ajuizamento se limita (ou deve limitar-se) aos simples preceitos constitucionais.

4.1.3.

Portanto, a solução dos problemas que geram as constituições materiais não parece encontrar-se na adoção de uma de uma constituição formal, "a la Kelsen", pois uma Constituição tão "descarnada" faz perder o sentido ao constitucionalismo como concepção do Direito plenamente comprometida com o controle do poder para a proteção dos direitos (também ou principalmente, dos direitos das minorias frente ao eventual atropelo da maioria). Além do mais, os direitos e princípios de justiça, ao expressar valores e fins respaldados em maior ou menor grau pelos diversos grupos sociais, possibilitam um pacto constituinte no qual todos podem reconhecer-se, o que contribui para a integração política em uma sociedade plural[1168]. E este é o drama da Justiça Constitucional. A consagração constitucional de direitos e princípios materiais de justiça suscita problemas com o legislador democrático. Mas, por outro lado, se há de fazer sentido o pleno controle do poder (também do legislativo) é necessário conceber a constituição não já (ou não somente) como a carta formal de distribuição do poder no sistema, mas principalmente (ou também) como o reconhecimento dos princípios de justiça que hão de constituir os caminhos pelos quais transcorra a vida social e política. Estes

---

1167 H. Kelsen, *La garantia jurisdiccional de la Constitución (la justicia constitucional)*, p. 143; e *Quién debes ser el defensor de la constitución?* Madri, Tecnos, 1995, p. 33 e 34.

1168 A título de exemplo, esta eficácia integradora das constituições de princípios é destacada por G. Zagrebelsky, *El derecho dúctil, op. cit.*, e por V. Ferreres, *Justicia constitucional y democracia*.

princípios de justiça, além do mais, não são só os direitos de participação no debate democrático, pois só a garantia destes direitos ainda não protege a minoria, que pode ser atropelada por uma decisão (ou uma lei) da maioria; estes princípios são também a consagração constitucional das plurais concepções de justiça presentes na sociedade. Isto é, a concepção da democracia à qual deve dar vida a constituição não é a *formal* que estabelece *quem* decide e *como* se decide, mas a *substancial* que estabelece *o que* é que nenhuma maioria, por determinante que seja, pode decidir.

4.1.4.

Mas a solução também não pode consistir em auspiciar constituições *de detalhe* a fim de que o controle de constitucionalidade seja mais objetivo ou menos discricionário, e isso porque o marco de valores constitucionais tem que ser o suficientemente aberto como para não produzir asfixia legislativa, isto é, para que continue tendo sentido afirmar que corresponde ao legislador democrático, de acordo com as concepções valorativas de seu tempo, determinar o conteúdo dos princípios e resolver as colisões entre eles dentro dos limites permitidos pela constituição (ou seja, sem que nenhum dos valores constitucionais seja objeto de um sacrifício desproporcionado). Se alguma eficácia democrática tem a concepção *aberta* das constituições de princípios é justamente isso: que se transfere (ou assim deveria ser) ao legislador a definição concreta das condutas que em cada momento histórico hão de realizar os valores e fins expressados pelos princípios constitucionais.

4.1.5.

Levando em conta que o parâmetro de controle que há de usar a jurisdição constitucional é uma constituição carregada de cláusulas abertas e princípios materiais de justiça de significado altamente conflituoso, parece que o único que caberia fazer é desenhar os mecanismos para conjurar os riscos de "governo do juiz constitucional"[1169] e em todo caso pedir da jurisdição constitucional um exercício de autocontenção; um *self restraint* que permita manter as saudáveis fronteiras entre o juízo de constitucionalidade, por um lado, e o juízo político e de legalidade, por outro. Só se esta saudável contenção se consegue,

---

1169 Assim, por exemplo, em relação à defesa de uma forma fraca de constitucionalismo – que no substancial não compartilho – P. de Lora oferece uma proposta que estimo plausível e sugestiva também em um constitucionalismo não fraco: exigir que os tribunais constitucionais só possam proceder à declaração de inconstitucionalidade das leis quando todos os seus membros estejam de acordo com isso. "Justicia constitucional y deferencia al legislador", em *Constitución: problemas filosóficos* (F. Laporta, coord.) p. 345 ss.

poderemos conciliar a exigência de garantir a efetividade da constituição com a de garantir uma política democrática, decidida conforme aos mecanismos de produção democrática legislativa.

Naturalmente com isso não se pretende tirar nem um pouco de força vinculante à Constituição. Significa somente que a constituição, e especialmente sua parte material ou programática, não oferece uma resposta unívoca a todos e a cada um dos casos ou conflitos que se possam apresentar, mas apenas uns condutos de atuação mais ou menos amplos dentro dos quais se desenvolverão tanto as instituições políticas quanto os operadores jurídicos. Por isso, talvez não seja demais insistir também na importância técnica, mas principalmente legitimadora que apresenta a *argumentação* no âmbito de uma jurisdição constitucional que, mais do que nenhuma outra, há de fazer uso de valores, princípios e, em geral, normas de conteúdo substantivo coincidentes com postulados morais[1170].

1170 Sobre a importância da função da argumentação constitucional vide, ultimamente, M. Iglesias, "Los conceptos esencialmente controvertidos en la interpretación constitucional", *Doxa*, 23 (2000).

Capítulo 21

O JUDICIÁRIO AMERICANO E O DIREITO INTERNACIONAL: O NOVO DEBATE[1172]

Toni M. Fine[1173]

Sumário
1. Introdução
2. Contexto e casos relevantes
2.1. Atkins *vs.* Virginia (2002)
2.2. Lawrence *vs.* Texas (2003)
2.3. Roper *vs.* Simmons (2005)
3. O amplo debate sobre a utilização de precedente estrangeiro
3.1. Algumas questões preliminares
3.2. Reconhecendo a relevância das fontes externas do Direito
3.2.1. Aprendendo com os outros
3.2.1.1. O ponto de vista dos *justices*
3.2.1.2. A posição favorável de juízes nacionais e estrangeiros
3.2.1.3. Apoio da doutrina
3.2.2. O caráter universal dos direitos humanos e de suas respectivas normas
3.2.3. Questões pragmáticas acerca da liderança estadunidense na comunidade global
3.3. Os argumentos contrários à referência ao Direito estrangeiro
3.3.1. Particularismo americano

[1171] Este texto foi originalmente publicado na Revista Brasileria de Estudos Constitucionais n. 12: out/dez 2009

[1172] Diretora-assistente dos Programas Internacionais e de Pós-Graduação da Fordham University School of Law. Para entrar em contato: <tfine@law. fordham. edu>. Versão traduzida para o português de *American Courts and Foreign Law*: The New Debate. Tradutor: Pedro Buck.

657

3.3.2. Outros argumentos
3.3.2.1. Teoria Democrática: soberania, federalismo e separação de poderes. O problema contramajoritário
3.3.2.2. Inconsistência com a perspectiva originalista da Constituição
3.3.2.3. Amplia a discricionariedade judicial: escolhas tendenciosas e contagem de cabeças
3.3.2.4. Controle de qualidade
4. Resposta do congresso
5. Considerações finais
6. Bibliografia

1. INTRODUÇÃO

Este artigo analisa o recente debate ocorrido nos Estados Unidos acerca da pertinência da utilização do Direito e de práticas internacionais, pelo Judiciário estadunidense, na resolução de questões de elevada complexidade do Direito Constitucional norte-americano. A opinião majoritária proferida em três decisões da Suprema Corte dos EUA, nos últimos anos, fez exatamente isso, e, ao assim proceder, provocou uma controvérsia considerável, debatida amplamente por acadêmicos, juízes nacionais e estrangeiros, alcançando, até mesmo, o Congresso dos EUA.

2. CONTEXTO E CASOS RELEVANTES

É comum, em muitos países, que a tarefa de interpretação de suas próprias leis internas seja realizada com referência ao Direito norte-americano e, em especial, às decisões da Suprema Corte. Nos Estados Unidos, porém, há, de certa maneira, uma maior relutância em ir além do nosso ordenamento jurídico, quando nos deparamos com questões mais complexas de interpretação constitucional. A percepção, contudo de que a Suprema Corte se recusa a consultar decisões de cortes estrangeiras pode ser exagerada, e, de fato, há evidências de que tal prática não foi tão excepcional como sustentam seus oponentes. De qualquer maneira, os Estados Unidos da América foram mais lentos do que os seus pares estrangeiros no reconhecimento da importância de se ultrapassar as suas próprias fronteiras, quando da interpretação da sua própria Constituição.

Até recentemente, não havia um debate mais aprofundado, nos EUA, acerca da questão. Contudo, os três casos abaixo mencionados trouxeram o debate à tona, proporcionando uma acalorada discussão nacional, não muito usual, quanto à adequação da referência ao Direito estrangeiro nos casos constitucionais nacionais.

2.1. Atkins *vs.* Virginia (2002)

Em *Atkins vs. Virginia*,[1173] questionava-se a aplicação da oitava emenda e a respectiva proibição de "penas cruéis e atípicas" à imposição de pena de morte

---

[1173] 536 U. S. 304 (2002).

a um condenado portador de deficiência mental. A Corte, por um placar de seis votos a três, decidiu que essas sanções eram proibidas pela Constituição.

O *Justice* Stevens escreveu a opinião da maioria, na qual destacou a moderna abordagem da jurisprudência referente à oitava emenda, ressaltando que essa cláusula "deve retirar o seu significado dos parâmetros da decência, em constante evolução, que refletem o progresso de uma sociedade amadurecida".[1174] Ao concluir que havia um consenso legislativo dentro dos Estados Unidos de que os deficientes mentais não deveriam ser submetidos à pena de morte, o *Justice* Stevens observou, em nota de rodapé, que esse juízo era confirmado por pontos de vista não legislativos, catalogando as diversas organizações e grupos religiosos que se opunham à execução dos deficientes mentais, e destacando, ademais, que "dentro da comunidade global, rejeita-se claramente a imposição da pena de morte aos crimes cometidos por deficientes mentais".[1175]

Dois votos contrários, individualmente elaborados, foram apresentados: um pelo *Chief Justice* Rehnquist e outro pelo *Justice* Scalia. Tanto Rehnquist como Scalia censuraram a Corte pela referência à opinião internacional.[1176] Este último afirmou, inclusive, que: "[O] Prêmio da Tentativa mais Inútil da Corte de criar um 'consenso nacional' deverá ser atribuído à referência (merecidamente relegada à nota de rodapé) ao posicionamento dos membros de uma tal de 'comunidade global'". Scalia ainda reputou "irrelevante" as "práticas da 'comunidade global', cujas noções de justiça não são (graças a Deus) as mesmos do nosso povo".[1177]

2.2. Lawrence *vs.* Texas (2003)

Em *Lawrence vs. Texas*,[1178] a polícia prendeu o Sr. Lawrence e outro adulto pela prática de sexo consensual, na privacidade do lar do Sr. Lawrence, em violação às leis do Texas. Os réus questionaram a constitucionalidade da lei. A Suprema Corte resolveu este difícil caso favoravelmente aos acusados, determinando que a Lei contra a sodomia, do Estado de Texas, violava o Direito à liberdade e à privacidade das partes, protegidos pela cláusula do devido processo legal constante da décima quarta emenda constitucional.

1174 Id., p. 311-312, citando *Trop vs. Dulles*, 356 U. S. 86, 100-01 (1958).

1175 Id., p. 316, nota 21 (citações suprimidas).

1176 Id., p. 325-326.

1177 Id., p. 347-348.

1178 539 U. S. 558 (2003).

Dentre as várias questões polêmicas presentes em *Lawrence*, uma se referia à necessidade ou não de a Corte reverter sua decisão proferida em *Bowers vs. Hardwick* (1986). Esta indagação foi respondida positivamente pelo voto majoritário elaborado pelo *Justice* Kennedy: "[a decisão em] *Bowers* não estava correta quando foi proferida e não está correta nos dias de hoje. Tal não há de permanecer como um precedente vinculante. *Bowers v. Hardwick* deveria revertida e, hoje, o será".[1179] Ao assim deliberar, a Corte ressaltou que algumas das premissas que sustentavam este precedente estavam equivocadas – inclusive "as referências extensas feitas pelo *Chief Justice* Burger [em *Bowers*] à história da civilização ocidental e aos parâmetros morais e éticos judaico-cristãos", as quais, nas palavras do *Justice* Kennedy, "não leva[ra]m em consideração a existência de outras fontes apontando em sentido contrário".[1180] Dando continuidade, o *Justice* Kennedy acrescentou que: "da mesma forma que *Bowers* se pautava em valores que compartilhamos com uma civilização mais ampla, deve-se destacar que o mesmo raciocínio e decisão apresentados em *Bowers* foram rejeitados em outra oportunidade. A Corte Europeia de Direitos Humanos não se pautou em *Bowers*, mas na sua própria decisão [rejeitando a criminalização de atividade sexual praticada, consentidamente, entre dois adultos]. Outras nações também adotaram posições consistentes com a efetivação do Direito de os homossexuais adultos manterem relações íntimas e consensuais. O Direito que as partes buscam, neste caso, foi reconhecido, em muitos países, como uma parte integrante da liberdade humana".[1181]

O *Justice* Scalia, por sua vez, apresentou voto vituperativo em sentido contrário, no qual continuou a depreciar a Corte por sua referência ao Direito de outras nações em suas deliberações. Scalia reputou a discussão levada a efeito pela Corte quanto aos posicionamentos estrangeiros como *dicta* "supérfluas" e "perigosas".[1182]

2.3. Roper *vs.* Simmons (2005)

Em *Roper vs. Simmons*,[1183] a Corte revisitou o tema da aplicação da oitava emenda à sanção de pena de morte imposta aos condenados por crime prati-

---

1179 Id., p. 578.

1180 Id., p. 572. *Vide* também p. 573.

1181 Id., p. 576-577 (referências suprimidas).

1182 Id., 539 U. S., p. 598, citando *Foster v. Florida*, 537 U. S. 990, nota, 2002 (J. Thomas, acompanhando a rejeição ao *certiorari*).

1183 543 U. S. 551 (2005).

cado enquanto eram menores de idade. A Corte, por uma apertada maioria, entendeu que a cláusula em apreço proibia esta prática.

Assim como em *Atkins*, a Corte, em *Roper*, concluiu que havia um consenso nacional contra a aplicação da pena de morte a criminosos juvenis. Essa conclusão pautou-se no número de estados que não permitiam a imposição de pena de morte a criminosos juvenis; nas constantes mudanças ocorridas na legislação estadual nos últimos anos e; no número reduzido de penas desta natureza aplicadas a menores de idade, mesmo naqueles estados em que tal sanção era permitida.[1184]

A Corte, em seguida, promoveu a sua própria e independente análise quanto à utilidade da aplicação da pena de morte a menores de idade. Dentre os fatores levados em consideração, estava aquilo que o *Justice* Kennedy chamou de "opinião da comunidade global", destacando que "os Estados Unidos são o único país do mundo que continua a aceitar a aplicação da pena de morte a menores de idade. [...]. [O]s Estados Unidos encontram-se, assim, solitários em um mundo que virou suas costas à aplicação da pena de morte a menores de idade".[1185]

A Corte acrescentou, ademais, que "é necessário que reconheçamos a irresistível pressão da opinião internacional contra a aplicação da pena de morte a menores de idade, que tem como premissa maior a compreensão de que a instabilidade e o desequilíbrio dos jovens pode ser, em geral, uma causa da conduta criminosa. A opinião da comunidade global, embora não controle o nosso resultado, proporciona uma confirmação significativa e respeitável de nossas próprias conclusões".[1186]

A *Justice* O'Connor manifestou-se contrariamente à decisão da Corte, pois discordou quanto à existência de um consenso nacional acerca da questão. Manifestou-se, porém, positivamente à referência judicial ao Direito estrangeiro.[1187] O *Justice* Scalia, em voto contrário, acompanhado pelo *Chief Justice* Rehnquist e pelo *Justice* Thomas, foi, novamente, incisivo contra a referência realizada pela Corte ao Direito comparado e ao Direito internacional.[1188]

[1184] Id., p. 567.

[1185] Id., p. 577 (referências suprimidas).

[1186] Id., p. 578 (referências suprimidas).

[1187] Id., p. 604-605 (referências suprimidas).

[1188] Id., p. 608.

3. O AMPLO DEBATE SOBRE A UTILIZAÇÃO DE PRECEDENTE ESTRANGEIRO

A discussão sobre a referência, pela Corte, a fontes externas de Direito levou a um atípico debate público entre os *Justices* Breyer e Scalia,[1189] que contou, inclusive, com a participação de juízes (estadunidenses e estrangeiros), doutrinadores, da imprensa, alcançando até mesmo os corredores do Congresso.

3.1. Algumas questões preliminares

De início, é importante fazer algumas observações acerca da referência realizada pela Corte à prática jurídica estrangeira. *Primeiro*, ninguém está dizendo que qualquer fonte estrangeira vinculará as Cortes estadunidenses. Pelo contrário, a referência a normas jurídicas comparadas e do Direito internacional providenciam apenas uma ferramenta adicional e potencialmente útil, à medida que o judiciário tenha que lidar com questões complexas de Direito constitucional. Conforme a *Justice* Ruth Bader Ginsburg explicou, "[d]e certa maneira, nós usamos decisões estrangeiras [...] como um adorno. Decisões estrangeiras não vinculam a nossa corte".[1190]

De fato, neste ponto, as fontes estrangeiras são como outras fontes persuasivas, desprovidas de eficácia vinculante (tal como as decisões exaradas por juízes em outras jurisdições, em instâncias inferiores, artigos acadêmicos e obras jurídicas, apenas para apresentar alguns exemplos), às quais as cortes do *common law* regularmente fazem referência naqueles casos em que não há qualquer autoridade controladora.[1191] Conforme um autor mencionou, a argumentação jurídica no *common law* "é usualmente pautada por analogias, proporcionando aos juristas e advogados experiência quanto à melhor maneira de avaliar as abordagens conflitantes e identificar qual a mais relevante e convincente".[1192]

1189 Veja, sobre o tema, The Relevance of Foreign Legal Materials in U. S. Constitutional Cases: a Conversation Between Justice Antonin Scalia and Justice Stephen Breyer, 3, *International Journal of Constitutional Law*, 519, 2005 (doravante denominado como "o debate Breyer/Scalia").

1190 Ruth Bader Ginsburg. Comentários, Symposium: To What Extent Should the Interpretation and Application of Provisions of the U. S. Constitution be Informed by Rulings of Foreign and International Tribunals, 26, *University of Hawaii Law Review*, 335, 2004.

1191 Vide *Hart v. Massanari, 266 F. 3d 1155, 1170 (9ª Cir. 2001).*

1192 Vicki Jackson, *Yes Please, I'd Love to Talk With You, Legal Affairs* (jul./ago. 2004). Disponível em: <http://www.legalaffairs.org/issues/July-August-2004/feature_jackson_julaug04.msp>.

663

Em *segundo*, a referência, pelas Cortes estadunidenses, a fontes de Direito externas não é [prática] nova e tampouco recente, como afirmam os seus detratores[1193] O *Federalista n. 63*, por exemplo, sugere que essa seria uma prática desejável,[1194] conforme sustentam os inúmeros votos elaborados pelo maior *Chief Justice* dos Estados Unidos, John Marshall, e que se referiam às fontes estrangeiras enquanto diretrizes interpretativas da nossa então recente Constituição.[1195]

Especialmente em relação a *Atkins* e *Roper*, referências a normas do Direito comparado e do Direito internacional fazem parte, há muito, da jurisprudência acerca da oitava emenda.[1196]

3.2. Reconhecendo a relevância das fontes externas do Direito

Há um número alto de argumentos diferentes, mas relacionados, a favor da utilização do Direito de outros países, pelo judiciário norte-americano, enquanto suporte argumentativo às suas próprias decisões. Estes argumentos foram apresentados, de maneira eloquente, por uma série de *Justices* da Suprema Corte, atuais e aposentados, tanto nos autos como fora destes; por outros juízes, estrangeiros e nacionais; e por diversos doutrinadores de escola.

3.2.1. Aprendendo com os outros

O argumento principal e mais óbvio em favor das abordagens comparativas a problemas similares tem como premissa algo que parece figurar como senso

---

1193 Vide, por exemplo, Ernesto J. Sanchez, A Case Against Judicial Internationalism, 38 *Connecticut Law Review*, 185, 206 (2005). Veja, também, Mark Weisburd, Roper and the Use of International Sources, 45, *Virginia Journal of International Law*, 789, 795 (2005); Ernest A. Young, Foreign Law and the Denominator Problem, 119, *Harvard Law Review*, 148, 149 (2005).

1194 Artigo federalista número 63.

1195 Veja, por exemplo, Harold Hongju Koh, International Law as Part of Our Law, 98, *American Journal of International Law*, 43, 44 (2004); William D. Araiza, Foreign and International Law in Constitutional Gay Rights Litigation: What Claims, What Use, and Whose Law?, 32, *William Mitchell Law Review*, 455, 456 e n. 6 (2006). Veja, também, Mark Tushnet, *Fundamental Imports: The European Origins of American Civil Liberties (and the American Civil Liberties Union)*, 2005-DEC Legal Affairs 58 (2005) ("acadêmicos de esquerda e direita têm demonstrado que o apoio a decisões com referência ao Direito comparado não é uma prática recente. Influências estrangeiras têm, há muito, moldado o Direito Estadunidense de maneiras que vão além da herança do *common law* que os EUA compartilha com outras nações").

1196 Veja, e. g., *Trop v. Dulles*, 356 U. S. 86, 102 n. 35 (1958).

comum no que diz respeito à referência a fontes comparadas do Direto: que os julgamentos de juízes estrangeiros proporcionam uma outra fonte de opiniões que poderá auxiliar os juízes estadunidenses, quando forem confrontados com assuntos espinhosos acerca da interpretação constitucional. O juiz Guido Calabrese, da Corte de Apelações do 2º Cir., lançou uma frase, atualmente proverbial, referindo-se à prática judicial norte-americana de consultar decisões das Cortes Constitucionais europeias, segundo a qual "[p]ais sábios não hesitam em aprender com seus filhos".[1197]

3.2.1.1. *O ponto de vista dos* justices

O *Justice* Stephen Breyer foi, dentre os membros da Suprema Corte, o defensor mais entusiasta da utilização do Direito estrangeiro. Por exemplo, ele afirmou que: "a disposição em considerar o posicionamento jurisprudencial estrangeiro, em casos semelhantes, não é algo surpreendente em uma Nação que, desde o seu nascimento, prestou 'o devido respeito à opinião da humanidade' [...]. O Direito e a Constituição não estão livres de influências externas; e nunca estiveram. E caso qualquer das ideias ou valores encerrados na Constituição tenham sido únicos, esta nação almejou apenas divulgá-los e não monopolizá-los. O Direito constitucional influencia e é influenciado por outras instâncias do Direito".[1198]

O *Justice* Breyer disse que, embora as normas estrangeiras nunca poderão vincular o judiciário dos EUA, tais deveriam ser consideradas como fontes de referência. Juízes estrangeiros "enfrentam problemas que, cada vez mais, são semelhantes aos nossos".[1199] Em síntese, o diálogo judicial transnacional permite que haja uma saudável fertilização cruzada de ideias. Esta visão foi compartilhada por diversos de seus pares na Suprema Corte e em declarações extrajudiciais.

A *Justice* Sandra Day O'Connor[1200] argumentou que os "juízes e advogados estadunidenses podem se beneficiar desta ampliação dos nossos

---

1197 *United States v. Then*, 563 F. 3d 464, 469 (2ª Cir. 1995) (Calabresi, J., concordando – referindo-se à abordagem dada pelas Cortes Constitucionais alemãs e italianas à interpretação da linguagem abstrata das normas, em circunstâncias diversas).

1198 *Knight vs. Florida*, 528 U. S. 990, 997 (1999) (Breyer, J., discordando da rejeição da Corte ao *certiorari*).

1199 Debate Breyer/Scalia, nota 17, *supra*.

1200 Justice O'Connor se aposentou no período 2006 – 2007. Ela participou das decisões proferidas em *Atkins*, *Lawrence* e *Roper*.

horizontes".[1201] Conforme ela disse, "há muito a se aprender com [...] renomados juízes [provenientes de outros países] que tenham refletido sobre as mesmas e intrincadas questões com as quais nos deparamos".[1202]

A *Justice* Ruth Bader Ginsburg sustentou que "análises comparativas são, claramente, relevantes na interpretação das Constituições e na efetivação dos direitos humanos. Nós sairemos derrotados caso ignoremos aquilo que os demais têm a nos dizer sobre suas tentativas de erradicar o preconceito contra mulheres, minorias e outros grupos em desvantagem".[1203] Destacou, ainda, com aparente aprovação, que "[n]ossa ilha ou natureza solitária está começando a mudar".[1204]

O antigo *Chief Justice* William Rehnquist e o *Justice* Antonin Scalia, os quais, de maneira vigorosa, discordaram da decisão da maioria em *Atkins*, *Lawrence* e *Roper*, reconheceram, em oportunidades anteriores, a utilidade e a importância da referência ao Direito estrangeiro. O *Chief Justice* Rehnquist asseverou, por exemplo, que: "Por mais de um século e meio, o judiciário norte-americano, em sua tarefa de exercer o controle de constitucionalidade, não tinha à disposição quaisquer precedentes que pudessem auxiliá-lo em suas atividades, afinal, apenas as nossas Cortes exerciam este tipo de autoridade. Quando diversas novas Cortes Constitucionais foram criadas, após a Segunda Grande Guerra, estas cortes, naturalmente, dirigiram sua atenção para as decisões da Suprema Corte dos EUA, dentre outras fontes, quando do desenvolvimento de seus próprios Direitos. Mas, agora que o Direito constitucional está profundamente enraizado em diversos países, é tempo de o judiciário estadunidense começar a levar em consideração as decisões

---

1201 Sandra Day O'Connor, *Broadening Our Horizons: Why American Lawyers Must Learn About Foreign Law*, 45-September Federal Law 20 (1998).

1202 Sandra Day O'Connor, Keynote Address Before the Ninety-Sixth Annual Meeting of the American Society of International Law, 96, *American Sociology International Law Proceedings*, 348, 350 (2002). Veja, também, Sandra Day O'Connor, *The Majesty of Law* 231-235 ("o Direito é orgânico e ele se beneficia da polinização cruzada. Nós deveríamos manter nossos olhos atentos para as inovações ocorridas em jurisdições estrangeiras").

1203 Ruth Bader Ginsburg & Deborah Jones Merritt, Affirmative Action: An International Human Rights Dialogue, 21, *Cardozo Law Review*, 253, 282 (1999). Veja também Ruth Bader Ginsburg, Discurso de apresentação à American Constitution Society's National Convention de 2003, *Looking Beyond Our Borders: The Value of a Comparative Perspective in Constitutional Adjudication* (2 ago. 2003), disponível na 40, *Idaho Law Review*, 1 (2003) ("Nós seremos os derrotados se não compartilharmos a nossa experiência e nos recusarmos a aprender com os demais).

1204 Ruth Bader Ginsburg, Discurso de apresentação, nota 31, *supra*. O *Justice* Souter também demonstrou o seu apoio à busca de diretrizes no Direito comparado. Veja Stephen Breyer, *The Supreme Court and the New International Law. American Society of International Law*, 4 abr. 2003. Disponível em: <http://www. supremecourtus.gov/publicinfo/speeches/sp_04-04-03.html>.

proferidas por outras cortes constitucionais, auxiliando-nos em nosso próprio processo decisório".[1205]

Rehnquist, inclusive, mencionou, em *Washington v. Glucksberg*, a experiência holandesa que rejeitara a existência de um Direito ao suicídio assistido.[1206] O próprio *Justice* Scalia, apesar de seus protestos vigorosos em seus votos vencidos, invocou o Direito da Austrália, Canadá, e Inglaterra em seu voto vencido, proferido em *McIntyre vs. Ohio Elections Commission*.[1207] A mesma prática foi adotada pelo *Justice* Thomas.[1208]

3.2.1.2. A posição favorável de juízes nacionais e estrangeiros

Outros juízes de renome defendem a utilização do Direito comparado e internacional, quando da interpretação de suas respectivas constituições nacionais, como uma ferramenta útil e adequada. Patrícia Wald, ex-juíza da Corte de Apelações do Distrito de Colúmbia, e, posteriormente, juíza do Tribunal Penal Internacional para a Ex-Iugoslávia, asseverou o seguinte: "[O]s cidadãos de grande parte do mundo possuem as mesmas aspirações, senso de dignidade e de valor e instituições e sentimentos acerca da justiça. Por que, então, proibiremos, conscientemente, os juízes estadunidenses de se utilizarem do Direito desses países, uma vez que dizem respeito às necessidades humanas e dilemas básicos de seus respectivos povos?".[1209]

A análise das abordagens estrangeiras a temas semelhantes, conforme destacou a Juíza Diane P. Wood, é simplesmente uma forma de "enriquecer a compreensão [da Corte] acerca da questão".[1210] A juíza Nancy Gertner, da Corte Distrital do Distrito de Massachusetts concorda,[1211] assim como a *Justice*

[1205] William H. Rehnquist, *Constitutional Courts – Comparative Remarks* (1989), reimpresso in *Germany and Its Basic Law: Past, Present, and Future – A German-American Symposium* 411, 412 (Paul Kirchhof & Donald P. Kommers eds., 1993).

[1206] 521 U. S. 702, 710, 718 n. 16, 785-87 (1997) (Rehnquist, C. J.). Veja também *Raines v. Byrd*, 521 U. S. 811, 828 (1997) (Rehnquist, C. J.); *Planned Parenthood v. Casey*, 505 U. S. 833, 945, n. 1 (1992).

[1207] *McIntyre v. Ohio Election Comm'n*, 514 U. S. 334, 381 (1995) (Scalia, J., discordando). Veja também *Hartford Fire Ins. Co. v. California*, 50 U. S. 764, 820 (1993) (Scalia, J., discordando).

[1208] Veja *Holder v. Hall*, 512 U. S. 874, 906 n. 14 (1994) (Thomas, J., acompanhando a maioria), ao examinar as experiências da Bélgica, Chipre, Líbano, Nova Zelândia, Alemanha Ocidental e do Zimbábue.

[1209] Patricia M. Wald, The Use of International Law in the American Adjudicative Process, 27, *Harvard Journal of Law & Public Policy*, 431, 441 (2004).

[1210] Diane P. Wood, Palestra em Madison: Our 18th Century Constitution on the 21st Century World, 80, *New York University Law Review*, 1079, 1101 (2005).

[1211] Nancy Gertner, The Globalized District Court, Symposium: To What Extent Should the Interpretation and Application of Provisions of the U. S. Constitution be Informed by Rulings of Foreign and International Tribunals, 26, *University of Hawaii Law Review*, 351, 355 (2004) (notas de rodapé suprimidas).

Claire Heureux-Dube, da Suprema Corte canadense,[1212] e Aharon Barak, Presidente da Suprema Corte de Israel,[1213] dentre outros.

3.2.1.3. Apoio da doutrina

Doutrinadores de peso também se manifestaram favoravelmente à utilização judicial do Direito estrangeiro. O Professor Harold Koh, Reitor da Faculdade de Direito de Yale, argumentou, persuasiva e convincentemente, que a Suprema Corte se valeu, adequadamente, de fontes jurídicas estrangeiras em três situações.[1214] O Professor Sanford Levinson da Universidade do Texas defende que é "uma prática simplesmente prudente a de reconhecer tais experiências e aplicar as lições ali encontradas a dilemas semelhantes nos Estados Unidos".[1215]

A Professora Vicki Jackson argumenta que "[o] Direito constitucional deve ser compreendido como 'uma arena de engajamento'",[1216] e que o "emprego de decisões estrangeiras pode contribuir para uma melhor compreensão acerca das nossas próprias idiossincrasias enquanto nação, revelar conceitos comuns e nos incentivar a pensar de maneira mais clara quanto às nossas próprias questões legais. Compreender o Direito comparado também poderá incrementar o nosso juízo crítico quanto às justificativas por detrás da ação governamental – atividades usualmente sujeitas ao Direito constitucional – bem como ampliar a nossa percepção em relação às conse-

---

1212 Claire Heureux-Dube, The Importance of Dialogue: Globalization and the International Impact of the Rehnquist Court, 34, *Tulsa Law Journal*, 15, 17 (1998).

1213 Aharon Barak, Response to the Judge as Comparativist: Comparison in Public Law, 80, *Tulaine Law Review*, 195, 196-197, 201 (2005). Veja também Brun-Otto Bryde, The Constitutional Judge and the International Constitutionalist Dialogue, 80, *Tulaine Law Review*, 203, 213 (2005) (o juiz do Tribunal Constitucional Federal da Alemanha se refere à "utilidade do Direito comparado" enquanto fonte de "inspiração").

1214 Veja Harold Hongju Koh, nota 23, *supra*.

1215 Sanford Levinson, Looking Abroad when Interpreting the U. S. Constitution: Some Reflections, 39, *Texas International Law Journal*, 353, (2004). Veja também Sir Basil Markesinis e Jorg Fedtke, The Judge as Comparativisit, 80, *Tulaine Law Review*, 11 (2005).

1216 Vicki C. Jackson, Constitutional Comparisons: Convergence, Resistance, Engagement, 119, *Harvard Law Review*, 109, 114 (2005). A Professora Jackson descreve três formas pelas quais fontes legais transnacionais podem auxiliar na interpretação judicial. Primeiro, tais podem elucidar as "consequências de escolhas interpretativas" (p. 116). Segundo, "comparações podem contribuir na compreensão da dinâmica funcional do próprio sistema" (p. 117). Por fim, tais comparações podem ser úteis quando os julgamentos constitucionais envolvem "julgamentos contemporâneos acerca da natureza de uma dada ação ou liberdade" (p. 118). Veja também Konrad Schiemann, A Response to the Judge as Comparativist, 80, *Tulaine Law Review*, 281, 291 (2004). O autor é juiz do Tribunal de Justiça da União Europeia e antigo membro da Corte de Apelações da Inglaterra.

quências possíveis decorrentes das diferentes escolhas quanto à interpretação da nossa Lei Fundamental".[1217]

3.2.2. O caráter universal dos direitos humanos e de suas respectivas normas

O segundo fundamento reside no argumento de que a interpretação das cláusulas de direitos humanos envolve necessariamente uma pesquisa pelas principais práticas existentes na comunidade global democrática. Os "direitos humanos", inclusive, são assim denominados em razão da noção de que se referem a todas as pessoas, não estando limitados aos cidadãos de determinados Estados, um fenômeno que reflete aquilo que o *Justice* Breyer denominou como "a globalização dos direitos humanos".[1218] A disposição da Corte em empregar as práticas da comunidade global, em relação a um tema específico, é simplesmente reflexo da "inserção dos americanos em uma comunidade mais ampla e que, ao menos presumivelmente, compartilha de seus valores essenciais".[1219]

A vitalidade contínua deste denominado constitucionalismo de direitos humanos reconhece, adequadamente, a interdependência mundial.[1220] Conforme o *Justice* Anthony Kannedy supostamente afirmou: "Por que deveria a opinião mundial se preocupar com a intenção da Administração estadunidense de levar a liberdade aos povos oprimidos? Não seria por que há, por detrás, um certo interesse mútuo comum, uma certa ideia comum, uma certa aspiração comum, um conceito unificado acerca do significado da dignidade humana?".[1221]

3.2.3. Questões pragmáticas acerca da liderança estadunidense na comunidade global

O *Justice* Kennedy apresentou, quanto à utilização do Direito estrangeiro, um argumento pragmático e diplomático, ao fazer uma analogia à política de George W. Bush de exportar liberdades: "Se estamos pedindo ao mundo para

---

1217 Vicki Jackson, nota 20, *supra*.

1218 Stephen Breyer, nota 26, *supra*.

1219 Diane P. Wood, nota 38, *supra*.

1220 Veja, *e. g.*, Harold Hongju Koh, nota 23, *supra*.

1221 Veja Jeffrey Toobin, *Swing Shift: How Anthony Kennedy's Passion for Foreign Law Could Change the Supreme Court, The New Yorker* (volume de 12 set. 2005). Disponível em: <http://www.newyorker.com/fact/content/articles/050912fa_fact>.

adotar a nossa concepção de liberdade, parece-me que há de existir aí algum tipo de mutualidade, [percepção de] que outros povos são capazes de definir e interpretar a liberdade de uma maneira que nos é, ao menos, instrutiva".[1222]

Outros estudiosos expressaram preocupação com a possibilidade de uma abordagem isolacionista de interpretação constitucional ameaçar a aceitação dos Estados Unidos no cenário internacional. O *Justice* Michael Kirby, da Alta Corte da Austrália, foi além, alertando que os Estados Unidos correm o risco de "se tornarem estagnados juridicamente" se o seu judiciário vir a desconsiderar, rotineiramente, os precedentes estrangeiros.[1223]

3.3. Os argumentos contrários à referência ao Direito estrangeiro

Os opositores à referência ao Direito estrangeiro na interpretação constitucional mantêm-se fiéis ao seu posicionamento. Os três casos discutidos acima foram qualificados como uma "nova e alarmante tendência",[1224] uma mudança de "placas tectônicas"[1225] "subversiva ao conceito de soberania",[1226] que ameaça "minar o respeito ao Direito deste país"[1227] e que faria com que "as fundações da liberdade se transformassem em areia".[1228] Este posicionamento tem como premissas alguns argumentos específicos.

3.3.1. Particularismo americano

Os posicionamentos contrários à utilização de fontes estrangeiras compreendem um tema extremamente abrangente – a noção do excepcionalismo

---

[1222] Idem.

[1223] Michael Kirby, *Think Globally*, 4 Green Bag 2d 287, 291 (2001). Veja também Nancy Gertner, nota 39, *supra* (rodapé suprimido).

[1224] Declaração de encerramento à Câmara dos Deputados. 568, U. S. *House of Representatives*, Comissão sobre o Judiciário, Subcomissão sobre a Constituição (13 maio 2004). Disponível em: <http://judiciary.house.gov/legacy/markup051304.htm>.

[1225] Donald E. Childress III, Nota, Using Comparative Constitutional Law to Resolve Domestic foreign Questions, 53, *Duke Law Journal*, 193, 194 (2003).

[1226] Testemunho dado pelo Sr. Jeremy Rabkin, Professor de Governo da Cornell University, Audiência perante a Subcomissão sobre a Constituição, da Comissão sobre o Judiciário, Câmara dos Deputados, O Papel Adequado dos Julgamentos Estrangeiros na Interpretação do Direito Americano, *House of Representative*, 568 (25 mar. 2004). Disponível em: <http://judiciary.house.gov/legacy/92673.PDF>.

[1227] Idem.

[1228] Declaração de Abertura, Honorável Steve Chabot, Audiência perante a Subcomissão sobre a Constituição, da Comissão sobre o Judiciário da Câmara dos Deputados, O Papel Adequado dos Julgamentos Estrangeiros na Interpretação do Direito Americano, *House of Representative*, 568 (25 mar. 2004). Disponível em: <http://judiciary.house.gov/legacy/92673.PDF>.

estadunidense. Um famoso professor de Direito Constitucional afirmou que os Estados Unidos possuem uma "tradição política distinta" em relação aos outros países, incluindo os que compõem a Europa Ocidental.[1229] Outro acadêmico declarou que "[n]o constitucionalismo estadunidense, presume-se que a Constituição dos EUA reflita os nossos próprios comprometimentos legais e políticos".[1230] Conforme declarou o *Justice* Scalia em seu debate contra o *Justice* Breyer, o Direito estrangeiro é irrelevante para nós porque "não temos os mesmos parâmetros morais e jurídicos do resto do mundo e nunca o tivemos".[1231]

3.3.2. Outros argumentos

Outros argumentos partem da premissa de que a prática em comento enfraquece a soberania dos EUA; é inconsistente com a interpretação originalista à Constituição dos EUA; amplia, inapropriadamente, a discricionariedade judicial, uma vez que permite que os juízes escolham, tendenciosamente, aquelas fontes que sustentam uma conclusão previamente desejada ou façam um levantamento estatístico; e que fontes de Direito estrangeiras são irrelevantes para a interpretação constitucional.

3.3.2.1. Teoria Democrática: soberania, federalismo e separação de poderes. O problema contramajoritário

Um argumento de peso sustentado pelos opositores à referência judicial ao Direito estrangeiro é o que defende que tal prática está em descompasso com aspectos fundamentais da teoria democrática – em especial, que tal prática enfraquece a soberania, ameaça os princípios do federalismo e da separação de poderes e é antimajoritário. O juiz J. Harvie Wilkinson, da Corte de Apelações dos EUA, por exemplo, afirmou que "a utilização do Direito internacional para resolver questões sociais de importância doméstica contraria a responsividade democrática e a estrutura federal prevista pela nossa Constituição".[1232]

[1229] Sanford Levinson, nota 43, *supra*.

[1230] Jed Rubenfeld, Unilateralism and Constitutionalism, 79, *New York University Law Review*, 1971, 2006 (2004).

[1231] Debate Breyer/Scalia, nota 17, *supra*.

[1232] J. Harvie Wilkinson III, The Use of International Law in Judicial Decisions, 27, *Harvard Journal of Law & Public Policy*, 423, 429 (2004).

Esta tentativa de apelar aos princípios democráticos é equivocada por um sem-número de razões. A soberania não é, de forma alguma, enfraquecida quando o judiciário busca diretrizes em fontes externas. As Cortes do *common law* lançam mão, rotineiramente, de uma ampla gama de fontes do Direito não vinculativas quando confrontadas com questões novas, determinando, dentre as fontes de Direito mencionadas pelas partes, quais são convincentes.

O argumento contramajoritário tampouco se sustenta. Não é um segredo que o judiciário estadunidense é inerentemente não democrático, tendo sido criado, inclusive, para controlar os impulsos majoritários dos órgãos políticos e do próprio povo, em termos gerais. Conforme explicitou o Professor Koh, o argumento contramajoritário "pressupõe que o trabalho dos juízes, ao interpretar a Constituição, é dar voz aos impulsos majoritários, quando, na verdade, seu tradicional papel sempre foi [...] o de aplicar os resistentes princípios do Direito às circunstâncias em evolução, sem levar em consideração a vontade de mudança das maiorias democráticas".[1233]

3.3.2.2. Inconsistência com a perspectiva originalista da Constituição

O diálogo que permeia o judiciário norte-americano em relação ao Direito estrangeiro reflete, de muitas maneiras, uma questão anterior e mais basilar: o debate entre os "originalistas" e aqueles que defendem uma visão "viva" da Constituição [n. t.: Este tema foi abordado nos números 2 e 3 da *RBEC*].

Os originalistas assumem a concepção de que os juízes deveriam se ater estritamente às palavras da Constituição, cujos significados teriam sido fixados no momento de sua redação. Diz-se que o *Justice* Hugo Black se manifestou contrariamente à política do *busing* [N. T.: política pública de integração racial que consistia no transporte escolar de crianças das mais variadas raças e bairros à mesma escola], que visava a promover um maior equilíbrio racial, conforme determinado pela décima quarta emenda, porquanto não teria encontrado a palavra "ônibus" na Constituição.[1234] Para as teorias do originalismo, a referência ao Direito estrangeiro não é, por si só, problemática. O problema está na referência a *qualquer* norma contemporânea.[1235]

1233 Harold Hongju Koh, nota 23, *supra*.

1234 Veja Margaret Talbot, *Supreme Confidence: The Jurisprudence of Justice Antonin Scalia*, The New Yorker, 28 mar. 2005. Disponível em: <http://www.newamerica.net/index.cfm?sec=Documents&pg=article &DocID=2291&T2=Article>.

1235 "O argumento originalista desconsidera a experiência judicial e a política contemporâneas estrangeiras com base na história e não porque elas provêm de fora dos Estados Unidos". Konrad Schiemann, nota 44, *supra*.

Aqueles que acreditam em uma Constituição viva defendem o ponto de vista de que a Constituição deverá evoluir para se adequar aos anseios modernos. Os defensores da noção de "Constituição viva" fundamentam-na no fato de a Constituição empregar normas imprecisas e abstratas, que exigem, necessariamente, interpretação judicial. Aliás, o posicionamento favorável à "Constituição viva" teria sido sustentado por Thomas Jefferson, um dos Pais Fundadores, que chegou a afirmar que: "Eu certamente não sou um defensor de que as leis e as constituições sejam frequentemente alteradas. Mas as Leis e as Instituições devem caminhar de mãos dadas com o progresso da mente humana. À medida que esta evolui, à medida que novas descobertas são realizadas, novas verdades descobertas e as maneiras e as opiniões mudem, com a mudança das circunstâncias, as instituições deverão, igualmente, avançar para acompanhar os novos tempos".[1236]

E John Marshall, nosso "Maior *Chief Justice*", afirmou que "uma constituição há de durar por anos, e, por conseguinte, deverá ser adaptada às diversas crises que afetarão a vida humana".[1237] O *Justice* Brennan asseverou que "a genialidade da Constituição reside não em qualquer sentido estático que possa ter tido em um mundo que já está morto e no passado, mas na adaptabilidade de seus grandes princípios, de forma que seja capaz de lidar com os problemas atuais".[1238] Mais recentemente, o *Justice* Stevens destacou que "[a]prisionar o desenvolvimento do *common law*" não seria "muito inteligente", ressaltando que "a condição humana pressupõe o aprendizado e a evolução constantes – tanto em termos morais como práticos".

É esta concepção de Constituição viva, em evolução, que foi esposada pelo *Justice* Kennedy, em *Lawrence*: "Se aqueles que elaboraram e ratificaram a Cláusula do Devido Processo e a Quinta Emenda ou a Décima Quarta Emenda conhecessem os elementos constitutivos da liberdade em suas múltiplas dimensões, eles poderiam ter sido mais específicos. Eles não supunham ter esta percepção. Eles sabiam que os tempos podem nos cegar quanto a certas verdades e que as gerações futuras poderão perceber que leis anteriormente consideradas necessárias e adequadas servem, na verdade, para oprimir. Conforme a Constituição sobreviva, as pessoas,

---

1236 Carta de Thomas Jefferson para Samuel Kercheval (12 de julho de 1816), uma das quatro inscrições gravadas nas paredes interiores do Jefferson Memorial, Washington D. C.

1237 *McCulloch v. Maryland*, 17 U. S. 316, 415 (1819).

1238 William J. Brennan, Jr., *Text and Teaching Symposium*, Georgetown University (12 out. 1985). Disponível em: <http://www.politics.pomona.edu/dml/LabBrennan. htm>.

em cada geração, invocarão seus princípios em suas próprias buscas por maior liberdade".[1239]

3.3.2.3. Amplia a discricionariedade judicial: escolhas tendenciosas e contagem de cabeças

Outra objeção levantada é a de que a prática em apreço é obscura e oportunista, ampliando, de maneira indevida, a discricionariedade judicial. Esta posição apresenta duas correntes bem próximas. Primeiro, argumentou-se que a referência judicial ao Direito estrangeiro possibilita a escolha tendenciosa, dentre as diversas leis das mais variadas nações, daqueles posicionamentos que apoiem um resultado predeterminado. Em segundo, sustentou-se que este exercício poderá ser reduzido a nada mais que uma "contagem de cabeças", pelo qual se buscará a abordagem majoritária presente em um dado arranjo jurisdicional.[1240] Durante a sabatina de indicação para a Suprema Corte, o atual *Chief Justice* John Roberts assumiu esta posição: "Pautar-se em precedentes estrangeiros não limita os juízes. Não limita a sua discricionariedade, como ocorre no caso da referência aos precedentes nacionais. Os precedentes nacionais podem limitar e moldar a discricionariedade dos juízes. [No d]ireito estrangeiro, você poderá encontrar o que quiser. Se você não encontrar o que deseja na França ou na Itália, poderá achá-lo nas decisões proferidas na Somália, no Japão, na Indonésia ou em qualquer outro lugar. Como alguém já disse, mas em outro contexto, procurar suporte no Direito comparado é como olhar para multidão e escolher os seus amigos. Você poderá encontrá-los. Eles estão ali. E isso efetivamente amplia a discricionariedade do juiz. Tal permite que o juiz incorpore suas próprias preferências judiciais, mascare-as com a autoridade de um precedente – porque eles encontraram tal precedente no Direito estrangeiro – e as utilize para determinar o significado da Constituição. E isso eu considero uma utilização inadequada do precedente".[1241]

1239 *Lawrence*, 539 U. S. 558, 578-79. Veja também *Roper*, 543 U. S., p. 587 (Stevens, J., acompanhando a maioria).

1240 Veja, *e. g.*, Ernesto J. Sanchez, nota 21, *supra* ("O resultado de um caso, consequentemente, não dependerá de tais princípios, mas das próprias preferências pessoais do juiz. E qualquer resultado será possível, em razão da vastidão da literatura jurídica estrangeira – uma simples solução que envolverá, basicamente, a descoberta das fontes certas, de forma que a mensagem que o juiz queira enviar, seja enviada"). Veja também Sir Basil Markesinis e Jorg Fedtke, note 43, *supra*.

1241 Veja: <http://transcripts.cnn.com/TRANSCRIPTS/0509/13/se.04.html>. Veja também Sanchez, nota 21, *supra*.

O argumento da escolha predeterminada afirma que a seleção do Direito estrangeiro é "casual",[1242] "seletiva",[1243] "oportunista",[1244] "altamente manipulável",[1245] e "mais uma forma de camuflagem judicial",[1246] que possibilita "oportunidades promíscuas"[1247] e representa uma forma de "oportunismo intelectual".[1248]

Estes críticos assumem, essencialmente, o posicionamento segundo o qual a riqueza das fontes jurídicas estrangeiras permite que o juiz possa selecionar o resultado que ele quer alcançar e encontrar o respectivo fundamento em qualquer parte do mundo.[1249] Esta preocupação foi reiterada durante a audiência realizada no Congresso, com um estudioso perguntando, retoricamente, "qual será o próximo passo? A interpretação constitucional pautada nas palavras de Mao Tse Tsung? Ou nas palavras de Bárbara Streisand?".[1250]

Mas o problema da [ampla] seletividade judicial, quanto às fontes jurídicas disponíveis, não é um problema específico das fontes jurídicas estrangeiras, sendo inerente aos próprios métodos de análise do *common law*. Na ausência de uma autoridade vinculante, o judiciário usualmente consulta a opinião de outras cortes que se encontram fora de sua jurisdição ou em instâncias inferiores, bem como a doutrina elaborada por juristas, advogados e, até mesmo, estudantes de Direito.[1251]

1242 Roger P. Alford, Misusing International Sources to Interpret the Constitution, 98, *American Journal of International Law*, 57, 64-65 (2004).

1243 Mary Ann Glendon, Judicial Tourism: What's Wrong with the U. S. Supreme Court Citing Foreign Law, *Opinion Journal*, 16 set. 2005. Disponível em: <http://www.opinionjournal.com/editorial/feature.html?id=110007265>.

1244 Richard A. Posner, Introdução: A Political Court, 119, *Harvard Law Review*, 31, 89 (2005).

1245 Ernest A Young, nota 21, *supra*.

1246 Richard Posner, *No Thanks, We Already Have our Own Laws*, Legal Affairs, jul./ago. 2004. Disponível em: <http://www.legalaffairs.org/issues/July-August-2004/feature_posner_julaug04.msp>.

1247 Idem. Veja também Richard A. Posner, Introdução: A Political Court, 119, *Harvard Law Review*, 31, 85 (2005).

1248 Sir Basil Markesinis e Jorg Fedtke, nota 43, *supra*.

1249 Veja, e. g., Ernesto J. Sanchez, nota 21, *supra*.

1250 Veja Declaração de Abertura, Honorável Steve Chabot, Audiência perante a Subcomissão sobre a Constituição da Comissão sobre o Judiciário, Câmara dos Deputados, O Papel Adequado dos Julgamentos Estrangeiros na Interpretação do Direito Americano, *House of Representatives*, 568 (25 mar. 2004). Disponível em: <http://judiciary.house.gov/legacy/92673.PDF>.

1251 Cf. *Hart v. Massanari*, 266 F. 3d 1155, 1170 (9th Cir. 2001).

3.3.2.4. Controle de qualidade

Outro argumento contrário à prática ora analisada é o que podemos chamar de argumento de "controle de qualidade" – os advogados e juízes estadunidenses não conhecem as cortes estrangeiras, seu Direito, cultura ou língua, sendo, por conseguinte, bem provável que o judiciário americano se equivoque e compreenda de maneira inadequada as fontes jurídicas estrangeiras.[1252]

Este argumento me parece inapropriado por uma série de razões. Em primeiro lugar, os temas com as quais a Suprema Corte há de lidar, fazendo com que busque resposta ou confirmação na comunidade internacional, não se apresentam como pormenores ou detalhes obscuros dos sistemas jurídicos estrangeiros. São tendências centrais da comunidade internacional, sobre os quais haverá extensa e respeitável fonte de informações. Em segundo lugar, o argumento negligencia o fato de o judiciário dos EUA aplicar e avaliar o Direito comparado e internacional em outras circunstâncias, algo que nunca foi questionado.[1253]

4. RESPOSTA DO CONGRESSO

A controvérsia sobre o tema da referência judicial ao Direito estrangeiro na interpretação da Constituição também ensejou uma reação do Poder Legislativo.

A primeira resposta legislativa veio na forma de uma resolução apresentada à Câmara dos Deputados [*House of Representatives*], denominada como "A Resolução sobre a Reafirmação da Independência Americana".[1254] A resolução expressa a percepção da Câmara dos Deputados de que as decisões judiciais não deveriam ser fundamentadas em normas ou decisões estrangeiras. Tal recebeu 83 assinaturas e, em 29 de setembro de 2005, foi enviada pela Subcomissão à Comissão Plena, por oito votos a três.[1255]

1252 Veja Ernest A. Young, nota 21, *supra*. Richard Posner, *No Thanks, We already have our own Laws*, Legal Affairs, jul./ago. 2004. Disponível em: <http://www.legalaffairs.org/issues/July-August-2004/feature_posner_julaugo4.html>.

1253 Veja Ruth Bader Ginsburg, nota 18, *supra* ("Mas o judiciário dos EUA, na realidade, lida com o Direito estrangeiro regularmente").

1254 House of Representative 97, 109th Cong. (2005). Disponível em: <http://thomas.loc.gov/cgi-bin/bdquery/D?d109:1:./temp/~bdZm9y::|/bss/d109query. html>.

1255 Veja: <http://thomas.loc.gov/cgi-bin/bdquery/D?d109:1:./temp/~bdDiUO::|/bss/d109query. html>.

A segunda iniciativa legislativa compreendeu um projeto de lei apresentado em ambas as Casas, intitulado como a *Lei de Restauração Constitucional.* O projeto almeja proibir as cortes federais de utilizar "qualquer constituição, lei, norma administrativa, decretos presidenciais, políticas públicas, decisões judiciais ou qualquer outro ato de qualquer Estado estrangeiro ou organização internacional, a não ser o Direito Constitucional inglês e o *common law*, até o momento da adoção da Constituição dos Estados Unidos".[1256]

Por fim, alguns membros do Congresso sugeriram o *impeachment* dos juízes federais que citassem precedentes do Direito estrangeiro.[1257]

Embora a possibilidade de êxito de qualquer de uma destas manobras legislativas seja duvidosa, e a constitucionalidade destas questionável,[1258] essas demonstram o grau de rejeição que o tema em questão incitou em certos membros do público e do Congresso. O fervor gerado no Congresso, quanto a este tema, também poderá propiciar um clima de intimidação contra os juízes e eventuais indicados, a Suprema Corte etc., intimidação que, em termos finais, poderá ameaçar a nossa reconhecida tradição da independência judicial.

5. CONSIDERAÇÕES FINAIS

Em primeiro lugar, trata-se de um debate sem muito fundamento. As críticas à Corte parecem confundir o ato de *considerar* ideias estrangeiras como um de *obediência* ou de *dependência* às normas jurídicas estrangeiras. Conforme afirmou a *Justice* O'Connor, trata-se de "muito barulho por nada".[1259]

[1256] S 520, 109th Cong. (2005) e HR 1070, 209th Cong. (2005), <http://thomas.loc.gov/cgi-bin/query/z?c109:S.520>.

[1257] Veja, e. g., <http://msnbc.msn.com/id/4506232>.

[1258] O ex-*Chief Justice* William Rehnquist, em seu último relatório anual sobre o Poder Judiciário Federal, de 1º de janeiro de 2005, respondeu às manifestações favoráveis ao *impeachment* dos juízes federais que se referissem ao Direito estrangeiro, afirmando, enfaticamente, que "os atos judiciais de um juiz não podem servir como motivo para *impeachment* [...]. Qualquer regra como esta destruirá a independência do Poder Judiciário". Disponível em: <http://www.supremecourtus.gov/publicinfo/year-end/2004year-endreport.pdf>.

[1259] Sandra Day O'Connor, citada em Hope Yen, *O'Connor Dismisses International Law Controversy as "Much Ado About Nothing,"* 25 abr. 2005. Disponível em at: <http://www.law.com/jsp/article.jsp?id=1114160707182>. Afirma-se que o Justice Breyer asseverou que a referência ao Direito estrangeiro "não é algo muito importante", cf. Kenneth Anderson, *Foreign Laws and the U. S. Constitution, Policy Review*, jun. & jul. 2005, p. 39. Veja também Mark Tushnet, Transnational/Domestic Constitutional Law, 37, *Loy L. A. Law Review*, 239, 248 (2003), chamando a atenção para a questão de que tal problema "é uma tempestade em copo d'água".

Em segundo lugar, as referências nos três casos mencionados devem ter atraído tanta atenção provavelmente mais em razão do objeto [polêmico] destes casos do que em decorrência da irrelevante referência às normas jurídicas estrangeiras. A pena de morte e o Direito dos homossexuais são temas que, de fato, figuram como os mais controversos e polêmicos dentre os que integram as "guerras culturais", tema este que ocupa o epicentro do atual discurso político americano. A meu ver, é a natureza da contenda em *Atkins, Roper* e *Lawrence* – bem como os seus resultados – que fomentou o debate quanto à utilização judicial do Direito estrangeiro. O fato de o *Justice* Kennedy – indicado por Reagan – ser o pai intelectual de *Roper* e *Lawrence* parece ter realmente irritado os conservadores. Houve manifestações imediatas pelo *impeachment* do *Justice* Kennedy. O fundador e diretor do *Focus on Family*, uma influente organização evangélica, cunhou o *Justice* Kennedy "como o homem mais perigoso dos Estados Unidos"[1260] (A *Justice* O'Connor – igualmente indicada por Reagan – e a *Justice* Ginsburg teriam, inclusive, recebido ameaças de morte por terem citado jurisdições estrangeiras).[1261] A tempestade instalada a partir da referência da Corte, nestes casos, ao Direito estrangeiro pode, então, ser considerada como um bode expiatório ou uma representação da guerra cultural presente nestes casos.[1262] Estes temas são ainda mais sensíveis, porquanto suscitam importantes questões federativas e de divisão de poderes, questões estas que, recentemente, se tornaram tópicos de acalorados debates políticos.

Em terceiro lugar, o futuro deste debate é incerto, especialmente em face das recentes alterações ocorridas na composição da Suprema Corte. Na sabatina do atual *Chief Justice* John Roberts, este se manifestou longamente e de maneira contundente contra os defensores da prática da referência judicial ao Direito estrangeiro na interpretação da nossa Constituição. O *Justice* Samuel Alito manifestou, igualmente, suas objeções à prática em apreço, fundamentando-se principalmente no argumento do excepcionalismo

---

1260 James Dobson, *The Most Dangerous Man in America* (18 abr. 2005). Disponível em: <http://jesuspolitics. typepad.com/jesus_politics/2005/04/the_most_danger.html>.

1261 Veja Adam Liptak, Public Comments by Justices Veer Toward the Political, *New York Times*, 19 mar. 2006, Seção 1.

1262 Um estudioso ressaltou que "a principal razão pela qual muitos observadores notaram este internacionalismo na Corte com certo atraso provavelmente se deve ao fato de que duas das últimas decisões envolviam casos altamente noticiados sobre duas questões polêmicas – ação afirmativa e Direito dos homoafetivos", cf. Ernesto J. Sanchez, nota 21, *supra* (ao se referir a *Lawrence* e *Grutter v. Bollinger*, 539 U. S. 306, 2003, nos quais o *Justice* Ginsburg, acompanhando a maioria, fez referência ao "posicionamento internacional" sobra a ação afirmativa. Veja *Grutter v. Bollinger*, 539 U. S. 306, 344 (2003) (Ginsburg, J., acompanhando a maioria).

estadunidense.[1263] Não sabemos, é certo, qual o posicionamento adotado pela *Justice* Sonia Sotomayor. De qualquer maneira, mesmo com essas mudanças, é provável que a maioria ainda defenda a ferramenta da referência judicial ao Direito estrangeiro. Esta maioria, contudo, está diminuindo.

Por fim, embora a Suprema Corte e as instâncias inferiores mantenham a prática de fazer referência à comunidade internacional na interpretação da Constituição dos EUA, muitas questões permaneceram sem solução. Afinal, não está claro quais questões poderão levar o judiciário, ao interpretarem a Constituição, a perscrutar o Direito estrangeiro. A referência ao Direito estrangeiro pode ser estendida a novas áreas, mas resta saber em quais áreas o judiciário ampliará essa prática.

Há também algum mérito nas críticas levantadas à referência judicial do Direito estrangeiro quanto à ausência de critérios e coerência, no que se refere à escolha dos países que serão citados.[1264] Os *Justices* que apoiaram a busca de diretrizes em cortes e normas estrangeiras parecem compartilhar uma compreensão intuitiva de que cortes com constituições democráticas apresentam-se como possíveis referências de consulta. Mas a ausência de uma diretriz clara quanto à seleção de países cujo Direito seja merecedor de consulta torna possível que o tiro saia pela culatra. O *Justice* Scalia antecipou este problema em seu voto contrário apresentado em *Roper*, ao afirmar que a referência ao Direito estrangeiro na interpretação da Constituição dos EUA, poderia ser também utilizado para fundamentar argumentos que enfraqueceriam o Direito à liberdade de expressão, à exclusão de provas ilícitas e outros direitos atribuídos aos acusados, bem como o Direito ao aborto. É improvável que Scalia se renderia à referência ao Direito estrangeiro, ainda que o resultado lhe favorecesse, dada a natureza de suas críticas. De qualquer maneira, a ausência de premissas metodológicas quanto ao processo de inclusão ou exclusão de determinados países no universo de ordenamentos jurídicos considerados torna a prática em apreço problemática, ao menos a partir de uma perspectiva teórica.[1265]

* * *

1263 Veja: <http://www.washingtonpost.com/wp-dyn/content/article/2006/01/10/AR2006011000781.html>.

1264 Veja Ernest A. Young, nota 21, *supra note*.

1265 Foi-se dito que "nos últimos dois anos, a Corte testemunhou um aumento substancial do número de defensores sustentando, explicitamente, a natureza vinculante das convenções internacionais e leis estrangeiras, em casos específicos", cf. Ernesto J. Sanchez, nota 21, *supra*.

Conforme ressaltou o *Justice* Breyer antes mesmo das decisões em *Lawrence* e *Roper*, "[p]or ora ... devemos perceber que a galinha saiu do ovo".[1266] Devemos aguardar para ver até onde irá a galinha. Espero que a Corte continue a buscar ajuda da comunidade global, quando confrontada com questões jurídicas importantes – especialmente naquelas causas que apresentam questões morais, ainda mais hoje, quando a posição dos EUA no cenário internacional permanece de certa forma frágil. Este espírito de "interconexão"[1267] com instâncias judiciais estrangeiras, conforme intitulou o Professor Jackson, pode ser a nossa melhor esperança para a compreensão e paz internacional.

6. BIBLIOGRAFIA

FINE, Toni M. O judiciário americano e o Direito internacional: o novo debate. *Revista Brasileira de Estudos Constitucionais – RBEC*, Belo Horizonte, ano 3, n. 12, out./dez. 2009.

[1266] Stephen Breyer, *Keynote Address*, 97 ASIL PROC. 265, 267 (2003).

[1267] Veja a nota 44, *supra*.

Capítulo **22**

POR UM CONSTITUCIONALISMO GLOBAL

Eduardo Ribeiro Moreira

Sumário
1. Introdução
2. Alternativas ao Direito Internacional
3. Bases do Constituionalismo Global
4. As redefinições da Teoria Constitucional
5. A necessidade de Subsistemas Constitucionais Globais
6. O novo Papel dos Tribunais Internacionais
7. Vantagens do Constitucionalismo Global
8. Conclusão
9. Bibliografia

1. INTRODUÇÃO

O Direito Internacional não acompanhou a evolução do constitucionalismo e ficou muito fragmentado. As produções normativas diversas e as cortes internacionais independentes não têm a coesão necessária, justamente pela falta de sistematização, organização dos poderes e supremacia que a constituição detém. O panorama na esfera internacional deste começo de século XXI lembra as formas de Estado pré-modernas tais como eram vislumbradas no período do pré-constitucionalismo – multinormatividade de fontes, super produção de leis com baixa eficácia, guerras e contínuo exercício da força. Se o Direito internacional não alacança o patamar de um Estado de Direito Global, qual a alternativa? Uma proposta, e que aqui defendemos sinteticamente, é o constitucionalismo global. Acreditamos ser necessário um projeto constitucional global, pois sem ele, o ser humano, conduzido por poderes estatais militares sem limites, levará destruição. Se não do homem – o que é belicamente possível – abalará a confiança nos organismos internacionais por completo. E o Direito ficará assolado pelo mesmo mal. Muitos levantam como parâmetros os direitos fundamentais. Mas será que esse discurso e seu poderoso – e louvável – efeito são suficientes? Acreditamos que para medir forças e conduzir a sociedade pelos direitos humanos é necessário um constitucionalismo global. Sem tal constituição global e uma teoria constitucional forte os direitos humanos internacionais ficam enfraquecidos. O presente texto investiga a viabilidade deste nova e pretenciosa proposta, o constitucionalismo global, pasando pelas mudanças a serem produzidas e efeitos esperados deste.

2. ALTERNATIVAS AO DIREITO INTERNACIONAL

O Direito Internacional tem como tarefas conduzir a proibição da guerra (1), e por estabelecer um consenso sobre uma grande quantidade de direitos humanos (2); mas, ambas as metas esbarram em faltas de garantias – chamadas em tal âmbito de falta de legislação de atuação – e, consequentemente de efetividade. Essa falta de garantias torna o paradigma internacional atual fraco e o constitucionalismo global se faz necessário.

Esse diagnóstico, ora simplificado, já foi verificado anteriormente. E não se trata de retornar ao paradigma da pós-modernidade, no qual os problemas são detectados, mas não satisfatoriamente resolvidos, o que leva a uma sociedade de risco[1268]. Aqui interessa perceber que essa constatação, da falência do atual regime e incapacidade do Direito internacional, gerou outras propostas juspolíticas, que concorrem com a proposta do constitucionalismo global, pois partem do mesmo objetivo: visam combater o mesmo problema.

Em uma delas se debateu a possibilidade de um *federalismo assimétrico*, em que as diversas nações que convivem hoje, ganham na sua representação, por exemplo no conselho de segurança da ONU. Carateriza-se o federalismo assimétrico pelos Estados desiguais e a preocupação com a manutenção das suas peculiaridades, práticas sociais e culturas locais, participando das decisões da comunidade internacional, e, concomitantemente buscando o desenvolvimento. A defesa deste movimento teme, dentre outras ameaças o reinício da secularização, promovida por finalidade humanitária. Desde a guerra do Kosovo ressurge no cenário mundial a "justa causa" na promoção de guerras e invasores. Isto acompanhado da desnaturalização da noção de legitima defesa e a arbitrariedade na determinação da atribuição do fato ilícito, tornaram a questão posta na secularização religiosa bastante presente e seu efeito foi como um retorno a preocupações passadas.[1269] Os "novos conceitos estratégicos" e as "operações fora do território" só endossaram tal preocupação. O ato de guerra contra o Iraque deixou a ONU como mero órgão de ajuda humanitária. Segundo Ferrajoli a ONU e o Direito internacional não são mais um terceiro no processo, senão um terceiro inefetivo[1270]. O federalismo assimétrico entretanto prega uma alternativa ao Direito internacional posto, sem anunciar algumas vantagens que o constitucionalismo global propõe.

Outra alternativa idealizada é o cosmopolitismo policentrico pluralista, que vê nos direitos fundamentais dos diferentes países a resposta para a crise vivida pelo Direito internacional. Segundo esta corrente, os direitos fundamentais devem ser pensados como cláusulas do contrato social, clásulas estas que reforçam a democracia e condicionam a continuação do contrato, pois a manifestação da democracia – o voto – não é absoluto. Os titulares dos direitos fundamentais têm alcance muito maior que os contratantes. A maioria não pode mudar estas cláusulas que são universais e encontradas de forma plural nas constituições e tratados mundiais. A base normativa é o artigo 28 da declaração universal de direitos da ONU, que especifica todos os humanos, como sujeitos de Direito internacional. Os defensores do cosmopolitismo – Direito dos povos – apontam vantagens quanto ao Direito

---

1268 Zygmunt Bauman, *O Mal-Estar da Pós-Modernidade*.

1269 Habermas, *A Constelação Pós-Nacional*.

1270 Ferrajoli, *La Ley Del Más Débil*.

internacional. Para eles até hoje não existem princípios fundamentais em todo o mundo pelo Direito internacional com desejada efetividade. Isto equivaleria dizer que se há um conjunto comum de direitos ele é negado na prática (ex: guerras sem autorização da ONU). Com o cosmopolitismo pluralista a atenção sai do contrato entre as nações e volta-se para o indivíduo na invocação dos direitos humanos.

Os partidários do cosmopolitismo também atacam as propostas do constitucionalismo global por ainda não contar com densidade, o que, pela classificação de Karl Loweinstein, seria, na visão daqueles, um constitucionalismo semântico, que passaria na eterna dificuldade de instalação de um governo mundial democrático. Segundo eles, o mundo avança em direção contrária à proposta de um paradigma de democracia constitucional global.

Aqueles que defendem o constitucionalismo global contra-atacam, argumentando que os direitos humanos são uma reedição melhorada dos direitos das gentes, em que se tentou ser fixadas cláusulas contratuais sem poder de execução. O Direito humano de propriedade entra em debate quando as esferas de imigração – busca de autonomias de imigrantes e refugiados – e o risco produzido – exploração e outros riscos sociais – só aumentam. O Direito à imigração pode até ser interpretado como direito fundamental dentro da livre circulação dos povos. Depende apenas do contexto que ele é trazido. Rawls, por exemplo começou no contexto do liberalismo abstrato e chegou ao liberalismo contextual[1271]. O constitucionalismo global diz que é necessária a construção de uma teoria política e do Direito que possibilite cada indivíduo de ter seus projetos de autonomia individual; esta é a condição necessária para o contexto de eleição[1272].

A democracia tem que conter abertura nos acordos de distintos projetos e o Direito dá resposta a sociedade sobre o acordo quanto as leis que a regem. Por isto que a Constituição é necessária, não para promover a homogeneidade, mas, sim, para permitir em uma sociedade plural uma convivência política pacífica. A proposta de uma democracia cosmopolita é extremada; em tudo temos de procurar justificar em benefício da humanidade em conjunto[1273]. O estado deve exercer – assim como um projeto global – sua função mediadora. Por isto não são incompatíveis a diversidade e o tratamento universal. É a diversidade que dá valor a pessoa humana o o universal pode enriquecer sua plêiade de direitos. O local e o universal também não são antagônicos, mas se

---

1271 J. Rawls, *O Liberalismo Político*.

1272 P. Petit, *A Theory of Freedom: from the Psychology to the politics of agency*.

1273 U. Becker, *Poder y Contrapoder en la era Global: la Nueva Economía Política Mundial*.

limitam com transição entre fronteiras e complementariedade. A democracia pode ser formada inclusive por acordos insuficientemente fundamentados (práticas realizadas sem apoio de referencial teórico algum, mas que buscam o melhor resultado possível).

Por fim, não se pode fazer uma analogia com o Direito cosmopolita porque neste falta obrigatoriedade, falta acordo mínimo, falta executoriedade e falta efetividade (os textos internacionais, por sua vez, são esparços, mas pelo menos têm características de normas). Por isso, o Direito cosmopolita é distinto do constitucionalismo global. A estrutura normativa deste é infinitamente maior do que a proposta pelo cosmopolitismo, que fica adstrito aos direitos humanos, esquecendo-se das diversas facetas que um constitucionalismo avançado pode possuir.

3. BASES DO CONSTITUCIONALISMO GLOBAL

Uma das percepções mais atuais, que não é mesma que a discussão metodológica entre Direito e moral (apesar de pontos afins), é a relação entre Direito e política; hoje mais do que concretizada é a relação entre Direito e política, presente em qualquer tema relevante que se projete sobre o Direito constitucional, o Direito internacional e a atuação dos Tribunais internacionais. A submissão dos poderes ao Direito aumenta quando não existe a desculpa que tal caso não pode ser julgado porque é da esfera política e por isso escapa da determinação judicial – critério muito utilizado pela Suprema Corte dos Estados Unidos e tribunais que partilham da autocontenção judicial – assim, por um lado aumenta a segurança jurídica com o caso tendo uma resposta e, por outro lado a segurança internacional pelo repúdio em qualquer instância ao uso da força. Consequentemente, reconhece-se que Direito e política não ficam separados, pois sofrem influências recíprocas.

Além da relação conexa entre Direito e política, a questão da competência e da subsidiariedade são chaves para a aprovação e sobrevivência de uma constituição global. A primeira deve repetir a bem-sucedida experiência norte-americana, de fixar uma relação reduzida de competências em torno da unidade central (no nosso caso global) deixando as demais matérias para as nações desenvolverem. Deve-se recordar da lição histórica dos desacordos encontrados nas ex-colônias que, ao aceitarem a União, mantiveram o espírito federativo vivo, em toda a extensão da sua Constituição (poderes, extenção de matérias, jurisdição, emendas à constituição, emendas dirigindo direitos fundamentais aos estados-membros, entre muitas outras disposições relacionadas ao princípio federativo).

A experiência europeia na formação do seu constitucionalismo continental – Tratado de Lisboa de 2009 – somente é possível pela aplicação do princípio da subsidiariedade central que acarreta que as competências continentais somente poderão ser utilizadas segundo um modelo taxativamente previsto e as competências nacionais continuarão fortes. Com o critério da subsidiariedade primeiro deve-se tentar esgotar – caso não apareça na lista de competência da constituição global – as competências das nações. Assim escapa-se do problema da multipossibilidade de emanação de fontes, pois uma – a da nação – exclui na maioria dos casos as demais, inclusive a global. Subsidiariedade, competência taxativa e conexão entre Direito e política aparecem como elementos que formam a base para poder se arrumar o que denominamos apenas um esboço de constitucionalismo global.

4. AS REDEFINIÇÕES NA TEORIA CONSTITUCIONAL

Dissemos que se começa a arrumar justamente pelo constitucionalismo global ser um modelo em construção e que passa por forte questionamento ao enfrentar sólidas matérias no Direito tradicional, como soberania, poder constituinte e competências, que são postas em xeque. A perda de algumas competências em favor da união central (global) não pode ser vista como uma sanção atribuída as nações, mas como uma delegação que as mesmas aceitam ao firmarem o pacto de adesão a um constitucionalismo global (ou continental).

Muitos dirão que isto fere a soberania. Mas o próprio conceito de soberania muda, não é mais uma soberania política, mas sim a soberania constitucional que está em jogo. E a soberania constitucional é a capacidade última de redefinir as competências; assim uma Constituição, como a Europeia (Tratado de Lisboa) tem para si a competência para cunhar moeda, de estabelecer um banco central, de traçar a política agrícola, sem internferência dos estados-nações e isto não é visto como uma perda de competências das contitutições das nações, mas, sim, como uma redefinição extraída do próprio conceito de soberania constitucional.

O desaparecimento da figura de soberania como conhecíamos, a soberania do Estado, de natureza política, pode se traduzir na crise dos tradicionais instrumentos de tutela, modificados em ação conjunta global. A competência em escala global não é competitiva, mas se funda em um constitucionalismo cooperativo. Os próprios estados membros (ex: NY, RJ, Paris) mantém seus documentos organizacionais, que continuam conferindo competências, mas sem dar-lhes soberania. Ao contrário desta escala, os Estados nações continuam a contar com sua soberania, que é constitucionalizada e realocada no constitucionalismo global.

Essa possibilidade em escala supranacional toca em outro tabu constitucional; o poder constituinte. Este não é mais ilimitado, pois tem de respeitar o contitucionalismo das nações, constituído pela vontade dos contrantes; também não advém do povo, caso seja decidido pelos governantes sem voto direto, enfim, a construção não contratual em torno do documento constitucional global afasta-se do cosmopolitismo e permite uma explicação e funcionamento distinto do que se via até então. A constituição continental/global não aparece nas história e características de um povo, nem surge com uma revolução. O poder constituinte passa a ser entendido como um desdobramento das diversas experiências constitucionais locais ocorridas de forma distinta nas nações e com capacidade para lidar com problemas continentais/globais não resolvidos. A experiência bem-resolvida para esta tarefa é o constitucionalismo – por isto optamos por um *constitucionalismo* global e não meramente uma constituição global – e o poder constituinte que apareceu de diversas formas e em diversas épocas da história na civilização contemporânea não obedece estritamente a uma classificação porque ele é complementar (subsidiário no conceito) a uma organização criada para atender uma comunidade com constituições díspares e que terão de se sujeitar de maneira comum as competências e comandos por ela exercida. Muitas outras questões teóricas serão rediscutidas a partir deste desejado desdobramento: o aparecimento do constitucionalismo global.

5. A NECESSIDADE DE SUBSISTEMAS CONSTITUCIONAIS GLOBAIS

Não se pode pensar em um regime global sem tocar na economia. Aliás todas as apostas encontradas neste começo de século se devem em grande parte pelo seguinte fator: o fim da bipolarização entre duas superpotências mundiais. Com a queda do comunismo no mundo pôde-se sair da ideologia e da infindável briga entre Capitalismo *vs.* Comunismo para outras apostas. Os direitos humanos foram recentemente prestigiados como não eram desde

que ajudaram a romper com as questões e guerras religiosas – com os direitos humanos privatizou-se o caráter religioso[1274].

Tal força, entretanto, não se sucedeu da mesma forma após o fim da Guerra Fria. Os direitos humanos não conseguiram ser pautas acima do regime ideológico político. Sobreveio o regime economico e o fenômeno da globalização não foi contido – talvez, se muito, tentou-se amenizá-lo – com os direitos humanos. Com a imposição da globalização a vida social e sua dimensão coletiva ficou subtraída e relegadas a um papel secundário em relação aos direitos individuais. Coube à teoria constitucional apontar esse defeito.

Um subsistema da economia no constitucionalismo global é essencial. Mais normatização e regulamentação dos caminhos para saída de crises economicas são uma contribuição a mais que o constitucionalismo global pode gerar. Isto se afasta do dirigismo constitucional de outrora. Busca-se solucionar problemas e não engesssar a economia. Os problemas economicos persistem: ajudas a entidades bancárias em detrimento de grupos necessitados e redistribuição da renda são temas que ocupam novamente a agenda mundial. Até o nacionalismo é colocado sobre o viés econômico, trazido como ponto de solidariedade, de identificação e de investimento. Todos estes temas merecem uma resposta do Direito em nível global e esta cooperação encontra pautas mínimas de convergência no projeto constitucional global.

Até para a economia não predominar a tributação mundial, entre nações, é necessária, com isso evita-se a exploração do mercado de trabalho além das fronteiras, entre outros exemplos de "ganhos danosos". O conceito de solidariedade e de obrigação jurídica se entrelaçam com uma tributação global que financie as instituições globais, seu custo e operacionalidade, e inicia um processo de redistribuição extrafiscal pelo Direito tributário global. Residual e proporcional ao consumo dos países o sistema de tributação global seria uma ferramenta mais útil do que uma taxa Tobin, no desenvolvimento das nações. Também um capítulo, destinado para o subsistema da tributação global, merece dedicar-se o constitucionalismo global.

A sanção que acompanha o direito[1275] também deve ser vista sob o espectro do sistema penal global, sobretudo em crimes que afetam transnacionalmente. Neste crimes o Direito penal sai da esfera exclusiva dos penalistas e passa a ser trabalhada também por internacionalistas e filósofos do Direito. Avanços foram constatados na última década, com a Corte Penal Internacional (07/1998), a qual não é mais um tribunal *ad hoc* – como

---

1274 J. Habermas, *Verdade e Justificação*, capítulo 7.

1275 N. Bobbio, *Teoria da Norma Jurídica*.

foram o tribunal de Nuremberg, de Tokio, de Kosovo etc. – mas, sim, um tribunal permanente de jurisdição universal. A adesão a tal tribunal é hoje consensual (alguns não desejaram participar), porém automática (sem necessidade de intermediação interna para ter validade) e integral (não se pode ratificar em parte, já que o artigo 95 proíbe as reservas ao tratado), A primeira característica apontada de adesão consesual dificulta a plena cooperação, pois alguns países se encontram fora do aceite da jurisdição penal internacional. As superpotências Estados Unidos, Russia e China, além de Israel e de quase toda a liga Árabe – exceção da Jordânia –, dificultam ao não se submeter à Juridição da Corte. E sem a sua plena aceitação sua efetividade fica comprometida. Os Estados Unidos, na contramão da história, se negaram em 2004 a cumprir as resoluções da ONU[1276] n. 1.422 (2002) e n. 1.487 (2003), que aproximaram a ONU e o Tribunal Penal Internacional. A insuficiência nesta promissora relação interinstitucional global demonstra que o constitucionalismo global é necessário e um subsistema dedicado ao Direito penal na esfera global também o é.

Os crimes que o Tribunal Penal internacional é competente para processar e julgar anunciam a natureza de atuação pontual do TPI e de interesse de todos na promoção dos atos de justiça internacional. São tais crimes: o de genocídio; os crimes contra a humanidade; os crimes de guerra (que ocorrem quando as forças armadas atingem civis e causam graves e desnecessários danos à ordem interna); e os crimes de violação da paz. Esse rol, em razão da matéria e do interesse, já demonstra a necessidade da regulação neste subsitema. E para isso deve-se projetar os subsitemas – Econômico, Tributário, Penal, dentre outros, pois ao contrário de uma Constituição minimalista, o constitucionalismo global somente será eficaz no combate aos principais problemas se fizé-lo global, integralmente e constitucionalmente.

6. O NOVO PAPEL DOS TRIBUNAIS INTERNACIONAIS

Ao olharmos a confirguração dos tribunais internacionais em escala mundial e continental logo detectamos o problema da superposição de fontes, isto é, muitos tribunais internacionais produzem decisões, nem sempre cumpridas, desconhecidas pelo homem médio e não ratificada por muitos estados. Com uma constituição global faz-se necessário o diálogo entre os tribunais (como

---

1276 O então Presidente George W. Bush autorizou o uso de força e de todos os meios para livrar seu pessoal (forças armadas) da corte.

vem se buscando, ainda que pontualmente, entre, a Corte de Luxemburdo e a Corte de Estrasburgo em matérias de direitos humanos no continente europeu).

O que ainda falta – e esse problema o constitucionalismo global pretende solucionar – é a disposição de um catálogo de competências e de funcionamento entre todos os tribunais internacionais, bem como a Corte de Haia e as continentais (como a interamericana), além das especiais, como o Tribunal Penal Internacional (TPI), de matéria esclusivamente penal.

Além da questão organizacional de competências materiais e dos reexames entre as cortes, sem provocar conflito entre elas, a Constituição global terá de regular outra questão que surge. A da interpretação das constituições nacionais conforme a constituição global. O parâmetro muda, pois não se pode invalidar Constituição nacional. Então o que poderá ser declarado é uma orientação dos tribunais internacionais para os tribunais supremos e constitucionais aplicarem a Constituição global segundo o interesse comunitário. Toda e qualquer interepretação sobre a constituição global poderá sofrer juízo de interpretação conforme a constituição, para fixar limites e orientações segundo so tribunais competentemente encarregados pela Constituição global.

Não se pode esquecer que os diversos tribunais internacionais se somarão aos organismos internacionais contemporâneos, como a OMC e OMS, o que em certa medida facilitará o trabalho da Constituição global em realinhar o Direito internacional. Outro ponto positivo será igualar os sistemas regionais, pois enquanto a Europa anda com todo seu Direito comunitário muito desenvolvido, a Africa não possui tribunal continental. A noção de controle efetivo, tanto desejado – o assunto bankovic – passa a ser possível.

A Constituição global passa a ser a concretização do ideal presente no constitucionalismo global, pois com ele permite-se cirar meios para o combate a problemas (as necessidades básicas), que aos poucos vão apontar como funcionam as instituições, com respostas cada vez mais interligadas. A justiça internacional terá como carateísticas a obirgatoriedade, a universalidade, uto--executoriedade em torno do mundo e a desburocratização, conceito muito importante para consolidar o acesso universal à justiça, que já está presente na corte de Estrasburgo, por exemplo, onde o demandante pode peticionar, de sua casa, pela internet, com toda ajuda e esclarecimento de dúvidas possível.

Os tribunais concebidos na concepção global tem uma vantagem sentida quanto a concepção de justiça universal defendidas em países como a Espanha onde, apesar da imunidade material de cargo político em vigor ser respeitada (por isso os processos contra Fidel Castro foram automaticamente negados) muitos ex-líderes mundiais são processados pela justiça espanhola. Assim, o ex-ditador chileno Augusto Pinochet, apesar de deter imunidade e ser beneficiado pela lei de anistia chilena, foi processado pela justiça espanhola pelos crimes cometidos contra cidadão espanhol na ditador chilena. Esse fato, que levou a Pinochet a ser detido e permanecer preso em Londres, é exemplificativo da jurisdição universal.

Em 2009, após protestos de nações de todo mundo e conservadores na Espanha, a legislação foi alterada para vedar as práticas de jurisdição universal na Espanha. A base legal é o princípio da Jurisdição Universal consagrado no artigo 234 da Lei LOPJ e que toma como base os direitos humanos consagrados nas nações, independentes de legislação interna autorizativa ou revogatória e os crimes contra a humanidade são tomados como imprescritíveis.

Na Bélgica, depois de uma período de uso da jurisdição universal – em que até ex-primeiro ministro de Israel foi processado, fato que também ocorreu com um general norte-americano – a pressão internacional fez com que a lei fosse modificada para condicionar qualquer ação de jurisdição universal na Bélgica a um pronunciamento prévio do Procurador Geral da República de lá (ou cargo equivalente), que detém de tal atribuição com exclusividade e remonta ao fracassado uso político do controle concentrado no Brasil pré--Constituição de 1988, quando o PGR sistematicamente arquivava todos os pedidos que chegavam a ele.

Estes casos são exemplos da bem intencionada tentativa de jurisdição universal realizada por estes países, mas que hoje, se tornaram fracassos da justiça cosmopolita e reafirmam a necessidade do constitucionalismo global.

Rever os crimes cometidos pelas ditaduras mundiais, que atentaram contra o gênero humano, é um mensagem não somente um acerto de contas com o passado, mas também uma demonstração de respeito com o futuro. As garantias de imunidades locais (leis de anistia) realizadas pelo governo nas negociações de paz não vinculam os tribunais internacionais. São políticas de momento que acarretam graves violações, que devem ser corrigidas, e esse papel é também das cortes internacionais.

As cortes internacionais serão submetidas ao princípio da complementariedade, entre tribunais constitucionais dos países, e ainda o Tribunal Penal Internacional. Nos casos julgados pelo Tribunal Penal Internacional, todos os acusado foram entregues, porém no futuro, com a concretização do constitucionalismo global, tribunais como o TPI deverão receber poder executório, além da universalidade e obirgatoriedade da sua jurisdição vinculativa a todas as nações.

Outras questão de fundamentação irão aparecer como a disposição sobre os critérios de eleição da justiça e de política democrática. Isto somente hoje com os avanços teóricos entre razão prática e justiça constitucional global pode ser desenvovido adequadamente, com toda propriedade que lhe é peculiar. Difíceis questões se desdobram; saber colocá-los em ordem; dividir as competências entre todos; preencher os textos com abertura constitucional, sem colocá-los em conflitos com precedentes de outras cortes internacionais.

Alguns estão mais preocupados em resolver primeiro conseiderações de fundo, como os critérios substantivos e as apostas. Outros estão preocupados com os critérios procedimentais.

Os problemas serão solucionados conforme aparecerem, sendo pensados e resolvidos. Um bom começo é apostar no constitucionalismo global cooperativo, com um sistema arrojado de compartilhamento de competências e de funcionamento entre os tribunais internacionais, com acesso universal e desburocratizado, caráter marcadamente universal e obrigatório. Esses são princípios estruturais que ajudam a garantir o coexisteência do constitucionalismo global com as constituições das nações e a teoria constitucional tradicional.

7. VANTAGENS DO CONSTITUCIONALISMO GLOBAL

Com a construção proposta fica uma pergunta: esse sistema traz outras vantagens perceptíveis? Sim, porque ele amplia as vantagens do constitucionalismo para escala global.

Cláusulas pétreas pensadas para a projeção global poderiam evitar as maiores ameaças da humanidade. Pela natureza das cláusulas pétreas, a proteção máxima recairia em um núcleo essencial de temas. Assim, os poderes mundiais submetidos a um núcleo da esfera do indecidével global, que funcionariam como cláusulas pétreas em que seu descumprimento sujeita a todo o tipo de sanção. Exemplos de cláusulas pétreas mundiais: produção de bombas atômicas. Somente se autorizadas pelo governo global a energia atômica poderia ser voltada para a criação de armas de destruição. E não só armas atômicas, mas químicas e todas que causarem destruição de massa seriam proibidas *a priori*.

Outro tópico seria a proibição, taxativa, dos crimes arrolados pelo TPI, ressaltando a premência de atuação de tal tribunal, quando da violação de tal cláusula. Acrescentar-se-ia a vedação de tribunais de exceção, considerando todos os indivíduos sujeitos de Direito.

Deve-se projetar ainda, para uma Constituição global, um potente catálogo de direitos. Aí aparece um núcleo de direitos que se deve prestar globalmente: o mínimo existencial segundo o parâmetro global. Este seria progressivo e gradativamente ampliado, em esforço conjunto das nações, segundo a melhor teoria do desenvolvimento. Muitos seriam os direitos a serem incluídos, tomando-se como base aqueles encontrados nas declarações da ONU. Outrso poderiam ser acrescentados, como aqueles que afetem a vida de quem não participa das decisões (decisões de agências reguladoras, da empresa em que se trabalha), e os direitos de imunidade[1277]. Direitos da democracia profunda, bem como os de conteúdo genético, já são trabalhados como de quarta dimensão. Todos eles afetam as transformações do homem, como a proibição da eugenia e da clonagem, além da regulamentação de pesquisas do código genético, todos elementos regulados na Declaração Universal do Genoma Humano de 1997 e também no Tratado de Lisboa). Uma constituição global deve ousar e ir além com um novo paradigma de direitos – novos direitos fundamentais – previsto para tutelar as transformações do homem.

Além de direitos fundamentais e das vedações expressas – cláusulas pétreas globais – a constitucionalismo global deve conter previsão quanto ao desenvolvimento da democracia global. Aqui nos apoiamos em Ferrajoli, que idealizou uma nova assembleia da ONU, com composição de órgão bicameral. Como função de governo mundial, sem executivo, um sistema bicameral com poderes decisórios, com a formação de uma segunda camara da ONU ao lado do Conselho de Segurança, a nova câmara seria criada com representações partidárias eleitas por todos os países, diretamente pelos povos. Esse dado de eleição direta revela o grau de compormentimento democrático com as preferências das nações.

O sistema de *check and balances* ficará preservado, assegurando que o Conselho de Segurança, ainda que formado por poucos países, não mais tudo pode. O poder de veto absoluto pela manifestação de apenas uma superpotência mundial também seria revisto, para se passar a exigir uma maioria simples. A criação de um órgão de representação democrática global e novos direitos fundamentais com respectivas garantias em escala global são novos ideiais que devem ser somados a outros na construção do novo paradigma.

8. CONCLUSÃO

O Direito de hoje é desenvolvido, majoritariamente, sobre modelos constitucionais. Daí cunhou-se a expressão mundos constitucionalmente possíveis para relacionar as atividades jurídicas desenvolvidas em terrenos heterogêneos.

1277 R. M. Unger, *Políticas: textos centrais.*

Nas últimas décadas, o incremento em torno destes e a busca de parâmetros e complementação pelas virtudes de cada um permitiu falar-se hoje em fusão dos horizontes constitucionais. O avanço nesta área – germinativa – levará a um constitucionalismo global. Algum dia. Da maneira que, por tudo que foi desenvolvido e proposto, o presente texto pode aparentar uma utopia. Na verdade é, pois, a realidade descrita no fracasso de contenção das guerra e na incapacidade de consagrar direitos humanos para todos, trouxe uma insustentabilidade ao modelo do Direito internacional existente. A primeira conclusão que chegamos é que vale a pena propor algo porque não se pode continuar como está.

A segunda repousa nos critérios oferecidos para a formação de um constitucionalismo global. Deve-se ir além do referencial teórico que refuta, com êxito, as propostas alternativas (federalismo assimétrico e cosmopolitismo pluralista), concebendo-se um sistema democrático de tomadas de decisão mundial em órgãos bicamerais, tal quais descritos; redefinindo o conceito de soberania e readequando o sistemas nacionais de competências; propondo a transconstitucionalização na economia, na tributação e na projeção penal; corrigindo a posição dos tribunais internacionais conferindo-lhes poder de sanção e execução; acrescentando cláusulas pétreas globais que reforçam os direitos humanos. Todos estes são conceitos embrionários, mas que encontram respaldo nos anseios de muitos e na insatisfação da maioria com a (des)ordem atual. Muito resta a ser desenvolvido até que o constitucionalismo global se torne uma proposta concreta. As apostas aqui resumidas indicam uma linha de pesquisa a ser desenhada. Esperamos que cedo ou tarde frutos do tema venham a aparecer.

9. BIBLIOGRAFIA

BAUMAN, Zygmunt. *O Mal-Estar da Pós-Modernidade*. Rio de Janeiro: Editora Zahar, 1998.

FERRAJOLI, Luigi. *A Ley Del Más Débil*. Madri, Trotta, 1999.

HABERMAS, Jürgen. *Verdade e Justificação*. Rio de Janeiro: Tempo Brasileiro, 2007.

HABERMAS, Jürgen, *La constelación posnacional*. Barcelona: Paidós, 2000.

LOEWENSTEIN, Karl. *Teoría de la Constitución*. Barcelona: Ariel, 2000.

BECK, Urich. *Poder y contrapoder en la era global: la nueva economía política mundial*. Barcelona: Paidós, 2004.

PETTIT, Philip. *Two Dimensional Democracy: National and International.* Disponível em: http://ssrn.com/abstract=871732. Acesso em: 10 abr. 2009.

_____. *A Theory of Freedom: from the Psychology to the Politics of Agency.* New York: Oxford University Press, 2001.

RAWLS, John. *Liberalismo Político.* São Paulo: Martins Fontes, 2005.

RAWLS, John. *O Direito dos Povos.* São Paulo: Martins Fontes, 2004.

UNGER, Roberto Mangabeira. *Política: os textos centrais.* Santa Catarina: Argos, 2001.

KYMLICKA, W.; STRAEHLE, C. *Cosmopolitismo, Estado-nación y nacionalismo de las minorías.* Disponível em: www.bibliojuridica.org. 2001.

Outras obras da Ícone Editora:

Os Seis Livros da República

Autor: Jean Bodin

Total de 1.200 páginas:
- Livro Primeiro: 328 p.
- Livro Segundo: 104 p.
- Livro Terceiro: 168 p.
- Livro Quarto: 168 p.
- Livro Quinto: 184 p.
- Livro Sexto: 248 p.

CLT Comentada com Doutrina e Jurisprudência

Autor: Prof. Gleibe Pretti

2ª edição revista, atualizada e ampliada.

1.344 páginas.

Para saber mais sobre o nosso catálogo, acesse:
www.iconeeditora.com.br

Este livro, composto na tipologia Adobe Caslon Pro, foi impresso pela Imprensa da Fé para a Ícone Editora em março de 2012.